四平统计年鉴

SIPING STATISTICAL YEARBOOK

2013

（总第16期）

四 平 市 统 计 局
国家统计局四平调查队 编

图书在版编目（CIP）数据

四平统计年鉴. 2013 / 四平市统计局，国家统计局四平调查队编. -- 北京 ： 中国统计出版社，2013.8
ISBN 978-7-5037-6916-0

Ⅰ. ①四… Ⅱ. ①四… ②国… Ⅲ. ①统计资料—四平市—2013—年鉴 Ⅳ. ①C832.343-54

中国版本图书馆 CIP 数据核字（2013）第 189061 号

四平统计年鉴——2013

作　　者/ 四平市统计局　国家统计局四平调查队
责任编辑/ 陈越月
装帧设计/ 王万军
责任校对/ 关银杰　王万军　玉　明　朱军龙
出版发行/ 中国统计出版社
地　　址/ 北京市丰台区西三环南路甲 6 号　邮政编码/100073
电　　话/ 邮购（010）63376909　书店（010）68783171
网　　址/ http：//csp. stats. gov. cn
印　　刷/ 鞍山利迪太平洋印务有限公司
经　　销/ 新华书店
开　　本/ 890×1230 毫米　1/16
字　　数/ 1338 千字
印　　张/ 39.5
版　　别/ 2013 年 8 月第 1 版
版　　次/ 2013 年 8 月第 1 次印刷
定　　价/ 280.00 元

如有印装错误，由本社发行部调换。

《四平统计年鉴—2013》编委会和编辑部成员

编委会

主　　　编：贺永森

常务副主编：关银杰　王万军

副　主　编：冯阿君　李晓平　张文华　郑德志

编　　　委：（以姓氏笔画为序）

于　水　关云阶　张洪建　张春达

刘雪梅　朱文阁　金　凤　姚永恒

姜连臣　黄立昕　景　巍　翟文良

编辑部

主　　　任：金　凤

副　主　任：关云阶　张丽宇　玉　明

计算机排版：姚永恒

编　辑　说　明

一、《四平统计年鉴——2013》是一本信息密集的资料性年刊，它以翔实的统计数据反映了2012年四平经济、科技、社会各方面的发展、变革情况，是各级领导、理论研究和实际工作者及国内外企业家、投资者的工具书。

二、全书内容共分专载、社会经济发展综述、统计资料和部分单位简介四大部分。统计资料主要包括①综合，②人口，③从业人员和劳动报酬，④固定资产投资和建筑业，⑤财政、金融和保险，⑥物价，⑦人民生活，⑧市政公用事业和环境保护，⑨农业，⑩工业和能源消费，⑪交通运输和邮电通讯业，⑫批发零售贸易和餐饮业，⑬社会事业和科技等13章内容。为便于读者使用，另附有主要统计指标解释。

三、本年鉴中部分指标的合计数或相对数，由于计算单位的取舍而产生的误差未作调整。

四、本年鉴表中的符号使用说明：

“……”表示数据不足本表最小单位数；“—”表示无该项数据；“#”表示其中的主要项；“*”表示本表有注解。

五、为保持表式的一致性，伊通满族自治县在本年鉴中简称为伊通县。

六、中共四平市委、四平市人民政府四发（2000）15号文件决定，组建四平辽河农垦管理区，将原国营梨树农场、梨树县孤家子镇、四平市种鹿场、双辽农场、双辽种羊场和绿野集团纳入管理区管理。根据这一精神，本年鉴大部分数据单独列出，但行政区划、人口等仍按原行政区划统计。

七、《四平统计年鉴——2013》公开出版，深受各级领导和各界人士的重视和支持，对此我们深表谢意。热忱希望读者能对年鉴的不足之处批评指正，帮助我们进一步提高年鉴的编辑水平。

四平市水利局

党委书记、局长 刘伟忠

四平市水利局内设机构9个，系统在编职工1611人。新一届领导班子不断完善治水兴水思路，大力推进水利管理创新，树立“民生水利、生态水利、现代水利”理念，为四平经济社会发展提供水利保障。

【重点项目建设持续推进】开工和续建水利工程建设项目23项，完成投资8646万元。成立四平市辽河水务投资有限公司，注入注册资金2亿元，搭建起项目建设的融资平台，年内成功融资2500万元，用于南河亲水平台工程和南北河再生水利用管线工程建设。

【防汛抗旱工作科学高效】在应对8月份15号台风“布拉万”及强降雨过程中，及时启动预警预报机制，安排防汛减灾工作，全市积极应对，周密安排，通力合作，成功防御局地暴雨灾害，确保人民生命财产安全。

【河道非法采砂有效遏制】市、县、乡三级开展联合执法行动8次，出动行政执法人员600多人次，立案查处35件，移送人民法院强制执行5件。共清除阻水便桥19座，临时建筑物4处、堆弃砂料场3处，河道非法采砂整治取得初步成效。

【节水型社会建设成绩斐然】通过水利部、松辽委、省水利厅专家组评估和国家验收，四平市为全国节水型社会建设示范市。四平市水利局被授予全国水资源管理先进集体，这一荣誉全国50家，吉林省只四平1家。

【生态水利建设突出加强】在市政府北侧南河区段建设亲水平台景观工程，在河岸铺设栈道、栈桥、景观平台，实现人、水、城和谐发展。二龙山水库被水利部命名为国家级水利旅游风景区，山门水库晋升为省级水利旅游风景区。在二龙山水库和转山湖水库举办渔业增殖放流活动，放流鱼苗70余万尾，对保护水域生态环境，恢复渔业资源，繁荣渔区经济，促进渔业可持续发展起到积极的作用。

【水利服务创新加强】出台实施《四平市城市供水管理办法》，创新城乡供水模式，加强城市供水管理。实现城市供水2779.5万立方米，农业供水17874万立方米。二龙湖二期引水工程日供水能力达15万立方米，有效地缓解市区用水紧张状况。

【重大水事活动在平举行】5月份，国家综合开发东北黑土区水土流失治理重点工程现场会在四平召开。6月，省水利厅、四平市政府在二龙山水库举办东辽河流域水生生物资源增殖放流活动。省水利厅在二龙山水库举行吉林省“走进水利风景区宣传活动启动暨二龙湖国家风景区揭牌仪式”。9月，津巴布韦水利部部长哥莫，率团来平对二龙湖二期引水管线进行实地考察，开创四平市水利同国外交流合作的先河。

电话：（0434）5081909
邮编：136000
地址：四平市铁西区
英雄大路1942号

市委书记刘喜杰检查城市供水工作

副省长王守臣来我市检查指导防汛工作

津巴布韦共和国水利部长哥莫来我市考察学习玻璃钢管线工程

开展丰富多彩的增殖放流活动

吉林省“走进水利风景区”宣传活动启动暨二龙湖国家水利风景区揭牌仪式

四平市

四平市人民政府副市长　王　宇
（原中共四平市铁东区委书记）

2012叶赫梅花鹿文化节开幕式

四平市铁东区位于吉林省西南部。南接辽宁省铁岭市的昌图县、西丰县，北连四平市梨树县，东邻吉林省辽源市，西与四平市铁西区隔长大铁路相望。铁东区是吉林省西南部重要的交通枢纽，商贸中心、物流集散中心。全区幅员面积904.99平方公里，辖1个省级经济开发区，4个乡镇，8个街道办事处，42个社区，2012年末，总人口为33.5万人，是中国金融生态区，中国产业发展能力百强区、全国百佳全民创业示范区、全国和谐社区建设示范区、平安吉林建设示范区、创建国家卫生城模范区。

【区位优势】铁东区是进出吉林省的南大门，是东北地区重要的铁路、公路交通枢纽，京哈、哈大、四梅、平齐铁路交汇于此，长大、京哈高速，102、303国道贯穿南北，四通八达的交通网，使铁东区承南启北，东西贯通，得尽地利之便，缩短了对外交流合作的时空距离，融入了长吉图经济圈，环渤海经济圈。

【产业基础】在计划经济时期铁东区就是全省及全国著名的工业集中区，门类齐全，目前，工业经济形成了以装备制造业、专用汽车与零部件、农产品加工为支柱的三大产业，17大门类的新型工业城区。规模以上工业企业发展质量得到进一步巩固和提高。有东北地区最大的专用汽车生产基地，有东北地区最大的光伏产品产业基地，有全国生产规模最大的换热设备和鼓风机生产基地，制造业产品销售收入突破300亿元。

【资源优势】铁东区野生动植物资源丰富，有野鸡、野兔、狍子、狐狸等20多种野生动物；有人参、甘草、五味子、黄麻等药用植物40种；金属和

2012中国·四平万人花棍舞挑战吉尼斯世界纪录

纳兰性德书画展

铁东区

非金属矿产有银、镍、硅砂、膨润土、浮石、大理石、矿泉水等20余种，山门银矿已成规模，仙马泉“矿泉水”酿造的“纯生金士百”啤酒，在东北地区远近闻名。人文资源更有得天独厚的优势，以萨满文化为代表的叶赫满族镇成为旅游、文化投资热点，先后已有《叶赫公主》、《九龙杯传奇》等三部影视剧以此为外景地拍摄，并成功播放。

【城区功能】按照建设国家卫生城和生态园林城区目标，完成了以城区环路为基础的城区路网改造，完成了城市供水、供电、供气、污水、垃圾处理等一系列综合配套工程。以东南新城建设为载体的城市综合体建设、水上公园建设、高铁广场建设等一大批城市功能项目正在建设中。

2012年，全区实现地区生产总值100.6亿元，同比增长12.2%；全口径财政收入达到8.1亿元，同比增长32.8%；地方级财政收入达到3.3亿元，同比增长87.8%；完成固定资产投资70亿元，同比增长31.1%。规模以上工业实现产值311.1亿元，同比增长21.5%，销售收入281.8亿元，利润10.8亿元，较上一年都有较快增长。工业增加值能耗降低率达到22.7%。城镇居民人均可支配收入达到21387元，同比增长15.7%；社会消费品零售总额达到43.8亿元，同比增长14.9%。主要经济指标综合排名全市第一。

中共四平市铁东区委书记　黄　成
（原中共四平市铁东区委副书记、区政府区长）

四平市第三届元宵灯会

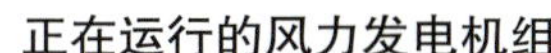

正在运行的风力发电机组

2012叶赫风情开河鱼美食节开幕式

电影《九龙杯传奇》揭镜

中共铁西区委书记　宿　威

四平市铁西区位于四平市区西部，是四平市党政军机关所在地，是四平市的核心主城区，也是四平市政治、经济、文化、商业、科技、教育中心。幅员面积176平方公里，下辖平西乡和英雄、地直、站前、仁兴、北沟5个街道办事处以及一个循环经济示范区，共有18个村、38个社区委员会，全区总人口26.7万人。有汉、满、朝鲜、回、苗、彝、壮、布依、侗、瑶、白、土家、哈尼、傣、高山、达斡尔、锡伯、俄罗斯18个民族。

2012年，铁西区坚持以科学发展观为指导，深入贯彻市六次和区八次党代会精神，团结和带领全区干部群众，解放思想，攻坚克难，求真务实，全区经济社会呈现出发展增速、活力增强、民生改善、社会和谐的喜人局面。

经济发展呈平稳、健康、快速发展态势

全区生产总值实现124.7亿元，同比增长12.2%，从三次产业看，第一产业实现增加值3.9亿元，同比增长3.5%；第二产业实现增加值88.7亿元元，同比增长12.7%；第三产业实现增加值32.1亿元，同比增长11.8%。

全社会固定资产投资实现66.6亿元，同比增长30.9%。招商引资到位资金41.6亿元，同比增长30.81%。规模以上工业总产值实现298亿元、工业增加值实现102亿元、工业利润实现8.1亿元，同比分别增长27.1%、13.4%和61%。投资28亿元，完成企业技术改造项目40个。民营经济主营业务收入实现329亿元，同比增长22.66%；实缴税金9.8亿元，同比增长10.1%；从业人员达到6.13万人，同比增长9.1%。农业总产值实现6.8亿元，同比增长3.99%。农民人均纯收入达到8848元，同比增长12%。粮食播种面积14.5万亩，总产量达1.75亿斤。城镇居民人均可支配收入达到21387.28元，同比增长15.7%。

现代农业全面发展，新农村建设成效显著

万亩无公害蔬菜生产示范区建设稳步推进，建成省级棚室蔬菜产业园区4个，新建放心菜基地2个，积极打造“铁西放心菜”品牌，实现了“从菜田到餐桌”会员制快捷配送。农村环境明显改善，投资958万元，维修、新建水泥结构路边沟25公里，修整路肩125公里，修建垃圾中转站4处和垃圾场30个。“三北”防护林五期工程建设有序推进，造林2256亩，植树384622株，10个屯通过省林业厅村屯绿化检查验收。春、秋两季植树造林工作圆满完成，栽植银中杨树、刺槐22500多株，面积达195亩。防洪工程积极推进，投资98.14万元，修建仙马泉河部分险工险段护岸工程204延长米。争取资金1000万，小红嘴河环境生态综合整治项目已经开始实施。

第二产业高速发展，产业集群框架支撑形成亮点

规模以上工业及建筑业集聚效应显著。以经济循环区为主的规模以上工业企业产销两旺，产销率达99.9%，产销衔接良好，实现利润8.1亿元，同比增长61%。上缴税金达到1.8亿元；建筑业总产值实现17.6亿元，营业收入实现13.9亿元；利润总额4020.5万元；营业利润实现3610.6万元。固定资产投资和房地产业平稳推进。房地产开发企业全年完成投资22.3亿元，同比增长59.3%。从完成投资构成来看，住宅完成投资比重上升，非住宅完成投资比重下降。在大的房地产环境下，全区仍然保持稳重有升的态势。

第三产业快速崛起，潜力效应凸显

服务业发展突飞猛进，维美戴斯大酒店作为全市的第一家四星级酒店，正式竣工营业。开元大酒店项目的成功引进，填补了全市五星级酒店的空白，实现了当年招商、立项、设计、征地和开工。项目建设实现历史性突破。

消费市场异常活跃，商品消费需求两旺

2012年，全区社会消费品零售总额实现70.9亿元，同比增长21.4%。其中：城区实现零售额61.7亿元，同比增长20.4%；乡村实现零售额9.2亿元，同比增长28.9%。批发、零售业等行业实现零售额59.4亿元，同比增长18.7%，住宿、餐饮业实现零售额11.5亿元，同比增长38%。

铁西区

财政收支运行平稳

铁西区一般预算全口径财政收入实现83930万元，同比增长32.3%。区财政支出累计完成72171万元，同比增长47%。

社会各项事业繁荣发展，和谐社会建设开创新局面

城市、农村卫生冬季清雪、绿化等工作全面开展。各小区的绿化、净化、美化、亮化工程积极推进，建成花园式小区20个。小区巷路翻建工程全面实施，投资366万元，新修巷路7条；投资425万元，铺设小区方砖6.8万平方米。

文体事业成果显著，全民健身运动广泛开展，成功举办第三届元宵节灯会、首届美食文化节和社区各项体育大赛；投资100余万元，实现了社区体育健身器材的全覆盖。“社区行动计划”稳步实施，累计投入资金1100万元，新建和改扩建社区办公用房6000余平方米，32个社区办公用房达到500平方米以上，并建成“一站式”便民服务大厅。全区呈现了社会和谐、人人向上的祥和景象。

中共铁西区委副书记、区政府区长　侯　川

铁西区首届风筝节

宏宝莱花生露生产车间

项目集中开工现场

优美的小区环境

公主岭市

中粮生化能源（公主岭）有限公司办公楼

2012年，在市委、市政府的正确领导下，公主岭市坚持以城镇化为统领，深入实施"两核四极三化统筹"发展战略，经济社会得以持续快速健康发展。实现地区生产总值344.4亿元，同比增长8.8%。一般预算全口径财政收入实现19.2亿元，同比增长30.6%；地方财政收入14.7亿元，同比增长44%。城镇居民可支配收入和农民人均纯收入分别达到19704元和9095元，同比分别增长15.4%和16%。社会消费品零售总额实现125.9亿元，同比增长21.2%。

【工业经济快速发展】新开工3000万元以上工业项目102个，其中亿元以上项目34个。全年规模以上工业实现总产值361.5亿元，同比增长28.76%；工业增加值完成105.7亿元，同比增长14.8%；实现利润11.5亿元，同比增长49.5%。实施重点技改项目60项，实现技改投资53亿元，开发试生产新产品30种，规上企业总数达到124户，比年初增长14.8%。万元工业增加值综合能耗同比下降5.9%。工业经济主要指标位列全省县级前三名。

【农业现代化稳步推进】实现农业总产值170.2亿元，同比增长4.6%。粮食总产达62.4亿斤，再创历史新高。新开工新型社区48个，以范家屯平洋村为代表的新型社区建设得到省里表彰。农业产业化快速发展，全市各类农产品加工企业发展到362户，被评为全省农业产业化工作先进单位、全国第二批农产品加工创业基地。全市农产品省级以上名牌达到193个，新增农博会名牌1个。被中国蔬菜行业流通协会命名为"中国油豆角之乡"，成功举办"中国·公主岭玉米美食文化节"。

【城乡面貌日新月异】全年城市建设总投资28.8亿元，完成棚户区改造50万平方米，实施暖房子改造工程123万平方米，新建廉租房25万平方米；新建供热站两座，政府主导的供热面积增至330万平方米；新建、改建街路14条，哈大高铁公主岭站及高铁站前广场、迎宾广场、响铃公园等重点项目进展顺利；引兴隆河水入东山水库、引东辽河水入岭西新城的"两入"工程破土动工。与长春对接的硅谷大街、腾飞大街建成通车。率先成为全省县级数字推广城市，成功入选第三批全国发展改革试点城镇。

【社会事业显著进步】新建校舍17.9万平方米，标准校车拥有率名列四平地区首位。成功承办了全省青少年田径锦标赛，乡镇综合文化站和"农家书屋"实现了全覆盖。医疗卫生工作被国家命名为卫生应急综合示范市，政务公开工作被列入全国加强政务公开和政务服务试点县，创新户籍管理，被确定为全省首批户籍改革试点市；狠抓社会管理创新，投资2600万元的电子指挥监控系统投入使用，保持了和谐稳定的社会局面。

发展建设中的公主岭经济开发区

响铃公园冬景

公主岭经济开发区吉林省众诚电气自动化工程有限公司办公楼

汽车零部件自动生产车间

岭东工业集中区吉通电缆有限公司车间

怀德新城

文化体育中心夜景

新世纪广场

四 平 经 济

四平经济开发区党工委书记、管委会主任　贾六宁

副省长谷春立在经开区企业考察

副省长黄关春、市委书记刘喜杰在四平经开区公安分局视察

四平经济开发区是乘改革开放的大潮，在国务院实施振兴东北老工业基地的战略中成长壮大起来的省级开发区，成立于1996年，1998年晋升为省级开发区，2006年经国家发改委审核确认，享受省级开发区的各项审批、管理权限和优惠政策。

开发区座落在东北亚区域的中心地带、广袤富饶的松辽平原腹地、长吉图经济带与哈大经济带交汇之间、东北地区重要交通枢纽和物流节点城市四平市；位于长平、长沈高速公路连接线两侧，规划面积5.1平方公里，拓展面积22.5平方公里。

近年来，开发区立足发展相对滞后、后发优势逐步凸显的实际，按照市委、市政府“挥师北上”的要求，充分发挥比较优势，强化产业导向，以高起点规划为引导，加快产业集聚。坚持走新型工业化、产业高端化道路，明确了“以城市总规为统领，以产业布局为指导，以投入强度作控制，以环境标准作限制”的开发理念，确立了“两大产业（工业和现代商贸产业）四个园区（吉林大学科技园四平分园区、中欧专用汽车产业园区、吉林省特色医药产业园区、现代商贸产业园区）一村一出口（文化创意产业村和城市东出口建设）”的产业定位和目标，先后编制出了《新工业区发展规划》、《中欧专用汽车产业园区发展规划》、《特色医药园区发展规划》、《吉大科技园四平分园发展规划》、《东北亚物流港发展规划》，使开发区的产业发展站在一个新的起点上。

2012年，投资12亿元的红星美凯龙商城综合项目开工建设；第8届东北亚博览会上，与上海亿丰集团签约了投资67亿元的专用车会展和销售中心、红酒博览城、北方建材商博城项目；与吉林大学国家大学科技园合作协议成功签署，吉林大学四平科技分园建设正式启动；奋进改装车与中航工业成功签署合作协议；先后在北京、上海组织召开了有近400名客商参加的“四平经济开发区总部经济投资推介会”，谋划出投资111.5亿元的近期可开工重大工业和物流项目，充分展现了经开人奋发图强、努力进取的精神风貌。

“十二五”时期，四平经济开发区将全面展开“两大产业”，“四个园区”、“一村一出口”建设，以向上、创新、实干、担当的开发区核心精神，把开发区建成特色工业聚集区、新兴产业先导区、科技企业孵化区、现代商贸示范区、文化创意产业区、东出口建设责任区，成为吉林省具有标志性的现代新工业区和四平新商贸圈，成为省内具有一定影响力和较强综合经济实力的省级开发区。

四平经济开发区商机无限、生机盎然，是您成就梦想的天空，投资兴业的乐土，真诚地期待和诚挚地欢迎各位有识之士观光考察、投资发展。

开 发 区

招商电话：（0434）6126005
传　　真：（0434）6126019
E-mail:　spjkq@126.com
邮　　编：136001
地　　址：吉林省四平市经济开发区
　　　　　开发大路2299号

吉大科技园四平分园开工奠基

党工委书记、管委会主任贾六宁到企业进行安全大检查

吉林庆达数码科技集团生产车间

开发区机关办公楼

双辽经济

市委常委、副市长、开发区管委会主任　宋国军

双辽经济开发区位于双辽市东西两翼，2005年10月被列为吉林省省级工业集中区。规划面积28平方公里。规划布局为“一区四园”。一区：即双辽经济开发区，四园：即辽东经济园区，是以发展商贸物流、食品药品加工、高新技术和农畜产品加工为主的产业园区；辽西工业园区，是以发展玻璃建材和工业产品加工制造为主的产业园区；循环经济园区，是打造以粉煤灰循环利用为主，建设内陆煤炭港口和高载能企业为主的产业园区的循环经济园区；化工园区，是以发展化工产业、高载能项目为主的产业园区。

区位优势明显。双辽经济开发区位于双辽市东西两翼，交通十分便捷，平齐、郑大两条铁路在此交汇；沈明、集锡两条国家级干线公路纵贯南北，长郑、郑太两条省级公路横跨东西；大广、长深、集锡三条高速公路在此交汇，留有6个出口，已成为东北地区的重要交通枢纽。

基础设施完备。累计完成基础设施建设投资4.13亿元。主要有：双辽南环线道路建设；长深高速双辽连接线；凯旋供热管线铺设；华生燃气调压站及管线铺设。新增“四通一平”面积2.51平方公里，累计建成面积8.46平方公里，占规划面积的30.2%。这些基础设施的建设，为企业入住提供了充足的空间和更加良好完备的条件。

资源独具特色。一是电力能源充足。火电厂总装机容量为240万千瓦时。并网发电达到186万千瓦时。电厂排放粉煤灰积存量达到3000多万吨，每年排放量达265万吨，为发展粉煤灰循环利用产业提供了有利支撑。同时风力发电规划200万千瓦，已并网发电20万千瓦；太阳能发电开发利用在全省5个县市中排在首位。此外油气、煤炭勘探也在紧张进行。这些都将为开发区项目建设、产业发展提供充足能源保障。二是硅砂资源储量大，是世界四大富矿之一，被列为国家硅质原料生产基地，开发区以硅砂为原料、以福耀集团双辽有限公司为龙头，初步形成了全省唯一的玻璃建材特色园区。三是农牧产品资源丰富。是全国粮食生产先进县、全国肉羊基地市、全国瘦肉型猪基地市和全国生态示范市。目前以博莱德集团公司为龙头的农副产品加工产业和粮食物流港已初步形成。

2012年末，开发区累计入区企业149户，其中规模以上工业企业26户。完成地区生产总值102.59亿元，同比增长35%；工业增加值完成62.47亿元，同比增长24%；工业总产值完成216亿元，同比增长35%；固定资产投资完成80.5亿元，同比增长37%；税收收入完成4.81亿元，同比增长30%；全口径财政收入完成5.37亿元，同比增长30%；主营业务收入完成170.49亿元，同比增长42%。

目前，双辽经济开发区以做强“一核两翼”，打造“333工程”，发展战略，双辽人民热情欢迎各界有识之士前来投资兴业，共创双辽经济开发区更加美好的明天。

开发区

双辽市吉利轴承有限公司

吉林省博来德工贸集团

双药集团

双辽市迎新玻璃有限公司施工现场

双辽市悦然饮品有限公司

振云塑业

电话：（0434）6030007
邮编：136400
地址：双辽市辽河路4918号

财政局班子成员

【财政收入】2012年，全市全口径财政收入完成93.2亿元，比上年增长26.7%。其中：市本级全口径财政收入完成49.6亿元，比上年增长23.9%。全市地方级财政收入完成56.6亿元，比上年增长45.5%。其中：市本级地方级财政收入完成26.2亿元，比上年增长49.4%。

【争取资金】2012年，市本级争取国家和省专项资金22.6亿元，比上年增长32%，对缓解我市资金压力起到了关键作用。

【财政支出】2012年，全市公共预算财政支出完成171.7亿元，比上年增长22.8%。其中：市本级公共预算财政支出完成61.4亿元，比上年增长28.2%。

2012年会计监督和财税政策执行检查工作总结表彰大会

四平市财政领导班子与老干部座谈

市财政局志愿服务者到北河社区开展理财服务

财政局

【惠民工程】支持教育优先发展，拨付资金11.5亿元，同比增长60.9%。支持科技创新，拨付资金3575万元，重点用于科技成果转化、重大科技攻关等。完善社会保障体系，拨付资金10.1亿元，保证企业基本养老金、城乡低保补助等及时足额发放。推进医药卫生改革，拨付资金3.2亿元，群众看病难、看病贵问题逐步缓解。落实国家廉租住房惠民政策，拨付资金4.3亿元，同比增长63.7%，群众居住条件明显改善。支持城市基础设施建设，打造宜居城市，城乡社区事务支出3.6亿元，同比增长90.7%。市区财政供养人口津补贴人均增加700元，标准与省直机关拉平。拨付粮食直补、综合直补、家电下乡补贴、摩托车下乡补贴等资金1.2亿元。开展粮食直补资金担保为农民提供信贷支持试点工作，发放信贷资金2亿元，9154户农民受益。争取农业综合开发、水利建设、扶贫补助、小城镇建设等项目资金6044万元，农村生产生活环境进一步改善。

【财政改革】结合我市实际情况，设计新的市对区（开发区）财政管理体制框架。全面深化国库集中支付制度改革，建立市本级国库集中支付动态监控机制，杜绝预算单位违规操作。铁东区、铁西区国库集中支付系统建设完成，正式上线运行。市直公务卡改革全面铺开。启动非税收入收缴管理改革，88家收费单位上线。政府采购范围进一步扩大，严格执行"三公"采购原则，积极推行电子化采购，全面执行网上询价采购，扎实推进评审专家库建设，全年开展政府采购金额达2.1亿元,比上年增加1.6亿元，同比增长334%。

电话：（0434）3268211
邮编：136000
地址：四平市铁西区政新街1号

市委常委、纪委书记邱成来局检查党风廉政建设情况

四平市财政局党委理论中心组学习扩大会

四平市财政局
2011年工作总结暨
2012年工作部署大会

四平市财政局
第四届职工篮球赛

四平市

团结、奋进的领导集体

2012年，四平市教育局以邓小平理论、“三个代表”重要思想和科学发展观为指导，突出全面提高质量、促进教育公平两大主题和“抓规划、抓巩固、抓突破创新”这一工作主线，着力抓好提升师德师能水平、提升教育教学水平、提升教育管理水平三大重点工作，努力实现了校园安全稳定、事业科学发展的工作目标。

【教育事业】举办吉林省“幼儿教师国家级培训计划”农村幼儿园“转岗教师”集中培训。组织学前教育专家报告会。全市校舍安全工程总投资56844万元，累计峻工建筑面积673398平方米。开展县域义务教育均衡发展指导评估。扩大优质普通高中教育资源。在2012年东北亚经济博览会上与东北亚国际交流中心签署了日本丸龟制面合作项目。与苏州安顺电子建立了联合办学关系。四平卫生学校、吉林省双辽市职业中专被国家教育部确定为国家中职教育改革发展示范学校建设计划项目申报校。开展全市中等职业学校师生专业技能竞赛暨教学开放活动，举办职业教育大型广场推介活动。特殊教育、民族教育、民办教育健康发展。中国银联励志助学盲童行动捐赠仪式在四平举行。下发《四平市规范义务教育阶段学校招生行为的实施意见》。义务教育阶段学校实行划片就近免试入学，不允许跨区域招生，不组织各种形式的入学考试，初中学校平行分班，不举办重点班，坚决纠正超级大班现象。普通高中招生严格执行“三限”政策。

【中小学德育、体育、艺术教育】举行全市青少年开展学雷锋活动启动仪式。开展“学雷锋，心向党，重品德，见行动”开学第一课主题教育活动。开展“小手拉大手，共建美丽家园”城区环境综合整治“百日会战”活动；参加全省中小学体育教师优质课评选、中小学阳光体育“三操一舞”展示评比等活动。举办第十二届中小学生田径运动会；举办2012高雅艺术进校园暨“敦善（中国）”四平市中小学师生新春音乐会。四平市中小学生万人满族花棍舞入选吉尼斯世界纪录。在全省第四届中小学生艺术展演中，四平第一高级中学的《满族鼓韵》和双辽市第二小学《课间活动之绳彩飞扬》获得优秀创作奖。开展“书香校园、书香班级、书香家庭”创建活动。

【教育教学改革】实施科研引领和课改推动战略。成立由9个学科110人组成的高中学科专家组、由9个学科93人组成的初中学科专家组和由5个学科44人组成的小学学科专家组。开展“华宇教育大讲堂”活动。举办四平市首届天意集团杯初中教师实验技能大赛。深化国家、省、市“十二五”教育科学课题研究，全省基础教育科研论坛在四平召开。出版《耕耘者的足迹》一书。

【依法治教和管理创新】召开实施第六个五年普法规划启动大会，对教育系统“五五”普法依法治理先进集体、先进个人进行表彰，命名第三批“四平市依法治校示范校”。参加全省“深化法律进校园，服务教育科学发展”主题征文活动，获得好成绩。加强学校民主管理，全省贯彻落实教育部《学校教职工代表大会规定》现场会在四平召开。高度重视学校安全工作。加强校车管理，确保校车安全。实施招生考试“阳光工程”。规范办学行为，开展集中整治中小学校乱补课、乱办班、乱收费问题，教育行风明显好转。

【教师队伍建设】开展“立师德、铸师魂、强师能、正师风，做人民满意教师”主题教育活动。开展“万师进万家，真情帮万生”主题实践活动。实施“名师培养工程”，制定《四平市名师培养工程实施方案》。举办“国培计划”农村幼儿园转岗教师集中培训班。吉林师大分院被正式确定为吉林省“国培计划”集中培训项目机构，并先后承担了吉林省“农村幼儿园转岗教师集中培训”和“农村幼儿骨干教师置换脱产研修”等两个项目的培训任务。吉林省中小学校长培训“案例教学”现场会在铁东区召开。加大对先进教师事迹的宣传，在教师节庆祝大会上，隆重表彰全市“十大教书育人楷模”和“十大教书育人模范”。

2012年，四平市教育局先后被国家体育总局表彰为全民健身活动先进单位，被全国青少年爱国主义读书教育活动组织委员会评为“组织特等奖”，被全国伦理学会德育专业委员会和全国和谐德育研究与实验总课题组评为先进实验区，被省文明办、省志愿者协会评为“吉林省优秀志愿服务组织”，被省精神文明建设指导委员会评为“全省精神文明建设工作先进单位”，被省妇联、省文明办、省教育厅、省公安厅、省民政厅、省卫生厅、省计生委、省广电局、团省委、省关工委评为“家庭教育工作先进集体”，被中共四平市委组织部评为2012年“四平市党建带团建先进单位　”，被市政府评为2012年度全市政府系统督查工作“先进单位”，被市政府评为2012年度消防工作“先进单位”，被中共四平市委保密委员会评为2012年度保密工作“先进单位”，被市政协评为“提案先进承办单位”，被市政府表彰为安全生产目标责任制考核先进管理部门，被市政府表彰为“信访工作先进单位”。

局长：赵青山　电话：（0434）3266625　邮编：136000　地址：四平市铁西区市府路59号

教育局

市委书记刘喜杰为全市“十大教书育人楷模”和“十大教书育人模范”颁奖

全国人大常委会委员、中国残联副主席、中国残疾人福利基金会理事长汤小泉，中国银联董事长苏宁等领导出席中国银联励志助学行动四平盲童学校捐赠仪式

市长石国祥视察教育工作

举办2012高雅艺术进校园暨“敦善（中国）”四平市中小学师生新春音乐会

市委副书记王振才出席全市职业教育大型广场宣传推介活动并视察职业教育工作

召开“立师德、铸师魂、强师能、正师风，做人民满意教师”，即“四师一满意”主题教育活动动员大会

万名中小学生满族花棍舞入选吉尼斯世界纪录

四平市中小企业

董事长　陈志涛

四平市中小企业投资担保有限公司成立于2004年9月，是为扶持中小企业发展、民营经济腾飞提供融资支持的唯一一家市政府出资的政策性担保机构。

【注册资本】四平市中小企业投资担保有限公司注册资本金2.5亿元，公司资信等级为AA-。

【机构设置】公司内设担保业务一部、担保业务二部、风险管理部、财务部、行政办公室、法律顾问室，即“四部二室”。

【银保合作】公司现已与省开发银行及四平市域内多家国有商业银行、股份制银行开展贷款担保业务合作；与东北再担保公司吉林分公司开展再担保业务，与吉林省担保公司、域内县（市）担保公司开展联保业务。

【业务范围】重点扶持域内中小企业、行业龙头企业；重点扶持域内支柱产业、特色产业、新兴产业；以中小企业流动资金贷款担保为主体，努力为中小企业提供多层次、个性化的融资担保服务。

【风险防控】公司坚持规范与创新、经营与防控有机结合，超前预警，全面防范；结合业务发展，提出“全面风险意识”、“全程风险控制”、“全员风险参与”的三全防控体系；细化操作流程，规范贷前、贷中、贷后整个担保业务行为。

【服务创新】公司推出阳光服务模式，对服务流程、服务标准、服务措施作出规定；在风险可控前提下，尽量简化工作手续，缩短工作流程，提高工作效率，降低担保费率，竭尽全力为中小企业提供优质便捷服务。

【企业文化】公司相继提出了“精诚、敬业、勤勉、进取”八字企业精神，“严谨、高效、诚信、创新”八字经营理念，“修身、守矩、忠诚、包容”八字行为规范，“合作、合规、助力、共赢”八字核心价值观，不断提升员工的思想政治素质，不断提升公司核心竞争力。

【经营业绩】公司自2004年成立至今，累计为四平域内1000余户中小企业贷款担保近40亿元，受保企业累计增加销售收入近80亿元，增加税收近4亿元，增加就业1万余人。

【社会效益】公司先后被评为“四平市工业提速增效优质服务单位”、“四平市发展经济优质服务单位”、“吉林省小企业担保贷款业绩突出贡献单位”、“吉林省企业诚信示范单位”、“吉林省信用担保协会副会长单位”、“吉林省信用担保行业小微企业担保业绩突出贡献单位”、“吉林省精神文明建设先进单位”。

扬信用风帆，架融资金桥。公司将紧紧围绕市委“一核三带”富民优先发展战略，拼搏进取迈大步，开拓创新求发展，为我市经济加快赶超、加快隆起做出贡献。

投资担保有限公司

电话：（0434）5116001
传真：（0434）5116008
邮编：136000
地址：四平市铁西区中央西路84号

东北再担保吉林分公司和四平市中小企业投资担保有限公司签订合作协议

公司评审会

时任吉林省工信厅厅长常明（左一）到四平市中小企业投资担保有限公司视察指导工作

四平市畜牧业管理局

局　长　刘景波

省专家组在四平种鹿场有限公司进行项目评审

四平市政府与广东温氏集团签约仪式

四平市畜牧业管理局是市政府的组成部门，内设8个职能科室，下属6个事业站（所），市本级设有3个公路动物防疫监督检查站。机关行政编制10名，工勤人员编制1名，事业单位人员编制57名。全市重大动物疫病防控指挥部办公室设在畜牧业管理局，负责重大动物疫病的防控工作的协调、调度和具体措施的落实。

2012年，四平市猪、牛、羊、禽饲养量分别达952万头、198.1万头、131.6万只、10201万只。牧业产值276亿元，占农业总产值的56.2%。全市拥有规模饲养户20万户，畜禽规模饲养量达7863万头（只），规模化养殖比重达65%以上。

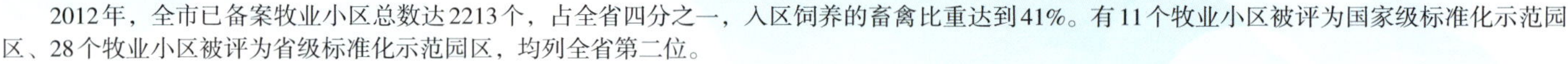

2012年，全市已备案牧业小区总数达2213个，占全省四分之一，入区饲养的畜禽比重达到41%。有11个牧业小区被评为国家级标准化示范园区、28个牧业小区被评为省级标准化示范园区，均列全省第二位。

全市畜产品加工企业发展到63家，规模以上企业13家，产品达27个系列318个品种。畜禽及其产品销往全国北京、天津、河北、湖北、上海、安徽、江苏、福建、浙江、广东、海南等21个省份。2012年，畜产品加工业总产值达47.2亿元。

全市牧业经济合作组织发展到620个，入社入会人数达7.8万，拥有省级畜牧业专业合作社示范社42个。有各类畜禽交易市场116个，其中较大型的交易市场有梨树榆树台生猪市场、伊通营城子黄牛市场、公主岭双龙黄牛市场、双辽玻璃山黄牛市场等，年交易量猪350万头、牛60万头、羊30万只、马骡驴7万匹、禽1000万只。

与广东温氏食品有限公司合作实施“双百万”工程项目，即饲养百万头猪，收贮加工百万吨玉米。项目总投资30亿元，固定资产投资20亿元。“双百万”项目建设助力四平市牧业产业持续健康发展，将推动牧业产业转型升级，规模化养殖和标准化生产水平显著提升。

市委、市政府在编制“九五”规划时，把畜牧业作为支柱产业纳入规划，提出“建设畜牧业大市”的目标，到2004年底，“建设畜牧业大市”目标全面完成。市委、市政府与时俱进，在“十一五”规划提出“打造牧业大产业、建设牧业经济强市”战略。“十二五”时期，全市牧业经济正式进入现代畜牧业发展进程。

电话：（0434）3626353　邮编：136000　地址：四平市铁西区英雄大街2056号

公主岭温氏农牧公司揭牌仪式

辽河垦区国军蛋鸡场被评为2012年标准化示范场

伊通县宏辉养殖场被评为2012年标准化示范场

四平市食品药品监督管理局

局 长 黎久常

2010年2月1日，时任市长刘喜杰（右二）来市食品药品监督管理局检查指导工作，局长黎久常（左四）陪同

四平市食品药品监督管理局主要职能是对药品、医疗器械和餐饮服务、保健食品、化妆品的质量安全进行行政监督和技术监督。

几年来，在市委、市政府和省局的正确领导下，认真履行食品药品监管职责，深入探索监管工作新方法，全面规范食品药品生产经营行为和市场秩序，严厉打击食品药品领域的假劣行为，确保人民群众饮食用药安全，各项工作取得了显著成效。

餐饮服务和保化监管水平不断提升。在全市全面实施了餐饮服务量化分级管理工作，大力推行升级工程和升降级机制，实行“五统一”措施，建立了基层工作站，完善了市、县、乡（镇、街）、村（屯）四级信息网络。

药品医疗器械市场秩序不断净化。在药品医疗器械的各个环节，不断创新监管模式，加大监管力度，有效净化药械市场秩序。一是实行“监、检、查”相结合监管模式，发挥监管整体效能作用，查处各类违法违规案件。仅2012年查处各类违法案件1577件。二是实行“三个凡是、三个一律”监管制度，出重拳打击假劣药品。2010年以来，共对507户，900余人不合格涉企进行了法律培训。三是实行与公安联合办大案，严厉打击违法犯罪行为。2011年与公安联合查办了一起全国影响较大的假药案，抓获犯罪嫌疑人9人，缴获假药19种1万余瓶，涉案金额达800余万元。四是实行药品抽、检分离，提高药品抽验靶向性。五是实行案件“双向”查处，确保案件完整性。六是实行药品“盲样”检验，确保药品检验结果的客观公正。

队伍和党风廉政建设取得新进展。建立了“点、线、面”三位一体的监督制约机制，查找了67个廉政风险点，实行行政审批、行政执法意见反馈制度，几年来，行政相对人反馈满意率100%。

服务水平上新台阶。始终坚持监管与服务两到位，切实解决企业发展中存在的问题。目前，全市22家药品生产企业，产值超亿元的企业就有3家，药品经营企业发展为1700多户，是建局之初的近6倍。市委书记刘喜杰在企业调研中说：“感谢药监局对企业的支持”、“要像药监局那样支持企业发展”，对市食品药品监督管理局支持企业发展给予了充分肯定和高度评价。

电话：（0434）6186010　邮编：136000
地址：四平市铁西区南湖大路357号

全体干部职工进行廉政教育

局长黎久常（左二）带领班子下企业搞调研

举行集中销毁销毁有毒有害食品、食品添加剂、假劣药械活动

四平供电公司

公司总经理　蔡志斌

四平供电公司在市委、市政府和省公司的正确领导下，围绕四平市“一核三带”富民优先战略，以“四个服务”为宗旨，加快各级电网建设，切实保障电力供应，不断改善供电服务。2012年，荣获全国“安全文化建设示范企业”、全国“安康杯”竞赛优胜企业、四平市“五一”劳动奖状和经济技术创新模范单位等荣誉称号；电网建设投资完成5.5亿元，满足了经济社会快速发展的用电需求；售电量完成52.6亿千瓦时，电费回收率100%；圆满完成了“两节”、“两会”、“两考”、党的十八大等重要保电任务，连续7年实现安全年目标；开展业扩报装“双提”活动，高压客户平均接电时间缩短5.5天；丰富客户交费方式，与工商银行、邮政储蓄等单位联办421个电费代收窗口、198个便民服务站，着力打造城区范围“十分钟交费圈”；高度重视地方99个亿元以上重点项目建设，主动跟踪服务，帮助落地客户解决用电难题；在省内率先完成哈大客运专线配套供电工程四平地区4条220千伏线路送电，为电铁通车提供了电力保证；投入资金622.8万元配合“暖房子”工程建设改造，全力以赴地做好改造楼体供电设施的先期准备工作，为工程的顺利进行提供了先决条件，得到社会各界一致好评；坚持把社会责任融入公司战略、管理、运营全过程，加强与政府、客户沟通交流，树立了良好的责任央企形象。

市里领导莅临公司检查指导工作

公司客户服务中心采用、汉语、英语、手语三种形式进行汇报和接待用电客户

电话：（0434）3192025
邮编：136000
地址：四平市铁西区中央西路1588号

公司实行24小时电力故障报修服务

高考保电

公主岭市发展和改革局

局 长 李 强

公主岭市发展和改革局是根据《中共四平市委、四平市人民政府关于<公主岭市人民政府机构改革方案>的批复》(四委[2009]14号)组建的，为市政府工作部门，机关行政编制为30名。内设办公室、社会事业和财贸发展科、环资及农村经济发展科、工业交通发展科、固定资产投资科、价格监督管理科、收费监督管理科、体制改革科、能源产业发展科、行政审批办公室等职能科室。

主要职责是：拟定并组织实施全市国民经济和社会发展战略、中长期规划和年度规划，研究分析全市以及国内外经济形势和发展情况，拟定并组织实施产业政策和价格政策,研究经济体制改革和对外开放的重大问题，提出全市固定资产投资的规模、规划重大项目和生产力布局，推进产业结构战略性调整和升级，研究分析区域经济和城镇化发展情况，研究分析全市及国内外市场状况，做好人口和计划生育、科学技术、教育、文化、卫生等社会事业与全市国民经济发展的衔接平衡，推进可持续发展和生态市建设战略，研究多种所有制经济的发展状况，研究提出促进就业、调整收入分配、完善全市社会保障与经济协调发展的政策，拟定和制定全市国民经济和社会发展及经济体制改革、对外开放的有关政策，研究提出全市价格总水平中长期调控目标和年度调控计划，贯彻落实党、国家、省和市科技发展战略方针、政策法规，负责制定全市科技发展远景目标规划、五年计划和年度计划。同时，受市政府委托，向市人大作全市国民经济和社会发展计划的报告。

电话：（0434）6212381　邮编：136100
地址：公主岭市东正阳街2号

局领导班子

双辽市经济技术合作局

局　长　刘宝栋

一、基本情况

（一）组织机构：2002年，双辽市在机构改革时成立双辽市经济合作局加挂招商局牌子，2009年四平市编办统一下文将各县市区的经济技术合作局牌子加挂到商务局，双辽市经济技术合作局则更名为双辽市招商办公室，正科级参照公务员管理事业单位，领导职数是一正两副。为便于开展经济技术合作工作，双辽市根据省、四平市经合局的要求和实际情况，将经济技术合作局职责赋予招商引资办公室，不赋予商务局，并参照省和四平市经合局的职责和机构设置情况，重新理顺和调整了工作职能和内设职能科(室)，现内设秘书科、招商科、经联科、信息科（外资科）、行政审批办公室、审核科、协调科（发展总部经济办）、政研科等八个科室，拟增设项目科、外资科。

（二）人员编制：双辽市经合局编制20人，领导班子组成是一正三副，下属一个事业单位。

（三）工作职能：参照省、市经合局职能特点，结合双辽的工作实际，主要有以下五方面职能：一是经济技术合作（包括区域合作）；二是开展招商引资（包括内资和外资）；三是项目建设服务；四是政策起草实施；五是驻外办事处管理。

二、工作成果

（一）获得的荣誉

2012年，被四平市政府评为招商引资特殊贡献先进县（市）、区；被四平市委评为市级文明单位；被双辽市委、市政府评为县域经济综合排名第一；2012年度支农工作先进单位；2012年度发展经济工作组织奖；总部经济工作被评为全市二等奖中第一名；重点服务项目振云塑业PE\PVC、玻璃棉被评为重点工作推进先进单位；全市向上争取资金工作被评为三等奖；2013年3月刘宝栋局长被评为四平市招商引资工作先进个人，4月被评为四平市特等劳动模范，有8名同志被评为双辽市发展经济工作先进个人。

（二）招商引资工作

2013年，在市委、市政府的领导下，全局干部职工不懈努力、精诚合作，招商引资工作取得了突破性的进展，河北迎新玻璃集团投资31亿元的玻璃生产线项目，一期工程已于3月29日正式开工，第一条生产线将于9月中旬点火运行，并于10月份生产达效；总投资13余亿元的天威30万吨电石项目，近期也将正式开工，并在2014年竣工投产；十余个亿元重点项目正在顺利推进中。作为招商引资工作的排头兵，经济技术合作局将在双辽市委、市政府的正确领导下，在各相关部门的帮助配合下，继续开拓进取，坚持立足双辽市资源优势，围绕电力能源、高载能、粉煤灰及硅砂资源、农副产品和大型专业市场，围绕化工产业园区、辽东新区建设，大力开展招商引资活动，为我市经济建设跨越式发展，做出更突出的贡献。

电话：（0434）7234222　邮编：136400　地址：双辽市辽河路1980号

梨树县水利局

局长、党委书记　范显德

和谐团结的领导班子

电话：（0434）5230722
邮编：136500
地址：梨树县梨树镇朝阳大路1号

梨树县水利局是梨树县水行政主管部门，负责宣传贯彻执行水法规；制定并实施全县水利发展规划；防汛抗旱、水土保持、农村安全用水、水产养殖、水利科技推广及水利工程的建设、管理和维护等项工作。

【农田水利基础设施建设"六大体系"】一是防洪工程体系。江河堤防总长为263.6公里，其中：东辽河防洪工程干流堤防143.6公里，达到三级堤防和20年一遇防洪标准，有效保护沿岸耕地40万亩；二是治涝工程体系。急水河子、二道河子和一干涝区工程配套初具规模，建设排涝站11座，桥156座，闸1050座，排水干沟23条，截沟23条，达到10年一遇治涝标准58.8万亩，5年一遇治涝标准41.51万亩；三是蓄水工程体系。建成中型水库1座，小型水库和塘坝27座，蓄水能力达4436万立方米，有效灌溉面积达81.66万亩；四是节水灌溉工程体系。完成小型农田水利重点县节水井灌工程和东五家高效节水灌溉工程，打水源井540眼，节水灌溉面积8.98万亩。打抗旱井49880眼，其中：大井2380眼，灌溉保证面积63万亩；五是水土保持工程体系。东北黑土区水土流失重点治理项目，完成小流域治理7条，治理水土流失面积68.75平方公里。六是供水安全工程体系。完成农村饮水安全工程150余处，新打水源井95眼，解决14.12万农村居民和2.13万农村学校师生饮水安全问题。

【农田水利建设发展规划"五大体系"】一是粮食安全水利保障体系。"十二五"末，完成小型灌区4个；改善治涝面积28.2万亩；新建应急抗旱水源井5248眼；新建高效节水灌溉井1500眼，新增节水灌溉面积110万亩以上。到2020年，农田节水灌溉面积达到556万亩以上，形成适应干旱常态化趋势的粮食安全水利保障体系；二是洪涝灾害治理体系。"十二五"末，完成城区防洪工程1714米；完成东辽河治理工程和招苏太河治理；维修加固二道河子涝区的焦小店和李家岗子两处蓄洪区；完成7座小（二）型病险水库和1座水闸除险加固。到2020年，建成有效应对自然灾害的防洪抗旱减灾体系；三是生活用水安全体系。"十二五"末，完成农村饮水安全工程484处，解决38.78万人，15.38万头大牲畜饮水问题。到2020年，形成城乡统筹、保障有力、水量充足、水质优良的城乡居民生活用水保障体系；四是水资源优化配置体系。"十二五"末，完成引松入梨20.93公里管线铺设任务，年供水900万立方米；污水处理厂改造及再生水利用工程和城区三水源等工程基本完成，新增水资源调配能力2124万立方米。到2020年，建成符合水资源分布特点、满足经济社会发展需求的水资源优化配置体系。五是水资源保护体系。"十二五"末，主要河流水功能区水质进一步改善，地下水超采得到基本遏制；重点区域水土流失得到有效治理，黑土区水土流失治理175平方公里，二阶台地区水土流失治理120平方公里。到2020年，建成县域人水和谐的水生态保护体系。

梨树县粮食局

局　长　李金鹤

领导班子成员

梨树县粮食局是主管全县粮食流通工作的政府工作部门，主要职责是研究拟定全县粮食宏观调控、总量平衡以及粮食流通的中长期规划和年度计划；承担全县粮食监测预警和应急供应任务，保证县内军粮供应和应急需要。依照国家政策、法规对粮食经营者行使行政执法职能；负责全县粮食流通的行业管理，组织培训考核行业技术人员，实行持证上岗制度。履行食品安全监管的职责，开展“放心粮油”工程，维护消费者利益。负责全县粮食流通、加工、统计信息的采集、汇总上报和发布；组织粮食收获质量调查；搞好区域种粮成本测算；为政府实施粮食宏观调控当好参谋。拟定全县粮食市场体系建设与发展规划，提出有关粮食流通设施投资项目的安排意见和建议，为现代粮食物流产业的发展壮大搭建平台；负责对直属单位粮食资产进行监督管理；负责局机关及直属单位党务、人事、劳资、纪检监察、行风建设、精神文明、“四防安全”和信访维稳工作；承办县委、县政府和上级主管部门交办的各项工作。

近年来，粮食工作在县委、县政府的领导下，在省、市粮食局的指导下，取得了较好成绩，粮食产业化迅速发展，涌现出以吉林省新天龙酒业有限公司、吉林曙光农牧有限公司为代表的省级重点龙头企业12家，年加工能力达到110万吨以上，为农民增收、促进县域经济发展作出了积极贡献。2009年县粮食局被吉林省政府评为粮食流通改革先进单位，2010-2012年被吉林省粮食局评为粮食仓储工作“一符四五”先进县。

在新形势下，粮食工作要认真落实党的十八大精神，紧紧围绕“守住管好‘天下粮仓’”，做好“广积粮、积好粮、好积粮”三篇文章，突出“富农强企，惠民兴业”主题，牢牢抓住“购、销、储、运、加”主线，努力开创粮食流通工作新局面。

电话：（0434）5222391
邮箱：llzb5224395@163.com
邮编：136500
地址：梨树县梨树镇朝阳南大路2号

粮食燥干塔

梨树县广播电影电视管理局

局长兼台长　杜　欣

梨树县广电局是全县广播电视宣传及广电事业建设的职能部门，下设26个科（室、中心）、20个乡镇广播电视站，在职干部职工400多人。

以新闻宣传为中心，不断提高广播电视宣传质量。坚持正确的舆论导向，围绕中心，为梨树经济社会和谐进步营造良好的舆论氛围。2009年起，梨树电视台综合频道进行了两次全面改版升级，实现了日新闻，专题节目增至16个。2011年10月，梨树电台开设“北方交通之声广播”，每天24小时直播。高度重视外宣工作，在中央及省市台播发稿件数量，由2005年的323条提高到2012年的723条，连续四年在市台播发稿件列第一名。在国家、省市广播电视节目听评工作中成绩优异。2007年以来，共有336篇作品荣获国家、省级一、二、三等奖及吉林省“丹顶鹤杯”奖，其中，电视文艺专题片《鸡儿花开》荣获第24届吉林省电视文艺“丹顶鹤”杯一等奖，并直接拿到了第27届“中国电视金鹰”奖的参赛资格，为宣传梨树、提高梨树知名度做出了贡献。

以事业建设为重点，广电基础设施建设不断加强。经过10年的持续发展，全县光缆网络总长度达到2600多公里，全面实现了“城乡联网”，有线电视用户总数突破15万户，全县有线电视通村率达到100%，覆盖率达到85%，成为梨树县覆盖面最广、受众最多、影响力最大的实力传媒。

以行业管理为载体，职工队伍综合素质明显提升。每年都举办以争创省级文明单位为主的各项政治活动和丰富多彩的文体活动，切实提高了干部职工的思想政治素质，极大地丰富了职工的业余文化生活。同时，以局机关各科室岗位目标百分制考核、乡镇站“创新立业”千分制考核及“廉洁、勤俭、和谐、高效”评比等活动为载体，全面加强了制度化、规范化、科学化管理，党员干部和职工队伍的作风明显转变，整体素质明显提高，工作效率显著增强，为各项工作的顺利开展奠定了坚实的组织基础和制度保证。

自2006年以来，梨树县广电局先后荣获全国“村村通”工作先进集体，省局“创新立业”工程改革创新奖、发展进步奖、先进县（市）级局奖，省供片先进单位，四平市文明单位、市统计工作先进单位、市保密工作先进单位，县工作实绩考核先进单位、县招商引资工作先进单位、县计划生育综合治理先进部门等150多项荣誉称号。

昭苏无语润大地，梨花绽放迎嘉宾。梨树县广电局暨梨树广播电视台将致力于打造多彩声屏、展示美好梨树，并真诚地与社会各界朋友携手，共创美好明天！

《走进乡村》栏目组来到梨树县胜利乡文艺演出

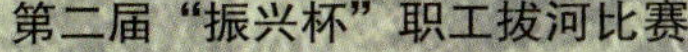

第二届“振兴杯”职工拔河比赛

梨树电台“北方交通之声”直播室

施工人员在光缆工程施工现场

电话：(0434) 5256603
传真：(0434) 5255605
邮编：136500
地址：梨树县梨树镇南大路23号

梨树县经济技术合作局

经合局李春生局长在第二届吉林省县域经济推介会上推介梨树

梨树县经济技术合作局成立于2009年10月。属县政府直属事业单位，主要承担国内外经济技术合作、开发区管理工作。

主要职责：贯彻实施国家、省有关区域合作的发展战略、方针、政策；起草利用内外资和区域经济合作的相关政策，并组织实施；拟定全县经济技术合作、招商引资的中长期规划和年度计划并组织实施；指导全县招商引资工作，组织全县重大招商引资活动；跟踪、协调重大招商引资项目的前期运作、申办设立程序和后续服务；负责国外、域外来我县举办各类招商引资活动的联络和服务工作；承办国内外经济合作代表团来访的联络、协调和接待工作，组织我县有关单位参加洽谈活动；组织参加国外、域外展销、展览工作；负责我县开发区、工业集中区和特色园区的宏观管理和协调指导工作；拟定全县开发区、工业集中区和特色园区总体发展战略、中长期发展规划和相关政策；负责全县工业集中区、特色园区的设立等工作；会同有关部门指导开发区、工业集中区和特色园区的建设工作；负责为我县域外投资企业提供服务，制定相关服务政策和措施；监督检查外商投资企业执行有关法律法规、规章及合同、章程的情况；指导和管理全县招商引资、投资促进及外商投资企业的工作；负责国内外、域内外的经济技术信息交流，掌握经济技术合作、招商引资和区域合作情况；负责全县招商引资项目库的建立、管理和信息网络建设工作；负责梨树县招商引资工作领导小组办公室日常工作。

经合局全体干部在局领导班子带领下，伴随着和谐社会和经济发展的步伐，为“全民招商，大上项目”服务，为全面实施“一城、三线、五区”的发展战略服务，着力整合县域资源，突破地域界限，全方位、宽领域、多层次对外经济合作，努力实现梨树大发展、快发展。近几年多次被评为“全市招商引资先进单位”等荣誉称号。

经合局冯辉副局长带领招商引资考核小组对项目单位招商引资工作进行考核

经合局崔艳峰副局长进行软环境走访

电话：（0434）6948089
邮编：136500
地址：梨树县梨树镇向阳街2号

梨树县“中国硅灰石之乡”授牌仪式会场

经合局主要领导陪同副县长郭志强到梨树县大顶山硅灰石有限公司考察

北京顺鑫农业股份有限公司到梨树县考察农畜产业项目

梨树县中小企业管理局

梨树县中小企业管理局于2009年10月组建，原名为梨树县民营经济局，为县政府工作部门。内设5个行政科室，2个协会，一个下属事业单位，5个直属企业。

由梨树县民营经济发展局转为梨树县中小企业局后，职能有了新的变化。主要负责全县中小企业（民营经济）的管理、指导、协调、综合服务等工作；负责中小企业（民营经济）近中远发展规划的编制及实施指导工作；负责乡镇企业（农产品加工业）指导、协调、服务、统计、规划等工作；贯彻落实发展中小企业（民营经济）的法律、法规和政策，拟定促进中小企业（民营经济）发展的政策措施，并监督检查执行情况；指导中小企业（民营经济）产业、产品结构调整，推进中小企业（民营经济）向集群化、园区化发展；组织开展创业培训；维护企业合法权益。

几年来，中小企业管理局以崭新的面貌、和谐的氛围、振奋的精神、务实的作风，由管理型向服务型转变。开展了人才培训、融资担保、创业资询、公共技术、电子商务、法律维权、市场开拓、事务代理、信息网络十项服务，完善了服务体系建设。通过实施“中小企业成长计划”、开展“中小企业服务年”活动，推进“中小企业转型升级”等多项举措，为我县打造了一批“千户成长型企业”、“百强民营企业”、“农产品加工示范企业”、“优秀管理企业”。同时，在发展休闲旅游新兴产业中，霍家店村被评为全国最有魅力休闲旅游乡村，为我县乃至我省争得了不可多得的荣誉。

局　长　刘明远

局领导班子成员

梨树县中小企业服务中心培训基地

梨树县中小企业服务窗口

电话：（0434）5223298
邮编：136500
地址：梨树县梨树镇向阳街2号

梨树县残疾人联合会

理事长　崔德群

副理事长　王晓明

2012年9月14日，孙艳军县长陪同盛大成理事长视察一正药业制药车间，并同残疾职工亲切交谈

梨树县残疾人联合会成立于1990年8月，是县政府直属事业单位，下设综合科、康复部、组联宣文部、教育就业部，下属县残疾人康复中心、县残疾人服务中心、县残疾人用品用具供应服务站。县残联履行“代表、服务、管理”职能，承担政府委托的部分行政职能，发展和管理残疾人事业。

2012年，梨树县残疾人联合会网站正式开通。会同文广新局在县图书馆设立了盲人图书阅览室，丰富了残疾人文化生活，组织开展了全县“助残杯”有奖征文活动、第二十二次“全国助残日”活动，发放残疾人辅助器具100余件套。成功召开县残联第六次代表大会，选举产生了县残联领导机构。开展了第十三个全国“爱耳日”宣传助残活动。对20名贫困精神病患者实施免费住院治疗，对190名贫困精神病患者实施免费服药，安装大小腿假肢8例。开展了全省农村残疾人康复体系建设试点工作。全年完成残疾人就业189名，残疾人职业技能培训1200人次，发放省、市助残奖学金9万元。圆满完成省、市残联下达的“阳光家园”计划和农村贫困残疾人危房改造任务。

梨树县残联，本着为残疾人事业奋斗的人道主义精神，突出发展残疾人民生，将在构建社会主义和谐社会，建成社会主义小康社会中做出更大贡献。

2012年10月18日，梨树县残联第六次代表大会

2012年5月21日，第二十二次“全国助残日”活动捐赠现场

电话：（0434）5224749
邮编：136500
地址：梨树县梨树镇向阳街2号

梨树县人民防空办公室

主 任 柳子巍

集体研究工作

领导班子下基层

城市防空袭首长机关演习

梨树县人民防空办公室于2009年10月被确定为县政府工作部门。主要负责贯彻执行国家和上级关于人民防空工作及地下空间开发利用的方针、政策和法律、法规；组织编制人民防空建设发展规划；负责防空地下室建设和城市地下空间开发利用兼顾人民防空要求的管理、监督检查和审批工作；组织制定城市防空袭预案和各项保障计划；人防信息系统、通信警报的建设管理；指导群众防空组织建设；参与突发事件预防和应急处置工作；开展人民防空知识和技能的宣传教育；负责人民防空经费和资产的管理；战时组织指导人民群众进行防空袭斗争，消除空袭后果等。

几年来，全办干部职工解放思想、真抓实干，坚持与时俱进、科学发展，各项工作取得长足进步和发展。人防工程数量和防护面积大幅增加，实现城市整体防护能力和人均防护面积新突破，人防指挥宣传工作锐意创新，工程维护管理工作在全省名列前茅，机关"准军事化"建设进程加快，各项工作得到省、市、县的充分肯定，连续在人防目标管理考核中被评为一等达标单位。2011年被沈阳军区国防动员委员会表彰。

防空、防灾知识宣传

电话：（0434）5222139
邮编：136500
地址：梨树县梨树镇向阳街2号

伊通满族自治县国土资源局

团结务实的领导班子集体

2012年6月份，省委常委、纪委书记陈伦在市委书记刘喜杰等领导陪同下到靠山中心国土所视察工作

伊通满族自治县国土资源局组建于2002年1月，现有干部职工211人。局领导班子5人，其中：党委书记、局长1人，副局长3人，党委副书记、纪检书记1人。局机关内设13个职能科室，下设6个事业单位，向15个乡镇派驻8个中心国土所。

伊通满族自治县国土资源局以“三个代表”重要思想为指导，深入贯彻落实科学发展观，各项工作在省、市名列前茅。累计实现土地、矿产纯收益近7亿元，为县财政增收、县域经济的快速发展做出了突出贡献。全系统固定资产增加4000多万元，彻底改变全系统的办公环境，基层国土所标准化建设、执法监察长效机制建设、耕地保护、土地有偿使用、土地复垦整理、土地收购储备、地籍管理、矿产资源管理、集体建设用地流转、党风廉政建设、基层党建、精神文明创建等多项工作成果受到王珉、王儒林、孙文盛、贠小苏、陈伦、王克成、刘喜杰等多位部省市领导的高度评价，为省厅、市局和县委县政府赢得了荣誉。

伊通满族自治县国土资源局连续十年获得全市国土资源管理目标责任制评比第一名；连续十年受到县政府通令嘉奖；被省纪委、监察厅命名为“全省百佳廉政文化示范点”；先后荣获“全省文明单位”、“全省模范职工之家”、“全省廉政文化示范点”、“全市廉政文化示范点”、“四平市五一劳动奖状”、“四平市第九届、第十届劳动模范单位”、“四平市先进基层党组织”、“四平市文明服务示范窗口”、“四平市政务公开高标准示范单位”等荣誉称号；2005年至2008年连续四年被省厅授予“全省政务信息报送工作先进单位”；2008年被省厅授予“全省乡镇国土所标准化建设先进单位”；2010年被四平市局树立为全市国土系统标兵单位；被中华全国总工会授予“全国模范职工之家”称号，这是2010年全国国土资源系统唯一一家单位获得此荣誉；2011年被国家国土资源部、人力资源和社会保障部授予“全国国土资源管理系统先进集体”；被国土资源部授予“全国国土资源系统推进依法行政先进单位”；被省政府授予“全省行政执法先进单位”；2012年12月份被省公务员局、省国土资源厅授予“全省国土资源管理系统先进集体”；国土资源执法监察工作被国家土地督察沈阳局作为典型经验在东北三省予以推广。

伊通满族自治县国土资源局将以党的十八大精神为指导，发扬“克难攻坚、拼搏争先”的伊通国土精神，解放思想、改革创新、主动作为，扎扎实实为“保护资源、保障发展、保障权益”和县域经济的快速发展做出新的更大的贡献。

伊通国土资源局经常开展丰富多彩的文艺活动，丰富职工业余文化生活

伊通国土资源局党委召开庆七一表彰大会，表彰先进党员

办公大楼

局长：董宇恒
电话：（0434）4264838
邮编：130700
地址：伊通镇人民大路888号

伊通满族自治县畜牧业管理局

伊通满族自治县畜牧业管理局是县政府职能部门，隶属于政府系列。局机关编制人数9人。其中：领导指数3人；科股长3人；科员3人。内设机构四个：包括畜牧生产科；医政药政科；动物防疫科；办公室（含人事科）。下辖22个事业单位，其中：县直事业单位7个；乡镇事业单位15个。

近五年来，全县畜牧业生产情况和发展水平发生了根本性的变化，取得了骄人的成绩。一是牧业园区建设突飞猛进。2012年累计备案牧业小区374个，当年新建牧业小区72个，改扩建牧业小区43个。二是重大动物疫病防治工作及其平稳，有效的保护了全县畜牧业生产健康发展。三是畜产品安全监管工作成效显著。四是招商引资工作取得新突破，全国大型养殖集团广东温氏集团有限公司于2012年10月12日正式落户伊通，将为全县生猪产业发展带了新的活力。

在县畜牧业管理局干部职工的共同努力下，获得了很多工作上的荣誉，为全县牧业经济发展和农民增收做出了突出贡献。2011、2012年被省政府评为畜牧业大县；2011、2012年连续两年被国家农业部定为生猪调出县；2011、2012年连续两年被省畜牧业管理局评为畜牧兽医工作先进单位。

展望未来，县畜牧业管理局责任重大。全县牧业经济工作继续以科学发展观为统领，以发展现代牧业为目标，以牧业小区建设和标准化养殖为主线，以扩大总量、优化结构、提高效益为中心，面向市场、开发资源，多元服务、群体发展，加强龙头企业和畜禽基地建设，加强动物疫病防控及质量监管体系建设，推进全县牧业产业化发展进程。

局长：雷春雨
电话：（0434）4222396
邮编：130700
地址：伊通镇中华西路928号

营城子镇黄牛交易市场

四平市科学技术研究院

车间外观

电热带车间

运输带车间

四平市科学技术研究院创建于1977年，是吉林省首批高新技术企业，院区现位于四平市铁西循环经济示范区，占地4万平方米，拥有固定资产3000多万元，现有员工160余人，其中科技人员112人，高中级技术人员60余人。93年被吉林省科委命名为“科研先导型企业”，99年被省科委认定为高新技术企业，2005年获省科技厅“吉林省科技企业”称号，具有自营出口权，于2002年12月通过ISO9001：2000版质量管理体系认证。

我院科研方向以高分子复合材料、轻化工专业为主，机电专业为辅。现拥有3000余平方米科研、试验基地，拥有一批高、精、尖精密分析仪器。建院以来共承担并完成国家、省、市级科研项目100多项，现主要产品有矿用阻燃输送带、电伴热带、高粘度羧甲基淀粉等。

科研院科研与产业发展并重，创新与服务社会并重，以高分子复合材料、轻化工专业为主要科研方向，重点承担国家能源工业的传输、伴热保温和玉米淀粉深加工等开发项目，获得了大量的成果、专利、资质和奖励。

矿用阻燃输送带项目为国家煤炭部、国家计委项目，1982年，由我院在全国第一家研制生产，技术水平属国际先进。我院研制生产橡胶面阻燃输送带，属国内先进。产品应用于全国各大矿业集团井下采煤运输，现生产能力每年各类型号产品达60万米。

自限式电加热带是我院研发的具有自主知识产权的产品，该产品在我院的研究和开发起始于八十年代初期，先后完成了自限式电加热带系列产品的研究，并通过各级技术鉴定；1989年获吉林省科技进步二等奖，1991年获国家火炬计划银奖，1992年获国家级新产品，2004年我们对自限式电加热带的生产线进行全面的升级改造，产量实现了历史性突破，生产能力每年达400万米，步入全国同行业领军位置。

高粘度羧甲基改性淀粉项目技术为全国领先，该项目于2001年申报吉林省科技厅重大攻关项目，于2002年通过了省级鉴定。2004年该项目获吉林省科技进步三等奖。年产10000吨药用超强崩解剂系列产品项目被列为国家振兴东北老工业基地项目，获国家投资1000万元，现于四平红嘴高新区建设开发。

我们企业的宗旨是始终致力于自主创新，提高核心竞争力，为客户创造价值，为客户提供满意的产品和优质的服务，为社会创造财富。

法人代表：董卫东
电话：（0434）3271182
邮编：136000
地址：四平市铁西区北迎宾路3555号

办公综合楼

四平市水利勘测设计研究院

院 长 陈学东

书 记 聂振中

四平市水利勘测设计研究院隶属于四平市水利局，系国家乙级勘测规划设计研究资质单位，始建于1958年1月。1988年10月，经省编委批准成立了四平水利勘测设计院。2001年更名为四平市水利勘测设计研究院。现有编制85人，专业技术干部47人，其中正高级职称3人，高级职称17人，中级职称16人，初级职称11人。

设计院成立50多年来，为四平市承担诸多水利。水电工程、公民建工程项目的可行性研究、具有水利工程规划设计、勘察测量、水土保持规划、工程施工、农业开发规划设计等资质。而且，还具有现代化的勘察、测量、设计的先进技术设备。实现了微机数字出图，各种设计软件和勘测仪器全部达到最先进水平。完成了大、中、小型水库和其它水利工程、工民建等勘测设计项目1000多项，获省、市级以上科技成果奖励30多项，先后有60多篇论文分别在国家级和部、厅级学术刊物上发表。

严格执行ISO9001：2008B标准质量管理体系，提高产品质量。设计院的质量管理步入了标准化、规范化、体系化的轨道,做到不合格的成果决不出院，设计院的产品质量管理又迈上了一个新高度。保证设计产品的合格率达到100%，优质率达到90%以上，在全省同行业中排在前列,获得了上级主管部门和用户单位的好评。

设计院被市政府授予“模范单位”、“五一”劳动奖状，还多次被评为市级“精神文明创建工作先进单位”，设计院党委被市委授予“先进基层党组织标兵”、“先进基层党组织”的荣誉称号，四平市南北河城市防洪工程规划设计项目获得“吉林省天池水利科学技术三等奖”。

设计院始终勇于创新、开拓进取、求真务实、真抓实干的优良作风；坚持以人为本；坚持以事业发展为中心；坚持“科技兴院”的战略，为四平的农田水利建设和经济发展做出了突出的贡献。

电话：（0434）3643757
邮编：136000
地址：四平市铁西区英雄大路1942号

陈学东院长指导设计室工作

职工丰富多彩的文体活动

聂振中书记“五四”青年节上团课

四平市第一实验小学校

党支部书、校长　庄鹏月

学校领导班子

四平市第一实验小学始建于1932年，是一所具有近80年悠久历史和光荣传统的全日制公办小学，是吉林省首批办好的重点小学，是四平市窗口龙头示范学校。主校区现有教师168名，学生2436人，设有37个教学班。学校占地21250平方米，校舍占地面积16500平方米，建筑面积5120平方米。2012年6月30日，铁东区教育局党委推出“以城带乡”，促进教育均衡发展的新举措，将原城东乡中心校，下三台小学，小塔子小学，房身小学，河夹信子小学规划到四平市第一实验小学，从这一天起四平市第一实验小学成为全市同类小学中占地面积最大、教师人数最多、办学模式最具多元化特点的一所现代化学校。

学校本着继承、改革、创新、发展的工作思路，以素质教育为中心，以深化教育改革和依法治校为重点，走科研兴校之路，全面提高教育质量、培养具有创新精神和实践能力的学生，力求把学校办成求知的学园，活动的乐园，生活的花园。

多年来，全体教职工默默奉献，勇于开拓，形成了第一实验小学这个团体特有的六种精神：忠于职守的敬业精神，勇于开拓的创新精神，克己奉公的自律精神，从严活泼的负责精神，脚踏实地的苦干精神，爱校如家的奉献精神。

学校具有一流的教育环境，高水准的科研与教育水平，高素质教师队伍，功能齐全的现代化教学设施。是吉林省青少年航模活动示范学校、全国德育科研先进实验校、中华民族传统美德教育研究“全国百佳”示范学校、中国教育学会“十一五”重点课题研究先进单位……学校所取得的成绩不仅得到学校教师和家长、社会的认可，更是得到各级领导的充分肯定。省委书记孙政才、原教育部副部长张天宝、国家体卫艺处副处长刘海泉、四平市原市委书记王克成、现任四平市市委书记刘喜杰、副市长王宇，铁东区区委书记黄诚等各级领导都先后莅临学校进行调研和视察，成功的办学经验向全区中小学校推广。

“功崇惟志，业广惟勤”。全体教职工将再接再厉，全力促进学校内涵发展，提高办学质量，彰显名校风范，培养出更多、更好的人才，为实践“办人民满意学校”的庄严承诺而努力奋斗！

铁东区“知荣辱”启动仪式

学校定期邀请武警官兵为学生做安全教育

电话：（0434）5076786
邮编：136001
地址：四平市铁东区北一经街471号

四平市中心医院

院长兼党委书记　唐立峰

四平市中心医院暨中国医科大学四平医院是一所集医疗、科研、教学、预防、保健与康复功能为一体的综合性三级甲等医院。院长兼党委书记唐立峰带领全院职工凝心聚力，以一流的服务，一流的信誉，履行为人民健康保驾护航的神圣职责，得到社会和广大群众的充分信赖和高度评价，成为全国卫生战线的一面旗帜，先后荣获全国卫生系统先进集体、全国文明单位、全国百佳医院、全国百姓放心示范医院、全国“大医精诚”先进集体、全国“五一劳动奖状”、中国百佳示范品牌医院等20余项国家级荣誉。

2012年末，医院现有员工1224人，其中卫生技术人员996人，副高以上职称295人，享受政府特殊津贴5人，四平市名医22名，硕士研究生及在读博士、硕士等高级人才98人。医院有开放床位1200张，年门诊病人逾40多万人次，收治住院病人近3万人次。医院拥有伽玛刀、16排螺旋CT、核磁共振、全自动生化分析仪、钬激光等多台国内外一流的先进设备，承担着中国医科大学、吉林大学医学院等医学院校的临床实习基地和教学任务。

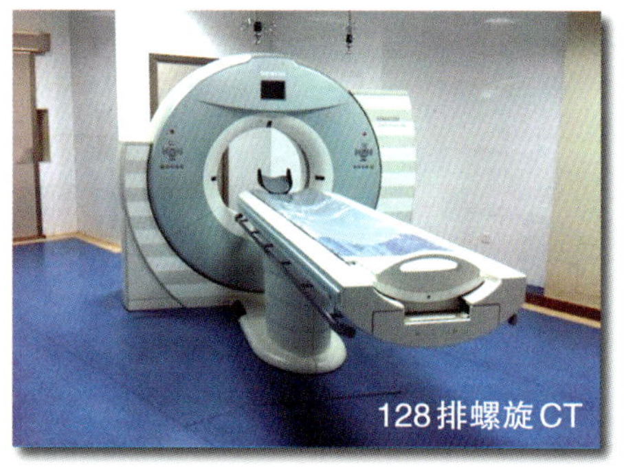
128排螺旋CT

建院35年来，医院科学制定可持续性跨越式发展的医院建设规划，提出实现区域性、现代化大院、强院、名院的目标。业务建设形成科系齐全、特色突出、重点学科优势明显的格局，重点专科已达到了省级重点专科水平；心脏外科开展的各种复杂、疑难心脏病手术技术处于省内领先水平；开展的脐血干细胞移植等方面走在本省前列；微创外科、显微外科、伽玛刀放疗等重点技术的成功应用，为当地百姓妥善解决看病难和去外地大医院就医的困难。

医院先后制定出台了一系列管理制度和规范；建立健全了院科两级质量管理组织，构筑了一个全员参与的质控网络和长效机制；在本省率先引进了ISO9000国际质量认证体系，使医院从宏观调控到微观管理等诸多环节都进入到一个全新的领域，数字化医院建设日新月异，有力地推进医院建设的整体进步和协调发展。

医院以蓬勃向上的文化为载体，营造具有鲜明的行业特色、蕴含时代精神的医院文化氛围。倡导建设“学习型医院，常年开展“相约星期五”全员学习活动；各个节日举行丰富多彩的竞技娱乐活动，全院职工充分感受医院先进文化的魅力，唱响“心齐、劲足、人和、风正”的主旋律，引领医院的发展。

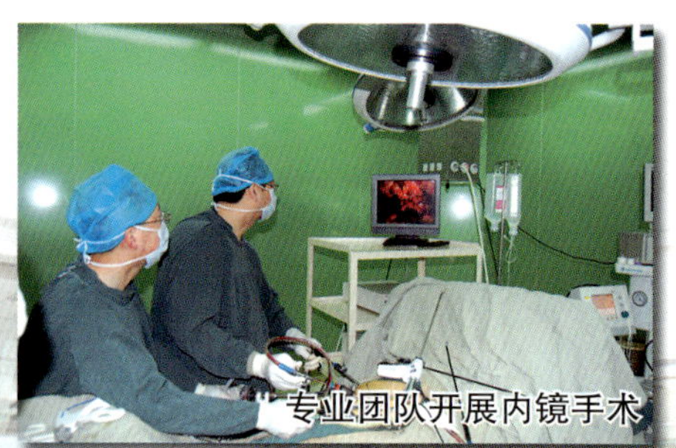
专业团队开展内镜手术

电话：（0434）3648082
邮编：136000
地址：四平市铁西区南迎宾街89号

宽敞明亮的候诊大厅

中国移动通信集团吉林有限公司
四平分公司

文明窗口

获奖荣誉

中国移动通信集团吉林有限公司四平分公司（简称“四平移动分公司”），2013年营运收入将达到9.7亿元，客户规模超过230万户，是四平通信市场全业务运营当中，通信用户最多，网络规模最大、技术手段最完善，服务质量最优质、资金实力最雄厚的主导通信运营商。

助力地方经济发展，获得荣誉。通过投资拉动和信息化建设，2012年，四平移动分公司纳税额市本级排名第九，非工业企业排名第二位。为促进地方经济发展和改善民生做出了应有贡献。在付出的同时，也得到了社会各界的高度认可，先后获得全国“诚信单位”、全国“模范职工之家”等称号，并于2011年获得全国“文明单位”称号，2012年获得吉林省“五一”劳动奖状。

邮编：136000
邮箱：songhui@jl.chinamobile.com
地址：四平市铁西区北河西路555号

全区最大的开放式营业厅

中国建设银行股份有限公司 四平分行

党委书记、行长 王志坤

省、市建行领导走访企业

同客户开展多种形式的联谊、沙龙活动

中国建设银行股份有限公司是一家在中国市场处于领先地位的股份制商业银行，为客户提供全面的商业银行产品与服务；建设银行拥有广泛的客户基础、多元化业务结构、不断创新的能力、市场领先的产品和服务。

中国建设银行四平分行分设4个县级支行、17个市区支行，全辖27个营业网点，在岗员工817人。多年来，四平分行秉承“中国建设银行，与企业共发展，与社会共繁荣”的经营思想，坚持“以客户中心”的经营理念，不断创新，追求卓越，经营水平和综合竞争力不断提高；资金实力、经营效益、信贷投放、产品创新、服务功能、网络优势、社会信誉等居同业前列。截止2012年末，全行全口径存款余额 158亿元，各项贷款余额62亿元，中间业务账面收入1.2亿元，账面利润3亿元。

目前，建设银行四平分行全辖营业网点成功实现转型，规范化金融服务水平全面升级。全行对公结算客户达到6000余户、非零资产个人客户达50万余户。全行拥有ATM自助设备间58处，其中离行自助银行18个，布放存取款机124台。积极创新金融产品，与交通部门共同发行的与英雄城形象匹配的四平城市通金融IC卡发卡3.9万余张，与公安部门共同发行的交通龙卡发卡6300余张，并且上述两卡种已开通了公交无人售票、日常缴费、车辆安全信息等非金融功能；在推广“成长之路”、“速贷通”、“农产品监管”等特色信贷业务产品的同时，开发推出了“助保金”、“质保通”、“善融贷”等新产品，采用了‘信贷工厂’模式，实行流程化操作和‘评级、授信、支用’三位一体的申报、审批模式，缩短了业务办理周期，使小企业金融业务实现了经营管理的专业化和集约化；信用卡分期业务、个人住房贷款、个人消费贷款、个人助业贷款业务等金融服务深入千家万户；龙卡信用卡业务、电子银行业务、理财业务及各项代理金融产品业务品牌深受客户欢迎。为我市十几个重点行业、百余家重点企业、小微企业对公客户提供信贷资金支持，并为个体商户提供助业贷款服务；落实市委、市政府的经营战略，积极探索专业园区融资工作；根据棚户区改造、新农村建设、城镇化建设的相关需求，积极创新金融产品及服务方式，将金融服务逐步向有利于民生发展的项目、涉农相关项目、种植养殖以及农民专业合作社等推进。

精神文明建设、企业文化建设和行业作风建设水平不断提高，优质服务享誉四平。历史上曾被命名为“全国行风建设先进集体”，2012年分行在全省行风测评中居市内同业前列，被命名为省级文明单位和建设银行总行文明单位，被市委、市政府评为“经济建设优秀金融服务单位”，为当地经济发展和文明建设做出了突出贡献。

四平市城区农村信用合作联社

四平市城区农村信用合作联社是经中国银监会批准成立的金融机构，所辖23个机构营业网点（1个营业部、7个信用社，15个分社），员工352人，各项存款30.6亿元，各项贷款27.8亿元，资产总额33亿元。

一、牢记宗旨，为四平市经济发展提供金融支持。坚持为“三农”服务的办社宗旨，加大农业的信贷投入，开展农户小额信用贷款、农民“直补保”贷款、“土地收益保证贷款”等多项贷款业务；完善和创新“六大金融”，在普惠金融、农业现代化金融、县域特色经济金融方面取得一定成效，助力农村经济发展；关注个体及小微企业发展，量身打造了“热捷利”、“商易贷”、“循易贷”产品，满足客户资金需求；加快电子化、科技化发展步伐，目前有33个应用系统成功上线，自助银行、电话银行、手机银行、网上银行等电子渠道建设取得重要进展；助农金融服务暨“四个一”工程建设作用明显，农民足不出村，就能在家门口设立的金融便民服务点领取小额现金；社会保障“一卡通”代理业务成功开办，为持卡人享有社会保障权益提供优良的金融服务。

党委书记、理事长　刘国瑞

二、强化管理，全面提高金融服务水平。开展了“银政企”联谊会、民营经济座谈会、送金融知识下乡、金融知识万里行、元宵节灯会等活动，深入到群众和客户中间，零距离地进行信息交流、项目推介、产品宣传，畅通融资渠道；转变传统服务方式，加快与现代化金融服务业接轨。实施机构升格，推动网点功能和服务模式的转型；按照现代商业银行网点建设标准，在一年内新打造5家高效精品网点，形成布局合理、功能齐全、服务优质、环境优美、经营高效的格局。一是不断深化干部人事、劳动用工和薪酬分配制度改革，推行全员竞聘上岗，坚持以绩取酬，员工积极性和创造力明显提高；二是坚持以市场为导向拓展业务，为客户提供全面、优质、高效的金融服务；三是夯实基础，实行精细化和流程化管理；四是重视文化建设和风险管控工作，增强高管、员工的风险防控意识；五是加强品牌建设，树立良好的社会形象，使农信品牌形象深入人心，营造和谐健康的发展氛围。

凝心聚力、开拓进取的领导班子

业务技术比赛

战略合作签约仪式

电话：（0434）3253661
邮编：136000
地址：四平市铁西区中央西路56号

三、奉献社会，促进四平经济社会和谐发展。积极参与慈善救助、元宵灯会、纳兰性德研究会、纳兰书画院、叶赫风情等活动，联社干部连续出版了《纳兰词译注》、《纳兰诗校注》两部著作，并创作了相关研究作品，具有一定社会影响，为促进四平文化发展和社会和谐发挥了重要作用。

四平城区联社坚持“农民致富的银行、微企成长的银行、居民兴业的银行”市场定位，以“深化改革，创新转型，管理升级，提质增效”为方针，依托遍布市区（郊）的分支机构、电子化网络和多元化的金融产品，实现了速度、质量、效益、规模协调发展，市场竞争力不断提升，现已发展成为市区内资产规模较大、机构网点遍布城乡、市场影响力和社会认知度较高、具有良好的社会公信力、能为客户提供全方位金融服务的银行，成为助推四平经济社会发展的重要力量。

单位大楼

双辽吉银村镇银行

董事长　王金贵

会议室

双辽吉银村镇银行（SHUANGLIAO JIYIN RURAL BANK）于2011年10月25日成立，是由吉林银行牵头发起，经中国银行业监督管理委员会四平监管分局批准设立的一级法人银行业金融机构。双辽吉银村镇银行秉承吉林银行“稳健经营，创新发展”的经营思想，积极开展工作，不断推进各项业务的发展。截止2012年12月末，总资产33999万元，各项存款余额27299万元，各项贷款余额15034万元。

双辽吉银村镇银行业务范围逐步拓宽，走进千家万户。截止2012年12月末，公司业务开户153户，个人业务开户5774户。

“机制灵活、决策高效、办事快捷、服务优质”是双辽吉银村镇银行的特色和优势。在面向“三农”，服务“小微”的市场定位下，双辽吉银村镇银行全力构筑自己的目标客户群，致力于在本地金融机构的竞争中，走一条差异化、特色化的经营之路。

在双辽市委组织发起的“引域外资金，助双辽快跑”活动中，双辽吉银村镇银行充分发挥协办行的职能作用，助推存款营销工作。截止2012年10月末，吸收存款3208万元。同时开拓小微企业融资渠道，推出“小微企业百家行”活动。截止2012年9月末，共走访客户102户，已为29户小微企业送贷上门，送贷金额2666万元。

双辽吉银村镇银行大胆创新，积极开发业务新品种。一是通过深入市场调查，开发了“农机乐”贷款品种。即农户在购置大型农业机械资金不足时申请贷款，由农机销售企业为农户贷款提供保证担保。二是针对粮食收购大户收储资金短缺，融资没有相应抵押物的情况，开办了由粮食收储企业为收购农户提供保证担保的“粮满仓”贷款品种，有效解决了收储户资金不足的问题，增加了粮食收储运输企业的收储能力。

电话：（0434）5092007
传真：（0434）5092017
邮编：136400
地址：双辽市辽河路1759号

工作人员

营业室内

营业大厅

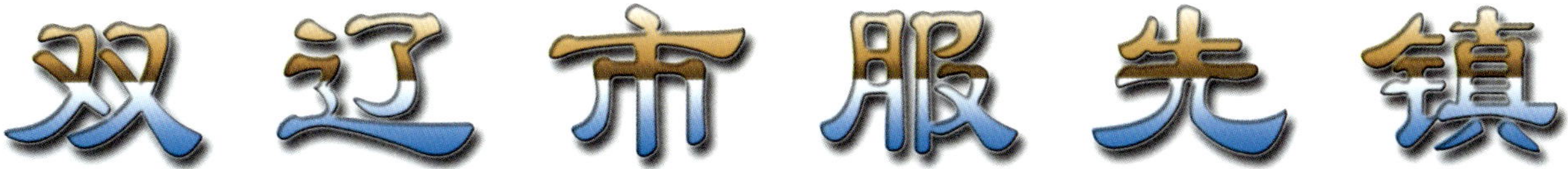

双辽市服先镇

[政区概况] 服先镇位于双辽市东北部，地处双辽、长岭和公主岭三县（市）交界，东临公主岭市玻璃城子镇，北连松原市长岭县新安镇。全镇总面积189平方公里，辖8个行政村，28个自然屯，共有4210户（其中农业户数3442户），总人口1.7万人。

[自然条件] 土地面积大，全镇人均占有耕地多，地下水资源丰富，地处"黄金玉米带"，发展粮食生产优势得天独厚。耕地总面积13000公顷，（其中水稻面积400公顷）林地面积1780公顷，草原面积1200公顷。

[经济概况] 2012年，全镇粮食产量达到1.975亿斤，比去年增加3.7万斤，农业总产值达到1.98亿元。农民人均收入达到8172元。棚膜经济快速发展，以勤俭村胜利村为典型，现在全镇棚膜经济园区面积已达到4500亩，太和村新建大棚5000平方米。牧业经济快速发展，奶牛，肉鸡，貂狐养殖规模扩大。黄牛普遍饲养和集中饲养相结合。2012年全镇工农业总产值位居全市前五名。

书 记 梁 军

领导班子成员

电话：（0434）7390004
邮编：136419
地址：双辽市服先镇

镇政府大楼

四平金隅水泥有限公司

四平金隅水泥有限公司成立于2009年12月，隶属于北京金隅集团（股份）公司，注册资本3亿元。公司座落在美丽的“英雄城”——吉林省四平市，这里地处东北地区重要的交通枢纽。公司的2500T/D新型干法水泥生产线，年产优质高标水泥100万吨以上。现已通过环境管理体系、质量管理体系、职业健康安全管理体系认证和清洁生产审核，获得建材环保产品认证、产品质量认证、安全生产标准化二级企业证书。

四平金隅水泥有限公司自成立以来以创新求发展，坚持“塑卓越品质，铸百年伟业”的质量方针，不断提高产品质量和服务水平。秉承“精效管理，人本为先”的管理理念，不断提升综合管理水平。同时坚持走健康、可持续发展的道路，顺利完成了国家“863”计划之一的利用电石渣替代石灰石制备水泥的全套解决方案，开创了利用新型干法水泥窑规模化、无害化消纳电石渣的先例。公司积极探索绿色发展之路，依托北京金隅水泥窑协同处置城市废弃物的先进技术，向都市环保型企业转型，做“政府好帮手、城市净化器”，实现经济效益、社会效益、生态效益的协调发展。

电　　话：（0434）5109000
销售大厅：（0434）5109028　5109038　5109048
邮　　编：136001
地　　址：四平市铁东区北二经街936号

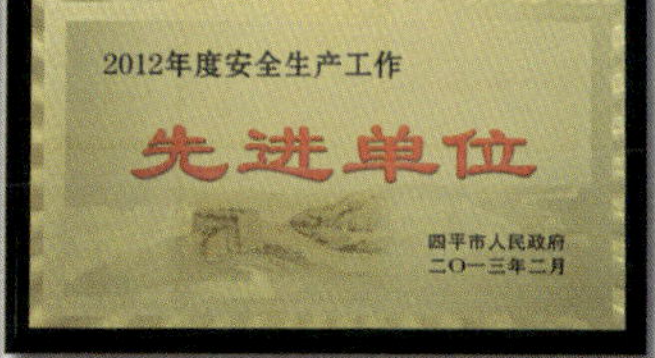

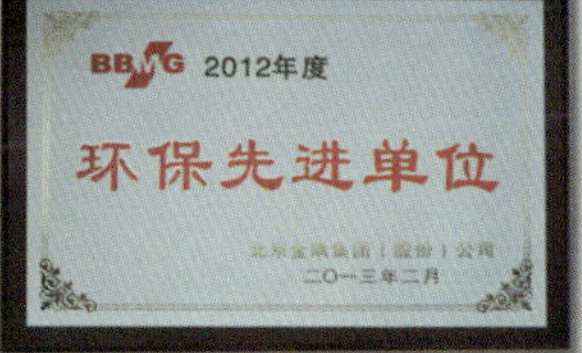

四平市四开电器公司

董事长　王　珏

副总经理　王俏东

四平市四开电器设备制造有限公司，前身是国有企业（四平市开关厂），始建于1965年。2000年8月改制为股份有限责任公司，2010年7月又改制为现在的民营企业，是原机械工业部和煤炭工业部定点生产防爆电器产品的专业厂，也是国家煤炭管理局综机装备公司、综机配件公司生产防爆电器产品的骨干定点企业。公司占地20350㎡，建筑物面积8134.85㎡。

公司以科技为先导，走产、学、研合作开发的道路，与国内相关大专院校广泛交流与合作，改造老产品，研发新产品，提高产品科技含量，在产品研发、技术创新、技术改造、厂房设备改造上投入大量资金，增强技术研发实力，创优质名牌产品，产品质量得到各大矿务局及煤业集团的信赖。

公司坚持“创造四开优质产品，强化四开服务意识，致力四开品质保证，弘扬四开创新精神”的质量方针，恪守“目标要高、管理要严、办法要多、思维要新”的管理理念，所有产品都取得国家工业产品生产许可证、安全标志证、防暴合格证。

近几年来，公司曾被评为“吉林省优秀企业”；省级“技术中心企业”；吉林省“高新技术企业”；吉林省“精神文明单位”，守合同重信用企业、被国家认定为全国煤炭行业机电设备定点生产企业、全国煤矿专用设备配件定点生产单位、荣获四平市“五一”劳动奖状；被东北区名人名企编辑委员会授予“东北区最佳诚信企业”、被中国产品质量认证中心评为中国负荷开关质量公认“十大知名品牌”并颁发了荣誉证书，取得了ISO9001：2008质量管理体系认证及安评、环评，被吉林省信用评价认证中心评为“AAA级信用企业”。

2011年4月公司董事长王珏被授予四平市“五一劳动奖章”和“四平市经济技术创新标兵”。

2011年公司生产的防爆开关电器产品被CHC全国高科技产业品牌推进委员会吉林省委员会授予“吉林省十佳满意品牌”。

2011年5月申报的《矿用隔爆型永磁机构高压真空配电装置》取得了国家实用新型专利，2011年12月被评为四平市科技成果，并取得了四平市科学技术进步二等奖。

2011年11月被评为四平市首届“红嘴杯”技能人才大赛精神文明奖。

2011年公司申报的‘四开’商标，被吉林省工商局、商标局评为“吉林省注名商标”。

2012年4月被评为“吉林省百佳诚信单位”。

电话：（0434）3210466
邮编：136000
地址：四平市红嘴经济技术开发区
兴红路3199号

质检部严格把守质量关

吉林省东风机械装备有限公司

吉林省东风机械装备有限公司是2005年初改制成立的一家大型民营企业。其前身四平市联合收割机总厂始建于1942年，至今已有70多年的发展历史。曾经是我国机械行业的大型骨干企业、行业组长厂、生产科研基地。1964年研制生产出我国第一台大型自走式谷物联合收割机，填补了国家空白。产品遍布全国28个省、市、自治区，并远销东南亚、非洲、欧洲等20多个国家和地区。

吉林省东风机械装备有限公司位于四平市中心区，厂区内设有铁路专用线。占地面积33万平方米，建筑面积11万平方米。注册资金4300万元，固定资产3.5亿元。

公司设有机加、热处理、冲焊、装配、铸铁等5个分厂和7个职能部室。各种机械设备千余台（套），有多台从美国和意大利进口的数控设备和加工中心。配有两套国产数控设备生产线及自动油漆线和一台大型联合收割机自动装配线。生产设备先进，具有极强的机械加工能力。

公司先后获得中国AAA级重质量守信用单位、质量信得过单位、农机研发优秀企业、农民满意企业、吉林省名牌产品、四平名牌产品等多项荣誉称号。从2008年起到2011年，连续被四平市政府评为“纳税突出贡献企业”、“纳税大户”、“纳税功臣”称号。1996年，企业在同行业中第一个通过ISO9001-2000质量管理体系认证。2011年“东风”牌系列收获机荣获吉林省名牌产品。2012年“东风”牌商标被评为吉林省著名商标。

公司主导产品目前已形成生产制造大中小型联合收割机三个系列，七个品种，年生产160马力以上大型产品能力达2000台。尤其是160马力东风E518型轴流自走式玉米联合收割机，在国内同行业中具有较大优势和较强的发展潜力。经吉林省专家鉴定，填补了我国民族企业不能生产大型纵向全轴流机的空白，该产品获得了吉林省科技成果、吉林省名牌产品荣誉。公司改制以来，已获得4项科技成果，8项实用新型专利，1项发明专利。

企业技术力量雄厚，具备独立开发自走式收割机的能力，有一支技术过硬、经验丰富的技术工人队伍。具有引进转化国外先进收割机技术能力和经验及自主研发自走式收割机的能力。研制大马力收割机基础优势明显，市场前景广阔，可持续发展潜力巨大。公司自主研发的东风牌2000系列200马力自走式联合收割机已通过国家部级推广鉴定，东风牌2000系列300马力自走式联合收割机已进入研发阶段。

昔日中国收割机的发祥地和摇篮，将以新的姿态、新的风貌，重振雄风，让东风浩荡起来，让四平收割机之乡这张名片更加灿烂辉煌。

请记住，是我们改变了中国农业机械化发展的历史；

请坚信，我们必将引领中国农业机械化发展的未来。

董事长　王长久

东风E518型自走式玉米联合收获机

吉林省东风机械装备有限公司装配线

电　　话：(0434) 3377355
邮　　编：136001
地　　址：铁东区收割机路四马路1105号

办公楼

奇瑞重工吉林有限公司

党委书记、总经理王金富出席十二届全国人民代表大会一次会议

奇瑞重工吉林有限公司成立于2012年4月，是一家大型现代化股份制公司，业务涵括农业装备、工程机械、专用车辆和海洋装备，包括玉米收获机、拖拉机、水稻收获机械生产与销售、农机具全价值链运营，市场覆盖我国东北地区及俄罗斯、蒙古、朝鲜等国家。奇瑞重工以全球为视角，秉承“做百年企业，创世界品牌”的企业愿景，以开放创新的精神，不断推出有竞争力的产品与服务，致力成为国际知名的装备制造企业。

奇瑞重工建立“以企业为主体、以市场为导向，产学研紧密结合”的技术创新体系。2012年5月8日，“杂交水稻之父”、中国工程院院士袁隆平正式受聘成为奇瑞重工的特别顾问，并为“谷王”题词“全球收获真专家”。袁院士表示，他非常愿意利用自己的专业知识推动水稻育秧、栽培和种植方式的改进，形成农艺农机相适应的技术体系，确保农民朋友丰产又丰收。

“谷王”玉米收获机、“耕王”拖拉机是奇瑞重工吉林有限公司农业装备产业的两大产品系列，“谷王”品牌依靠全球领先研发设计，产品性能和全方位配置达到了同类产品的一流水平。“谷王”品牌收获机械包括玉米收获机、水稻收割机、小麦收割机等。“耕王”旗下共包括RD、RK、RC、RV、RS等9大平台拖拉机系列产品，马力段涵盖25—360马力，共千余种型号，不仅能满足耕、种、管、收、运全程机械化作业需求，还能根据用户丰富而差异化的需求量身定制。

耕王拖拉机

服务是奇瑞重工始终坚持的核心竞争力之一。秉承“比用户的需求做得更好”这一服务理念，更好满足东北地区服务需求，奇瑞重工吉林有限公司于2013年投放29辆服务车。奇瑞重工的产品和服务获得了来自用户、经销商以及各级政府机构的认可。在2012年全国“三夏”和“三秋”作业的过程之中，谷王高品质的产品和一流的售后保障服务，受到了用户的高度赞赏，产品产销两旺，赢得了较高的声誉。

奇瑞重工吉林有限公司建成投产后可形成收获机、大中马力拖拉机及农机具年产2.9万台的生产能力。到十二五末，业务规模将突破30亿元，成为东北亚最大规模和最具影响力的农业装备基地。

奇瑞重工吉林有限公司厂区平面图

电话：（0434）5089999
邮编：136001
地址：四平铁东经济开发区奋进专用汽车厂东10米

谷王玉米收获机

吉林久盛建材有限责任公司

董事长 李仲海

吉林久盛建材有限责任公司成立于2009年，隶属于久盛集团。创业初期以石料开采为经营主业，随着后续发展壮大，不断向上游机械制造和下游建材生产及工程施工等领域延伸，成为集团整体产业链的发展中心，是生态混凝土砌块产品的生产和研发平台。

久盛建材在发展过程中秉承“质量可靠、亲和自然、施工便捷、节约资源”的研发和生产理念，将科研成果转化为优质产品，依托久盛机械公司研发的全自动砌块成套生产线，利用实业公司提供的优质原料、尾矿及再生的工业、建筑固体废弃物，针对交通、水利、市政、房建等建筑领域，研发和生产生态挡墙砌块、生态护坡砌块、生态地面砖、路缘石、U型槽和混凝土垫块六大系列100多个产品，具有亲和自然、环保、抗压、抗折、抗盐冻、使用寿命长、安装简便、节约成本等特点，具有10余项国家专利，完全符合国家对未来建材的发展要求，是美化环境、改造升级的理想产品。

2008年，集团公司与韩国合作开发具有国际先进水平的砌块生产线；2009年，以特别会员的身份加入韩国水泥工业联合会；2010年，建材产品获得中交（中国）交通部产品认证一号证书；2011年，加入中国建筑砌块协会，同年成为《交通标准化》理事单位；2012年，与吉林大学交通学院建立教学实践基地，同时与吉林大学管理学院开展合作，在ISO9001国际质量体系的基础上，继续提升、细化公司整体管理水平。

久盛建材在研发过程中，先后参与交通运输部科学研究院西部课题《生态敏感区高速公路景观及资源环境综合保护技术研究与示范》，与交通运输部科学研究院、交通运输部公路科学研究院联合编写《高强度混凝土部扮标准》，同吉林大学共同参与完成吉林省交通厅《干硬性混凝土路缘石课题》研究等科研项目，得到了国家、省、市专家的认可。

经过三年时间，已在吉林省内拥有四家标准化砌块生产基地，总占地面积达16000㎡以上，全面实施ISO9001-2008质量管理体系。同时，以“发展生态节能建筑建材，促进人与自然和谐共生，争做建筑建材龙头企业”为核心价值观，公司正以连锁形式在全国组织布点建厂，以工厂对接工程，就地生产、就地销售、就地应用的模式服务广大客户，诚邀您的加盟。

电话：（0434）3333811
邮编：136001
地址：四平市铁东区南一经街5658号

伊通河护坡与坝岸改造
——伊通九台至开原大桥段

吉林省康达农业机械有限公司

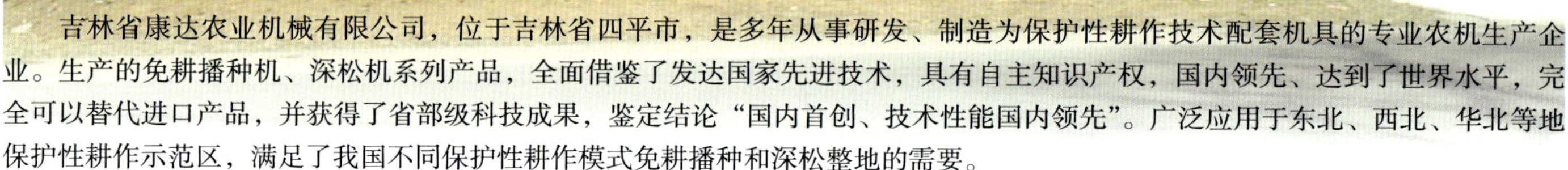

吉林省康达农业机械有限公司，位于吉林省四平市，是多年从事研发、制造为保护性耕作技术配套机具的专业农机生产企业。生产的免耕播种机、深松机系列产品，全面借鉴了发达国家先进技术，具有自主知识产权，国内领先、达到了世界水平，完全可以替代进口产品，并获得了省部级科技成果，鉴定结论“国内首创、技术性能国内领先”。广泛应用于东北、西北、华北等地保护性耕作示范区，满足了我国不同保护性耕作模式免耕播种和深松整地的需要。

公司注册资本1000万元，研发力量雄厚、加工技术精湛、市场开发能力强。现有职工132人，具有中高级职称专业技术人才18人，硕士研究生2人；聘请国内保护性耕作、播种机方面的知名专家做顾问；建立保护性耕作示范基地一处、示范区五处。公司设有生产部、技术部（研发与质检）、销售部、售后服务部、财务部、人力资源部等。

2012年，完成产值5000万元。年生产2BMZF-2型免耕播种机2000台，年生产2BMZF-4型免耕播种机500台；013年计划生产机具2500台，产值1.5亿元，利税2500万元。2BMZF-2/4/6系列免耕播种机，已列入2012年国家支持推广目录，和北方十余省区（包括陕西省）的农机购置补贴目录。

2BMZF-2/4/6系列免耕播种机能在全部秸秆覆盖条件下一次进地完成切断和清理种床秸秆、测深施肥、种床整形、单粒播种、覆土、加重镇压等多项作业，播种单粒率在97%以上，空粒率在3%以下；出苗率比普通播种机提高15%以上。

2012年，实际销售760台，完成产值4560万元，销售区域遍布北方十余省区，特别是黑龙江省、吉林省、辽宁省和内蒙古自治区玉米主产区保护性耕作技术工程项目区、保护性耕作技术示范项目区、农机补贴项目区。

新厂区院内

2BMZF-2型
免耕指夹式精量施肥播种机

2BMZF-4型
免耕指夹式精量施肥播种机

2BMZF-6型
免耕指夹式精量施肥播种机

法人代表：高保安
电话：（0434）3206055
邮编：136000
地址：四平循环经济示范区内

四平市铭昊建筑材料有限公司

四平市铭昊建筑材料有限公司注册资金1000万元，固定资产投资4900万元，是我市唯一一家具有预拌商品混凝土三级专业资质的企业。公司于2007年4月投资兴建，2008年3月正式投产，是我市第一家从事预拌商品混凝土生产的企业。

公司坐落于四平市循环经济示范区，占地面积20000平方米，建筑面积2200平方米。公司拥有HZS120型预拌商品混凝土生产线两条，设计最大年生产能力60万立方米；中联重科47米混凝土输送泵车2台，北汽福田8立方混凝土搅拌运输车20台，散装水泥运输车2台，ZL50型铲车2台，160吨地磅秤1台，总仓储水泥及粉煤灰能力10000吨的钢板仓两座。

公司目前员工人数为70人，2012年实现产值7800万元，人均产值约111万元。2013年预计完成产值9000万元，目前已完成产值7500万元。

自正式投产以来，公司产品先后参与建设了哈大高速铁路四平段建设工程、哈大高速铁路四平客运站建设工程、四平电厂二期扩建工程、双辽电厂二期扩建工程、四平昊华集团双二十万吨聚氯乙烯项目、辽宁省昌图县开发区会展中心建设工程、辽宁省铁阜高速建设工程等国家重点工程项目，并取得了良好的口碑。

公司全体员工秉承“敢为人先、勇于开拓、不惧艰辛、众志成城”的思想方针，在我市各级领导的支持与帮助下，终于使预拌商品混凝土这个几年前还在四平市无人知晓的行业，发展成为了建筑行业中不可缺少的重要支柱。经过我公司几年的努力开拓和主管建设部门的大力推广，预拌商品混凝土目前在我市已得到广泛的应用，仅预拌混凝土生产企业就从2008年的1家发展成为目前的4家企业。而且，预拌商品混凝土在建筑业内的推广也使得建筑业整体建设效率提高了25—30%，并大大保证了工程质量，推动了我市建筑行业的蓬勃发展。

法人代表　闫　飞

电话：（0434）3201888
邮编：136000
地址：四平循环经济示范区
（原市垃圾处理厂院内）

四平市国税局地下车库

妇婴医院新门诊大楼

九州四期工程

毛家店铁路立交桥

红嘴立交桥

公主岭温州商城

主 任 孙殿普

公主岭温州商城（原中国北方温州商城）是在上世纪九十年代末期借鉴温州经验、走自己道路，创造公主岭发展模式、大力发展民营经济，实施的经济振兴工程和再就业工程。

商城座落在公主岭市中心最繁华的商贸开发区内，以商城为主的客货运输联结成网，铁路、陆路、空运服务四通八达。总占地面积8万平方米，主体建筑面积27.2万平方米，内设摊位16759个，可容纳2万多人经商。商城内设纺织、服装、床上用品、针织、小商品、鞋帽、箱包、食品、家电、五金电料等10个专业经营、批发区。

商城管委会下设党委办公室、综合行政办公室、督察大队、经警大队、物业部、财务部、产权部、招商广告部、保洁队、六个管理区，现有员工280人。金融、邮政、法律服务中心等服务部门和工商、公安、税务、卫生防疫等行政部门在商城设有分局，为全体商户和消费者提供优质、便捷、高效的服务。

2002-2004年连续三年被国家统计局、中国市场联合会评为“全国百强市场”；2006年被中国市场指导委员会授予“中国五星级商品交易市场”；被中国市场学会商品批发市场发展委员会评为2007年度“全国文明诚信三A级市场”、“2008年全国商品交易系统先进单位”。

电话：（0434）6231108
邮编：136100
地址：公主岭市吉祥西街208号

地区生产总值

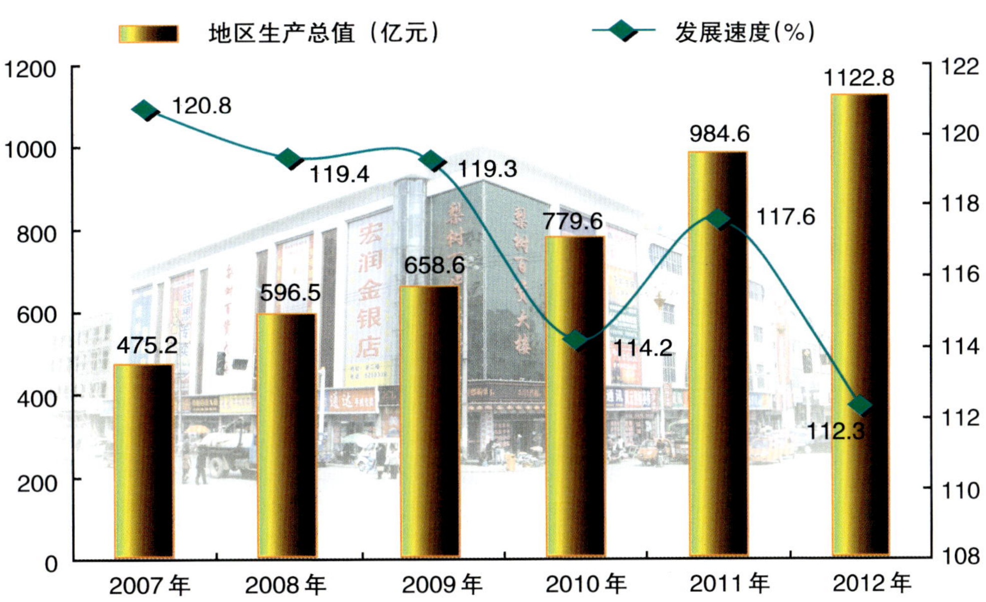

地区生产总值（亿元）
发展速度(%)
1200
1000
800
600
400
200
0
122
120
118
116
114
112
110
108
475.2
596.5
658.6
779.6
984.6
1122.8
120.8
119.4
119.3
114.2
117.6
112.3
2007年
2008年
2009年
2010年
2011年
2012年

单位:%
2007年
一产
二产
三产
31.2
34.1
34.7
2012年
一产
二产
三产
28.9
25.3
45.8

三 产 结 构

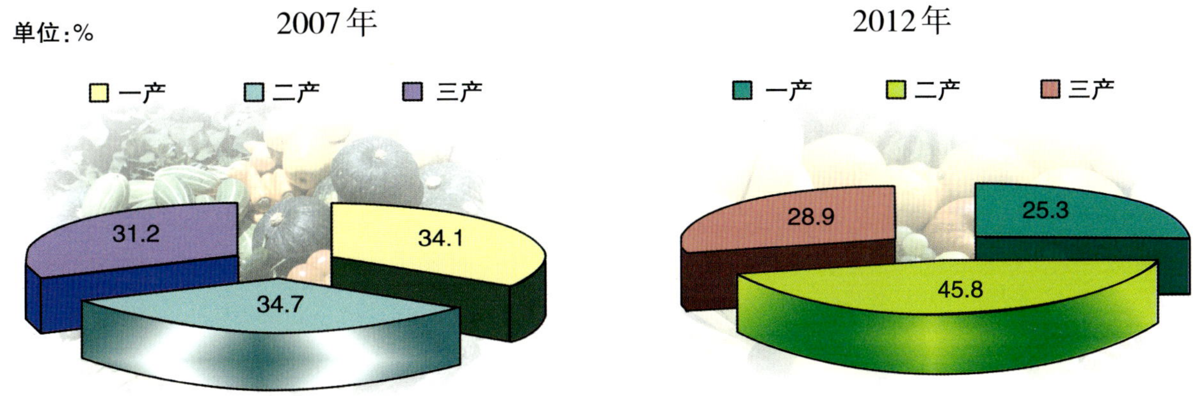

人均地区生产总值

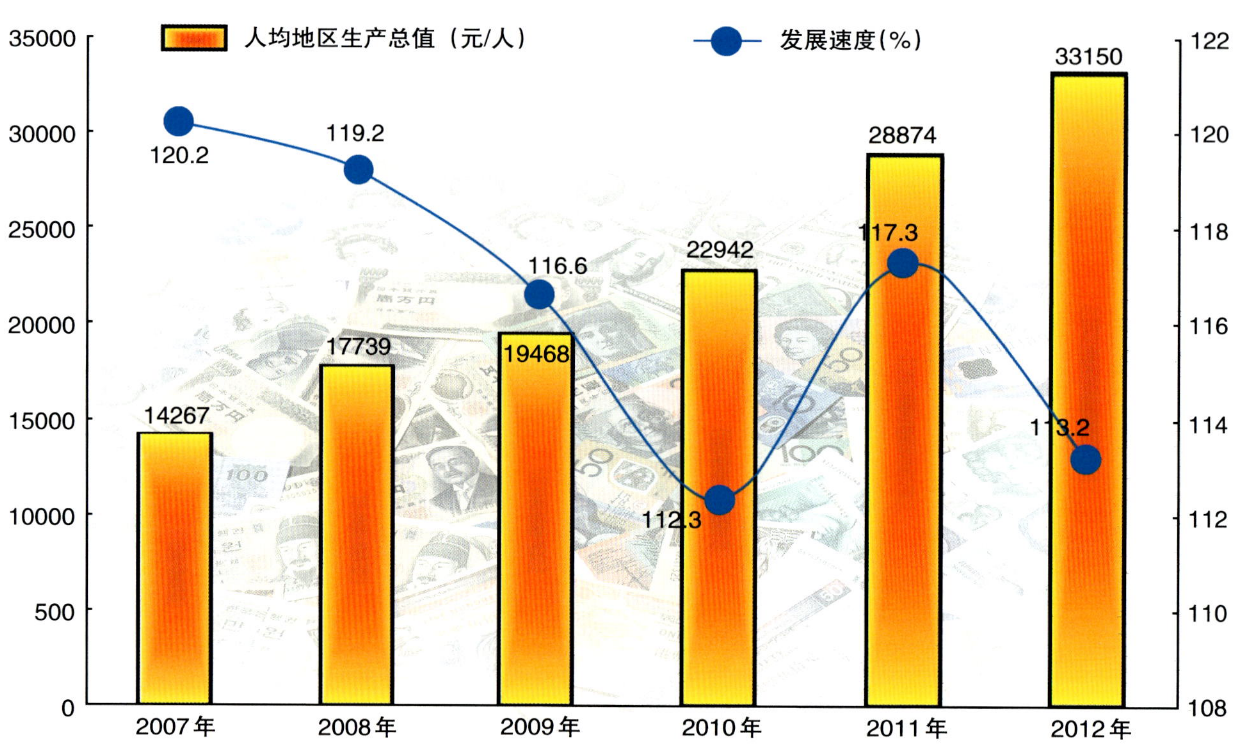

粮　食　产　量

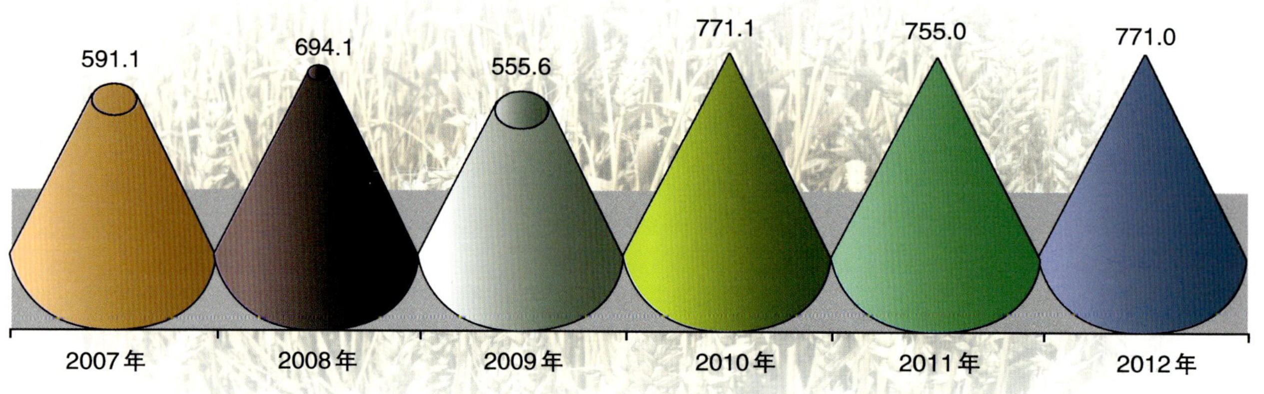

居 民 收 入

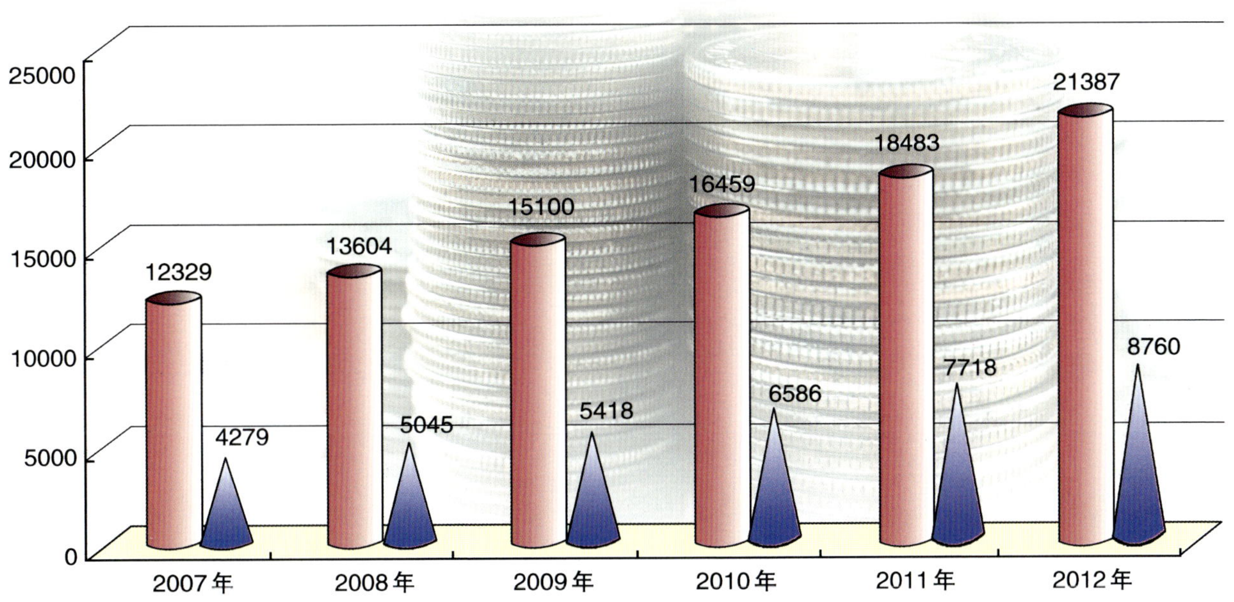

城镇人均可支配收入（元/人）
农村人均纯收入（元/人）
25000
20000
15000
10000
5000
0
12329
4279
13604
5045
15100
5418
16459
6586
18483
7718
21387
8760
2007年
2008年
2009年
2010年
2011年
2012年

城镇人均居住面积（平方米）
农村人均居住面积（平方米）
30.0
25.0
20.0
15.0
10.0
5.0
0.0
20.2
22.2
20.2
23.6
20.7
24.1
21.1
24.7
21.1
25.3
21.3
25.5
2007年
2008年
2009年
2010年
2011年
2012年

居 住 面 积

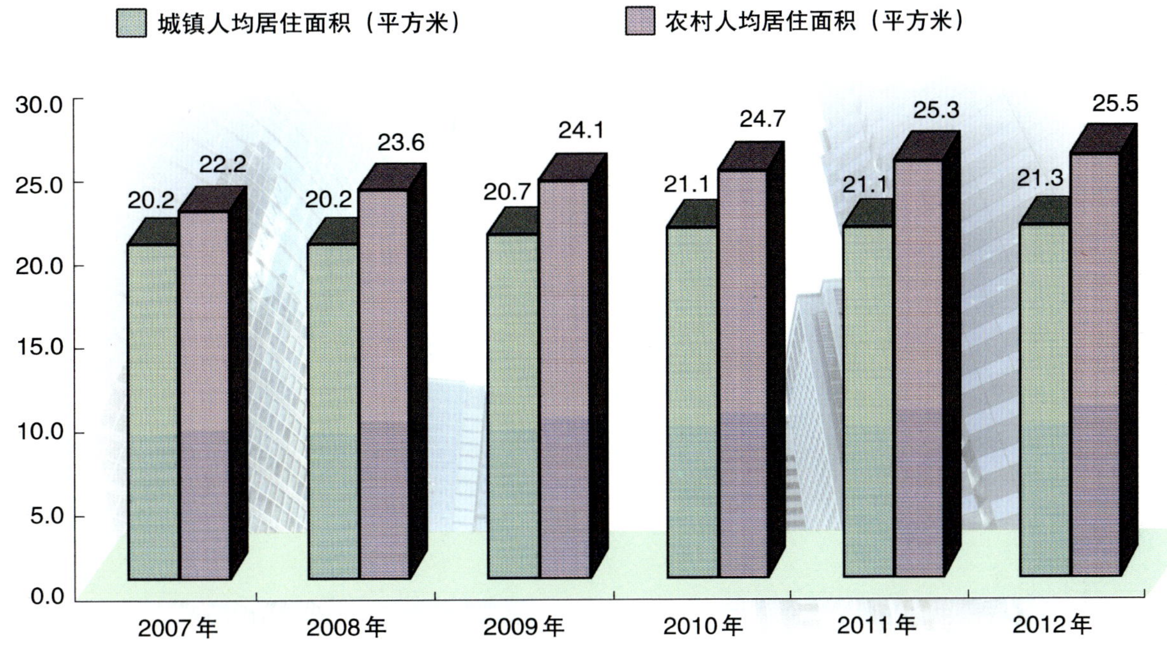

恩格尔系数

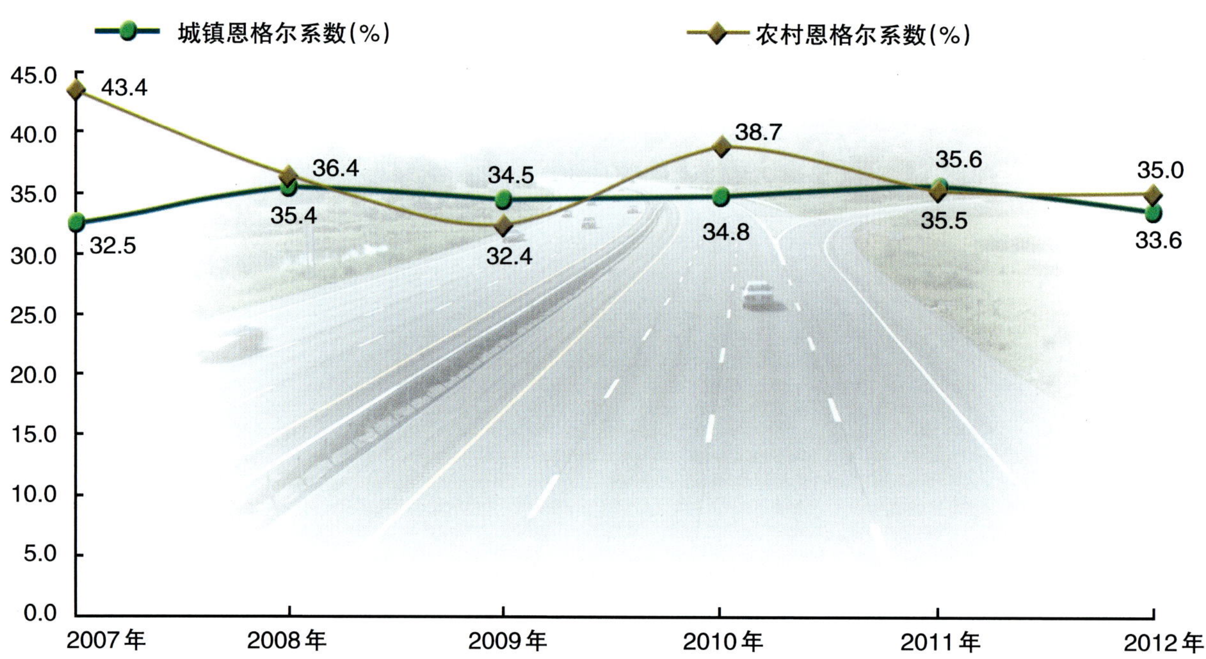

职工平均工资

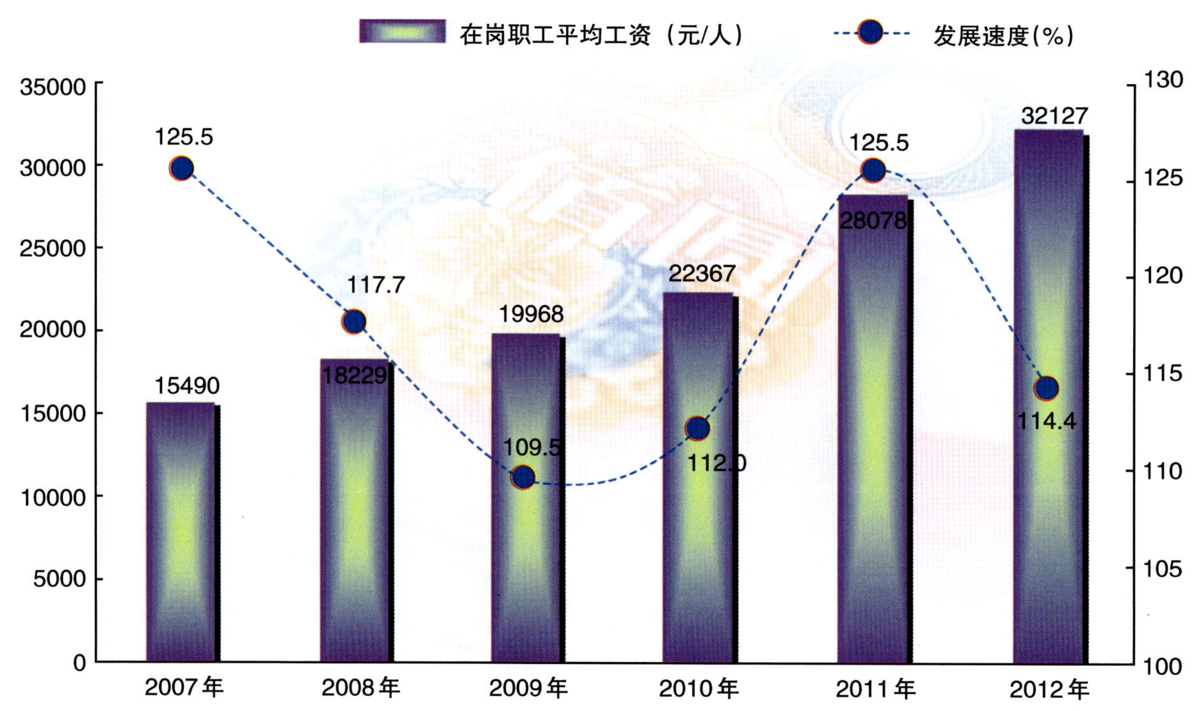

社 会 保 险

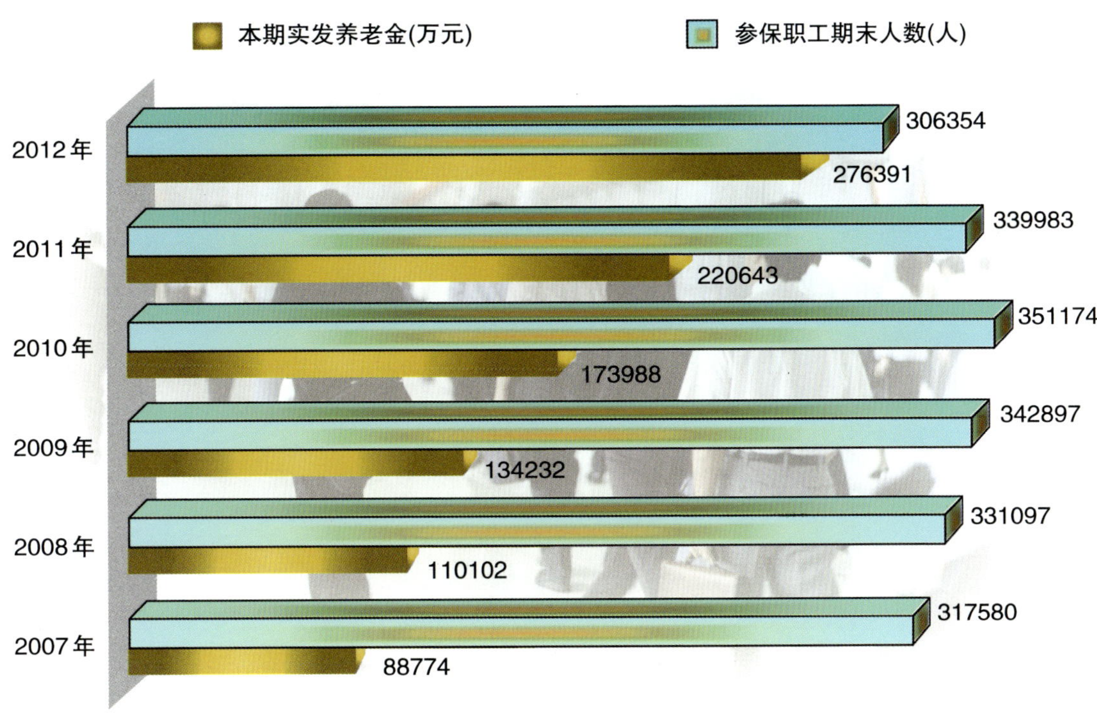

社会消费品零售总额

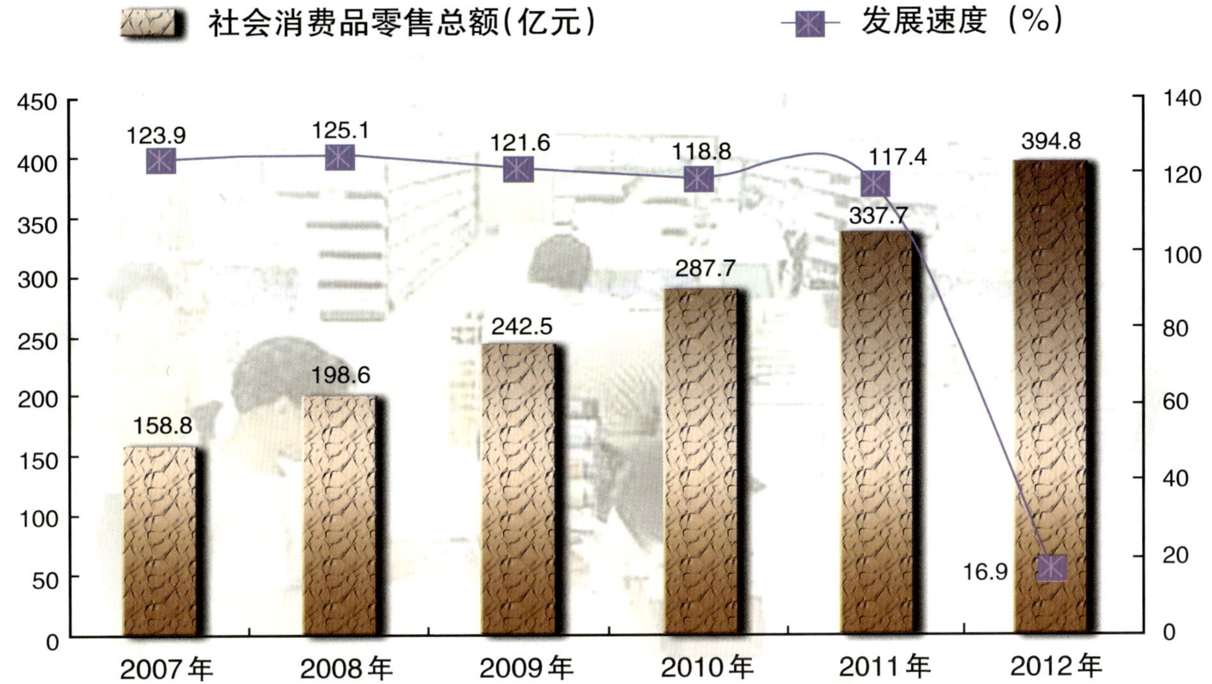

进出口总额

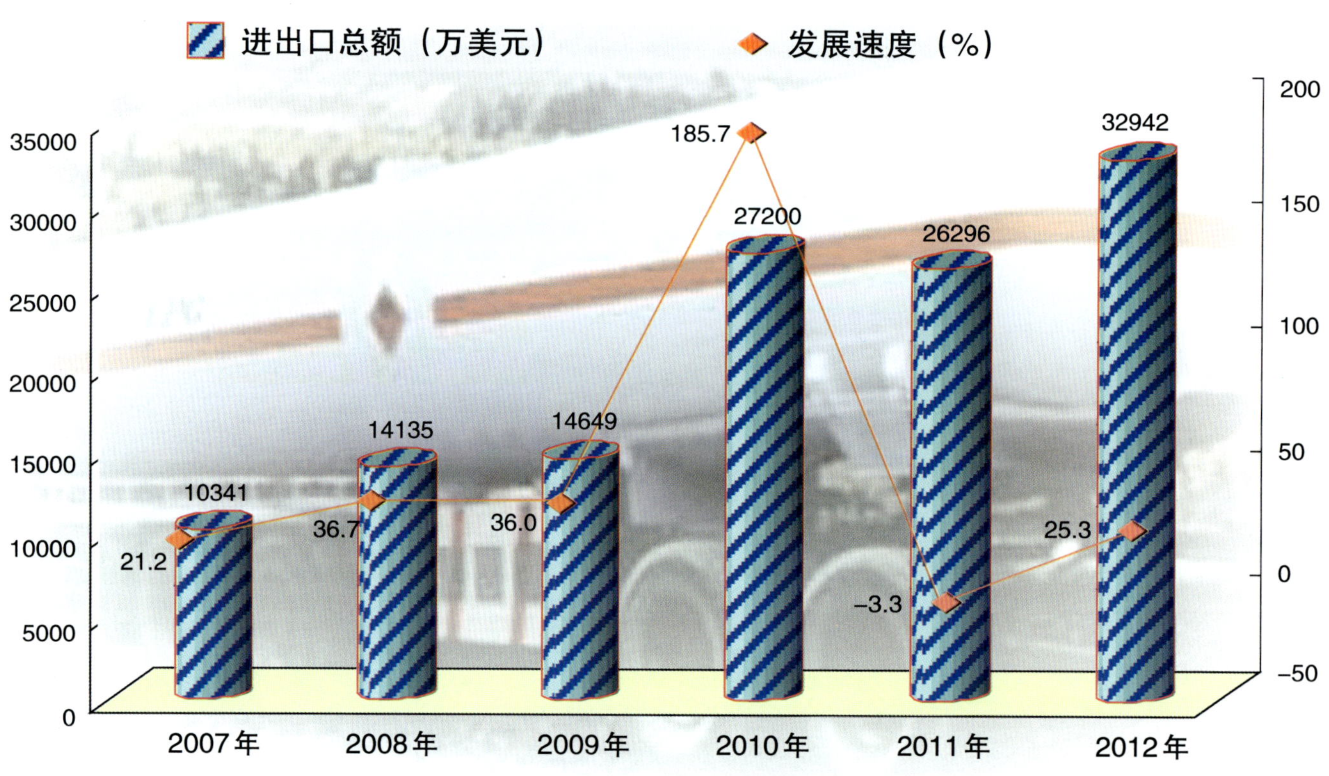

人均储蓄存款

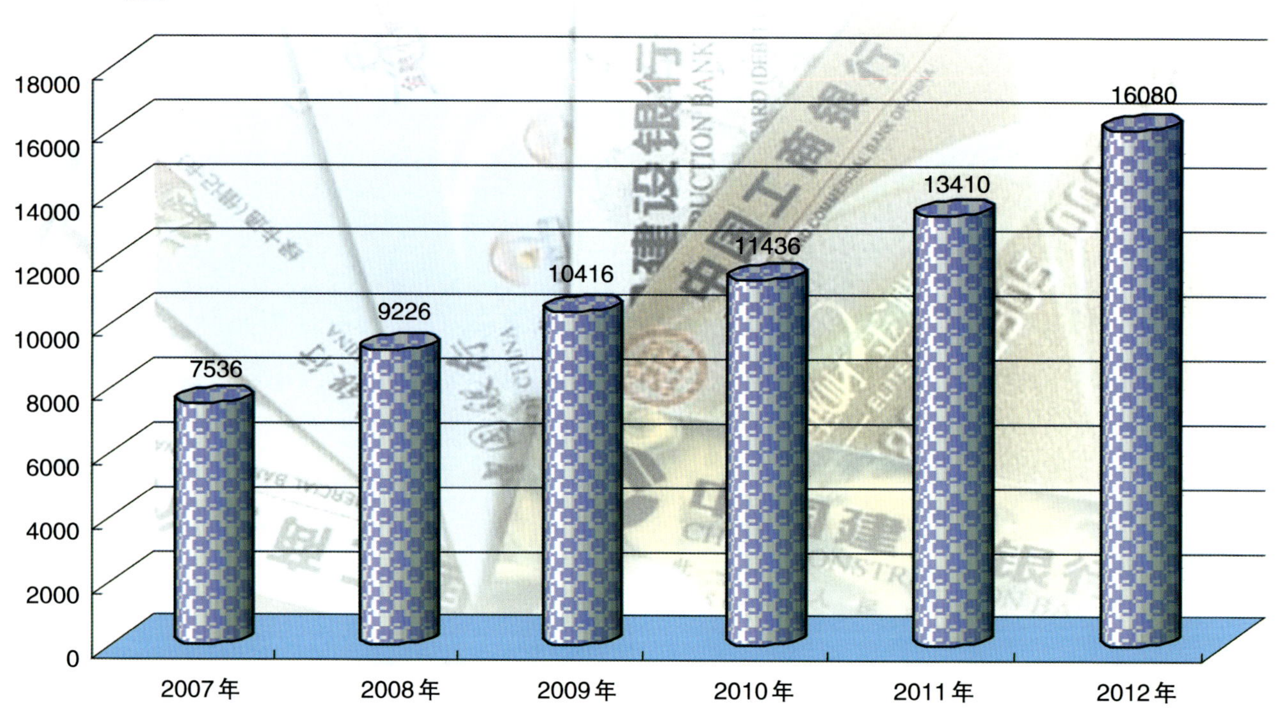

电话拥有量

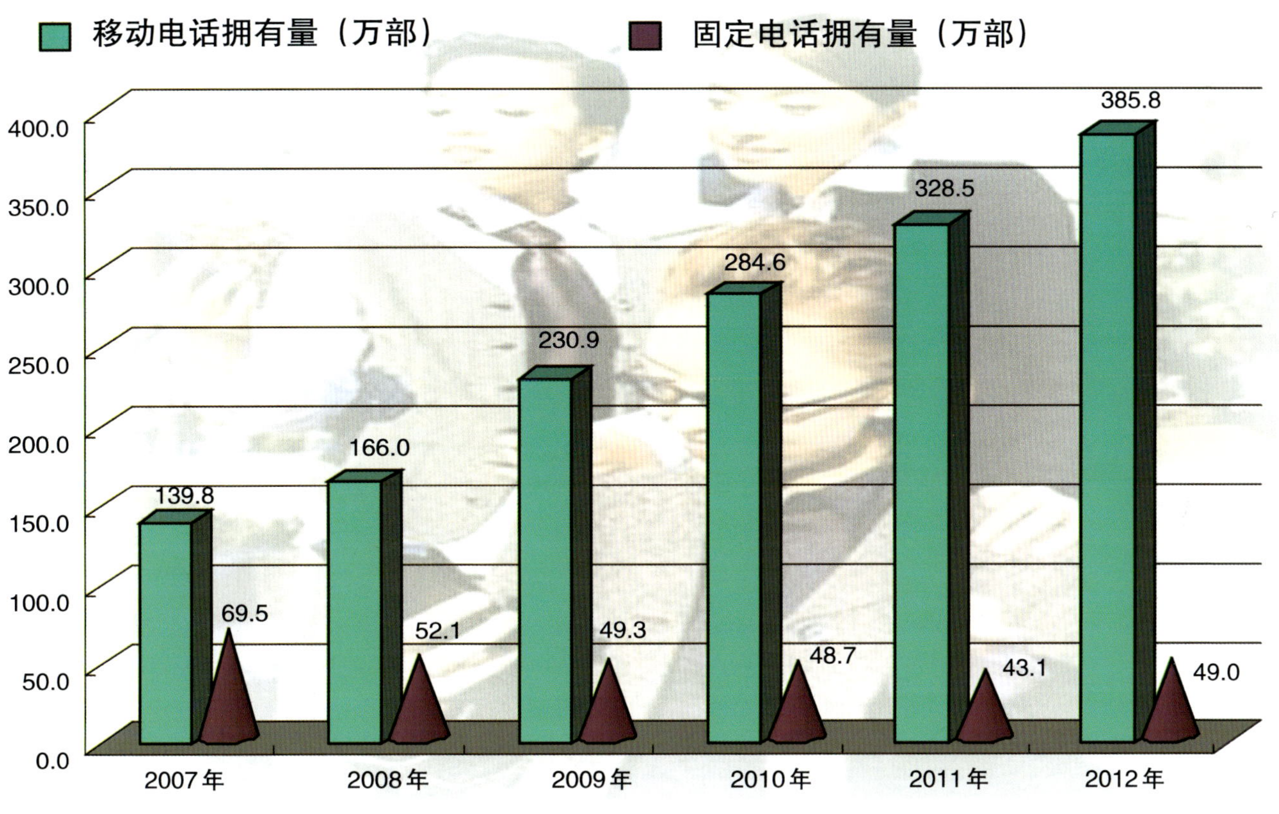

全口径财政收入

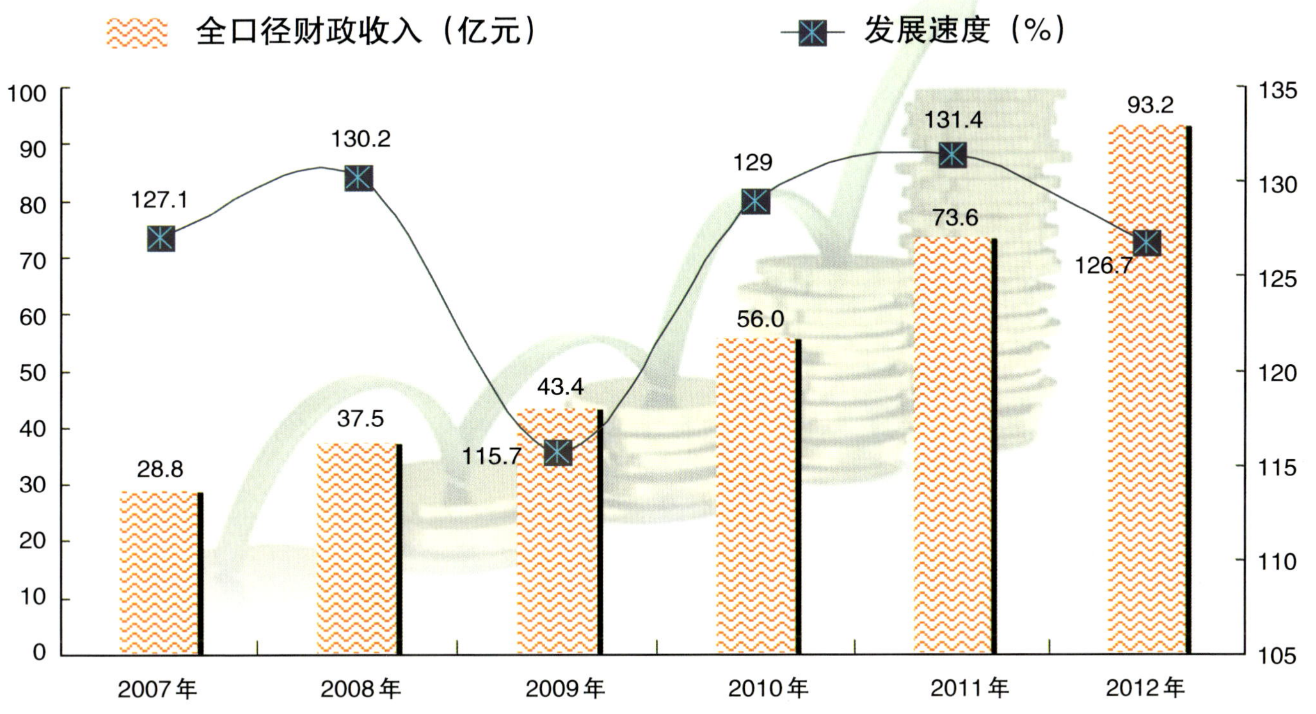

财政支出

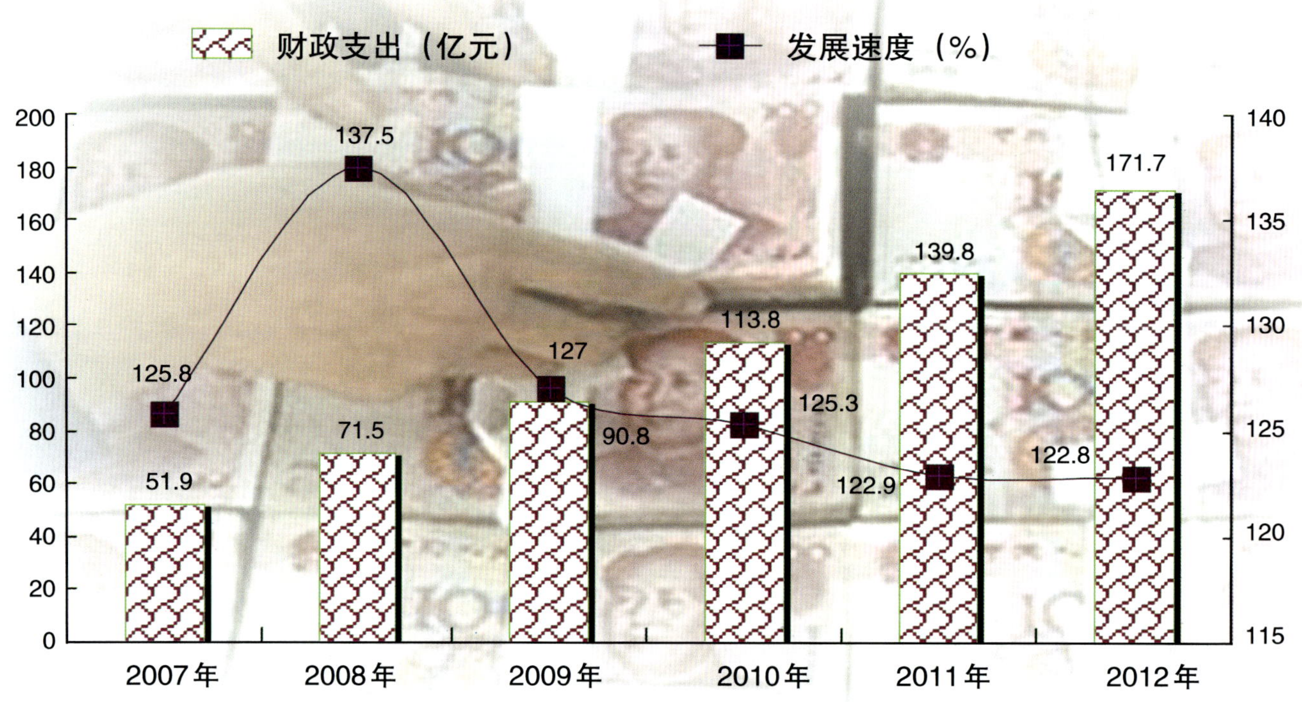

全社会固定资产投资

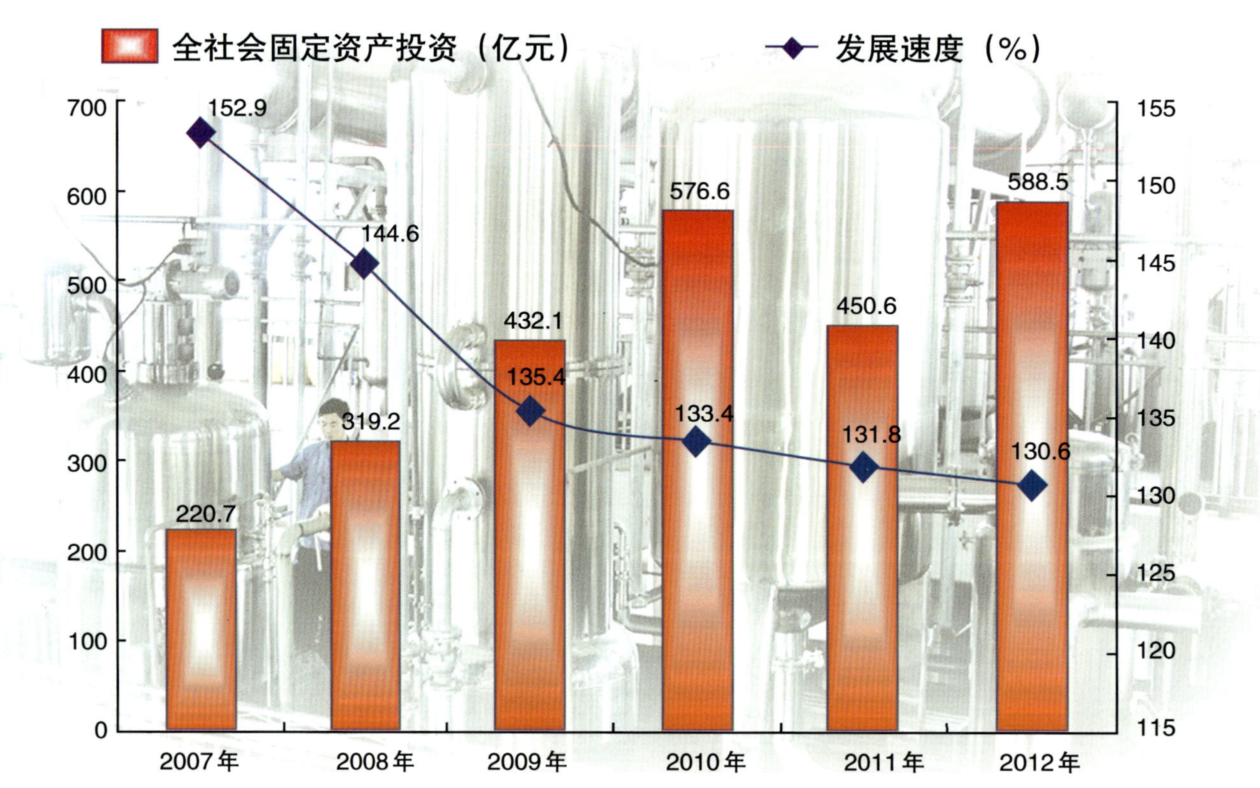

房地产投资

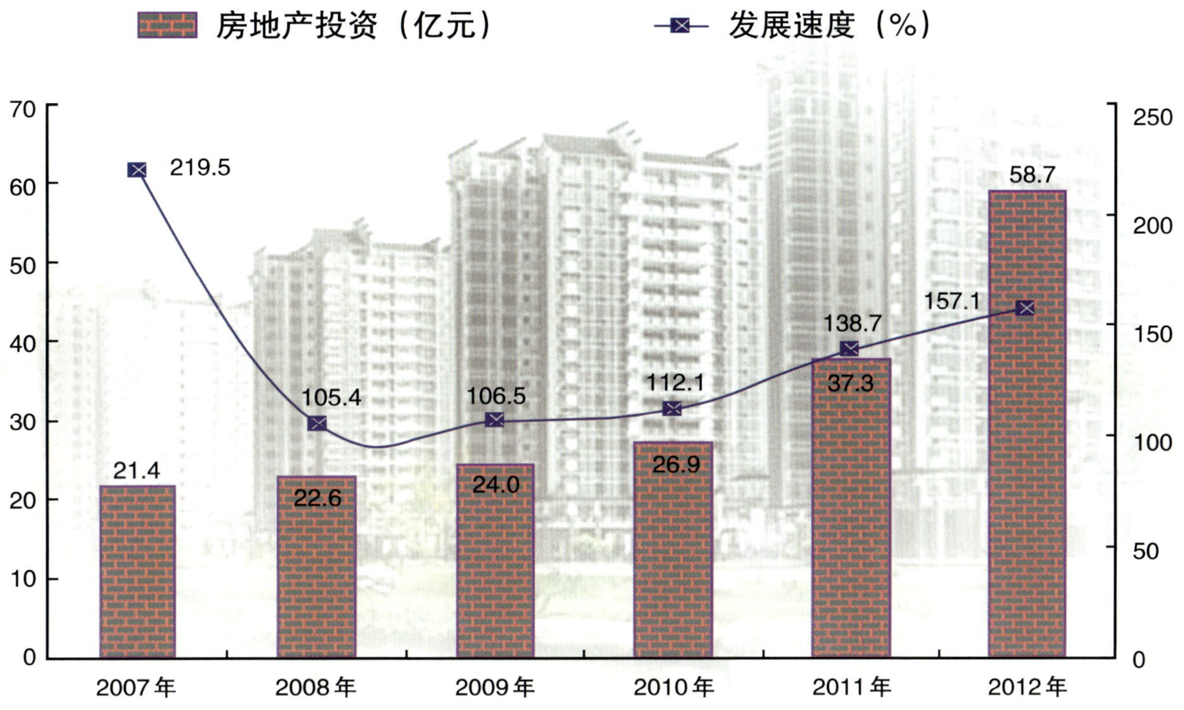

规模以上工业增加值

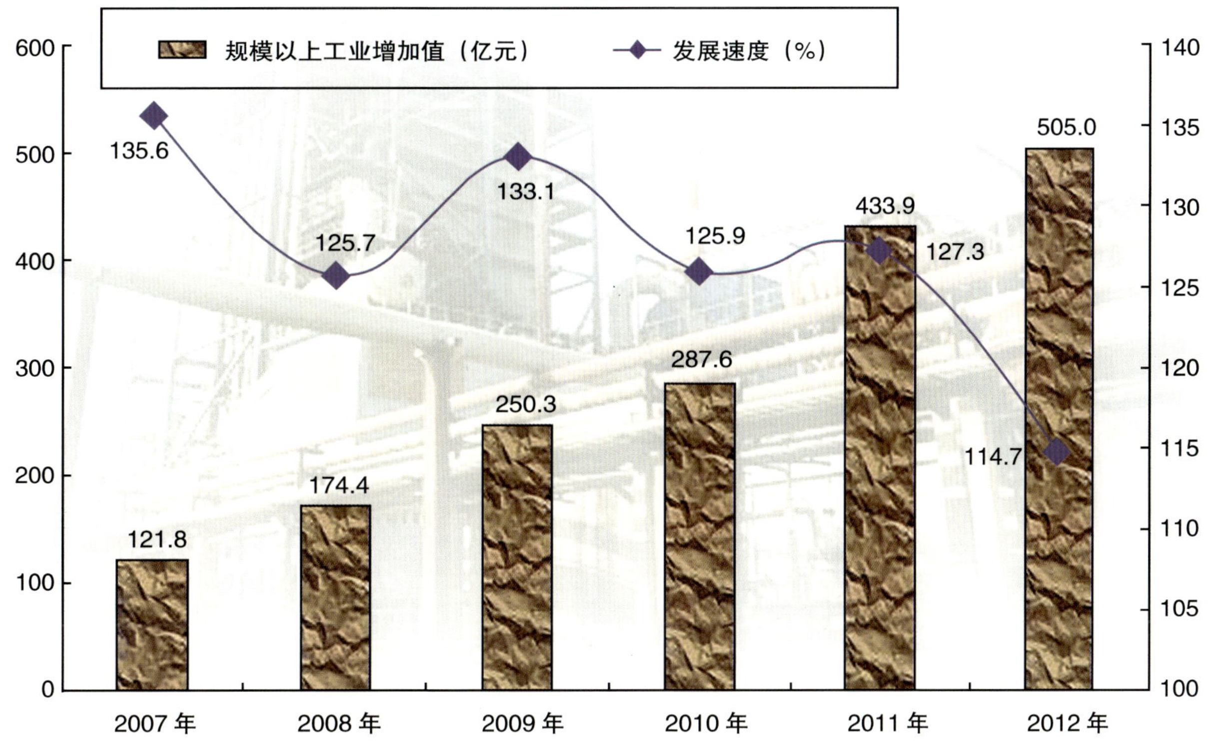

规模以上工业企业个数

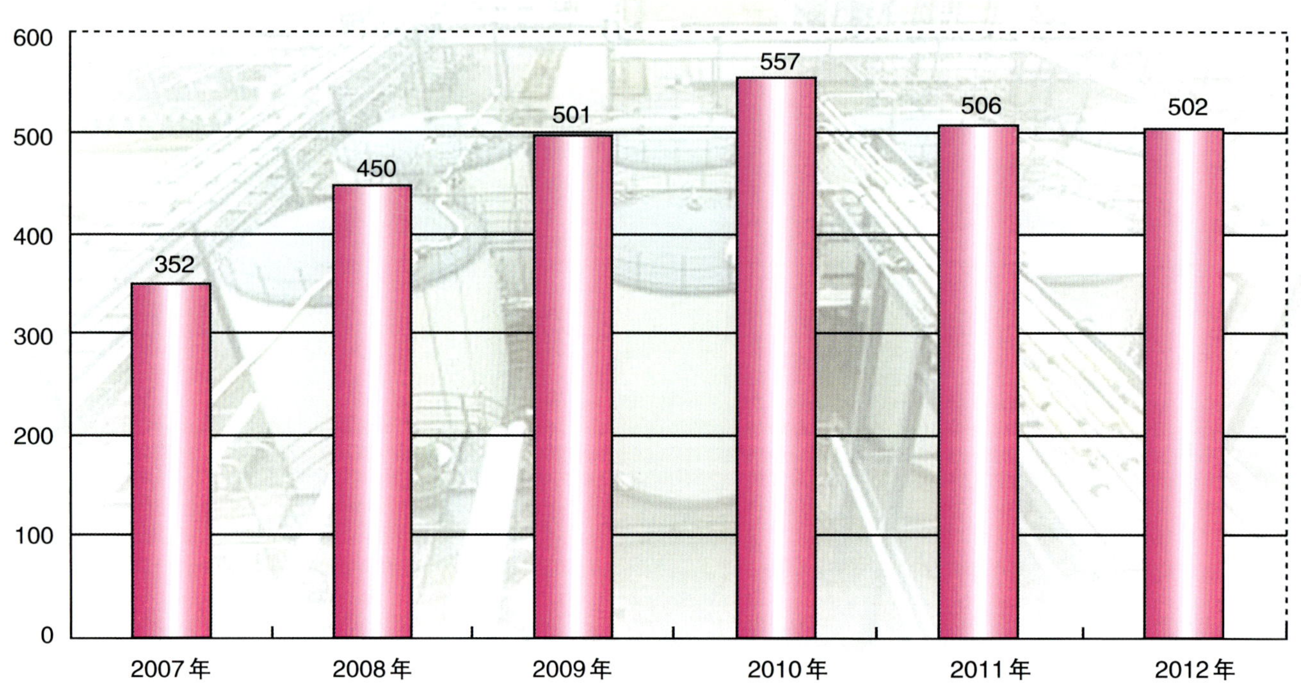

规模以上工业企业利税

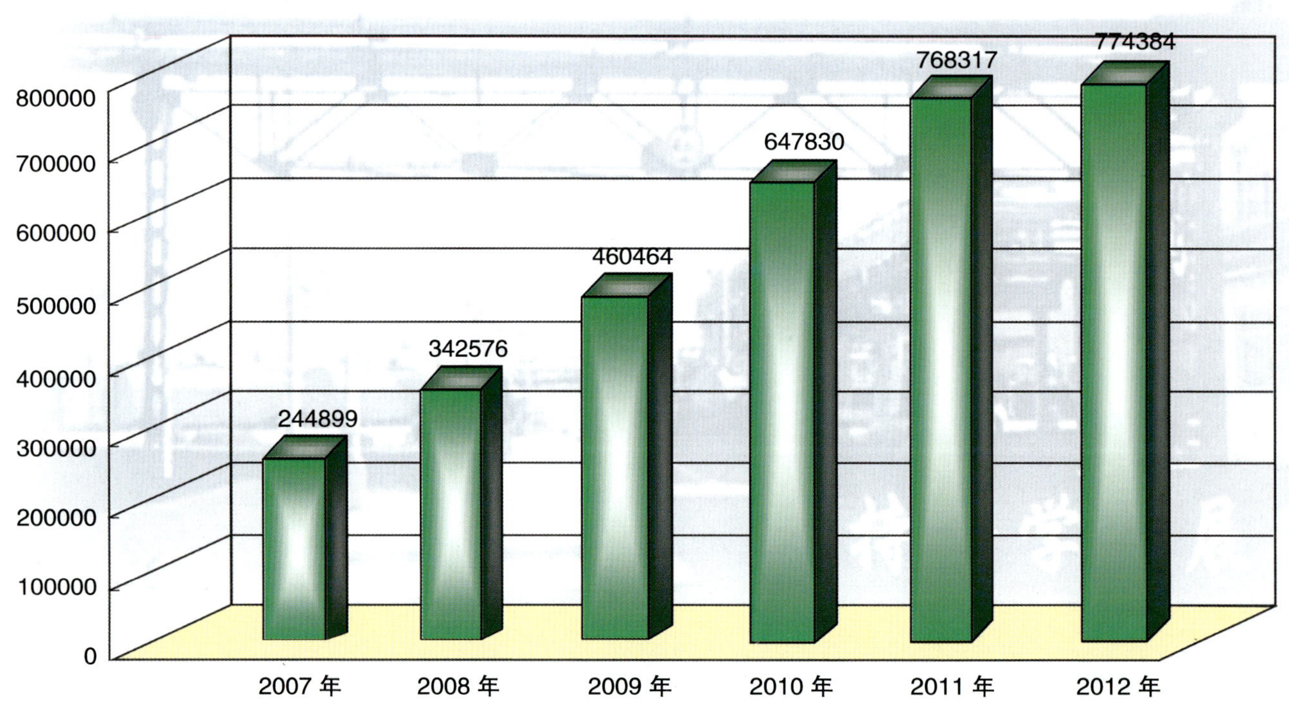

目　　录

第一部分　专　　载

四平概况 ………………………………………………… 3
政府工作报告 ………………………………………… 8
主要指标排名
　全市工业企业资产总计前十名单位……………… 15
　全市工业企业主营业务收入前十名单位………… 15
　全市工业企业实现出口交货值前十名单位……… 15
　全市工业企业实现利润前十名单位……………… 16
　全市年末常用耕地面积前十名乡镇……………… 16
　全市粮食总产量前十名乡镇……………………… 16
　全市肉类总产量前十名乡镇……………………… 17
　全市企业实交税金前十名乡镇…………………… 17
　全市财政供给人员全年工资总额前十名乡镇…… 17
　全市财政总收入前十名乡镇……………………… 18
　全市在校学生总数前十名乡镇…………………… 18
　全市农民人均纯收入前十名乡镇………………… 18
　全市限额以上商业零售企业销售额前十名单位… 19
　全市限额以上商业批发企业利润总额前十名单位… 19
　全市限额以上商业批发企业销售额前十名单位… 19

第二部分　社会经济发展综述

四平市2012年国民经济和社会发展
　统计公报……………………………………………… 23
四平市国民经济迈上新台阶………………………… 29
四平市农村经济全面健康发展……………………… 31
四平工业经济稳中求进　亮点纷呈………………… 33
四平市工业节能减排取得新成效…………………… 35
带动四平经济增长固定资产投资很给力…………… 37
四平市消费品市场保持快速增长势头……………… 39
四平市在岗职工收入稳步增长……………………… 41
四平市劳动和社会保障事业健康发展……………… 47
科技创新　挺起四平工业经济的脊梁……………… 50
蓬勃发展的四平市个体私营经济…………………… 52
2012年四平市居民消费价格指数运行态势 ……… 54
居民收入实现新突破　生活水平节节攀升………… 56
持续向好发展的公主岭市…………………………… 59
崛起中的新型能源城市——双辽市………………… 61
吉林省县域经济强县——梨树县…………………… 63
蓬勃发展的伊通满族自治县………………………… 66
开放中彰显活力的铁西区…………………………… 68
富裕和谐的铁东区…………………………………… 70
充满生机的四平辽河农垦管理区…………………… 73

第三部分　统计资料

综　　合

1—1　2007年—2012年地区生产总值 ……………… 79
1—2　2007年—2012年总产出 ……………………… 80
1—3　全市土地资源………………………………… 81
1—4　主要河流基本情况…………………………… 81
1—5　大、中型水库基本情况……………………… 82
1—6　全市行政区划………………………………… 83
1—7　地区生产总值………………………………… 85
1—8　地区生产总值最终消费和资本形成………… 87
1—9　居民消费水平………………………………… 87
1—10　最终消费支出 ……………………………… 88
1—11　总产出 ……………………………………… 89
1—12　县（市）区生产总值 ……………………… 90
1—13　主要经济指标占全省比重 ………………… 92

人　　口

2—1　2007年—2012年人口情况 ……………………… 95
2—2　全市户数和人口数…………………………… 96
2—3　人口增加减少情况…………………………… 96

2－4　人口分布情况 …………………………………… 97

从业人员和劳动报酬

3－1　2007 年—2012 年全部单位从业人员人数 ……… 103
3－2　2007 年—2012 年全部在岗职工人数 …………… 104
3－3　2007 年—2012 年全部单位从业人员劳动报酬 …………………………………… 105
3－4　2007 年—2012 年全部在岗职工工资总额 ……… 106
3－5　2007 年—2012 年全部单位从业人员平均劳动报酬 …………………………………… 107
3－6　2007 年—2012 年全部在岗职工平均工资 ……… 108
3－7　社会劳动者人数 …………………………………… 109
3－8　全部单位从业人员和劳动报酬 ………………… 110
3－9　国有单位从业人员和劳动报酬 ………………… 114
3－10　集体单位从业人员和劳动报酬…………………… 118
3－11　其他单位从业人员和劳动报酬…………………… 122

固定资产投资和建筑业

4－1　2007 年—2012 年全社会固定资产投资 ………… 129
4－2　全社会固定资产投资 …………………………… 130
4－3　县（市）区固定资产投资 ……………………… 134
4－4　县（市）区城镇以上固定资产投资 …………… 142
4－5　县（市）区农村固定资产投资 ………………… 150
4－6　四平市房地产开发投资 ………………………… 156
4－7　房地产开发面积 ………………………………… 158
4－8　县（市）区房地产开发投资 …………………… 160
4－9　县（市）区房地产开发面积 …………………… 164
4－10　建筑业企业生产情况…………………………… 170
4－11　建筑业企业财务状况…………………………… 186
4－12　各县区建筑业企业生产情况（铁西区） ……… 198
4－13　各县区建筑业企业生产情况（铁东区） ……… 206
4－14　各县区建筑业企业生产情况（公主岭市） …… 210
4－15　各县区建筑业企业生产情况（双辽市） ……… 214
4－16　各县区建筑业企业生产情况（梨树县） ……… 218
4－17　各县区建筑业企业生产情况（伊通县） ……… 222
4－18　各县区建筑业企业生产情况（辽河农垦区） ………………………………………… 226
4－19　各县区建筑业企业财务状况（铁西区） ……… 230
4－20　各县区建筑业企业财务状况（铁东区） ……… 236
4－21　各县区建筑业企业财务状况（公主岭市） …… 242
4－22　各县区建筑业企业财务状况（双辽市） ……… 248
4－23　各县区建筑业企业财务状况（梨树县） ……… 254
4－24　各县区建筑业企业财务状况（伊通县） ……… 260
4－25　各县区建筑业企业财务状况（辽河农垦区） ………………………………………… 266
4－26　全市建筑业从业人员及工资总额……………… 272

财政、金融和保险

5－1　2007 年—2012 年一般预算全口径财政收入…… 277
5－2　2007 年—2012 年一般预算地方财政收入……… 277
5－3　2007 年—2012 年一般预算财政支出…………… 278
5－4　2007 年—2012 年金融机构存贷款余额………… 278
5－5　一般预算全口径财政收入 ……………………… 279
5－6　全市地方财政收入（体制收入） ……………… 280
5－7　一般预算财政支出 ……………………………… 281
5－8　国税收入 ………………………………………… 282
5－9　地税收入 ………………………………………… 282
5－10　全市金融机构信贷收支………………………… 283
5－11　金融机构分市、县存贷款……………………… 284
5－12　金融机构主要指标……………………………… 284
5－13　基本养老保险基金缴拨情况…………………… 285
5－14　参加基本养老保险人数………………………… 286
5－15　失业保险基本情况……………………………… 287
5－16　基本养老保险个人帐户情况…………………… 287
5－17　全市财产保险公司保险情况…………………… 288
5－18　全市寿险保险公司保险情况…………………… 288

物　　价

6－1　2007 年—2012 年市区居民消费价格指数……… 291
6－2　2007 年—2012 年市区商品零售价格指数……… 295
6－3　2007 年—2012 年市区基本生活用品及服务项目价格 ………………………………… 297
6－4　2007 年—2012 年工业生产者出厂价格指数…… 299
6－5　2007 年—2012 年工业生产者出厂产品价格指数 ………………………………… 303
6－6　2007 年—2012 年工业生产者购进价格指数…… 307
6－7　2007 年—2012 年工业生产者购进产品指数…… 308
6－8　工业生产者购进年平均价格 …………………… 312
6－9　工业生产者主要产品平均价格 ………………… 313

人 民 生 活

7－1　2007 年—2012 年城市居民家庭基本情况……… 317

7－2 2007年—2012年城市居民家庭平均每百户耐用品拥有量 …… 318
7－3 2007年—2012年城市居民家庭收入与支出主要指标 …… 319
7－4 2007年—2012年农民人均纯收入 …… 320
7－5 城市居民家庭基本情况 …… 321
7－6 城市居民家庭耐用消费品拥有量 …… 322
7－7 城市居民家庭现金收支 …… 323
7－8 城市居民家庭非现金收入 …… 333
7－9 城市居民家庭住房 …… 334
7－10 农村居民家庭基本情况 …… 336
7－11 农村住户居住情况 …… 339
7－12 农业生产结构及生产技术应用情况 …… 341
7－13 农村住户当年生产经营情况 …… 343
7－14 农村住户总收入与总支出（人均） …… 348
7－15 农村住户劳动力就业与外出务工情况 …… 357

市政公用事业和环境保护

8－1 四平市区设施水平 …… 363
8－2 四平市区建设用地 …… 364
8－3 四平市区市政设施 …… 364
8－4 四平市区公共交通情况 …… 365
8－5 四平市区市容环境卫生情况 …… 365
8－6 工业污染排放及处理利用情况 …… 366
8－7 工业企业“三废”排放及处理情况 …… 367
8－8 四平市区供水（节约用水）情况 …… 368
8－9 四平市区集中供热情况 …… 369
8－10 四平市区燃气情况 …… 370
8－11 四平市区园林绿化情况 …… 370

农　　业

9－1 2007年—2012年农村经济主要统计指标 …… 373
9－2 2007年—2012年农村经济主要统计指标定基发展速度 …… 374
9－3 2007年—2012年农村经济主要统计指标环比发展速度 …… 375
9－4 农村基本情况及农业生产条件 …… 376
9－5 农作物播种面积和产量 …… 378
9－6 蔬菜及特种作物生产情况 …… 382
9－7 林业生产情况 …… 384
9－8 水果生产情况 …… 385
9－9 畜牧业生产情况 …… 386
9－10 渔业生产情况 …… 390
9－11 农林牧渔业总产值（按现行价格计算） …… 391
9－12 农林牧渔业总产值发展速度（按可比价格计算） …… 392
9－13 农林牧渔业总产值发展速度（各县市区）（按可比价格计算） …… 393
9－14 农林牧渔业增加值 …… 394
9－15 农林牧渔业中间消耗 …… 395
9－16 农业机械和农业机械化情况 …… 397
9－17 全市乡镇基本情况 …… 398

工业和能源消费

10－1 2007年—2012年工业企业主要经济指标分析 …… 405
10－2 2007年—2012年工业企业主要产品产量 …… 406
10－3 2007年—2012年工业企业主要能源产品消费量 …… 408
10－4 工业企业主要经济指标分析 …… 409
10－5 工业企业主要经济指标 …… 410
10－6 国有控股工业企业主要指标 …… 426
10－7 国有工业企业主要经济指标 …… 434
10－8 集体工业企业主要经济指标 …… 442
10－9 外商及港澳台投资工业企业主要指标 …… 448
10－10 私营工业企业主要经济指标 …… 456
10－11 大中型工业企业主要经济指标 …… 464
10－12 工业企业增加值 …… 472
10－13 四平市全社会节能情况 …… 474
10－14 工业企业产值能耗 …… 476
10－15 主要能源消费量 …… 480
10－16 工业企业能源购进、消费及库存 …… 484
10－17 工业企业增加值能耗 …… 485
10－18 工业企业能源购进价格分析表 …… 487
10－19 工业企业分品种能源库存量变动表 …… 488
10－20 工业企业水费（取水总量） …… 489

交通运输和邮电通讯业

11－1 公路线路年底到达数 …… 493
11－2 全社会公路客货运输量 …… 493
11－3 公路运输工具拥有量 …… 494
11－4 民用汽车拥有量 …… 495

11－5　邮政基本情况 ………………………………… 496
11－6　移动电话业基本情况 …………………………… 496
11－7　通信企业基本情况 ……………………………… 497

批发零售贸易和餐饮业

12－1　社会消费品零售总额 …………………………… 501
12－2　社会消费品零售总额（2007 年—2012 年调整后） ………………………………………… 501
12－3　社会消费品零售总额（2007 年—2012 年调整后）县区情况 ……………………………… 502
12－4　批发零售贸易业商品销售情况 ………………… 502
12－5　限上企业（单位）商品零售类值 ……………… 503
12－6　限额以上批发和零售业法人基本情况表 ……… 504
12－7　限额以上住宿和餐饮业法人基本情况表 ……… 508
12－8　限额以上批发零售贸易业商品购、销、存总额 ………………………………………… 510
12－9　限额以上批发和零售业企业财务状况 ………… 518
12－10　按摊位分商品交易市场成交情况 …………… 542
12－11　亿元以上商品交易市场成交情况 …………… 543
12－12　限额以上批发和零售业产业活动单位（个体户）商品购销存 ……………………………… 544
12－13　限额以上住宿餐饮业产业活动单位（个体户）经营情况 ………………………………………… 546
12－14　限额以上住宿餐饮法人企业经营情况 ……… 548
12－15　限额以上住宿业和餐饮企业财务状况 ……… 552
12－16　市场分类基本情况 …………………………… 564
12－17　私营企业基本情况 …………………………… 565
12－18　个体工商业户数 ……………………………… 566
12－19　个体工商业人数 ……………………………… 567
12－20　全市各类出口企业进出口总额 ……………… 568
12－21　成品油零售企业（单位）能源商品销售与库存 ………………………………………… 568
12－22　现存外商投资企业分国（地区）情况 ……… 569
12－23　现存外商投资企业各市、县情况 …………… 569
12－24　现存外商投资企业生产经营情况 …………… 570
12－25　现存外商投资企业投资情况 ………………… 570

社会事业和科技

13－1　2007 年—2012 年规模以上工业企业科技活动人员、机构情况 ……………………………… 573
13－2　2007 年—2012 年规模以上工业企业新产品产出和专利情况 …………………………………… 573
13－3　2007 年—2012 年规模以上工业企业科技活动经费情况 ………………………………………… 574
13－4　文化事业机构 ………………………………… 575
13－5　文化事业人员数 ……………………………… 575
13－6　广播电视事业基本情况 ……………………… 576
13－7　广播电视从业人员情况 ……………………… 577
13－8　各级各类学校基本情况 ……………………… 578
13－9　高等、中等专业学校基本情况 ……………… 579
13－10　普通中学办学条件情况 …………………… 580
13－11　普通中学学校基本情况 …………………… 581
13－12　小学基本情况 ……………………………… 582
13－13　特殊教育学校基本情况 …………………… 582
13－14　职业中学学校基本情况 …………………… 583
13－15　成人高、中等专业学校基本情况 ………… 583
13－16　幼儿园、学前班基本情况 ………………… 584
13－17　计划生育情况 ……………………………… 584
13－18　医疗卫生机构房屋建筑面积 ……………… 585
13－19　分县（市）、区医疗卫生机构数 …………… 586
13－20　医疗卫生机构、床位、人员数 …………… 588
13－21　医疗卫生机构收入与支出 ………………… 590
13－22　医疗卫生机构万元以上设备情况 ………… 594
13－23　体育系统机构和从业人员 ………………… 595
13－24　规模以上工业企业科技机构情况 ………… 596
13－25　规模以上工业企业新产品开发、生产及销售情况 ………………………………………… 597
13－26　规模以上工业企业政府相关政策落实情况 … 598
13－27　规模以上工业企业 R&D 经费内部支出来源构成情况表 ………………………………………… 599
13－28　规模以上工业企业 R&D 人员情况表 ……… 600
13－29　规模以上工业企业 R&D 经费支出情况表 … 601
13－30　规模以上工业企业科技活动及相关情况表 … 602
13－31　规模以上工业企业自主知识产权保护情况 … 603

附　　录

主要统计指标解释 ……………………………………… 607

第一部分

专　载

SPECIAL REPORT

四 平 概 况

自然概况

四平市地处东北亚区域的中心地带，辽、吉、蒙三省（区）交界处。现辖公主岭市、双辽市、梨树县、伊通满族自治县、铁东区、铁西区、辽河农垦管理区和公主岭国家农业科技园区、四平经济开发区、四平红嘴高新技术开发区、公主岭经济开发区，总面积1.4万平方公里，其中市区面积1075.5平方公里，总人口336.3万人，市区人口60.3万人。

四平是一座英雄的城市，解放战争期间，“四战四平”战役名遐中外，四平被史学家誉为“东方马德里”。在“攻坚克难、求富图强”四平精神引领下，四平先后获得国家卫生城市、国家园林城市、全国城市社区建设示范市、全国双拥模范城、全国精神文明建设先进市等称号，被评为中国最具投资潜力中小城市20强、第五批中国金融生态城市、全国首批成长型创业之城。

四平历史悠久，具有深厚的文化底蕴，远在殷、周时代就有先人在这里生存繁衍，距市区50公里的二龙湖畔燕国古城遗址，是汉民族最早开发东北的见证。历史上的夫余、高句丽、契丹、女真、蒙古、满族、朝鲜族都在这里生活过，留下了诸如辽代韩州、金代信州、明代叶赫部落等文化古迹，加之钟灵毓秀的山川地貌，更为这块黑土地增添了迷人的色彩。

四平物华天宝，地灵人杰。距市区30公里的叶赫满族镇，是清代孝慈高皇后的出生地；慈禧、隆裕两皇后的祖籍地。文有翰林，武有将军。清末著名爱国将领依克唐阿将军、打响中华民族抗战第一枪的马占山将军、著名爱国人士杜重远先生、张学良将军的夫人于凤至女士都出生于这块土地。

四平区位优越，交通便捷，资源丰富，基础设施完备。四平是吉林、黑龙江及内蒙东部地区通向沿海口岸和环渤海经济圈最近的城市和必经之路，是东北地区重要交通枢纽和物流节点城市，陆路交通四通八达。四平火车站是全国18大编组站之一，京哈、平齐、四梅等四条铁路在市区交汇，哈大高速铁路客运专线2011年建成通车。矿产资源富集，已发现矿产有54种，探明储量有23种。工业基础雄厚、体系完备。农业发达，地处“松辽平原黄金玉米带”的中心地带。素有东北三大粮仓之一的美誉，是全国重点商品粮基地和畜产品生产加工基地。

四平生态宜居。位于北纬42°31′至44°09′，东经123°17′至125°49′之间，属于中温带湿润季风气候区，呈现明显的大陆性气候，四季分明、气候宜人、环境优美。初春杨柳吐绿、仲夏百花盛开，深秋层林尽染、寒冬银装素裹。境内二龙湖水域浩瀚，库容和水面是吉林省第二大人工湖泊；转山湖景区群山环抱，是国家林业部命名的100个天然森林公园之一。

四平不断加大对外开外力度，加强区域间经济技术协作。聚拢香港长江集团、中国国电集团、中国昊华集团、北京首钢集团、北京金隅集团、中国一拖集团等20多家国内外500强企业、央企及知名大集团纷纷进入四平。近年来，许多欧、亚等国家和地区都与四平进行了各种友好往来，海外侨胞、港澳台同胞也纷纷来平旅游观光、投资兴业。四平市已与一百多个国家建立了各种联系，并与俄罗斯白山市、日本须坂市、美国沃索市建立了友好城市。

四平将以打造最适合人居、最适合创业、最适合发展城市为目标，突出“南接北融”，承接沈阳以南地区的产业转移，融入长春经济圈，接轨“长吉图”开发开放先导区，实现区域经济一体化发展。确定“一核三带”生产力布局战略，以四平市区和城市周边为主体，形成面积1100平方公里左右核心区，以四平至长春经济带（长平带）、四平（经辽河垦区）至郑家屯经济带（四郑带）、长春外环经济带（环长带）为三个经济隆起带，全面提高四平发展力和竞争力，实现四平全面振兴。

四平经济

2012年，全市人民在市委、市政府的正确领导下，以科学发展为主题，以加快转变经济发展方式为主线，坚持“四动”战略、统筹“三化”发展、突出“南接北融”、做强“一核三带”，全市经济呈现出增长较快、质量提升、结构优化、后劲增强的良好态势。全市实现地区生产总值1122.8亿元，比上年增长12.3%，增幅位居全省第三位。其中第一、第二、第三产业分别实现增加值283.8亿元、513.7亿元、325.3亿元，分别增长5.3%、15.7%、13.3%。三次产业结构由上年的26.1∶45.2∶28.7调整为今年的25.3∶45.8∶28.9，经济结构进一步优化。

一、三次产业供给能力显著增强

农业基础不断巩固。粮食总产量创历史最高水平，“九连增”。2012年，全市全力落实各项强农惠农政策，农村经济保持稳定良好发展态势。全市农林牧渔业增加值完成283.8亿元，按可比价格计算，比上年增长5.3%。农业经济发展的主要特点：一是粮食产量创历史新高，实现粮食总产量达771.0万吨，比上年增长2.1%。二是畜牧业发展形成规模化生产趋势。2012年，全市猪、牛、羊、禽分别发展到765.0万头、178.7万头、127.1万只和1.1亿只，分别比上年增长6.7%、0.6%、2.7%和10.0%。随着畜禽饲养量的增多，畜产品产量也在同步增加，肉类总产量达到65.1万吨，比上年增长5.9%。

工业经济强势赶超。工业结构在总量扩大、规模扩张中逐步优化。2012年，全部工业实现增加值486.9亿元，增长14.5%。民营工业不断壮大，全市规模以上民营工业企业405家，占规模以上工业的80.7%，实现利润43.2亿元，占规模以上工业利润总额的81.5%。多数行业生产形势较好，产销衔接良好，主要工业产品产量实现了不同程度增长，工业产品销售率为98.4%。

服务业加快发展。2012年，随着货物、资金、信息流的活跃，全市商贸服务业、交通运输业、其他服务业保持稳定发展，对整个第三产业发展的贡献不断加大。全年第三产业实现增加值325.3亿元，按可比价格计算，比上年增长13.3%。

二、社会需求持续稳定增长

投资保持快速增长，经济发展动力增强。2012年，全市积极落实重点项目责任制，投资成为加快转变、加快赶超、加快隆起的第一动力，全社会完成固定资产投资588.5亿元，比上年增长30.6%。全年实现城镇固定资产投资481.7亿元，农村完成投资106.8亿元，分别比上年增长34.2%和16.4%。从三次产业来看，第一产业投资12.7亿元，第二产业投资386.8亿元，第三产业投资189.0亿元，分别比上年增长－17.3%、29.0%和39.6%。全市建设亿元以上项目270个，其中10亿元以上在建项目达24个。

居民消费升级进程加快，消费市场繁荣稳定。居民消费水平提高，市场销售亮点纷呈，高档家电、住房、汽车、成品油、电子产品等成为消费热点。2012年全市社会消费品零售总额394.8亿元，增长16.9%，城镇市场成为主导，乡村市场增幅超过城镇。城镇实现消费品零售额327.1亿元，比上年增长16.0%；乡村实现消费品零售额67.7亿元，比上年增长21.7%；乡村增幅比城镇高5.7个百分点。城镇市场对社会消费品零售总额增长的贡献率达78.9%。不断加大对各旅游主要景区的宣传、投资和管理力度，旅游服务业加快发展，全年共接待国内旅游人数168.7万人次，实现旅游总收入19.7亿元，分别比上年增长17.0%和25.3%。

三、金融业保持平稳增长，物价水平基本稳定

金融平稳增长。2012年全市金融机构各项贷款余额448.9亿元，比年初增加64.8亿元。其中，中长期贷款202.7亿元，比年初增加32.2亿元。金融机构存款余额738.3亿元，比年初增加99.1亿元。物价温和上涨。自上年末全市CPI涨幅达到5.3%的高峰后，CPI涨幅逐渐回落。到2012年末，居民消费价格总指数为102.5%，比上年末回落2.8个百分点。工业品出厂价格指数下降0.9个百分点，原材料、燃料、动力购进价格指数上涨1.7个百分点。

四、经济运行质量提高，人民生活改善

财政收入增长势头强劲。2012年全市全口径财政收入93.2亿元，比上年增长26.7%。地方财政收入完成56.6亿元，增长45.5%，其中，市本级地方财政收入26.2亿元，增长49.4%。国税收入总额35.6亿元，增长5.9%；地税收入总额39.6亿元，增长37.9%。全市纳税超百万元企业达448户，比上年增加83户。

工业企业效益大幅提升。企业生产快速增长的同时，效益保持较高水平。全年全市规模以上工业企业实现主营业务收入1509.4亿元，与上年相比增长17.0%；实现利润总额53.0亿元，利税总额77.4亿元，分别增长11.8%和0.8%。工业经济效益综合指数为467.3%，比上年提高148.5个百分点。

城乡居民收入快速增长。2012年全市城镇居民人均可支配收入21387.3元，与上年相比增长15.7%；人均消费支出12712.5元，增长12.6%。

农民人均纯收入8760元，与上年相比增长13.5%。

五、社会事业蓬勃发展，成绩斐然

基础设施投入加大，城乡面貌焕然一新。东南新城建设步伐加快，老城区梳理改造有序进行。中心城区新华大街段、紫气大路段建成通车，6公里滨河景观路按期交付使用。维修道路16条，新建改造道路桥梁5座。覆盖城乡居民的社会保障体系建设取得突破性进展，社会保障框架日益健全。城镇居民养老、医疗等各项保障都有所加强，农村居民的各项保障也逐步纳入了社会保障体系中。2012年，全市基本养老保险参保职工总人数306354人，失业保险参保人数206733人。加快保障性住房建设，完成棚改项目46个、357.6万平方米，建设回迁安置用房101万平方米。建设廉租房12万平方米。完成“暖房子”工程80万平方米。

教育质量提升，招聘特岗教师1857人，农村学校师资老化和结构不合理现象得到有效缓解。医药卫生体制改革稳步推进，全市115家基层医疗卫生机构全部实施基本药物制度和“收支两条线”管理。

文化事业蓬勃发展，公共文化场馆全部免费开放，成功举办元宵节灯会、“叶赫风情”大型文艺演出。群众体育快速发展，成功承办了全国汽车拉力锦标赛和全国公路自行车冠军赛。

历史沿革

四平地方古代汉魏至两晋十六国时期（公元206年至420年）属扶余地，南北朝至唐初为高句丽境地，唐中叶以后属渤海王国扶余府的扶州，辽代属东京道通州，金归咸平路韩州，元属开元路，明属辽东都司北境，清属内蒙古哲里木盟，后划归昌图厅。

1821年（清道光元年），昌图厅于买卖街（今梨树镇）设分防照磨属，辖四平境地。

1878年（清光绪四年）始设奉化县，县下设九社。其中，新恩社辖今四平市区的大部村社。新恩社治所设在四平街（今昌图县老四平）。

1898年（清光绪二十四年）沙俄修建东清铁路南满洲支线时，从长春向南每隔30公里设置一站地，经范家屯、公主陵（岭）、郭家店到今四平为第五站，故俗称四平为“五站”。

1903年（清光绪二十九年）7月，南满支线全线通车，沙俄将“五站”定名为“四平街站”。并在站前开始修筑南北向的一、二、三马路，铁路租借地区域略见雏形。

1905年（清光绪三十一年）9月，日俄战争结束，沙俄战败。日本帝国主义从沙俄手中接管南满支线，并将沙俄时代“铁路租借地”改为“满铁附属地”（即今四平市区东起道东一马路，西至道里儿童公园西侧，南至南河，北至北河的大部分地区），并由日本人掌管“附属地”内一切行政、经济、街政建设、土地、房屋建筑、文教卫生、税收等事务的管理权。四平至此实行一地两治。

四平街东部（梨树县所辖区的一面城、黄家屯等几个自然村屯），为抵制日本帝国主义的经济操纵，与“附属地”进行经济抗争。经奉天省批准，梨树县知事尹寿松于1921年（民国10年）5月13日发布告，开辟新市场。商民争先恐后领地号、建房屋，先后有八家粮栈和数十家杂货商号开业，梨树县在此设“四平街新市场办事处”兼管此地行政。1922年此地设立四平街村（隶属梨树二区）。1924年民族电气事业四平街电灯公司向域内送电。

与此同时，1916年3月，交通部东北交通委员会四郑铁路局在四平街设置“北站”，直接管理北站地方的户籍、民事、建筑、公安事宜，不受“附属地”及梨树县辖治。1922年以后，四洮铁路通车，四平街的交通愈益方便，老四平、梨树县、八面城等地商贾纷至沓来，大量建筑接踵而起。四平呈“三足（附属地、梨树县、四洮铁路）鼎立”之势。1931年“九一八”事变后，“北站”地立行政权被“满铁四平街地方事务所”取而代之。

1937年12月1日，根据日本和伪满洲国缔结的《关于撤销在满州国治外法权和转让南满铁路附属地行政权条约》，四平街道东、道里行政权合一，伪满州国国务院指令设立“四平街市”，日本人古馆尚也首任四平街市市长。四平街从此与梨树县脱离隶属关系，直接隶属奉天省。

1941年7月1日，伪满洲国（1940年6月24日令）肢解东北为19省。其中奉天省部分县肢解出来，建置伪四平省。伪四平省公署设在原四洮铁路局办公楼（今四平市爱龄奇医院内）。伪四平省领四平市、公主岭市、通阳县、梨树县、双辽县、东丰县、怀德县、长岭县。伪四平省首任省长徐家桓（1944年任伪吉林省省长，1943年曲秉善接任至伪四平省解体）。1945年“八一五”日本投降，伪四平省撤销。

1945年11月5日在四平组成了辽北省自治政府。省政府主席阎宝航，副主席栗又文。辽北省政府下辖辽源（辽源、双辽、长岭等县）、西安、怀德（怀德、梨树等县）3个专署、四平市及13个县政府。1946年1月10日，国民党辽北省政府在四平成立，省主席刘翰东。辽北省下辖四平市、通辽、双辽、梨树、早图、开原、西丰、东丰、北丰、海龙、长岭、科尔沁左翼前、中、后旗、科尔沁右翼前、中、后旗、库伦旗、扎鲁特旗1市10县8旗。四平市曾为中共、国民党两个辽北省府驻地。

1948年3月13日中共解放四平，国民党辽北省政府垮台。1949年5月中共辽北省撤销，四平隶属辽西省。1954年7月7日，东北行政委员会撤销辽西省，8月，四平市划归吉林省管辖。1958年10月起，吉林省设四平专（地）区，四平市归四平地区管辖。

1983年8月，国务院批准撤销四平地区，组建新的四平市（地级市），实行市领导县的新体制。四平市设铁西区、铁东区、市区人口为347931人、93167户。四平市辖怀德县、梨树县、伊通县、双辽县。1985年3月撤销怀德县，设立公主岭市（省直辖地级），伊通县划归公主岭市管辖。四平市辖梨树、双辽2县。

1986年1月，公主岭市改设为县级市，由四平市代管，伊通县划归四平市管辖。1996年5月，双辽县撤销设双辽市。2000年6月，经省政府批准增设辽河农垦管理区。

人口民族

四平市总面积1.4万平方公里，市区面积1075.5平方公里，总人口336.3万人，其中市区人口为60.3万人。现辖公主岭市、双辽市、梨树县、伊通满族自治县和铁东、铁西区。17个乡、56个镇、29个街道办事处、219个居民委员会、1159个村民委员会。四平是个多民族聚居的地方，有36个民族，汉族人口约占91.6%。在35个少数民族中，满族、蒙古族、回族、朝鲜族人口较多。全市有1个民族自治县、即伊通满族自治县；有4个民族乡镇，即铁东区叶赫满族镇、公主岭市二十家子满族镇、公主岭市龙山满族乡、双辽市那木斯蒙古族乡。

四平历史悠久，具有深厚的文化底蕴，远在殷、周时代就有先人在这里生存繁衍，距市区50公里的二龙湖畔燕国古城遗址，是汉民族最早开发东北的见证。历史上的夫余、高句丽、契丹、女真、蒙古、满族、朝鲜族都在这里生活过，留下了诸如辽代韩州、明代叶赫部落等文化古迹，加之钟灵毓秀的山川地貌，更为这块黑土地增添了迷人的色彩。四平物华天宝，地灵人杰。距市区30公里的叶赫满族镇，是清代孝慈高皇后的出生地；慈禧、隆裕两皇后的祖籍地。

自然资源

四平市自然资源、物产资源丰富。

土地资源　土地资源比较丰富，地貌类型多样，地域性差异明显。山地约占总面积的6%，丘陵占总面积的15%，平原约占总面积的79%。全市有耕地总资源91.4万公顷。地势平坦，土壤肥沃，适宜生长多种农作物。公主岭市、梨树县、伊通满族自治县、双辽市均为国家商品粮基地县（市）。在农作物中，以玉米、大豆、水稻最为著称，其次为高粱、谷子、小麦等。在经济作物中，葵花籽和甜菜产量较多，其次是花生、蓖麻、烤烟、瓜果等。

森林资源　四平市森林总面积为30.65万公顷。其中人工林占一半以上。四平市东部分布着大面积森林，中西部以农田防护林为主，有小面积片林。东部低山丘陵生长着茂密的天然林。主要树种有蒙古柞、山杨、春榆、白桦、水曲柳等。

草地资源　四平市草地资源总面积14.4万公顷，其中放牧场8.92万公顷。采草场3.7万公顷。双辽市和公主岭市北部的部分乡镇因位于松嫩平原的南缘而具有大面积的草原，伊通满族自治县和梨树县南部有较大的荒山草坡。

野生动植物资源　四平市的东部、南部和西部的半山区、丘陵地带，山峦起伏，草木茂盛，动植物资源丰富。

野生动物兽类有黄羊、狐狸、狼等。鸟类有野鸡、啄木鸟等178种。

鱼类有链、鲤、鲫、鲶、草鱼等27种。两栖类有黑斑蛙、大蟾蜍、东北雨蛙等3种。

野生植物种类繁多。食用野生植物有蕨菜、蘑菇、山里红等50多种。药用植物有人参、甘草、五味子、枸杞子、黄麻等293种。

矿产资源　四平市东部和南部山区、半山区有良好的成矿地质条件，含矿现象普遍，有10余处贵金属产地，其中50%有开发利用价值。能源矿产有刘房子煤矿、伊通煤矿、梨树县五家户天然气伊通莫里青石油等11处。在金属矿产中，发现金铝等矿产10多个。放马沟矿山贩锌储量可达40万吨左右。在非金属矿产中，大顶山硅灰石矿、哈福陶石矿、梨树县石灰石矿产量较大、质量优、经济价值高。钠基膨润土、石英砂和陶石是外贸中的畅销品。

水资源 四平市水资源总量为23.99亿立方米。其中全市多年河川径流量为12.56亿立方米，地下水资源为11.43亿立方米。

（撰稿：金 凤）

政府工作报告

——2012年12月22日在四平市七届人大第一次会议上

市长　石国祥

各位代表：

现在，我代表四平市人民政府，向大会报告政府工作，请予审议，并请市政协各位委员提出意见。

一、2012年工作和过去五年回顾

2012年，在省委、省政府和市委正确领导下，在市人大、市政协监督支持下，市政府团结带领全市人民，贯彻“一核三带”富民优先战略，围绕“六增力一改观”目标，实施“四突破五确保”任务，九项重点工作强力推进、硕果累累，四平发生了化蛹成蝶的进步与变化！

——**抓固定资产投资，项目建设实现突破**。通过资源要素的优化配置，促进项目谋划、评估、选商、开工等环节质量实现跃升。强化规划机构职能，发挥规划统筹作用，促进产业和生产力合理布局。在项目增多、用地紧张情况下，集约利用土地资源，规范清理存量，合理使用增量，全市收储土地942.6公顷，其中市本级收储土地643.9公顷，确保重大项目成功落地。完善政府金融职能，发挥银行等金融机构作用，设立我市第一支创业投资基金，引导企业上市直接融资，投融资渠道不断拓展，有效筹集发展资金，获得全国首批金融生态示范城市称号。创新成立五个市级要素配置服务中心，制定10个方面人才培养实施方案，与吉林大学等院校签订战略合作框架协议，成功举行“院士专家四平行”活动，为培育引进人才及智力资源搭建平台。全市亿元以上建设项目270个，其中10亿元以上在建项目达24个。“4·18”新开工亿元以上项目，由4年前的19个，上升至99个。建成全省首家重大项目储备库，滚动储备超亿元项目141个，现已出库开工建设项目19个。组建重点产业课题组，主动与部分央企、民企集团及国内外著名中介机构开展项目对接、投资洽谈和专题招商。项目履约率、投入产出率、净利润率越来越高，项目建设规模、质量、效率实现新突破。

——**抓产业升级扩能，工业经济增强活力**。克服经济下行压力，全力解决工业运行中遇到的新情况新问题，实现工业经济平稳较快发展。开发区、工业集中区发展步伐加快，公主岭经济开发区步入选商、规模发展阶段，双辽玻璃建材园急剧扩张，奇瑞、“一汽四环”、模具等工业园区发展势头强劲，换热器、专用车、汽车零部件等工业园区成为省级特色工业园区。我市成为全省先进装备制造业示范城市，部分产业纳入国家振兴规划，梨树县被列为国家级农副产品新型加工示范区。企业嫁接改造成果显著，成功引进奇瑞重工、中航工业、中国建材、三一重工、柳工、法国飞马特等国内外知名企业。共实施技术改造196项，完成投资239亿元。7项省级重大科技攻关、成果转化等项目落户我市。投产新产品158种，完成产值180亿元。累计获得6项中国驰名商标。单位GDP综合能耗降低3.5%，主要污染物总量减排完成全年目标。

——**抓结构调整优化，“三经”工作卓有成效**。结合区位优势，快速聚集新的经济能量，探索提升服务业发展新途径，以区域总部经济为主导的“三经”工作成为经济发展中的蓝海。大规模集中培训720多人，在13个省、4个直辖市和部分发达地区召开56场推介会，到会客商1.5万人。制定优惠政策，全程跟踪服务，成立四平总部大厦及县(市)区总部服务中心，吸引发达地区企业挥师北上，进军东北，入驻四平。预计到年末，全市发展总部企业520户，新增税收6亿元以上，为财税扩张增添新动力，开辟了四平总量发展的新天地。民营企业达到1万户，同比增加1324户；个体工商户达到13.2万户，同比增加2万户。东北亚农副产品数贸港落户梨树，维美戴斯酒店投入运营，红星美凯龙商城、开元大酒店及城市综合体等服务业项目加速建设。大连万达、中国供销集团、上海亿丰、广东东鹏及天津港、大连港、营口港合作建设的内陆港等一批新兴服务业有望入驻四平。

——**抓“三区一建”提标，农村形势持续向好**。始终把“三农”工作放在重要位置。粮食生产战胜多种灾害，实现“九连丰”，有望实现160亿斤新纪录。“三区一建”提标取得新进展。新建粮食高产示范区101个，率先成为国家级整建制推进市。新建棚室蔬菜园区20个，生产面积达到11.3万亩，应季蔬菜自给率达到90%，返季蔬菜自给率达到20%以上。新建牧业小区324个，总量达到2212个，规模化养殖水平居全省前列。农村人居环境建设力度加大，乡（镇）村屯环境面貌发生根本性改观，各地普遍打造一批环境优、功能全、文明向上的乡（镇）村屯。农产品品牌建设迈出新步伐。一大批具有“三品一标”的名特优农产品打入市场，生产基地进一步扩大。农村改革不断深化，土地适度规模经营、土地承包经营权收益抵押贷款试点、农业社会化服务组织、农村新型社区和农民专业合作社等改革模式正在推进农村改革向纵深发展。

——**抓基础设施投入，城乡面貌焕然一新**。迎接高铁时代到来，东南新城建设步伐加快。高铁客运站在哈大高铁线上靓丽运行，四平东综合客运枢纽站主体竣工，旭日立交桥主桥贯通，城市规划馆、政务中心、公检法办公楼等工程重点推进，启动文化艺术中心、学校、医院、交通指挥中心规划设计工作。老城区梳理改造有序进行。中心城区内环路改造工程开始实施，新华大街段、紫气大路段建成通车，6公里滨河景观路按期交付使用。维修道路16条，新建改造道路桥梁5座，主次街路改造基本完成。高标准实施紫气大路、开运街等街路亮化工程。排水、供热等地下管网及人防空间改造建设大幅拓展。加快保障性住房建设，完成棚改项目46个、357.6万平方米，建设回迁安置用房101万平方米。建设廉租房12万平方米。完成“暖房子”工程80万平方米。春秋两季市区大树进城18万棵，西南生态公园、“两河四岸”、厂区及庭院绿化工程进展顺利，城在林中形态初步显现。更新城市公交车63台。加大城区环境整治力度，国家卫生城复检正式通过。“数字化城市”建设取得积极进展。新建改建农村公路463.6公里。伊通南部新城、公主岭岭西新城、梨树南部新城、双辽辽东新城建设齐头并进，气象日新！

——**抓百姓期盼之事，民生工作成效显著**。年初确定的10个方面35件民生实事全面告捷。全市城镇新增就业6.4万人，农村劳动力转移就业72万人，城镇登记失业率控制在3.8%以内。养老、失业等五大保险参保人数均提前完成年度指标。新农保和城居保参保率达到96%以上，成为全省之最。最低工资标准由每月890元提高到1050元。公务员连续四年提高津补贴标准，增幅列全省首位。四平收入水平节节攀升！城乡低保在动态管理下应保尽保，实现市区居家养老服务全覆盖。“四师一满意”主题教育活动取得阶段成果，67.34万平方米校安工程建设任务基本完成。公共文化场馆全部免费开放，开展送戏下乡365场，成功举办元宵节灯会、“叶赫风情”大型文艺演出，万名中小学生满族花棍舞表演创吉尼斯纪录。开展百姓健康大行动，完成220万城乡居民免费体检，创全国地级市全民免费体检先河。全国公路自行车冠军赛、市直机关第四届职工运动会取得圆满成功，扩大了声誉、提振了士气。全市6个县级食品安全快速检测站和158个快速检测室完成布局并组织实施。扎实推进“社区行动计划”，76个社区全部建立公共事务服务中心，形成就业、社会保障、医疗、计生、文化、教育、安全等进社区服务模式。实现全国双拥模范城六连冠。扎实推进社会管理创新“331”工程，受到全省关注。认真落实责任追究和领导包案制度，集中处理信访积案，确保了重要时点安全稳定。完善治安防控体系，新增50台夜巡警务车，主要街路全部安装电子监控设备，社会面稳控能力提高，治安环境明显改善，可防性案件下降38%。安全生产和应急工作常抓不懈。形成了和谐安定的可喜局面。

——**抓协调运行机制，政府建设全面加强**。坚持在“四型”政府建设上下功夫，狠抓各项工作落实，提升政府执行力。坚持定期向市委报告制度，自觉接受人大法律监督和政协民主监督。坚持重大事项集体决策制度。实行政府信息公开，通过政务大厅、政府网站、新闻媒体、新闻发布会等形式，加强与群众沟通联系，提高办事服务效率。对政府工作实况实行日报告、周安排、月通报制度，督促各部门集中力量抓重点工作，并定期公示考核结果，好的表彰奖励，差的通报批评。深化行政审批制度改革，所有行政审批项目实现“一站式”办理，审批效率大幅提升。事业单位清理规范工作任务圆满完成。深入开展效能监察和审计监督，加强重大项目全程跟踪，严肃查处违法违纪案件。要求机关干部读好市场营销、企业管理、金融证券、科技创新四本书，以增强经济工作才智。全面落实党风廉政责任制，自觉遵守领导干部廉洁自律规定。普法、民族宗教、档案、地震、老龄、残联、地方志、外事侨务等工作取得进步与发展，驻平中省直部门发挥效能，为四平建设发展做出了新贡献。

在看到成绩的同时，我们也清醒地认识到，前进中还存在一些困难和问题。产业层次不高，结构调整任重道远；受经济下行压力等因素制约，致使部分经济指标受到较大影响，财政收入未能达到奋斗目标；政府融资受限，基础设施建设资金短缺；工业经济实力还不强，缺乏税源型龙头企业；公务人员市场意识、创新意识还需强化。我们要高度重视，采取措施，认真加以解决。

各位代表，即将过去的五年，是四平发展史上不平凡的五年，是综合实力提升最快、城乡面貌变化最大、改革开放成效最好、人民群众受益最多、对内凝聚力和对外影响力显著提升的重要时期。

——2012 年预计实现地区生产总值 1186 亿元，是 2007 年的 2.5 倍，五年年均增长 20.1%。地区生产总值突破千亿元大关，成为我市发展进程中的里程碑！

——2012 年预计全社会固定资产投资 600 亿元，是 2007 年的 2.7 倍，五年年均增长 22.1%，增幅连续五年居全省第二位。

——2012 年预计规模以上工业总产值、增加值、利润分别完成 1700 亿元、520 亿元和 51 亿元，是 2007 年的 4.5 倍、4.3 倍和 4.6 倍，五年年均增长 35.2%、33.7%、35.9%，均跃升至全省第四位。

——2012 年预计全口径财政收入、地方级财政收入分别完成 95.7 亿元、50.5 亿元，是 2007 年的 3.3 倍、4.1 倍，五年年均增长 27.1%、32.5%。财政收入占 GDP 比重逐年提高。2012 年预计市本级地方级财政收入 22.8 亿元，是 2007 年的 4.5 倍，五年年均增长 35%，2010、2011 两年实现翻番，总量由全省第八位跃升到第四位，开始走出财力弱、负担重、艰难跋涉的困境。

——2012 年预计全市财政支出 163 亿元，是 2007 年的 3.2 倍，五年年均增长 26%；市区财政支出 58 亿元，是 2007 年的 3.5 倍，五年年均增长 28.1%。

——2012 年预计市区向上争取专项资金 28 亿元，是 2007 年的 4.3 倍，五年年均增长 34%。

——2012 年预计实现社会消费品零售总额 395 亿元，是 2007 年的 2.5 倍，五年年均增长 19.9%。

——2012 年预计金融机构存贷款余额分别达到 745 亿元、438 亿元，是 2007 年的 2.3 倍和 1.5 倍。

——2012 年预计城镇居民人均可支配收入、农村居民人均纯收入分别实现 2 万元、8958 元，比 2007 年增长 62.2%和 109.3%，五年年均增长 10.2%、15.9%。

——2012 年，在全国 294 个城市中，四平列竞争力提升最快城市第 32 位，四平声音与地位显著提升！

成绩来之不易，经验弥足珍贵。五年来，我们深深地体会到：

观念转变是发展之先导。围绕加快转变、加快赶超、加快隆起，打破计划经济的思维定势、固步自封的观念束缚和小富即安的小农意识，谋划发展更加注重效益意识、资本意识、科技意识和市场营销，尊重纳税人和企业家，尊重创新发展人才。更加注重从规划上确立目标，在资金、人才、市场等要素和攀高结贵上确定支撑，更加注重优胜劣汰、奖优罚劣，形成抓项目促发展的“群狼效应”。转变观念、清晰路径、形成机制，推动经济合力前行，四平迎来了发展建设的春天！

科学规划是发展之基础。立足落实“一核三带”富民优先战略，构筑经济发展与生产力空间布局。第一次完整编制城市总体规划、土地利用总体规划、东南生态新城规划、“两河四岸”景观建设规划、四大特色产业园区规划和城市专项规划、重大项目规划。中心城区控详规覆盖率达到 100%。城市路网骨架不断拓展，主要道路零标高以下良心工程高质量完成，城市南部横向景观轴业已形成，成功创建国家园林城市。一座特色鲜明、具有都市形态的新四平正在屹立之中！

目标路径是发展之要法。摒弃单一本位工作思路，鼓励支持外出学习先进经验理念，引进国内外专业机构，咨询评估发展规划战略。以投入产出率评估项目、配置资源、倾斜政策、研究发展关节点。把破解资金瓶颈落实到财政增收、向上争取专项、上市融资、发展总部经济等措施上，筹措发展资金，加大投资强度。在企业嫁接改造、大树进城、发展总部经济、滨河景观绿化带、全民免费体检等方面，实现目标延伸、路径确认、方案制订、破解难题与高标准推进紧密结合，探索克难攻坚的新路径，值得珍惜弘扬。四平发展的正能量，正在全面振兴的征程上积聚！

实践创新是发展之灵魂。把开放发展放在首

位，迈开大步走出去，足迹遍布大江南北，与国内外的交流合作日益加深。分别与长春、沈阳及部分央企签署战略合作框架，四进欧洲寻求合作机遇，专用车欧盟路演受到青睐。烟厂实施易地改造，奇瑞重工成功落地，国内外30多家知名企业入驻四平。共谋发展请进来，成功举办换热器国际研讨会、四平·中国汽车拉力锦标赛、首届中国玉米节等盛会，四平音符和影响力日益增强。全国生态环境建设实验区、国家可持续发展实验区、国家循环经济示范区创建启动，红嘴开发区晋升为国家级开发区，搭建起率先发展平台。下决心规范清理机构编制，首次实现编制人员“负增长”。加快推进阳光政务，注重执行落实和提高效率，经济发展软环境由全省末位跃升至前列。广大干部谋发展、促振兴的热情持续高涨，众人划桨开大船的动力机制业已形成！

各位代表，过去五年，勤劳智慧的四平人民，积极抢抓发展机遇，有效应对各种挑战，砥砺奋进，铿锵前行，用激情、拼搏和奉献，谱写了四平科学发展、攀升晋位的辉煌篇章！成绩的取得，得益于市委的坚强领导和历届班子打下的坚实基础，得益于人大、政协和社会各界的鼎力支持，归功于全市人民的群策群力。在此，我代表四平市人民政府，向全市各族人民、各民主党派、工商联和无党派人士，向驻平部队、武警官兵、中省直单位，向所有关心支持四平改革发展的同志们、朋友们，致以崇高的敬意和衷心的感谢！

二、今后五年的目标任务

未来五年，坚持把市六次党代会确定的指导思想、目标任务作为工作统领。保持清醒头脑，顺应形势发展的新变化，顺应全市人民过上更加美好生活的新期待，抢占发展制高点，打造振兴隆起带，开创科学发展、富民强市的新局面。

未来五年，政府工作的总体要求是：高举中国特色社会主义伟大旗帜，深入贯彻落实党的十八大、省十次党代会和市六次党代会精神，以“科学发展，努力让城乡居民生活得更加美好”为统领，纵深推进“一核三带”富民优先战略，坚持“四动”并举，推进“四化”统筹，紧紧围绕“五城联创”，加快经济发展方式转变，加强社会管理创新，推进项目大建设、产业大集聚、城乡大改观、文化大繁荣、民生大改善，全面提升城市核心竞争力、文化软实力和区域影响力，加快在哈大经济大动脉上的强势隆起，实现四平全面振兴。

按照市委要求，未来五年的奋斗目标是：一跨越、两翻番、双倍增、创五城、五提升。

一跨越——五年内，综合经济实力跨入全省第一方阵。

两翻番——到2017年，地区生产总值在2012年基础上翻一番，达到2370亿元以上；全口径财政收入和地方级财政收入在2012年基础上翻一番，分别达到210亿元和105亿元以上。

双倍增——到2017年，城镇居民人均可支配收入、农民人均纯收入在2012年基础上增加一倍，分别达到4万元和1.8万元以上。

创五城——创建区域中心城、新型工业城、特色文化城、现代宜居城、富裕文明城。

五提升——发展质量提升、城市化水平提升、文化实力提升、幸福指数提升、社会管理创新提升。

未来五年，我们必须把市六次党代会确定的“五城联创”作为富民强市“路线图”，推进市区率先发展、县市联动跟进，求得全局实现新跨越。

（一）打造活力迸发的区域中心城。深入实施“一核三带”富民优先战略，筑起现代化大城市骨架，打造百万人口的区域中心城市。加快“南接北融”步伐，主动承接长春、沈阳发展的乘数效应。盯住国内外500强、央企和大型民企主动招商、承接项目，着力提高发展外向度。继续发展总部经济，建设中小企业创业园，深入开展“院士专家四平行”活动，让更多智力资源、科技成果汇聚四平。发挥区位优势，发展生产性服务业，做强做活商贸物流业，打造辐射东北四省区的商贸物流汇聚地。引进域外金融机构来平共建融资平台，规范发展各类金融机构，鼓励更多企业上市，形成资金洼地效应。借助高铁开通契机，加快高速公路、一级公路、铁路建设步伐，推进军民合用机场通航，构筑与周边经济体一小时通达的立体交通体系。把环境作为要素流入的第一竞争力，改革管理体制，完善长效机制，建设区域一流软环境，让人流、物流、资金流、信息流等要素汇聚四平，全面提高开放型经济水平，把四平打造成充满活力的新型现代化城市！

（二）打造特色鲜明的新型工业城。积极争取成为“全国老工业基地调整改造规划”重点城市。围绕装备制造、农产品加工和能源三个主导产业，打造中国换热器城、北方专用车基地、一汽零部件配套中心、东北“糖都”和绿色农副产品精深加工区。能源产业实现突破，医药化工、矿产建材等传统产业改造提升，精心打造“烟酒食糖”、“机油器车”特色优势产业，支持鼓励金士百、新天龙、巨元、吉林世宝、一汽专用车等企业兼并重组、引进战投、合资合作，扩大企业规模，尽快形成一批企业集群。实施创新驱动战略、名牌带动战略，加快新产品、新技术和科研成果转化项目开发与引进，支持鼓励九洲光电、神韵超薄音响等科技创新型企业发展，争创全国质量强市示范城市，提升核心竞争力。加快特色园区建设，现有省规划管理园区全部晋升为省级特色园区。支持开发区和工业集中区率先发展、跨越发展、集聚发展，县（市）区积极培育改革创新发展先行区、转型升级示范区、“三区一建”示范区。提升农业综合生产能力，加快基础设施和新农村建设，推进城乡发展一体化，形成新型工农关系。让工业化、信息化、城镇化和农业现代化“四化”并举的发展格局早日在四平大地呈现！

（三）打造生态和谐的现代宜居城。以生态文明建设为目标，推进经济社会发展总体规划、城市总体规划、土地利用总体规划、“十二五”林带总体规划、水利用总体规划、交通总体规划“六规统一”，构建统筹协调发展格局。加快发展核心城区，筑起现代大城市骨架，打造百万人口的区域中心城市。全面建成东南生态新城，启动开发北部新城。完善扮靓提升老城区，推进企业退城进区，引入连通城市水系，综合开发“两河四岸五湖”，巩固扩大国家卫生城、园林城成果。积极建设“智慧城市”，推进城市公共事业提升。加快城市基础设施建设，推进城市道路通达工程建设。优先发展城市公共交通。推进四县（市）新城建设，公主岭建成中等城市；梨树加快与四平同城化发展；伊通迈向全国一流少数民族自治县行列；双辽打造省能源基地、区域性中心城市；铁东建成新型工业化基地与旅游文化强区；铁西全力打造现代服务业强区；辽河垦区打造商贸流通“旺地”。同时，围绕“一核三带”节点布局，培育一批工业强镇、商贸大镇、旅游名镇。促进生产空间集约高效、生活空间宜居适度、生态空间山清水秀，建设生态四平、绿色四平、美丽四平！

（四）打造底蕴深厚的特色文化城。围绕历史传承、资源特色，形成“一主四辅”的文化发展新格局。大力弘扬社会主义核心价值体系，以四平精神为引领，广泛开展文明创建活动，力争早日进入全国文明城市行列。加快文化基础设施建设，实现市有文化中心、县有文化馆、乡有文化站、村有文化室。推进“文化七进和三下乡”、“九月鲜花”、农村电影放映等文化惠民工程，继续举办叶赫风情大型文艺演出、元宵灯会、“广场之夏”等活动，积极争取举办全国少数民族文化周。挖掘红色文化、创业文化、工业文化、农耕文化、满族民俗文化资源，积极申报和建设省历史文化名城。继续深化文化体制改革，培育文化“核心层”企业，推动文化产业跨越发展。加强文化人才队伍建设，鼓励文艺产品创作，造就一批精品力作和名人名家，增强文化创造活力。创建文化强市，构建起引领风尚、吸引群众、服务社会、推动发展的四平人民的精神家园！

（五）打造惠民利民的富裕文明城。围绕学有所教、劳有所得、病有所医、老有所养、住有所居，统筹发展与民生，实现居民生活品质与经济发展同步增长。通过综合施策，推动城乡居民更高质量就业和全员创业。引导群众理性投资，不断增加财产性收入。建立机关事业单位工资正常增长机制，逐步提高企业最低工资标准，实现城乡居民收入5年倍增目标。统筹推进城乡社会保障体系建设，健全全民医保体系，实现人人享有基本社会保障。深入开展“社区行动计划”，统筹城乡社区建设，提高公共服务能力。加快廉租房、公租房、经济适用房建设和农村危旧房改造，全面完成“暖房子”和棚户区改造。加大扶贫开发力度，实现扶贫对象早日脱贫致富。推动教育优先发展、均衡发展、公平发展，调整优化教育结构，大力发展职业教育，提高教育现代化水平。加快医疗卫生事业发展，不断改善提高医疗环境和医护水平，建成覆盖城乡的标准化医疗卫生机构，提升人民健康水平。开展全民健身活动，提高竞技体育水平，完善体育基础设施，积极承办体育赛事。完善提升广播电视节目质量，实现全市广播电视无缝覆盖。深入开展生育关怀和创建幸福家庭活动，继续把四平计生品牌推向全国。加大安全生产保障投入，推进隐患排查治理体系建设。食品药品安全监管体制机制更加完善。加强和创新社会管理，完善矛盾纠纷排查调处、社会稳定风险评估、公共安全管理、应急管理等机制，构建和谐稳定新格局。让四平人民过上更加富裕快乐、和谐尊严、健康舒适的美好生活！

未来五年，我们落实市六次党代会精神，真正提升政府执行力，还必须树立市场经济意识，从体制机制上实现根本转变。一是完善竞争机制。通过绩效考核，创建奖勤罚懒、优胜劣汰的工作环境。强化效能驱动，最大限度地调动每个人的积极性，打造重点工作执行、监督、考评、奖惩一体化的“落实链条”。通过引进、选拔、使用和待遇等措施相结合，优待人才、鼓励先进，激发内在动力，形成“百舸争流”、共谋发展的强大合力。二是实现效益配置。下力量把科技、资源、成本等要素优化组合，实现效益最大化。确保行政行为与市场行为相一致，对公共管理和资源配置，严格成本核算，计算投入产出比，用最合理的投入为群众办更多实事。严格按未来收益评判项目，以市场导向、附加值、净利润率和发展前景作为标准，集约使用资源，提高发展的持续性。三是形成开放格局。切实把走出去请进来战略落到具体工作中，向前推进迈大步。破除计划经济的思维定势和封闭意识，把四平融入到全球经济一体化之中，做到外资、外贸、外经、外包、外智“五外”联动。加强与央企、央院、央校、金融机构和知名民企战略合作，引导企业不求所有但求发展壮大，创新开放模式，完善开放型发展体系。四是营造法治环境。坚持依法行政，加强政府引导调控、扶持服务、监管规范职能作用，为市场主体——企业创造良好发展环境。鼓励企业发展壮大，减少运行成本，帮助企业家拓宽视野，提升经营能力。严格按照法律法规、市场规律和国际规则办事，做到讲制度、重程序、守纪律、强监督。

各位代表！经过全市上下五年的不懈努力，我们一定能实现赶超跨越，一定能在哈大经济大动脉上强势隆起，四平的未来会更加强市富民、璀璨夺目！

三、2013 年主要工作安排

2013 年是新一届政府履职的第一年，也是全面贯彻落实党的十八大精神的开局之年，经济社会发展具备很多有利条件和积极因素。同时必须增强忧患意识和紧迫感，充分估计面临的困难和挑战，开拓创新，扎实开局。主要预期目标是：地区生产总值增长 15%以上；固定资产投资增长 30%以上；全口径、地方级财政收入增长 18%和 20%；社会消费品零售总额增长 20%；城市居民人均可支配收入、农村居民人均纯收入分别增长 11%以上；居民消费价格总水平控制在 3%左右；城镇登记失业率控制在 4%以内。重点做好以下工作：

（一）着力转型升级，实现工业经济平稳较快发展。加快传统产业改造步伐，推动新兴产业、先进制造业健康发展，提高企业核心竞争力。加快落实我市纳入全国老工业基地改造计划。突出抓好嫁接改造。在摸清企业资产、资源以及清产核资基础上，围绕重点产业和骨干企业，研究市场、技术、销售等行业现状，拿出嫁接改造实施方案。遵循资源变资本、资本变资金的思路，整合包装资源，搭建抵押融资平台，多渠道多方式吸引资金流入四平。依托企业招商引资，与国内外行业龙头企业挂靠联合、战略重组。正在联系洽谈的合作项目，明确领导责任，组织强力推进，务必取得实效。集中力量加快园区建设。各级开发区、工业集中区，全面完成控详规、土地整理、环评等前期工作，利用多种方式推进基础设施建设，加快化工园区、汽车园区二期、物流园区建设，吸纳重大项目，减少前期成本，缩短投入产出周期。积极引进高端专业人才，提供优厚待遇，引进实用人才，落实双重身份，直接服务企业，推动工业企业全面转型升级。

（二）着力政策服务，深入推进“三经”工作。继续强力推进总部经济发展。制定优惠政策，开发建设总部基地平台，吸引国内外大型企业集团来平建立分公司、办事处等机构。收集筛选各类行业 10 大名牌产品，通过全国性行业协会，吸引企业来平建立生产基地和东北经销中心。力争引进 10 个名牌产品。引进大型商贸物流企业，搭建电子商务平台，建立起面向东北的现代物流网。明确落实部门责任，把合作意向变成落户成果。总部经济形成税收 15 亿元。大力发展民营经济。落实政策扶持和财政支持，完善中小企业服务体系，培育规模民营企业。采取政府补助、融资担保、规费减免等措施，扶持硕博毕业生等人才来平创业，推进智力小微企业发展。加快发展服务经济。大力发展服务外包、文化创意、现代设计等现代服务业，建设“智慧四平”。挖掘人文资源，开发历史文化街区，建设叶赫满族风情园区和叶赫生态博物馆，打造具有四平特色的旅游业。

（三）着力示范引领，大力发展现代农业。围绕“一核三带”节点镇、沿线村，集中连片规模打造粮食高产示范区、棚室蔬菜产业园区、牧业养殖小区、休闲农业体验区，壮大新农村建设样板村群，培育农村经济与社会发展典型。突出品牌农业、效益农业建设，发展特色规模农业、绿色生态农业，扶持专业大户。引进培育龙头企业，发展壮大产业集群，提高农业产业化水平。加强农村基础设施建设，稳步推进农村新型社区和“大村庄”建设，着力发展林牧业，扩大水利建设规模，强化农村电网改造，特别注重县、乡、村道路建设，形成贯通顺畅的交通体系，全面改善农村生产和农民生活条件。深化农村改革，积极推进土地规模经营，扶持发展农民专业合作社、家庭农场，培育发展农业社会化服务体系，支持发展村镇银行，创新农村金融产品，破解农民贷款难、融资难等瓶颈问题，探索新农村建设的新路子。

（四）着力梳理改造，建设现代宜居城市。重点实施山、水、林、路、网等方面的改造提升。组织实施重点污染企事业单位退城进区工程，编制北山绿化美化规划。北河开工建设生态防洪工程，与湿地建设相结合，再造草地、沼泽、储水湖等生境构成，形成生态缓解区。继续开展大树进城活动，启动育林基金，确保完成植树造林任务。全面启动城市通达工程，建设简易立交桥、返回式环岛以及过街天桥，形成良性循环的路网系统。在建设维修道路同时，新建、改造燃气管网50公里，同步完成给排水、通讯等地下管网建设。继续加快东南新城建设。"八馆一中心"等公共设施项目全部开工，绿化、亮化、道路等基础设施全面完成，回迁安置房、医院、学校等民生工程快速推进。加大新城收储土地力度，实现转让高效利用，提高商业项目比重。加快政府融资步伐，力争15亿元城投债券按期募集，为城市布局与发展聚集所需资金。

（五）着力体制创新，推进民生实事落实。探索改革城区与社区管理体制，把涉及为群众服务的管理职能下放到社区，形成1平方公里左右的管理区间和网格化管理格局，增强社区服务功能。继续抓好衣食住行乐、教育、医疗、就业、养老、和谐十项民生实事。推进高、中、普商业网点合理布局，方便群众购物。发挥食品安全快速检测站及快速检测室作用，实现乡镇以上大型农贸市场检测监督全覆盖，确保食品安全。建设棚改房屋40万平方米、廉租住房10万平方米，改善困难群众的居住条件。四平东综合客运枢纽站和四梨大街竣工交付使用。加快推进城市公交发展，更新车辆131台，开通紫气大路公交线路。推进出租车进档升级。举办文化体育赛会，开展全民健身运动和文体活动，丰富群众文化生活。打造诚信计生，建设幸福家庭。深入开展"四师一满意"主题教育活动，推进教育均衡发展，推动职业教育集团化，努力办好人民满意教育。深入开展"创名院、建名科、树名医、评名护"活动，全面提升医疗水平和服务质量。继续推进百姓健康大行动，完成341万城乡居民免费体检。通过强化培训、增加贷款等综合措施，扎实推动全民创业。建立养老服务社会化体系，增加生活和运营补贴，让老年人生活更有保障。加强治安防范和安全生产工作，妥善解决和面对群众诉求，确保社会安全稳定，努力为广大人民群众创造更安宁、更幸福、更欢乐和谐的社会环境！

各位代表，在更高起点上实现新跨越，需要强化"四型"政府建设，尤其注重懂经济、讲服务、重结果、守规矩的落实，切实增强公信力和执行力。

把为民服务作为政府的第一目标。坚持人民利益至上的价值标准，实实在在地为企业纳税人服务、为群众服务、为基层服务。大力精简审批事项，深入实施投资项目并联审批，努力创造在全省审批项目最少、程序最简、费用最低、服务最优、效率最高的服务环境。积极创新政务服务方式，降低行政成本，推进电子政务、网上办公，加强政务大厅、政府网站、市长公开电话、信访接待等平台建设，促进政务服务更加便民、务实、高效。

把聚能提效作为政府的运行准则。把竞争机制、效益机制、开放机制、法治机制贯穿于谋发展、抓落实、求结果的全过程。细化工作方案，明确路径，破解难题，迅速打开局面，取得预期效果。强化绩效考核，定期通报结果，以发展论英雄，以贡献定奖赏，激励先进、施压落后。空谈误事，实干兴业。切实做到减少应酬、减少形式、减少坐而论道，腾出更多时间抓项目建设、抓经济发展、抓凝聚人心，多做打基础、利长远的大事，多做解民忧、惠民生的实事。

把法治廉洁作为政府的施政之本。严格按照法定权限和程序行使权力、履行职责，依法接受人大及其常委会的法律监督、工作监督，主动接受政协的民主监督，提高人大代表议案、建议和政协提案办理质量。进一步加强行政执法监督，摒弃遏制不作为、乱作为、慢作为现象。全面落实党风廉政建设责任制，推进惩治和预防腐败体系建设，严格落实中央八项规定，加强行政监察、审计监督，主动接受群众监督、舆论监督，树立廉洁、高效、务实、为民的阳光政府形象。

各位代表，新的征程已经开启，新的目标催人奋进。让我们在市委的正确领导下，紧紧依靠全市人民，继往开来、凝聚力量、攻坚克难，为实现四平的复兴与发展，为城乡居民生活得更加美好而团结奋斗！

全市工业企业资产总计前十名单位

（2012 年）

1. 伊通满族自治县莫里青石油引资服务公司
2. 四平现代钢铁有限公司
3. 国电双辽发电厂
4. 四平昊华化工有限公司
5. 中粮生化能源（公主岭）有限公司
6. 天成玉米开发有限公司
7. 双辽市博来德工贸有限公司
8. 吉林电力股份有限公司四平第一热电分公司
9. 华能吉林发电有限公司四平风电厂
10. 吉林省新天龙实业股份有限公司

全市工业企业主营业务收入前十名单位

（2012 年）

1. 四平现代钢铁有限公司
2. 伊通满族自治县莫里青石油引资服务公司
3. 四平市名德换热器工业园有限公司
4. 四平红嘴农业高新技术开发有限公司
5. 吉林省新天龙实业股份有限公司
6. 双辽市博来德工贸有限公司
7. 中粮生化能源（公主岭）有限公司
8. 梨树县经合能源开发有限公司
9. 黄龙食品工业有限公司
10. 吉林曙光农牧有限公司

全市工业企业实现出口交货值前十名单位

（2012 年）

1. 吉林庆达数码有限公司
2. 公主岭中大股份有限公司
3. 黄龙食品工业有限公司
4. 吉林华力服饰有限公司
5. 四平鼓风机股份有限公司
6. 四平恩悌钨高新技术材料有限公司
7. 吉林省辽河农产品加工有限公司
8. 吉林省艾斯克机电集团有限公司
9. 吉林刘房子膨润土科技有限公司
10. 四平线路器材厂

全市工业企业实现利润前十名单位

（2012年）

1. 伊通满族自治县莫里青石油引资服务公司
2. 四平市名德换热器工业园有限公司
3. 公主岭市宏达热力有限责任公司
4. 四平现代钢铁有限公司
5. 四平双和木业有限公司
6. 吉林省博[illegible]机械制造有限责任公司
7. 四平金隅水泥有限公司
8. 四平市奋进专用汽车有限公司
9. 福耀集团长春有限公司双辽分公司
10. 河南省正龙食品有限公司吉林分公司

全市年末常用耕地面积前十名乡镇

（2012年）

1. 公主岭市怀德镇
2. 公主岭市双城堡镇
3. 双辽市茂林镇
4. 双辽市双山镇
5. 双辽市服先镇
6. 公主岭市玻璃城子镇
7. 公主岭市黑林子镇
8. 双辽市卧虎镇
9. 公主岭市秦家屯镇
10. 梨树县万发镇

全市粮食总产量前十名乡镇

（2012年）

1. 公主岭市怀德镇
2. 公主岭市双城堡镇
3. 公主岭市黑林子镇
4. 公主岭市杨大城子镇
5. 双辽市茂林镇
6. 公主岭市玻璃城子镇
7. 双辽市双山镇
8. 梨树县万发镇
9. 辽河农垦区孤家子镇
10. 公主岭市秦家屯镇

全市肉类总产量前十名乡镇

（2012 年）

1. 公主岭市黑林子镇
2. 梨树县梨树镇
3. 梨树县万发镇
4. 梨树县十家堡镇
5. 梨树县白山乡
6. 公主岭市大岭镇
7. 梨树县四棵树乡
8. 公主岭市永发乡
9. 梨树县小城子镇
10. 梨树县金山乡

全市企业实交税金前十名乡镇

（2012 年）

1. 梨树县十家堡镇
2. 铁东区城东乡
3. 公主岭市范家屯镇
4. 铁东区山门镇
5. 梨树县梨树镇
6. 公主岭市怀德镇
7. 铁东区石岭镇
8. 梨树县孟家岭镇
9. 梨树县郭家店镇
10. 伊通满族自治县马鞍镇

全市财政供给人员全年工资总额前十名乡镇

（2012 年）

1. 梨树县梨树镇
2. 公主岭市范家屯镇
3. 伊通满族自治县伊通镇
4. 公主岭市怀德镇
5. 公主岭市杨大城子镇
6. 梨树县郭家店镇
7. 双辽市服先镇
8. 伊通满族自治县大孤山镇
9. 铁西区平西乡
10. 双辽市茂林镇

全市财政总收入前十名乡镇

（2012 年）

1. 公主岭市范家屯镇
2. 伊通满族自治县伊通镇
3. 公主岭市双城堡镇
4. 公主岭市黑林子镇
5. 公主岭市怀德镇
6. 铁东区山门镇
7. 公主岭市大岭镇
8. 公主岭市响水镇
9. 公主岭市双龙镇
10. 梨树县梨树镇

全市在校学生总数前十名乡镇

（2012 年）

1. 梨树县梨树镇
2. 辽河农垦区孤家子镇
3. 公主岭市怀德镇
4. 公主岭市范家屯镇
5. 梨树县郭家店镇
6. 梨树县榆树台镇
7. 公主岭市双城堡镇
8. 伊通满族自治县大孤山镇
9. 公主岭市黑林子镇
10. 伊通满族自治县伊通镇

全市农民人均纯收入前十名乡镇

（2012 年）

1. 公主岭市大岭镇
2. 双辽市王奔镇
3. 公主岭市怀德镇
4. 公主岭市范家屯镇
5. 公主岭市朝阳坡镇
6. 双辽市东明镇
7. 双辽市服先镇
8. 双辽市永加乡
9. 双辽市双山镇
10. 双辽市茂林镇

全市限额以上商业零售企业销售额前十名单位

（2012 年）

1. 公主岭温州商城贸易有限公司
2. 中国石油天然气股份有限公司吉林四平销售分公司
3. 吉林省众诚汽车服务连锁有限公司四平服务区加油站
4. 吉林省华生交电集团有限公司
5. 吉林省华宇集团四平仁兴商厦有限公司
6. 四平欧亚商贸有限公司
7. 吉林省梨树县供销合作联合社
8. 梨树县商业企业服务中心
9. 伊通满族自治县市场有限公司
10. 梨树县商业企业服务处

全市限额以上商业批发企业利润总额前十名单位

（2012 年）

1. 吉林省烟草公司四平市公司
2. 吉林省烟草公司四平市公司公主岭分公司
3. 吉林省烟草公司四平市公司梨树分公司
4. 吉林省烟草四平市公司
5. 吉粮集团公主岭金玉收储有限责任公司
6. 梨树县圣田蔬菜批发有限公司
7. 梨树县吉隆多粮食贸易有限公司
8. 梨树县吉庆供销社
9. 伊通满族自治县天宝粮贸有限公司
10. 梨树县三立粮食收储经销有限公司

全市限额以上商业批发企业销售额前十名单位

（2012 年）

1. 吉粮集团公主岭金玉收储有限责任公司
2. 吉林省烟草公司四平市公司
3. 吉林省烟草公司四平市公司公主岭分公司
4. 梨树县圣田蔬菜批发有限公司
5. 吉林梨树蔡家中谷国家粮食储备库
6. 吉林省东良粮食集团有限公司
7. 吉林省烟草公司四平市公司梨树分公司
8. 梨树县吉隆多粮食贸易有限公司
9. 梨树县三立粮食收储经销有限公司
10. 吉林省烟草公司四平市公司伊通分公司

第二部分

社会经济发展综述

THE SUMMARY OF SOCIAL ECONOMIC DEVEL OPMENT

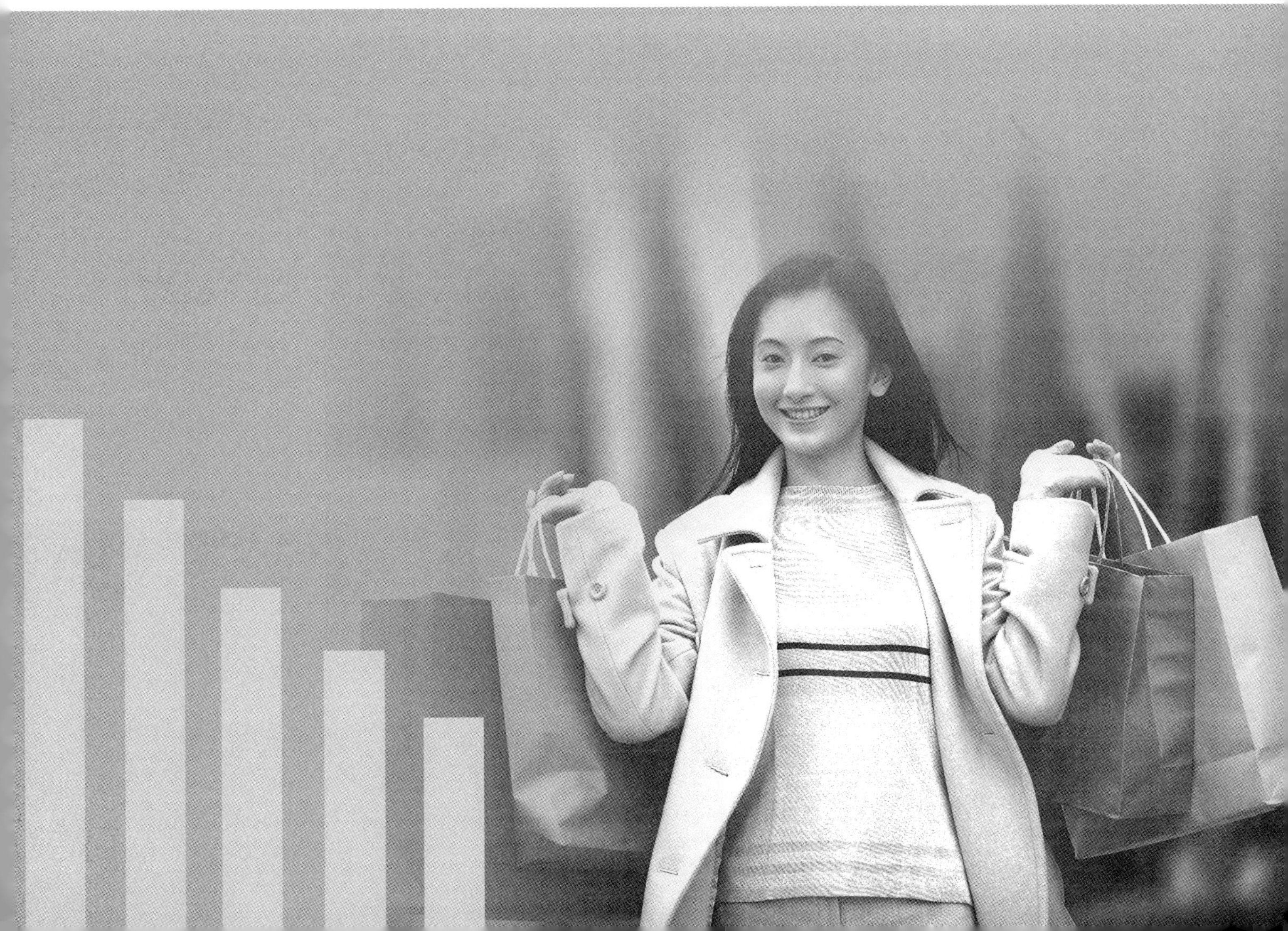

四平市2012年国民经济和社会发展统计公报

（四平市统计局）

2012年，全市人民在市委、市政府的正确领导下，深入贯彻落实科学发展观，以实现人民生活共同富裕为目标，努力推进经济增长方式的转变和经济结构调整，全面实施“一核三带”富民优先的发展战略，抓好民生和发展两个关键，国民经济和社会发展取得了明显成效，各项社会事业不断进步。城乡居民生活水平稳步提高。

综　　合

经济总量跃上千亿元大关。据初步核算，全年实现地区生产总值1122.8亿元，按可比价格计算比上年增长12.4%。其中，第一产业实现增加值283.8亿元，增长5.3%；第二产业实现增加值513.7亿元，增长15.7%；第三产业实现增加值325.3亿元，增长13.3%。人均生产总值达33150元，比上年增长14.9%。经济结构进一步优化，一、二、三产业占生产总值的比重由上年的26.1%∶45.1%∶28.8%变为今年的26%∶46.0%∶29%。一、二、三产对经济增长的贡献率分别为9.8%、59.9%和30.3%。规模以上工业万元增加值综合能源消耗降低9.43%。

图1　2008年～2012年四平地区生产总值及增长速度

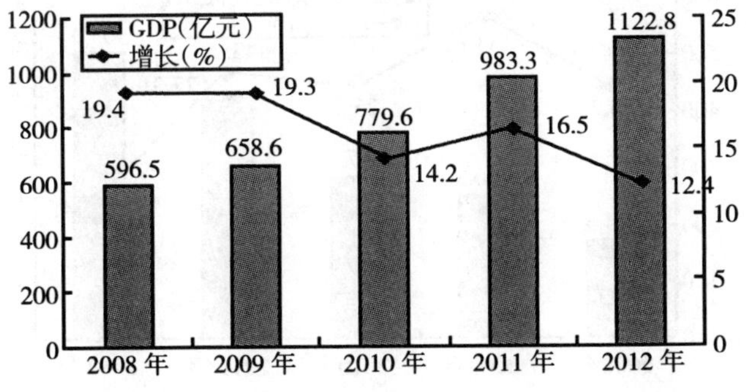

财政预算收支执行总体情况良好，保民生、保稳定投入进一步加大。全年全市公共预算全口径财政收入完成93.2亿元，比上年增长26.7%。其中，地方财政收入完成56.6亿元，比上年增长45.5%。市区公共预算全口径财政收入完成49.6亿元，比上年增长23.9%，市区地方财政收入完成26.2亿元，比上年增长49.4%。

全市公共预算财政支出完成171.7亿元，比上年增长22.8%。市区财政支出完成61.4亿元，比上年增长28.2%。在市区财政支出中：农林水事务支出3.1亿元，增长1.0%；教育支出11.5亿元，增长60.9%；科学技术支出3575万元，增长7.3%；社会保障和就业支出10.1亿元，下降5.8%；医疗卫生支出3.2亿元，下降11.7%。

图2　2008年～2012年全市公共预算全口径财政收入和地方财政收入

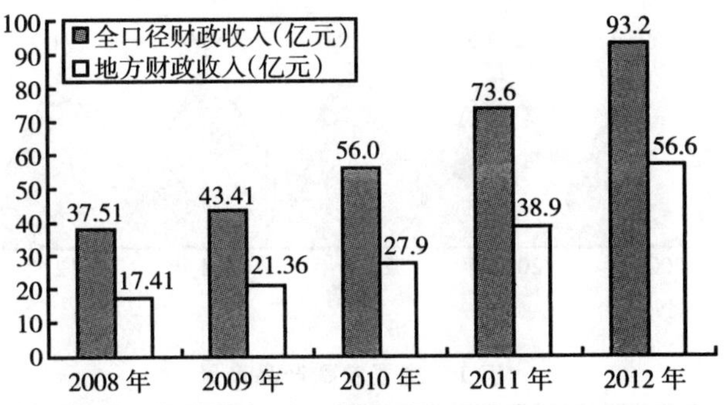

市场物价呈小幅上升态势。全年居民消费价格总指数为102.5%（以上年为100，下同），价格水平比上年上涨2.5%。八项分类指标呈“七涨一降”的特征。上涨的有：食品价格指数为104.1%，上涨4.1%，烟酒及用品类价格指数为100.2%，上涨0.2%，家庭设备及维修服务类价格指数为101.9%，上涨1.9%，医疗保健和个人用品类价格指数为103.9%，上涨3.9%，娱乐教育文化用品及服务类价格指数为100.2%，上涨0.2%，居住类价格指数为101.7%，上涨1.7%，衣着类价格指数为104.1%。上涨4.1%。下降的有：交通和通讯类价格指数为98.7%，下降

1.3%。工业品出厂价格指数为99.1%，下降0.9%，原材料燃料动力购进价格指数为101.7%，上涨1.7%。

农　　业

农业生产稳步增长，粮食又喜获丰收。全年实现农林牧渔业总产值491.4亿元，按可比价格计算比上年增长6.6%。其中，农业产值204.1亿元，比上年增长2.8%；林业产值2.2亿元，比上年增长13.5%；牧业产值276.0亿元，比上年增长9.2%；渔业产值1.0亿元，比上年增长15.8%。

全年粮食播种面积85.8万公顷，比上年增加1.0万公顷，增长1.1%，全年粮食产量达到771.0万吨，比上年增产16.0万吨，增长2.1%。全年玉米播种面积77.0万公顷，比上年增加1.2万公顷，增长1.6%，玉米产量达到687.4万吨，比上年增加16.9万吨，增长2.5%；水稻播种面积5.9万公顷，比上年增加16公顷，增长0.02%，水稻产量达58.3万吨，增产0.53万吨，增长0.9%；大豆播种面积1.0万公顷，比上年减少0.2万公顷，下降16.8%。

图3　2008年～2012年粮食产量

粮食总产量(万吨)

694.1　555.5　682.6　750.0　771.0

2008年　2009年　2010年　2011年　2012年

表1　主要农副产品产量

指　　标	单位	2012年	比上年增长（%）
粮食总产量	万吨	771.0	2.1
蔬菜总产量	万吨	109.7	－3.6
鲜蛋总产量	万吨	31.4	－11.9
牛奶总产量	万吨	9.1	－29.2
水产品总产量	万吨	0.6	13.5
出栏生猪	万头	429.2	8.3
出栏家禽	万只	6692.6	9.1

全市猪、牛、羊、饲养量分别达到765.0万头、178.7万头、127.1万只，分别比上年增长6.7%、0.6%、2.6%。随着畜禽饲养量的增多，畜产品产量也增加较多，猪、牛、羊肉产量分别为39.7万吨、10.3万吨、0.9万吨，分别比上年增长4.8%、3.2%、5.2%。

加大农业基础设施建设的力度，农业生产条件进一步加强。全市农业机械总动力达261.0万千瓦，比上年增长6.8%。拖拉机保有量9.0万台，比上年增长4.6%。农用运输车9240台，比上年下降0.7%。农用水泵75826台，比上年增长1.0%。全年农村用电量57910万千瓦时，比上年增长2.5%。

工业和建筑业

工业生产快速增长，效益水平跨上新台阶。2012年，全市规模以上工业实现工业增加值505亿元，比上年增长14.7%。完成工业总产值1710.8亿元，同比增长21.1%。完成销售产值1682.9亿元，同比增长20.2%。产销率98.37%，同比增长0.09个百分点。产销衔接状况良好，实现主营业务收入1498.6亿元，同比增长17.1%。实现利税总额77.4亿元，同比增长0.8%，工业效益综合指数467.28%，同比提高42.8个百分点。

表2　规模以上工业企业增加值

单位：亿元

指　　标	2012年	增长（%）
工业增加值	505	14.7
国有企业	21.9	3.3
集体企业	2.6	22.8
股份合作企业	0.7	10.0
股份制企业	428.6	17.0
外商及港澳台投资企业	18.7	9.3
其他经济类型企业	32.5	－0.1

图4　2008年～2012年工业增加值及增长速度

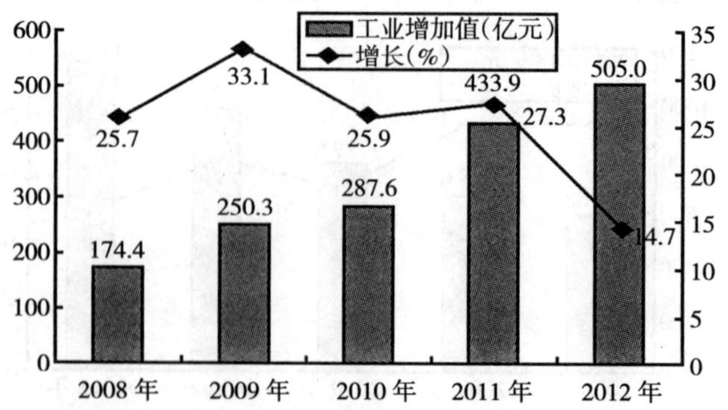

2012年末，全市规模以上民营工业企业达405户，占全市总户数的80.7%，拥有资产467.7亿元，占全市67.7%；实现增加值366.4亿元，占全部规

模以上工业的72.6%，增加值增长速度达到16.7%，实现利润43.2亿元，占规模以上工业利润总额的81.5%。

表3 主要工业产品产量

产品名称	单位	2012年	比上年增长（%）
原煤	吨	236626	8.5
变压器	千伏安	638465	87.9
砖	万块	48786	65.0
饮料酒	千升	559575	2.6
纱	吨	6814	1.7
工业锅炉	蒸发量吨	4499.5	48.7
化学纤维	吨	52078	99.8
机制纸板	吨	303836	25.4
硫酸	吨	252467	9.4
烧碱	吨	190886	−9.8
大米	吨	376899	19.0
方便面	吨	48835.7	9.1
服装	万件	282.4	−32.8
水泥	吨	5021298	−16.1
平板玻璃	重量箱	2619478	−9.7
粗钢	吨	1200774	−21.8
钢材	吨	1980554	24.1
风机	台	1898	−26.9
轴承	万套	19955.7	249.9
改装汽车	辆	9470	2.5
汽车仪器仪表	台	1180403	3.9
饲料	吨	1542259	−20.1

全年实现建筑业增加值29.9亿元，比上年增长47.9%。全年资质等级以上的总承包建筑企业完成总产值74亿元，比上年增长11.3%。工程结算收入66.2亿元，比上年增长11.1%。建筑施工面积490万平方米，比上年增长3.2%，竣工面积351万平方米，比上年增长6.2%。

固定资产投资

全年完成全社会固定资产投资588.5亿元，比上年增长30.6%。

图5 2008年～2012年固定资产投资及增长速度

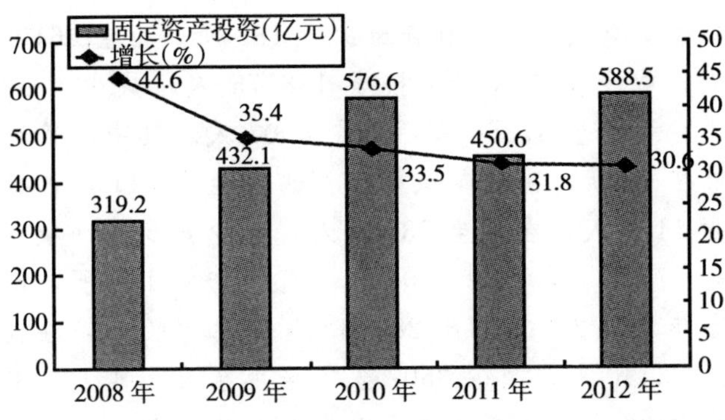

注：2010年以前固定资产投资统计起点为50万元以上。2011年开始资产投资统计起点为500万元以上。

表4 固定资产投资

单位：亿元

指　　标	2012年	比上年增长（%）
全社会固定资产投资	588.5	30.6
#国有经济投资	89.7	0.6
其他经济投资	498.8	38.1
房地产投资	58.7	57.1
第一产业	12.7	−17.5
第二产业	386.8	29.0
第三产业	189.0	39.7

全年完成房地产开发投资58.7亿元，比上年增长57.1%。商品房销售面积182.3万平方米，比上年增长12.8%，住宅销售面积164.2万平方米，比上年增长13.3%，商品房销售额52.2亿元，比上年增长28.6%。

国内外贸易

消费品市场繁荣稳定，购销两旺。全年实现社会消费品零售总额394.8亿元，比上年增长16.9%。剔除价格上涨因素，实际增长14.0%。其中，城镇实现零售额327.1亿元，比上年增长16.0%；乡村实现零售额67.7亿元，比上年增长21.7%。分行业看，批发零售贸易业实现零售额350.5亿元，比上年增长16.3%；住宿餐饮业实现零售额44.3亿元，比上年增长21.8%。限额以上批发零售贸易业零售额实现193.7亿元，比上年增长76.9%，限额以下批发零售贸易业实现零售额201.1亿元，比上年下降11.8%。

图6 2008年～2012年社会消费品零售总额及增长速度

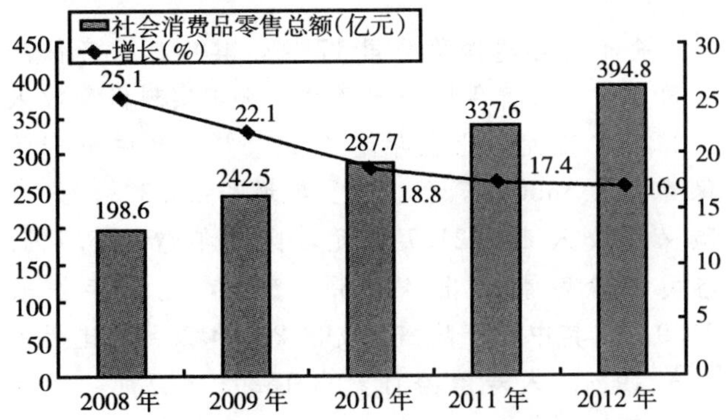

全年进出口总额达32941万美元，比上年增长25.3%。其中，进口总额达26081万美元，比上年

增长 44.4%，出口总额达 6860 万美元，比上年下降 16.8%。

图 7　2008 年～2012 年全市进出口总额

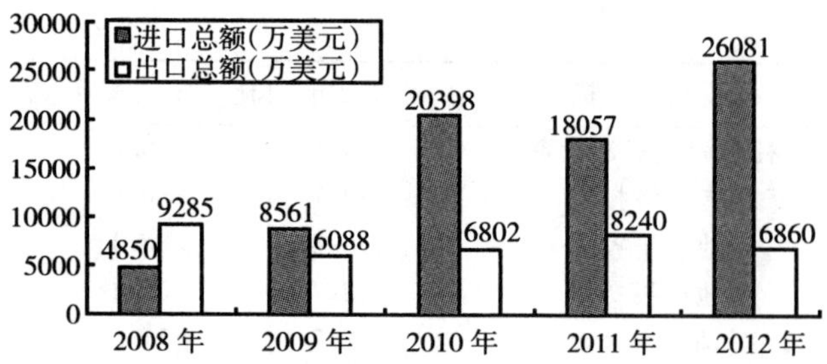

金融和保险

全年实现金融业增加值 21.1 亿元，按可比价格计算比上年增长 13.9%。年末金融机构本外币存款余额为 738.3 亿元，比年初增加 99.1 亿元。其中单位存款余额 190.4 亿元，比年初增加 17.1 亿元。城乡居民储蓄存款余额为 538.7 亿元，比年初增加 81.2 亿元。金融机构本外币各项贷款余额为 448.9 亿元，比年初增加 64.8 亿元。其中，短期贷款 223.4 亿元，比年初增加 23.3 亿元；中长期贷款 202.7 亿元，比年初增加 32.2 亿元。

图 8　2008 年～2012 年金融机构本外币存贷款余额

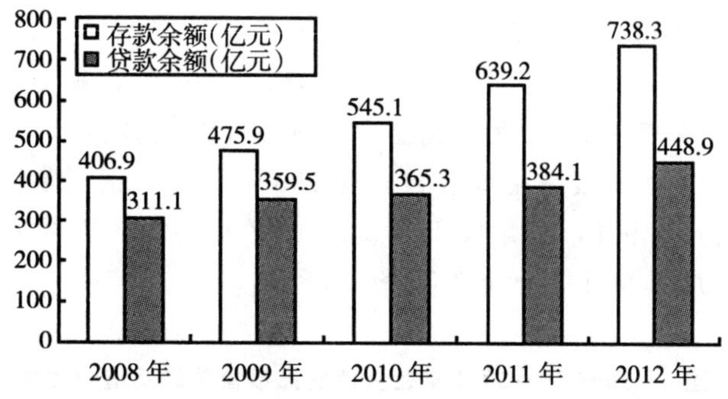

全市有各类保险公司 17 家，其中，财产保险公司 8 家，人寿保险公司 9 家。全年实现保费收入 172623.7 万元，比上年增长 11.5%。其中财产险保费收入 56502 万元，比上年增长 25.8%；人寿险保费收入 116121.7 万元，比上年增长 5.7%。各类保险赔款支出 41196.3 万元，比上年增长 24.9%。其中财产险赔款支出 25904 万元，比上年增长 49%。人寿险给付支出 15292.3 万元，比上年下降 1.9%。

交通邮电业

全年完成交通运输、仓储、邮电业增加值 42.9 亿元，按可比价格计算比上年增长 16.1%。全年公路旅客发送量 5105 万人，比上年增长 7.9%；公路货物发送量 6460 万吨，比上年增长 18.8%；公路货物周转量 1585488 万吨/公里，比上年增长 17.4%；旅客周转量 235434 万人/公里，比上年增长 8.1%。年末，全市出租车达 8544 辆，比上年增长 0.8%。市区出租车达 3057 辆，比上年增长 5.2%。全市机动车保有量 418962 辆，比上年增长 16.3%。其中载客汽车达到 165021 辆，比上年增长 33.2%，载货汽车达到 46499 辆，比上年增长 16.8%。

截止 2012 年末，全市拥有邮政局、所 138 个，邮路总长度达到 1022 公里。全年完成邮电业务总量 169577 万元，比上年增长 11.6%。其中，邮政业务总量 16337 万元，增长 15%；电信业务总量 153240 万元，增长 11.3%。在邮政业务中，全年完成函件业务量 201 万件，比上年减少 46%；包裹业务量 8.1 万件，增长 7%；汇兑 42 万笔，增长 4%；特快专递 19 万件，下降 2%。年末全市固定电话用户数达 49 万户，比上年增长 9.1%。年末移动电话用户达 328.3 万户，比上年增长 9.0%。

2012 年全市接待旅游总人数达 168.96 万人次，比上年增长 17.01%。其中，接待入境旅游者 2683 人次，比上年增长 18.87%。接待国内旅游者 168.69 万人次，比上年增长 17.01%。旅游总收入 19.70 亿元人民币，比上年增长 25.24%，其中旅游外汇收入 84.52 万美元，比上年增长 18.79%，国内旅游人民币收入 19.65 亿元人民币，比上年增长 25.32%。截至 2012 年末，全市有旅行社 27 家，星级酒店 3 家。

教育和科学技术

2012 年，全市有大学 4 所。招生 10328 人，在校生 34113 人，毕业生 8783 人。全市有中等专业学校 8 所。在校生 13406 人，比上年减少 795 人，招生 3190 人，减少 2330 人，毕业生 4004 人，减少 790 人；全市有普通中学 188 所。招生 46109 人，减少 719 人，在校生 138875 人，减少 4312 人，毕业生 47356 人，减少 4907 人。其中，普通高中 19 所，比上年减少 1 所。招生 17711 人，减少 1129 人，在校生 53435 人，减少 805 人，毕业生 17622 人，减少 1601 人。普通初中 126 所，比上年增加 2 所，招生 28398 人，增加 410 人，在校生 85440 人，减少 3507 人，毕业生 29734 人，减少 3306 人；全市有普通小学 911 所，比上年减少

28所，在校生193898人，增加5873人，招生36447人，增加364人，毕业生28716人，增加835人。全市有特殊教育学校8所，与上年持平。在校生591人，增加7人，招生101人，减少83人，毕业生43人，增加13人。全市有幼儿园、学前班486所，增加69所，在园（班）人数50345人，增加822人。

2012年，四平市向国家和省申报科技项目83项，已有44个项目列入国家和省科技计划，争取资金2192.2万元。1个吉林省“双十”重大科技成果转化项目、一个吉林省“双十”重大科技攻关项目落户四平市，获得1400万元资金支持，在全省9个地市州中进入了第一方队。17项科研成果获省科学技术奖、3项发明在吉林省科技厅和吉林省科协组织的发明大赛中获奖。

为防御各类气象灾害，全年面向公众发布各类灾害性天气预警信号66次，其中暴雨蓝色预警信号7次。全年共开展人工增雨作业9次，人工发射火箭弹167次，人工防雹20次，发射防雹弹2016枚。

文化、卫生、体育

年末，全市共有群众文化馆、艺术馆9个。公共图书馆5个，收藏图书68万册。博物馆4个，广播电台5座、电视台5座，全市广播人口覆盖率达100%，电视人口覆盖率达99%。

2012年末，全市共有卫生机构2095个，其中，医院、卫生院149个。卫生机构床位14089张，其中医院、卫生院床位12649张。全市卫生技术人员15671人。医生6459人，比上年增加1.6%。护士5258人，比上年增加3.3%。全市孕妇死亡率降低到11.69/10万，婴儿死亡率降低到7.68‰。

群众体育蓬勃开展，全年共组织开展各类群众性体育活动20多项40多次。成功举办了四平市传统赛事第十七届全国百城市自行车赛四平赛区决赛，并组队参加在广东惠州举办的全国总决赛，获得团体第一名。竞技体育成绩优异。四平市代表团参加省年度举重、摔跤、柔道、射击、射箭等13个项目的比赛，共获金牌81枚，金牌总数列夏季项目全省第二位。健身设施不断改善，四平市先后投入170多万元，翻建英雄广场健身广场，安装健身器材百余件，其规模和质量达到省内一流标准。体育产业发展良好。彩票销售实现突破，全年累计完成体育彩票销售额1.26亿元，超额完成省里下达的销售任务。

人口、人民生活和社会保障

年末，全市总人口为336.3万人，市区人口60.3万人。全年出生人口3.1万人，人口出生率为9.3‰。全年死亡人口3.0万人，人口死亡率为9.0‰。人口自然增长率为0.3‰。

表5　人口主要构成情况

指　　标	年末总人口（万人）	比重（%）
全市总人口	336.3	100.0
#农业人口	192.2	57.2
非农业人口	144.1	42.8
#男性	170.5	50.7
女性	165.8	49.3

全年市区居民人均可支配收入为21387.28元，比上年增长15.7%。人均消费支出12712.5元，比上年增长12.6%。其中，食品支出4270.58元，比上年增长6.1%；衣着支出1893.93元，比上年增长16.7%；居住支出1351.19元，比上年增长7.8%；家庭设备及服务支出755.45元，比上年增长0.8%；交通与通讯支出为1463.43元，比上年增长49.2%；医疗保健支出为1156.54元，比上年增长57.5%；教育文化娱乐支出1329.62元，比上年下降9.3%。2012年城镇居民家庭恩格尔系数（居民家庭食品支出占家庭消费总支出的比重）33.6%，比上年下降2.0个百分点。据预测，全市农民人均纯收入为8958元，比上年增长16.1%。市区居民人均建筑面积为28.2平方米，与上年持平。农村人均居住面积为23.7平方米，比上年增长0.4%。

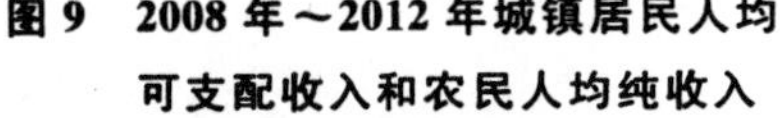
图9　2008年～2012年城镇居民人均可支配收入和农民人均纯收入

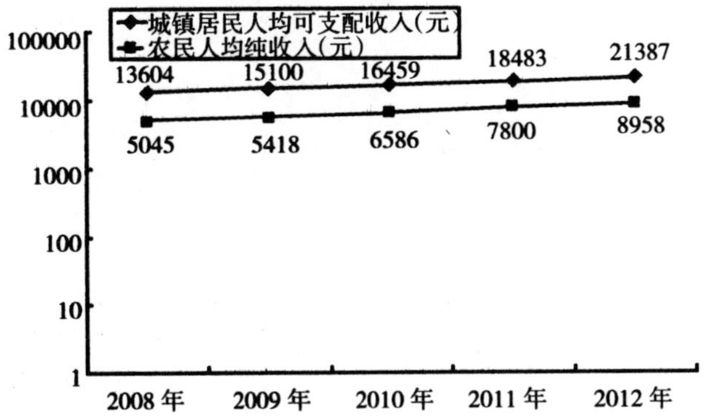

年末，全市城镇单位从业人员预计达到20.5

万人，比上年减少0.6%。全年新增城镇就业6.2万人。全市城镇登记失业率控制在3.7%以内。

年末全部在岗职工人数为19.4万人，比上年减少2.5%。在岗职工工资总额预计为62.7亿元，比上年增加12.6%。在岗职工平均工资为32127元，比上年增加14.4%。

全市城镇参加基本养老保险参保人数为30.6万人，比上年减少0.8%。失业保险参保人数为22.3万人，比上年增加0.6%。

全市有社会福利院87个，福利院床位7617张。全市低保户数为57087户，低保人数为80878人。

说明：1. 本公报部分指标数据由有关部门提供。

2. 本公报地区生产总值、各产业增加值绝对数按当年价格计算，增长速度按可比价格计算，增长速度计算基期为2011年。

（撰稿：张　杰）

四平市国民经济迈上新台阶

2012年，四平市在市委、市政府的正确领导下，坚持以科学发展观为指导，深入实施“一核三带”富民优先战略，围绕“六增力一改观”目标，奋力拼搏、攻坚克难，经济发展取得丰硕成果，全市经济总量突破1000亿元关口，实现了大跨越，标志着四平市经济迈入了一个新的发展阶段。

一、主要经济指标增速实现超越

2012年，四平市主要经济指标增幅在全省居前，发展成效得到彰显。地区生产总值增幅居全省第3位；地方财政收入增幅居全省第1位；城镇居民人均可支配收入增幅居全省第1位；规模以上工业增加值增幅居全省第3位；社会消费品零售总额增幅居全省第1位；全社会固定资产投资增幅居全省第3位；单位工业增加值能耗降低率居全省第1位。

二、经济发展速度与质量同步提高

2012年，全市实现地区生产总值1122.8亿元，比上年增长12.4%。其中，第一产业增加值完成283.8亿元，增长5.3%；第二产业增加值完成513.7亿元，增长15.7%；第三产业增加值完成325.3亿元，增长13.3%。经济结构进一步优化，三次产业占GDP比重为25.3∶45.8∶28.9，第二产业增加值占GDP比重远高于一、三产业，全市经济开始进入工业化加速发展阶段，已基本形成了以农业为基础，以工业为主导、第三产业占重要地位的产业结构。

综合财力增加，财税收入发展亮点纷呈。2012年，全市全口径财政收入93.2亿元，比上年增长26.7%。其中地方财政收入完成56.6亿元，增长45.5%。财政收入亮点纷呈：一是财政收入占比提高。全口径财政收入占GDP的比重8.3%，比上年提高0.8个百分点；二是各县（市）区地方级财政收入高速增长，增幅均在35%以上，其中铁西区已成倍增长；三是地方税源稳步壮大，地方税收高幅增长。全市纳税超百万元企业达448户，比上年增加83户，合计入库近28亿元，占总收入的70.6%，比上年提高5.1个百分点。

三、基础稳固，产业支撑动力显著增强

农业获丰收。2012年，四平市加大强农、惠农力度，加快推进农业结构调整，培育和发展循环农业、绿色农业，扎实推进社会主义新农村建设。全市粮食播种面积85.8万公顷，占农作物总播种面积的93.7%，比上年增长1.1%；粮食总产量大获丰收达771.0万吨，实现九连增。全市农林牧渔业总产值累计实现491.4亿元，比上年增长6.6%。实现增加值283.8亿元，比上年增长5.3%。2012年，全市认真贯彻落实各项以奖代补政策和畜禽良种补贴政策，畜牧业保持稳步发展态势。猪、牛、羊、禽分别发展到765.0万头、178.7万头、127.1万只和1.1亿只，分别比上年增长6.7%、0.6%、2.7%和10.0%。肉类总产量65.1万吨，比上年增长5.9%。

工业生产高位稳健运行。工业结构在总量扩大、规模扩张中逐步优化，多元发展渐成格局。2012年，全部工业实现增加值486.9亿元，增长14.5%。民营工业不断壮大，全市规模以上民营工业企业405家，占规模以上工业的80.7%，实现利润43.2亿元，占规模以上工业利润总额的81.5%。多数行业生产形势较好，产销衔接良好，主要工业产品产量实现了不同程度增长，工业产品销售率为98.4%。

服务业稳定较快增长。2012年，四平市抓住发展和民生两个关键，积极推进“一核三带”富民优先战略和“四突破五确保”，消费品市场持续升温，全市商贸服务业、交通运输业、营利性服务业保持快速发展，对全市第三产业发展的贡献不断加大，服务业实现增加值325.3亿元，比上年增长13.3%。

四、内需拉动作用明显，发展后劲更加强劲

四平市委、市政府加大招商引资力度，深入实施“投资拉动”战略。在连续几年的招商引资和扩大固定资产投资规模中，一批重点工程项目的引进和项目建设的不断推进，为四平经济发展打下了坚实的基础。2012年，全市实现固定资产投资588.5亿元，比上年增长30.6%，建设亿元以上项目270个，其中10亿元以上在建项目达24个。

消费需求旺盛，有力地助推了全市经济发展。2012年，全市实现社会消费品零售总额394.8亿元，比上年增长16.9%。按消费形态分，商品零售额350.5亿元，增长16.3%；餐饮收入44.3亿元，增长21.8%。城乡消费保持协调增长，农村消费品市场发展进一步加快。全年城镇市场实现零售额327.1亿元，增长16.0%；乡村市场实现零售额67.7亿元，增长21.7%。外部需求不断扩大，对外贸易取得新成效。全年实现进出口总额3.3亿美元，增长25.3%。

五、经济发展成果显著，运行质量稳步提升

城镇化进程加快，城乡居民收入不断增加。随着城镇化和工业化进程的加快，城镇就业岗位的快速增加带动了乡村劳动力不断向城镇转移，2012年，四平市非农业人口144.1万人，占全市人口比重的42.8%，促进了城乡经济的协调发展。城镇登记失业率长期保持稳定，全市城镇登记失业率控制在3.8%以内，城镇吸纳就业的能力不断增强。

经济持续较快发展带动了城乡居民收入的显著提高。2012年，城镇居民人均可支配收入21387.3元，比上年增长15.7%；农村居民人均纯收入8760元，比上年增长13.5%。全市居民储蓄存款余额538.7亿元，比上年增长17.8%。

金融存贷款总量平稳增长。截至2012年末，全市金融机构各项存款余额738.3亿元，比上年增长15.5%。信贷投放结构不断优化，金融机构各项贷款余额448.9亿元，比上年增长16.9%，其中，短期贷款余额223.4亿元，增长11.6%；中长期贷款余额202.7亿元，比上年增长18.9%。

物价涨势逐步回落。自2011年末全市CPI涨幅达到5.3%的高峰后，CPI涨幅逐渐回落。到2012年末，全市居民消费价格累计指数为102.5%，比上年末回落2.8个百分点。

六、社会各项事业和谐稳定发展

基础设施投入加大，城乡面貌焕然一新。东南新城建设步伐加快，老城区梳理改造有序进行。中心城区内环路改造工程开始实施，新华大街段、紫气大路段建成通车，6公里滨河景观路按期交付使用。维修道路16条，新建改造道路桥梁5座，主次街路改造基本完成。

覆盖城乡居民的社会保障体系建设取得突破性进展，社会保障框架日益健全。城镇居民养老、医疗等各项保障都有所加强，农村居民的各项保障也逐步纳入了社会保障体系中。2012年，四平市基本养老保险参保职工总人数306354人，失业保险参保人数206733人，比上年同期增加1502人，增长0.7%。加快保障性住房建设，完成棚改项目46个、357.6万平方米，建设回迁安置用房101万平方米。建设廉租房12万平方米。完成“暖房子”工程80万平方米。

教育质量提升，招聘特岗教师1857人，农村学校师资老化和结构不合理现象得到有效缓解。医药卫生体制改革稳步推进，全市115家基层医疗卫生机构全部实施基本药物制度和“收支两条线”管理。文化事业蓬勃发展，公共文化场馆全部免费开放，成功举办元宵节灯会、“叶赫风情”大型文艺演出。群众体育快速发展，成功承办了全国汽车拉力锦标赛和全国公路自行车冠军赛。完善治安防控体系，新增50台夜巡警务车，主要街路全部安装电子监控设备，社会面稳控能力提高，治安环境明显改善。

（撰稿：金　凤）

四平市农村经济全面健康发展

2012年，四平市委、市政府认真贯彻落实中央一号文件精神，高度重视"三农"工作，以粮食增产、农民增收为目标，全面落实"强农、支农、惠农"政策，全市农村经济呈现出全面、健康、快速发展态势。农林牧渔业协调发展，粮食生产再创历史新高，农民人均纯收入稳步增长，劳务输出工作成效显著。到2012年末，全市农林牧渔业总产值累计实现491.4亿元，比上年增加26.0亿元，增长6.6%。全市农林牧渔业增加值全年累计实现283.8亿元，比上年增加26.4亿元，增长5.1%。农业基础设施和生态建设得到加强，农村各项社会保障制度更加完善，农民生产和生活质量上一个新台阶．

一、粮食产量实现九连增，继续再创新高

2012年，全市各级党委政府高度重视粮食生产，粮食播种面积稳步增长，农作物播种面积达91.6万公顷，比上年增加661公顷，增长0.1%。其中玉米面积大幅增加，播种面积达77.0万公顷，比上年增加1.2万公顷，增长1.6%，占粮食作物面积的89.8%.在广大干部群众的共同努力下，战胜了风灾、虫灾等自然灾害，全市粮食生产喜获丰收，粮食产量实现九连增，粮食产量达771.0万吨，创历史最好水平。

在全省各市州粮食产量排名中，四平市排名第二位，其粮食产量比上年增加16.0万吨，增长2.1%。全市各县（市）区粮食产量普遍增长，其中：铁西区增长5.3%；铁东区增长4.1%；辽河农垦区增长1.8%；梨树县增长1.8%；伊通县增长4.4%，公主岭市增长1.5%；双辽市增长2.4%。

吉林省十大粮食产量大县排名中四平市四个县（市）全部入围，两个县（市）名次靠前。公主岭市粮食产量312.0万吨；梨树县212.7万吨；双辽市110.5万吨；伊通县100.3万吨，在全省排名中分别排在第二、第四、第九、第十名。

粮食产量的连年增长主要得益于农业机械化程度的不断提高。2012年全市农业机械总动力达261.0万千瓦，比上年增加16.6万千瓦，增长6.8%；拖拉机保有量89939台，同比增加3924台，增长4.6%；机动脱粒机19393台，同比增加709台，增长3.8%。农用水泵75826台，同比增加717台，增长1.0%。玉米联合收获机达到2313台，同比增加982台，增长73.8%。农机装备结构更加合理，农机化作业能力有了较大提升，全市机耕面积达到84.3万公顷，同比增加3.2万公顷，增长4.0%。机播面积达到78.4万公顷，同比增加1.4万公顷，增长1.8%。机收面积达到32.3万公顷，同比增加7.9万公顷，增长32.4%。由于农业机械化程度的不断提高，极大地提高了劳动生产率，节余了大量的劳动生产力，为剩余劳动力输出转移创造了条件。

二、畜牧业持续稳步发展，主要畜禽及畜产品产量稳步增长

近年四平市畜牧业呈现快速发展态势。2012年，在市委、市政府的正确领导下，认真贯彻落实各项以奖代补政策和畜禽良种补贴政策。在加快牧业经济发展的大环境下，建设牧业经济强市，全年畜牧业产值实现276.0亿元，比上年增长9.2%。

全市猪、牛、羊、禽继续保持稳步增长态势。猪、牛、羊、禽分别发展到765.0万头、178.7万头、127.1万只、1.1亿只，分别比上年增加47.9万头、1.0万头、3.3万只、0.1亿只，分别增长6.7%、0.6%、2.7%、10.0%。生猪产值达181.8亿元，占畜牧业总产值的65.8%。全市主要畜产品产量稳步增长。肉类总产量65.1万吨，比上年增加3.6万吨，增长5.9%。猪肉、牛羊肉产量分别达到39.7万吨、11.2万吨，分别比上年增加2.1万吨、0.5万吨，分别增长5.6%、4.7%。禽蛋、牛奶产量分别达到31.4万吨、9.1万吨。

三、劳务经济快速发展，农村劳务经济总收入稳步增长

四平市农业人口逾200万，农村劳动力资源极其丰富。全市农村劳动力人数达101.8万人，人均占有耕地只有0.43公顷。针对人多地少的状况，全市各级党委和政府高度重视劳务输出工作。加大劳务输出力度，促进农民增收，劳动力外出务工方式、层次、就业结构有了很大的优化和改善，从业人员职业技能和个人素质有了较大的提升。劳务输出工作实现了组织化、有序化、专业化，劳动力实现合理流动，劳务输出工作保持了健康发展。

2012年，全市本地从业与外出从业农民进一步增加，“劳务输出”经济效益显现。全年农村劳务经济总收入稳步增长。劳务输出总人数达75.2万人。全市农村劳务经济总收入达103.5亿元，比上年增加11.7亿元，增长12.7%。全市农村人均劳务经济收入达4895元，比上年增加545元，增长12.5%。通过劳务输出，不仅提高了农户收入，改善了生活条件，提高了生活质量，还使农民增长了知识、扩大了视野、也对维护社会治安及城市建设起到了推动作用。

四、农村城市化进程不断加快，

2012年，四平市深入开展“农村人居环境建设行动计划”，结合实施“五有一创”工程，进一步提高百姓创富能力，基层组织服务能力，改善居民环境，提高生活质量，增加居民幸福感，全市农村城市化进程不断加快。

2012年末，四平市有建制镇56个，占全市乡镇总数的76.7%。全市自来水受益村450个，占全市行政村总数的38.8%，比上年增加61个，增长15.7%。全市所有村都通汽车通电话。实现了村村通电，村村通邮，村村通公路，村村通电话。每个乡镇有一个以上消费品市场或专业市场，极大地方便了村民的生活，进一步促进了农村向城市迈进的步伐。

五、农民生活水平不断提高，农民人均纯收入突破8000元大关，创历史新高

2012年，全市农民生活水平继续提高，衣食住用行等得到进一步改善，农产品价格上涨，粮食获得大丰收，养殖业稳步发展，人工费快速上涨，劳务输出收入显著提高，带动农民人均纯收入实现了快速的增长，突破8000元大关，创历史新高。

（撰稿：杜丽彦）

四平工业经济稳中求进　亮点纷呈

2012年，面对复杂严峻的国内外经济环境，四平市坚持以科学发展为主题，加快转变经济发展方式，突出“发展”和“民生”两个关键，深入实施“一核三带”富民优先战略，调整结构，着力改革创新，实现了四平工业经济更好更快的发展，为实现“十二五”规划关键之年的隆起赶超奠定了坚实的基础。

2012年，四平市规模工业总量增速加快，经济运行呈高位态势，完成工业总产值1710.8亿元，比上年增长21.1%；实现工业增加值505亿元，按可比价格计算，同比增长14.7%，占全市工业GDP的比重为45%，比去年上升2.2个百分点；完成销售产值1682.9亿元，比上年增长20.2%；实现主营业务收入1498.6亿元，比上年增长17.1%；实现利税总额77.4亿元，比上年增长0.8%；工业经济效益综合指数467.28%，同比提高42.8个百分点，企业盈利水平大幅提高。

一、企业规模不断增大，经济实力明显提升。2012年，四平市规模以上工业企业502家，涉及三个大门类，35个中类行业和110个小类行业。2012年末实现主营业务收入亿元以上的企业有281家，占总数的56%。其中：20亿元以上的5家，10亿元到20亿元的企业有21家，5亿元到10亿元的企业有43家。经过多年的资本积累，一批小型企业从家庭作坊开始向工厂化、公司化转变，众多工业企业跨入规模以上工业门槛，规上工业企业队伍不断扩大，不仅提升了全市工业经济的规模和水平，而且壮大了全市经济的规模和实力，成为拉动四平经济增长的重要力量。

二、工业经济重工化日趋明显。随着工业结构调整的不断推进，重工业得到了长足的发展。2012年，重工业企业完成总产值1090.8亿元，比去年增长25.6%，实现工业增加值338.6亿元，同比增长17.2%；轻工业企业完成工业总产值620亿元，比去年增长14%，实现工业增加值166.4亿元，同比增长9.9%，重工业发展快于轻工业7.3个百分点。重工业占全市规模以上工业的比重为63.8%。

三、支柱产业发挥优势，支撑作用凸显。以农副食品加工业、黑色金属冶炼及压延加工业、交通运输设备制造业和化学原料及化学制品制造业为代表的支柱产业发展迅速，企业已达到206户，占总户数的41%。2012年，这四大支柱产业共完成工业总产值994.5亿元，比上年同期增长21.5%，占全市规模工业总量的58.1%。

2012年，全市89家农副食品加工业企业完成工业总产值435.6亿元，比上年同期增长14.3%；实现主营业务收入381.8亿元，同比增长13.0%；实现利润总额8.0亿元。全市9家黑色金属冶炼及压延加工业企业完成工业总产值194.6亿元，同比增长26.9%；实现主营业务收入113.7亿元，实现利润总额2.1亿元。全市67家汽车制造业企业完成工业总产值208亿元，同比增长39.8%；实现主营业务收入185.4亿元，同比增长39.8%；实现利润总额6.3亿元，同比增长18.9%。全市41家化学原料及化学制品制造业企业完成工业总产值156.3亿元，同比增长15.2%；实现主营业务收入146.1亿元，同比增长15.3%；实现利润总额2.8亿元。

2012年工业企业主要产品产量

产品名称	计量单位	2012年	增长(%)
原煤	吨	236626	8.5
天然原油	吨	1264999	14.6
大米	吨	376899	19
鲜、冷藏肉	吨	607032	29.9
方便面	吨	48835.7	9.1
冷冻饮品	吨	51071	20.9
发酵酒精	千升	419975	8.7
饮料酒	千升	559575	2.6
纱	吨	6814	1.7
人造板	立方米	47773	92.2
机制纸及纸板	吨	303836	25.4
硫酸（折100%）	吨	252467	9.4
盐酸(氯化氢,含量31%)	吨	69462	13.8
化学纤维	吨	52078	99.8
塑料制品	吨	10281	36.8
硅酸盐水泥熟料	吨	3597504	12.4
生铁	吨	1262303	24.6
钢材	吨	1980554	24.1
工业锅炉	蒸发量吨	4499.5	48.7
电焊机	台	8429	125.3
滚动轴承	万套	19955.7	249.9
收获机械	台	201	9.2
改装汽车	辆	9470	2.5
变压器	千伏安	638465	87.9

四、重点产品产量保持平稳增长。2012年，四平市纳入规模以上工业统计范围内的50种工业产品中，六成以上工业产品呈增长状态。

五、龙头骨干企业对社会的贡献日显增强。2012年，伊通满族自治县莫里青石油引资服务公司、公主岭市宏达热力有限公司、国电双辽发电厂、中粮生化能源（公主岭）有限公司、吉林省新天龙酒业有限公司、四平金士百啤酒股份有限公司、黄龙食品工业有限公司、四平现代钢铁有限公司等纳税大户经过政府政策扶持，发展步伐不断加快，已成为四平工业的龙头企业，对四平社会经济的发展起着强有力的拉动作用。

六、民营工业经济加快发展，成为拉动工业经济新的增长点。随着经济体制改革的深入及产业政策的支持，民营工业得到充分发展，已成为四平经济发展的重要推力。2012年，四平市规模以上民营工业企业405家，占规模以上工业的80.7%。企业规模迅速扩大，总资产达到467.7亿元，占规模以上工业资产总计的67.7%。从业人员达到6.1万人，占全部规模以上工业企业从业人员的72.6%。在企业数量和规模迅速扩张的同时，民营工业的运行质量和效益水平也在不断地提高。2012年全市民营工业实现利润43.2亿元，占规模以上工业利润总额的81.5%。

七、县域工业经济均衡发展。2012年，四平各县（市）区结合自身优势，坚持把招商引资和项目建设作为投资拉动和促增长的重要措施，工业经济效益保持稳步增长的态势，全年完成县域工业总产值1498.8亿元，占全市的87.6%；实现主营业务收入1342.7亿元，占89.6%；实现利润为49亿元，占92.5%；拥有从业人员6.1万人，占72.6%。县域工业对拉动全市工业经济增长发挥了重要作用，已经成为推动四平工业经济发展的“生力军”。

（撰稿：于　水）

四平市工业节能减排取得新成效

2012 年，四平市坚持以科学发展观为统领，以“一核三带”战略实施为载体，不断转变经济发展方式，加快产业结构调整，大力推进节能工作，采取有力措施保持了工业经济稳步发展，节能降耗工作成效较为显著，能源利用效率显著提高。全市规模以上工业企业（以下口径相同）完成工业总产值 1716.5 亿元；实现增加值（现行价格）504.95 亿元，同比（按可比价算）增长 14.74%，单位增加值能耗为 1.06 吨标准煤/万元，同比下降 17.26%，节约能源 154.5 万吨标准煤。

一、工业企业能源消费基本情况

（一）主要能源品种仍以常规能源为主

规模工业企业消费能源品种仍以常规能源为主，从主要能源品种看，原煤消费量为 836.39 万吨，同比下降 10.70%，其中火力发电投入 468.53 万吨，占原煤消费总量的 56.02%，比上年降低 2.55 个百分点，供热投入 74.69 万吨，占原煤消费总量的 8.93%，比上年同期增加 2.07 个百分点；原油消费量为 3229.5 吨，同比下降 77.1%；汽油、煤油、柴油等成品油合计消费量为 48458.2 吨，同比增长 18.02%。近年来，企业节能降耗意识逐渐增强，清洁能源消耗量有较大上升，今年全市规模上工业电力消费量达 65.92 亿千瓦时，同比增长 4.52%；天然气消费量为 5587.36 万立方米，同比增长 48.69%。

（二）增加值能耗下降幅度较大

2012 年，四平市规模工业综合能源消费量为 505.91 万吨标准煤，同比下降 5.06%，随同国家宏观经济增速的回落，2012 年初起四平市工业企业用电量持续走低，到 2012 年末全口径工业用电量比去年同期下降 4.16%，在用电量持续下降趋势的拉动下，规模上工业企业综合能源消费量到 6 月份已现下降趋势，单位增加值能耗也逐月下降，到年末同比下降 17.26%，这个趋势与规模上工业企业增加值逐渐趋稳的走势还是非常匹配的。全年各月工业增加值与能耗变动趋势图见下图：

从各县（市）区数据看，由于产业结构相差较大，全年各县（市）区的增加值能耗降低率也有较大差异。

规模上工业增加值与能耗变动趋势

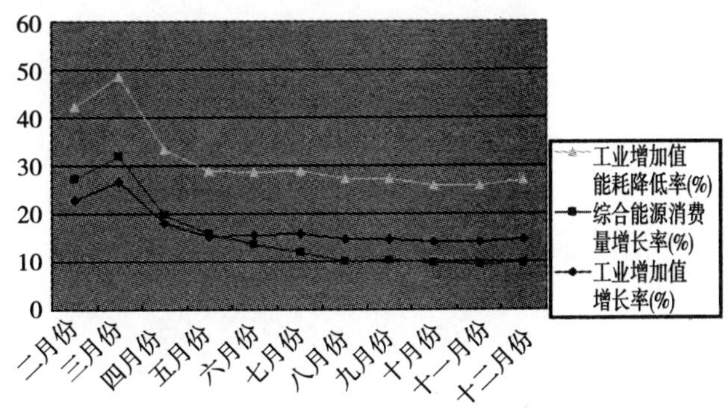

二、工业企业能源消耗的特点

（一）高耗行业增加值能耗下降

2012 年四平市六大高耗能行业，增加值能耗降低率达到了 17.82%，高出规模上工业企业增加值能耗降低率 0.56 个百分点，正是在高耗能行业增加值能耗大幅度下降的拉动下，全市规模上工业企业增加值能耗下降，高耗能行业增加值能耗变动总体趋势表现为四降两升。高耗能行业增加值能耗变动情况见下表：

高耗能行业增加值能耗对比表

高耗能行业	同期		本期		综合能源消费量累计增长速度（%）	工业增加值累计增长速度（%）	增加值能耗降低率（%）
	综合能源消费量（吨标准煤）	工业增加值现价（万元）	综合能源消费量（吨标准煤）	工业增加值可比价（万元）			
六大高耗能行业合计	3955760	1460346	3659788	1643991	−7.48	12.58	17.82
电力、热力的生产和供应	1948265	141954	1695088	147442	−12.99	3.87	16.23
石油加工炼焦及核燃料加工业	2316	5825	5292	9260	128.50	58.97	−43.74
化学原料及化学制品制造业	254041	428537	209920	448023	−17.37	4.55	20.96
非金属矿物制品业	691513	216811	647301	248152	−6.39	14.46	18.22
黑色金属冶炼及压延业	1056508	596006	1093891	714137	3.54	19.82	13.59
有色金属冶炼及压延业	3117	71213	8296	76977	166.15	8.09	−146.22

（二）能源加工转换效率上升

2012年，四平市有加工转换活动的企业，热电联产的转换效率由上年同期的44.37%提高到44.8%，提高0.43个百分点，主要原因是市内两家大型火力发电企业对锅炉进行脱硫改造，以减少废气排放量，同时转换效率有所提高。

（三）单位产品能耗下降较大

近年来，四平市不断加大淘汰落后产能力度，加快企业节能技术改造和技术进步，积极推广节能新技术、新工艺和新设备，取得了一定成效，单位工业产品能源消耗水平不断降低。据全市重点耗能企业主要单位产品能耗统计，在6种主要产品中，单位产品综合能耗比上年同期下降的有3种，占到50%。全市平均每千瓦时火力发电标准煤耗为309.23克，比去年同期下降0.92%；吨机制纸板及纸制品综合能耗为127.4千克标准煤，比去年同期下降16%；单位烧碱生产综合能耗为331.81千克标准煤/吨，比上年同期下降3.78%，单位产品综合能耗上升的品种是吨钢生产、水泥生产及平板玻璃生产综合能耗。

（四）工业企业用水量增长幅度较大，重复利用量提高

2012年工业企业取水量达9925.07万立方米，同比增长42.12%。主要受地表水取水量增长影响，工业企业地表取水总量6422.42万立方米，同比增长87.06%。工业生产增长的同时，水的重复利用量有所提高，重复用水总量73963.6万立方米，同比增加67.56%。

（撰稿：佘金玲）

带动四平经济增长固定资产投资很给力

2012年，在市委、市政府的正确领导下，四平全市上下深入贯彻落实科学发展观，积极实施“三核一带”战略，充分调动各方面投资的积极性，挖掘项目潜力，加大项目建设和招商引资力度，全面推进重点项目建设，改善投资环境，调整投资结构，全市固定资产投资保持着快速增长的势头。

一、固定资产投资完成情况

截止2012年末，四平市全社会固定资产（500万元及以上项目）完成投资588.5亿元，同比增长30.6%。投资增速位居全省第3位。在投资总额中：城镇以上完成投资481.7亿元，同比增长34.2%。农村完成投资106.8亿元，同比增长16.4%。技术改造完成投资222.9亿元，同比增长96.7%。房地产开发完成投资58.7亿元，同比增长57.1%。

二、固定资产投资完成特点

1. 按控股类型分：国有单位控股完成投资89.7亿元，同比增长0.6%。私人控股完成投资498.8亿元，同比增长38%。

2. 按建设性质分：新建项目完成投资296.1亿元，同比增长23%。扩建项目完成投资68.4亿元，同比下降28.8%。改建和技术改造项目完成投资222.9亿元，同比增长96.7%。

3. 按建设项目构成分：投资用于建筑工程253.7亿元，同比增长20%。投资用于安装工程5.8亿元，同比下降38.9%。投资用于设备工器具购置293.7亿元，同比增长40.1%。投资用于其它费用35.3亿元，同比增长77.4%。

4. 按国民经济行业分：第一产业完成投资12.7亿元。同比下降17.5%。其中：畜牧业完成投资8亿元。

第二产业完成投资386.8亿元，同比增长29%。在二产中工业完成投资386亿元，占二产完成投资比重99.8%。其中制造业完成投资321.5亿元。

第三产业完成投资189亿元，同比增长39.7%。在三产中交通运输、仓储和邮政业完成投资30.4亿元，同比下降13.4%。水利、环境和公共设施管理业完成投资42.8亿元，同比增长1.5倍。房地产业完成投资67.7亿元，在房地产业中房地产开发企业完成投资58.7亿元，施工面积527.6万平方米。

二、固定资产投资完成特点

1. 第一产业、第二产业投资比重下降，第三产业投资比重提高。2011年，四平市一、二、三产业投资比例为3.4∶66.5∶30.1。2012年，四平市一、二、三产业投资比例为2.2∶65.7∶32.1。一产投资比例下降了1.2个百分点，二产投资比例下降了0.8个百分点，三产投资比例提高了2个百分点。

2. 亿元项目完成投资比重增加。2012年，四平市建设亿元以上项目200个，同比增加74个，完成投资237.2亿元，同比增长22%，占全社会投资比重40.3%。投资30亿元的双辽电厂60万千瓦国产超临界燃煤发电机组项目、投资9.6亿元的烟厂易地改造项目、投资10亿元四平奇来亚汽车变速箱制造有限公司变速箱项目、投资50亿元的公主岭大岭汽车物流园区、总投资9.7亿元的梨树县汇博仓储物流有限公司酒精物流项目、投资8.7亿元的吉林富锋汽车部件有限公司、年产500万件汽车热成型及1600万件汽车隔热板冲压件项目、投资12亿元的幸福之家家居建材综合商城、投资20亿元的比克城市综合体等项目正在抓紧推进。

3. 工业项目建设速度加快。2012年，四平市3000万元以上工业建设项目达到568个，完成投资361.6亿元，同比增长23.9%。亿元以上工业建设项目达到124个，完成投资154亿元，同比增长10%。

4. 发展前景好的项目多。围绕增加财税收入谋划建设了一批税源型项目，如湖南中烟四平卷烟厂30万大箱卷烟易地技术改造、吉林神韵电子高保真超薄音响、四平启翔型材年产60万吨PVC型材、众鑫汽车装备有限公司年产20万套机动车尾气催化净化装置（SCR）。特别是“启翔型材”项目的引进，结束了我市最大化工企业—四平昊华生产的聚氯乙烯原料全部外销，本地不能以PVC为原料进行生产加工的历史。

5. 产业结构得到调整。围绕一汽汽车产业优势，公主岭、伊通、铁东区、铁西区、红嘴开发区、范家屯开发区、四平经济开发区等都上了一批专用车、改装车和汽车零部件项目。围绕农副产品深加工产业，新上了吉林巨润生物技术年产20万吨大豆蛋白肽和纤维乙醇，新天龙酒精扩建、现代天丰3.5万吨结晶葡萄糖、中粮10万吨F55果葡糖浆等项目。围绕文化产业，我省首部大型原创三维动画片《七星传奇》已登陆央视一台，红嘴开发区正在着力打造动漫基地，建设东方动漫乐园。

6. 房地产开发投资高速增长，商品房销售面积销售稳中有升。2012年，全市房地产开发完成投资58.7亿元，同比增长57.1%。

全市房屋施工面积为527.6万平方米，同比增长35.4；其中新开工面积达332.5万平方米，同比下降14.7%；商品房销售面积达182.3万平方米，同比增长12.8%；商品房待售面积为58.5万平方米。

7. 县区投资快速增长。2012年，铁西区完成投资66.6亿元，同比增长30.9%。铁东区完成投资69.9亿元，同比增长31.1%。公主岭市完成投资161.9亿元，同比增长31.1%。双辽市完成投资86.8亿元，同比增长30.6%。梨树县完成投资67.1亿元，同比增长30.7%。伊通县完成投资50.1亿元，同比增长30.6%。辽河农垦管理区完成投资14.2亿元，同比增长30.9%。

8. 资金支撑投资快速增长。2012年，四平市到位投资资金641.8亿元。其中：自筹资金到位586.6亿元，占全市到位资金的91.4%。国内贷款10.2亿元，占全市到位资金的1.6%。国家预算内资金4.6亿元，占全市到位资金的0.7%。利用外资6.5亿元，占全市到位资金的1%。其他资金来源27.7亿元，占全市到位资金的4.3%，上年结余资金6.2亿元。

（撰稿：黄玉玲）

四平市消费品市场保持快速增长势头

2012年，四平市贯彻落实科学发展观，紧紧抓住“发展”和“民生”两个关键，加快转变经济发展方式，不断“壮实力、增后劲、惠民生”，城乡居民收入和消费水平显著提高，生活质量得到改善，消费市场呈现“货源充足、品种丰富、物价稳定、购销两旺、繁荣活跃”的良好态势，在成本推动和需求拉动的双重因素作用下，消费品市场保持快速增长势头。

一、2012年消费品市场运行基本特点

2012年，四平市实现社会消费品零售总额394.8亿元，比上年增长16.9%。比吉林全省增幅高0.9个百分点，增幅居全省九市（州）第一位。

（一）消费品市场继续在高位运行。分析2012全年社会消费品零售总额统计数据可以看出，四平市消费品市场在健康快速发展。一季度实现消费品零售额88.4亿元，比上年增长16.6%；二季度实现消费品零售额101.2亿元，比上年增长17.5%；三季度实现消费品零售额98.1亿元，比上年增长16.9%；四季度实现消费品零售额107.1亿元，比上年增长16.7%。全市消费品市场继续保持着快速增长的势头。

（二）城镇市场占据市场主力，乡村市场增幅超过城镇。2012年，四平市城镇实现消费品零售额327.1亿元，比上年增长16.0%；乡村实现消费品零售额67.7亿元，比上年增长21.7%。乡村增幅比城镇高5.7个百分点。城镇市场对社会消费品零售总额增长的贡献率达78.9%，拉动社会消费品零售总额增长13.3个百分点。

（三）批发零售业拉动作用明显增强，住宿餐饮业稳步增长。2012年全市批发零售业实现零售额350.5亿元，同比增长16.3%，占全市社会消费品零售总额的比重达88.8%，拉动全市社会消费品零售总额增长14.6个百分点，贡献率达86.1%。住宿和餐饮业实现零售额44.3亿元，同比增长21.8%。住宿餐饮业增幅高于批发零售业5.5个百分点。

（四）消费热点表现突出。2012年，全市吃、穿、用类商品均有不同程度增长，全市限额以上企业中25个大类商品全部实现增长。吃、穿、用类商品分别增长102.8%、168.0%和30.4%。据对限额以上批零企业商品零售统计，市场消费热点主要表现在以下几个方面：一是受生活必需品价格上涨较快影响，基本生活类消费品增长较快。2012年，全市限额以上企业粮油类增长160.6%，肉禽蛋类增长56.9%，蔬菜类增长171.9%，水产品类增长14.9%，干鲜果品类增长45.6%；服装类增长168.0%；日用品类增长154.6%。二是投资型、改善型、保健型消费热点不断升温。以金银珠宝、家具、汽车和保健品为代表的商品逐渐成为消费新宠。2012年，全市限额以上企业实现金银珠宝类商品零售额比上年增长85.3%；文化办公用品类零售额增长68.5%；家具类零售额增长47.4%；汽车类零售额增长52.9%；中西药品类零售额增长121.6%。

（五）旅游消费市场平稳增长。2012年，四平市旅游业在市委、市政府的高度重视下，积极开发和整合旅游资源，使四平市旅游业得到稳步的发展。全市共接待国内旅游人数168.7万人次，实现旅游总收入19.7亿元，分别比上年增长17.0%和25.3%。

二、保持消费品市场持续增长的动力充足

（一）社会的稳定与经济的较快发展为消费增长提供了良好的宏观环境。2012年，全市经济社会的健康快速发展，人民生活水平的稳步提高，为消费品市场提供了良好的发展环境，成为经济发展的重要力量。主要经济指标和主要行业运行良好，居民收入稳步增长，居民消费信心不断增强，为消费品市场持续稳定发展奠定了坚实基础。

（二）城乡居民收入持续增长，居民消费能力进一步提高。据百户居民抽样调查资料显示，2012年，四平市城镇居民人均可支配收入达到21387.3元，比上年增加了2964.3元，增长15.7%，增幅同比提高3.4个百分点，剔除物价上涨因素影响，实际增长12.9%。2011年农村居民人均纯收入7718元，比上年增长17.2%。

（三）假日、旅游经济带动作用增强。假日经济和旅游经济成为推动全市消费品市场快速发展的重要力量。2012年，全市实现旅游总收入19.7亿元，比上年增长25.3%。旅游业综合性消费强的特点带动了吃、住、行、游、娱、购等相关产业，对商品销售、餐饮收入和住宿收入的增加较为明显，对拉动消费发挥了重要作用。

（四）消费群体年龄结构的变化，将有力促进消费市场保持较快增长。随着80后、90后逐渐成长为主力消费群体，他们追求享受、追求时尚、追求品质、适度超前的消费观念，已不同于中国传统量入为出、重储蓄轻消费的观念，这部分消费群体将释放出巨大消费潜力，有力促进未来一段时期消费市场的发展。

（五）餐饮消费成为百姓日常消费热点。餐饮业作为与人们生活密切联系的行业，已成为国内消费中发展速度最快的行业之一，持续成为消费市场的热点，对方便群众生活，促进经济增长，发挥着重要的作用。随着城镇居民收入水平的不断提高和消费观念的转变，亲朋好友聚会外出用餐已成为常态，人们对餐饮消费的需求也更加多样化，高端酒楼、快捷餐厅、家常风味店、特色小吃店、咖啡店、酒吧、主题餐厅等多种形式的餐饮店应运而生；川菜、东北菜、私房菜、火锅、西式快餐等多种口味的佳肴琳琅满目。2012年，全市餐饮业实现零售额44.3亿元，比上年增长21.8%。餐饮业持续增长的因素除了人们生活水平的提高和消费观念的改变之外，餐饮业结构的转变和服务的水平的提高也是很重要的原因。

（撰稿　李淑春）

四平市在岗职工收入稳步增长

工资是劳动者及家庭生活的主要来源，是调节社会劳动力的经济杠杆，是调动职工积极性促进生产力发展的主要因素和手段。四平市委、市政府以务实的工作作风，以“四突破五确保”来突出发展和民生两大主题，全力实施“一核三带”富民优先战略，调整优化产业结构，做大优势产业，打造特色经济，切实保障改善民生，保持了经济快速发展的良好势头。2012 年全市在岗职工工资收入实现了稳步增长的良好态势。

一、在岗职工工资收入逐年增长

工资是在岗职工收入的主要来源，是国民财富初次分配的主体，也是再分配的重要依据，在普通居民收入中居于主导地位。因此，工资问题备受关注，合理的工资构成与工资差距，对于扩内需、促发展、维稳定起着重要作用，并能充分体现效率与公平的分配方式。到 2012 年末，四平市国有、集体和其他经济单位共 2857 户，城镇非私营在岗职工 20.5 万人，涵盖了 19 个国民经济行业门类，113 个大类。其工资总额为 643.3 亿元，在岗职工平均工资 32127 元，分别比 2005 年提高了 21907 元，增长 214.4%；比 2011 年提高 4049 元，增长 14.4%。幅度比较快，极大地推动了全市经济的快速发展。但在岗职工工资在行业、县（市）区和不同所有制企业之间还存在着较大的差异，与省内其他市（州）相比排名较为靠后，其情况如下：

（一）在岗职工工资因行业不同、县区不同、单位性质不同和单位内部人员职务不同存在很大的差别

1. 行业之间差别明显。2012 年，一些垄断性行业的职工工资水平较高，而传统行业如农林牧渔业、制造业（除烟草制品业等行业）职工工资水平相对较低。从在岗职工平均工资情况看，排在前四位的行业是信息传输、计算机服务和软件业为 48653 元，金融业为 46084 元，电力燃气及水的生产和供应业为 44224 元，批发和零售业为 37262 元，分别比全市在岗职工平均工资高出 16526 元、13957 元、12097 元和 5135 元；排在后四位的行业是交通运输和仓储和邮政业为 23133 元，房地产业为 22905 元，农、林、牧、渔业为 20378 元，住宿和餐饮业 18453 元，分别比全市在岗职工平均工资低 8994 元、9222 元、11749 元和 13674 元。不同行业之间的职工工资收入差距明显（详见下表）。

2012 年四平市单位从业人员和工资（按国民经济行业分组）

单位：元

行　　业	单位从业人员平均劳动报酬	在岗职工平均工资
一、农、林、牧、渔业	18909	20378
二、采矿业	31526	31685
三、制造业	26513	26652
四、电力燃气及水的生产和供应业	43992	44224
五、建筑业	23438	23442
六、批发和零售业	36640	37262
七、交通运输、仓储和邮政业	23453	23133
八、住宿和餐饮业	18351	18453
九、信息传输、软件和信息技术服务业	42579	48653
十、金融业	41670	46084
十一、房地产业	22890	22905
十二、租赁和商务服务业	29926	29855
十三、科学研究、技术服务和地质勘查业	33068	33441
十四、水利、环境和公共设施管理业	20546	24120
十五、居民服务、修理和其他服务业	27349	27821
十六、教育	36304	36598
十七、卫生、社会工作	34706	35439
十八、文化、体育和娱乐业	27473	27600
十九、公共管理和社会组织	33384	34363

在岗职工平均工资最高的信息传输、软件和信息技术服务业与最低的住宿和餐饮业之间相差 30200 元，如果将住房公积金、各种社会保障等工资外收入算进去，差距会更大。

2. 各县（市）区之间、不同所有制单位之间职工工资差距明显。2012 年，四平市在岗职工平均工资超过全市平均值的县（市）区只有市直属单位和伊通县，而其它县（市）区均低于全市平均水平。工资最低的是辽河农垦管理区只有26327元，比最高市直属单位的35379元低8062元，比全市平均工资还低5800元。在岗职工平均工资最高与最低的相差还是很大的。从国有单位从业人员劳动报酬看，2012年，全市国有经济单位在岗职工平均工资为34700元，高于全市国有单位平均工资水平的县（市）区分别是市直属直报单位43008元、铁西区36744元、铁东区36067元、伊通县35401元；其他县（市）区均低于全市国有单位的平均工资。最高的和最低的相差为13943元，前者高出后者0.5倍。从集体单位从业人员劳动报酬来看，2012年，全市集体经济单位在岗职工平均工资为35841元，高于全市集体单位在岗职工平均工资的县市区的分别是伊通县48424元、公主岭市43153元；其他县市区均低于全市平均水平，最低的是铁东区21466元。最高和最低的相差26958元，前者是后者的1.3倍。可见，不同地区之间不同所有制性质企业之间的职工工资水平差距也是很大的（详见下表）。

2012年四平市城镇非私营单位
分县（市）区在岗职工平均工资

单位：元

	全部单位	国有单位	集体单位
全市平均值	32127	34700	35841
四平市直	39612	43008	24450
铁西区	32683	36744	27871
铁东区	28527	36067	21466
公主岭市	31119	31633	43153
双辽市	30987	31672	32480
梨树县	27164	29065	31783
伊通县	32784	35401	48424
辽河农垦管理区	26327	30184	—

3. 职工工资也因单位执行会计制度不同而存在着差异。从单位性质看，2012年，全市在岗职工平均工资为32127元，机关单位为35311元，事业单位为33082元，企业单位为30411元，呈现出机关略高于事业单位，事业单位高于企业的态势。从单位所有制性质看：国有单位在岗职工年均工资为34700元，集体单位为35841元，其他单位为26978元。统计显示，平均工资的高低排列顺序依次为，集体经济单位、国有经济单位和其他经济类型单位。

4. 单位内部人员职务不同在工资待遇上体现出一定差异性。据对市直属直报企业单位上年在岗职工工资情况调查显示，单位内部人员不同职务在工资上表现出一定的差距，例如市某金融企业年平均工资为46644元、单位领导年平均工资为100800元、专业技术人员为50856元、管理人员为58464和办事人员为41628元，各类人员平均工资最高的与最低的相差为59172元。再如市某机关单位在岗职工年平均工资为32199元、部门领导年平均工资为48012元、管理人员和办事人员为31212元、技术岗位操作人员为29436元、其他工作人员为20136元，各类人员平均工资中最高和最低的相差27876元。在企业中不同职务职工工资差距也比较大，如市某企业2012年单位年平均工资为42525万元，单位领导年平均工资为68652元，管理人员为42444元，生产人员为40368元，最高与最低相差28284元。综上情况我们看出，不同职务之间的工资存在着相当大的差距。

（二）与省内兄弟市州相比职工工资水平相对靠后

多年来，四平市在岗职工平均工资水平在全省9个地市州中排名一直靠后。2006年，全部单位职工平均工资12346元，在全省9个地市州中排名第8位，与全省平均水平16583元相差4327元，与最高的长春市相差7609元，相差0.6倍的水平；比最低的白城市仅高510元。2012年，四平市在岗职工平均工资已达32127元，比上年同期增长14.4%，绝对值位居9地市州第7位，与全省平均工资水平39518元相差7391元；与最高的长春市相差15872元；与第六位延边州相差266元；比最低的白城市高4724元，比第八位的通化市高240元。这与同期四平市所拥有的经济总量以及人均GDP在全省的排名大体相符合。2006年四平市人均GDP为10027元，在全省居第7位。2012年全市人均GDP为33150元，在全省居第8位。由此看出，四平市在岗职工人均工资从全省范围来看是比较低的。从职工平均工资与人均GDP的增长速度看，2006年至2012年间，人均GDP年平均增长了16.4%，而同期四平市职工平均工资剔除物价价格因素后，年均增长了14.4%，虽然在此期间在岗职工工资增长速度与GDP增长速度相差不大，但由于四平市前些年平均工资基数偏低，虽然年均增幅较大，但绝对数始终低于全省平均水平，排位依然靠后，并与全省有逐年扩大的趋势。

四平市人均 GDP 和平均工资在全省排名情况

单位：元

年份	人均 GDP（元）	排序	平均工资（元）	排序
2007 年	14267	7	15490	8
2008 年	17739	8	18229	8
2009 年	19468	8	19968	8
2010 年	22942	8	22367	8
2011 年	28874	8	28078	6
2012 年	33150	8	32127	7

四平市和全省职工年平均工资状况图

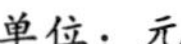

单位：元

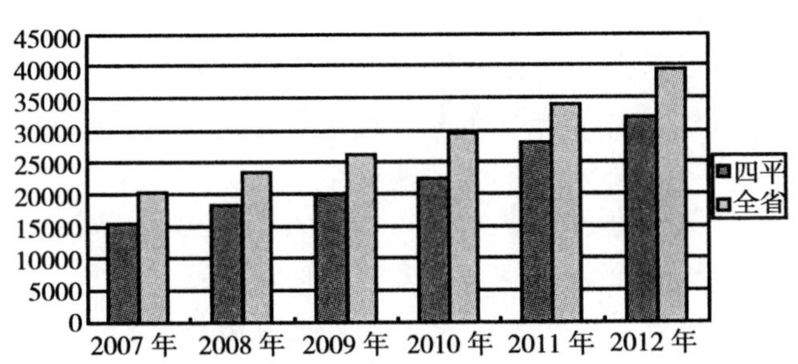

（三）职工工资水平与职工的实际生活质量应同步提升

人们的生活水平主要受收入和支出的影响，职工的生活水平主要受职工的工资收入和消费支出的影响，即受工资收入和居民消费价格（CPI）的影响。从整体上说，当收入增长高于 CPI 的增长速度时，人们的生活水平会提高，虽然近期四平市职工工资增长有所加速，但由于历史欠账的原因，与经济总量、城市规模、人口大体相近的省内兄弟市州比，工资增长还没有提升到位，而城市居民消费价格却不断上涨，在这种情况下职工的实际生活水平会呈下降的趋势。特别是在世界后金融危机的三年多时间里市场物价（CPI）涨幅连续（摆动）攀高。其中，食品价格总的上涨达两位数以上，对人们生活水平的影响比较强烈，尤其生活相对困难的群体受冲击更大。因此，当前 CPI 的快速增长对职工生活的影响是切肤的，多数家庭和个人感受到了物价上涨给自己生活带来的压力。同时，收入分配方面存在的问题也影响了职工的生活水平。全国总工会近期所做的一项调查显示，23.4％的职工 5 年未增加工资；75.2％的职工认为当前社会收入分配不公平，61％的职工认为普通劳动者收入偏低是最大的不公平。因收入分配和保险福利问题引发的劳动纠纷占劳动纠纷比例近年来也不断上升，这些收入分配方面存在的问题对职工的生活产生了影响。

二、在岗职工工资差异产生的原因

影响工资收入的原因很多，其中 GDP 的增长速度、工资占 GDP 的比重、消费者物价水平、税收增长比例、国家相关工资政策以及企业经济形势等等是影响工资增长比较主要的因素，而四平市的因素也是多种多样的，主要原因如下。

（一）在岗职工工资水平起点基数低

1. 职工工资水平受制于经济发展水平（经济总量）和经济增长方式。生产力发展程度、经济发展水平的高低，是提高工资水平的物质基础。从分配机制上看，企业职工工资的增长取决于其经济效益的增长，机关事业单位职工工资的增长取决于财政收入的增长。四平市地处东北老工业基地，经济发展总的水平在全省位居偏后，财力有限。同时由于缺少品牌产品和拳头产品，经济发展水平不高，成为了限制职工工资增长的客观因素，尤其是梨树和辽河农垦管理区等经济发展相对落后地区，体现得更为明显。另一方面，四平市职工工资水平低还与经济增长方式有关。长期以来，四平市的经济增长主要是以投资拉动型的增长，而投资转化为财政的收入有一定的滞后性，经济的增长对职工工资增长的带动作用不明显。

2. 受长期以来低工资、高积累的国家分配政策的影响。我国长期以来实行的是“低工资、高积累”的分配政策，虽然改革开放后，随着社会主义市场经济体制的建立，这一分配政策逐渐被多元化的分配政策所替代，但在机关、事业单位和国有企业中依然留有很大的影响，在其他企业中也存在着一定的思维和行为惯性，职工劳动报酬占 GDP 比重一直不高，并且呈逐年下降的趋势。四平市作为一个经济欠发达、原国有企业生产率极低，新兴产业还没有形成规模化和集群化的市州，这方面的表现就更为突出。

3. 受 CPI 连续上涨的影响。由于 CPI 连年上涨虽然不能使职工工资的绝对额降低，但却可以使职工工资的单位购买力下降，使工资贬值，从而使职工工资相对降低。从职工工资受影响的两个主要因素经济发展水平和 CPI 来看，经济发展水平主要取决于该地区的发展程度，而 CPI 却在全国范围内具有联动性，其上涨或下降都是在全国范围内进行的。近年来 CPI 的连续上涨，使职工工资的实际收入水平在降低，影响到人们的生活水平，进而影响到消费心理和消费欲望。

（二）在岗职工工资收入差异产生的原因和条件

1. 从全省看地理资源禀赋和开发水平造成了不同地区间职工工资差异。职工工资较高的地区都是（先天）资源禀赋较好或开发水平较高的地区。如长春市作为省会城市，是吉林省党政机关、大专院校、科研机构集中区域，具有较好的人力资源和政治资源，并且开发较早，是吉林省最发达的地区；吉林市和松原市作为吉林省工资水平最高的地区，最主要得益于其得天独厚的旅游和石油资源；这些地区职工平均工资在吉林省相对较高。而四平地区虽然拥有丰富的农业和林业资源，但农业社会经济效益远不如工业坚挺和影响力大，加之近年来我国对林业资源的保护，使得四平地区的持续和替代产业较为脆弱，所以工资水平较低。

2. 行业垄断的存在和行业经济效率的差异是行业之间职工工资差距产生的主要原因。从不同行业的工资来看，垄断性行业职工工资要远高于其他行业职工工资。在我国，行业垄断的形成主要是依靠政府行政力量在经济活动中进行排他性控制，形成壁垒，限制竞争。如电力、石油、电信、铁路、银行等垄断行业主要依靠政府行政手段获得重要资源及市场垄断和价格垄断的优势，进而获得高额垄断利润，这些高额利润工资成本分摊力度的加大为其发放高工资及名目繁多的工资外收入创造了条件。同时利润留存于企业、工效挂钩的制度为垄断性行业高额的工资收入提供了制度环境。自1994年国家税制改革以来，国有企业的利润不必上缴国家，全部归企业支配，使得垄断行业获得了高额利润的支配权。另外国有企业实行的工效挂钩的工资机制（工资总额与利润总额挂钩），使得这些行业的职工工资随着垄断利润增长而增长，或部分转化为员工的工资外收入，而高工资、高福利的成本却转嫁给了国家和全体公民。一些垄断性行业的职工工资外收入要远高于其工资性收入，这些是在工资统计中最容易漏报的，也是影响收入差距的主要原因。除了垄断性行业外，一些新兴的高科技行业，如信息行业、计算机软件行业，由于技术附加值高，产品市场需求旺盛，行业效率高，利润也自然高，职工工资也相对较高。而那些非垄断性的传统行业和以体力劳动为主的行业，如农林牧渔业、制造业等生产效率相对较低，职工工资也偏低。

另外，政府对垄断性行业工资监管缺乏也为其职工发放高额工资提供了便利。

3. 资源获得机会和工资增长机制的不同造成了不同性质单位之间工资差距。不同的资源获得机会使国有单位与集体、私营单位处于不同的发展起点，也影响着他们的竞争能力。尤其是垄断性行业企业几乎都是国有企业，国有企业在资源获得上具有竞争优势。另一方面从工资增长机制来看，机关事业单位具有正常化的工资增长机制，职工工资的增长受财政状况的影响，与工作状况关系不大；国有企业与集体、私营企业相比，也有着相对正常化的工资增长机制，可以依据工效挂钩机制和国家相应的工资增长制度调整职工工资；而集体企业和私营企业，尤其是私营企业缺乏正常化的工资增长机制，有时执行国家相关工资规定也存在着随意性，一些私营企业老板为了降低人力资源成本，有时存在着以牺牲职工工资利益来换取企业的经济效益的行为。

4. 企业工资分配的自主性及缺乏监管是单位内部职工之间工资差距产生的主因。企业职工工资一般列入企业生产成本，并且企业自身拥有职工工资分配方案的制定权，而实际有制定权的是企业中的少数权力拥有者，加之政府对其监督管理较松，容易出现企业内部职工工资差距过大，这在私营企业（或股份制企业）中体现的更为明显。

三、提升在岗职工工资水平的良性条件

四平市职工工资收入存在着五个方面的反差：即四平市和发达市（州）的反差、四平市不县（市）区之间的反差、不同行业之间存在的反差、不同性质的单位存在的反差、不同岗位之间存在的反差。针对这些问题，应从“五个统筹”的战略高度（即统筹城乡发展、统筹区域发展、统筹经济社会发展、统筹人与自然和谐发展、统筹国内发展和对外开放），兼顾效率与公平，客观分析成因，理性看待差距，分类研究解决。

（一）建立健全职工工资正常增长机制

1. 应建立劳资双方共决薪酬机制。在企业工资分配方案制定过程中，劳资双方通过协商来共决薪酬是职工基本权利的集中体现，也是形成和谐的劳动关系的要求。建立和完善劳资共决薪酬机制，建立起政府、企业代表和企业工会参加的企业工资分配协商机制，改变由企业雇主单方面决定工资分配的局面。工会代表职工参与工资分配方案的制定，能够充分表达职工的诉求，维护职工的权益。通过三方协商机制能够使劳资双方的利益都得到维护，使工资分配方案更科学合理。

2. 应提高劳动报酬占GDP的比例。从全国来看，我国劳动报酬占GDP的比重一直较低，且逐年下降。2000年我国城乡职工劳动报酬占GDP比重为50.4%，到2011年劳动报酬占GDP比重下

降到只有41.8%。因此，建立健全有利于职工工资收入合理稳定增长的机制，提高普通职工的工资收入水平，适当提高职工工资和劳动报酬占企业销售收入和增加值的比例，以此来有力支撑四平市国民经济协调、持续、健康发展。

3. 应建立职工工资与CPI联动机制。职工工资与CPI联动是指使职工工资随CPI的变动而变动，在二者之间建立起动态协调机制，主要是防止物价上涨导致人们的生活水平下降。职工的生活水平主要取决于其收入和支出状况，影响最大的是工资与CPI的变动关系。当CPI的上涨速度超过工资收入的增长时，人们的生活水平就会下降，物价上涨尤其对低收入者或低收入家庭的影响更大。因此，建立有效的职工工资与CPI联动机制，能有效保证物价上涨时人们的实际生活水平不下降，同时也能提高居民的消费需求，起到拉动内需，促进经济增长的目的。但需注意的是，职工工资与CPI联动并不是职工工资与CPI硬挂钩，那样会造成工资能升不能降，出现刚性增长，进而带来通货膨胀，进一步推动CPI的上涨，引起二者的恶性循环。因此，这种联动是在政府相关部分的监督和指导下，随着CPI的变动情况适时做出调整。

（二）调整和完善分配政策，努力让全社会共享经济和社会发展的成果

职工之间工资差距过大，会带来低收入者或低收入群体的被剥夺感，引起他们的不满，甚至会引发社会矛盾，影响稳定。因此，必须建立起与市场经济和当前社会发展相适应的社会分配机制。要遵循限制高收入，扩大中等收入，提高低收入以缩小贫富差距的原则，调整和完善分配政策，缩小行业、地区、不同性质单位之间职工工资差距，努力让社会成员共享经济和社会发展成果。

1. 在初次分配领域，政府要维护市场公平竞争和效率，实现收入分配的起点公平。首先，利用税收调节收入分配。税收既是财政收入的来源，同时也是收入再分配的手段，通过纠正市场初次分配存在的缺陷，缩小贫富收入差距，维护收入分配的起点公平。对垄断行业的收入过高要进行限制，对垄断行业工资总额和工资水平进行双重控制。对那些行政垄断性强的行业企业，因其对资源的获得主要通过行政垄断获得，而非通过市场竞争、提高自身的效率取得的，应取消工效挂钩的分配机制，打破垄断，引入市场竞争机制。同时对那些职工工资水平过低、增长缓慢的农、林、牧、渔等传统行业，政府应采取措施，提高这些行业职工的工资水平和福利收入，以缩小行业差距。对于不同县（市）区之间职工工资差距，主要是由于资源禀赋和开发水平造成的，而资源禀赋的差距是客观的，不容易改变，因此，要改变或缩小差距，要大力发展落后县（市）区的经济，并要根据不同县（市）区的经济发展状况和消费水平来确定其职工工资水平，做到既要遵循市场机制，又要有政府监督，以保证工资分配的科学合理。对于不同性质单位之间的职工工资差距，通过减税等措施扶持私营单位发展，政府让利于私营单位，然后由私营单位让利于职工。同时，加强对私营企业工资分配的监督和管理，保证其职工的合法权益。

2. 再分配领域应建立有效的调节机制。在再分配领域中，政府主要通过税收和财政支出这两个基本途径来实现对收入分配差距的调节。由于征收环节存在问题，出现了“逆向调节”现象。“逆向调节”表现在正常情况下应该是高收入者成为纳税的主体，但现实中工薪阶层却成为了实际的纳税主体。合理、有效的税收制度可以达到社会收入分配的公平，不合理的税收可能加大收入差距。当前应重点解决企业所得和个人收入的如实申报问题，做到企业所得税和个人所得税的应缴尽缴，真正发挥所得税对收入分配的调节作用。同时，政府通过财政公共支出的调整，通过公共新产品和公共服务的提供，改善社会成员之间、社会集团之间对财富的占有，促进社会财富分配的相对合理。其核心是通过举办社会保障事业，通过转移性支付，实现高收入群体的一部分收入向低收入群体的转移，以此来达到社会收入分配的相对平衡。

（三）强化政府对工资分配的监督和管理

在市场经济下，工资分配应按市场机制进行，但并不是说政府完全退出分配领域，而是要对初次分配领域进行监管，使职工工资分配制度趋于合理。

1. 限制垄断行业。垄断行业过高过滥的工资收入和工资外收入严重干扰了正常的分配秩序，加大了行业间的职工收入差距，完善对垄断行业工资总额和工资水平的双重调控政策。从近期看，依靠政府对垄断行业分配政策进行监管，引导企业合理确定工资水平和增长幅度，在一定程度上改变不同行业间的分配差距问题。加强对垄断行业的审计监督，防止垄断行业将高工资和高福利的成本转嫁给国家和社会。从长远看，必须破除行业垄断所依赖的行政垄断，引入竞争机制，允许社会资本进出这些领域。

2. 加强对职工工资的监督和管理。对于机关和事业单位，主要做好职工工资与GDP和CPI联

动，使职工工资的增长不要落后于CPI的涨幅；对于国有企业，主要做好对职工工资分配方案合理性及职工工资正常增长机制的监督；对于私营企业，主要是做好职工工资正常增长机制的监管工作，通过最低工资标准和行业工资指导线，并将职工工资进行公示，并作为考核企业经营者的一项指标。

3. 规范分配制度，缩小企业不同职务人员之间的收入差距。严格规范国有企业、金融机构经营管理人员特别是高层管理人员的收入，完善监管办法。要确定管理者与职工工资收入的合理比例，将高层管理人员的薪酬不但与企业经济效益挂钩，还要与职工工资水平挂钩，同时做到要使企业高层管理人员收入公开、透明。

4. 依法管理。运用最低工资法等法律手段，对初次分配进行干预，协调国民收入中资本所得与劳动所得的比重，根据CPI浮动不断调整职工工资，使其尽可能趋于公平。

（撰稿：张春达）

四平市劳动和社会保障事业健康发展

2012年，四平市始终以科学发展观全面加强党的建设为保障，采取多种措施，积极应对各种影响就业的不利因素，在加大推进经济建设的同时，积极招商引资，大批内、外资企业不断落户四平，使四平市就业形势趋于好转，综合经济实力进一步增强，为全市城镇就业提高创造了有利条件。

一、四平市城镇单位就业现状

2012年，四平市从业人员达20.5万人，比上年减少0.4万人，下降1.9%。

（一）从经济类型看，从业人员略有减少。国有经济单位从业人员为13.2万人，同比减少0.1万人，下降0.8%；集体经济单位从业人员为0.6万人，同比减少0.1万人，下降14.3；其他经济单位从业人员为6.8万人，同比减少0.2万人，下降2.9%。

（二）从产业结构看，第三产业成为吸纳社会劳动力的主导力量。2012年，四平市城镇单位从业人员中，第一产业为1.0万人，与上年同期相比减少0.1万人，下降9.0%；第二产业为6.8万人，与上年同期相比减少0.3万人，下降4.2%；第三产业为12.7万人，与上年同期相比基本持平。第三产业中，从业人员较集中的行业（前三位）是教育、公共管理、社会保障和社会组织、卫生和社会工作业占第三产业从业人员的比重达57.6%。

（三）从单位性质上看，从业人员呈一平二减。企业单位从业人员为9.3万人，与上年同期相比减少0.3万人，下降3.1%；事业单位从业人员为8.9万人，与上年同期相比减少0.1万人，下降1.1%，机关单位从业人员与上年基本持平。

（四）从国民经济行业看，就业基本集中在五大行业。从国民经济19大行业来看，制造业从业人员居第一位，教育居第二位，公共管理、社会保障和社会组织居第三位，卫生和社会工作业居第四位，农林牧渔服务业居第五位，其从业人员分别为5.1万人，3.9万人，2.8万人，1.9万人和1.0万人，五大行业从业人员占全市的比重高达71.7%。

（五）城镇单位在岗职工呈减少趋势。2012年末，四平市城镇单位在岗职工为19.4万人，比上年减少0.5万人，下降2.5%。其中：国有经济单位在岗职工为12.3万人，比上年减少0.1万人，下降0.8%；集体经济单位在岗职工为0.6万人，比上年减少0.1万人，下降14.3%；其他经济单位在岗职工为6.5万人，比上年减少0.3万人，下降4.4%。

（六）从国民经济行业看，在岗职工所占的比重各不相同，但是就业却主要集中在几大行业之中，详细情况见下表。

四平市在岗职工按行业所占比重情况排序（2012年）

国民经济行业	年末人数（人）	名次	比重（%）
总　计	194276	—	100.0
一、农林牧渔业	8942	5	4.6
二、采矿业	4439	11	2.2
三、制造业	50266	1	25.4
四、电力、热力、燃气及水利的生产和供应业	7729	7	3.9
五、建筑业	3672	12	1.8
六、批发和零售业	3393	13	1.7
七、交通运输、仓储和邮政业	5059	10	2.6
八、住宿和餐饮业	548	18	0.2
九、信息传输、软件和信息技术服务业	2372	16	1.2
十、金融业	8022	6	4.1
十一、房地产业	2302	17	1.1
十二、租赁和商务服务业	504	18	0.2
十三、科学研究、技术服务和地质勘察业	5247	9	2.7
十四、水利、环境和公共设施管理业	5604	8	2.8
十五、居民服务、修理和其他服务业	299	14	1.5
十六、教育	37846	2	19.4
十七、卫生和社会工作业	18163	4	9.3
十八、文化 体育和娱乐业	2660	15	1.3
十九、公共管理、社会保障和社会组织	27209	3	14.0

二、四平市从业人员工资总额发展态势良好

2012年，随着经济发展方式的转变，四平市经济持续向好发展，全市的机关、事业单位工资得以调整，全市从业人员工资总额和在岗职工平均工资平稳增长。

（一）从经济类型看，其他经济单位工资总额增幅较大。国有经济单位为44.0亿元，同比增加4.7亿元，增长12.0%；集体经济单位为2.2亿元，同比增加0.2亿元，增长10.0%；其他经济单位为18.1亿元，同比增加2.1亿元，增长13.1%。

（二）从企业、事业和机关分组看，从业人员工资总额都有不同程度的增长。2012年，企业单位为27.8亿元，同比增加2.7亿元，增长10.8%；事业单位为28.6亿元，同比增加3.4亿元，增长13.5%；机关单位为7.9亿元，同比增长0.9亿元，增长12.9%。

（三）从三次产业看，第二产业的工资总额增幅明显。2012年第一产业为1.9亿元，与上年同期相比基本持平；第二产业为19.4亿元，同比增加2.3亿元，增长13.5%；第三产业为43.0亿元，同比增加4.7亿元，增长12.3%。

（四）从国民经济行业看，工资总额增长比较大的行业有：制造业为13.7亿元，同比增加1.6亿元，增长13.2%；教育业为12.6亿元，同比增加1.4亿元，增长11.1%；公共管理、社会保障和社会组织为9.5亿元，同比增加1.4亿元，增长17.3%；卫生和社会工作业为6.5亿元，同比增加1.0亿元，增长18.2%。

三、四平市在岗职工平均工资平稳增长

由于机关单位和事业单位进行工资调整，还有一些经济效益较好的企业发放的工资奖金较高，从而使在岗职工平均工资平稳增长。

2012年，四平市在岗职工平均工资为32127元，比上年增加4049元，增长14.4%。

（一）从经济类型分组看，国有经济单位为34700元，同比增加4146元，增长13.6%；集体经济单位为35841元，同比增加4440元，增长14.1%；其他经济单位为26978元，同比增加3790元，增长16.3%。

（二）从单位性质分组看，企业单位为30411元，同比增长14.2%；事业单位为33082元，同比增长17.3%；机关单位为35311元，同比增长16.9%。

（三）四平市行业之间职工平均工资进一步拉大。随着经济体制改革的不断深入和企业经济结构的调整，四平市社会经济得到了长足的发展，在岗职工工资水平显著提高。2012年，信息传输、软件和信息技术服务业；金融业；电力、热力、燃气及水的生产供应业三个行业的在岗职工平均工资超过了4万元，增幅高于全市工资水平。在在岗职工平均工资普遍增长的同时，由于经济发展的不均衡，各行业间在岗职工平均工资的差距进一步拉大。其中，低于全市在岗职工平均工资水平的行业有采矿业、制造业、建筑业等11个行业，信息传输、软件和信息技术服务业的在岗职工平均工资水平在全部行业中最高达48653元，比最低的住宿和餐饮业高出30200元，平均值高低之差为2.6倍。

（四）各县（市）区在岗职工平均工资平稳增长。各县（市）区在岗职工平均工资按位次排列依次为：市直为39612元，同比增长12.0%；伊通县为32784元，同比增长8.1%；铁西区为32683元，同比增长20.3%；公主岭市为31119元，同比增长20.5%；双辽市为30987元，同比增长11.5%；铁东区为28527元，同比增长15.0%；梨树县为27164元，同比增长13.2%；辽河农垦管理区为26327元，同比增长32.7%。

四、四平市社会保险事业发展良好

2012年，四平市社会保险事业围绕民生建设和社会稳定的大局，以实现富民工程为导向，以统筹城乡、改善民生为目标，着力扩大覆盖范围，强化基金征缴，提高保障水平，推进制度创新，规范管理服务，加强能力建设，以职工群众满意为目标，将主要精力放在扩面、征缴、清欠工作上，将确保养老金、失业金按时足额发放作为首要工作任务，各项工作稳步开展，为深入推进实施富民工程做出新贡献。

（一）基本养老保险基金支出平稳增长，养老金及时发放。

2012年末，全市养老保险覆盖总人数为51.25万人，比上年减少了1.58万人，增长率为－3%，完成省年度计划的100%。其中参保人数为30.64万人，比上年减少3.36万人，增长率为－9.9%。全市养老金支出（含丧葬费）276162万元，比上年增加54531万元，增长24.6%。月人均养老金1176.86元，比上年增加142.23元，增长13.7%，确保了当期养老金的按时足额发放，发放率达100%。

（二）各种基金征缴工作成绩显著。

全市实际征缴养老保险金129911万元，比去年同期增加14376万元，增长12.4%，完成省年度目标的124.3%。全市失业保险金征缴8613万元，比上年增加2025万元，增长30.7%，完成省年度目标的154.3%。

（三）失业保险参保人数增加，失业保险金发

放率达100%。

全市失业保险参保人数为20.67万人，比上年增加0.15万人，增长0.7%，完成年度目标的101.4%。全市领取失业保险金人数为8769人，比上年减少424万人，增长率为－4.6%。全市失业保险金支出（含丧葬费和代缴失业领金人员医保费）7906万元，比上年增加1709万元，增长率为27.6%。及时足额发放率达100%。

五、四平市劳动和社会保障事业发展取得可喜成绩

2012年四平市就业工作紧紧围绕市委、市政府“加快转变、加快赶超、加快隆起”的重大战略部署，弘扬“攻坚克难、求富图强”的四平精神，创新工作方法，强化服务民生意识，采取有效措施积极促进就业，确保重点工作扎实推进，难点工作有所突破，实现了就业总量持续增长，就业质量整体提高，就业结构逐步优化，就业服务更加完善，劳动和社会保障事业发展取得可喜成绩。

1. 城镇新增就业6.29万人，完成年计划108%；

2. 下岗失业人员再就业1.47万人，完成年计划113%；

3. 就业困难对象实现就业0.67万人，完成年计划109%；

4. 全市城镇登记失业率控制在3.7%以内，解决零就业家庭比率达到100%；

5. 全市县级以上人力资源市场举办专场招聘会300场；

6. 创建省级充分就业社区10个，完成年计划的100%；

7. 全市农村劳动力转移就业75.2万人，其中异地输出转移就业

57.65万人，就近就地转移28.2万人，实现劳务经济收入57.65亿元；

全市小额贷款担保基金到位400万元，小额担保贷款当年

发放5431万元，完成年计划的223%，直接带动就业0.45万人。

（撰稿：赵金平）

科技创新　挺起四平工业经济的脊梁

2012年，四平市科技创新事业在市委、市政府的正确领导下，坚持以实施“一核三带”富民优先发展战略为指导，全面落实“自主创新、重点跨越、支撑发展、引领未来”的科技事业方针，建设具有四平特色科技创新的重要内容，在实现科技事业大繁荣、大发展、科技人才大汇集、科技创新实力更雄厚的科技强市的道路上迈出了坚实一步，实现了科技创新挺起四平工业经济的脊梁。

一、工业企业科技创新发展态势良好

（一）科技活动人员平稳增加。科学技术是第一生产力，科技人员又是生产力中最积极、最活跃的要素，现代经济科技的竞争越来越突出地表现为人才的竞争。2012年，四平市规模以上工业企业科技活动人员达1611人，比上年增加103人，增长6.8%。其中：R&D人员898人，比上年增加274人，增长43.9%，高、中级技术职称人员492人，比上年增长3.4%。

（二）科技活动经费内部支出明显增长。科技人才是创新的根本，资金则是科技活动的必要前提。企业能否在激烈的竞争中立于不败之地，除了人才外，必须有足够的开展科技活动资金作保证。2012年，四平市科技活动经费内部支出明显增长。规模以上工业企业R&D活动经费内部支出12787万元，比上年增加3451万元，增长37.0%。

（三）汽车制造业成为企业科技创新“排头兵”。从R&D经费内部支出结构来看，汽车制造业为企业科技创新“排头兵”。2012年，四平市规上汽车制造业R&D经费内部支出达2445万元，占全部R&D内部支出的19.0%。其次是专用设备制造业和医药制造业，R&D经费内部支出同为2253万元，占全部R&D内部支出的17.6%。

二、自主创新和科技成果产业化引领作用凸显

（一）自主创新推动企业技术升级。四平市委、市政府在支持企业提升自主创新能力方面不断加大力度，从单一的项目管理型，向资源整合、重点突破、产业升级方向发展。坚持以企业为主体，市场为导向，产学研相结合的创新发展思路，使企业真正成为研发投入的主体、技术创新的主体和创新成果应用的主体。近年来，全市已有341个项目列入国家和省科技发展计划，争取补助资金16.4亿元。“超高密度存储材料及器件研究”项目列入国家“863”计划，1个省级重大科技攻关项目落户四平，实现零的突破，走在全省前列。43项科研成果获省科学技术奖，部分重点企业自主创新能力明显增强。

（二）科技创新促进科技成果转化。四平市委、市政府不断加大科技成果转化力度，着力实施科技成果产业化的提速工程，优先支持拥有自主知识产权、具备产业化条件、市场潜力大的高新技术项目实现产业化。近年来，全市共转化科技成果205项。6个省级重大科技成果转化项目、1个省级重大专项落户四平，实现历史性突破。科技成果转化能力的提升，不仅有力地促进了企业发展，而且也充分体现了科技创新对经济社会发展的支撑和引领作用。

（三）机制创新助力科技人才队伍建设。近年来，四平市深入实施人才强市战略，进一步完善人才激励机制和科技评价体系，积极探索建立知识、技术、管理等要素参与分配的有效办法，不断加大人才的引进和培养力度。专门研究制订了《四平市科技领军人才支撑计划实施方案》，从培养、引进、使用三个环节入手，重点加强创新领军人才、技能人才、创新创业管理人才的引进，政府在待遇和分配上给予实惠，并从企业的工资分配、股权设置等领域实施突破，创造了一个能吸引科技人才、留住科技人才的有效机制。目前，在生物医药、新材料、新技术等领域取得了实质进展。一批海龟派和国内知名专家已经来平和相关企业洽谈合作事宜，将有力提升企业核心竞争力，助力四平经济持续健康快速发展。

三、科技创新助力民营经济发展

（一）通过嫁接改造、技术改造、自主研发、引进转化等手段，促进企业的转型升级。一汽专用车与拥有国际顶尖技术的法国飞马公司成功合作，同步生产拥有飞马公司独家专利技术的高端环卫垃圾车、高端半挂自卸车等产品，形成了集城市环卫环保机械、土方机械、基础设施工程机械、混凝土机械于一体的专用车产业集群。兴大纺织根据市场

和用户的需求，坚持技术进步，吸收和引进新技术，对原有的4万锭纺纱设备进行了全面技术改造，引进国内先进的FA系列2.5万锭纺纱设备，淘汰陈旧的槽筒设备，引进国际先进的意大利自动络筒机，使企业的整体纺纱装备全面升级，达到了国内同行业先进水平。

（二）在品牌建设上实现突破，实施名牌战略，不断提升四平的知名度，实现品牌化发展，为民营经济发展积聚力量。截至2012年末，四平市拥有“金士百”、“一正”、“宏宝莱”、“四风”、“新天龙”、“维克斯”、“芮来”7件中国驰名商标。现有省育及图、天百鸿、东风、慧格格等吉林省著名商标81件，市知名商标140件。黄龙淀粉、吉林农高、四平老白酒等29户企业，获得吉林省名牌。高保真音响、肺宁胶囊等14种新产品实现规模化生产，LED基板、汽车超薄音响、晶硅太阳能电池等一批知名品牌和专利产品，远销国际、国内市场。

（三）在行业话语权上实现突破，从生产有形产品向无形产品、行业标准的制定转变，充分掌握话语权，为民营经济发展确立地位。换热器国检中心落户四平，兼顾产品检测和科学研究双功能，为域内企业自主研发提供实验条件，使产品进入核电、航空等高端应用领域。国检中心的落户，标志着四平市热交换设备检验检测达到国内一流、国际领先的水平，掌握了行业话语权，可为域内换热器企业创造更多的市场份额，对四平打造中国换热器城乃至世界换热器城，起到决定性作用。四平的鼓风机、艾斯克、中大3户企业，已参与制定了7项国家和行业标准，方元恒业也被指定为玻璃钢产品权威认证单位。

（撰稿：宋　寒）

蓬勃发展的四平市个体私营经济

2012年，四平市私营企业和个体经济围绕全市经济发展战略，加快发展步伐，日益成为推动全市经济协调发展的重要力量，解决社会就业问题的有效途径；成为全市“加快转变、加快赶超、加快隆起”和“保增长、保民生、扩内需”的重要经济支柱，呈现出兴旺蓬勃的发展势头。

一、个体私营经济总体发展特点

2012年，四平市累计注册个体的工商户已达130358户，从业人员为388896人，注册资金总额为542727.66万元；私营企业已达10236户，投资人23226人，雇工人数127184人，注册资金2003781.41万元。全市个体和私营企业的就业人数占辖区劳动力资源总量的近40%，这为四平市经济发展和社会的稳定做出了重要贡献。

（一）个体工商业保持平稳增长，私营经济呈现较快增势

2012年，全市个体工商户户数、从业人员、注册资金同比分别增长18.2%、4.7%、20.5%；私营企业户数、投资人数、注册资金同比分别增长了18%、-2.5%、28%。

	个体工商户（户）	从业人员（人）	注册资金（万元）	私营企业（户）	投资人数（人）	注册资金（万元）
2011年	110265	371576	450310.31	8676	23818	1564845.61
2012年	130358	388896	542727.66	10236	23226	2003781.41

（二）个体工商户及私营企业开业户数略有下降

2012年，全市新开业个体工商户21722户，从业人员28428人，注册资金96436.71万元，与去年同期相比，分别增长了-13.1%、-84.6%、-40.4%；本期新开业私营企业1659户，增加3.8%；注册资金230771.7万元，增长70.9%；雇工人数13653人，下降3.8%。个体工商户及私营企业出现了下降态势。

（三）个体私营经济运行质量稳步提高

一是经营规模尤其是单体规模不断扩大。全市各级为个体私营经济的发展，大开方便之门、积极优化环境。在市场经济运作过程中，个体私营业主为了壮大自己不断投入资金，因此生产规模不断膨胀。个体工商户、私营企业户均资金分别达到4.2万元和195.8万元。二是独资企业增加。四平市独资企业达到1343户，同比增长9.6%，投资者人数1332人，增长9.4%，雇工人数达13959人，增长6.6%，出资额61382.96万元，增长25%。三是外向型持续发展。一些企业瞄准国际市场，在传统强项上做文章，在提高自身素质上下功夫，敢于在国际市场上竞争，充分展示了全市一些私营企业的经济实力。

（四）个体、私营经济的稳定、健康发展，促进了下岗失业人员再就业工作的发展

全市个体私营经济的发展促进了所有制结构的调整，为广大富余劳动力拓宽了就业渠道，不少的下岗职工成为个体私营业主或私营企业的技术工人和管理人员。随着个体私营经济在国民经济中的地位不断提高，四平市各级政府重视、鼓励支持和引导个体私营企业，使个体私营经济得到了加速发展，已成为四平经济的重要组成部分，吸纳就业的能力逐步增强。2012年，四平市个体私营企业共吸纳下岗失业人员75人，个体私营经济累计雇工人数达127184人，其中本年度雇工人数达4977人，再次走上了工作岗位，为保证全市政治稳定发挥了极大作用。

二、个体经济迅速发展，第三产业仍是主力军

个体工商业从三次产业分布看，个体工商户主要集中在商贸餐饮、服务等第三产业，全市个体经济三产所占比重有所变化，第一产业略有增长，第二产业所占比重有所下降，第三产业略有下降。农林牧渔业14407户，占总户数的11.1%，比去年同期增长1%；第二产业户7682户，占总户数的5.9%，比去年同期下降0.7%；第三产业户108269户，占总户数的83%，比去年同期下降1.7%；

城镇、农村个体工商户分布情况。2012年，全市城镇个体工商户92712户，占总数的71.1%，下降10.6%；农村户数37646户，占28.9%，同比增长37.5%。城镇个体工商户从业人员168404人，资金数额326416.05万元，同比增长了0.7%

和14.7%；农村个体工商户从业人员220492人、资金数额216311.61万元，同比增长了7.9%和30.5%。全市个体工商业农村增幅较快，主要是由于农村逐步城镇化，农民身份发生变化，不再拘泥于解决温饱的生活现状，利用自身优势从事个体经营以寻求新的发展，为自己创造良好的生活环境，同时减少对社会的负担。

三、私营企业遍布城乡，发展势头强劲

2012年，全市城镇私营企业登记注册有7562户、农村私营企业2674户，户数所占比重为73.9%、26.1%，同比增长15.6%、25.1%。城镇私营企业注册资金1522431.91万元，同比增长了11.7%；投资者人数18436人，同比下降6.6%；雇工人数93649人，同比下降8.7%。农村私营企业注册资金481349.5万元，增长139.1%；投资者人数4790人，增长17.6%；雇工人数33535人，增长12.1%。

私营企业从三次产业分布看，私营企业保持良好的增长态势，农林牧渔业623户，占总户数的6.1%；比去年同期增长23.9%；第二产业户3296户，占总户数的32.2%；比去年同期增长15.9%；第三产业户6317户，占总户数的61.7%；比去年同期增长18.5%。

城镇、农村私营企业均保持较快增长势头。近年来，国家发展个体私营经济的政策环境不断完善，非公有制经济的地位不断提高，贡献逐渐显现，在企业的经营环境上，四平市逐步放开了经营的领域，为城镇、农村私营企业的发展创造了更加宽松的环境。

从企业组织形式看，私营企业仍以有限责任公司为主。2012年，全市共登记注册私营有限公司8845户，雇工人数112015人，注册资金1879432.55万元，分别占到了私营企业总数的86.4%、88.1%、93.8%。个人独资企业1343户，占私营企业总数的13.1%，与去年相比增长了9.6%。合伙企业28户，占私营企业总数的0.3%，一直呈下降势头。一是合伙企业办照手续比较复杂，需要提交委托书、合伙协议，特别是合伙协议，多数签订时不按法律程序，成为日后合伙人之间发生纠纷的矛盾所在；二是合伙人之间一旦有经济效益，利益分割极易产生分歧，多数合伙企业因此成立不到半年时间就散伙了，以上原因导致了合伙企业在全市发展一直呈下降趋势。

（撰稿：邹成钢）

2012年四平市居民消费价格指数运行态势

2012年，全国宏观经济形势总体向好，稳定房地产价格等各项宏观调控措施，取得了积极成效，物价过快上涨的势头有所趋缓。全年四平市物价水平温和上涨，居民消费价格总指数（CPI）同比上涨2.5%，涨幅低于2011年2.3个百分点。其中，消费品价格上涨3.0%，服务项目价格上涨1.1%，工业品价格上涨2.1%；食品价格上涨4.1%，非食品价格上涨1.7%。

一、四平市居民消费价格指数运行基本情况

（一）各月居民消费价格指数走势呈波浪形

2012年，四平市居民消费价格指数（CPI）走势先扬后抑，涨幅为高开低走，起伏如波浪状。其中，1月份因正值春节，CPI涨幅较大，为全年最高点4.3%，2月份节日涨价因素逐步消除，涨幅进入下行通道，下降到3.6%，3～5月份处于正常水平，分别为2.1%和两个持平的2.3%，6月份略为上涨，为2.7%，7月份又有大幅下降，达到1.9%，8～10月份呈倒“V”字型，8、10月份涨幅均为2.2%，中间的9月份上涨到2.8%，11月份涨幅是年内最低点，为1.4%，12月份略有回升，以1.8%收官。

（二）八大类商品价格“七涨一降”

八大类商品价格中，上涨的七大类为食品、烟酒、衣着、家庭设备用品及维修服务、医疗保健和个人用品、娱乐教育文化用品及服务和居住，同比累计分别上涨4.1%、0.2%、4.1%、1.9%、3.9%、0.2%和1.7%；下降的一个大类为交通和通信，同比累计下降1.3%。

（三）居民消费价格指数涨幅省内九城市位次靠前

2012年四平市居民消费价格指数涨幅，与全省平均水平持平，在全省九城市中位居第三位，低于延吉、长白山管委会的涨幅，与白城市并列，高于辽源、长春、吉林、通化、松原和白山。

二、居民消费价格指数运行特点

（一）食品价格领涨CPI，贡献过半

2012年，四平市食品价格涨势明显，对CPI上涨的拉动作用最为显著。食品价格累计上涨4.1%，影响总指数上涨1.33个百分点，对总指数的上涨贡献度超过50%，是CPI上涨的主要推手。食品16个类别中，有12类价格上涨，占被调查总数的75%。同比涨幅较大、影响总指数上涨程度较深的有：鲜菜、在外用膳食品、粮食、肉禽及其制品和水产品，同比上涨幅度分别为14.4%、5.0%、7.5%、2.4%和6.7%，对总指数的影响程度分别为：0.38、0.37、0.24、0.16和0.11个百分点，这五项对总指数的影响程度达到了1.26个百分点。另外，油脂、干豆类及豆制品、糖、茶及饮料、糕点饼干面包的价格较2011年也有所上涨。

猪肉价格由于2011年涨幅较大，2012年价格有所回落，总体上下跌了9.0%；鲜蛋价格由于2011年基数较高，年内虽有几次价格的突起，但总体上仍回落7.0%；调味品中的食醋、味精、食用盐的价格略低于2011年，主要是大型超市节假日促销活动较多所致。

（二）医疗保健和个人用品价格攀升

2012年，四平市医疗保健和个人用品价格上涨3.9%，影响总指数上涨0.47个百分点，成为继食品外影响CPI上涨的第二要素。在医疗保健中，中药材及中成药、西药价格涨幅较大，分别为4.0%和3.7%，拉动总指数上涨0.08和0.12个百分点，西药中，呼吸系统用药、抗菌药、消化系统用药、泌尿系统用药等常用药的价格，因消费需求的增加，导致价格上涨。

个人用品及服务中，护肤品、清洁类化妆品、皮件的价格均有不同程度的上涨，其中，清洁化妆品的涨幅较大，达到6.0%；受人工费及经营费用上涨的影响，个人服务中的美容和洗浴价格同比累计涨幅较大，分别达到23.8%和39.5%。

（三）衣着类价格上涨对居民消费价格指数的影响程度加深

2012年，四平市衣着类商品同比累计上涨4.1%，拉动总指数上涨0.44个百分点，成为影响CPI上涨的第三要素。受纺织原材料价格上涨、人工工资提高及运输费用增加等因素影响，衣着类价格全面涨，其中，服装、衣着材料、鞋袜帽及衣着加工服务费价格同比分别上涨4.3%、3.9%、

3.5%和8.6%。

（四）居住类价格保持合理上涨

2012年，四平市居住类商品价格上涨1.7%，影响总指数上涨0.25个百分点。2012年，房地产价格虽有一定程度的回落，但部分相关建材价格因需求的增加仍处于高位，只是涨幅较2011年有所下降。建房及装修材料价格同比累计上涨7.2%，影响总指数上涨0.18个百分点，涨幅较高的小类有：木材上涨11.5%，板材上涨13.5%，木地板上涨9.9%、水泥上涨7.8%、粘胶上涨6.7%、砖上涨6.4%；水、电、燃料价格同比上涨1.9%，主要是受阶梯电价、成品油价格上调等因素影响，电上涨1.1%、液化石油气上涨8.4%，其他燃料上涨10.8%。

（五）主要工业品价格走高

2012年，工业品价格延续2011年的涨势继续走高，涨幅由2011年的0.7%上涨到2.1%。烟酒类、部分家具、家电、餐具厨具等家庭日用杂品、车用燃料、乐器、儿童玩具、纸张本册等的价格同比均有所上涨。

（六）服务项目价格上涨1.1%

2012年，服务项目价格指数上涨1.1%，涨幅比上年扩大0.1个百分点。涨幅居前五位的是：洗浴、美容、清洗、家教费和歌厅收费，同比累计涨幅分别为39.5%、23.8%、13.5%、11.1%和10.3%。服务行业经营费用上涨、精神文化消费及对教育需求的不断增加和扩大是导致服务价格攀升的主要因素。

三、多重因素拉动居民消费价格指数上涨

（一）消费需求增长拉动物价上升

消费需求的较快增长是拉动居民消费价格指数上涨的重要原因。随着人们生活水平的逐步提高和对精神文化生活需求的进一步加大，对社会各类消费品及服务需求呈现上升态势。2012年，全市社会消费品零售总额为394.8亿元，比上年增长16.9%；从消费总量上看，据百户城镇居民抽样调查显示，2012年人均年消费支出为12712.5元，比上年增长了12.6%。另外，就业增加、周边（市）县居民到四平就业及子女就学等因素，带动了新居住宅、二手房、租房及建材需求的增长，拉动了建材及装潢材料价格的上涨。

（二）劳动力成本和生产资料价格提高对居民消费价格指数上涨形成推力

随着我国城市化的不断推进，农村青壮年劳动力紧缺，导致劳动力成本增加；2012年上调在岗及离退休人员工资、提高全市低保标准和最低工资标准，也促使了劳动力成本的不断上升；化肥、薄膜、农药等农资价格的上涨，使农业生产资料价格不断提高，造成农业、种植养殖成本的增加；国家连年提高的粮食最低收购价格及种粮的直补政策，使百物之首、万价之基的粮食价格逐年上涨，带动了以粮食为基础的其他商品价格的上涨。

（三）国际大宗商品价格波动对居民消费价格指数输入性影响加大

2012年，国际原油价格的上涨带动了我国成品油价格的相应调整，由此影响到交通类的燃料价格、各类客运票价及运输成本价格的上涨，以及居住类的液化石油气及煤炭价格的变动；受国外大豆主产国干旱气候的影响，国际大豆价格上涨明显，带动我国食用油成本的上涨，对国内的粮油现货价格产生影响。各类客运票价及运输成本价格的上涨，从而推动CPI的走高。

（撰稿：景　巍）

居民收入实现新突破　生活水平节节攀升

2012年，四平市贯彻落实“一核三带”富民优先战略，围绕“六增力一改观”目标，居民的收入水平实现新突破。居民消费支出实现双位数增长，物质生活殷实丰富，精神生活缤纷多彩。

一、城镇居民可支配收入实现新突破

（一）城镇居民可支配收入呈现新亮点

一是居民收入四大项全面增长

2012年，四平市城镇居民人均可支配收入21387.28元，同比增长15.7%，构成中的四个子项收入增幅均超过10%。其中，工资性收入14585.86元，增长15.6%，占可支配收入的比重为68.2%；经营净收入2091.48元，增长12.4%；财产性收入384.96元，增长111.3%；转移性收入5259.24元，增长10.5%。

二是城镇居民收入增速跑赢GDP增速

2012年，四平市城镇居民人均可支配收入增长15.7%，收入增长加快，增幅创五年来新高，比五年的平均增速高3.8个百分点，增速比去年高3.4个百分点，扣除价格因素实际增长12.9%。居民可支配收入实际增速比四平生产总值12.3%的增速高出0.6个百分点，居民可支配收入增速跑赢GDP增速。

三是居民高低收入差距呈现缩小趋势

2012年，四平市城镇居民年可支配收入按高低分九组，其中10%的高收入组可支配收入是低收入组的8倍，而2011年是9.3倍。高收入组人均可支配收入54609.1元，同比增长9.1%，低收入组人均可支配收6850.38元，同比增长27.6%，低收入群体的收入增幅加快，呈现高低收入差距缩小的趋势。

四是中低收入群体收入增速高于平均水平

2012年，四平市各项民生工程全面启动且初见成效，在居民收入方面体现在中低收入者的收入普遍增加，增幅较大。按居民收入分五组看，中低等收入居民收入增速加快，高于平均水平和高收入群体。数据显示，2012年低收入组居民可支配收入增长最快，比上年增长30.8%；较低收入组人均可支配收入增长20.1%；中等收入组人均可支配收入增长18.9%；中低收入组收入增长速度明显高于平均水平15.7%的增长速度。

（二）省内排名实现新突破

一是居民可支配收入位次提前

2012年，四平市城镇居民可支配收入增长较快，可支配收入水平在省内九大城市中位次有所提前，由去年的第七位提升至第六位，这是自2008年以来首次升至全省第六位。

二是居民可支配收入增幅升至全省之首

2012年，四平市城镇居民人均可支配收入同比增长15.7%，高于全省平均增幅2.1个百分点，增幅升至全省九城市之首，比增幅最小的长春市高出3.6个百分点。

二、生活水平提高，物质生活再上新台阶

（一）饮食营养均衡，食品结构优化

2012年，四平城镇居民人均食品支出4270.58元，同比增长6.1%。居民食品结构升级，谷物等主食类的消费量减少、支出降低，高热量、高营养食品快速增长。人均肉禽蛋水产品支出1109.88元，同比增长9.4%。绿色食品不同程度上涨，人均蔬菜支出474.99元，同比增长3.9%，人均干鲜瓜果支出487.19元，同比增长24.2%。饮品已经成为百姓餐桌上的常用品，支出明显增加，人均酒类支出100.01元，同比增长30.2%；人均饮料支出79.88元，同比增长44.6%。2012年恩格尔系数降低，城镇居民恩格尔系数（食品支出占消费支出的比重）为33.6%，比去年下降2个百分点，恩格尔系数降低反映出城镇居民消费结构正在不断优化。

（二）着装讲究品牌个性，衣着档次提升

2012年，四平城镇居民成人均衣着支出1893.93元，同比增长16.7%。爱美扮靓成为城镇居民生活中展现自我的不可缺少的一部分，衣着支出比重提高，人均衣着支出占消费支出14.9%，同比提高0.5个百分点。居民着装档次提高，服装单价增长，人均服装单价支出165.6元，同比增长15.2%。品牌、时尚、个性成为居民着装的三大主流，高档次、大品牌服装受到居民的青睐。人均服装数量增加，人均服装数量8.31件，同比增长2.0%；鞋子做为展现整体美的一部分，越来越受到人们的重视，支出增加。人均鞋类支出446.21元，同比增长16.9%。

（三）住房条件持续改善，居住水平提高。

四平城镇居民居住条件逐年向好，居住环境更加宽敞、舒适、温馨，住房支出增加。2012年，人均居住支出1351.19元，同比增长7.8%。住房设施不断完善，百户居民家庭有厕所浴室的居民家庭占57%、有暖气的占95%、有天管道天然气的占93%。拥有大面积住房的家庭逐年增加，百户居民家庭有四居室的占4%，拥有三居室的占25%。居住环境的改善与装璜和修缮密不可分的，支出明显增加，人均住房支出406.54元，同比增长29.5%。

（四）耐用消费品更新换代，家庭设备水平升级

2012年城镇居民人均家庭设备用品及服务支出755.45元，同比增长0.8%。居民家用电器消费更注重品牌、功能和节能环保。家庭设备用品由经济实用向美观、高档方向发展，更新速度加快。百户居民家庭拥有冰箱100台、洗衣机98台、空调器10台、彩色电视机132台，分别比去年增长0.9%、1.9%、1.2%。居民室内环境向好，不仅体现在家庭设备向高、精、尖发展，家具也向大品牌、服务优、环保系数强迈进，人均家具支出99.79元，同比增长37.8%。室内装饰品不仅求品质，而且讲究艺术效果，室内装饰品支出增加，人均支出16.59元，同比增长42.2%。

（五）家用轿车增加，交通工具快速升级

随着收入的增加，居民购车意愿不断增强，需求强烈，轿车消费不断升温，与之相关的费用迅速增长。2012年人均交通支出819.26元，同比增长98.8%。2012年，百户居民家庭拥有轿车7台，同比增长42.3%。家用轿车的不断增加，使得车辆用燃料及零配件支出持续增长。2012年，人均车辆用燃料及零配件支出77.21元，同比增长21.7%。与此同时交通工具服务支出也随之增加，2012年，人均交通工具服务支出57.66元，同比增加44.41元。城镇居民的交通消费进入一个新时期。

三、生活品质提升，精神生活多姿多彩

（一）信息化程度增强，青睐网络消费

信息时代改变人们的生活方式，电脑、手机成为居民消费的热点。2012年，百户居民拥用家用电脑81台，同比增长2.5%；拥用手机230部，同比增长5.0%，其中接入互联网的电脑70台，同比增长1.4%；接入互联网的手机48部，同比增长20.0%。拥有手机的居民不断增多，使得通信服务支出增加。2012年人均通信服务支出556.2元，同比增长24.3%。居民网上消费不断升温，越来越多的居民对手机、电脑的使用上，不仅仅停留在简单的沟通和交流，还进行商务活动、网上交易等。2012年人均上网费126.25元，是2011年的2倍，其中人均通过互联网购买商品或服务支出51.25元，同比增长56.3%。

（二）幸福感增强，热衷休闲娱乐

快节奏的城市生活，使人们生活压力加大。为减缓压力，放松心情，休闲娱乐成为居民家庭生活不可缺少的一部分，多数居民热衷文化娱乐活动和旅游，文化娱乐服务支出增加。2012年，人均文化娱乐服务支出445.76元，同比增长6.9%，

（三）保健意识增强，重视防病健身

居民越来越重视健康，自我防病、抗病能力增强，就医意识增强，医疗支出增多。2012年，人均医疗保健支出1156.54，同比增长57.5%。其中药品费支出764.31元，同比增长107.5%；人均医疗费支出317.94元，同比增长2.2%；保健品成为居民消费新宠，人均保健品支出58.1元，同比增长18.1%。

四、生活能力增强，保障水平提升

（一）社会保障总支出稳步增长

随着国家对社会保障制度的重视，社会保障覆盖面不断扩大，百姓从社会保障中获得实惠，居民参保意识显著增强，参保的居民增加，个人交纳的社会保障支出呈快速增长态势。抽样调查数据显示，2012年，四平城镇居民个人交纳的各项社会保障支出人均达793.43元，同比增长1.1%。

（二）社会保障支出水平提高

随着收入的增加，个人参保能力增强，个人缴纳的社会保障支出增多，在构成社会保障的五项支出中，四项支出增长。养老基金是居民社会保障的主体，人均养老基金支出最大，2012年人均缴纳支出435.73元，占社会保支出的54.9%；个人缴纳住房公积金增长快速，人均支出196.7元；随着医疗保障的不断深入实施，使得百姓在保障中真正得到实惠，个人参保积极性增强，缴纳医疗基金增多，人均缴纳医疗基金支出151.12元，同比增长17.5%，多数居民表示医疗保险让百姓真正受益，小病及时就医，大病及时住院；失业保险制度日臻完善，人均交纳失业基金7.73元，是2011年的2.4倍；人均交纳其他社会保障支出人均2.15元，是2011年的2倍。

（三）居民家庭保险支出渠道进一步拓宽

随着居民家庭收入的稳步增长，居民保险意识不断增强，理财观念也在逐渐发生改变。居民家庭其他的商业性保险消费明显看涨，2012年，人均各种非储蓄性保险支出66.25元，同比增长45.7%，其中人均车辆保险支出20.06元，同比增长4.2%。

（撰稿：黄立新　王艳辉）

持续向好发展的公主岭市

公主岭市幅员面积4140.6平方公里，辖20个乡镇，10个街道办事处，404个行政村，3104个自然屯，总人口108.2万人。有汉、满、蒙、回、朝等14个民族，其中汉族人口占98%以上。耕地面积31.7万公顷，水域面积4.2万公顷，森林面积3.7万公顷。已探明煤炭储量2828万吨，纳基膨润土储量达2018万吨，天然气储量50亿立方米。是全国首批重点商品粮基地、玉米出口基地和畜牧业发展基地。

2012年公主岭市实现生产总值344.4亿元，按不变价计算同比增长8.8%。其中：第一产业增加值97.4亿元，同比增长5.0%；第二产业增加值129.9亿元，同比增长10.3%；第三产业增加值117.1亿元，同比增长10.4%。三次产业结构进一步优化，二产业比例继续提高，工业化程度不断提升。

全社会固定资产投资161.9亿元。一般预算全口径财政收入实现19.2亿元，同比增长30.6%；地方财政收入14.7亿元，同比增长44.0%。城镇居民可支配收入和农民人均纯收入分别达到19704元和9095元，同比分别增长15.4%和16.0%。社会消费品零售总额实现125.9亿元，同比增长21.2%

三次产业平稳增长，主导产业带动显著

（一）农业生产增长稳定。2012年尽管公主岭市部分乡镇遭受了严重的风灾，但是全市农业经济形势整体稳定，农业生产继续保持平稳增长。全市农林牧渔业增加值完成97.4亿元，同比增长5.0%。畜牧业生产势头良好，生猪出栏增长17.5%，猪牛羊肉产量增长5.4%。农业产业化发展势头稳定，农业生产资料供应充足，大部分价格高于去年同期。农业基础设施不断完善，绿化造林3.6万亩，新打抗旱井136眼，新建农村公路83.6公里，粮食总产达62.4亿斤，再创历史新高。农业产业化快速发展，全市各类农产品加工企业发展到362户，被评为全省农业产业化工作先进单位、全国第二批农产品加工创业基地。农产品品牌地位凸显，全市农产品省级以上名牌达到193个，新增农博会名牌1个。被中国蔬菜行业流通协会命名为"中国油豆角之乡"，成功举办"中国·公主岭玉米美食文化节"。

（二）工业经济增长回稳。全市工业经济保持回稳增长，重点行业对全市经济增长的带动作用明显。全市规模以上工业完成增加值105.7亿元，同比增长14.8%；完成总产值361.5亿元，同比增长28.76%。与四平市其他六个县（区）比较，全年两项增速均位列第一，分别比四平平均水平高出0.1、7.91个百分点。重点行业快速增长。传统优势的汽车行业领先增长。全年汽车零部件及配件制造业产值增速比当期规模以上工业产值增速高31.33个百分点，对全市规模以上工业产值增长的贡献率达到45.9%，拉动规模以上工业产值增长13.2个百分点，占规模以上工业产值的比重达到27.31%。汽车行业发挥了支柱产业的作用，其稳定快速的增长，对全市工业经济的回稳起到了关键的作用。全年新开工3000万元以上工业项目102个，其中亿元以上项目34个。实施重点技改项目60项，实现技改投资53亿元，开发试生产新产品30种，工业经济主要指标位列全省县级前三名。开发区、园区、工业集中区集聚效应凸显，十个特色工业园区累计入驻工业企业266户，经济开发区入区企业146户，财政收入突破3亿元。

（三）服务业保持较快增长。截止年末，全市第三产业以10.4%的速度增长。其中：零售业、住宿业、其他非营利性服务业发展迅速，同比增速均高于第三产业平均增长速度，分别达到16.4%、6.6%、和8.0%。教育、卫生及文化产业也获得了稳定的发展。

三大需求总体强劲，出口贸易同比下降

（一）投资需求持续快增。全年全市固定资产投资完成161.9亿元，同比增长31.06%。全年固定资产投资同比增速均保持了30%以上快速增长。

（二）消费需求平稳增长。全年社会消费品零售总额实现125.9亿元，同比增长21.2%。其中，城镇消费品零售额增长22.7%。从消费热点看：家居装潢、文化消费类、通信、汽车消费和休闲装饰类商品成为市场消费的热点。

（三）经济外向度降低，出口贸易萎缩。做为拉动经济增长的“三驾马车”。公主岭市的投资、消费始终呈现快速增长势头，出口则一直在低水平徘徊，成为拖累经济上行的重要因素。2012年全市规模以上工业出口交货值为1.6亿元，同比增长4.9%，比同期全部工业增速低23个百分点。

三项收入全面增长，运行质量连续好转

（一）财政收入快速增长。全市全口径财政收入完成19.2亿元，同比增长30.6%，完成全年目标任务数的106.4%。其中：地方级财政收入完成14.7亿元，增长44.0%，完成全年目标任务数的119.9%。全口径财政收入中国税收入完成4.3亿元，同比下降9.9%；地税收入完成9.3亿元，同比增长40.9%。

（二）城乡居民收入继续增加。全市城镇居民人均可支配收入达19704元，同比增长15.4%。农民人均纯收入达9095元，同比增长16.0%。工薪收入增长和社会保障制度落实力度加大是城乡居民人均收入提高的主要因素。

（三）工业企业效益大幅上升。全年全市规模以上工业实现利润总额11.5亿元，同比增长49.5%。分行业看，造纸和纸制品业、燃气生产和供应业、通用设备制造业、非金属矿物制品业效益增幅较大。

三大民生持续改善，和谐社会稳步推进

（一）社会就业不断扩大。全市城镇新增就业8556人，下岗失业人员实现再就业2514人。

（二）救济体系不断完善。城镇职工养老保险完成征收2.91亿元。城镇居民最低生活保障人数28192人，保障水平不断提高。

（三）公益事业不断加强。全市财政用于教育、医疗的支出为9.6亿元和4.8亿元，分别比上年同期增长26.0%和38.0%。

（撰稿：张　晖）

崛起中的新型能源城市——双辽市

双辽市位于吉林省西南部，地处东经123°20″～124°05″，北纬43°20″～44°05″，吉林、辽宁、内蒙古三省（区）交界处，全市幅员面积3，121平方公里，辖12个乡镇、6个街道办事处，190个行政村，总人口39.02万人。主要为汉族，还有满族、回族、蒙族、朝鲜族等少数民族。双辽市交通发达，是吉林西部的铁路和公路交通中心，境内有郑大线（郑家屯一大虎山）平齐线（四平一齐齐哈尔）两条铁路通过，有沈明（沈阳一明水）、集锡（集安一锡林郭勒）两条国家级公路，长双（长春一双辽）、郑太（郑家屯一太平川）两条省级公路。大（庆）—广（州）、长（春）—深（圳）两条高速公路双辽段通车总里程达到93公里。

双辽市资源丰富，矿产资源别具特色。硅砂储量达9亿吨，经过精选，其二氧化硅含量在89%以上，是生产玻璃、加气混凝土、精密铸造及电子工业的优质原料，已被国家列为硅质原料生产基地。双辽市拥有辽阔的草原，为发展畜牧业提供了得天独厚的自然条件，牧业在吉林省占有重要地位。

2012年，在市委的正确领导下，市政府带领全市人民突出“发展”和“民生”两大主题，紧紧抓住“三化统筹”这根主线，解放思想，攻坚克难，狠抓落实，全市上下呈现出经济快速发展、民生持续改善、社会和谐稳定的良好局面。

经济保持平稳较快增长。2012年，双辽市实现生产总值180.8亿元，按可比价格计算，同比增长5.2%。其中第一产业实现增加值37.7亿元，同比增长5.0%；第二产业实现增加值96.5亿元，同比增长4.5%；第三产业实现增加值46.6亿元，同比增长7.1%。人均GDP达到45945元，比上年增加4896元，同比增长5.9%。经济结构进一步优化。三次产业增加值比例由上年的17.7∶57.3∶25.0调整为20.9∶53.3∶25.8。

农业发展步伐加快。2012年，双辽市农作物播种面积174441公顷，其中，粮食作物播种面积153298公顷，比上年增加7234公顷，同比增长5.0%；油料作物面积17943公顷，比上年减少6334公顷，下降26.1%。全年粮食总产量110.5万吨，比上年增产2.5万吨，同比增长2.2%，其中玉米产量84.3万吨，比上年增产1.8万吨，增长2.2%；水稻产量21.5万吨，比上年增产0.1万吨，增长0.4%；油料产量5.0万吨，比上年减产2.4万吨，下降32.5%。

全市实现农林牧渔业总产值696667万元，同比增长7.7%。其中，农业产值333101万元，增长3.9%；牧业产值350453万元，增长11.8%。

农业生产条件进一步改善。2012年末，双辽全市拥有农业机械化总动力59.3万千瓦，同比增长8.4%；拥有农用拖拉机22676台，同比增长5.1%；农村用电量9576万千瓦时，同比增长5.4%；农用化肥施用量（实物量）108130吨，同比增长2.4%。

2012年，新建牧业园区5个、牧业小区100个，被省政府授予畜牧业工作先进集体。投资2121万元的全国“新增千亿斤粮食工程”深入实施；投资4487万元推广了玉米膜下滴灌技术，投资2078万元完成了小西河跃进段等水利重点工程。完成植树造林2万亩，我市被授予全国生态建设突出贡献先进集体荣誉称号；土地流转面积达53.4万亩，农民专业合作社达798个；农业产业化龙头企业发展到28家；认真落实国家支农惠农政策，发放各种补贴资金4.2亿元；争取国家资金1170万元，新建农村公路58.5公里，通村率达100%。

工业经济运行质量稳步提高　2012年，双辽市规模以上工业企业实现总产值2467316万元，同比增长9.1%，实现工业增加值638982万元，同比增长4.8%。在规模以上工业中，轻、重工业产值分别为1514475万元、952841万元，分别占规模以上工业总产值的61.4%和38.6%。规模以上工业企业实现产品销售产值2447144万元，同比增长8.9%。

新型工业化格局逐步形成　2012年，双辽市新建、续建3000万元以上项目85个，其中亿元以上项目44个。列入四平市4·18集中开工的11个项目进展顺利，共完成投资16.2亿元。双龙玻璃制品1万吨玻璃纤维棉项目被评为四平市十佳项目。郑家屯酒业二期3000吨白酒酿造、瑞亨工贸

5000吨呋喃甲醛、振云塑业2万吨PE.PVC塑胶管材一期工程等一批重点项目相继建成投产；巨程商贸综合市场一期工程竣工投入使用；双辽市煤炭交易中心正式揭牌运营；风电产业完成并网发电35万千瓦，国电、国华、大唐集团25万千瓦风电项目正在紧张建设；三峡庆达10兆瓦太阳能光伏发电、维尔鸭业2000万只肉禽饲养及屠宰加工等项目相继开工；6×800吨浮法玻璃、100万吨电石、100万吨环保水泥、200万头生猪养殖、30万吨粮食深加工等重大项目前期工作有序推进。全年争取国家和省项目专项资金16亿元。经济开发区即将晋升为省级开发区，双辽化工园区成功获批，开发区承载能力进一步提升，项目集聚、产业集群、土地集约的发展格局初步形成。电力能源、玻璃建材和农产品加工三大基地进一步做大做强，全市工业结构逐步优化，新型工业化体系日益完善。

社会固定资产投资保持高速增长　2012年，全年完成全社会固定资产投资867843万元，同比增长30.6%。投资结构有所调整。在三次产业投资中，第一产业完成投资0.9亿元，占总投资的1.2%；第二产业完成投资48.1亿元，占总投资的63.1%；其中制造业完成投资23.0亿元，占工业投资的47.8%；电力、燃气及水的生产供应业完成投资25.1亿元，占工业投资的52.2%。第三产业完成投资27.2亿元，占总投资的35.7%。房地产投资10.6亿元，占总投资的12.2%。全年新增固定资产72.6亿元。

消费品市场稳步发展　2012年，全市社会消费品零售总额实现440767万元，同比增长6.1%，扣除物价因素实际增长4.4%。其中城镇零售额实现401697万元，同比增长7.5%，乡村的零售额实现39060万元，同比下降6.1%。按行业分：批发零售贸易业零售额实现399293万元，同比增长5.2%，住宿餐饮业零售额实现41464万元，同比增长15.8%。

交通运输邮电业稳定发展　全市完成公路货运周转量107118万吨公里，同比增长14.9%；完成公路客运周转量11779万人公里，同比增长11.0%。

全年完成邮电业务总量18184万元，同比增长9.1%。年末固定电话用户5.7万户，同比增长18.8%；移动电话用户39.6万户，同比下降16.6%；互联网用户35297户，同比增长21.4%。固定电话和移动电话普及率分别为38.3部/百户和100.5部/百人。

财政收支结构趋优，金融运行总体保持平稳

2012年，双辽市公共财政预算全口径收入完成71812万元，完成全年预算的115.1%，同比增长31.5%。其中，公共财政预算收入地方级完成47326万元，完成全年预算的118.6%，同比增长37.4%。2012年，双辽市公共财政预算支出完成201957万元，同比增长17.9%，完成全年预算的98.7%。

2012年末，金融机构各项存款余额619751万元，比年初增加91178万元，同比增长17.2%。其中城乡居民储蓄存款余额417522万元，比年初增加55699万元，同比增长15.4%。城乡居民人均储蓄存款10610元，人均比上年增加1473元。年末金融机构贷款余额522494万元，比年初增加118261万元，同比增长29.3%。

人口总量平稳增长，人民生活水平持续提高。2012年，全市年末总人口390165人（不包括农场、鸭场、种羊场人口）。其中非农业人口152377人，占总人口的39.1%；市区人口121725人，占总人口的31.2%。年末总户数148863户。全年出生人口3692人，出生率为8.85‰，死亡人口2239人，死亡率为5.36‰。人口自然增长率为3.49‰，较上年上升0.09个千分点。

人民生活水平持续提高。据双辽市调查局抽样调查资料表明：2012年，全市城镇居民人均可支配收入达到16306.6元，同比增长15.9%。人均消费支出12110.4元，同比增长17.8%。城镇居民家庭食品支出占家庭消费支出的比重为33.1%。2012年，农村居民人均现金收入实现11623元，同比增长13.1%，农村居民人均现金支出13806元，增长15.4%。农民人均纯收入预计达到8706元，同比增长16.0%。

全市在岗职工人数20783人，同比增长1.7%；在岗职工工资总额为64943万元，同比增长14.3%。在岗职工平均工资30987元，同比增长11.5%。

城乡居民居住、生活条件进一步改善，居民耐用消费品向高档化发展。城镇居民人均住房面积达到26.93平方米，农村居民人均住房面积达到24.7平方米。

社会保障体系进一步完善。年末全市参加企业职工基本养老保险3.86万人，参加基本医疗保险16.8万人，失业保险参保人数2.17万人。到年末，共落实城乡低保对象1.99万人。

（撰稿：艾　文）

吉林省县域经济强县——梨树县

梨树县位于吉林省西南部，东辽河左岸的松辽平原上，南接四平，西与辽宁省昌图县毗邻，北、东、东南依次与本省双辽市、公主岭市、伊通县隔隔东辽河相望，幅员面积3232平方公里。2012年末，全县总人口75.2万人，其中非农业人口14.1人，占人口总数的18.8%。共辖14个镇6个乡，295个行政村，共有耕地23.9万公顷。梨树县土地肥沃，适宜种植粮食、蔬菜和其他多种经济作物，是全国闻名的产量大县，国家重点商品粮生产基地县。境内生长着白蘑、蕨菜、中药等540多种野生植物。有狐、狍、貂、獾、兔等10多种野生动物。有石灰石、硅灰石、石英石、页长岩、陶瓷粘土、建筑用大理石、花岗岩、煤炭、天然气和金、银、铜、铝多种金属矿等矿产资源，硅灰石储量居全国之首。

2012年是梨树县经济和各项项社会事业向着更好、更快、更高层次发展的一年，全县上下认真贯彻落实科学发展观，紧紧围绕"一增强、三打造、六推进"工作目标，全力推进"一城、三线、五区"创业富民和四梨同城化及四梨经济一体化，深入实施投资拉动，项目带动，创新驱动和全民行动战略，着力破解制约发展的突出问题，努力建设开放富裕、文明和谐的新梨树，取得了令人瞩目的成就，国民经济平稳增长，经济发展质量持续提高，人民生活不断改善，各项社会事业取得新进展，为实现富民强县目标奠定了良好基础。

一、综合经济实力显著增强　产业结构得到优化

2012年，梨树县生产总值达325.5亿元，比上年增加40.0亿元，按可比价格计算，比上年增长9.4%。其中，第一产业增加值达92.7亿元，比上年增加10.1亿元，增长3.9%；第二产业增加值达112.1亿元，比上年增加10.8亿元，增长10.7%；第三产业增加值达120.7亿元，比上年增加19.1亿元，增长12.6%。第一产业对经济增长的贡献率为25.2%，第二产业对经济增长的贡献率为27.0%，第三产业对经济增长的贡献率为47.8%。非农产业比重为71.5%，比上年增加0.4个百分点。三次产业结构为28.5∶34.4∶37.1。经济发展保持了第三产业拉动为主，第一、第二产业协同发展的格局。

二、农村经济迅猛发展　农业生产条件明显改善

2012年，全县农林牧渔业总产值达157.4亿元，比上年增加7.4亿元，按可比价格计算，比上年增长4.9%；实现农业增加值92.7亿元，比上年增加10.1亿元，按可比价格计算，比上年增长3.9%。农林牧渔业增加值占地区生产总值的比重为28.5%。农民人均纯收入达8783元，比上年增加1078元，增长14.0%。粮食产量继续创历史最好水平，实现九连增，达212.7万吨，比上年增长1.8%。特色经济快速发展，高标准棚膜小区发展到150个，102个无公害蔬菜品种通过省级绿色认证。畜牧小区通过改、扩、新建达440个，猪、牛、羊、禽饲养量分别达到335.0万头、51.9万头、36.3万只和2948.3万只。与上年相比，猪增加13.5万头，增长4.0%；牛减少1.7万头，减少3.2%；羊增加1.4万只，增长4.0%；禽增加160.5万只，增长5.8%。牧业集约化生产经营的规模和档次进一步提高。

农业产业化步伐不断加快，农民专业合作社发展到1463个，辐射带动农民7.8万人，合作种类不断增加，其中阎家百信农民资金互助合作社成为全国第一个获得金融许可执照的村级合作社。全年争取农业开发资金近1亿元，全县流转土地面积达15.3万亩。

农业基础设施建设成效显著，完成水利工程量235万立方米，退耕还林后续产业90公顷，更新造林306公顷，森林覆盖率达10.5%。农机化水平进一步提升，农机总动力达46.9万千瓦，比上年增长7.8%；拖拉机保有量达14394台，比上年增长6.7%，配套机具达65845台（套），机具配套比达1∶2.6；联合收割机达415台，其中：玉米收获机391台，水稻收获机24台，大豆收获机2台。环境保护力度加大，土地资源利用率明显提高。

三、工业经济增势强劲　运行质量和效益稳步提高

2012年末，全县共有规模以上工业企业52

户，规模以上工业企业总资产达57.4亿元。全县工业以食品、建材、机械、化工、农副产品加工五个行业为主。全年规模以上工业实现工业总产值300亿元，按可比价格计算，比上年增长22。0%；实现工业增加值93.8亿元，按可比价格计算，比上年增长13.4%；实现利润6亿元，比上年增长33.5%；完成销售收入275亿元，比上年增长18.2%；实现税金3.9亿元，比上年增长19.0%；工业产品产销率达99.6%，与上年持平。

四、商贸经济繁荣　居民消费水平显著提高

2012年实现社会消费品零售总额62.9亿元，比上年增长14.9%。分地域看，城镇实现消费品零售额42.8亿元，比上年增长10.5%；乡村实现消费品零售额20.1亿元，比上年增长25.4%。分行业看，批发和零售业实现零售额55.7亿元，比上年增长15.4%；住宿和餐饮业实现零售额7.2亿元，比上年增长11.9%。

五、财政收入稳步增长支出结构趋优　金融经济运行总体平稳

2012年，全县全口径财政收入完成10.0亿元，比上年增长28.9%，其中，税收收入实现7.6亿元，比上年增长38.0%；非税收入实现2.4亿元，比上年增长78.0%。全县地方级财政收入完成6.4亿元，比上年增长47.0%，其中税收收入完成4.1亿元，比上年增长33.4%。2012年，全县财政一般预算支出完成28.4亿元，比上年增加4.3亿元，增长17.9%。其中：县本级支出完成2.6亿元，比上年增长19.3%；乡镇级支出完成2.4亿元，比上年增长4.4%。在支出项目中：一般公共服务支出2.2亿元，比上年增长3.6%；教育支出5.7亿元，比上年增长64.7%；社会保障和就业支出5.5亿元，比上年增长5.6%；医疗卫生支出3.4亿元，比上年增长23.7%。

2012年，梨树县金融机构人民币各项存款余额108.5亿元，比上年增加15.7亿元，增长16.9%；人民币各项贷款余额62.3亿元，比上年增加4.2亿元，增长8.0%。全县保费收入达2.3亿元，比上年增加0.2亿元，增长9.8%；支付理赔款0.7亿元，比上年增加0.2亿元，增长29.2%。

六、固定资产投资力度加大　城乡面貌大为改观

2012年末，梨树县全社会固定资产投资（500万元及以上项目）项目180个，完成全社会固定资产投资额67.1亿元，比上年增长30.7%。在投资总额中：城镇以上投资项目65个，完成投资额34.1亿元。农村投资项目115个，完成投资额33.0亿元。新增固定资产投资额20.6亿元。按建设性质分：新建项目完成投资额40.7亿元，扩建项目完成投资额8.1亿元，改建和技术改造项目完成投资额18.3亿元；按构成分：投资用于建筑工程30.7亿元，投资用于安装工程1.8亿元，投资用于设备工器具购置25.0亿元，投资用于其它费用9.6亿元；按国民经济行业分：第一产业完成投资额5.9亿元，其中畜牧业完成投资额4.1亿元。第二产业完成投资额25.1亿元，其中工业完成投资额25.1亿元。第三产业完成投资额36.1亿元。在第三产业中交通运输、仓储和邮政业完成投资额6.7亿元，水利、环境和公共设施管理业完成投资额3.2亿元，公共管理和社会组织完成投资额17.4亿元，房地产业完成投资额8.8亿元。

县城区新修和拓宽道路15.2公里，安装太阳能路灯120盏，新修和维修排水沟22.6公里，铺设大理石路边石1.5万延长米、彩砖6.7万平方米，新建绿岛5193延长米。

七、社会事业繁荣进步　发展成果惠及民生

2012年全县各级各类学校总数为384所，包括成人专科学校1所，卫校1所，党校1所，教师进修学校1所，电大1所，幼儿园（班）105所（处）和中小学校274所。在中小学校中，职业技术学校2所，普通高中2所，完全中学3所，普通初中27所，九年一贯制学校5所，小学235所。各级各类学校在校生总数为86743人，其中：成人专科学校在校生8100人，卫校在校生1000人，电大在校生130人，高中在校生5373，中学在校生17245，小学校在校生40939人，幼儿园（班）在园（班）儿童11931人，职业技术学校在校生2025人。各级各类学校在职教职工6994人，其中：成人专科学校在职教职工72人，卫校在职教职工85人，党校在职教职工32人，教师进修学校在职教职工64人，电大在职教职工11人，中学在职教职工2527人，小学在职教职工3270人，幼儿园（班）在职教职工766人，职业技术学校在职教职工167人。2012年末，梨树县人口平均受教育年限达9.5年。全县有乡镇综合文化站20个、农村文化大院130个、农家书屋286个、文化馆1个、图书馆1个，藏书量9.4万册，博物馆1个、影剧院1个、综合性体育场馆1个、体校1个；二人转剧团1个。全县有医疗机构403个，医院床位1722张。其中：县直医疗卫生机构35个、村卫生所271个、个体诊所97个。医生总数2166人，其中：县乡医疗机构881个、乡村医生894人。2012

年全县参加社会养老保险4.4万人，参保率达99.7%，发放养老金4.0亿元；参加新型农村合作医疗47.2万人，参合率达99.5%；参加城镇医疗保险7.7万人，参保率95.4%；失业人员4986人，发放失业金0.2亿元。建立健全了城乡低保、大病救助机制，为3.6万低保对象发放低保金0.7亿元，大病医疗救助金0.2亿元。2012年全县民用汽车拥有量5813辆，个人汽车2639辆，公路客运量462万人，旅客周转量24943万人/公里，完成货运量506万吨，货物周转量96603万吨/公里。邮电局所29个，邮政业务总量2618万元，电信业务总量7498万元。本地固定电话用户8.2万户，移动电话57万户，国际互联网用户4.2万户。有线电视用户14.9万户。全县全年获市级科技进步奖35项，申请专利24件。2012年末，全县总人口为75.2万人，其中非农业人口为14.1人，出生人口为8449人，出生率为8.4‰。死亡人口为7451人，死亡率5.2‰，人口自然增长率为3.2‰。单位从业人员为3.1万人，单位从业人员劳动报酬为9.3亿元，比上年增长12.9%；在岗职工为2.9万人，在岗职工工资总额为8.0亿元，比上年增长12.5%；在岗职工平均工资为27164元，比上年增长13.2%。新开发就业岗位6119个，新增就业6048人，城镇登记失业率控制在3.7%以下。

（撰稿：郑　强）

蓬勃发展的伊通满族自治县

伊通满族自治县位于吉林省中南部。西北与公主岭市、西南与梨树县为邻，北与长春市郊区毗连，东与双阳区、东南与磐石接壤，南邻辽源市，是吉林省东南部4个地区、16个市县通往省城的必经之地，地理位置优越，交通便捷。县城所在地伊通镇距省会长春市47公里，是全省距长春市最近的县份。幅员面积2527.1平方公里。全县辖3乡12镇，187个行政村，5个社区，9个居委会。总人口47.2万人，由满、汉、回等14个民族构成，其中满族人口18.0万人，占总人口的38.1%；农业人口38.8万人，占总人口的82.3%。伊通历史悠久，是满族发祥地之一，是吉林省唯一的满族自治县。

2012年，在县委、县政府的正确领导下，紧紧围绕“生态、文明、富裕的民族文化名县”建设目标，坚持以科学发展观为统领，以转变经济发展方式为主线，深入实施“农业稳县、工业立县、三产富民”战略，打造环长经济带，加速推进工业化、城镇化、农业现代化。全县经济和社会发展取得显著成效。

县域经济稳定增长，综合实力明显增强。2012年，伊通县实现生产总值142.6亿元，按不变价算，同比增长2.6%，其中，第一产业增加值39.7亿元，增长12.4%；二产业增加值38.3亿元，增长13.1%；三产增加值64.6亿元，下降7.3%。三次产业比重为27.8：26.9：45.3。一般预算全口径财政收入实现72509万元，同比增长28.1%，地方级财政收入实现45520万元，同比增长36.0%，固定资产投资完成46.7亿元，同比增长32.2%，社会消费品零售总额实现37.5亿元，同比增长12.3%。

现代农业提质增效，农村环境持续改观。“三区一建”成果丰硕。2012年，全县实现农业总产值655660万元，按可比价计算，同比增长10.5%，农业增加值实现397169万元，同比增长12.4%，畜牧业生产稳定发展。牧业产值实现41122万元，同比增长14.1%。牛出栏总量达193160头，比上年增长11.1%。生猪出栏235200头，增长3.5%。家禽出栏2564千只，下降31.2%。羊出栏20200只，下降37.7%。深入开展粮食高产创建活动，创建粮食高产示范片19个，干群同心协力战胜风灾虫灾，粮食产量达到20.05亿斤。新增设施蔬菜面积1000亩，建成省级标准示范区2个。新农村建设坚持点线面结合，投资打造了伊公、伊范、营白三条精品线路，涌现出伊通镇五四村、庆德村、靠山镇下沟村、河源镇榆树村等新典型，人居环境明显改观。小二型水库除险加固和小型农田水利重点县建设顺利实施。累计19万农村人口饮水安全问题得到解决。惠农政策兑现到位，农业保险全面落实，农村形势保持稳定。

工业经济发展壮大，产业结构优化升级。2012年，伊通县规模以上工业总产值完成1143116万元，同比增长21.5%。增加值完成389441万元，同比增长13.4%。利润、税金分别实现72103万元、32976万元，同比分别增长23.8%和28.4%。中小企业窗口服务平台项目被列为省第二批国家扶持建设项目。调整规划了新兴能源、机械生产加工、新型建材、农副产品加工、医药、满族服饰六个产业园区，产业结构进一步优化。节能降耗减排力度加大，万元工业增加值综合能耗同比下降30.6%。

居民消费能力增强，消费市场稳步增长。2012年，伊通县消费品市场繁荣有序，发展态势良好。累计实现社会消费品零售总额374562万元，同比增长12.3%。分行业看，批发零售贸易业实现销售额334455万元，比上年增长11.1%，住宿餐饮业实现营业额40107万元，比上年增长23.5%；从区域看，城镇消费市场活跃繁荣。城镇消费品市场实现零售额206183万元，比上年增长11.4%，占社会消费品零售总额的55.0%。乡村消费品零售额168379万元，增长13.5%。

项目建设强力推进，支柱产业加快扩张。2012年，共新上、续建重点项目64个，其中亿元以上项目17个，5亿元以上项目2个。全年完成固定资产投资50.1亿元，同比增长30.6%。石油开发成为支柱产业，石油项目全年完成投资7亿元，累计完成投资49亿元。

深入开发旅游资源，努力发展第三产业。扎实推进旅游开发。完善景区基础设施，强化管理和服务，升品位，创品牌，引客源，增效益。完成满族博物馆和火山展览馆布展工作。推进长南休闲谷项目开工建设。做好火山温泉文化旅游规划设计和招商。推动发展农家游。加快开发旅游商品和纪念品。加速发展三产服务业。继续实施“万村千乡”市场工程。稳步扩大餐饮购物等传统消费、商业物业等全民消费和娱乐健身等服务消费。加快发展证券保险、咨询评估、物流装饰等现代服务业。提高三产服务业在国民经济中的比重。

财政收入强势增长，社会保障支出加强。财政收入快速增长。2012 年，伊通县继续实行稳健的财政政策，稳步推进各项财政体制改革，加强财政建设，科学合理地组织收入，完成全口径财政收入 72509 万元，比去年增长 28.1%。政府对经济的宏观调控能力得到进一步增强。财政支出方面，在保证各项事业发展的同时，进一步加大对基础设施、农业和社会保障的投入。全年财政支出与上年同期相比明显增加，支出总额达 200720 万元，比上年增长 18.9%。

城乡建设稳步推进，发展基础不断夯实。南部新城建设完成初具规模。库仑大路完成 3000 米黑色路面及水电气等配套工程。伊通河治理一期工程全面完成，二期工程投资 1.4 亿元，开挖土方 300 万立方米，浇铸钢筋混凝土 2 万立方米，加固堤防 8300 米，建设直立挡墙 2350 米，安装栏杆 2500 延长米，新建涵闸 6 座、桥梁 3 座、清淤通道 2 处，完成工程总量的 85%。完成暖房子工程 26.5 万平方米。建设廉租房 596 套。改造农村危房 2718 户。新修农村公路 30.7 公里。改建伊范线县城出口道路 1.5 公里。大修改造九开线伊丹至双阳界二级路 8.2 公里。长伊中线一级路改建完成规划设计，落实了融资方案，致力打通经济发展绿色通道。

各项事业统筹推进，民生保障全面加强。民族宗教事务管理全面加强。科技成果转化和推广力度不断加大。新建、加固校舍 12 万平方米。高考成绩明显提高，连续三年有 5 名学子进入清华大学。县城第二幼儿园完成改扩建。投放专用校车 98 辆。校安工程全面完成。卫生应急工作被评为国家级综合示范县。县人民医院晋升为二甲医院并加入吉林大学第一医院集团。新建农村文化大院 37 个、农民文化健身广场 20 个。农家书屋全面覆盖。火山博物馆正式开馆。投资 1100 万元，对满族博物馆进行重新布展，年底对外开放。第三次文物普查工作顺利收尾。新发展农村有线电视村 2 个、用户 400 户。人口计生工作水平不断提高。新的城市公交系统正式运营，开通线路 6 条，新上公交车 96 辆。依法整治三轮车非法运营取得阶段性成果。城乡低保扩面提标。新增城镇就业 7885 人，城镇登记失业率在 4%以下。省里下达的城乡居民养老保险参保任务超额完成。食品药品、物价质量和环保监管成效明显。

社会管理不断创新，社会大局和谐稳定。全年办理人大代表建议 22 件、政协委员提案 56 件，办复率 100%。行政监察和审计监督全面加强，经济发展软环境进一步优化，廉政风险防控体系逐步完善。完成 10 个乡镇“三个中心”一体化建设，新建 10 个社区办公活动场所。完成三级社会管理服务载体建设，实现乡镇有服务中心、村有服务站、屯有说事点。建立党政领导干部信访接待日制度，信访问题化解力度不断加大。整改各类隐患 410 处，安全生产形势保持平稳。“六五”普法顺利开展，普法依法治理工作连续六年受到省市表彰，伊通镇永青村被评为全国普法先进单位。国、省干线道路监测系统和治安监控系统开通使用，社会治安防控体系进一步完善。

（撰稿：孙秀波）

开放中彰显活力的铁西区

铁西区位于吉林省中部平原地区、东北松辽平原腹地，东经124°15′～124°25′，北纬43°1′～43°15′，海拔高度146～200米，西南部与辽宁省接壤，东北部与东北粮仓梨树县毗邻。哈大、平齐、四梅三条铁路交汇于此，303国道、102国道、长平四沈高速公路贯穿南北，是东北三省重要的交通枢纽。城区基础设施完备，市容市貌美观，通讯信息发达，是四平市委、市政府所在地，四平市政治、文化、商业、科技教育中心。幅员面积176平方公里，辖平西乡和英雄、地直、站前、仁兴、北沟5个街道办事处，共有19个村、38个社区委员会。2012年末，总人口26.7万人。

2012年，铁西区在区委、区政府的正确领导下，深入贯彻落实科学发展观，大力推动经济发展方式转变和结构调整，科学谋划、攻坚克难，统筹推进具有特色的工业化、城镇化和农业现代化建设，全面实施、协同推进投资拉动、项目带动和创新驱动战略，经济企稳向好态势不断增强，结构调整取得重大进展，经济发展质量稳步提高，改革开放深入发展，各项社会事业取得了新的重大成就。

地区经济综合实力显著提升。2012年，铁西区实现地区生产总值1246870万元，按可比价格计算，比上年增长12.2%。分产业看，第一产业实现增加值39131万元，同比增长3.5%；第二产业实现增加值887050万元，同比增长12.7%；第三产业实现增加值320689万元，同比增长11.8%。三次产业比重为3.1∶71∶25.9。

一般预算全口径财政收入实现83930万元，同比增长32.3%，占GDP比重为6.7%。其中地方本级财政收入实现36420万元，同比增长114%，占GDP比重2.9%；固定资产投资完成66.6亿元，同比增长30.9%；社会消费品零售总额完成708566.2万元，同比增长21.4%；城镇居民人均可支配收入达到21387.28元，同比增长15.7%。

农业生产稳定增长

全年铁西区实现农林牧渔业总产值67569万元，同比增长3.99%；实现农林牧渔业增加值39131万元。其中：农业产值实现25639万元，同比增长5.91%；林业产值实现590万元，同比增长84.16%；牧业产值实现41340万元，同比增长2.52%。农业增加值实现22074万元；林业增加值实现590万元；牧业增加值实现16467万元。

畜牧业发展稳定，生猪出栏50980头，同比增长8.2%；牛出栏5457头，同比增长2.4%；羊出栏510头，同比增长17.8%；驴出栏305头，同比增长50.9%；骡出栏250头，同比增长150%；马出栏323头，同比增长180%；家禽出栏630千只，同比增长268%。肉类总产量实现6613吨，同比增长12.6%。其中：猪肉产量达4610吨，同比增长8.7%；牛肉产量达660吨，同比增长3.3%；羊肉产量8吨，同比增长33.3%；驴肉产量15吨，与去年同期持平；骡肉产量25吨，同比增长127%；马肉产量44吨，同比增长266%；家禽肉产量1236吨，同比增长189%。

万亩无公害蔬菜生产示范区建设稳步推进，建成省级棚室蔬菜产业园区4个，新建放心菜基地2个，积极打造“铁西放心菜”品牌，实现了“从菜田到餐桌”会员制快捷配送。农村环境明显改善，投资958万元，维修、新建水泥结构路边沟25公里，修整路肩125公里，修建垃圾中转站4处和垃圾场30个。农村“三资”管理日趋规范，严格规范农村集体三资管理工作，加强对农村集体经济组织征地补偿费分配的管理。“三北”防护林五期工程建设有序推进，造林2256亩，植树384622株，10个屯通过省林业厅村屯绿化检查验收。春、秋两季植树造林工作圆满完成，栽植银中杨树、刺槐22500多株，面积达195亩，得到国家、省、市领导的认可与好评。防洪工程积极推进，投资98.14万元，修建仙马泉河部分险工险段护岸工程204延长米。争取资金1000万，小红嘴河环境生态综合整治项目已经开始实施。积极争取农村环境连片整治项目资金1206万元，14个村的堆肥厂、垃圾分类站正在施工建设中，配套使用的130台垃圾清运车、15台垃圾转运车、30台铲车正在采购中。

工业经济运行平稳

规模以上工业企业完成总产值2979602万元，同比增长27.1%；实现销售产值2978618万元，产销率达99.9%，产销衔接良好；实现利润80972

万元，同比增长61%。规模企业上缴税金18178万元。

建筑业总产值实现176266.9万元；签订建筑合同额208269.9万元；房屋施工面积1240359平方米；竣工产值达106492万元；营业收入实现138883万元；利润总额4020.5万元。

固定资产投资保持较快增长

全年完成固定资产投资66.6亿元，比上年增长30.9%。房地产开发企业完成投资22.3亿元，同比增长59.3%。从完成投资构成来看，住宅完成投资比重上升，非住宅完成投资比重下降。其中：住宅投资19.7亿元，同比增长97%。住宅占房地产开发投资的比重为88.3%，比上年上升了17.4个百分点；商业营业用房完成投资1.9亿元，同比下降29.6%，占房地产开发投资的比重为8.5%；其他完成投资0.75亿元，同比下降42.3%，占房地产开发投资的比重为3.3%。

消费品市场增势稳定

全年社会消费品零售总额实现708566.2万元，同比增长21.4%。按销售单位所在地分：城镇实现零售额616553.2万元，同比增长20.4%；乡村实现零售额92013万元，同比增长28.9%。按行业分：批发、零售业实现零售额594467.3万元，同比增长18.7%，住宿、餐饮业实现零售额114098.9万元，同比增长38%。

财政金融运行稳定

铁西区一般预算全口径财政收入实现83930万元，同比增长32.3%。按级次分：地方级收入完成36420万元，同比增长114%；上划省级、中央级收入完成47510万元，同比增长2.3%。按部门分：国税组织收入完成28263万元，同比增长10.5%；地税组织收入完成50680万元，同比增长40.7%；财政组织收入完成4987万元，同比增长170%。

铁西区财政支出累计完成72171万元，同比增长47%。区本级累计完成69729万元，同比增长45.9%；平西乡累计完成2442万元，同比增长91.1%。其中：一般公共服务支出累计完成15731万元，同比增长167%；教育支出累计完成23612万元，同比增长77.3%。

民生工程深入实施

城市管护能力不断加强。大力开展城区环境综合整治，市容市貌明显改善。投入60余万元为环路内的城乡结合部村屯，购买车辆和新建垃圾池，清理城乡结合部垃圾4万多吨，城中村卫生实现了常态化管理。扎实开展冬季清雪工作，全面完成去冬今春37条路210万平方米的清雪工作。城区绿化工作全面开展，栽植果树、柏树等树木45000多株，圆满完成大树进城栽植任务。小区的绿化、净化、美化、亮化工程积极推进，建成花园式小区20个。小区巷路翻建工程全面实施，投资366万元，新修巷路7条；投资425万元，铺设小区方砖6.8万平方米。爱国卫生工作载体和内涵得到拓展和延伸，全面加强对驻区200多家单位除四害工作的监督检查和卫生健康教育。廉租房政策保障工作实现阳光操作，圆满完成763户廉租房摇号分配工作，2650户居民享受到廉租房补贴。

社会事业繁荣发展

教育工作再创佳绩，荣获整体构建德育体系全国先进实验区，连续九年获得全市教育重点工作双线目标管理综合评比一等奖；第三期校舍安全工程顺利实施，投资2230万元，15所学校的46215平方米校舍得到加固和重建。文体事业成果显著，全民健身运动广泛开展，成功举办第三届元宵节灯会、首届美食文化节和社区各项体育大赛；投资100余万元，实现了社区体育健身器材的全覆盖。人口和计划生育工作不断提升，“诚信计生”和生育关怀行动深入开展，荣获党政领导重视计生工作综合奖，连续12年被评为省市人口和计划生育工作先进区。“社区行动计划”稳步实施，累计投入资金1100万元，新建和改扩建社区办公用房6000余平方米，32个社区办公用房达到500平方米以上，并建成“一站式”便民服务大厅。此外，科技、档案、民族宗教、食品安全等工作不断加强，地方志、人民防空、兵役、旅游、交通等工作取得了新成绩，为铁西区经济社会健康快速发展做出了积极贡献。

（撰稿：秦新春）

富裕和谐的铁东区

四平市铁东区位于四平市区东部，东临伊通满族自治县和东丰县，南接辽宁省西丰县和昌图县，西邻四平市铁西区，北倚全国最大粮食生产县之一的吉林省梨树县。全区幅员面积905平方公里，现辖1个省级经济开发区，4个乡镇，8个街道办事处。全区总人口33.5人，是天蓝地绿水清，居佳人和的优美城区，先后被评为中国产业发展能力百强区，全国百佳全民创业示范区、全国和谐社区示范区、平安吉林建设示范区及四平市发展经济先进区。现有汉、蒙、满、回、朝鲜等17个民族。区内土地肥沃，盛产玉米、水稻、大豆、各类水果和蔬菜，自然资源丰富。

2012年，铁东区在市委、市政府和区委、区政府的正确领导下，全区围绕“走特色立区之路，建富裕和谐铁东”奋斗目标，攻坚克难，求富图强，奋力拼搏，全区经济和社会各项事业继续保持健康发展势头。2012年，地区生产总值完成100.6亿元，同比增长12.2%；公共财政预算全口径收入完成8.1亿元，同比增长36.8%；公共财政预算地方级收入完成3.3亿元，同比增长87.8%；城镇固定资产投资完成70亿元，同比增长31.1%；社会消费品零售总额完成43.9亿元，同比增长14.9%。

一、农业基础有效夯实，新农村建设深入开展

三区建设稳步提升。不断加大“三农”扶持力度，积极落实农业优惠政策。新增3个粮食高产示范区，面积达3万亩，抗灾保粮工作取得重大胜利，在遭受虫灾及台风影响下，粮食产量稳定在2.7亿斤的阶段性水平。新建蔬菜温室86栋、大棚956栋。蔬菜特产专业村发展到6个、专业屯45个、生产园区7个，蔬菜特产产值达2.2亿元。新建规模化牧业小区16个，猪、牛、羊、禽饲养量分别发展到11.4万头、2.6万头、3.6万只和72万只，肉、蛋、奶产量分别达到7000吨、6000吨和4000吨。重点扶持梅花鹿养殖产业，成立了生态养鹿农业技术协会，建立了科普惠农养鹿示范基地。

农村人居环境不断改善。切实加大农村环境整治力度，出动3.4万人次，清理道路边沟29万延长米，清理庭院12796户，修建围墙栅栏2000延长米，喷涂墙面11万平方米。修建沙石路115公里、路边排水沟58公里、水泥垃圾池119个。新建文化休闲广场30个，村级太阳能路灯实现全覆盖。村屯绿化和植树造林工作取得重大进展，绿化村屯22个，绿化面积1100亩。投入2200万元，集中开展清理侵占集体林地专项行动，整治林地4.3万亩，其中造生态林7000亩、经济林2.6万亩，封山育林1万亩，圆满完成整治任务。积极争取国家、省专项资金，投资4100万元的叶赫河堤防建设和石岭河生态改造工程基本完工，达到了防洪与生态环境保护的有机结合。农村连片整治项目投资800万元，为9个行政村提供了垃圾处理常态化保障。对11户规模养殖场实施无害化处理和资源化利用。上报区级文明示范路78.7公里，投资900万元，建设农村公路15.5公里、桥梁3座。

二、工业经济提速增效，项目建设形成热潮

年初以来，克服国家宏观调控和国内外经济形势下行的影响，工业经济保持平稳增长。全区规模以上工业企业达112户，产值完成311.1亿元，同比增长21.5%；增加值完成101.5亿元，同比增长13.4%；利润完成10.8亿元，同比增长37.4%。

招商引资成果丰硕。坚持“走出去、请进来”战略，组织招商队伍先后赴日本、台湾、北京、上海、济南、郑州、沈阳、大连等地，主动叩门开展项目对接和专题招商。共引进项目169个，计划总投资139.8亿元，到位资金61.3亿元，完成市下达任务的139%。共有14个项目参加了全市4·18亿元以上重点项目集中开工仪式，项目总投资72.2亿元。在7·18中国·叶赫满族民俗旅游节开幕式期间，成功举行了项目签约仪式，引进资金31亿元。

重点项目强势推进。铁东经济开发区成功晋升为省级开发区，叶赫旅游开发区正式申报国家级风景名胜区。奋进8000辆特种车项目竣工投产后，与中航集团合作事宜正在全力推进。一汽专用车成功与法国飞马特集团合资，正在与海翼集团进行深入对接。中广核风电一期已并网发电，二期正在紧张施工。九洲光电LED晶体切磨抛项目完成土地平整和地下工程建设，LED—PSS基板技术指标已达国际先进水平，8条生产线投产后，将成为长江以北该行业科技含量最高、规模最大的企业。成功引进总投资10亿元的中国·四平奇瑞工业园项目，奇瑞农业装备制造中心、结算中心、物流中心、营销中心、服务中心及玉米生产全程机械化示范基地全部落户铁东。天成玉米年产20万吨结晶糖、五防轻体隔墙板、四平市第一人民医院新址、德丰金融大厦等项目正在抓紧建设和推进。叶赫旅游度假区旧街改造、环湖路和停车场建设、生态木屋村、大架山生态度假区、户外露营地建设已完工。投入450万元，完成了山门镇、叶赫满族镇、石岭镇、满族一条街、塔山森林公园等5个规划的编制。

三、第三产业稳步提升，旅游经济发展迅猛

商品市场繁荣稳定。以欧亚商贸为代表的三马路步行街、三达不夜城、陶瓷批发市场、蔬菜批发市场继续发展壮大。国美、苏宁等知名商业企业相继进驻我区，限额以上贸易企业、个体达66户。紧紧围绕102国道、京哈铁路大动脉、高速公路等交通优势发展物流产业，整体水平得以提升。

金融业快速发展。加大对金融业发展的扶持力度，成立了6家小额贷款公司，投放贷款3.5亿元。德丰村镇银行业务开展顺利，累计投放贷款8亿元，实现盈利1000万元。金融机构为各类企业融资达28.5亿元，鑫达小额贷款公司和德丰村镇银行为中小微型企业和个体工商户提供无息创业贷款2100万元，金融业平台作用凸现。

旅游产业整体推进。明确了以“皇后故里，清凉小镇”作为叶赫旅游的主题，确立了“山—叶—石”旅游带整体发展格局。成功举办第三届“叶赫风情”大型文艺演出，电影《九龙杯传奇》拍摄完毕，电视剧《叶赫传奇》剧本正在创作中，歌曲《叶赫那拉》MTV拍摄工作正在进行，叶赫风情艺术团正式成立，中国·四平万人花棍舞挑战吉尼斯世界纪录圆满成功。举办了中国·叶赫冰雪旅游节、转山湖渔猎文化节、开河鱼美食节、红果采摘节和梅花鹿节。成立了纳兰性德诗词研究会和叶赫纳兰书画院。系列活动的成功举办，提高了我区的精神文明建设水平，展示了我区深厚的文化底蕴和铁东人民良好的精神风貌，提升了“吉祥宝地、魅力四平”的知名度和美誉度。

四、财政收入稳步增长

2012年，铁东区财政总收入累计实现87139万元，同比增长51%。公共财政预算全口径收入为81304万元，同比增长36.8%。其中：公共财政预算地方级收入为31871万元，同比增长87.8%。保持持续稳步增长的好势头。

五、在岗职工工资普遍增长

2012年，铁东区在岗职工工资总额为664084万元，同比增长14.3%；其中：企业单位为402539万元，同比增长15.9%；事业单位为171152万元，同比增长6.5%；机关单位为90393万元，同比增长23.3%。

六、城区环境持续改善，发展成果惠及于民

城区建设步伐加快。全面完成东南生态新城156万平方米土地征收任务。投资1500万元、建筑面积6000平方米的铁东区社区服务中心办公大楼正在紧张施工。投资320万元，建设水泥巷路6条，总长3300延长米。维修下水井345座，疏通管线2万延长米，清淤500立方米，对下水外溢严重的小区重新铺装管线3000延长米。修复路面2.6万平方米，铺设人行步道5万平方米。

城区环境明显改观。投入130万元，购置清雪车等专用清扫保洁设备，高标准完成全区主次街路及居民区清扫保洁任务，为巩固和发展国家级卫生城、园林城成果打下了良好基础。投入50万元，购买6辆垃圾清运车等设备，成立了“铁东区环卫处城乡结合部自办保洁队”，城乡结合部的1.7万户居民受益。不断加大市容整治力度，清理落地牌匾750块，大型刀牌、墙体广告牌440块。投资420万元，以打造生态园林城区为重点，在主要街路两侧、居民小区栽植各种树木4万株，面积近20万平方米。同时，规范整治了露天烧烤、祭祀烧纸等影响市容市貌的不文明行为。

“社区行动计划”稳步实施。各街道坚持以“为民”为宗旨，以“便民”为重点，全面加强社区建设。投资680万元，新建社区用房6个、面积3011平方米，扩建社区用房5个、面积1019平方米，社区“一站式”服务大厅实现全覆盖。投入360万元，完成小区硬面化2.1万平方米。弃管小区建设管理实现新突破，投资380万元，使11个弃管小区实现了封闭式管理，安装摄像头130个、闸杆12个、路灯34盏。社区群众生活安定和谐，幸福指数不断提升。

七、社会建设步伐加快，民生工程扎实推进

切实加大新型农村社会养老保险力度，全区实际参保48356人，完成省下达任务的142%，城镇居民社会养老保险实际参保3557人，参保率为103.6%。大力搭建就业平台，城镇新增就业人员7320人。执行公开透明的廉租住房审批制度，6044户居民申请住房保障获准通过，其中4441户获住房租赁补贴342万元，申请实物配租的975户已入住新居。不断扩大暖房子工程覆盖面，完成改造面积80万平方米。城乡低保标准逐步提高，城市低保15569人，月发保障金400万元，农村低保6610人，季发保障金210万元，对城乡低保实行动态管理，实现了应保尽保。城乡医疗“一站式”救助服务进一步加强，发放救助金570万元。

大力发展教育事业，投入3380万元，对21个校舍安全工程项目进行了新建和改建，已按时完工。投入160万元，农村中小学校车实现了全覆盖。全市“四师一满意”活动现场会在我区召开，“基本实施九年义务教育”和“基本扫除青壮年文盲”工作被国务院评为全国先进单位。认真开展农业科技培训年活动，举办“送科技下乡”培训班12期，培训农民5000人次。已有5个科技项目申报成功，巨润农业与吉林农大联合成立院士站和博士站工作进展顺利。成功举办了“第三届元宵灯会”，开展了“百姓大舞台”、“社区体育大赛”、“农民篮球赛”等群众文体活动，组织文艺演出20余场。为28个村、社区配套体育器材165件。《中国民间故事全书——铁东卷》出版发行。“百姓健康大行动”免费为15万城乡居民体检。投入1806万元，保障了医药卫生改革的顺利进行，基层医疗卫生机构结束“以药补医”的历史，大幅度降低了百姓用药负担。新型农村合作医疗就诊补偿2300万元，4万农民受益。农村免费生殖健康普查和生殖保健服务普查率达95%以上，人口自然增长率为1.3‰，全省“创建幸福家庭”活动现场会在我区召开。

以“六五”普法工作为载体，深入开展“法律进乡村、社区、校园、机关”活动。加大对高危行业的日常安全监管和专项整治力度，积极开展安全生产宣传培训和安全生产领域“打非治违”专项行动，连续九年实现安全生产零事故、零死亡。投资380万元，新建铁东消防大队办公楼和北二经街中队营房，消防应急处置能力显著提高。创新社会管理方式，化解了一批信访积案、破解了一批信访难案，信访形势持续好转，确保了“十八大”期间的信访稳定。建立了17个食品安全快速检测室，食品安全环境显著改善。圆满完成事业单位清理规范工作，顺利通过了省评估组验收。行政效能有效提高，机关作风建设进一步加强，树立了政府良好形象。认真办理人大代表的建议、批评、意见和政协委员的提案，办复率100%。大力精简会议和文件，提升办公自动化水平。党风廉政建设继续加强，精神文明建设取得新进展。审计、法制、残联、地方志、人防、民族侨务、老龄、政务公开工作有序开展。

（撰稿：李　成）

充满生机的四平辽河农垦管理区

四平辽河农垦管理区是经吉林省人民政府批准，于2000年6月成立的，下辖五个农牧场和一个建制镇，幅员面积527.8平方公里，总人口14万。管理区横跨公主岭市、双辽市、梨树县两市一县，南有山青水秀的四平市种鹿场，北有草原辽阔的双辽种羊场，中部有全省四大灌区之一的梨树灌区和四平北部重要的商品集散地—孤家子镇。辽河农垦管理区有丰富的草原资源、风力资源和水力资源，地下蕴藏着丰富的矽砂、石油和天然气资源，著名的东辽河平行过境，水源充沛。全区地势平坦，土地资源充裕，流转机制灵活，可为各类产业项目的建设提供必要的基础条件。

2012年，围绕市委、市政府提出的“一核三带”富民优先发展战略，区委、管委会坚持解放思想，践行科学发展观，发扬“务实创新，赶超争先”的辽河精神，以转变经济发展方式为主线，以争先进位为目标，以招商引资、项目建设为抓手，以改善民生为根本，全力打造“一核两翼三城四区”的规划发展格局，经济建设和社会事业均取得了长足发展，全区实现地区生产总值22.02亿元，同比增长11.7%，其中：一产业完成7.43亿元，同比增长6.1%；二产业完成9.94亿元，同比增长15.7%；三产业完成4.64亿元，同比增长24.5%。规模以上工业企业实现产值35.65亿元，同比增长21.5%，实现增加值9.4亿元，同比增长12.8%。社会消费品零售额完成9.64亿元，同比增长28.2%；完成固定资产投资14.15亿元，同比增长30.9%。

农业经济持续发展，农村面貌明显改善

全区认真贯彻落实中央和省的惠农政策，共计发放粮食直补和农资综合补贴资金4825万元。围绕“五项重大农业技术”推广政策，争取补贴资金60万元。新建水稻育秧大棚1540栋，发放财政补贴资金154万元。申请农机购置补贴资金961万元，补贴农机具663台套。机械深松耕地面积10.8万亩，争取省级专项资金108万元。共争取7个粮食高产创建示范区，总面积达到7万亩，争取项目资金112万元。举办农村劳动力阳光工程及粮食高产创建等培训班12场次，培训人员3200人，发放资料8000份。农业保险工作扎实推进，4968户参加了农业保险，参保面积21.6万亩。实施了巩固退耕还林成果建设项目，土壤深松浅翻1500亩、建桥1座、修机耕路4.2公里。开展了“五清、十建、两化”工作，投入资金2500万元，全区农村环境建设实现了巨大转变。

2012年，全区粮食产量达到3.97亿斤，同比增长1.7%。畜禽年末出栏量：猪8.27万头，同比增长16%；牛1.05万头，同比增长3%；羊1.32万只，同比增长15%；禽2030千只，同比增长18%；存栏量：猪7.23万头，同比增长8.6%；牛1.35万头，同比增长6.6%；羊1.38万只，同比增长3.9%；禽2156千只，同比增长27%；肉、蛋、奶和鹿茸产量分别达到1.2万吨、2.7万吨、1.51万吨和7280公斤，分别同比增长−4.5%、2.1%、3%和67%。

优势产业日渐突出，工业经济快速发展

坚持“工业立区、项目带动”战略，努力做大做强农副产品深加工、制药、新能源等传统产业和优势产业，全面盘活存量资产，大力开展技术改造和“提速增效”活动，做大做强骨干企业，扶持培育小微企业，工业经济实现了持续快速发展。全区规模以上工业企业达到24户，完成产值35.6亿元，同比增长21.5%；实现增加值9.4亿元，同比增长12.8%；实现工业利润1.42亿元，与上年持平。

商业设施日趋完善，消费市场购销两旺

辽河垦区借助突飞猛进的城镇建设，大力发展商贸经济，使区机关所在地孤家子镇商品集散地的作用愈加突出，辐射周边40多个乡镇，80多万人口，成为了四平北部、辽河岸边的商贸中心。2012年，实现社会消费品零售总额9.6亿元，同比增长28.2%。从区域看，城镇零售额9.5亿元，占全部消费品零售总额的99.3%；从行业看，批发业、零售业完成零售总额9.5亿元，同比增长27.8%，住宿业、餐饮业零售总额1759.4万元，同比增长49.9%。全区消费品市场繁荣有序，发展态势良好。

项目建设强力推进，投资拉动效果明显

辽河区把加快项目建设、推动经济发展作为全年工作的重中之重，积极破解土地“瓶颈”，充分挖掘区位和资源优势，分解招商任务，落实包保责任，坚持瞄准市场找项目、创新方法引项目、优化结构选项目，充分利用亲情、友情、乡情、学情等资源找项目，全力以赴招商引资。2012年，全区在建项目32个，项目总投资：75.42亿元。其中参加全市“4.18”集中开工仪式的共7个项目，总投资20.92亿元。

“三城”建设步伐加快，城镇面貌日新月异

借助孤家子镇被评为全国第三批“发展改革试点镇”的有利契机，全力打造“三城”即：中心商贸城、文明卫生城、宜居生态城，城市基础设施建设步伐不断加快。2012年，开运大桥、南河二期、西环城公路建设全部竣工。全区开发面积18万平方米，其中建设11层以上高层7栋，营业面积3600平方米佳鑫地下人防商场1个。一座布局合理，功能完善，生态优良、适宜人居、繁荣度和文明度高的现代化小城镇正如一颗璀烂的明珠闪耀在东辽河畔。

收入结构逐步优化，财政收入较快增长

一年来，辽河区采取一手抓招商引资，一手抓总部经济的办法，两条腿走路、双管齐下。2012年，全口径财政收入实现1.8亿元，同比增长47.7%；地方级财政收入1.04亿元，同比增长46.2%。全年引进总部经济企业76户，实现税收8721.30万元。

社会事业全面发展，城乡居民安居乐业

社会救助水平进一步提高，全区共为3420名特困职工发放困难补助资金200余万元，132户城镇困难居民搬进廉租楼，对7018名低保对象，发放低保资金1633万元；就业再就业工作取得新成效，新增就业人数2241个，城镇登记失业率3.9%；师资力量进一步得到加强，共接收95名特岗教师；文化基础设施得到改善，新建3处综合文化站，建成9个全民健身体育广场；医疗卫生事业健康发展，新农合参合率99%，补偿总人次达29875人，补偿金额达1521万元；信访工作，实现进京、进省、进市上访“三零”目标；社区建设跃上新台阶，人员、设施配备齐全，孤家子镇5个社区和3个农村社区入住崭新的标准化办公场所；公安部门积极推进“平安新区”创建工作，开展了“利剑”、“剿毒”、“清网”等专项行动，较好的完成了十八大期间全区安保以及涉日维稳工作任务，严厉打击“两抢一盗”等刑事犯罪活动，共破获各类刑事案件134起，抓获网上逃犯56人，共查处治安案件282起，查结278起，查结率99%，全区社会治安稳定，百姓安居乐业。

（撰稿：李晓君）

第三部分

统计资料

STATISTICAL DATA

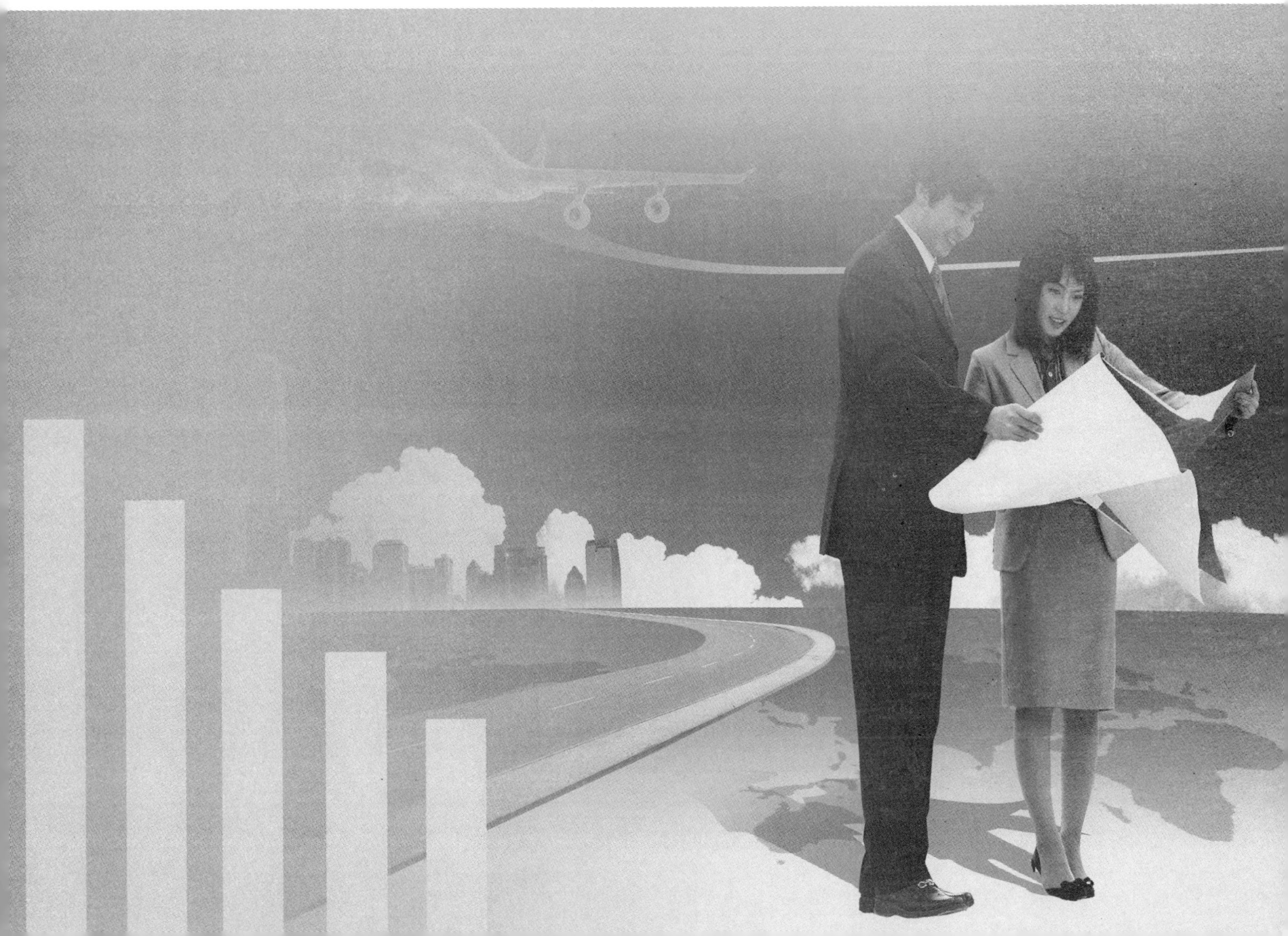

1 统计资料

综　合

GENERAL SURVEY

2007年—2012年地区生产总值

1—1 （按当年价格计算） 单位：万元

年份	地区生产总值	第一产业	第二产业	工业	建筑业	第三产业	#运输仓储邮政业	#批发和零售业
2007	4752497	1620040	1648328	1474293	174035	1484129	173598	266144
2008	5965476	1938504	2075102	1889067	186035	1951870	234643	309605
2009	6585947	1806024	2609791	2408113	201678	2170134	289978	376172
2010	7795527	2114747	3332395	3108560	223835	2348385	341258	423730
2011	9845977	2574439	4445399	4210145	235254	2826139	381247	496378
2012	11228017	2838107	5136882	4880211	256671	3253028	417668	602112

1—1续表 （按2005年不变价计算） 单位：万元

年份	地区生产总值	第一产业	第二产业	工业	建筑业	第三产业	#运输仓储邮政业	#批发和零售业
2007	4474088	1472172	1560370	1412257	148113	1441546	162473	257828
2008	5378537	1766681	1812063	1645071	166992	1799793	209450	281333
2009	6298889	1739324	2464402	2271247	190155	2102022	263124	367083
2010	7112811	1859826	3023146	2806483	216663	2229839	316295	405776
2011	9171364	2296073	4217541	3995109	222432	2657750	372402	465351
2012	10307990	2417874	4878632	4629507	249125	3011484	408816	528319

注：2011年起不变价生产总值是以2010年为基期计算的。

2007年—2012年总产出

1—2　　　　　　　　　　　　　（按当年价格计算）　　　　　　　　　　　　单位：万元

年　份	总产出	第一产业	第二产业			第三产业		
				工　业	建筑业		#运输仓储邮政业	#批发和零售业
2007	9617934	2764296	4544770	4012666	532104	2308868	372768	422422
2008	12945764	3247934	6252993	5682737	570256	3444837	488875	508347
2009	15499656	3350875	8473390	7848608	624782	3675391	575779	581541
2010	19373484	3962952	11465070	10796816	668254	3945462	673372	656740
2011	24053758	4653571	14913333	14230479	682854	4486854	760274	718783
2012	27686158	4913793	17718457	16865203	853254	5053908	920135	768678

1—2续表　　　　　　　　　　（按2005年不变价格计算）　　　　　　　　　　单位：万元

年　份	总产出	第一产业	第二产业			第三产业		
				工　业	建筑业		#运输仓储邮政业	#批发和零售业
2007	9264597	2679851	4378800	3876014	502786	2205946	366556	408760
2008	12230995	2905158	5978595	5425719	552876	3347242	478365	497821
2009	14978812	3189086	8289838	7692587	597251	3499888	561098	567548
2010	18688975	3723585	11240182	10597595	642587	3725208	660289	619772
2011	21596356	4157657	13249587	12598289	651298	4189112	728027	663547
2012	24689566	4431874	15459259	14703778	755481	4798433	846471	750472

注：2011年起总产出按2010年不变价计算。

全 市 土 地 资 源

1—3

(2012 年)

	土地面积（公顷）	年末耕地资源所占比重（%）
四 平 市	**1438233.5**	**63.5**
铁 西 区	18402.5	56.9
铁 东 区	89150.8	23.9
公主岭市	414060.1	76.6
双 辽 市	309734.2	56.3
梨 树 县	354172.4	67.6
伊 通 县	252713.5	49.1

注：伊通县为伊通满族自治县，下同。

主 要 河 流 基 本 情 况

1—4

(2012 年)

河流	境内流域面积（平方公里）	河 长（公里）	堤防长度（公里）	保护范围		
				耕地（公顷）	村屯（个）	人口（万人）
东 辽 河	6704	184.0	501.92	46602	620	20.5
西 辽 河	1625	35.5	109.57	13580	81	11.06
伊 通 河	933	69.3	59.69	5980	34	8.73
新 凯 河	756	28.0	53.77	3780	23	1.76
新 开 河	1202	23.5	21.00	73	4	—

大、中型水库基本情况

1—5 (2012年)

	类别	水库名称	总库容（万立方米）	水位（米）	防洪库容（万立方米）	兴利库容（万立方米）	死库容（万立方米）
四平市	大型	二龙山	179200	228.30	100800	94000	23600
四平市区	中型	下山台	3973	217.45	2532	1580	150
	中型	山门	2235	229.37	735	1500	50
	中型	转山湖	2610	231.96	947	2075	233
公主岭市	中型	卡伦	8069	199.11	5518	2847	200
	中型	杨城子	8600	184.15	6127	2502	500
	中型	平洋	1359	227.85	489	870	187
	中型	二十家子	1155	226.09	565	735	46
双辽市	中型	川头	1455	168.82	1002	488	50
	中型	八一	1650	125.50	519	1131	357
	中型	骆驼岭	1710	139.15	1234	476	50
	中型	小山	2386	153.40	614	1175	171
	中型	上山台	1429	231.70	664	765	50
伊通县	中型	寿山	2530	297.42	1660	1120	150
	中型	石门	2841	265.24	1702	1139	220
	中型	三联	1620	249.04	1121	916	130
	中型	欢欣岭	2350	264.10	933	1597	200

全　市　行　政　区　划

1—6　　(2012 年)　　单位：个

	街道办事处	社区居民委员会	乡人民政府	镇人民政府	村民居委会
合　　计	**29**	**219**	**17**	**56**	**1159**
一、四平市区	13	81	2	3	74
铁 西 区	5	39	1	—	20
铁 东 区	8	42	1	3	54
二、公主岭市	10	60	2	18	404
三、双 辽 市	6	29	4	8	190
四、梨 树 县	—	30	6	14	295
五、伊 通 县	—	14	3	12	187
六、辽河农垦管理区	—	5	—	1	9

1—6 附表　　(2012 年)

	街道办事处名称	乡名称	镇名称
铁西区	站前街、英雄街 地直街、仁兴街 北沟街	平西乡	
铁东区	解放街、北门街 四马路街、北市场街 黄土坑街、七马路街 平东街、平南街	城东乡	山门镇、叶赫满族镇、石岭镇
公主岭市	河南街、河北街 东三街、岭东街 铁北街、岭西街 苇子沟街、刘房子镇 南崴子街、环岭街	龙山满族乡、永发乡	二十家子满族镇、黑林子镇、陶家屯镇、范家屯镇、 响水镇、大岭镇、怀德镇、双城堡镇、 双龙镇、杨大城子镇、毛城子镇、玻璃城子镇、 朝阳坡镇、大榆树镇、秦家屯镇、八屋镇、 十屋镇、桑树台镇
双辽市	郑家屯街、辽西街、 辽北街、辽南街、 辽东街、红旗街	柳条乡、新立乡、永加乡、 那木斯蒙古族乡	茂林镇、双山镇、卧虎镇、王奔镇、 兴隆镇、东明镇、玻璃山镇、服先镇
梨树县		白山乡、双河乡、金山乡、 泉眼岭乡、胜利乡、四棵树乡	梨树镇、喇嘛甸镇、郭家店镇、蔡家镇、孟家岭镇、 十家堡镇、小城子镇、东河镇、万发镇、榆树台镇、 小宽镇、沈洋镇、林海镇、刘家馆子镇
伊通县		莫里青乡、三道乡、新兴乡	伊通镇、营城子镇、二道镇、西苇镇、 景台镇、河源镇、伊丹镇、小孤山镇、 大孤山镇、马鞍山镇、靠山镇、 黄岭子镇
辽河农垦管理区			孤家子镇

地 区 生 产 总 值

1—7 (2012年) 单位：万元

	增加值(按当年价格计算)	劳动者报酬	生产税净额	固定资产折旧	营业盈余
地区生产总值	**11228017**	**4708152**	**939876**	**2755662**	**2824327**
按三次产业划分					
第一产业	2838107	1711841	—222609	452470	896405
第二产业	5136882	1317963	834683	1598426	1385810
第三产业	3253028	1678348	327802	704766	542112
按国民经济行业划分					
1. 农、林、牧、渔业	2838107	1711841	—222609	452470	896405
农业	1439409	939957	—134376	284242	349586
林业	16548	10621	—842	1420	5349
畜牧业	1300268	702514	—86248	159328	524674
渔业	6712	3824	—575	530	2933
农、林、牧、渔服务业	75170	54925	—568	6950	13863
2. 工业	4880211	1184683	803631	1545338	1346559
采掘业	361819	80255	38951	110247	132366
制造业	4176673	972174	720145	1331876	1152478
电力、燃气及水的生产和供应业	341719	132254	44535	103215	61715
3. 建筑业	256671	133280	31052	53088	39251
4. 交通运输、仓储及邮政业	417668	254459	24473	84828	53908
5. 信息传输、计算机服务和软件业	205119	50258	28475	58141	68245
电信和其他信息传输服务业	176728	42048	27384	49284	58012
6. 批发和零售业	602112	236693	118250	87728	159441
批发业	249735	51214	75129	39187	84205
零售业	352377	185479	43121	48541	75236
7. 住宿和餐饮业	326811	189928	39176	38299	59408
住宿业	28394	17354	1357	5821	3862
餐饮业	298417	172574	37819	32478	55546
8. 金融业	219106	56924	45449	87995	28738
银行业	153408	42587	33589	56987	20245
证券业	8874	3670	287	4917	
保险业	47025	8125	9268	23457	6175
其他金融活动	9799	2542	2305	2634	2318
9. 房地产业	294870	40305	51060	148661	54844
房地产管理业	12147	3451	2315	3254	3127
房地产开发与经营业	141014	36854	48745	3698	51717
城市居民自有住房	79280	—	—	79280	—
农村居民自有住房	62429	—	—	62429	—
10. 租赁和商务服务业	73121	31203	5789	7321	28808
11. 科学研究、技术服务和地质勘查业	67250	49387	5628	6024	6211
12. 水利、环境和公共设施管理业	54831	41214	2981	5012	5624
13. 居民服务和其他服务业	135137	88154	6521	26176	14286
14. 教 育	280642	210543	—	47624	22475
15. 卫生、社会保障和社会福利业	261931	177524	—	44283	40124
16. 文化、体育和娱乐业	69818	60254	—	9564	—
17. 公共管理和社会组织	244612	191502	—	53110	—

1—7 续表 (2012 年) 单位：万元

	增　加　值 (按 2010 年价格计算)	2012 年为 2011 年 (%) 本　年
地区收入总值	**10302366**	**112.4**
地区生产总值	10307990	112.4
一、按三次产业划分		
第一产业	2417874	105.3
第二产业	4878632	115.7
第三产业	3011484	113.3
按国民经济行业划分		
1. 农、林、牧、渔业	2417874	105.3
农业	1195485	105.2
林业	13287	113.7
畜牧业	1136422	105.2
渔业	5368	106.2
农、林、牧、渔服务业	67312	106.8
2. 工业	4629507	115.9
采掘业	304163	115.0
制造业	4011145	116.1
电力、燃气及水的生产和供应业	314199	114.2
3. 建筑业	249125	112.0
4. 交通运输、仓储及邮政业	408816	109.8
5. 信息传输、计算机服务和软件业	186251	119.1
电信和其他信息传输服务业	163250	117.7
6. 批发和零售业	528319	113.5
批发业	201505	118.9
零售业	326814	110.4
7. 住宿和餐饮业	271054	116.5
住宿业	25244	113.5
餐饮业	245810	116.8
8. 金融业	189765	113.9
银行业	129271	114.2
证券业	8551	90.4
保险业	42625	117.6
其他金融活动	9318	121.7
9. 房地产业	272939	124.7
房地产管理业	8954	108.5
房地产开发与经营业	128845	140.8
城市居民自有住房	76562	112.3
农村居民自有住房	58578	114.8
10. 租赁和商务服务业	70125	108.6
11. 科学研究、技术服务和地质勘查业	63587	107.9
12. 水利、环境和公共设施管理业	51710	109.4
13. 居民服务和其他服务业	131045	110.3
14. 教　育	266125	114.6
15. 卫生、社会保障和社会福利业	260827	108.6
16. 文化、体育和娱乐业	69115	108.4
17. 公共管理和社会组织	241806	110.1

地区生产总值最终消费和资本形成

1—8　　(2012 年)　　单位：万元

	按现行价格计算	按 2010 年价格计算	
		绝对数	2012 年为 2011 年（%）
地区生产总值	**10854253**	**10027548**	**112.6**
一、最终消费支出	6572952	6154824	111.9
居民消费支出	5589905	5171777	111.8
农村居民	2437410	2321673	111.3
城镇居民	3152495	2850104	112.1
政府消费支出	983047	983047	112.8
二、资本形成总额	4208492	3810296	114.9
固定资本形成总额	3801197	3500886	117.3
存货增加	407295	309410	93.1
三、货物和服务净流出	72809	62428	69.2

居民消费水平

1—9　　(2012 年)

	单位	绝对数	2012 年为 2011 年（%）
当年价格居民消费水平	元/人	16538	116.1
农村居民	元/人	13849	121.8
城镇居民	元/人	19460	109.7
可比价格居民消费水平	元/人	15301	112.8
农村居民	元/人	13191	118.3
城镇居民	元/人	17593	106.6
居民年平均人口	万人	338	99.1
农村居民	万人	176	94.1
城镇居民	万人	162	105.2

最 终 消 费 支 出

1—10 单位：万元

	2012 年	2011 年
最终消费支出	6572952	5769925
一、居民消费支出	5589905	4858677
（一）农村居民	2437410	2126098
1. 食品类支出	830584	793015
2. 衣着类支出	313017	286450
3. 居住类支出	186950	145278
4. 家庭设备、用品及服务类支出	113228	89524
5. 医疗保健类支出	148021	118254
6. 交通和通信类支出	109215	82453
7. 文教娱乐用品及服务类支出	204209	160215
8. 银行中介服务支出	29873	23354
9. 保险服务消费支出	27019	20154
10. 自有住房服务虚拟支出	469010	402153
11. 其它商品和服务类支出	6284	5248
（二）城镇居民	3152495	2732579
1. 食品类支出	875011	762452
2. 衣着类支出	379145	352154
3. 居住类支出	130341	92545
4. 家庭设备、用品及服务类支出	127513	115245
5. 医疗保健类支出	293038	250243
6. 交通和通信类支出	220197	194521
7. 文教娱乐用品及服务类支出	241015	198752
8. 银行中介服务支出	31024	28766
9. 保险服务消费支出	72516	62472
10. 自有住房服务虚拟支出	740329	635842
11. 实物收入消费支出	42366	39587
12. 其它商品和服务类支出	—	—
二、政府消费支出	983047	911248

总　　产　　出

1—11　　(2012年)　　单位：万元

	按当年价格计算	按可比价格计算	
		绝对数	2012年为2011年（%）
总产出	**27686158**	**24689566**	**114.3**
第一产业	4913793	4431874	106.6
农、林、牧、渔业	4913793	4431874	106.6
农业	2041092	1699422	102.8
林业	21713	18282	113.5
畜牧业	2760058	2629875	109.2
渔业	10010	8218	115.8
农、林、牧、渔服务业	80920	76077	105.5
第二产业	17718457	15459259	116.7
工业	16865203	14703778	116.7
采掘业	1044246	822485	115.4
制造业	14962542	13138724	116.6
电力、燃气及水的生产和供应业	858415	742569	119.6
建筑业	853254	755481	116.0
第三产业	5053908	4798433	114.5
交通运输、仓储及邮政业	920135	846471	116.3
交通运输和仓储业	903798	833259	116.3
邮政业	16337	13212	116.4
信息传输、计算机服务和软件业	241576	228145	112.9
电信和其他信息传输服务业	226805	201457	108.0
批发和零售业	768678	750472	113.1
批发业	355024	341258	114.5
零售业	413654	409214	112.0
住宿和餐饮业	505124	480381	111.4
住宿业	43847	40257	105.1
餐饮业	461277	440124	112.0
金融业	338857	309032	113.6
银行业	242014	217265	114.4
证券业	10272	9304	90.8
保险业	70451	68451	114.4
其他金融活动	16120	14012	114.9
房地产业	373607	357817	122.0
房地产管理业	14920	14529	119.2
房地产开发与经营业	217925	212451	135.8
城市居民自有住房	79694	74460	105.0
农村居民自有住房	61068	56377	105.0
租赁和商务服务业	120457	108183	115.6
科学研究、技术服务和地质勘查业	87154	85641	114.0
水利、环境和公共设施管理业	76453	71908	113.9
居民服务和其他服务业	221810	198014	115.9
教　育	441912	431977	112.0
卫生、社会保障和社会福利业	373387	363217	115.0
文化、体育和娱乐业	98130	95179	116.0
公共管理和社会组织	486628	471996	114.4

县（市）区生产总值

1—12　　(2012年)　　单位：万元

	增加值（按2010年价格计算）					
	铁西区	铁东区	公主岭市	双辽市	梨树县	伊通县
地区生产总值	**1184660**	**930289**	**3201567**	**1568923**	**3123550**	**1316605**
按三次产业划分						
第一产业	32004	36093	860870	270672	857950	344764
第二产业	847513	717150	1242105	919975	1121219	365812
第三产业	305143	177046	1098592	378276	1144381	606029
按国民经济行业划分						
1. 农、林、牧、渔业	32004	36093	860870	270672	857950	344764
农业	16258	15186	460146	133352	436572	123482
林业	1228	386	4202	1231	2421	2668
畜牧业	14518	18490	366002	128967	395059	209607
渔业		646	1054	45	549	891
农、林、牧、渔服务业		1385	29466	7077	23349	8116
2. 工业	841635	716405	1189967	899462	1102637	351884
采掘业	—	—	63706	175111	102821	216591
制造业	833218	716405	1012381	674592	981054	130763
电力、燃气及水的生产和供应业	8417		113880	49759	18762	4530
3. 建筑业	5878	745	52138	20513	18582	13928
4. 交通运输、仓储及邮政业	47407	4889	199614	89910	270252	88330
5. 信息传输、计算机服务和软件业	184	61	61461	15607	64024	21924
电信和其他信息传输服务业		61	55314	13870	64024	21924
6. 批发和零售业	152204	71736	179170	81783	190638	114971
批发业	21673	61790	125542	57630	130715	38630
零售业	130531	9946	53628	24153	59923	76341
7. 住宿和餐饮业	26978	8268	19443	31394	82023	16151
住宿业	3422	872	7090	2267	11601	633
餐饮业	23556	7396	12353	29127	70422	15518
8. 金融业	—	—	45043	4075	13590	21881
银行业	—	—	25225	3367	9226	15317
证券业	—	—	1801	—	—	—
保险业	—	—	17115	708	2212	6564
其他金融活动	—	—	902	—	2152	—
9. 房地产业	26383	28285	155661	23834	110563	99030
房地产管理业	5931	591	25747	5518	34035	24644
房地产开发与经营业	5631	1657	24231	2508	20689	9468
城市居民自有住房	11264	21149	58361	8729	31548	37406
农村居民自有住房	3557	4888	47322	7079	24291	27512
10. 租赁和商务服务业	379	540	44920	9336	12712	22802
11. 科学研究、技术服务和地质勘查业	821	2237	21322	6955	23956	13205
12. 水利、环境和公共设施管理业	2153	3328	18616	5585	31075	9725
13. 居民服务和其他服务业	10607	1159	89784	27625	79523	59212
14. 教　育	10137	20298	91248	31868	85586	57067
15. 卫生、社会保障和社会福利业	8999	8118	54375	21490	78926	32485
16. 文化、体育和娱乐业	3200	685	52943	2915	20312	7132
17. 公共管理和社会组织	15692	27442	64992	25899	81201	42114
地区收入总值	**1184660**	**929992**	**3201567**	**1568393**	**3120528**	**1319315**

1－12 续表　　　　　　　　　　（2012 年）　　　　　　　　　　单位：万元

	增加值（按当年价格计算）					
	铁 西 区	铁 东 区	公主岭市	双辽市	梨树县	伊通县
地区生产总值	**1246870**	**1006464**	**3444236**	**1807945**	**3255036**	**1426118**
按三次产业划分						
第一产业	39131	48787	974432	377263	926616	397169
第二产业	887050	750523	1299261	964713	1121283	383182
第三产业	320689	207154	1170543	465969	1207137	645767
按国民经济行业划分						
1. 农、林、牧、渔业	39131	48787	974432	377263	926616	397169
农业	22074	23200	562917	180499	470016	142251
林业	590	705	7532	1703	2449	3074
畜牧业	16467	21972	369157	187100	430193	241467
渔业		1110	2326	61	568	1027
农、林、牧、渔服务业		1800	32500	7900	23390	9350
2. 工业	880768	749715	1242326	942498	1102636	368070
采掘业			79342	180095	102866	226554
制造业	872103	749715	1041831	716458	980979	136778
电力、燃气及水的生产和供应业	8665		121153	45945	18791	4738
3. 建筑业	6282	808	56935	22215	18647	15112
4. 交通运输、仓储及邮政业	49673	5054	209016	107579	270274	92596
5. 信息传输、计算机服务和软件业	201	61	209016	17720	64181	23174
电信和其他信息传输服务业		61	209016	13961	64181	23174
6. 批发和零售业	161870	76603	209016	107201	190808	122789
批发业	23144	65982	209016	74194	130811	41257
零售业	138726	10621	209016	33007	59997	81532
7. 住宿和餐饮业	25733	8985	209016	38299	82103	18351
住宿业	3425	875	209016	2737	11609	645
餐饮业	22308	8110	209016	35562	70494	17706
8. 金融业	—	—	209016	4547	13825	23631
银行业	—	—	209016	3683	9390	16542
证券业	—	—	209016	—	—	—
保险业	—	—	209016	864	2268	7089
其他金融活动	—	—	209016	—	2167	—
9. 房地产业	28289	31591	209016	29010	172164	107590
房地产管理业	6250	648	209016	6478	90447	26615
房地产开发与经营业	6206	4261	209016	3597	21156	10538
城市居民自有住房	11875	23599	209016	11076	33021	40586
农村居民自有住房	3958	3083	209016	7859	27540	29851
10. 租赁和商务服务业	387	603	209016	12478	12805	24102
11. 科学研究、技术服务和地质勘查业	857	2417	209016	8931	23986	13958
12. 水利、环境和公共设施管理业	2169	5255	209016	6932	31122	10279
13. 居民服务和其他服务业	10904	1295	209016	31119	79582	62587
14. 教　育	10850	32057	209016	38291	85697	60320
15. 卫生、社会保障和社会福利业	9772	12822	209016	21834	78956	34337
16. 文化、体育和娱乐业	3414	765	209016	4163	20423	7539
17. 公共管理和社会组织	16570	29646	209016	37865	81211	44514
地区收入总值	**1246870**	**1006167**	**3444236**	**1807415**	**3252014**	**1428627**

主要经济指标占全省比重

1—13 (2012年)

	单位	全省	四平市	四平市占全省比重（%）
年末总人口	**万人**	**2750.4**	**336.3**	**12.2**
地区生产总值（当年价）	亿元	11937.8	1122.8	9.4
第一产业	亿元	1412.1	283.8	20.1
第二产业	亿元	6374.5	513.7	8.1
第三产业	亿元	4151.2	325.3	7.8
人均地区生产总值	元	43412	33150	76.4
全社会固定资产投资	亿元	9711.4	588.5	6.1
财政收入	亿元	1910.2	93.2	4.9
#地方财政收入	亿元	1041.3	56.6	5.4
财政支出	亿元	2471.2	171.7	6.9
金融机构各项存款余额	亿元	12812.1	736.9	5.8
金融机构各项贷款余额	亿元	9270.5	442.7	4.8
粮食总产量	万吨	3343.0	771	23.1
规上工业总产值	亿元	19972.0	1710.8	8.6
规上工业增加值	亿元	5477.3	505	9.2
规上工业利税总额	亿元	2218.9	77.4	3.5
#利润总额	亿元	1215.0	53.0	4.4
社会消费品零售总额	亿元	4772.9	394.8	8.3
在岗职工平均工资	元/人	39518	32127	81.3
城镇居民可支配收入	元/人	20208.0	21387	105.8
城镇居民人均消费性支出	元/人	14613.5	12712.5	87.0
农村居民纯收入	元/人	8598	8760	101.9
个人存款余额	亿元	7001.2	537.6	7.7
居民消费价格指数（以上年为100）	%	102.5	102.5	100.0

2 统计资料

人 口

POPULATION

2007年—2012年人口情况

2—1 单位：人

	2007年	2008年	2009年	2010年	2011年	2012年
人口总数	3349477	3375550	3391153	3405475	3411365	3363155
按性别分						
男	1697177	1711546	1719049	1725634	1727934	1705205
女	1652300	1664004	1672104	1679841	1683431	1367950
按农业、非农业分						
农业人口	2075793	2101945	2124856	2140778	1604502	1922480
非农业人口	1273684	1273605	1266297	1264697	1806863	1440675
按城乡分						
城镇	3050261	3073161	3086323	3098641	3201737	3059369
乡	299216	302389	304830	306834	209628	303786
占总人口的比重（%）						
男性人口	50.7	50.7	50.7	50.7	50.7	50.7
非农人口	38.0	37.7	37.3	37.1	53.0	42.8
城镇人口	91.1	91.0	91.0	91.0	93.9	91.0
出生率	10.4	9.6	9.7	8.6	7.6	9.3
死亡率	3.5	3.1	5.1	6.0	4.3	9.0
自然增长率（‰）	6.9	6.5	4.6	2.6	3.3	0.3

全市户数和人口数

2—2　　(2012年)　　单位：户、人

	总户数	总人口	按性别分		按农业、非农业分	
			男	女	农业人口	非农业人口
合　计	**1219003**	**3363155**	**1705205**	**1657950**	**1922480**	**1440675**
四平市区	259264	602699	298834	303865	56832	545867
铁西区	111995	267378	130325	137053	—	267378
铁东区	147269	335321	168509	166812	56832	278489
公主岭市	372763	1082266	548710	533556	592949	489317
双辽市	156737	413722	211678	202044	252295	161427
梨树县	269037	792258	404460	387798	631964	160294
伊通县	161202	472210	241523	230687	388440	83770

注：辽河农垦区所属户数、人口数分别划入梨树县，双辽市。

人口增加减少情况

2—3　　(2012年)　　单位：人

	增加		减少		出生率(‰)	死亡率(‰)	自然增长率(‰)
	出生	迁入	死亡	迁出			
合　计	**31440**	**28285**	**30156**	**46093**	**9.3**	**9.0**	**0.3**
四平市区	4340	6212	3591	10711	7.2	6.0	1.2
铁西区	1924	2986	1257	7433	7.2	4.7	2.5
铁东区	2416	3226	2334	3278	7.2	7.0	0.2
公主岭市	9884	7916	8395	13901	9.1	7.8	1.3
双辽市	3692	2435	2239	3979	8.9	5.4	3.5
梨树县	9319	8574	8054	10553	11.8	10.2	1.6
伊通县	4205	3148	7877	6949	8.9	16.7	−7.8

人 口 分 布 情 况

2—4 （2012 年） 单位：户、人

	总户数	总人口	男	女	总人口中非农业人口
四平市	**1219003**	**3363155**	**1705205**	**1657950**	**1440675**
#市区	259264	602699	298834	303865	545867
铁西区	**111995**	**267378**	**130325**	**137053**	**267378**
站前街	19865	44831	21702	23129	44831
英雄街	27558	66504	32204	34300	66504
地直街	17581	43568	20615	22953	43568
仁兴街	14401	29507	14302	15205	29507
北沟街	12360	26271	13028	13243	26271
平西乡	20230	56697	28474	28223	56697
铁东区	**147269**	**335321**	**168509**	**166812**	**278489**
解放街	9817	19638	9735	9903	19638
北门街	15406	31143	15655	15488	31143
四马路街	15319	31987	15969	16018	31987
北市场街	10079	22045	10828	11217	22045
黄土坑街	10863	22514	11230	11284	22514
七马路街	14981	31428	15458	15970	31428
平东街	11929	25508	12582	12926	25508
平南街	11940	24017	12208	11809	24017
山门镇	10021	27211	13889	13322	27211
城东乡	12600	32133	16056	16077	32133
叶赫满族镇	10915	31754	16329	15425	2755
石岭镇	13399	35943	18570	17373	8110
公主岭市	**372763**	**1082266**	**548710**	**533556**	**489317**
河南街	9753	18646	9424	9222	18646
河北街	10483	20774	10377	10397	20774
东三街	14168	28326	14105	14221	28248
岭东街	14808	33123	16652	16471	33123
铁北街	15071	29589	14808	14781	29589
岭西街	14450	28738	14178	14560	28738
苇子沟街	6213	13135	6423	6712	3211
刘房子街	10825	35545	18021	17524	7757
南崴子街	9267	30655	15337	15318	2907
环岭街	9565	24975	12497	12478	5021
范家屯镇	41231	88498	44414	44084	38059
杨大城子镇	15993	52217	26243	25974	49103
怀德镇	35667	102323	52883	49440	47231
响水镇	12593	38202	19795	18407	6282
黑林子镇	15776	57104	29019	28085	10710
大岭镇	12106	37435	18903	18532	6974

2—4 续表 1 (2012 年) 单位：户、人

	总户数	总人口			总人口中非农业人口
			男	女	
双城堡镇	22002	75428	38547	36881	72606
桑树台镇	7577	24593	12744	11849	1456
秦家屯镇	15815	52020	26035	25985	49545
二十家子满族镇	7613	22308	11358	10950	5455
陶家屯镇	9432	30823	15383	15440	4527
玻璃城子镇	7220	31276	16108	15168	1021
朝阳坡镇	9413	30995	15799	15196	1454
八屋镇	6383	32974	16966	16008	4601
大榆树镇	7554	26867	13673	13194	3721
十屋镇	8176	28552	14503	14049	2990
毛城子镇	6396	25350	12756	12594	1013
双龙镇	5862	23356	11971	11385	3147
龙山满族乡	4444	14482	7401	7081	992
永发乡	6907	23957	12387	11570	416
双辽市	**156737**	**413722**	**211678**	**202044**	**161427**
郑家屯镇	15883	34911	17634	17277	34137
辽东街	6275	12412	6640	5772	11142
辽西街	9947	22476	11213	11263	21411
辽南街	13679	28429	14417	14012	26195
辽北街	12090	23497	11736	11761	23062
红旗街	3950	11231	5715	5516	9038
茂林镇	19818	53409	27315	26094	14318
双山镇	20696	42034	21558	20476	7156
卧虎镇	9224	26741	13901	12840	5719
服先镇	1180	28496	14580	13916	1910
王奔镇	8441	23157	11916	11241	1334
玻璃山镇	2945	8467	4348	4119	892
兴隆镇	4270	14390	7421	6969	590
东明镇	6971	19221	9931	9290	715
那木斯蒙古族乡	6739	19767	10189	9578	1785
柳条乡	5010	17025	8889	8136	682
新立乡	5414	16142	8171	7971	821
永加乡	4205	11917	6104	5813	520
梨树县	**269037**	**792258**	**404460**	**387798**	**160294**
梨树镇	52679	122156	61474	60682	74183
郭家店镇	26782	64235	32974	31261	30487
榆树台镇	15991	48192	25176	23016	9386

2—4 续表 2　　(2012 年)　　单位：户、人

	总户数	总人口			总人口中非农业人口
			男	女	
孤家子镇	24340	72831	36896	35935	19302
小城子镇	12452	44749	22618	22131	3287
喇嘛店镇	10031	31466	16199	15267	1470
蔡家镇	9518	30051	15339	14712	1823
刘家馆子镇	8833	28036	14433	13603	1642
十家堡镇	11170	34050	17390	16660	4770
孟家岭镇	7522	18128	9503	8625	1722
万发镇	13586	42684	21750	20934	1941
东河镇	9028	29143	14961	14182	1853
沈洋镇	6504	21087	10932	10155	1039
林海镇	9319	33455	17066	16389	1359
小宽镇	5850	22934	11729	11205	881
白山乡	7786	28291	13742	14549	1188
胜利乡	6810	24502	12541	11961	747
泉眼岭乡	6199	21447	11139	10308	593
金山乡	7566	22692	11751	10941	715
双河乡	7981	25099	12954	12145	840
四棵树乡	9090	27030	13893	13137	1066
伊通满族自治县	**161202**	**472210**	**241523**	**230687**	**83770**
伊通镇	47990	118474	59785	58689	58293
营城子镇	11875	38248	19739	18509	4901
伊丹镇	9153	28708	14807	13901	2442
大孤山镇	13468	41410	21207	20203	2680
小孤山镇	8819	26837	13615	13222	1874
靠山镇	8428	27126	13737	13389	3107
景台镇	10862	34390	18067	16323	2383
马鞍山镇	9678	30758	15649	15109	1404
西苇镇	5037	15295	7858	7437	939
二道镇	6235	19412	10031	9381	1007
河源镇	6910	22221	11655	10566	1478
黄岭子镇	6068	17896	9086	8810	815
莫里青乡	5385	16339	8363	7976	797
新兴乡	4775	14772	7591	7181	803
三道乡	6519	20324	10333	9991	847
辽河农垦管理区	**32476**	**96303**	**49325**	**46978**	**26480**
孤家子镇	24490	72887	37546	35341	19431
双辽种羊场	3152	10100	5093	5007	6077
双辽农场	4004	11246	5628	5618	591
双山鸭场	830	2070	1058	1012	381

注：由于行政区划原因，辽河农垦管理区人口不含在总计中，其人口含在梨树县 72887 人，含在双辽市 23416 人，该数据由所在地公安机关提供。

3 统计资料

从业人员和劳动报酬

EMPLOYMENT AND LABOR EMUNERATION

2007年—2012年全部单位从业人员人数

3—1　　　　单位：人

	2007年	2008年	2009年	2010年	2011年	2012年
总　　　计	**201516**	**198683**	**208989**	**211275**	**208829**	**204805**
一、按企业、事业、机关分组						
1. 企业	86453	83029	93694	97815	96270	92738
2. 事业	92771	92458	91886	90797	89296	88797
3. 机关	22292	23196	23409	22663	23263	23270
二、按国民经济行业分组						
1. 农、林、牧、渔业	14094	11630	11085	10342	10894	9928
2. 采矿业	3420	2299	2800	2730	4284	4530
3. 制造业	46079	46360	56345	58494	54617	51211
4. 电力、热力、燃气及水生产和供应业	7494	7500	7625	6777	7526	7802
5. 建筑业	3189	4778	3053	5756	4297	4028
6. 批发和零售业	7112	5150	6133	5728	5513	3538
7. 交通运输、仓储和邮政业	1992	2249	2941	3175	3342	5453
8. 住宿和餐饮业	3872	3770	3763	3593	4483	564
9. 信息传输、软件和信息技术服服务业	555	586	581	563	460	3171
10. 金融业	8416	8404	8783	8764	9156	9794
11. 房地产业	1420	1361	1474	2687	2361	2311
12. 租赁和商务服务业	435	413	347	572	466	512
13. 科学研究、技术服务业	7229	6126	6236	5414	4543	5358
14. 水利、环境和公共设施管理	6622	7701	8042	8460	8058	7720
15. 居民服务、修理和其他服务业	1757	1706	1280	312	316	309
16. 教育	40139	40040	39353	38412	38815	38616
17. 卫生和社会工作	18491	18202	18405	18669	18898	18920
18. 文化、体育和娱乐业	3539	3423	3314	3170	3059	2684
19. 公共管理、社会保障和社会组织	25661	26985	27429	27657	27741	28356
三、按县（市）、区分组						
1. 四平市区	76930	79340	88206	87592	86592	85228
市　　直	52014	53012	47610	48002	43338	43760
铁 西 区	15033	16320	18976	17496	18702	16875
铁 东 区	9883	10008	21620	22094	24552	24593
2. 公主岭市	45899	40123	40885	39426	38722	37941
3. 双 辽 市	21450	22866	22273	22321	21998	22250
4. 梨 树 县	33846	33441	34347	34168	30926	30707
5. 伊 通 县	17913	18216	18121	22128	22030	22154
6. 辽河农垦管理区	5478	4697	5157	5640	8561	6525

2007 年—2012 年全部在岗职工人数

3—2 单位：人

	2007 年	2008 年	2009 年	2010 年	2011 年	2012 年
总　　计	**199675**	**196483**	**205086**	**206493**	**198534**	**194276**
一、按企业、事业、机关分组						
1. 企业	85132	81591	91513	95144	90963	87355
2. 事业	92285	91811	90332	89067	85544	84751
3. 机关	22258	23081	23241	22282	22027	22170
二、按国民经济行业分组						
1. 农、林、牧、渔业	14094	11630	11038	10336	10044	8942
2. 采矿业	3319	2210	2713	2638	4186	4439
3. 制造业	46000	46284	56193	58312	53682	50266
4. 电力、热力、燃气及水生产和供应业	7492	7487	7541	6700	7490	7729
5. 建筑业	3174	4751	3035	5513	3851	3672
6. 批发和零售业	6959	4797	5499	5163	5253	3393
7. 交通运输、仓储和邮政业	1902	2159	2725	2807	2455	5059
8. 住宿和餐饮业	3848	3740	3699	3521	3624	548
9. 信息传输、软件和信息技术服服务业	555	586	581	519	444	2372
10. 金融业	7598	7501	7660	7577	8217	8022
11. 房地产业	1419	1360	1474	2687	2357	2302
12. 租赁和商务服务业	435	413	347	565	457	504
13. 科学研究、技术服务业	7225	6118	6224	5404	4424	5247
14. 水利、环境和公共设施管理	6622	7698	7578	7894	5884	5604
15. 居民服务、修理和其他服务业	1754	1704	1278	308	306	299
16. 教育	39857	39767	38945	38015	38168	37846
17. 卫生和社会工作	18267	18003	18032	18162	18156	18163
18. 文化、体育和娱乐业	3537	3421	3312	3144	3030	2660
19. 公共管理、社会保障和社会组织	25618	26854	27212	27228	26506	27209
三、按县（市）、区分组						
1. 四平市区	75581	77802	85984	85503	82049	79648
市　　直	50746	51555	45908	46491	41032	40467
铁 西 区	14952	16239	18891	17466	17504	15599
铁 东 区	9883	10008	21185	21546	23513	23582
2. 公主岭市	45583	39786	40669	38939	37723	37038
3. 双 辽 市	21346	22745	22156	22181	20428	20783
4. 梨 树 县	33816	33256	33820	33458	29723	29390
5. 伊 通 县	17871	18197	17300	20960	21232	21357
6. 辽河农垦管理区	5478	4697	5157	5452	7379	6060

2007 年—2012 年全部单位从业人员劳动报酬

3—3 单位：千元

	2007 年	2008 年	2009 年	2010 年	2011 年	2012 年
总　　计	**3097618**	**3610738**	**4118012**	**4687418**	**5733387**	**6432909**
一、按企业、事业、机关分组						
1. 企业	1248112	1430497	1751507	2035298	2508329	2779283
2. 事业	1443183	1706653	1847366	2079794	2522174	2859377
3. 机关	406323	473588	519139	572326	702884	794249
二、按国民经济行业分组						
1. 农、林、牧、渔业	127245	136801	144554	147936	194164	189290
2. 采矿业	44331	44022	53899	60470	116830	141739
3. 制造业	561573	695975	911110	1114235	1205538	1365414
4. 电力、热力、燃气及水生产和供应业	223982	247573	235576	209971	301195	338739
5. 建筑业	21722	36875	30658	61607	92584	107557
6. 批发和零售业	74007	71063	88863	92952	107494	130365
7. 交通运输、仓储和邮政业	46110	62664	88411	95543	126110	125940
8. 住宿和餐饮业	68678	77197	98149	106727	140537	10093
9. 信息传输、软件和信息技术服服务业	4942	5758	5116	5721	10479	135656
10. 金融业	171953	177702	230624	283911	378316	397947
11. 房地产业	13654	15292	17787	32822	54565	57752
12. 租赁和商务服务业	6951	7413	6843	10998	11651	15472
13. 科学研究、技术服务业	115305	112995	120433	123981	132314	177805
14. 水利、环境和公共设施管理	66810	90072	96352	118575	152735	159454
15. 居民服务、修理和其他服务业	17154	18591	17846	6165	8108	8533
16. 教育	737183	870992	929990	1038281	1262522	1400053
17. 卫生和社会工作	294447	348280	395022	440621	548410	649387
18. 文化、体育和娱乐业	48758	55053	58962	63930	75609	74397
19. 公共管理、社会保障和社会组织	452813	536420	587817	672972	814226	947316
三、按县（市）、区分组						
1. 四平市区	1376665	1646244	1923935	2141266	2587254	2870826
市　　直	1011712	1188276	1193951	1321168	1502418	1648951
铁 西 区	214794	281153	351102	381495	492198	545848
铁 东 区	150159	176815	378882	438603	592638	676027
2. 公主岭市	626005	706849	761247	876909	993978	1168594
3. 双 辽 市	343403	391015	423536	469617	585270	667482
4. 梨 树 县	417064	492771	573090	618376	731511	825898
5. 伊 通 县	277147	307735	355755	483267	672499	740548
6. 辽河农垦管理区	57334	66124	80449	97983	162875	159561

2007年—2012年全部在岗职工工资总额

3—4　　　　　　单位：千元

	2007年	2008年	2009年	2010年	2011年	2012年
总　　计	**3067384**	**3573337**	**4057286**	**4623158**	**5573347**	**6269076**
一、按企业、事业、机关分组						
1. 企业	1226486	1401275	1712568	1994811	2412846	2684472
2. 事业	1434762	1699275	1827572	2059733	2471133	2801404
3. 机关	406136	472787	517146	568614	689368	783200
二、按国民经济行业分组						
1. 农、林、牧、渔业	127245	136801	144269	147918	185472	183724
2. 采矿业	42156	42653	52519	59131	114722	139636
3. 制造业	560438	694748	908473	1112290	1195760	1348370
4. 电力、热力、燃气及水生产和供应业	223964	247245	234162	209279	300592	337696
5. 建筑业	21566	36732	30517	60714	81360	99443
6. 批发和零售业	73754	67356	82976	88774	101714	126916
7. 交通运输、仓储和邮政业	44990	61063	85944	93115	106562	116082
8. 住宿和餐饮业	68568	76935	97517	105977	120282	9854
9. 信息传输、软件和信息技术服服务业	4942	5758	5116	5426	10280	115842
10. 金融业	157482	157436	205774	254489	360288	368671
11. 房地产业	13646	15283	17787	32822	54525	57652
12. 租赁和商务服务业	6951	7413	6843	10882	11405	15196
13. 科学研究、技术服务业	115279	112869	120331	123925	126834	176036
14. 水利、环境和公共设施管理	66810	90060	90731	114486	131405	135918
15. 居民服务、修理和其他服务业	17144	18570	17829	6126	8000	8402
16. 教育	734083	868603	924735	1032303	1250921	1383792
17. 卫生和社会工作	287158	343392	388092	433421	536931	635947
18. 文化、体育和娱乐业	48722	55014	58929	63692	75247	74079
19. 公共管理、社会保障和社会组织	452486	535406	584742	668388	801047	935820
三、按县（市）、区分组						
1. 四平市区	1354765	1617218	1880955	2099868	2505623	2786387
市　　直	992218	1162132	1160878	1284844	1453690	1597669
铁 西 区	212388	278271	347971	380415	470798	524634
铁 东 区	150159	176815	372106	434609	581135	664084
2. 公主岭市	622310	702726	757832	874486	981595	1150750
3. 双 辽 市	342763	389901	421909	468175	568245	649429
4. 梨 树 县	416475	490216	568431	611186	713265	802603
5. 伊 通 县	273737	307152	347710	473093	662551	726946
6. 辽河农垦管理区	57334	66124	80449	96350	142068	152961

2007 年—2012 年全部单位从业人员平均劳动报酬

3－5 单位：元

	2007 年	2008 年	2009 年	2010 年	2011 年	2012 年
总　　计	**15497**	**18214**	**19902**	**22178**	**27488**	**31325**
一、按企业、事业、机关分组						
1. 企业	14716	17184	19031	20707	26151	29769
2. 事业	15562	18573	20231	22962	28212	32230
3. 机关	18195	20496	22030	25453	30217	34120
二、按国民经济行业分组						
1. 农、林、牧、渔业	9042	11769	13032	14259	17905	18908
2. 采矿业	12735	18289	19458	21981	27163	31526
3. 制造业	12781	15324	16676	18781	22558	26513
4. 电力、热力、燃气及水生产和供应业	29868	33005	30358	30933	40326	43992
5. 建筑业	6182	7682	9347	11468	18879	23438
6. 批发和零售业	10475	11874	14370	16012	18701	36640
7. 交通运输、仓储和邮政业	23194	27412	30455	29644	37985	23453
8. 住宿和餐饮业	17774	20072	26671	29854	30718	18351
9. 信息传输、软件和信息技术服服务业	9169	10155	8806	10162	22633	42579
10. 金融业	20364	20837	26463	32724	42365	41670
11. 房地产业	9508	11244	12158	12293	21232	22890
12. 租赁和商务服务业	15979	17949	19115	19261	24895	29926
13. 科学研究、技术服务业	15939	18400	19602	22947	29286	33068
14. 水利、环境和公共设施管理	10038	11745	12301	13986	18917	20546
15. 居民服务、修理和其他服务业	9168	10666	13834	20280	25658	27349
16. 教育	18334	22054	23733	27055	32413	36304
17. 卫生和社会工作	15975	19177	21690	23901	29041	34706
18. 文化、体育和娱乐业	13875	16102	17738	20218	24685	27473
19. 公共管理、社会保障和社会组织	17625	19955	21376	24472	29352	33384
三、按县（市）、区分组						
1. 四平市区	18304	21274	22419	24252	30185	33751
市　　直	19602	22849	25411	27504	34705	37954
铁 西 区	15646	18235	19924	21654	26572	31543
铁 东 区	15212	17756	17864	19547	24798	27812
2. 公主岭市	13581	17089	18584	22331	25523	30921
3. 双 辽 市	15963	17282	18870	21206	26571	29731
4. 梨 树 县	12404	14691	16673	17838	23731	26761
5. 伊 通 县	15430	16515	19593	22346	29761	32282
6. 辽河农垦管理区	10448	14078	15600	17629	19223	25509

2007年—2012年全部在岗职工平均工资

3－6 单位：元

	2007年	2008年	2009年	2010年	2011年	2012年
总　　计	**15490**	**18229**	**19968**	**22367**	**28078**	**32127**
一、按企业、事业、机关分组						
1. 企业	14696	17134	19031	20799	26621	30411
2. 事业	15550	18635	20351	23233	28790	33082
3. 机关	18217	20507	22103	25694	31296	35311
二、按国民经济行业分组						
1. 农、林、牧、渔业	9042	11769	13062	14265	18547	20378
2. 采矿业	12513	18401	19575	22230	27295	31685
3. 制造业	12779	15323	16668	18805	22702	26652
4. 电力、热力、燃气及水生产和供应业	29874	33036	30514	31194	40435	44224
5. 建筑业	6163	7693	9361	11479	18267	23442
6. 批发和零售业	10667	12064	15005	17042	18534	37262
7. 交通运输、仓储和邮政业	23704	27806	32009	32535	43495	23133
8. 住宿和餐饮业	17842	20130	26961	30184	34288	18453
9. 信息传输、软件和信息技术服服务业	9169	10155	8806	10455	22998	48653
10. 金融业	20721	20737	26693	33521	44818	46084
11. 房地产业	9509	11246	12158	12293	21249	22905
12. 租赁和商务服务业	15979	17949	19115	19294	24847	29855
13. 科学研究、技术服务业	15945	18404	19627	22979	28470	33441
14. 水利、环境和公共设施管理	10038	11748	12286	14470	22257	24120
15. 居民服务、修理和其他服务业	9178	10666	13842	20420	26144	27821
16. 教育	18384	22146	23820	27118	32577	36598
17. 卫生和社会工作	15757	19125	21731	24511	29557	35439
18. 文化、体育和娱乐业	13873	16100	17739	20284	24801	27600
19. 公共管理、社会保障和社会组织	17644	19965	21440	24667	30216	34363
三、按县（市）、区分组						
1. 四平市区	18344	21353	22462	24420	30823	34977
市　直	19713	23039	25565	27743	35379	39612
铁西区	15535	18144	19040	21629	27164	32683
铁东区	15212	17756	17895	19854	25409	28527
2. 公主岭市	13597	17101	18598	22539	25816	31119
3. 双辽市	16010	17322	18896	21276	27780	30987
4. 梨树县	12397	14689	16777	17940	24001	27164
5. 伊通县	15276	16499	20061	22930	30325	32784
6. 辽河农垦管理区	10448	14078	15600	17853	19845	26327

社 会 劳 动 者 人 数

3－7　　(2012 年)　　单位：人

	全　市	四平市区	公主岭市	双 辽 市	梨 树 县	伊 通 县	辽河农垦区
社会劳动者总数	**1502897**	**255943**	**469514**	**218869**	**299653**	**230249**	**28669**
城　镇	485294	175567	117379	72201	52697	51568	15882
乡　村	1017603	80376	352135	146668	246956	178681	12787
按经济类型分							
城镇单位从业人员	204805	85228	37941	22250	30707	22154	6525
1. 国有经济	131133	45396	27314	19655	22309	13439	3020
2. 集体经济	6242	1718	1826	788	958	952	
3. 其他经济	67430	38114	8801	1807	7440	7763	3505
城镇私营企业从业人员	112085	53253	33607	13381	5662	3449	2733
乡村劳动者	1017603	80376	352135	146668	246956	178681	12787
城镇个体劳动者	168404	37086	45831	36570	16328	25965	6624

全部单位从业

3—8 （2012

	单位数（个）	从业人员	#女性	#非全日制	#管理人员	1. 在岗职工
总计	**2857**	**204805**	**78815**	**2734**	**9575**	**194276**
一、按执行会计标准类别分组						
1. 企业	541	92738	28734	1754	2652	87355
2. 事业	1717	88797	44273	980	4833	84751
3. 机关	599	23270	5808	—	2090	22170
二、按国民经济行业分组						
1. 农、林、牧、渔业	265	9928	3531	267	741	8942
2. 采矿业	9	4530	559	500	69	4439
3. 制造业	252	51211	15963	708	1289	50266
4. 电力、热力、燃气及水生产和供应业	31	7802	2010	268	208	7729
5. 建筑业	33	4028	538	—	124	3672
6. 批发和零售业	64	3538	992	66	150	3393
7. 交通运输、仓储和邮政业	60	5453	1725	13	246	5059
8. 住宿和餐饮业	9	564	346	—	12	548
9. 信息传输、软件和信息技术服服务业	18	3171	1215	69	51	2372
10. 金融业	66	9794	4713	130	264	8022
11. 房地产业	38	2311	433	8	230	2302
12. 租赁和商务服务业	31	512	192	—	70	504
13. 科学研究、技术服务业	133	5358	1763	—	369	5247
14. 水利、环境和公共设施管理	121	7720	2457	90	312	5604
15. 居民服务、修理和其他服务业	13	309	87	—	35	299
16. 教育	471	38616	22446	614	1631	37846
17. 卫生和社会工作	226	18920	11217	—	847	18163
18. 文化、体育和娱乐业	123	2684	1153	—	236	2660
19. 公共管理、社会保障和社会组织	894	28356	7475	1	2691	27209
三、按县（市）、区分组						
1. 四平市区	853	85228	32179	902	3248	79648
市　　直	457	43760	17645	802	1953	40467
铁 西 区	161	16875	7188	—	265	15599
铁 东 区	235	24593	7346	100	1030	23582
2. 公主岭市	731	37941	15219	242	2136	37038
3. 双 辽 市	371	22250	8992	7	1199	20783
4. 梨 树 县	442	30707	11762	424	1439	29390
5. 伊 通 县	368	22154	7774	1153	1244	21357
6. 辽河农垦管理区	92	6525	2889	6	309	6060

人员和劳动报酬

年）

单位：人

2. 劳务派遣人员	3. 其他从业人员	从业人员平均人数	1. 在岗职工	2. 劳务派遣人员	3. 其他从业人员
2038	**8491**	**205359**	**195132**	**1959**	**8268**
1994	3389	93363	88272	1928	3163
30	4016	88718	84680	17	4021
14	1086	23278	22180	14	1084
—	986	10011	9016	—	995
—	91	4496	4407	—	89
271	674	51499	50592	289	618
51	22	7700	7636	42	22
61	295	4589	4242	53	294
87	58	3558	3406	85	67
329	65	5370	5018	287	65
13	3	550	534	13	3
679	120	3186	2381	686	119
546	1226	9550	8000	503	1047
—	9	2523	2517	—	6
—	8	517	509	—	8
1	110	5377	5264	1	112
—	2116	7761	5635	—	2126
—	10	312	302	—	10
—	770	38565	37811	—	754
—	757	18711	17945	—	766
—	24	2708	2684	—	24
—	1147	28376	27233	—	1143
899	4681	85058	79664	890	4504
783	2510	43446	40333	781	2332
55	1221	17305	16052	48	1205
61	950	24307	23279	61	967
588	315	37793	36979	557	257
235	1232	22451	20958	250	1243
170	1147	30862	29547	167	1148
117	680	22940	22174	79	687
29	436	6255	5810	16	429

	从业人员工资总额	1．在岗职工工资总额	基本工资	绩效工资	工作性津贴和补贴
总计	**6432909**	**6269076**	**3223578**	**1084902**	**1796577**
一、按执行会计标准类别分组					
1. 企业	2779283	2684472	1634358	779924	185341
2. 事业	2859377	2801404	1250631	256841	1235252
3. 机关	794249	783200	338589	48137	375984
二、按国民经济行业分组					
1. 农、林、牧、渔业	189290	183724	107530	8099	67399
2. 采矿业	141739	139636	54918	17247	17880
3. 制造业	1365414	1348370	891256	353719	73876
4. 电力、热力、燃气及水生产和供应业	338739	337696	157014	150732	28895
5. 建筑业	107557	99443	94217	2524	2652
6. 批发和零售业	130365	126916	64693	51676	8337
7. 交通运输、仓储和邮政业	125940	116082	69941	23883	22137
8. 住宿和餐饮业	10093	9854	8262	369	1223
9. 信息传输、软件和信息技术服服务业	135656	115842	55171	47896	11494
10. 金融业	397947	368671	198940	135557	31129
11. 房地产业	57752	57652	37086	11476	8037
12. 租赁和商务服务业	15472	15196	7957	231	6995
13. 科学研究、技术服务业	177805	176036	70779	33928	64922
14. 水利、环境和公共设施管理	159454	135918	75637	9737	39483
15. 居民服务、修理和其他服务业	8533	8402	3984	1122	3273
16. 教育	1400053	1383792	617618	39958	710112
17. 卫生和社会工作	649387	635947	270610	156668	188136
18. 文化、体育和娱乐业	74397	74079	35226	1097	37210
19. 公共管理、社会保障和社会组织	947316	935820	402739	38983	473387
三、按县（市）、区分组					
1. 四平市区	2870826	2786387	1419463	681676	613635
市　直	1648951	1597669	684984	464844	398574
铁西区	545848	524634	321164	106804	94920
铁东区	676027	664084	413315	110028	120141
2. 公主岭市	1168594	1150750	612295	144853	391840
3. 双辽市	667482	649429	325553	67900	251527
4. 梨树县	825898	802603	400343	112942	268207
5. 伊通县	740548	726946	351549	70125	241392
6. 辽河农垦管理区	159561	152961	114375	7406	29976

年）

单位：人、千元、元

其他工资	2．劳务派遣人员工资总额	3．其他从业人员工资总额	从业人员平均工资	#在岗职工平均工资	#劳务派遣人员平均工资	#其他从业人员平均工资
164019	**48945**	**114888**	**31325**	**32127**	**24985**	**13896**
84849	48426	46385	29769	30411	25117	14665
58680	228	57745	32230	33082	13412	14361
20490	291	10758	34120	35311	20786	9924
696	—	5566	18908	20378	—	5594
49591	—	2103	31526	31685	—	23629
29519	5925	11119	26513	26652	20502	17992
1055	616	427	43992	44224	14667	19409
50	1188	6926	23438	23442	22415	23558
2210	1438	2011	36640	37262	16918	30015
121	8976	882	23453	23133	31275	13569
—	175	64	18351	18453	13462	21333
1281	18256	1558	42579	48653	26612	13092
3045	12359	16917	41670	46084	24571	16158
1053	—	100	22890	22905	—	16667
13	—	276	29926	29855	—	34500
6407	12	1757	33068	33441	12000	15688
11061	—	23536	20546	24120	—	11071
23	—	131	27349	27821	—	13100
16104	—	16261	36304	36598	—	21566
20533	—	13440	34706	35439	—	17546
546	—	318	27473	27600	—	13250
20711	—	11496	33384	34363	—	10058
71613	24005	60434	33751	34977	26972	13418
49267	21711	29571	37954	39612	27799	12681
1746	1110	20104	31543	32683	23125	16684
20600	1184	10759	27812	28527	19410	11126
1762	12716	5128	30921	31119	22829	19953
4449	6169	11884	29731	30987	24676	9561
21111	4053	19242	26761	27164	24269	16761
63880	1786	11816	32282	32784	22608	17199
1204	216	6384	25509	26327	13500	14881

国 有 单 位 从 业

3—9

（2012

	单位数（个）	从业人员	#女 性	#非全日制	#管理人员
总 计	**2408**	**131133**	**55521**	**1098**	**7533**
一、按隶属关系分组					
1. 中央	76	11298	3239	17	324
2. 省、自治区、直辖市	96	13070	4590	440	515
3. 地区	350	20393	8852	54	1316
4. 县及县以下	1886	86372	38840	587	5378
5. 其他					
二、按执行会计标准类别分组					
1. 企业	170	22293	6954	118	789
2. 事业	1646	86159	42925	980	4685
3. 机关	592	22681	5642	—	2059
三、按国民经济行业分组					
1. 农、林、牧、渔业	249	9778	3483	267	724
2. 采矿业					
3. 制造业	6	2156	516	—	49
4. 电力、热力、燃气及水生产和供应业	19	4837	1054	—	122
5. 建筑业	10	951	112	—	30
6. 批发和零售业	41	2166	542	—	97
7. 交通运输、仓储和邮政业	48	4320	1313	13	173
8. 住宿和餐饮业	7	536	330	—	10
9. 信息传输、软件和信息技术服服务业	16	2728	1068	69	45
10. 金融业	39	3668	1689	36	165
11. 房地产业	30	884	320	8	100
12. 租赁和商务服务业	29	382	126	—	60
13. 科学研究、技术服务业	127	5128	1685	—	353
14. 水利、环境和公共设施管理	117	7621	2447	90	305
15. 居民服务、修理和其他服务业	13	309	87	—	35
16. 教育	467	38038	22147	614	1612
17. 卫生和社会工作	176	16739	10041	—	733
18. 文化、体育和娱乐业	121	2553	1090	—	231
19. 公共管理、社会保障和社会组织	893	28339	7471	1	2689
四、按县（市）、区分组					
1. 四平市区	634	45396	19349	555	2273
市 直	389	31077	12623	465	1687
铁 西 区	104	5746	3366	—	127
铁 东 区	141	8573	3360	90	459
2. 公主岭市	665	27314	11755	240	1869
3. 双 辽 市	321	19655	8032	7	1084
4. 梨 树 县	400	22309	9233	294	1226
5. 伊 通 县	313	13439	5856	2	932
6. 辽河农垦管理区	75	3020	1296	—	149

人 员 和 劳 动 报 酬

年）

单位：人

1. 在岗职工	2. 劳务派遣人员	3. 其他从业人员	从业人员平均人数	1. 在岗职工	2. 劳务派遣人员	3. 其他从业人员
123527	**1165**	**6441**	**131007**	**123437**	**1124**	**6446**
10486	584	228	11291	10501	554	236
12183	476	411	12927	12056	478	393
19256	36	1101	20304	19152	36	1116
81602	69	4701	86485	81728	56	4701
19683	1121	1489	22203	19617	1093	1493
82263	30	3866	86107	82221	17	3869
21581	14	1086	22697	21599	14	1084
8820	—	958	9860	8894	—	966
2070	86	—	2177	2094	83	
4795	42	—	4814	4775	39	
666	6	279	954	670	5	279
2032	87	47	2186	2047	85	54
3956	299	65	4230	3908	257	65
533	—	3	522	519	—	3
2075	533	120	2745	2083	543	119
3258	111	299	3633	3229	111	293
875	—	9	900	894	—	6
374	—	8	383	375	—	8
5024	1	103	5148	5042	1	105
5505	—	2116	7662	5536	—	2126
299	—	10	312	302	—	10
37327	—	711	38002	37303	—	699
16197	—	542	16543	15997	—	546
2529	—	24	2577	2553	—	24
27192	—	1147	28359	27216	—	1143
41590	451	3355	45153	41376	434	3343
29184	428	1465	30872	29008	411	1453
4783	—	963	5679	4716	—	963
7623	23	927	8602	7652	23	927
26904	352	58	27077	26691	329	57
18232	191	1232	19868	18419	206	1243
21202	105	1002	22423	21313	102	1008
12851	37	551	13471	12882	37	552
2748	29	243	3015	2756	16	243

3—9 续表 （2012

	从业人员工资总额	1．在岗职工工资总额	基本工资	绩效工资	工资性津贴和补贴
总计	**4397845**	**4283218**	**1888012**	**642950**	**1668944**
一、按隶属关系分组					
1. 中央	571095	553721	203773	297405	49463
2. 省、自治区、直辖市	495590	471540	180344	114473	156370
3. 地区	717788	708330	274411	133870	280626
4. 县及县以下	2613372	2549627	1229484	97202	1182485
5. 其他	—	—	—	—	—
二、按执行会计标准类别分组					
1. 企业	832580	783200	346434	355101	76834
2. 事业	2784443	2730245	1209472	245106	1217146
3. 机关	780822	769773	332106	42743	374964
三、按国民经济行业分组					
1. 农、林、牧、渔业	185013	179964	106025	7993	65250
2. 采矿业					
3. 制造业	115992	114452	32580	77716	4153
4. 电力、热力、燃气及水生产和供应业	223226	222664	81412	117051	23146
5. 建筑业	19440	12644	10795	—	1828
6. 批发和零售业	88945	85677	37629	41112	4733
7. 交通运输、仓储和邮政业	110762	101335	56192	23458	21582
8. 住宿和餐饮业	9404	9340	7901	304	1135
9. 信息传输、软件和信息技术服服务业	116850	101308	48354	43093	8580
10. 金融业	163112	152028	64033	62725	23612
11. 房地产业	21051	20951	9878	2159	7861
12. 租赁和商务服务业	13233	12957	5929	231	6784
13. 科学研究、技术服务业	172985	171286	66249	33928	64702
14. 水利、环境和公共设施管理	157995	134459	74569	9500	39329
15. 居民服务、修理和其他服务业	8533	8402	3984	1122	3273
16. 教育	1384519	1370046	607027	39865	707050
17. 卫生和社会工作	587897	578631	240047	142636	175574
18. 文化、体育和娱乐业	72112	71794	32941	1097	37210
19. 公共管理、社会保障和社会组织	946776	935280	402467	38960	473142
四、按县（市）、区分组					
1. 四平市区	1751565	1696860	666096	435049	549459
市　　直	1275943	1247590	434471	414718	362297
铁 西 区	188980	173285	80090	1043	90445
铁 东 区	286642	275985	151535	19288	96717
2. 公主岭市	853272	844310	395323	76419	370856
3. 双 辽 市	600859	583360	285655	50256	244379
4. 梨 树 县	639398	619465	276300	61103	264484
5. 伊 通 县	465624	456036	207801	19516	214539
6. 辽河农垦管理区	87127	83187	56837	607	25227

年）　　单位：人、千元、元

其他工资	2. 劳务派遣人员工资总额	3. 其他从业人员工资总额	从业人员平均工资	#在岗职工平均工资	#劳务派遣人员平均工资	#其他从业人员平均工资
83312	**29917**	**84710**	**33570**	**34700**	**26617**	**13141**
3080	13554	3820	50580	52730	24466	16186
20353	14637	9413	38338	39112	30621	23952
19423	830	8628	35352	36985	23056	7731
40456	896	62849	30218	31196	16000	13369
—	—	—	—	—	—	—
4831	29398	19982	37499	39925	26897	13384
58521	228	53970	32337	33206	13412	13949
19960	291	10758	34402	35639	20786	9924
696		5049	18764	20234		5227
3	1540	—	53281	54657	18554	—
1055	562	—	46370	46631	14410	—
21	78	6718	20377	18872	15600	24079
2203	1438	1830	40688	41855	16918	33889
103	8545	882	26185	25930	33249	13569
—		64	18015	17996	—	21333
1281	13984	1558	42568	48636	25753	13092
1658	3758	7326	44897	47082	33856	25003
1053	—	100	23390	23435	—	16667
13	—	276	34551	34552	—	34500
6407	12	1687	33602	33972	12000	16067
11061	—	23536	20621	24288	—	11071
23	—	131	27349	27821	—	13100
16104	—	14473	36433	36728	—	20705
20374	—	9266	35538	36171	—	16971
546	—	318	27983	28121	—	13250
20711	—	11496	33385	34365	—	10058
46256	12152	42553	38792	41011	28000	12729
36104	11783	16570	41330	43008	28669	11404
1707	—	15695	33277	36744	—	16298
8445	369	10288	33323	36067	16043	11098
1712	7934	1028	31513	31633	24116	18035
3070	5615	11884	30243	31672	27257	9561
17578	3053	16880	28515	29065	29931	16746
14180	947	8641	34565	35401	25595	15654
516	216	3724	28898	30184	13500	15325

3—10 (2012

	单位数（个）	从业人员	#女 性	#非全日制	#管理人员
总　　计	**99**	**6242**	**2497**	**204**	**264**
一、按企业、事业、机关分组					
1. 企业	43	4726	1754	204	159
2. 事业	56	1516	743	—	105
3. 机关	—	—	—	—	—
二、按国民经济行业分组					
1. 农、林、牧、渔业	16	150	48	—	17
2. 采矿业	—	—	—	—	—
3. 制造业	21	1613	477	115	100
4. 电力、热力、燃气及水生产和供应业	2	99	46	—	7
5. 建筑业	8	236	68	—	14
6. 批发和零售业	1	6	1	—	2
7. 交通运输、仓储和邮政业	—	—	—	—	—
8. 住宿和餐饮业	1	9	2	—	1
9. 信息传输、软件和信息技术服服务业	—	—	—	—	—
10. 金融业	7	2640	1101	89	31
11. 房地产业	1	9	5	—	1
12. 租赁和商务服务业	1	112	58	—	2
13. 科学研究、技术服务业	—	—	—	—	—
14. 水利、环境和公共设施管理	1	5	—	—	1
15. 居民服务、修理和其他服务业	—	—	—	—	—
16. 教育	1	45	22	—	3
17. 卫生和社会工作	37	1295	664	—	82
18. 文化、体育和娱乐业	1	6	1	—	1
19. 公共管理、社会保障和社会组织	1	17	4	—	2
三、按县（市）、区分组					
1. 四平市区	25	1718	581	—	100
市　　直	8	323	144	—	20
铁 西 区	11	881	317	—	39
铁 东 区	6	514	120	—	41
2. 公主岭市	30	1826	865	—	73
3. 双 辽 市	25	788	313	—	42
4. 梨 树 县	3	958	362	—	16
5. 伊 通 县	16	952	376	204	33
6. 辽河农垦管理区	—	—	—	—	—

人　员　和　劳　动　报　酬

年）　　　　　　　　　　　　　　　　　　　　　　　　单位：人

1. 在岗职　工	2. 劳务派遣人　　员	3. 其他从业人　　员	单位从业人员平均人数	1. 在岗职　工	2. 劳务派遣人　　员	3. 其他从业人　　员
5814	**323**	**105**	**6207**	**5832**	**282**	**93**
4380	323	23	4703	4404	282	17
1434	—	82	1504	1428	—	76
—	—	—	—	—	—	—
122	—	28	151	122	—	29
—	—	—	—	—	—	—
1613	—	—	1594	1594	—	—
99	—	—	99	99	—	—
167	55	14	228	167	48	13
6	—	—	6	6	—	—
—	—	—	—	—	—	—
9	—		9	9	—	
—	—	—	—	—	—	—
2363	268	9	2640	2402	234	4
9	—	—	9	9	—	
112	—	—	116	116	—	—
—	—	—	—	—	—	—
5	—	—	5	5	—	—
—	—	—	—	—	—	—
45	—	—	47	47	—	—
1241	—	54	1280	1233	—	47
6	—	—	6	6	—	
17	—	—	17	17	—	—
1621	55	42	1699	1609	48	42
314	—	9	331	322	—	9
793	55	33	862	781	48	33
514	—		506	506	—	
1688	92	46	1831	1696	96	39
757	31	—	787	756	31	
893	65	—	965	900	65	
855	80	17	925	871	42	12
—	—	—	—	—	—	—

	从业人员工资总额	1．在岗职工工资总额	基本工资	绩效工资	工资性津贴和补贴
总　　计	**216233**	**209026**	**120843**	**67540**	**18085**
一、按企业、事业、机关分组					
1. 企业	174999	169400	102125	60039	4753
2. 事业	41234	39626	18718	7501	13332
3. 机关	—	—	—	—	—
二、按国民经济行业分组					
1. 农、林、牧、渔业	4277	3760	1505	106	2149
2. 采矿业	—	—	—	—	—
3. 制造业	37438	37438	30240	6046	—
4. 电力、热力、燃气及水生产和供应业	1044	1044	1003	—	41
5. 建筑业	6100	4829	1905	2524	380
6. 批发和零售业	180	180	160	—	20
7. 交通运输、仓储和邮政业	—	—	—	—	—
8. 住宿和餐饮业	189	189	101	—	88
9. 信息传输、软件和信息技术服务业	—	—	—	—	—
10. 金融业	128408	124080	67287	51469	4013
11. 房地产业	301	301	104	52	145
12. 租赁和商务服务业	1591	1591	1380	—	211
13. 科学研究、技术服务业	—	—	—	—	—
14. 水利、环境和公共设施管理	25	25	25	—	—
15. 居民服务、修理和其他服务业	—	—	—	—	—
16. 教育	2069	2069	788	33	1248
17. 卫生和社会工作	34047	32956	16049	7287	9545
18. 文化、体育和娱乐业	24	24	24	—	—
19. 公共管理、社会保障和社会组织	540	540	272	23	245
三、按县（市）、区分组					
1. 四平市区	42290	40502	28890	8493	2009
市　　直	7929	7873	3363	2866	1644
铁 西 区	23499	21767	16365	5017	365
铁 东 区	10862	10862	9162	610	—
2. 公主岭市	76151	73187	33321	33794	6022
3. 双 辽 市	24934	24555	15330	4064	5161
4. 梨 树 县	29605	28605	22727	2731	1774
5. 伊 通 县	43253	42177	20575	18458	3119
6. 辽河农垦管理区	—	—	—	—	—

年）　　　　　　　　　　　　　　　　　　　　　　　　　　　　单位：人、千元、元

其他工资	2. 劳务派遣人员工资总额	3. 其他从业人员工资总额	从业人员平均工资	#在岗职工平均工资	#劳务派遣人员平均工资	#其他从业人员平均工资
2558	**5349**	**1858**	**34837**	**35841**	**18968**	**19978**
2483	5349	250	37210	38465	18968	14706
75	—	1608	27416	27749	—	21158
—	—	—	—	—	—	—
—		517	28325	30820	—	17828
—	—	—	—	—	—	—
1152	—		23487	23487	—	—
—		—	10545	10545	—	—
20	1110	161	26754	28916	23125	12385
—	—	—	30000	30000	—	—
—	—	—	—	—	—	—
—	—	—	21000	21000	—	—
—	—	—	—	—	—	—
1311	4239	89	48639	51657	18115	22250
—	—	—	33444	33444	—	—
—	—	—	13716	13716	—	—
—	—	—	—	—	—	
—	—	—	5000	5000	—	—
—	—	—	—	—	—	—
—	—	—	44021	44021	—	—
75	—	1091	26599	26728	—	23213
—	—	—	4000	4000	—	—
—	—	—	31765	31765	—	—
1110	1110	678	24891	25172	23125	16143
—	—	56	23955	24450	—	6222
20	1110	622	27261	27871	23125	18848
1090	—	—	21466	21466	—	—
50	2021	943	41590	43153	21052	24179
—	379	—	31682	32480	12226	—
1373	1000	—	30679	31783	15385	
25	839	237	46760	48424	19976	19750
—	—	—	—	—	—	—

其他单位从业

3－11 （2012

	单位数（个）	从业人员	＃女性	＃非全日制	＃管理人员
总　　计	**350**	**67430**	**20797**	**1432**	**1778**
一、按登记注册类型分组					
1. 内资	343	63041	19836	1432	1620
（1）股份合作	3	171	15	—	3
（2）联营	—	—	—	—	—
（3）有限责任公司	197	34656	10465	338	773
（4）股份有限公司	54	16107	5003	505	453
（5）其他	89	12107	4353	589	391
2. 港、澳、台商投资	1	1457	337	—	45
3. 外商投资	6	2932	624	—	113
二、按企业、事业、机关分组					
1. 企业	328	65719	20026	1432	1704
2. 事业	15	1122	605	—	43
3. 机关	7	589	166	—	31
三、按国民经济行业分组					
1. 农、林、牧、渔业	—	—	—	—	—
2. 采矿业	9	4530	559	500	69
3. 制造业	225	47442	14970	593	1140
4. 电力、热力、燃气及水生产和供应业	10	2866	910	268	79
5. 建筑业	15	2841	358	—	80
6. 批发和零售业	22	1366	449	66	51
7. 交通运输、仓储和邮政业	12	1133	412	—	73
8. 住宿和餐饮业	1	19	14	—	1
9. 信息传输、软件和信息技术服务业	2	443	147	—	6
10. 金融业	20	3486	1923	5	68
11. 房地产业	7	1418	108	—	129
12. 租赁和商务服务业	1	18	8	—	8
13. 科学研究、技术服务业	6	230	78	—	16
14. 水利、环境和公共设施管理	3	94	10	—	6
15. 居民服务、修理和其他服务业	—	—	—	—	—
16. 教育	3	533	277	—	16
17. 卫生和社会工作	13	886	512	—	32
18. 文化、体育和娱乐业	1	125	62	—	4
19. 公共管理、社会保障和社会组织	—	—	—	—	—
四、按县（市）、区分组					
1. 四平市区	194	38114	12249	347	875
市　　直	60	12360	4878	337	246
铁西区	46	10248	3505	—	99
铁东区	88	15506	3866	10	530
2. 公主岭市	36	8801	2599	2	194
3. 双辽市	25	1807	647	—	73
4. 梨树县	39	7440	2167	130	197
5. 伊通县	39	7763	1542	947	279
6. 辽河农垦管理区	17	3505	1593	6	160

人 员 和 劳 动 报 酬

年）　　　　　　　　　　　　　　　　　　　　　　单位：人

1. 在岗职工	2. 劳务派遣人员	3. 其他从业人员	从业人员平均人数	1. 在岗职工	2. 劳务派遣人员	3. 其他从业人员
64935	**550**	**1945**	**68145**	**65863**	**553**	**1729**
60668	428	1945	63742	61581	432	1729
75	—	96	170	75	—	95
—	—	—	—	—	—	—
33971	231	454	34982	34351	244	387
15003	179	925	16589	15647	183	759
11619	18	470	12001	11508	5	488
1406	51	—	1467	1417	50	—
2861	71	—	2936	2865	71	—
63292	550	1877	66457	64251	553	1653
1054	—	68	1107	1031	—	76
589	—	—	581	581	—	—
—	—	—	—	—	—	—
4439	—	91	4496	4407	—	89
46583	185	674	47728	46904	206	618
2835	9	22	2787	2762	3	22
2839	—	2	3407	3405	—	2
1355	—	11	1366	1353	—	13
1103	30	—	1140	1110	30	—
6	13	—	19	6	13	—
297	146	—	441	298	143	—
2401	167	918	3277	2369	158	750
1418	—	—	1614	1614	—	—
18	—	—	18	18	—	—
223	—	7	229	222	—	7
94	—	—	94	94	—	—
—	—	—	—	—	—	—
474	—	59	516	461	—	55
725	—	161	888	715	—	173
125	—	—	125	125	—	—
—	—	—	—	—	—	—
36437	393	1284	38206	36679	408	1119
10969	355	1036	12243	11003	370	870
10023	—	225	10764	10555	—	209
15445	38	23	15199	15121	38	40
8446	144	211	8885	8592	132	161
1794	13	—	1796	1783	13	
7295	—	145	7474	7334	—	140
7651	—	112	8544	8421	—	123
3312	—	193	3240	3054	—	186

	从业人员工资总额	1．在岗职工工资总额	基本工资	绩效工资	工资性津贴和补贴
总计	**1818831**	**1776832**	**1214723**	**374412**	**109548**
一、按登记注册类型分组					
1. 内资	1690777	1651396	1124831	347995	104646
（1）股份合作	4681	2184	1284	—	—
（2）联营	—	—	—	—	—
（3）有限责任公司	867207	853605	560445	216286	55876
（4）股份有限公司	477627	463608	305405	84313	25105
（5）其他	341262	331999	257697	47396	23665
2. 港、澳、台商投资	48201	47084	25870	16511	4703
3. 外商投资	79853	78352	64022	9906	199
二、按企业、事业、机关分组					
1. 企业	1771704	1731872	1185799	364784	103754
2. 事业	33700	31533	22441	4234	4774
3. 机关	13427	13427	6483	5394	1020
三、按国民经济行业分组					
1. 农、林、牧、渔业	—	—	—	—	—
2. 采矿业	141739	139636	54918	17247	17880
3. 制造业	1211984	1196480	828436	269957	69723
4. 电力、热力、燃气及水生产和供应业	114469	113988	74599	33681	5708
5. 建筑业	82017	81970	81517	—	444
6. 批发和零售业	41240	41059	26904	10564	3584
7. 交通运输、仓储和邮政业	15178	14747	13749	425	555
8. 住宿和餐饮业	500	325	260	65	—
9. 信息传输、软件和信息技术服服务业	18806	14534	6817	4803	2914
10. 金融业	106427	92563	67620	21363	3504
11. 房地产业	36400	36400	27104	9265	31
12. 租赁和商务服务业	648	648	648	—	—
13. 科学研究、技术服务业	4820	4750	4530	—	220
14. 水利、环境和公共设施管理	1434	1434	1043	237	154
15. 居民服务、修理和其他服务业	—	—	—	—	—
16. 教育	13465	11677	9803	60	1814
17. 卫生和社会工作	27443	24360	14514	6745	3017
18. 文化、体育和娱乐业	2261	2261	2261	—	—
19. 公共管理、社会保障和社会组织	—	—	—	—	—
四、按县（市）、区分组					
1. 四平市区	1076971	1049025	724477	238134	62167
市　直	365079	342206	247150	47260	34633
铁西区	333369	329582	224709	100744	4110
铁东区	378523	377237	252618	90130	23424
2. 公主岭市	239171	233253	183651	34640	14962
3. 双辽市	41689	41514	24568	13580	1987
4. 梨树县	156895	154533	101316	49108	1949
5. 伊通县	231671	228733	123173	32151	23734
6. 辽河农垦管理区	72434	69774	57538	6799	4749

年）

单位：人、千元、元

其他工资	2.劳务派遣人员工资总额	3.其他从业人员工资总额	从业人员平均工资	#在岗职工平均工资	#劳务派遣人员平均工资	#其他从业人员平均工资
78149	**13679**	**28320**	**26691**	**26978**	**24736**	**16379**
73924	11061	28320	26525	26817	25604	16379
900	—	2497	27535	29120	—	26284
—	—	—	—	—	—	—
20998	6268	7334	24790	24849	25689	18951
48785	4439	9580	28792	29629	24257	12622
3241	354	8909	28436	28849	70800	18256
—	1117	—	32857	33228	22340	—
4225	1501	—	27198	27348	21141	—
77535	13679	26153	26659	26955	24736	15822
84	—	2167	30443	30585	—	28513
530	—	—	23110	23110	—	—
—	—	—	—	—	—	—
49591	—	2103	31526	31685	—	23629
28364	4385	11119	25394	25509	21286	17992
—	54	427	41072	41270	18000	19409
9	—	47	24073	24073	—	23500
7	—	181	30190	30347	—	13923
18	431	—	13314	13286	14367	—
—	175	—	26316	54167	13462	—
—	4272	—	42644	48772	29874	—
76	4362	9502	32477	39073	27608	12669
—	—	—	22553	22553	—	
—	—	—	36000	36000	—	
—	—	70	21048	21396	—	10000
—	—	—	15255	15255	—	—
—	—	—	—	—	—	—
—	—	1788	26095	25330	—	32509
84	—	3083	30904	34070	—	17821
—	—	—	18088	18088	—	—
—	—	—	—	—	—	—
24247	10743	17203	28189	28600	26331	15374
13163	9928	12945	29819	31101	26832	14879
19	—	3787	30971	31225	—	18120
11065	815	471	24904	24948	21447	11775
—	2761	3157	26919	27148	20917	19609
1379	175	—	23212	23283	13462	—
2160	—	2362	20992	21071	—	16871
49675	—	2938	27115	27162	—	23886
688	—	2660	22356	22847	—	14301

4 统计资料

固定资产投资和建筑业

INVESTMENT IN FIXED ASSETS AND CONSTRUCTION

2007年—2012年全社会固定资产投资

4－1　　　　单位：万元、平方米

	2007年	2008年	2009年	2010年	2011年	2012年
全市固定资产投资	**2207022**	**3192000**	**4321000**	**5766400**	**4506200**	**5885197**
按城乡分						
城镇以上投资	1655069	2474023	3473038	4620174	3588508	4817259
农村非农主户投资	551953	717977	847962	1146226	917692	1067938
更新改造投资	545611	676868	885624	1573241	1132979	2228691
房地产开发	214121	225684	240364	269274	373458	586710
按行业分						
一产业投资	102742	215784	328803	289315	154077	127495
二产业投资	1255111	1988352	2602389	3575301	2998581	3867949
三产业投资	849169	987964	1389808	1901784	1353542	1889753
住宅投资	230784	214050	225541	267233	297495	499400
新增固定资产	1804061	3044769	3745890	4377047	2822564	5111692
施工面积	5804879	4802831	6621653	7846817	7842826	9766328
#住　宅	2084805	1551587	2026862	2093678	3083142	4479694
竣工面积	3563691	4802831	5239330	3034367	2873431	4423553
#住　宅	875687	1551587	1738762	1738041	753536	1119963

全社会固定资产投资

4—2　　　　(2012年)　　　　单位：万元、平方米

项目	全社会	城镇以上	城镇项目	中央	地方	房地产投资	农村非农户
一、计划投资（万元）						—	
1. 计划总投资	10373886	9021087	7013800	803348	6210452	2007287	1352799
#本年新开工项目	5460589	4120790	4120790	148742	3972048	—	1339799
2. 自开始建设累计完成投资	7979649	6902435	5864656	637600	5227056	1037779	1077214
二、自年初累计完成投资（万元）	5885197	4817259	4230549	277100	3953449	586710	1067938
#亿元以上项目完成投资	2390083	2278088	2278088	248500	2029588	—	111995
#国有经济控股	896905	847514	840385	244600	595785	7129	49391
#住宅	499400	499400	20000	—	20000	479400	—
1. 按控股类型分		—				—	
国有控股	896905	847514	840385	244600	595785	7129	49391
集体控股	15700	8500	8500	—	8500	—	7200
私人控股	4972592	3961245	3381664	32500	3349164	579581	1011347
2. 按建设性质分						—	
(1) 新建	2961089	2578652	1991942	229100	1762842	586710	382437
(2) 扩建	684517	463497	463497	20000	443497	—	221020
(3) 改建和技术改造	2228691	1772910	1772910	28000	1744910	—	455781
3. 按构成分						—	
建筑工程	2537499	2179262	1705470	60489	1644981	473792	358237
安装工程	58177	50842	15135	5000	10135	35707	7335
设备工器具购置	2936545	2326425	2320059	205200	2114859	6366	610120
#用于更新的设备	—	—	—	—	—	—	—
其他费用	352976	260730	189885	6411	183474	70845	92246
4. 按国民经济行业分						—	
(一) 农、林、牧、渔业	127495	35318	35318	—	35318	—	92177
农业	28128	16928	16928	—	16928	—	11200
林业	9400	2400	2400	—	2400	—	7000
畜牧业	80277	9300	9300	—	9300	—	70977
农、林、牧、渔服务业	9690	6690	6690	—	6690	—	3000
(二) 采矿业	165197	137240	137240	15100	122140	—	27957
煤炭开采和洗选业	13027		—		—	—	13027
石油和天然气开采业	135680	130240	130240	15100	115140	—	5440
黑色金属矿采选业	3000	3000	3000	—	3000	—	—
有色金属矿采选业	4000	4000	4000	—	4000	—	—
非金属矿采选业	9490		—		—	—	9490
(三) 制造业	3214965	2476438	2476438	20000	2456438	—	738527
农副食品加工业	310043	165343	165343	—	165343	—	144700

	全社会	城镇以上	城镇项目	中央	地方	房地产投资	农村非农户
食品制造业	79849	63100	63100	20000	43100	—	16749
酒、饮料和精制茶制造业	84689	61611	61611	—	61611	—	23078
纺织业	47930	31000	31000	—	31000	—	16930
纺织服装、鞋、帽制造业	5750		—		—	—	5750
木材加工及木、竹、藤、棕、草制	99289	61869	61869	—	61869	—	37420
家具制造业	18000	10000	10000	—	10000	—	8000
造纸及纸制品业	51330	12500	12500	—	12500	—	38830
印刷业和记录媒介的复制	48570	23600	23600	—	23600	—	24970
石油加工、炼焦及核燃料加工业	2000	2000	2000	—	2000	—	—
化学原料及化学制品制造业	201119	136419	136419	—	136419	—	64700
医药制造业	60589	40239	40239	—	40239	—	20350
化学纤维制造业	2600		—		—	—	2600
橡胶制品业	174434	120364	120364	—	120364	—	54070
非金属矿物制品业	366883	312073	312073	—	312073	—	54810
黑色金属冶炼及压延加工业	14650	2700	2700	—	2700	—	11950
有色金属冶炼及压延加工业	14500	9500	9500	—	9500	—	5000
金属制品业	55650	47850	47850	—	47850	—	7800
通用设备制造业	325741	281261	281261	—	281261	—	44480
专用设备制造业	207505	137259	137259	—	137259	—	70246
汽车制造业	889614	830900	830900	—	830900	—	58714
电气机械和器材制造业	84120	78450	78450	—	78450	—	5670
仪器仪表制造业	46110	36900	36900	—	36900	—	9210
其他制造业	5000		—		—	—	5000
废弃资源综合利用业	16600	11500	11500	—	11500	—	5100
金属制品、机械和设备修理业	2400		—		—	—	2400
(四) 电力、燃气及水的生产和供应业	479987	465544	465544	203000	262544	—	14443
电力、热力的生产和供应业	414718	400275	400275	203000	197275	—	14443
燃气生产和供应业	37127	37127	37127	—	37127	—	—
水的生产和供应业	28142	28142	28142	—	28142	—	—
(五) 建筑业	7800	7800	7800	—	7800	—	—
土木工程建筑业	7800	7800	7800	—	7800	—	—
(六) 批发和零售业	240593	238273	238273	—	238273	—	2320
批发业	103670	101350	101350	—	101350	—	2320
零售业	136923	136923	136923	—	136923	—	—

	全社会	城镇以上	城镇项目	中央	地方	房地产投资	农村非农户
(七) 交通运输、仓储和邮政业	304477	197671	197671	31000	166671	—	106806
铁路运输业	30000	30000	30000	30000	—	—	—
道路运输业	84383	70983	70983	—	70983	—	13400
装卸搬运和其他运输服务业	17570	16000	16000	1000	15000	—	1570
仓储业	172524	80688	80688	—	80688	—	91836
(八) 住宿和餐饮业	45700	13200	13200	—	13200	—	32500
住宿业	44300	11800	11800	—	11800	—	32500
餐饮业	1400	1400	1400	—	1400	—	—
(九) 信息传输、计算机服务和软件业	35926	30976	30976	8000	22976	—	4950
电信和其他信息传输服务业	35926	30976	30976	8000	22976	—	4950
(十) 金融业	5600	5600	5600	—	5600	—	—
资本市场服务	4000	4000	4000	—	4000	—	—
保险业	1600	1600	1600	—	1600	—	—
(十一) 房地产业	677010	676010	89300	—	89300	586710	1000
房地产业	677010	676010	89300	—	89300	586710	1000
(十二) 租赁和商务服务业	11500	11500	11500	—	11500	—	—
商务服务业	11500	11500	11500	—	11500	—	—
(十三) 科学研究、技术服务和地质勘查业	2800	2800	2800	—	2800	—	—
科技交流和推广服务业	2800	2800	2800	—	2800	—	—
(十四) 水利、环境和公共设施管理业	427883	405425	405425	—	405425	—	22458
水利管理业	44156	35758	35758	—	35758	—	8398
生态保护和环境治理业	10936	5876	5876	—	5876	—	5060
公共设施管理业	372791	363791	363791	—	363791	—	9000
(十五) 居民服务、修理和其他服务业	36100	36100	36100	—	36100	—	—
机动车、电子产品和日用产品修理业	36100	36100	36100	—	36100	—	—
(十六) 教育	41364	41364	41364	—	41364	—	—
教育	41364	41364	41364	—	41364	—	—

	全社会	城镇以上				房地产投资	农村非农户
			城镇项目				
				中央	地方		
(十七) 卫生、社会保障和社会福利业	6500	6500	6500	—	6500	—	—
卫生	2900	2900	2900	—	2900	—	—
社会工作	3600	3600	3600	—	3600	—	—
(十八) 文化、体育和娱乐业	34200	19000	19000	—	19000	—	15200
广播、电视、电影和音像业	15000	15000	15000	—	15000	—	—
文化艺术业	2000	2000	2000	—	2000	—	—
体育	10000	2000	2000	—	2000	—	8000
娱乐业	7200		—		—	—	7200
(十九) 公共管理和社会组织	14700	10500	10500	—	10500	—	4200
国家机构	14700	10500	10500	—	10500	—	4200
三、新增固定资产 (万元)	5111692	4121749	3854667	227600	3627067	267082	989943
四、项目个数 (个)			—			—	
1. 施工项目个数	723	508	508	12	496		215
#500 万元以下项目			—		—	—	
#本年新开工	669	454	454	8	446	—	215
2. 本年投产项目个数	632	428	428	9	419	—	204
五、房屋建筑面积 (平方米)						—	
1. 施工面积	9766328	8625784	3349859	500	3349359	5275925	1140544
#住宅	4479694	4479694	40000	—	40000	4439694	—
2. 竣工面积	4423553	3537109	2276394	500	2275894	1260715	886444
#住宅	1119963	1119963	40000	—	40000	1079963	—
六、本年资金来源合计 (万元)	6417834	5189508	4324183	279400	4044783	865325	1228326
1. 上年末结余资金	61603	61603	—	—	—	61603	—
2. 本年资金来源小计	6356231	5127905	4324183	279400	4044783	803722	1228326
(1) 国家预算内资金	46261	46261	46261	—	46261	—	—
(2) 国内贷款	102467	102467	73000	30000	43000	29467	—
(3) 利用外资	65000	65000	65000	—	65000	—	—
#外商直接投资	55000	55000	55000	—	55000	—	—
(4) 自筹资金	5865605	4637279	4095632	249400	3846232	541647	1228326
#企、事业单位自有资金	1404555	1169355	836876	62000	774876	332479	235200
(5) 其他资金来源	276898	276898	44290	—	44290	232608	—
七、各项应付款合计 (万元)	169094	169094	—	—	—	169094	—
其中：工程款	111623	111623	—	—	—	111623	—
八、征用和购置土地情况						—	
1. 规划用地面积 (万平方米)	13420753	10323298	5226316	289300	4937016	5096982	3097455
2. 本年实际征用和购置土地面积 (万平方米)	7913384	5468561	4067684	189300	3878384	1400877	2444823
3. 本年实际征用和购置土地成交价款 (万元)	341896	287975	91024	650	90374	196951	53921

县（市）区固

4—3 （2012

	总 计	市 直	铁西区	铁东区
一、计划投资（万元）				
1. 计划总投资	10373886	1316552	1622951	782059
#本年新开工项目	5460589	536201	527701	641611
2. 自开始建设累计完成投资	7979649	1120982	976381	735863
二、自年初累计完成投资（万元）	5885197	718603	666383	699517
#亿元以上项目完成投资	2390083	580478	71264	30000
#国有经济控股	896905	255963	9529	
#住宅	499400	—	224263	21047
1. 按控股类型分				
国有控股	896905	255963	9529	—
集体控股	15700	—	—	15700
私人控股	4972592	462640	656854	683817
2. 按建设性质分				
（1）新建	2961089	322538	323124	212456
（2）扩建	684517	157312	90180	151300
（3）改建和技术改造	2228691	238753	253079	335761
3. 按构成分				
建筑工程	2537499	412333	292658	69322
安装工程	58177	—	17511	2753
设备工器具购置	2936545	250670	274000	622986
#用于更新的设备	—	—	—	—
其他费用	352976	55600	82214	4456
4. 按国民经济行业分				
（一）农、林、牧、渔业	127495	—	2200	26100
农业	28128	—	2200	—
林业	9400	—	—	7000
畜牧业	80277	—	—	19100
农、林、牧、渔服务业	9690	—	—	—
（二）采矿业	165197	—	—	4600
煤炭开采和洗选业	13027	—	—	—
石油和天然气开采业	135680	—	—	—
黑色金属矿采选业	3000	—	—	—
有色金属矿采选业	4000	—	—	—
非金属矿采选业	9490	—	—	4600
（三）制造业	3214965	296370	321364	508311
农副食品加工业	310043	35000	16440	30500

定　资　产　投　资

年）　　　　　　　　　　　　　　　　　　　　　　　　单位：万元

公主岭市	双辽市	梨树县	伊通县	辽河农垦区
2493002	1667701	1089146	1177985	224490
1497982	721976	698409	650631	186078
2041789	1322671	690947	932466	158650
1619761	867843	670674	500966	141450
775397	517594	47430	249127	118793
50500	378996	114586	87331	
85182	71400	51541	34419	11548
50500	378996	114586	87331	
—	—	—	—	
1569261	488847	556088	413635	141450
696770	666482	449821	146055	124035
52790	40200	100890	86000	5845
870201	152461	117763	249103	11570
517009	447212	374473	251296	82641
6230	20480	3437	715	3119
913552	339740	235168	245648	54631
—	—	—	—	—
78488	60411	57596	3307	—
				—
14400	9190	69026	6579	—
4900	—	19949	1079	—
—	—	2400	—	—
9500	2500	43677	5500	—
—	6690	3000	—	—
11800	—	20430	117027	11340
—	—	—	13027	
11800	—	12540	100000	11340
—	—	3000	—	
—	—	—	4000	
—	—	4890	—	
1229247	230033	316215	235800	77625
52400	40200	79088	39000	17415

	总　计	市　直	铁西区	铁东区
食品制造业	79849	—	—	4900
酒、饮料和精制茶制造业	84689	—	10228	—
纺织业	47930	11000	10280	7900
纺织服装、鞋、帽制造业	5750	—	5750	—
木材加工及木、竹、藤、棕、草制	99289	—	—	9300
家具制造业	18000	—	—	—
造纸及纸制品业	51330	—	30830	20500
印刷业和记录媒介的复制	48570	—	24970	14900
石油加工、炼焦及核燃料加工业	2000	—	—	—
化学原料及化学制品制造业	201119	9800	6500	32500
医药制造业	60589	9870	5680	17500
化学纤维制造业	2600	—	2600	—
橡胶制品业	174434	20500	10680	36500
非金属矿物制品业	366883	45000	8600	59000
黑色金属冶炼及压延加工业	14650	—	2950	11700
有色金属冶炼及压延加工业	14500	9500	—	5000
金属制品业	55650	9800	10600	22950
通用设备制造业	325741	40500	58480	96541
专用设备制造业	207505	60100	87396	42620
汽车制造业	889614	20800	8500	32300
电气机械和器材制造业	84120	24500	5670	32800
仪器仪表制造业	46110	—	15210	30900
其他制造业	5000	—	—	—
废弃资源综合利用业	16600	—	—	—
金属制品、机械和设备修理业	2400	—	—	—
(四) 电力、燃气及水的生产和供应业	479987	111300	1095	37000
电力、热力的生产和供应业	414718	80000	—	37000
燃气生产和供应业	37127	9800	1095	—
水的生产和供应业	28142	21500	—	—
(五) 建筑业	7800	—	7800	—
土木工程建筑业	7800	—	7800	—
(六) 批发和零售业	240593	134970	25300	—
批发业	103670	59820	22100	—
零售业	136923	75150	3200	—

年） 单位：万元

公主岭市	双辽市	梨树县	伊通县	辽河农垦区
25000	—	34749	15200	—
—	35111	14050	25300	—
—	—	9850	8900	—
—	—	—	—	—
37010	20900	32079	—	—
8000	—	—	—	10000
—	—	—	—	—
7000	—	1700	—	—
—	—	2000	—	—
74342	12200	43540	17400	4837
—	—	—	8700	18839
—	—	—	—	—
26000	28000	26220	—	26534
147001	46422	42760	18100	—
—	—	—	—	—
—	—	—	—	—
3000	9300	—	—	—
94520	33900	1800	—	—
4000	—	13389	—	—
729124	—	3990	94900	—
8850	4000	—	8300	—
—	—	—	—	—
5000	—	—	—	—
8000	—	8600	—	—
—	—	2400	—	—
70062	251042	9488	—	—
43830	244400	9488	—	—
26232	—	—	—	—
—	6642	—	—	—
—	—	—	—	—
—	—	—	—	—
53400	—	14750	2500	9673
9500	—	12250	—	
43900	—	2500	2500	9673

	总　计	市　直	铁西区	铁东区
(七) 交通运输、仓储和邮政业	304477	29033	8200	20900
铁路运输业	30000	—	—	—
道路运输业	84383	29033	8200	—
装卸搬运和其他运输服务业	17570	—	—	—
仓储业	172524	—	—	20900
(八) 住宿和餐饮业	45700	—	16400	17500
住宿业	44300	—	15000	17500
餐饮业	1400	—	1400	—
(九) 信息传输、计算机服务和软件业	35926	—	15800	—
电信和其他信息传输服务业	35926	—	15800	—
(十) 金融业	5600	—	5600	—
资本市场服务	4000	—	4000	—
保险业	1600	—	1600	—
(十一) 房地产业	677010	—	253424	27906
房地产业	677010	—	253424	27906
(十二) 租赁和商务服务业	11500	—	2000	—
商务服务业	11500	—	2000	—
(十三) 科学研究、技术服务和地质勘查业	2800	—	2800	—
科技交流和推广服务业	2800	—	2800	—
(十四) 水利、环境和公共设施管理业	427883	131930	—	—
水利管理业	44156	8258	—	—
生态保护和环境治理业	10936	—	—	—
公共设施管理业	372791	123672	—	—
(十五) 居民服务、修理和其他服务业	36100	—	—	36100
机动车、电子产品和日用产品修理业	36100	—	—	36100
(十六) 教育	41364	—	2400	5900
教育	41364	—	2400	5900

年）　　　　　　　　　　　　　　　　　　　　　　　　　　单位：万元

公主岭市	双辽市	梨树县	伊通县	辽河农垦区
100370	52100	93874	—	—
—	30000	—	—	—
10000	—	37150	—	—
15000	—	2570	—	—
75370	22100	54154	—	—
—	3800	—	8000	—
—	3800	—	8000	—
—	—	—	—	—
—	8000	9950	2176	—
—	8000	9950	2176	—
—	—	—	—	—
—	—	—	—	—
—	—	—	—	—
104482	136045	72533	39808	42812
104482	136045	72533	39808	42812
—	9500	—	—	—
—	9500	—	—	—
—	—	—	—	—
—	—	—	—	—
36000	161469	37908	60576	—
36000	15000	8398	12500	—
—	—	9160	1776	—
—	146469	20350	46300	—
—	—	—	—	—
—	—	—	—	—
—	6664	2400	24000	—
—	6664	2400	24000	—

	总 计	市 直	铁西区	铁东区
（十七）卫生、社会保障和社会福利业	6500	—	—	—
卫生	2900	—	—	—
社会工作	3600	—	—	—
（十八）文化、体育和娱乐业	34200	15000	2000	15200
广播、电视、电影和音像业	15000	15000	—	—
文化艺术业	2000	—	—	—
体育	10000	—	2000	8000
娱乐业	7200	—	—	7200
（十九）公共管理和社会组织	14700	—	—	—
国家机构	14700	—	—	—
三、新增固定资产（万元）	5111692	657933	508901	658473
四、项目个数（个）				
1. 施工项目个数	723	42	112	118
# 500 万元以下项目		—		
# 本年新开工	669	30	112	117
2. 本年投产项目个数	632	32	104	117
五、房屋建筑面积（平方米）				
1. 施工面积	9766328	1223710	3084667	270695
# 住宅	4479694	—	2330690	131539
2. 竣工面积	4423553	757710	1063166	163217
# 住宅	1119963	—	693702	53363
六、本年资金来源合计（万元）	6417834	726103	975923	692101
1. 上年末结余资金	61603	—	25531	1208
2. 本年资金来源小计	6356231	726103	950392	690893
（1）国家预算内资金	46261	14431	—	—
（2）国内贷款	102467	35000	21201	400
（3）利用外资	65000	10000	—	—
# 外商直接投资	55000	—	—	—
（4）自筹资金	5865605	636672	839423	683344
# 企、事业单位自有资金	1404555	96350	149987	675574
（5）其他资金来源	276898	30000	89768	7149
七、各项应付款合计（万元）	169094	—	95002	17408
其中：工程款	111623	—	64837	8794
八、征用和购置土地情况				
1. 规划用地面积（万平方米）	13420753	1171000	2613424	491712
2. 本年实际征用和购置土地面积（万平方米）	7913384	1171000	1224889	—
3. 本年实际征用和购置土地成交价款（万元）	341896	41340	190570	—

年）　　　　　　　　　　　　　　　　　　　　　　　　　　　　单位：万元

公主岭市	双辽市	梨树县	伊通县	辽河农垦区
—	—	6500	—	—
—	—	2900	—	—
—	—	3600	—	—
—	—	—	2000	—
—	—	—	—	—
—	—	—	2000	—
—	—	—	—	—
—	—	—	—	—
—	—	12200	2500	—
—	—	12200	2500	—
1143165	726426	577350	758011	75178
173	68	151	48	11
149	54	151	46	10
132	57	146	37	7
1562893	1933143	1039848	224822	426550
1030384	477774	315080	160250	33977
525442	924263	727684	92547	188338
214902	—	68913	67220	33977
1766110	873971	735640	502454	145532
10640	50	19863	294	4017
1755470	873921	715777	502160	141515
—	15164	1752	14914	—
1800	33000	—	2000	9066
—	—	—	55000	—
—	—	—	55000	—
1632149	811467	707976	425125	129449
140708	256700	29502	29157	26577
121521	14290	6049	5121	3000
11072	4000	27942	7360	6310
11072	—	14310	7200	5410
2468711	2638735	3097797	424231	515143
1329161	1887185	2152219	148450	480
34872	29690	40601	4494	329

县（市）区城镇以

4—4 （2012

	总　计	市　直	铁西区	铁东区
一、计划投资（万元）				
1. 计划总投资	9021087	1316552	1284835	585759
#本年新开工项目	4120790	536201	189585	445311
2. 自开始建设累计完成投资	6902435	1120982	740807	539563
二、自年初累计完成投资（万元）	4817259	718603	430809	503217
#亿元以上项目完成投资	2278088	580478	15800	30000
#国有经济控股	847514	255963	9529	
#住宅	499400	—	224263	21047
1. 按控股类型分	—			
国有控股	847514	255963	9529	—
集体控股	8500	—	—	8500
私人控股	3961245	462640	421280	494717
2. 按建设性质分				
（1）新建	2578652	322538	291124	172456
（2）扩建	463497	157312	33980	91800
（3）改建和技术改造	1772910	238753	105705	238961
3. 按构成分				
建筑工程	2179262	412333	237708	33122
安装工程	50842	—	14721	2753
设备工器具购置	2326425	250670	127666	462886
#用于更新的设备	—	—	—	—
其他费用	260730	55600	50714	4456
4. 按国民经济行业分				
（一）农、林、牧、渔业	35318	—		4000
农业	16928	—		—
林业	2400	—	—	
畜牧业	9300	—	—	4000
农、林、牧、渔服务业	6690	—	—	—
（二）采矿业	137240	—	—	
煤炭开采和洗选业		—	—	—
石油和天然气开采业	130240	—	—	—
黑色金属矿采选业	3000	—	—	—
有色金属矿采选业	4000	—	—	—
非金属矿采选业		—	—	
（三）制造业	2476438	296370	111190	371411
农副食品加工业	165343	35000	5730	16600

上 固 定 资 产 投 资

年）　　　　　　　　　　　　　　　　　　　　　　　　　　　单位：万元

公主岭市	双辽市	梨树县	伊通县	辽河农垦区
2286812	1596751	672603	1053285	224490
1304792	651026	281866	525931	186078
1843099	1267271	362424	869739	158650
1430347	812443	342151	438239	141450
765173	515094	37650	215100	118793
50500	369996	74195	87331	—
85182	71400	51541	34419	11548
50500	369996	74195	87331	—
—	—	—	—	—
1379847	442447	267956	350908	141450
624786	648782	234568	140555	124035
22160	28700	37700	86000	5845
783401	134961	67683	191876	11570
442244	427312	206551	246796	82641
3545	19350	2707	715	3119
816813	314091	111097	188421	54631
—	—	—	—	—
63263	51690	21796	2307	—
				—
	6690	23549	1079	—
	—	15849	1079	—
—	—	2400	—	—
		5300		—
—	6690	—	—	—
11800	—	10100	104000	11340
—	—	—		—
11800	—	7100	100000	11340
—	—	3000	—	—
—	—	—	4000	—
—	—		—	—
1107323	194233	126686	191600	—
34400	22500	24898	8800	77625

4—4 续表 1 (2012

	总计	市直	铁西区	铁东区
食品制造业	63100	—	—	4900
酒、饮料和精制茶制造业	61611	—	4100	—
纺织业	31000	11000	3200	7900
纺织服装、鞋、帽制造业		—		—
木材加工及木、竹、藤、棕、草制	61869	—	—	3700
家具制造业	10000	—	—	—
造纸及纸制品业	12500	—	7500	5000
印刷业和记录媒介的复制	23600	—		14900
石油加工、炼焦及核燃料加工业	2000	—	—	—
化学原料及化学制品制造业	136419	9800		16600
医药制造业	40239	9870	2830	
化学纤维制造业		—		—
橡胶制品业	120364	20500	2880	21400
非金属矿物制品业	312073	45000	3600	47100
黑色金属冶炼及压延加工业	2700	—		2700
有色金属冶炼及压延加工业	9500	9500	—	
金属制品业	47850	9800	2800	22950
通用设备制造业	281261	40500	32150	82541
专用设备制造业	137259	60100	31900	35620
汽车制造业	830900	20800	8500	25800
电气机械和器材制造业	78450	24500		32800
仪器仪表制造业	36900	—	6000	30900
其他制造业		—	—	—
废弃资源综合利用业	11500	—	—	—
金属制品、机械和设备修理业		—	—	—
(四)电力、燃气及水的生产和供应业	465544	111300	1095	37000
电力、热力的生产和供应业	400275	80000	—	37000
燃气生产和供应业	37127	9800	1095	—
水的生产和供应业	28142	21500	—	—
(五)建筑业	7800	—	7800	—
土木工程建筑业	7800	—	7800	—
(六)批发和零售业	238273	134970	25300	—
批发业	101350	59820	22100	—
零售业	136923	75150	3200	—

年）　　　　单位：万元

公主岭市	双辽市	梨树县	伊通县	辽河农垦区
25000	—	18000	15200	17415
—	25711	6500	25300	—
—	—		8900	—
—	—	—	—	—
25710	20900	11559	—	—
	—	—	—	10000
—	—	—	—	—
7000	—	1700	—	—
—	—	2000	—	—
64842	3500	19440	17400	4837
—	—	—	8700	18839
—	—	—	—	—
16000	28000	5050	—	26534
125251	46422	26600	18100	—
—	—	—	—	—
—	—	—	—	—
3000	9300	—	—	—
90370	33900	1800	—	—
4000	—	5639	—	—
694900	—		80900	—
8850	4000	—	8300	—
—	—	—	—	—
	—	—	—	—
8000	—	3500	—	—
—	—		—	—
70062	242042	4045	—	—
43830	235400	4045	—	—
26232	—	—	—	—
—	6642	—	—	—
—	—	—	—	—
—	—	—	—	—
53400	—	12430	2500	9673
9500	—	9930	—	—
43900	—	2500	2500	9673

	总 计	市 直	铁西区	铁东区
（七）交通运输、仓储和邮政业	197671	29033		20900
铁路运输业	30000	—	—	—
道路运输业	70983	29033		—
装卸搬运和其他运输服务业	16000	—	—	—
仓储业	80688	—	—	20900
（八）住宿和餐饮业	13200	—	1400	
住宿业	11800	—		
餐饮业	1400	—	1400	—
（九）信息传输、计算机服务和软件业	30976	—	15800	—
电信和其他信息传输服务业	30976	—	15800	—
（十）金融业	5600	—	5600	—
资本市场服务	4000	—	4000	—
保险业	1600	—	1600	—
（十一）房地产业	676010	—	253424	27906
房地产业	676010	—	253424	27906
（十二）租赁和商务服务业	11500	—	2000	—
商务服务业	11500	—	2000	—
（十三）科学研究、技术服务和地质勘查业	2800	—	2800	—
科技交流和推广服务业	2800	—	2800	—
（十四）水利、环境和公共设施管理业	405425	131930	—	—
水利管理业	35758	8258	—	—
生态保护和环境治理业	5876	—	—	—
公共设施管理业	363791	123672	—	—
（十五）居民服务、修理和其他服务业	36100	—	—	36100
机动车、电子产品和日用产品修理业	36100	—	—	36100
（十六）教育	41364	—	2400	5900
教育	41364	—	2400	5900

年）

单位：万元

公主岭市	双辽市	梨树县	伊通县	辽河农垦区
47280	44000	56458	—	—
—	30000	—	—	—
10000	—	31950	—	—
15000	—	1000	—	—
22280	14000	23508	—	—
—	3800	—	8000	—
—	3800	—	8000	—
—	—	—	—	—
—	8000	5000	2176	—
—	8000	5000	2176	—
—	—	—	—	—
—	—	—	—	—
—	—	—	—	—
104482	136045	71533	39808	42812
104482	136045	71533	39808	42812
—	9500	—	—	—
—	9500	—	—	—
—	—	—	—	—
—	—	—	—	—
36000	161469	15450	60576	—
—	15000		12500	—
—	—	4100	1776	—
36000	146469	11350	46300	—
—	—	—	—	—
—	—	—	—	—
—	6664	2400	24000	—
—	6664	2400	24000	—

4—4 续表 3 （2012

	总　计	市　直	铁西区	铁东区
（十七）卫生、社会保障和社会福利业	6500	—	—	—
卫生	2900	—	—	—
社会工作	3600	—	—	—
（十八）文化、体育和娱乐业	19000	15000	2000	
广播、电视、电影和音像业	15000	15000	2000	—
文化艺术业	2000	—	—	—
体育	2000	—	—	
娱乐业		—	—	
（十九）公共管理和社会组织	10500	—	—	—
国家机构	10500	—	—	—
三、新增固定资产（万元）	4121749	657933	328791	462173
四、项目个数（个）				
1. 施工项目个数	508	42	53	88
#500 万元以下项目		—		
#本年新开工	454	30	53	87
2. 本年投产项目个数	428	32	51	87
五、房屋建筑面积（平方米）				
1. 施工面积	8625784	1223710	2752667	216195
#住宅	4479694	—	2330690	131539
2. 竣工面积	3537109	757710	926666	109817
#住宅	1119963	—	693702	53363
六、本年资金来源合计（万元）	5189508	726103	622247	495801
1. 上年末结余资金	61603	—	25531	1208
2. 本年资金来源小计	5127905	726103	596716	494593
（1）国家预算内资金	46261	14431	—	—
（2）国内贷款	102467	35000	21201	400
（3）利用外资	65000	10000	—	—
#外商直接投资	55000	—	—	—
（4）自筹资金	4637279	636672	485747	487044
#企、事业单位自有资金	1169355	96350	149987	479274
（5）其他资金来源	276898	30000	89768	7149
七、各项应付款合计（万元）	169094	—	95002	17408
其中：工程款	111623	—	64837	8794
八、征用和购置土地情况				
1. 规划用地面积（万平方米）	10323298	1171000	2414424	251712
2. 本年实际征用和购置土地面积（万平方米）	5468561	1171000	1025889	—
3. 本年实际征用和购置土地成交价款（万元）	287975	41340	173770	—

年）　　　　单位：万元

公主岭市	双辽市	梨树县	伊通县	辽河农垦区
—	—	6500	—	—
—	—	2900	—	—
—	—	3600	—	—
—	—	—	2000	—
—	—	—	—	—
—	—	—	2000	—
—	—	—	—	—
—	—	—	—	—
—	—	8000	2500	—
—	—	8000	2500	—
950975	673526	258607	708311	75178
				—
142	61	71	40	11
				—
119	47	70	38	10
102	51	67	31	7
1401128	1834143	554569	216822	426550
1030384	477774	315080	160250	33977
371177	865263	252405	84547	188338
214902	—	68913	67220	33977
1575296	818571	366231	439727	145532
10640	50	19863	294	4017
1564656	818521	346368	439433	141515
—	15164	1752	14914	—
1800	33000	—	2000	9066
—	—	—	55000	—
—	—	—	55000	—
1441335	756067	338567	362398	129449
140708	229900	25402	21157	26577
121521	14290	6049	5121	3000
11072	4000	27942	7360	6310
11072	—	14310	7200	5410
1904661	2468735	1203392	394231	515143
868111	1717185	567446	118450	480
22957	25690	19795	4094	329

4－5　　　　　　　　　　　　　　　　　　　　　　　　　　（2012

	总　计	铁西区	铁东区	公主岭市
一、计划投资（万元）				
1. 计划总投资	1352799	338116	196300	206190
#本年新开工项目	1339799	338116	196300	193190
2. 自开始建设累计完成投资	1077214	235574	196300	198690
二、自年初累计完成投资（万元）	1067938	235574	196300	189414
#亿元以上项目完成投资	111995	55464	—	10224
#国有经济控股	49391	—	—	—
#住宅	—	—	—	—
1. 按控股类型分				
国有控股	49391	—	—	—
集体控股	7200	—	7200	—
私人控股	1011347	235574	189100	189414
2. 按建设性质分				
（1）新建	382437	32000	40000	71984
（2）扩建	221020	56200	59500	30630
（3）改建和技术改造	455781	147374	96800	86800
3. 按构成分				
建筑工程	358237	54950	36200	74765
安装工程	7335	2790	—	2685
设备工器具购置	610120	146334	160100	96739
#用于更新的设备	—	—	—	—
其他费用	92246	31500	—	15225
4. 按国民经济行业分				
（一）农、林、牧、渔业	92177	2200	22100	14400
农业	11200	2200	—	4900
林业	7000	—	7000	—
畜牧业	70977	—	15100	9500
农、林、牧、渔服务业	3000	—	—	—
（二）采矿业	27957	—	4600	—
煤炭开采和洗选业	13027	—	—	—
石油和天然气开采业	5440	—	—	—
黑色金属矿采选业	—	—	—	—
有色金属矿采选业	—	—	—	—
非金属矿采选业	9490		4600	—
（三）制造业	738527	210174	136900	121924
农副食品加工业	144700	10710	13900	18000
食品制造业	16749	—	—	—
酒、饮料和精制茶制造业	23078	6128	—	—
纺织业	16930	7080	—	—
纺织服装、鞋、帽制造业	5750	5750	—	—
木材加工及木、竹、藤、棕、草制	37420		5600	11300
家具制造业	8000	—	—	8000
造纸及纸制品业	38830	23330	15500	—
印刷业和记录媒介的复制	24970	24970	—	—

村固定资产投资

年）

单位：万元

双辽市	梨树县	伊通县	辽河农垦区
70950	416543	124700	—
70950	416543	124700	—
55400	328523	62727	—
55400	328523	62727	—
2500	9780	34027	—
9000	40391	—	—
—	—	—	—
9000	40391	—	—
—	—	—	—
46400	288132	62727	—
17700	215253	5500	—
11500	63190	—	—
17500	50080	57227	—
19900	167922	4500	—
1130	730	—	—
25649	124071	57227	—
—	—	—	—
8721	35800	1000	—
2500	45477	5500	—
—	4100	—	—
—	—	—	—
2500	38377	5500	—
—	3000	—	—
—	10330	13027	—
—	—	13027	—
—	5440	—	—
—	—	—	—
—	—	—	—
	4890	—	—
35800	189529	44200	—
17700	54190	30200	—
—	16749	—	—
9400	7550	—	—
—	9850	—	—
—	—	—	—
—	20520	—	—
—	—	—	—
—	—	—	—
—	—	—	—

	总 计	铁西区	铁东区	公主岭市
石油加工、炼焦及核燃料加工业	—	—	—	—
化学原料及化学制品制造业	64700	6500	15900	9500
医药制造业	20350	2850	17500	—
化学纤维制造业	2600	2600	—	—
橡胶和塑料制品业	54070	7800	15100	10000
非金属矿物制品业	54810	5000	11900	21750
黑色金属冶炼及压延加工业	11950	2950	9000	—
有色金属冶炼及压延加工业	5000		5000	—
金属制品业	7800	7800	—	—
通用设备制造业	44480	26330	14000	4150
专用设备制造业	70246	55496	7000	—
汽车制造业	58714	—	6500	34224
电气机械和器材制造业	5670	5670	—	—
仪器仪表制造业	9210	9210	—	—
其他制造业	5000	—	—	5000
废弃资源综合利用业	5100	—	—	—
金属制品、机械和设备修理业	2400	—	—	—
（四）电力、燃气及水的生产和供应业	14443	—	—	—
电力、热力的生产和供应业	14443	—	—	—
燃气生产和供应业	—	—	—	—
水的生产和供应业	—	—	—	—
（五）建筑业	—	—	—	—
土木工程建筑业	—	—	—	—
（六）批发和零售业	2320	—	—	—
批发业	2320	—	—	—
零售业	—	—	—	—
（七）交通运输、仓储和邮政业	106806	8200	—	53090
铁路运输业	—	—	—	—
道路运输业	13400	8200	—	—
装卸搬运和其他运输服务业	1570	—	—	—
仓储业	91836		—	53090
（八）住宿和餐饮业	32500	15000	17500	—
住宿业	32500	15000	17500	—
餐饮业	—	—	—	—
（九）信息传输、计算机服务和软件业	4950	—	—	—
电信和其他信息传输服务业	4950	—	—	—
（十）金融业	—	—	—	—
资本市场服务	—	—	—	—
保险业	—	—	—	—
（十一）房地产业	1000	—	—	—
房地产业	1000	—	—	—
（十二）租赁和商务服务业	—	—	—	—
商务服务业	—	—	—	—
（十三）科学研究、技术服务和地质勘查业	—	—	—	—
科技交流和推广服务业	—	—	—	—

年）　　　　　　　　　　　　　　　　　　　　　　　　　　　　　　　　单位：万元

双辽市	梨树县	伊通县	辽河农垦区
—	—	—	—
8700	24100	—	—
—	—	—	—
—	—	—	—
—	21170	—	—
—	16160	—	—
—	—	—	—
—	—	—	—
—	—	—	—
—	—	—	—
	7750	—	—
—	3990	14000	—
—	—	—	—
—	—	—	—
—	—	—	—
—	5100	—	—
—	2400	—	—
9000	5443	—	—
9000	5443	—	—
—	—	—	—
—	—	—	—
—	—	—	—
—	—	—	—
	2320	—	—
—	2320	—	—
—	—	—	—
8100	37416	—	—
—	—	—	—
—	5200	—	—
—	1570	—	—
8100	30646	—	—
—	—	—	—
—	—	—	—
—	—	—	—
—	4950	—	—
—	4950	—	—
—	—	—	—
—	—	—	—
—	—	—	—
—	1000	—	—
—	1000	—	—
—	—	—	—
—	—	—	—
—	—	—	—
—	—	—	—

4—5 续表 2 （2012

	总　计	铁西区	铁东区	公主岭市
（十四）水利、环境和公共设施管理业	22458	—	—	—
水利管理业	8398	—	—	—
生态保护和环境治理业	5060	—	—	—
公共设施管理业	9000	—	—	—
（十五）居民服务、修理和其他服务业	—	—	—	—
机动车、电子产品和日用产品修理业	—	—	—	—
（十六）教育	—	—	—	—
教育	—	—	—	—
（十七）卫生、社会保障和社会福利业	—	—	—	—
卫生	—	—	—	—
社会工作	—	—	—	—
（十八）文化、体育和娱乐业	15200	—	15200	—
广播、电视、电影和音像业	—	—	—	—
文化艺术业	—	—	—	—
体育	8000		8000	—
娱乐业	7200	—	7200	—
（十九）公共管理和社会组织	4200	—	—	—
国家机构	4200	—	—	—
三、新增固定资产（万元）	989943	180110	196300	192190
四、项目个数（个）				
1. 施工项目个数	215	59	30	31
# 500 万元以下项目	—	—	—	—
# 本年新开工	215	59	30	30
2. 本年投产项目个数	204	53	30	30
五、房屋建筑面积（平方米）				
1. 施工面积	1140544	332000	54500	161765
# 住宅	—	—	—	—
2. 竣工面积	886444	136500	53400	154265
# 住宅	—	—	—	—
六、本年资金来源合计（万元）	1228326	353676	196300	190814
1. 上年末结余资金	—	—	—	—
2. 本年资金来源小计	1228326	353676	196300	190814
（1）国家预算内资金	—	—	—	—
（2）国内贷款	—	—	—	—
（3）利用外资	—	—	—	—
# 外商直接投资	—	—	—	—
（4）自筹资金	1228326	353676	196300	190814
# 企、事业单位自有资金	235200	—	196300	—
（5）其他资金来源	—	—	—	—
七、各项应付款合计（万元）	—	—	—	—
其中：工程款	—	—	—	—
八、征用和购置土地情况				
1. 规划用地面积（万平方米）	3097455	199000	240000	564050
2. 本年实际征用和购置土地面积（万平方米）	2444823	199000	—	461050
3. 本年实际征用和购置土地成交价款（万元）	53921	16800	—	11915

年）　　　　　　　　　　　　　　　　　　　　　　　　　　　　　单位：万元

双辽市	梨树县	伊通县	辽河农垦区
—	22458	—	—
—	8398	—	—
—	5060	—	—
—	9000	—	—
—	—	—	—
—	—	—	—
—	—	—	—
—	—	—	—
—	—	—	—
—	—	—	—
—	—	—	—
—	—	—	—
—	—	—	—
—	—	—	—
—	—	—	—
—	—	—	—
—	4200	—	—
—	4200	—	—
52900	318743	49700	—
7	80	8	—
—	—	—	—
7	81	8	—
6	79	6	—
99000	485279	8000	—
—	—	—	—
59000	475279	8000	—
—	—	—	—
55400	369409	62727	—
—	—	—	—
55400	369409	62727	—
—	—	—	—
—	—	—	—
—	—	—	—
—	—	—	—
55400	369409	62727	—
26800	4100	8000	—
—	—	—	—
—	—	—	—
—	—	—	—
170000	1894405	30000	—
170000	1584773	30000	—
4000	20806	400	—

四平市房地产开发投资

4－6　　(2012 年)　　单位：万元、平方米

	合　计	地　方	地市县属
计划总投资	**2007287**	**2007287**	**1452258**
自开始建设累计完成投资	1037779	1037779	575800
本年完成投资	586710	586710	312009
#配套工程投资	88505	88505	1930
国有经济控股	7129	7129	7129
内资企业	564127	564127	300009
国有企业	7129	7129	7129
有限责任公司	293960	293960	258523
其他有限责任公司	293960	293960	258523
股份有限公司	12623	12623	8123
私营企业	249781	249781	25600
私营独资企业	1795	1795	
私营有限责任公司	235743	235743	17000
私营股份有限公司	12243	12243	8600
其他企业	634	634	634
港、澳、台商投资企业	10583	10583	
港、澳、台商独资经营企业	10583	10583	
外商投资企业	12000	12000	12000
中外合资经营企业	12000	12000	12000
按构成分：建筑工程	473792	473792	261627
安装工程	35707	35707	10307
设备工器具购置	6366	6366	2103
其他费用	70845	70845	37972
#旧建筑物购置费	3914	3914	2904
#土地购置费	48970	48970	26120
房地产投资按工程用途分	—	—	
住宅投资	479400	479400	267207
#90 平方米以下	362251	362251	207068
#144 平方米以上	31600	31600	19833
别墅、高档公寓	2750	2750	1000
办公楼	3092	3092	3092
商业营业用房	84612	84612	28883
其他	19606	19606	12827

4—6 续表 1　　　　（2012 年）　　　　单位：万元、平方米

	合　计	地　方	地市县属
本年新增固定资产	267082	267082	133549
一、本年资金来源合计	865325	865325	427011
1. 上年末结余资金	61603	61603	49654
2. 本年资金来源小计	803722	803722	377357
（1）国内贷款	29467	29467	11173
# 银行贷款	28967	28967	10673
# 非银行金融机构贷款	500	500	500
（3）自筹资金	541647	541647	287393
# 自有资金	332479	332479	140527
# 股东投入资金	15777	15777	10227
# 借入资金	47156	47156	44936
（4）其他资金来源	232608	232608	78791
# 定金及预收款	191255	191255	51781
# 个人按揭贷款	10702	10702	5810
二、本年各项应付款合计	169094	169094	109416
# 工程款	111623	111623	66024
项目规划占地面积	5096982	5096982	3079650
项目规划建筑面积	9092532	9092532	5456952
# 住宅	7481679	7481679	4431047
# 商业营业用房	1183409	1183409	669989
# 办公楼	41962	41962	34856
# 其他	385482	385482	321060
规划住宅套数	85175	85175	44299
# 90 平方米以下	68643	68643	35092
# 144 平方米以上	5548	5548	3046
# 别墅、高档公寓	182	182	116
项目个数	98	98	49
待开发土地面积	480182	480182	235233
本年购置土地面积	1400877	1400877	809771
本年土地成交价款	196951	196951	60730
拆迁补偿费	17380	17380	11261
土地使用权出让金	55009	55009	38022
契税	3819	3819	2413

4－7　　　　(2012

	合　计	住　宅	＃90平米以下住房	＃144平米以上住房
房屋施工面积	5275925	4439694	2658316	217245
＃新开工面积	3325323	2805989	1906123	86557
房屋竣工面积	1260715	1079963	561046	90398
＃不可销售面积	14946	14946	14946	—
商品住宅竣工套数	—	12822	8540	492
竣工房屋价值	261536	217439	122545	20795
批准预售面积	2310446	1924340	1273982	134768
批准预售住宅套数	—	22319	16110	516
商品房销售面积	1822873	1642344	1207377	104979
＃现房销售面积	1136423	979485	720250	70425
＃期房销售面积	686450	662859	487127	34554
商品房销售额	522255	436719	321051	25391
＃现房销售额	316332	243804	184783	14391
＃期房销售额	205923	192915	136268	11000
商品住宅销售套数	—	18773	15066	376
＃现房销售套数	—	10550	8313	259
＃期房销售套数	—	8223	6753	117
待售面积	584775	447566	223846	29079
＃待售1－3年面积	536789	401580	223846	29079
＃待售3年以上面积	2000	—	—	—

开　　发　　面　　积

年）

单位：万元、平方米

别墅、高档公寓	办公楼	商业营业用房	其　他
1750	10412	674638	151181
—	10200	402598	106536
1750	—	160940	19812
—	—	—	—
7	—	—	—
350	—	40501	3596
18990	—	342602	43504
21	—	—	—
34830	540	169426	10563
17665	540	151068	5330
17165	—	18358	5233
9623	151	81579	3806
3113	151	71097	1280
6510	—	10482	2526
223	—	—	—
111	—	—	—
112	—	—	—
—	—	124626	12583
—	—	122626	12583
—	—	2000	—

4—8 （2012

	总计	铁西区	铁东区	公主岭市
计划总投资	**2007287**	**1095250**	**40448**	**386227**
自开始建设累计完成投资	1037779	563422	30652	216534
本年完成投资	586710	253424	27906	104482
#配套工程投资	88505	1900	6496	4379
国有经济控股	7129	7129	—	—
内资企业	564127	230841	27906	104482
国有企业	7129	7129	—	—
有限责任公司	293960	184689	14350	33745
其他有限责任公司	293960	184689	14350	33745
股份有限公司	12623	3180	900	—
私营企业	249781	35843	12656	70737
私营独资企业	1795	—	—	1795
私营有限责任公司	235743	33900	12656	60342
私营股份有限公司	12243	1943	—	8600
其他企业	634	—	—	—
港、澳、台商投资企业	10583	10583	—	—
港、澳、台商独资经营企业	10583	10583	—	—
外商投资企业	12000	12000	—	—
中外合资经营企业	12000	12000	—	—
按构成分：建筑工程	473792	206508	19802	90555
安装工程	35707	12011	2748	3932
设备工器具购置	6366	3041	900	150
其他费用	70845	31864	4456	9845
#旧建筑物购置费	3914	2650	1000	101
#土地购置费	48970	19067	70	8674
房地产投资按工程用途分	—	—	—	—
住宅投资	479400	224263	21047	85182
#90平方米以下	362251	147649	9605	72488
#144平方米以上	31600	17471	1659	2830
别墅、高档公寓	2750	1750	—	—
办公楼	3092	72	—	520
商业营业用房	84612	20450	4529	14942
其他	19606	8639	2330	3838

地 产 开 发 投 资

年）　　　　　　　　　　　　　　　　　　　　　　　　　　　　单位：万元、平方米

双辽市	梨树县	伊通县	辽河农垦管理区
109859	**317737**	**42354**	**15412**
107045	77006	27808	15312
105545	60233	19808	15312
75000	700	30	—
—	—	—	—
105545	60233	19808	15312
—	—	—	—
—	43233	3931	14012
—	43233	3931	14012
4500	—	4043	—
101045	17000	11200	1300
—	—	—	—
101045	17000	9500	1300
—	—	1700	—
—	—	634	—
—	—	—	—
—	—	—	—
—	—	—	—
—	—	—	—
74220	54932	17641	10134
12145	1037	715	3119
180	450	645	1000
19000	3814	807	1059
—	163	—	—
18200	2651	308	—
—	—	—	
71400	51541	14419	11548
71400	43162	12399	5548
—	7800	840	1000
—	—	—	1000
—	1500	—	1000
34145	4943	4278	1325
—	2249	1111	1439

	总 计	铁西区	铁东区	公主岭市
本年新增固定资产	267082	167206	16862	53440
一、本年资金来源合计	865325	421622	20490	225351
1. 上年末结余资金	61603	25531	1208	10640
2. 本年资金来源小计	803722	396091	19282	214711
(1) 国内贷款	29467	21201	400	1800
#银行贷款	28967	21201	400	1800
#非银行金融机构贷款	500	—	—	—
(3) 自筹资金	541647	285122	11733	91390
#自有资金	332479	149987	3963	40708
#股东投入资金	15777	5000	5550	5227
#借入资金	47156	41810	2220	2000
(4) 其他资金来源	232608	89768	7149	121521
#定金及预收款	191255	55465	6819	117841
#个人按揭贷款	10702	7652	330	880
二、本年各项应付款合计	169094	95002	17408	11072
#工程款	111623	64837	8794	11072
项目规划占地面积	5096982	2414424	251712	1270356
项目规划建筑面积	9092532	5168913	538256	1878764
#住宅	7481679	4290168	451211	1589029
#商业营业用房	1183409	593006	60275	215033
#办公楼	41962	18652	958	11607
#其他	385482	267087	25812	63095
规划住宅套数	85175	41444	2734	18249
#90 平方米以下	68643	30768	1727	14716
#144 平方米以上	5548	4122	281	550
#别墅、高档公寓	182	137	36	9
项目个数	98	31	8	28
待开发土地面积	480182	365710	—	—
本年购置土地面积	1400877	1025889	—	243806
本年土地成交价款	196951	173770	—	8957
拆迁补偿费	17380	16269	—	33
土地使用权出让金	55009	42608	—	8880
契税	3819	3291	—	44

年）

单位：万元、平方米

双辽市	梨树县	伊通县	辽河农垦管理区
—	14339	8980	6255
101545	56212	21296	18809
50	19863	294	4017
101495	36349	21002	14792
—	—	2000	4066
—	—	2000	3566
—	—	—	500
101495	30300	13881	7726
98000	24740	10681	4400
—	—	—	—
—	—	—	1126
—	6049	5121	3000
—	4509	5121	1500
—	340	—	1500
4000	27942	7360	6310
—	14310	7200	5410
468000	342578	332231	17681
666957	443474	332637	63531
504994	369034	219077	58166
160454	59126	92150	3365
605	9140	—	1000
904	6174	21410	1000
5290	4128	13041	289
5290	3264	12589	289
—	296	299	—
—	—	—	—
4	9	10	8
—	—	113900	572
—	62252	68450	480
—	10051	3844	329
—	113	965	—
—	916	2605	—
—	351	133	—

县(市)区房地产开发面积

4—9　　(2012 年)　　单位：万元、平方米

	合　计	住　宅	#90平米以下住房	#144平米以上住房	别墅、高档公寓	办公楼	商业营业用房	其他
全　　市	—	—	—	—				
房屋施工面积	5275925	4439694	2658316	217245	1750	10412	674638	151181
#新开工面积	3325323	2805989	1906123	86557	—	10200	402598	106536
房屋竣工面积	1260715	1079963	561046	90398	1750	—	160940	19812
#不可销售面积	14946	14946	14946	—	—	—	—	—
商品住宅竣工套数	—	12822	8540	492	7	—	—	—
竣工房屋价值	261536	217439	122545	20795	350	—	40501	3596
批准预售面积	2310446	1924340	1273982	134768	18990	—	342602	43504
批准预售住宅套数	—	22319	16110	516	21	—	—	—
商品房销售面积	1822873	1642344	1207377	104979	34830	540	169426	10563
#现房销售面积	1136423	979485	720250	70425	17665	540	151068	5330
#期房销售面积	686450	662859	487127	34554	17165	—	18358	5233
商品房销售额	522255	436719	321051	25391	9623	151	81579	3806
#现房销售额	316332	243804	184783	14391	3113	151	71097	1280
#期房销售额	205923	192915	136268	11000	6510	—	10482	2526
商品住宅销售套数	—	18773	15066	376	223	—	—	—
#现房销售套数	—	10550	8313	259	111	—	—	—
#期房销售套数	—	8223	6753	117	112	—	—	—
待售面积	584775	447566	223846	29079	—	—	124626	12583
#待售1—3年面积	536789	401580	223846	29079	—	—	122626	12583
#待售3年以上面积	2000	—	—	—	—	—	2000	—

4—9 续表 1　　(2012 年)　　单位：万元、平方米

	合 计	住 宅	#90平米以下住房	#144 平米以上住房	别墅、高档公寓	办公楼	商业营业用房	其 他
铁西区	—	—	—	—	—	—	—	—
房屋施工面积	2614567	2330690	1425840	125480	1750	212	220481	63184
#新开工面积	1309892	1201483	965225	52692	—	—	77920	30489
房屋竣工面积	788566	693702	303487	74398	1750	—	83166	11698
商品住宅竣工套数	—	8256	5233	384	7	—	—	—
竣工房屋价值	164460	140663	72721	17225	350	—	22006	1791
批准预售面积	610832	534525	205861	102216	18990	—	48139	28168
批准预售住宅套数	—	5581	2582	306	21	—	—	—
商品房销售面积	704703	679970	403423	65185	34830	—	19828	4905
#现房销售面积	226230	215110	47098	33216	17665	—	7357	3763
#期房销售面积	478473	464860	356325	31969	17165	—	12471	1142
商品房销售额	206857	195685	113953	20441	9623	—	10028	1144
#现房销售额	60617	57011	12384	10246	3113	—	2943	663
#期房销售额	146240	138674	101569	10195	6510	—	7085	481
商品住宅销售套数	—	7665	5318	269	223	—	—	—
#现房销售套数	—	2085	620	169	111	—	—	—
#期房销售套数	—	5580	4698	100	112	—	—	—
待售面积	83997	72442	6000	10651	—	—	5201	6354
#待售 1—3 年面积	36011	26456	6000	10651	—	—	3201	6354
#待售 3 年以上面积	2000	—	—	—	—	—	2000	—

4—9 续表 2　　　　(2012 年)　　　　单位：万元、平方米

	合　计	住　宅	#90平米以下住房	#144 平米以上住房	别墅、高档公寓	办公楼	商业营业用房	其　他
铁东区	—	—	—	—	—	—	—	—
房屋施工面积	187195	131539	76735	9289	—	—	45677	9979
#新开工面积	157625	105491	31391	9289	—	—	44011	8123
房屋竣工面积	80817	53363	—	—	—	—	26437	1017
商品住宅竣工套数	—	640	—	—	—	—	—	—
竣工房屋价值	16855	9997	—	—	—	—	6604	254
批准预售面积	142667	100321	31391	7553	—	—	39429	2917
批准预售住宅套数	—	1295	461	44	—	—	—	—
商品房销售面积	70141	68291	20299	145	—	—	1668	182
#现房销售面积	34635	34453	310	—	—	—	—	182
#期房销售面积	35506	33838	19989	145	—	—	1668	
商品房销售额	18544	17627	7381	49	—	—	867	50
#现房销售额	5935	5885	81	—	—	—	—	50
#期房销售额	12609	11742	7300	49	—	—	867	—
商品住宅销售套数	—	675	287	1	—	—	—	—
#现房销售套数	—	271	9	—	—	—	—	—
#期房销售套数	—	404	278	1	—	—	—	—
待售面积	53921	23300	2505	1183	—	—	29084	1537
#待售 1—3 年面积	53921	23300	2505	1183	—	—	29084	1537

	合　计	住　宅	#90平米以下住房	#144 平米以上住房	别墅、高档公寓	办公楼	商业营业用房	其 他
公主岭市	—	—	—	—	—	—	—	
房屋施工面积	1270178	1030384	750451	31748	—	7660	167512	64622
#新开工面积	790164	644646	557925	10852	—	7660	83330	54528
房屋竣工面积	250227	214902	143776	16000	—	—	29762	5563
#不可销售面积	11946	11946	11946	—	—	—	—	—
商品住宅竣工套数	—	2473	1896	108	—	—	—	—
竣工房屋价值	51939	43846	27559	3570	—	—	6785	1308
批准预售面积	801757	676846	429255	24039	—	—	116949	7962
批准预售住宅套数	—	7719	5479	160	—	—	—	—
商品房销售面积	248490	231472	159466	5440	—	—	12927	4091
#现房销售面积	119983	109867	91209	3000	—	—	10116	
#期房销售面积	128507	121605	68257	2440	—	—	2811	4091
商品房销售额	68291	60713	41268	1656	—	—	5533	2045
#现房销售额	31257	27134	22789	900	—	—	4123	
#期房销售额	37034	33579	18479	756	—	—	1410	2045
商品住宅销售套数	—	2596	1983	35	—	—	—	—
#现房销售套数	—	1295	1144	19	—	—	—	—
#期房销售套数	—	1301	839	16	—	—	—	—
待售面积	415613	326532	190691	16603	—	—	85210	3871
#待售 1—3 年面积	415613	326532	190691	16603	—	—	85210	3871

	合　计	住　宅	#90平米以下住房	#144 平米以上住房	别墅、高档公寓	办公楼	商业营业用房	其　他
双辽市	—	—	—	—	—	—	—	
房屋施工面积	630627	477774	—	—	—	—	152853	
#新开工面积	626127	475774	—	—	—	—	150353	
批准预售面积	587127	475774	475774	—	—	—	111353	—
批准预售住宅套数	—	5290	5290	—	—	—	—	—
商品房销售面积	587127	475774	475774	—	—	—	111353	—
#现房销售面积	587127	475774	475774	—	—	—	111353	—
商品房销售额	174620	118944	118944	—	—	—	55676	—
#现房销售额	174620	118944	118944	—	—	—	55676	—
商品住宅销售套数	—	5290	5290	—	—	—	—	—
#现房销售套数	—	5290	5290	—	—	—	—	—
梨树县	—	—	—	—	—	—	—	
房屋施工面积	364859	315080	262859	48008	—	540	45505	3734
#新开工面积	243016	224368	209151	11004	—	540	14374	3734
房屋竣工面积	80695	68913	64700	—	—	—	10248	1534
#不可销售面积	3000	3000	3000	—	—	—	—	—
商品住宅竣工套数	—	866	824	—	—	—	—	—
竣工房屋价值	14339	12138	11470	—	—	—	1958	243
批准预售面积	83596	75084	70871	—	—	—	6978	1534
批准预售住宅套数	—	1212	1170	—	—	—	—	—
商品房销售面积	136483	123774	86147	33414	—	540	10915	1254
#现房销售面积	112335	99626	61999	33414	—	540	10915	1254
#期房销售面积	24148	24148	24148	—	—	—	—	—
商品房销售额	33243	29184	25333	2851	—	151	3377	531
#现房销售额	28503	24444	20593	2851	—	151	3377	531
#期房销售额	4740	4740	4740	—	—	—	—	—
商品住宅销售套数	—	1537	1183	66	—	—	—	—
#现房销售套数	—	1066	712	66	—	—	—	—
#期房销售套数	—	471	471	—	—	—	—	—
待售面积	16000	16000	16000	—	—	—	—	—
#待售 1—3 年面积	16000	16000	16000	—	—	—	—	—

4—9 续表 5　　(2012 年)　　单位：万元、平方米

	合　计	住　宅	#90平米以下住房	#144平米以上住房	别墅、高档公寓	办公楼	商业营业用房	其　他
伊通县	—	—	—	—	—	—	—	
房屋施工面积	167822	120250	114454	2720	—	—	39610	7962
#新开工面积	157822	120250	114454	2720	—	—	29610	7962
房屋竣工面积	38547	27220	27220	—	—	—	11327	—
商品住宅竣工套数	—	334	334	—	—	—	—	—
竣工房屋价值	8398	5250	5250	—	—	—	3148	—
批准预售面积	84467	61790	60830	960	—	—	19754	2923
批准预售住宅套数	—	1222	1128	6	—	—	—	—
商品房销售面积	59566	46700	45905	795	—	—	12735	131
#现房销售面积	39750	28292	27497	795	—	—	11327	131
#期房销售面积	19816	18408	18408	—	—	—	1408	—
商品房销售额	16200	10066	9672	394	—	—	6098	36
#现房销售额	10900	5886	5492	394	—	—	4978	36
#期房销售额	5300	4180	4180	—	—	—	1120	—
商品住宅销售套数	—	819	814	5	—	—	—	—
#现房销售套数	—	352	347	5	—	—	—	—
#期房销售套数	—	467	467	—	—	—	—	—
待售面积	15244	9292	8650	642	—	—	5131	821
#待售 1—3 年面积	15244	9292	8650	642	—	—	5131	821
辽河农垦管理区	—	—	—	—	—	—	—	—
房屋施工面积	40677	33977	27977	—	—	2000	3000	1700
#新开工面积	40677	33977	27977	—	—	2000	3000	1700
房屋竣工面积	21863	21863	21863	—	—	—	—	—
商品住宅竣工套数	—	253	253	—	—	—	—	—
竣工房屋价值	5545	5545	5545	—	—	—	—	—
商品房销售面积	16363	16363	16363	—	—	—	—	—
#现房销售面积	16363	16363	16363	—	—	—	—	—
商品房销售额	4500	4500	4500	—	—	—	—	—
#现房销售额	4500	4500	4500	—	—	—	—	—
商品住宅销售套数	—	191	191	—	—	—	—	—
#现房销售套数	—	191	191	—	—	—	—	—

建　筑　业　企

4—10 (2012

	企业个数（个）			建筑业合同情况（千元）			承
	#建筑企业个数	#有工作量的企业个数	#亏损企业个数	签订的合同额	上年结转合同额	本年新签合同额	直接从建设单位承揽工程完成的产值
总　　计	**92**	**67**	**13**	**8340923**	**1009157**	**7331766**	**7887105**
其中：国有及国有控股企业	4	4	3	52981	12492	40489	33977
一、按登记注册类型分组							
内资企业	92	67	13	8340923	1009157	7331766	7887105
国有企业	2	2	2	9836	—	9836	596
集体企业	1	1	—	293220	—	293220	293220
有限责任公司	28	21	5	1816108	136439	1679669	1592316
其他有限责任公司	28	21	5	1816108	136439	1679669	1592316
股份有限公司	5	3	1	99437	45702	53735	94632
私营企业	56	40	5	6122322	827016	5295306	5906341
私营独资企业	1	1	—	8651	—	8651	8651
私营有限责任公司	55	39	5	6113671	827016	5286655	5897690
二、按国民经济行业分组							
房屋建筑业	55	41	5	4860287	541565	4318722	4741025
土木工程建筑业	28	19	7	1650739	107694	1543045	1326733
铁路、道路、隧道和桥梁工程建筑	9	8	1	1260638	101474	1159164	958790
铁路工程建筑	1	—		—	—	—	—
公路工程建筑	5	5	—	1187450	98268	1089182	885602
市政道路工程建筑	2	2	1	32316	3206	29110	32316
其他道路、隧道和桥梁工程建筑	1	1	—	40872	—	40872	40872
水利和内河港口工程建筑	6	4	3	63957	6220	57737	55427
水源及供水设施工程建筑	2	2	—	63301	6220	57081	54771
河湖治理及防洪设施工程建筑	3	1	2	60	—	60	60
港口及航运设施工程建筑	1	1	1	596	—	596	596
工矿工程建筑	1	—		—	—	—	—
架线和管道工程建筑	6	5	2	59700	—	59700	46072
架线及设备工程建筑	5	4	2	33700	—	33700	20072
管道工程建筑	1	1	—	26000	—	26000	26000
其他土木工程建筑	6	2	1	266444	—	266444	266444
建筑安装业	7	5	1	1216597	359898	856699	1217097
电气安装	3	2	1	971592	359898	611694	971592
其他建筑安装业	4	3	—	245005	—	245005	245505
建筑装饰和其他建筑业	2	2	—	613300	—	613300	602250
建筑装饰业	2	2	—	613300	—	613300	602250

业　生　产　情　况

年）

包工程完成情况（千元）			建筑业总产值（千元）				
自行完成施工产值	分包出去工程产值	从建设单位以外承揽工程产值	建筑业总产值（千元）	#装饰装修产值	建筑工程产值	安装工程产值	其他产值
7883705	**3400**	**24125**	**7907830**	**17687**	**7524094**	**382640**	**1096**
33977	—	9240	43217	—	42621	—	596
7883705	3400	24125	7907830	17687	7524094	382640	1096
596	—	9240	9836	—	9240	—	596
293220	—	—	293220	—	293220	—	—
1592316	—	14885	1607201	15653	1589648	17553	—
1592316	—	14885	1607201	15653	1589648	17553	—
94632	—	—	94632	—	57627	37005	—
5902941	3400	—	5902941	2034	5574359	328082	500
8651	—	—	8651	—	8651	—	—
5894290	3400	—	5894290	2034	5565708	328082	500
4741025	—	10497	4751522	3291	4689597	61925	—
1323333	3400	13628	1336961	14396	1052655	283710	596
958790	—	—	958790	14396	693790	265000	—
—	—	—	—	—	—	—	—
885602	—	—	885602	—	620602	265000	—
32316	—	—	32316	14396	32316	—	—
40872	—	—	40872	—	40872	—	—
55427	—	—	55427	—	54831	—	596
54771	—	—	54771	—	54771	—	—
60	—	—	60	—	60	—	—
596	—	—	596	—	—	—	596
—	—	—	—	—	—	—	—
42672	3400	13628	56300	—	37590	18710	—
16672	3400	13628	30300	—	11590	18710	—
26000	—	—	26000	—	26000	—	—
266444	—	—	266444	—	266444	—	—
1217097	—	—	1217097	—	1179592	37005	500
971592	—	—	971592	—	971592	—	—
245505	—	—	245505	—	208000	37005	500
602250	—	—	602250	—	602250	—	—
602250	—	—	602250	—	602250	—	—

4—10 续表 1 (2012

	企业个数（个）			建筑业合同情况（千元）			承
	#建筑企业个数	#有工作量的企业个数	#亏损企业个数	签订的合同额	上年结转合同额	本年新签合同额	直接从建设单位承揽工程完成的产值
三、按隶属关系分组							
中央	1	1	—	30653	—	30653	26814
省（自治区、直辖市）	1	1	—	49940	33210	16730	51060
地区（州、盟、省辖市）	11	10	3	205631	67598	138033	190841
县（区、市、旗）	8	7	1	1468740	8120	1460620	1414190
街道	1	—		—	—	—	—
居委会	1	—		—	—	—	—
其他	69	48	9	6585959	900229	5685730	6204200
四、按企业资质等级分组							
施工总承包	65	50	6	7244642	956727	6287915	6683684
一级	2	2	—	728058	131478	596580	469210
二级	9	7	1	1021630	195662	825968	999368
三级及以下	54	41	5	5494954	629587	4865367	5215106
专业承包	27	17	7	1096281	52430	1043851	1203421
一级	1	1	—	30653	—	30653	26814
二级	4	4	2	46553	—	46553	23685
三级及以下	22	12	5	1019075	52430	966645	1152922
五、按地区分							
四平市	92	67	13	8340923	1009157	7331766	7887105
六、按营业状态分							
营业	64	55	9	7113454	410129	6703325	6793149
停业（歇业）	25	12	4	1227469	599028	628441	1093956
当年关闭	1	—		—	—	—	—
当年破产	2	—		—	—	—	—
七、按控股情况分							
国有控股	4	4	3	52981	12492	40489	33977
集体控股	4	4	—	384592	33210	351382	395166
私人控股	81	56	9	7241643	963455	6278188	6849185
其他	3	3	1	661707	—	661707	608777

年）

包工程完成情况（千元）			建筑业总产值（千元）				
自行完成施工产值	分包出去工程产值	从建设单位以外承揽工程产值	建筑业总产值（千元）	#装饰装修产值	建筑工程产值	安装工程产值	其他产值
26814	—	—	26814	—	26814	—	—
51060	—	—	51060	—	51060	—	—
190841	—	13628	204469	14396	190841	13628	—
1414190	—	—	1414190	—	1377185	37005	—
—	—	—	—	—	—	—	—
—	—	—	—	—	—	—	—
6200800	3400	10497	6211297	3291	5878194	332007	1096
6683684	—	1257	6684941	17687	6357420	326925	596
469210	—	—	469210	—	469210	—	—
999368	—	—	999368	—	998782	586	—
5215106	—	1257	5216363	17687	4889428	326339	596
1200021	3400	22868	1222889	—	1166674	55715	500
26814	—	—	26814	—	26814	—	—
23685	—	22868	46553	—	32925	13628	—
1149522	3400	—	1149522	—	1106935	42087	500
7883705	3400	24125	7907830	17687	7524094	382640	1096
6789749	3400	24125	6813874	17687	6430720	382558	596
1093956	—	—	1093956	—	1093374	82	500
—	—	—	—	—	—	—	—
—	—	—	—	—	—	—	—
33977	—	9240	43217	—	42621	—	596
395166	—	—	395166	—	395166	—	—
6845785	3400	14885	6860670	17687	6479612	380558	500
608777	—	—	608777	—	606695	2082	—

	竣工产值(千元)	房屋建筑施工面积(平方米)				年末自有施工机械	
		建筑施工面积(平方米)	#本年新开工面积	#实行投标承包面积	#本年新开工	净值(千元)	总台数(台)
总计	**6709201**	**4548774**	**4021247**	**2631902**	**2502869**	**203404**	**2346**
#国有及国有控股企业	9240	9314	—	—	—	3159	47
一、按登记注册类型分组							
内资企业	6709201	4548774	4021247	2631902	2502869	203404	2346
国有企业	9240	—	—	—	—	—	—
集体企业	293220	183262	183262	183262	183262	7890	220
有限责任公司	1373613	865740	828233	298886	298886	32630	1139
其他有限责任公司	1373613	865740	828233	298886	298886	32630	1139
股份有限公司	37005	41183	—	31869	—	1530	36
私营企业	4996123	3458589	3009752	2117885	2020721	161354	951
私营独资企业	8651	20555	8651	—	—	3000	15
私营有限责任公司	4987472	3438034	3001101	2117885	2020721	158354	936
二、按国民经济行业分组							
房屋建筑业	4368270	3716665	3335138	2333902	2204869	119899	1480
土木工程建筑业	700884	27714	27714	26000	26000	80869	196
铁路、道路、隧道和桥梁工程建筑	410152	26000	26000	26000	26000	74110	139
铁路工程建筑	—	—	—	—	—	—	—
公路工程建筑	336964	—	—	—	—	74110	139
市政道路工程建筑	32316	26000	26000	26000	26000	—	—
其他道路、隧道和桥梁工程建筑	40872	—	—	—	—	—	—
水利和内河港口工程建筑	60	1714	1714	—	—	3159	47
水源及供水设施工程建筑	—	—	—	—	—	3159	47
河湖治理及防洪设施工程建筑	60	1714	1714	—	—	—	—
港口及航运设施工程建筑	—	—	—	—	—	—	—
工矿工程建筑	—	—	—	—	—	—	—
架线和管道工程建筑	25218	—	—	—	—	—	—
架线及设备工程建筑	25218	—	—	—	—	—	—
管道工程建筑	—	—	—	—	—	—	—
其他土木工程建筑	265454	—	—	—	—	3600	10
建筑安装业	1176597	804395	658395	272000	272000	2580	12
电气安装	971592	658395	658395	272000	272000	2580	12
其他建筑安装业	205005	146000	—	—	—	—	—
建筑装饰和其他建筑业	463450	—	—	—	—	56	658
建筑装饰业	463450	—	—	—	—	56	658

年）

设备	主要建筑材料消耗量						补充资料
总功率（千瓦）	钢材（吨）	木材（立方米）	水泥（吨）	平板玻璃（重量箱）	平板玻璃平方米	铝材（吨）	企业总产值（千元）
53287	**144250**	**381404**	**531467**	**30955**	**9642852**	**74362**	**7951995**
940	89	198	756	4200	4200	13	43217
53287	144250	381404	531467	30955	9642852	74362	7951995
—	—	—	—	—	—	—	9836
2072	6506	272	62023	486	107850	141	293220
16861	28758	309779	175751	2822	190021	18166	1607201
16861	28758	309779	175751	2822	190021	18166	1607201
140	1743	1165	1872	4200	4200	13	94632
34214	107243	70188	291821	23447	9340781	56042	5947106
200	30000	31000	32000	1000	33000	35000	8651
34014	77243	39188	259821	22447	9307781	21042	5938455
31381	119914	369664	497584	29993	9435178	74131	4792187
19592	106	10	500	15	1740	20	1340361
18592	106	10	200	15	1740	20	958790
—	—	—	—	—	—	—	—
18592	—	—	—	—	—	—	885602
—	106	10	200	15	1740	20	32316
—	—	—	—	—	—	—	40872
940	—	—	—	—	—	—	55427
940	—	—	—	—	—	—	54771
—	—	—	—	—	—	—	60
—	—	—	—	—	—	—	596
—	—	—	—	—	—	—	—
—	—	—	—	—	—	—	59700
—	—	—	—	—	—	—	33700
—	—	—	—	—	—	—	26000
60	—	—	300	—	—	—	266444
1025	22600	11674	22123	696	73328	199	1217097
1025	22510	11651	22000	692	73320	196	971592
—	90	23	123	4	8	3	245505
1289	1630	56	11260	251	132606	12	602350
1289	1630	56	11260	251	132606	12	602350

	竣工产值(千元)	房屋建筑施工面积（平方米）				年末自有施工机械	
		建筑施工面积(平方米)	#本年新开工面积	#实行投标承包面积	#本年新开工	净值(千元)	总台数(台)
三、按隶属关系分组							
中央	—	—	—	—	—	3159	47
省（自治区、直辖市）	—	31869	—	31869	—	1530	36
地区（州、盟、省辖市）	169945	82394	73080	73080	73080	180	15
县（区、市、旗）	1277202	678596	673183	248262	248262	11395	1049
街道	—	—	—	—	—	—	—
居委会	—	—	—	—	—	—	—
其他	5262054	3755915	3274984	2278691	2181527	187140	1199
四、按企业资质等级分组							
施工总承包	5707537	3804023	3516008	2195170	2099649	197666	2250
一级	—	31869	—	31869	—	75640	175
二级	867819	538712	418869	355046	355046	15476	168
三级及以下	4839718	3233442	3097139	1808255	1744603	106550	1907
专业承包	1001664	744751	505239	436732	403220	5738	96
一级	—	—	—	—	—	3159	47
二级	46553	48560	48560	48560	48560	19	20
三级及以下	955111	696191	456679	388172	354660	2560	29
五、按地区分							
四平市	6709201	4548774	4021247	2631902	2502869	203404	2346
六、按营业状态分							
营业	5921455	3619165	3271350	2236602	2141081	203385	2326
停业（歇业）	787746	929609	749897	395300	361788	19	20
当年关闭	—	—	—	—	—	—	—
当年破产	—	—	—	—	—	—	—
七、按控股情况分							
国有控股	9240	9314	—	—	—	3159	47
集体控股	344106	216531	184662	216531	184662	9600	271
私人控股	5879648	4322929	3836585	2415371	2318207	190589	1370
其他	476207	—	—	—	—	56	658

年）

设备	主要建筑材料消耗量						补充资料
总功率（千瓦）	钢材（吨）	木材（立方米）	水泥（吨）	平板玻璃（重量箱）	平板玻璃平方米	铝材（吨）	企业总产值（千元）
940	—	—	—	—	—	—	26814
140	1654	967	1116	—	—	—	51060
1400	475	1318	3256	4308	7940	143	204469
14946	21334	213939	143521	2573	258181	17959	1414190
—	—	—	—	—	—	—	—
—	—	—	—	—	—	—	—
35861	120787	165180	383574	24074	9376731	56260	6255462
51005	129922	375034	449770	27538	9515938	73409	6725706
18732	1654	967	1116	—	—	—	469210
1391	19150	90497	121141	2240	20885	3272	999368
30882	109118	283570	327513	25298	9495053	70137	5257128
2282	14328	6370	81697	3417	126914	953	1226289
940	—	—	—	—	—	—	26814
21	90	40	470	502	1000	17	46553
1321	14238	6330	81227	2915	125914	936	1152922
53287	144250	381404	531467	30955	9642852	74362	7951995
53266	119427	366766	498274	26589	9562344	70081	6857939
21	24823	14638	33193	4366	80508	4281	1094056
—	—	—	—	—	—	—	—
—	—	—	—	—	—	—	—
940	89	198	756	4200	4200	13	43217
3612	8360	2239	63939	489	108050	201	395166
47446	134171	378911	455512	26015	9397996	74136	6904835
1289	1630	56	11260	251	132606	12	608777

	合　计	住宅房屋	商业及服务用房	商厦（批零用　房　）	宾馆（住宿用　房　）	商务会展用　　房
总　　　计	**3812667**	**3587301**	**93253**	**57517**	**19584**	**9352**
#国有及国有控股企业	—	—	—	—	—	—
一、按登记注册类型分组						
内资企业	3812667	3587301	93253	57517	19584	9352
国有企业	—	—	—	—	—	—
集体企业	183262	183262	—	—	—	—
有限责任公司	690097	657166	24352	—	15000	9352
其他有限责任公司	690097	657166	24352	—	15000	9352
股份有限公司	—	—	—	—	—	—
私营企业	2939308	2746873	68901	57517	4584	—
私营独资企业	20555	20555	—	—	—	—
私营有限责任公司	2918753	2726318	68901	57517	4584	—
二、按国民经济行业分组						
房屋建筑业	3006558	2831119	43326	7590	19584	9352
土木工程建筑业	1714	1714	—	—	—	—
铁路、道路、隧道和桥梁工程建筑	—	—	—	—	—	—
铁路工程建筑	—	—	—	—	—	—
公路工程建筑	—	—	—	—	—	—
市政道路工程建筑	—	—	—	—	—	—
其他道路、隧道和桥梁工程建筑	—	—	—	—	—	—
水利和内河港口工程建筑	1714	1714	—	—	—	—
水源及供水设施工程建筑	—	—	—	—	—	—
河湖治理及防洪设施工程建筑	1714	1714	—	—	—	—
港口及航运设施工程建筑	—	—	—	—	—	—
工矿工程建筑	—	—	—	—	—	—
架线和管道工程建筑	—	—	—	—	—	—
架线及设备工程建筑	—	—	—	—	—	—
管道工程建筑	—	—	—	—	—	—
其他土木工程建筑	—	—	—	—	—	—
建筑安装业	804395	754468	49927	49927	—	—
电气安装	658395	608468	49927	49927	—	—
其他建筑安装业	146000	146000	—	—	—	—
建筑装饰和其他建筑业	—	—	—	—	—	—
建筑装饰业	—	—	—	—	—	—

年）

房屋建筑竣工面积（平方米）							
其他（居民服务用房）	办公用房	科教医用房	教育用房	医疗用房	厂房及建筑物	厂房	其他未列明房建物
6800	**28247**	**39432**	**26692**	**12740**	**61881**	**6520**	**2553**
—	—	—	—	—	—	—	—
6800	28247	39432	26692	12740	61881	6520	2553
—	—	—	—	—	—	—	—
—	—	—	—	—	—	—	—
—	7179	—	—	—	1400	—	—
—	7179	—	—	—	1400	—	—
—	—	—	—	—	—	—	—
6800	21068	39432	26692	12740	60481	6520	2553
—	—	—	—	—	—	—	—
6800	21068	39432	26692	12740	60481	6520	2553
6800	28247	39432	26692	12740	61881	6520	2553
—	—	—	—	—	—	—	—
—	—	—	—	—	—	—	—
—	—	—	—	—	—	—	—
—	—	—	—	—	—	—	—
—	—	—	—	—	—	—	—
—	—	—	—	—	—	—	—
—	—	—	—	—	—	—	—
—	—	—	—	—	—	—	—
—	—	—	—	—	—	—	—
—	—	—	—	—	—	—	—
—	—	—	—	—	—	—	—
—	—	—	—	—	—	—	—
—	—	—	—	—	—	—	—
—	—	—	—	—	—	—	—
—	—	—	—	—	—	—	—
—	—	—	—	—	—	—	—
—	—	—	—	—	—	—	—
—	—	—	—	—	—	—	—
—	—	—	—	—	—	—	—
—	—	—	—	—	—	—	—

	合计	住宅房屋	商业及服务用房	商厦（批零用房）	宾馆（住宿用房）	商务会展用房
三、按隶属关系分组						
中央	—	—	—	—	—	—
省（自治区、直辖市）	—	—	—	—	—	—
地区（州、盟、省辖市）	21182	19782	—	—	—	—
县（区、市、旗）	673183	658183	15000	—	15000	—
街道	—	—	—	—	—	—
居委会	—	—	—	—	—	—
其他	3118302	2909336	78253	57517	4584	9352
四、按企业资质等级分组						
施工总承包	3254680	3037187	93253	57517	19584	9352
一级	—	—	—	—	—	—
二级	270882	170536	7590	7590	—	—
三级及以下	2983798	2866651	85663	49927	19584	9352
专业承包	557987	550114	—	—	—	—
一级	—	—	—	—	—	—
二级	48560	48560	—	—	—	—
三级及以下	509427	501554	—	—	—	—
五、按地区分						
四平市	3812667	3587301	93253	57517	19584	9352
六、按营业状态分						
营业	3109998	2934559	43326	7590	19584	9352
停业（歇业）	702669	652742	49927	49927	—	—
当年关闭	—	—	—	—	—	—
当年破产	—	—	—	—	—	—
七、按控股情况分						
国有控股	—	—	—	—	—	—
集体控股	184662	183262	—	—	—	—
私人控股	3628005	3404039	93253	57517	19584	9352
其他	—	—	—	—	—	—

年）

房屋建筑竣工面积（平方米）							
其他（居民服务用房）	办公用房	科教医用房	教育用房	医疗用房	厂房及建筑物	厂房	其他未列明房建物
—	—	—	—	—	—	—	—
—	—	—	—	—	—	—	—
—	—	—	—	—	1400	—	—
—	—	—	—	—	—	—	—
—	—	—	—	—	—	—	—
—	—	—	—	—	—	—	—
6800	28247	39432	26692	12740	60481	6520	2553
6800	28247	31559	18819	12740	61881	6520	2553
—	—	—	—	—	—	—	—
—	7179	25096	12356	12740	60481	6520	0
6800	21068	6463	6463	—	1400	—	2553
—	—	7873	7873	—	—	—	—
—	—	—	—	—	—	—	—
—	—	—	—	—	—	—	—
—	—	7873	7873	—	—	—	—
6800	28247	39432	26692	12740	61881	6520	2553
6800	28247	39432	26692	12740	61881	6520	2553
—	—	—	—	—	—	—	—
—	—	—	—	—	—	—	—
—	—	—	—	—	—	—	—
—	—	—	—	—	—	—	—
—	—	—	—	—	1400	—	—
6800	28247	39432	26692	12740	60481	6520	2553
—	—	—	—	—	—	—	—

4—10 续表 6 (2012

	合计	住宅房屋	商业及服务用房	商厦（批零用房）	宾馆（住宿用房）	商务会展用房
总计	**4857514**	**4535653**	**189895**	**113385**	**38002**	**14028**
#国有及国有控股企业	—	—	—	—	—	—
一、按登记注册类型分组						
内资企业	4857514	4535653	189895	113385	38002	14028
国有企业	—	—	—	—	—	—
集体企业	293220	293220	—	—	—	—
有限责任公司	755149	698478	45145	—	31117	14028
其他有限责任公司	755149	698478	45145	—	31117	14028
股份有限公司	—	—	—	—	—	—
私营企业	3809145	3543955	144750	113385	6885	—
私营独资企业	8651	8651	—	—	—	—
私营有限责任公司	3800494	3535304	144750	113385	6885	—
二、按国民经济行业分组						
房屋建筑业	3717862	3507365	78531	2021	38002	14028
土木工程建筑业	60	60	—	—	—	—
铁路、道路、隧道和桥梁工程建筑	—	—	—	—	—	—
铁路工程建筑	—	—	—	—	—	—
公路工程建筑	—	—	—	—	—	—
市政道路工程建筑	—	—	—	—	—	—
其他道路、隧道和桥梁工程建筑	—	—	—	—	—	—
水利和内河港口工程建筑	60	60	—	—	—	—
水源及供水设施工程建筑	—	—	—	—	—	—
河湖治理及防洪设施工程建筑	60	60	—	—	—	—
港口及航运设施工程建筑	—	—	—	—	—	—
工矿工程建筑	—	—	—	—	—	—
架线和管道工程建筑	—	—	—	—	—	—
架线及设备工程建筑	—	—	—	—	—	—
管道工程建筑	—	—	—	—	—	—
其他土木工程建筑	—	—	—	—	—	—
建筑安装业	1139592	1028228	111364	111364	—	—
电气安装	971592	860228	111364	111364	—	—
其他建筑安装业	168000	168000	—	—	—	—
建筑装饰和其他建筑业	—	—	—	—	—	—
建筑装饰业	—	—	—	—	—	—

年）

竣工房屋价值（千元）							
其他（居民服务用房）	办公用房	科教医用房	教育用房	医疗用房	厂房及建筑物	厂房	其他未列明房建物
24480	**31863**	**37468**	**24468**	**13000**	**61035**	**2456**	**1600**
—	—	—	—	—	—	—	—
24480	31863	37468	24468	13000	61035	2456	1600
—	—	—	—	—	—	—	—
—	—	—	—	—	—	—	—
—	1512	—	—	—	10014	—	—
—	1512	—	—	—	10014	—	—
—	—	—	—	—	—	—	—
24480	30351	37468	24468	13000	51021	2456	1600
—	—	—	—	—	—	—	—
24480	30351	37468	24468	13000	51021	2456	1600
24480	31863	37468	24468	13000	61035	2456	1600
—	—	—	—	—	—	—	—
—	—	—	—	—	—	—	—
—	—	—	—	—	—	—	—
—	—	—	—	—	—	—	—
—	—	—	—	—	—	—	—
—	—	—	—	—	—	—	—
—	—	—	—	—	—	—	—
—	—	—	—	—	—	—	—
—	—	—	—	—	—	—	—
—	—	—	—	—	—	—	—
—	—	—	—	—	—	—	—
—	—	—	—	—	—	—	—
—	—	—	—	—	—	—	—
—	—	—	—	—	—	—	—
—	—	—	—	—	—	—	—
—	—	—	—	—	—	—	—
—	—	—	—	—	—	—	—
—	—	—	—	—	—	—	—
—	—	—	—	—	—	—	—
—	—	—	—	—	—	—	—

	合　计	住宅房屋	商业及服务用房	商厦（批零用房）	宾馆（住宿用房）	商务会展用房
三、按隶属关系分组						
中央	—	—	—	—	—	—
省（自治区、直辖市）	—	—	—	—	—	—
地区（州、盟、省辖市）	55694	45680	—	—	—	—
县（区、市、旗）	763990	732873	31117	—	31117	—
街道	—	—	—	—	—	—
居委会	—	—	—	—	—	—
其他	4037830	3757100	158778	113385	6885	14028
四、按企业资质等级分组						
施工总承包	4185907	3872964	189895	113385	38002	14028
一级	—	—	—	—	—	—
二级	294139	219755	2021	2021	—	—
三级及以下	3891768	3653209	187874	111364	38002	14028
专业承包	671607	662689	—	—	—	—
一级	—	—	—	—	—	—
二级	23685	23685	—	—	—	—
三级及以下	647922	639004	—	—	—	—
五、按地区分						
四平市	4857514	4535653	189895	113385	38002	14028
六、按营业状态分						
营业	4071757	3861260	78531	2021	38002	14028
停业（歇业）	785757	674393	111364	111364	—	—
当年关闭	—	—	—	—	—	—
当年破产	—	—	—	—	—	—
七、按控股情况分						
国有控股	—	—	—	—	—	—
集体控股	303234	293220	—	—	—	—
私人控股	4554280	4242433	189895	113385	38002	14028
其他	—	—	—	—	—	—

年）

竣工房屋价值（千元）							
其他（居民服务用房）	办公用房	科教医用房	教育用房	医疗用房	厂房及建筑物	厂房	其他未列明房建物
—	—	—	—	—	—	—	—
—	—	—	—	—	—	—	—
—	—	—	—	—	10014	—	—
—	—	—	—	—	—	—	—
—	—	—	—	—	—	—	—
—	—	—	—	—	—	—	—
24480	31863	37468	24468	13000	51021	2456	1600
24480	31863	28550	15550	13000	61035	2456	1600
—	—	—	—	—	—	—	—
—	1512	19830	6830	13000	51021	2456	0
24480	30351	8720	8720	—	10014	—	1600
—	—	8918	8918	—	—	—	—
—	—	—	—	—	—	—	—
—	—	—	—	—	—	—	—
—	—	8918	8918	—	—	—	—
24480	31863	37468	24468	13000	61035	2456	1600
24480	31863	37468	24468	13000	61035	2456	1600
—	—	—	—	—	—	—	—
—	—	—	—	—	—	—	—
—	—	—	—	—	—	—	—
—	—	—	—	—	—	—	—
—	—	—	—	—	10014	—	—
24480	31863	37468	24468	13000	51021	2456	1600
—	—	—	—	—	—	—	—

建　筑　业　企

4－11　　　　　　　　　　　　　　　　　　　　　　　　　　　　　　　　　　　　(2012

	年初存货	年末								
		流动资产合计	应收工程款	#竣工工程	#存货	固定资产合计	资产减值准备	固定资产原价	累计折旧	#本年折旧
总　　计	**368592**	**2948149**	**1188616**	**923464**	**592183**	**828084**	**27396**	**955301**	**252545**	**27586**
其中：国有及国有控股企业	7280	31465	3350	2450	10030	68763	—	76286	7523	2784
一、按登记注册类型分组										
内资企业	368592	2948149	1188616	923464	592183	828084	27396	955301	252545	27586
国有企业	2514	7391	900	—	1997	3567	—	5038	1471	218
集体企业	39	16865	—	—	39	1135	—	1235	100	—
有限责任公司	104862	707498	337349	262938	127558	194839	—	228105	55059	11235
其他有限责任公司	104862	707498	337349	262938	127558	194839	—	228105	55059	11235
股份有限公司	16707	180892	19792	2450	16816	15567	—	25335	17768	256
私营企业	244470	2035503	830575	658076	445773	612976	27396	695588	178147	15877
私营独资企业	220	3736	—	—	220	3883	—	4004	121	—
私营有限责任公司	244250	2031767	830575	658076	445553	609093	27396	691584	178026	15877
二、按国民经济行业分组										
房屋建筑业	206502	1665320	590248	479412	422330	332663	26596	308513	79864	8214
土木工程建筑业	61412	866187	408740	269418	73124	333060	800	467924	145411	15452
铁路、道路、隧道和桥梁工程建筑	43412	561512	328733	238349	37055	229096	—	321817	102066	8694
铁路工程建筑	—	5000	—	—	—	—	—	—	—	—
公路工程建筑	32621	488964	282868	197477	27370	196363	—	273890	86872	6187
市政道路工程建筑	41	5859	4993	—	476	8490	—	13084	4594	1298
其他道路、隧道和桥梁工程建筑	10750	61689	40872	40872	9209	24243	—	34843	10600	1209
水利和内河港口工程建筑	11769	53713	8713	6713	24021	64681	800	70570	7091	2837
水源及供水设施工程建筑	9255	46211	6713	6713	22024	61749	—	67511	5762	2617
河湖治理及防洪设施工程建筑	—	4000	2000	—	—	2000	800	810	12	2
港口及航运设施工程建筑	2514	3502	—	—	1997	932	—	2249	1317	218
工矿工程建筑	—	34776	29227	—	870	10567	—	24332	13765	2895
架线和管道工程建筑	6026	145808	16735	14899	10973	13906	—	24446	10540	274
架线及设备工程建筑	2967	52665	16735	14899	792	4083	—	9079	4996	274
管道工程建筑	3059	93143	—	—	10181	9823	—	15367	5544	—
其他土木工程建筑	205	70378	25332	9457	205	14810	—	26759	11949	752
建筑安装业	100114	364442	189508	174634	96729	31015	—	40242	9994	2669
电气安装	98611	338274	174634	174634	94026	15830	—	24198	8585	2353
其他建筑安装业	1503	26168	14874	—	2703	15185	—	16044	1409	316
建筑装饰和其他建筑业	564	52200	120	—	—	131346	—	138622	17276	1251
建筑装饰业	564	52200	120	—	—	131346	—	138622	17276	1251

业　财　务　状　况

年）　　　　　　　　　　　　　　　　　　　　　　　　　　　　　　　　　单位：千元

资	产	负	债								
在建工程	资产合计	流动负债合计	应付账款	非流动负责合计	负债合计	所有者权益合计	#实收资本	国家资本	集体资本	法人资本	个人资本
46785	**3890507**	**1787384**	**521285**	**93095**	**2026426**	**1864081**	**1291934**	**10300**	**95347**	**371809**	**814478**
—	101796	37663	6102	—	37664	64132	68229	—	7420	60809	—
46785	3890507	1787384	521285	93095	2026426	1864081	1291934	10300	95347	371809	814478
—	10958	17640	4339	—	17640	—6682	806	—	—	806	—
—	19800	15867	—	—	15867	3933	3224	—	3224	—	—
21093	938503	536486	228317	1057	537745	400758	351145	4100	18437	95552	233056
21093	938503	536486	228317	1057	537745	400758	351145	4100	18437	95552	233056
—	202924	6067	1074	—	92949	109975	78930	—	64930	1000	13000
25692	2718322	1211324	287555	92038	1362225	1356097	857829	6200	8756	274451	568422
—	7619	—	—	—	554	7065	7000	—	—	—	7000
25692	2710703	1211324	287555	92038	1361671	1349032	850829	6200	8756	274451	561422
46697	2050627	927530	291770	19235	1038891	1011736	671586	6200	75693	144442	445251
88	1260576	536383	171887	860	540650	719926	521313	4100	19654	174567	322992
88	820723	346858	128288	—	347759	472964	343504	—	8756	72056	262692
—	7500	—	—	—	500	7000	7000	—	7000	—	—
88	710426	274366	94543	—	274767	435659	298500	—	—	71847	226653
—	14349	4236	3207	—	4236	10113	7992	—	1756	209	6027
—	88448	68256	30538	—	68256	20192	30012	—	—	—	30012
—	118397	27582	6039	—	27583	90814	89809	—	—	60809	29000
—	107963	19176	1696	—	19177	88786	85003	—	—	60003	25000
—	6000	2004	4	—	2004	3996	4000	—	—	—	4000
—	4434	6402	4339	—	6402	—1968	806	—	—	806	—
—	45343	13770	12265	860	14630	30713	10500	—	1198	9302	—
—	180825	114297	18452	—	114802	66023	57200	4100	9700	32400	11000
—	63568	47779	2806	—	48284	15284	37200	4100	9700	12400	11000
—	117257	66518	15646	—	66518	50739	20000	—	—	20000	—
—	95288	33876	6843	—	35876	59412	20300	—	—	—	20300
—	395458	169410	49328	73000	292824	102634	72035	—	—	43800	28235
—	354105	163661	48228	73000	285875	68230	44000	—	—	43000	1000
—	41353	5749	1100	—	6949	34404	28035	—	—	800	27235
—	183846	154061	8300	—	154061	29785	27000	—	—	9000	18000
—	183846	154061	8300	—	154061	29785	27000	—	—	9000	18000

4—11 续表 1　　(2012

	年初存货	年末								
		流动资产合计	应收工程款	#竣工工程	#存货	固定资产合计	资产减值准备	固定资产原价	累计折旧	#本年折旧
三、按隶属关系分组										
中央	4762	21008	—	—	7920	60837	—	66259	5422	2524
省（自治区、直辖市）	16703	159094	3758	—	16703	482	—	17137	16655	—
地区（州、盟、省辖市）	14997	157192	58129	26062	16174	36370	—	47399	11333	2909
县（区、市、旗）	1747	161666	28626	2922	6569	28381	—	33346	5753	1162
居委会	—	2000	—	—	—	8000	—	—	—	—
其他	330383	2447189	1098103	894480	544817	694014	27396	791160	213382	20991
四、按企业资质等级分组										
施工总承包	343314	2630832	1123542	888847	541556	693250	800	790184	220020	22822
一级	39438	546476	252078	193330	41963	131923	—	221935	90012	3820
二级	84779	706072	209794	165919	192846	77186	800	105038	29443	2756
三级以下	219097	1378284	661670	529598	306747	484141	—	463211	100565	16246
专业承包	25278	317317	65074	34617	50627	134834	26596	165117	32525	4764
一级	4762	21008	—	—	7920	60837	—	66259	5422	2524
二级	4698	45832	23963	21807	5020	7028	—	11487	4459	258
三级以下	15818	250477	41111	12810	37687	66969	26596	87371	22644	1982
五、按地区分										
四平市	368592	2948149	1188616	923464	592183	828084	27396	955301	252545	27586
六、按营业状态分										
营业	184026	2215577	955389	737701	285949	642232	26596	725467	192778	20650
停业（歇业）	184566	732572	233227	185763	306234	185852	800	229834	59767	6936
七、按控股情况分										
国有控股	7280	31465	3350	2450	10030	68763	—	76286	7523	2784
集体控股	27492	248465	44630	40872	25951	26040	—	54190	28150	1272
私人控股	331665	2570460	1140516	880142	555727	718431	27396	807637	214446	23167
其他	2155	97759	120	—	475	14850	—	17188	2426	363

年）

单位：千元

在建工程	资产合计	流动负债合计	应付账款	非流动负责合计	负债合计	所有者权益合计	#实收资本	国家资本	集体资本	法人资本	个人资本
资	产		负		债						
—	81845	18450	1696	—	18451	63394	60003	—	—	60003	—
—	164473	3027	—	—	81909	82564	57510	—	57510	—	—
—	195907	87250	14065	—	87451	108456	127969	—	24659	—	103310
88	216801	107803	14405	197	108000	108801	96324	—	3224	20000	73100
—	10000	—	—	—	8000	2000	2000	—	—	1000	1000
46697	3221481	1570854	491119	92898	1722615	1498866	948128	10300	9954	290806	637068
46785	3390933	1563398	480122	74057	1779196	1611737	1071225	6200	78647	277353	709025
—	683296	187423	64396	—	266305	416991	258010	—	57510	71847	128653
—	804494	526659	206247	—	526659	277835	164897	—	—	41883	123014
46785	1903143	849316	209479	74057	986232	916911	648318	6200	21137	163623	457358
—	499574	223986	41163	19038	247230	252344	220709	4100	16700	94456	105453
—	81845	18450	1696	—	18451	63394	60003	—	—	60003	—
—	53103	61013	2278	—	61013	−7910	19010	—	9700	—	9310
—	364626	144523	37189	19038	167766	196860	141696	4100	7000	34453	96143
46785	3890507	1787384	521285	93095	2026426	1864081	1291934	10300	95347	371809	814478
46266	2937932	1187713	399714	19235	1350695	1587237	1107682	10300	87149	297960	712273
519	952575	599671	121571	73860	675731	276844	184252	—	8198	73849	102205
—	101796	37663	6102	—	37664	64132	68229	—	7420	60809	—
—	284218	90717	33419	—	169599	114619	98285	—	68273	—	30012
46697	3367064	1577411	477489	93095	1737570	1629494	1073320	6200	19654	311000	736466
88	137429	81593	4275	—	81593	55836	52100	4100	—	—	48000

4—11 续表 2 (2012

	损								益
	营业收入	主营业务收入	营业成本	主营业务成本	营业税金及附加	主营业务税金及附加	其他业务利润	管理费用	#税金
总计	**7301773**	**7273559**	**6392861**	**6223685**	**266098**	**238572**	**477**	**173278**	**10904**
其中：国有及国有控股企业	38599	37859	30073	29559	1176	560	226	8561	5
一、按登记注册类型分组									
内资企业	7301773	7273559	6392861	6223685	266098	238572	477	173278	10904
国有企业	5217	5217	5163	5163	175	175	—	1224	4
集体企业	293220	293220	272694	272694	9940	9940	—	4800	300
有限责任公司	1747041	1746297	1512366	1361017	70187	48319	230	40453	1721
其他有限责任公司	1747041	1746297	1512366	1361017	70187	48319	230	40453	1721
股份有限公司	94637	94637	81271	81271	1811	1627	—	5968	4
私营企业	5161658	5134188	4521367	4503540	183985	178511	247	120833	8875
私营独资企业	8651	8651	8083	8083	332	332	—	168	16
私营有限责任公司	5153007	5125537	4513284	4495457	183653	178179	247	120665	8859
二、按国民经济行业分组									
房屋建筑业	4532879	4532879	3963637	3795310	159857	154770	—	97493	8247
土木工程建筑业	1446707	1418643	1170293	1169695	63142	61929	477	59962	1408
铁路、道路、隧道和桥梁工程建筑	1000894	1000624	839585	839501	43552	43370	185	28536	1103
铁路工程建筑	—	—	—	—	—	—	—	—	—
公路工程建筑	927486	927482	777416	777416	41205	41205	4	20221	713
市政道路工程建筑	32536	32270	27987	27903	974	792	181	2689	70
其他道路、隧道和桥梁工程建筑	40872	40872	34182	34182	1373	1373	—	5626	320
水利和内河港口工程建筑	55427	54687	43922	43408	1561	945	226	9257	45
水源及供水设施工程建筑	54771	54031	43323	42809	1540	924	226	8699	42
河湖治理及防洪设施工程建筑	60	60	53	53	1	1	—	153	1
港口及航运设施工程建筑	596	596	546	546	20	20	—	405	2
工矿工程建筑	59496	59496	27919	27919	1963	1963	—	150	—
架线和管道工程建筑	64441	37387	46076	46076	1898	1483	66	11132	125
架线及设备工程建筑	37387	37387	30136	30136	1162	747	—	6122	125
管道工程建筑	27054	—	15940	15940	736	736	66	5010	—
其他土木工程建筑	266449	266449	212791	212791	14168	14168	—	10887	135
建筑安装业	719937	719787	708709	708458	17399	17373	—	3313	14
电气安装	677782	677782	674342	674342	15978	15978	—	2006	12
其他建筑安装业	42155	42005	34367	34116	1421	1395	—	1307	2
建筑装饰和其他建筑业	602250	602250	550222	550222	25700	4500	—	12510	1235
建筑装饰业	602250	602250	550222	550222	25700	4500	—	12510	1235

年）　　　　　　　　　　　　　　　　　　　　　　　　单位：千元

及		分		配							
#差旅费	#工会经费	财务费用	利息收入	#利息支出	营业利润	补贴收入	营业外收入	营业外支出	利润总额	应交所得税	应付职工薪酬
12406	**8601**	**36132**	**52**	**18941**	**334945**	**1033**	**8346**	**1622**	**341834**	**87554**	**895678**
10	—	2	—	2	−1423	—	107	—	−1316	588	4681
12406	8601	36132	52	18941	334945	1033	8346	1622	341834	87554	895678
8	—	2	—	2	−1556	—	107	—	−1449	115	1388
4000	200	300	30	270	5486	—	—	—	5486	586	9080
1181	1153	2617	−1	686	58741	—	4382	316	62805	20244	170710
1181	1153	2617	−1	686	58741	—	4382	316	62805	20244	170710
26	—	−46	4	—	5632	—	—	76	5556	2366	6015
7191	7248	33259	19	17983	266642	1033	3857	1230	269436	64243	708485
1	12	35	—	35	32	—	—	—	32	1	200
7190	7236	33224	19	17948	266610	1033	3857	1230	269404	64242	708285
5991	3446	14648	38	7488	240700	1033	1655	1177	241178	50526	625119
1354	1124	11144	10	5299	101358	—	4691	333	106003	31097	68882
966	1003	7592	6	5144	67568	—	4069	226	71410	21025	35436
—	—	—	—	—	—	—	—	—	—	—	40
333	961	7405	—	4958	67529	—	449	211	67767	19601	31997
353	12	−1	4	—	537	—	—	15	522	403	2041
280	30	188	2	186	−498	—	3620	—	3121	1021	1358
113	—	−2	4	2	525	—	107	3	629	1008	3917
110	—	−4	4	—	1212	—	—	3	1209	1008	3615
—	—	—	—	—	−100	—	—	—	−100	—	297
3	—	2	—	2	−587	—	107	—	−480	—	5
150	—	120	—	—	6546	—	—	—	6546	1487	500
68	119	3280	—	—	2120	—	513	62	2859	1312	11125
68	119	129	—	—	−161	—	452	11	279	740	3781
—	—	3151	—	—	2281	—	61	51	2580	572	7344
57	2	154	—	153	24599	—	2	42	24559	6265	17904
49	12	5974	4	5943	−15734	—	—	102	−15958	5785	100335
25	12	5968	—	5943	−20763	—	—	15	−20778	4828	98704
24	—	6	4	—	5029	—	—	87	4820	957	1631
5012	4019	4366	—	211	8621	—	2000	10	10611	146	101342
5012	4019	4366	—	211	8621	—	2000	10	10611	146	101342

4—11 续表 3 （2012

	损							益	
	营业收入	主营业务收入	营业成本	主营业务成本	营业税金及附加	主营业务税金及附加	其他业务利润	管理费用	#税金
三、按隶属关系分组									
中央	26814	26074	19074	18560	616	—	226	6809	—
省（自治区、直辖市）	51060	51060	45414	45414	184	—	—	4264	—
地区（州、盟、省辖市）	190748	190744	165838	165838	6201	6201	4	12207	409
县（区、市、旗）	1460363	1460363	1296866	1296866	60112	38912	—	16077	1060
居委会	4	4	1	1	1	1	—	1	1
其他	5572784	5545314	4865668	4697006	198984	193458	247	133920	9434
四、按企业资质等级分组									
施工总承包	6355400	6328076	5577252	5408841	230564	204095	251	141116	10423
一级	469210	469210	406641	406641	13983	13799	—	18004	48
二级	991001	963947	860584	692271	33637	33637	66	32893	2970
三级以下	4895189	4894919	4310027	4309929	182944	156659	185	90219	7405
专业承包	946373	945483	815609	814844	35534	34477	226	32162	481
一级	26814	26074	19074	18560	616	—	226	6809	—
二级	41934	41934	35557	35557	1325	1325	—	5878	114
三级以下	877625	877475	760978	760727	33593	33152	—	19475	367
五、按地区分									
四平市	7301773	7273559	6392861	6223685	266098	238572	477	173278	10904
六、按营业状态分									
营业	6721102	6720092	5892274	5723349	246967	219467	411	152687	9551
停业（歇业）	580671	553467	500587	500336	19131	19105	66	20591	1353
七、按控股情况分									
国有控股	38599	37859	30073	29559	1176	560	226	8561	5
集体控股	395166	395166	360534	360534	11833	11649	—	15017	627
私人控股	6217351	6189877	5435201	5266539	220556	215082	251	145267	9639
其他	650657	650657	567053	567053	32533	11281	—	4433	633

年） 单位：千元

及		分		配							
#差旅费	#工会经费	财务费用	利息收入	#利息支出	营业利润	补贴收入	营业外收入	营业外支出	利润总额	应交所得税	应付职工薪酬
—	—	—	—	—	314	—	—	—	314	309	2851
—	—	－42	—	—	1240	—	—	—	1240	1277	5067
396	167	－6	4	—	6139	—	201	215	6124	3898	14093
4298	941	2586	27	769	45215	—	—	118	45097	10862	116648
—	—	—	—	—	—	—	—	—	—	—	160
7712	7493	33594	21	18172	282037	1033	8145	1289	289059	71208	756859
11732	8398	34912	34	18109	277943	1033	7844	1437	284516	72337	749745
127	59	5160	—	4478	25422	—	249	10	25661	7382	8011
289	426	5231	—	1784	56869	—	283	164	57277	16211	63280
11316	7913	24521	34	11847	195652	1033	7312	1263	201578	48744	678454
674	203	1220	18	832	57002	—	502	185	57318	15217	145933
—	—	—	—	—	314	—	—	—	314	309	2851
72	107	11	—	8	－848	—	—	11	－860	907	6021
602	96	1209	18	824	57536	—	502	174	57864	14001	137061
12406	8601	36132	52	18941	334945	1033	8346	1622	341834	87554	895678
7230	4519	21607	52	11944	332448	1033	6230	1437	337117	76851	859936
5176	4082	14525	—	6997	2497	—	2116	185	4717	10703	35582
10	—	2	—	2	－1423	—	107	—	－1316	588	4681
4295	230	440	32	456	7341	—	3620	—	10960	3129	18220
7967	7652	33682	20	18272	298113	1033	4168	1622	300825	76773	773239
134	719	2008	—	211	30914	—	451	—	31365	7064	99538

	土地和固定		
	支出总计	土地购置	房屋和建筑物
总　　计	**21560**	**30**	**12965**
其中：国有及国有控股企业	—	—	—
一、按登记注册类型分组			
内资企业	21560	30	12965
国有企业	—	—	—
集体企业	—	—	—
有限责任公司	5381	30	—
其他有限责任公司	5381	30	—
股份有限公司	—	—	—
私营企业	16179	—	12965
私营独资企业	—	—	—
私营有限责任公司	16179	—	12965
二、按国民经济行业分组			
房屋建筑业	14965	—	12965
土木工程建筑业	6595	30	—
铁路、道路、隧道和桥梁工程建筑	6595	30	—
铁路工程建筑	—	—	—
公路工程建筑	4976	30	—
市政道路工程建筑	837	—	—
其他道路、隧道和桥梁工程建筑	782	—	—
水利和内河港口工程建筑	—	—	—
水源及供水设施工程建筑	—	—	—
河湖治理及防洪设施工程建筑	—	—	—
港口及航运设施工程建筑	—	—	—
工矿工程建筑	—	—	—
架线和管道工程建筑	—	—	—
架线及设备工程建筑	—	—	—
管道工程建筑	—	—	—
其他土木工程建筑	—	—	—
建筑安装业	—	—	—
电气安装	—	—	—
其他建筑安装业	—	—	—
建筑装饰和其他建筑业	—	—	—
建筑装饰业	—	—	—

年）

资产支出			销售费用	在境外的营业收入
机械设备	运输工具	其他费用		
7243	**1249**	**73**	**95851**	**10014**
—	—	—	210	—
7243	1249	73	95851	10014
—	—	—	210	—
—	—	—	—	—
5096	182	73	62793	10014
5096	182	73	62793	10014
—	—	—	1	—
2147	1067	—	32847	—
—	—	—	1	—
2147	1067	—	32846	—
1517	412	71	53734	10014
5726	837	2	41035	—
5726	837	2	14060	—
—	—	—	—	—
4944	—	2	13710	—
—	837	—	350	—
782	—	—	—	—
—	—	—	210	—
—	—	—	—	—
—	—	—	—	—
—	—	—	210	—
—	—	—	22915	—
—	—	—	—	—
—	—	—	—	—
—	—	—	—	—
—	—	—	3850	—
—	—	—	251	—
—	—	—	251	—
—	—	—	—	—
—	—	—	831	—
—	—	—	831	—

	土地和固定		
	支出总计	土地购置	房屋和建筑物
三、按隶属关系分组			
中央	—	—	—
省（自治区、直辖市）	—	—	—
地区（州、盟、省辖市）	4346	30	—
县（区、市、旗）	—	—	—
居委会	—	—	—
其他	17214	—	12965
四、按企业资质等级分组			
施工总承包	8548	30	850
一级	630	—	—
二级	253	—	—
三级以下	7665	30	850
专业承包	13012	—	12115
一级	—	—	—
二级	—	—	—
三级以下	13012	—	12115
五、按地区分			
四平市	21560	30	12965
六、按营业状态分			
营业	19860	30	12115
停业（歇业）	1700	—	850
七、按控股情况分			
国有控股	—	—	—
集体控股	782	—	—
私人控股	20778	30	12965
其他	—	—	—

年）

资产支出			销售费用	在境外的营业收入
机械设备	运输工具	其他费用		
—	—	—	—	—
—	—	—	—	—
4314	—	2	370	10014
—	—	—	39507	—
—	—	—	1	—
2929	1249	71	55973	—
6346	1249	73	90994	10014
630	—	—	—	—
—	182	71	1851	—
5716	1067	2	89143	10014
897	—	—	4857	—
—	—	—	—	—
—	—	—	12	—
897	—	—	4845	—
7243	1249	73	95851	10014
6623	1019	73	72113	10014
620	230	—	23738	—
—	—	—	210	—
782	—	—	—	10014
6461	1249	73	81925	—
—	—	—	13716	—

各县区建筑业企业

4—12 （2012

	企业个数（个）			建筑业合同情况（千元）			承
	#建筑企业个数	#有工作量的企业个数	#亏损企业个数	签订的合同额	上年结转合同额	本年新签合同额	直接从建设单位承揽工程完成的产值
总　　计	**34**	**30**	**5**	**2082699**	**694360**	**1388339**	**1741944**
#国有及国有控股企业	3	3	2	52385	12492	39893	33381
一、按登记注册类型分组							
内资企业	34	30	5	2082699	694360	1388339	1741944
国有企业	1	1	1	9240	—	9240	—
有限责任公司	12	11	1	374845	68342	306503	240576
其他有限责任公司	12	11	1	374845	68342	306503	240576
股份有限公司	2	2	1	62432	45702	16730	57627
私营企业	19	16	2	1636182	580316	1055866	1443741
私营有限责任公司	19	16	2	1636182	580316	1055866	1443741
二、按国民经济行业分组							
房屋建筑业	20	18	3	683751	229974	453777	625122
土木工程建筑业	12	11	1	917036	104488	812548	634910
铁路、道路、隧道和桥梁工程建筑	6	5		796117	98268	697849	536149
铁路工程建筑	1			—	—	—	—
公路工程建筑	3	3		737325	98268	639057	477357
市政道路工程建筑	1	1		17920	—	17920	17920
其他道路、隧道和桥梁工程建筑	1	1	—	40872	—	40872	40872
水利和内河港口工程建筑	2	2		63301	6220	57081	54771
水源及供水设施工程建筑	2	2		63301	6220	57081	54771
架线和管道工程建筑	4	4	1	57618	—	57618	43990
架线及设备工程建筑	3	3	1	31618	—	31618	17990
管道工程建筑	1	1		26000	—	26000	26000
建筑安装业	2	1	1	481912	359898	122014	481912
电气安装	1	1	1	481912	359898	122014	481912
其他建筑安装业	1	—	—	—	—	—	—
三、按隶属关系分组							
中央	1	1		30653	—	30653	26814
省（自治区、直辖市）	1	1		49940	33210	16730	51060
地区（州、盟、省辖市）	9	8	2	175805	64392	111413	161015
其他	23	20	3	1826301	596758	1229543	1503055
四、按企业资质等级分组							
施工总承包	26	23	3	1849258	641930	1207328	1488130
一级	2	2		728058	131478	596580	469210
二级	4	4		96017	—	96017	182455
三级及以下	20	17	3	1025183	510452	514731	836465
专业承包	8	7	2	233441	52430	181011	253814
一级	1	1		30653	—	30653	26814
二级	2	2	2	22868	—	22868	—
三级及以下	5	4		179920	52430	127490	227000
五、按地区分							
铁西区	34	30	5	2082699	694360	1388339	1741944
六、按营业状态分							
营业	28	26	4	1412475	282032	1130443	1098640
停业（歇业）	6	4	1	670224	412328	257896	643304
七、按控股情况分							
国有控股	3	3	2	52385	12492	39893	33381
集体控股	3	3		91372	33210	58162	101946
私人控股	28	24	3	1938942	648658	1290284	1606617

生产情况（铁西区）

年）

包工程完成情况（千元）			建筑业总产值（千元）				
自行完成施工产值	分包出去工程产值	从建设单位以外承揽工程产值	建筑业总产值（千元）	#装饰装修产值	建筑工程产值	安装工程产值	其他产值
1738544	**3400**	**24125**	**1762669**	**3291**	**1744702**	**17967**	**—**
33381	—	9240	42621	—	42621	—	—
1738544	3400	24125	1762669	3291	1744702	17967	—
—	—	9240	9240	—	9240	—	—
240576	—	14885	255461	1257	240576	14885	—
240576	—	14885	255461	1257	240576	14885	—
57627	—	—	57627	—	57627	—	—
1440341	3400	—	1440341	2034	1437259	3082	—
1440341	3400	—	1440341	2034	1437259	3082	—
625122	—	10497	635619	3291	634280	1339	—
631510	3400	13628	645138	—	628510	16628	—
536149	—	—	536149	—	536149	—	—
—	—	—	—	—	—	—	—
477357	—	—	477357	—	477357	—	—
17920	—	—	17920	—	17920	—	—
40872	—	—	40872	—	40872	—	—
54771	—	—	54771	—	54771	—	—
54771	—	—	54771	—	54771	—	—
40590	3400	13628	54218	—	37590	16628	—
14590	3400	13628	28218	—	11590	16628	—
26000	—	—	26000	—	26000	—	—
481912	—	—	481912	—	481912	—	—
481912	—	—	481912	—	481912	—	—
—	—	—	—	—	—	—	—
26814	—	—	26814	—	26814	—	—
51060	—	—	51060	—	51060	—	—
161015	—	13628	174643	—	161015	13628	—
1499655	3400	10497	1510152	3291	1505813	4339	—
1488130	—	1257	1489387	3291	1488048	1339	—
469210	—	—	469210	—	469210	—	—
182455	—	—	182455	—	182455	—	—
836465	—	1257	837722	3291	836383	1339	—
250414	3400	22868	273282	—	256654	16628	—
26814	—	—	26814	—	26814	—	—
—	—	22868	22868	—	9240	13628	0
223600	3400	—	223600	—	220600	3000	—
1738544	3400	24125	1762669	3291	1744702	17967	—
1095240	3400	24125	1119365	3291	1101480	17885	—
643304	—	—	643304	—	643222	82	—
33381	—	9240	42621	—	42621	—	—
101946	—	—	101946	—	101946	—	—
1603217	3400	14885	1618102	3291	1600135	17967	—

	竣工产值（千元）	房屋建筑施工面积（平方米）				年末自有施工机械	
		建筑施工面积（平方米）	#本年新开工面积	#实行投标承包面积	#本年新开工	净值（千元）	总台数（台）
总　　计	**1064920**	**1240359**	**908243**	**402673**	**273640**	**79744**	**269**
#国有及国有控股企业	9240	9314	—	—	—	3159	47
一、按登记注册类型分组							
内资企业	1064920	1240359	908243	402673	273640	79744	269
国有企业	9240	—	—	—	—	—	—
有限责任公司	181948	151506	151506	47080	47080	3339	62
其他有限责任公司	181948	151506	151506	47080	47080	3339	62
股份有限公司	—	41183	—	31869	—	1530	36
私营企业	873732	1047670	756737	323724	226560	74875	171
私营有限责任公司	873732	1047670	756737	323724	226560	74875	171
二、按国民经济行业分组							
房屋建筑业	439791	853964	521848	402673	273640	2475	83
土木工程建筑业	143217	—	—	—	—	77269	186
铁路、道路、隧道和桥梁工程建筑	117999	—	—	—	—	74110	139
铁路工程建筑	—	—	—	—	—	—	—
公路工程建筑	59207	—	—	—	—	74110	139
市政道路工程建筑	17920	—	—	—	—	—	—
其他道路、隧道和桥梁工程建筑	40872	—	—	—	—	—	—
水利和内河港口工程建筑	—	—	—	—	—	3159	47
水源及供水设施工程建筑	—	—	—	—	—	3159	47
架线和管道工程建筑	25218	—	—	—	—	—	—
架线及设备工程建筑	25218	—	—	—	—	—	—
管道工程建筑	—	—	—	—	—	—	—
建筑安装业	481912	386395	386395	—	—	—	—
电气安装	481912	386395	386395	—	—	—	—
其他建筑安装业	—	—	—	—	—	—	—
三、按隶属关系分组							
中央	—	—	—	—	—	3159	47
省（自治区、直辖市）	—	31869	—	31869	—	1530	36
地区（州、盟、省辖市）	140119	56394	47080	47080	47080	180	15
其他	924801	1152096	861163	323724	226560	74875	171
四、按企业资质等级分组							
施工总承包	918362	990749	752145	213063	117542	76585	222
一级	—	31869	—	31869	—	75640	175
二级	128906	244985	134285	70462	70462	765	32
三级及以下	789456	713895	617860	110732	47080	180	15
专业承包	146558	249610	156098	189610	156098	3159	47
一级	—	—	—	—	—	3159	47
二级	22868	—	—	—	—	—	—
三级及以下	123690	249610	156098	189610	156098	—	—
五、按地区分							
铁西区	1064920	1240359	908243	402673	273640	79744	269
六、按营业状态分							
营业	470526	664154	365750	213063	117542	79744	269
停业（歇业）	594394	576205	542493	189610	156098	—	—
七、按控股情况分							
国有控股	9240	9314	—	—	—	3159	47
集体控股	50886	33269	1400	33269	1400	1710	51
私人控股	1004794	1197776	906843	369404	272240	74875	171

年）

设备	主要建筑材料消耗量						补充资料
总功率（千瓦）	钢材（吨）	木材（立方米）	水泥（吨）	平板玻璃（重量箱）	平板玻璃平方米	铝材（吨）	企业总产值（千元）
22399	**36462**	**21626**	**72537**	**14018**	**84265**	**2748**	**1766069**
940	89	198	756	4200	4200	13	42621
22399	36462	21626	72537	14018	84265	2748	1766069
—	—	—	—	—	—	—	9240
2340	930	1310	5800	193	2300	160	255461
2340	930	1310	5800	193	2300	160	255461
140	1743	1165	1872	4200	4200	13	57627
19919	33789	19151	64865	9625	77765	2575	1443741
19919	33789	19151	64865	9625	77765	2575	1443741
2867	19362	10226	63037	13448	27265	2577	635619
19532	—	—	—	—	—	—	648538
18592	—	—	—	—	—	—	536149
—	—	—	—	—	—	—	—
18592	—	—	—	—	—	—	477357
—	—	—	—	—	—	—	17920
—	—	—	—	—	—	—	40872
940	—	—	—	—	—	—	54771
940	—	—	—	—	—	—	54771
—	—	—	—	—	—	—	57618
—	—	—	—	—	—	—	31618
—	—	—	—	—	—	—	26000
—	17100	11400	9500	570	57000	171	481912
—	17100	11400	9500	570	57000	171	481912
—	—	—	—	—	—	—	—
940	—	—	—	—	—	—	26814
140	1654	967	1116	—	—	—	51060
1400	369	1308	3056	4293	6200	123	174643
19919	34439	19351	68365	9725	78065	2625	1513552
21459	30962	15626	59537	11418	78465	1858	1489387
18732	1654	967	1116	—	—	—	469210
1327	3487	866	26177	1265	1265	112	182455
1400	25821	13793	32244	10153	77200	1746	837722
940	5500	6000	13000	2600	5800	890	276682
940	—	—	—	—	—	—	26814
—	—	—	—	—	—	—	22868
—	5500	6000	13000	2600	5800	890	227000
22399	36462	21626	72537	14018	84265	2748	1766069
22399	16847	7216	54937	10708	21265	1487	1122765
—	19615	14410	17600	3310	63000	1261	643304
940	89	198	756	4200	4200	13	42621
1540	1854	1967	1916	3	200	60	101946
19919	34519	19461	69865	9815	79865	2675	1621502

	合　计	住宅房屋	商业及服务用房	商厦（批零用　房　）	宾馆（住宿用　房　）	商务会展用　　房
总　　　计	**763855**	**584693**	**62101**	**57517**	**4584**	**—**
一、按登记注册类型分组						
内资企业	763855	584693	62101	57517	4584	—
国有企业	—	—	—	—	—	—
有限责任公司	21182	19782	—	—	—	—
其他有限责任公司	21182	19782	—	—	—	—
股份有限公司	—	—	—	—	—	—
私营企业	742673	564911	62101	57517	4584	—
私营有限责任公司	742673	564911	62101	57517	4584	—
二、按国民经济行业分组						
房屋建筑业	377460	248225	12174	7590	4584	—
土木工程建筑业	—	—	—	—	—	—
铁路、道路、隧道和桥梁工程建筑	—	—	—	—	—	—
铁路工程建筑	—	—	—	—	—	—
公路工程建筑	—	—	—	—	—	—
市政道路工程建筑	—	—	—	—	—	—
其他道路、隧道和桥梁工程建筑	—	—	—	—	—	—
水利和内河港口工程建筑	—	—	—	—	—	—
水源及供水设施工程建筑	—	—	—	—	—	—
架线和管道工程建筑	—	—	—	—	—	—
架线及设备工程建筑	—	—	—	—	—	—
管道工程建筑	—	—	—	—	—	—
建筑安装业	386395	336468	49927	49927	—	—
电气安装	386395	336468	49927	49927	—	—
其他建筑安装业	—	—	—	—	—	—
三、按隶属关系分组						
中央	—	—	—	—	—	—
省（自治区、直辖市）	—	—	—	—	—	—
地区（州、盟、省辖市）	21182	19782	—	—	—	—
其他	742673	564911	62101	57517	4584	—
四、按企业资质等级分组						
施工总承包	643855	464693	62101	57517	4584	—
一级	—	—	—	—	—	—
二级	134285	41118	7590	7590	—	—
三级及以下	509570	423575	54511	49927	4584	—
专业承包	120000	120000	—	—	—	—
一级	—	—	—	—	—	—
二级	—	—	—	—	—	—
三级及以下	120000	120000	—	—	—	—
五、按地区分						
铁西区	763855	584693	62101	57517	4584	—
六、按营业状态分						
营业	257460	128225	12174	7590	4584	—
停业（歇业）	506395	456468	49927	49927	—	—
七、按控股情况分						
国有控股	—	—	—	—	—	—
集体控股	1400	—	—	—	—	—
私人控股	762455	584693	62101	57517	4584	—

年）

房屋建筑竣工面积（平方米）

其他（居民服务用房）	办公用房	科教医用房	教育用房	医疗用房	厂房及建筑物	厂房	其他未列明房建物
—	**21068**	**31559**	**18819**	**12740**	**61881**	**6520**	**2553**
—	21068	31559	18819	12740	61881	6520	2553
—	—	—	—	—	—	—	—
—	—	—	—	—	1400	—	—
—	—	—	—	—	1400	—	—
—	—	—	—	—	—	—	—
—	21068	31559	18819	12740	60481	6520	2553
—	21068	31559	18819	12740	60481	6520	2553
—	21068	31559	18819	12740	61881	6520	2553
—	—	—	—	—	—	—	—
—	—	—	—	—	—	—	—
—	—	—	—	—	—	—	—
—	—	—	—	—	—	—	—
—	—	—	—	—	—	—	—
—	—	—	—	—	—	—	—
—	—	—	—	—	—	—	—
—	—	—	—	—	—	—	—
—	—	—	—	—	—	—	—
—	—	—	—	—	—	—	—
—	—	—	—	—	—	—	—
—	—	—	—	—	—	—	—
—	—	—	—	—	—	—	—
—	—	—	—	—	—	—	—
—	—	—	—	—	—	—	—
—	—	—	—	—	—	—	—
—	—	—	—	—	1400	—	—
—	21068	31559	18819	12740	60481	6520	2553
—	21068	31559	18819	12740	61881	6520	2553
—	—	—	—	—	—	—	—
—	—	25096	12356	12740	60481	6520	0
—	21068	6463	6463	—	1400	—	2553
—	—	—	—	—	—	—	—
—	—	—	—	—	—	—	—
—	—	—	—	—	—	—	—
—	—	—	—	—	—	—	—
—	21068	31559	18819	12740	61881	6520	2553
—	21068	31559	18819	12740	61881	6520	2553
—	—	—	—	—	—	—	—
—	—	—	—	—	—	—	—
—	—	—	—	—	1400	—	—
—	21068	31559	18819	12740	60481	6520	2553

	合 计	住宅房屋	商业及服务用房	商厦（批零用房）	宾馆（住宿用房）	商务会展用房
总　　计	**901512**	**659706**	**120270**	**113385**	**6885**	**—**
一、按登记注册类型分组						
内资企业	901512	659706	120270	113385	6885	—
国有企业	—	—	—	—	—	—
有限责任公司	55694	45680	—	—	—	—
其他有限责任公司	55694	45680	—	—	—	—
股份有限公司	—	—	—	—	—	—
私营企业	845818	614026	120270	113385	6885	—
私营有限责任公司	845818	614026	120270	113385	6885	—
二、按国民经济行业分组						
房屋建筑业	419600	289158	8906	2021	6885	—
土木工程建筑业	—	—	—	—	—	—
铁路、道路、隧道和桥梁工程建筑	—	—	—	—	—	—
铁路工程建筑	—	—	—	—	—	—
公路工程建筑	—	—	—	—	—	—
市政道路工程建筑	—	—	—	—	—	—
其他道路、隧道和桥梁工程建筑	—	—	—	—	—	—
水利和内河港口工程建筑	—	—	—	—	—	—
水源及供水设施工程建筑	—	—	—	—	—	—
架线和管道工程建筑	—	—	—	—	—	—
架线及设备工程建筑	—	—	—	—	—	—
管道工程建筑	—	—	—	—	—	—
建筑安装业	481912	370548	111364	111364	—	—
电气安装	481912	370548	111364	111364	—	—
其他建筑安装业	—	—	—	—	—	—
三、按隶属关系分组						
中央	—	—	—	—	—	—
省（自治区、直辖市）	—	—	—	—	—	—
地区（州、盟、省辖市）	55694	45680	—	—	—	—
其他	845818	614026	120270	113385	6885	—
四、按企业资质等级分组						
施工总承包	789412	547606	120270	113385	6885	—
一级	—	—	—	—	—	—
二级	128906	56034	2021	2021	—	—
三级及以下	660506	491572	118249	111364	6885	—
专业承包	112100	112100	—	—	—	—
一级	—	—	—	—	—	—
二级	—	—	—	—	—	—
三级及以下	112100	112100	—	—	—	—
五、按地区分						
铁西区	901512	659706	120270	113385	6885	—
六、按营业状态分						
营业	307500	177058	8906	2021	6885	—
停业（歇业）	594012	482648	111364	111364	—	—
七、按控股情况分						
国有控股	—	—	—	—	—	—
集体控股	10014	—	—	—	—	—
私人控股	891498	659706	120270	113385	6885	—

年）

竣工房屋价值（千元）

其他（居民服务用房）	办公用房	科教医用房	教育用房	医疗用房	厂房及建筑物	厂房	其他未列明房建物
—	**30351**	**28550**	**15550**	**13000**	**61035**	**2456**	**1600**
—	30351	28550	15550	13000	61035	2456	1600
—	—	—	—	—	—	—	—
—	—	—	—	—	10014	—	—
—	—	—	—	—	10014	—	—
—	—	—	—	—	—	—	—
—	30351	28550	15550	13000	51021	2456	1600
—	30351	28550	15550	13000	51021	2456	1600
—	30351	28550	15550	13000	61035	2456	1600
—	—	—	—	—	—	—	—
—	—	—	—	—	—	—	—
—	—	—	—	—	—	—	—
—	—	—	—	—	—	—	—
—	—	—	—	—	—	—	—
—	—	—	—	—	—	—	—
—	—	—	—	—	—	—	—
—	—	—	—	—	—	—	—
—	—	—	—	—	—	—	—
—	—	—	—	—	—	—	—
—	—	—	—	—	—	—	—
—	—	—	—	—	—	—	—
—	—	—	—	—	—	—	—
—	—	—	—	—	—	—	—
—	—	—	—	—	—	—	—
—	—	—	—	—	—	—	—
—	—	—	—	—	10014	—	—
—	30351	28550	15550	13000	51021	2456	1600
—	30351	28550	15550	13000	61035	2456	1600
—	—	—	—	—	—	—	—
—	—	19830	6830	13000	51021	2456	0
—	30351	8720	8720	—	10014	—	1600
—	—	—	—	—	—	—	—
—	—	—	—	—	—	—	—
—	—	—	—	—	—	—	—
—	—	—	—	—	—	—	—
—	30351	28550	15550	13000	61035	2456	1600
—	30351	28550	15550	13000	61035	2456	1600
—	—	—	—	—	—	—	—
—	—	—	—	—	—	—	—
—	—	—	—	—	10014	—	—
—	30351	28550	15550	13000	51021	2456	1600

各县区建筑业企业

4—13

（2012

	企业个数（个）			建筑业合同情况（千元）			承
	#建筑企业个数	#有工作量的企业个数	#亏损企业个数	签订的合同额	上年结转合同额	本年新签合同额	直接从建设单位承揽工程完成的产值
总　　计	**19**	**7**	**2**	**383568**	**237715**	**145853**	**239895**
一、按登记注册类型分组							
内资企业	19	7	2	383568	237715	145853	239895
有限责任公司	8	3	2	135433	51015	84418	100460
其他有限责任公司	8	3	2	135433	51015	84418	100460
股份有限公司	2	1		37005	—	37005	37005
私营企业	9	3		211130	186700	24430	102430
私营有限责任公司	9	3		211130	186700	24430	102430
二、按国民经济行业分组							
房屋建筑业	14	5	1	332167	234509	97658	188494
土木工程建筑业	4	1	1	14396	3206	11190	14396
铁路、道路、隧道和桥梁工程建筑	1	1	1	14396	3206	11190	14396
市政道路工程建筑	1	1	1	14396	3206	11190	14396
工矿工程建筑	1			—	—	—	—
其他土木工程建筑	2			—	—	—	—
建筑安装业	1	1		37005	—	37005	37005
其他建筑安装业	1	1	—	37005	—	37005	37005
三、按隶属关系分组							
地区（州、盟、省辖市）	2	2	1	29826	3206	26620	29826
县（区、市、旗）	1	1		37005	—	37005	37005
街道	1			—	—	—	—
其他	15	4	1	316737	234509	82228	173064
四、按企业资质等级分组							
施工总承包	12	4	1	337563	237715	99848	192283
二级	2	1		186700	186700	—	78000
三级及以下	10	3	1	150863	51015	99848	114283
专业承包	7	3	1	46005	—	46005	47612
二级	1	1		9000	—	9000	9000
三级及以下	6	2	1	37005	—	37005	38612
五、按地区分							
铁东区	19	7	2	383568	237715	145853	239895
六、按营业状态分							
营业	6	4	1	187868	51015	136853	151288
停业（歇业）	10	3	1	195700	186700	9000	88607
当年关闭	1			—	—	—	—
当年破产	2			—	—	—	—
七、按控股情况分							
私人控股	19	7	2	383568	237715	145853	239895

生产情况（铁东区）

年）

包工程完成情况（千元）			建筑业总产值（千元）				
自行完成施工产值	分包出去工程产值	从建设单位以外承揽工程产值	建筑业总产值（千元）	#装饰装修产值	建筑工程产值	安装工程产值	其他产值
239895	**—**	**—**	**239895**	**14396**	**202890**	**37005**	**—**
239895	—	—	239895	14396	202890	37005	—
100460	—	—	100460	14396	100460	—	—
100460	—	—	100460	14396	100460	—	—
37005	—	—	37005	—	—	37005	0
102430	—	—	102430	—	102430	—	—
102430	—	—	102430	—	102430	—	—
188494	—	—	188494	—	188494	—	—
14396	—	—	14396	14396	14396	—	—
14396	—	—	14396	14396	14396	—	—
14396	—	—	14396	14396	14396	—	—
—	—	—	—	—	—	—	—
—	—	—	—	—	—	—	—
37005	—	—	37005	—	—	37005	—
37005	—	—	37005	—	—	37005	—
29826	—	—	29826	14396	29826	—	—
37005	—	—	37005	—	—	37005	—
—	—	—	—	—	—	—	—
173064	—	—	173064	—	173064	—	—
192283	—	—	192283	14396	192283	—	—
78000	—	—	78000	—	78000	—	—
114283	—	—	114283	14396	114283	—	—
47612	—	—	47612	—	10607	37005	—
9000	—	—	9000	—	9000	—	—
38612	—	—	38612	—	1607	37005	—
239895	—	—	239895	14396	202890	37005	—
151288	—	—	151288	14396	114283	37005	—
88607	—	—	88607	—	88607	—	—
—	—	—	—	—	—	—	—
—	—	—	—	—	—	—	—
239895	—	—	239895	14396	202890	37005	—

	竣工产值（千元）	房屋建筑施工面积（平方米）				年末自有施工机械设备		
		建筑施工面积（平方米）	#本年新开工面积	#实行投标承包面积	#本年新开工	净值（千元）	总台数（台）	总功率（千瓦）
总计	**140890**	**274643**	**251692**	**251692**	**251692**	**11075**	**112**	**1583**
#国有及国有控股企业								
一、按登记注册类型分组								
内资企业	140890	274643	251692	251692	251692	11075	112	1583
有限责任公司	79455	82303	59352	59352	59352	11075	112	1583
其他有限责任公司	79455	82303	59352	59352	59352	11075	112	1583
股份有限公司	37005	—	—	—	—	—	—	—
私营企业	24430	192340	192340	192340	192340	—	—	—
私营有限责任公司	24430	192340	192340	192340	192340	—	—	—
二、按国民经济行业分组								
房屋建筑业	89489	248643	225692	225692	225692	11075	112	1583
土木工程建筑业	14396	26000	26000	26000	26000	—	—	—
铁路、道路、隧道和桥梁工程建筑	14396	26000	26000	26000	26000	—	—	—
市政道路工程建筑	14396	26000	26000	26000	26000	—	—	—
工矿工程建筑	—	—	—	—	—	—	—	—
其他土木工程建筑	—	—	—	—	—	—	—	—
建筑安装业	37005	—	—	—	—	—	—	—
其他建筑安装业	37005	—	—	—	—	—	—	—
三、按隶属关系分组								
地区（州、盟、省辖市）	29826	26000	26000	26000	26000	—	—	—
县（区、市、旗）	37005	—	—	—	—	—	—	—
街道	—	—	—	—	—	—	—	—
其他	74059	248643	225692	225692	225692	11075	112	1583
四、按企业资质等级分组								
施工总承包	93278	239433	216482	216482	216482	11075	112	1583
二级	—	157130	157130	157130	157130	—	—	—
三级及以下	93278	82303	59352	59352	59352	11075	112	1583
专业承包	47612	35210	35210	35210	35210	—	—	—
二级	9000	35210	35210	35210	35210	—	—	—
三级及以下	38612	—	—	—	—	—	—	—
五、按地区分								
铁东区	140890	274643	251692	251692	251692	11075	112	1583
六、按营业状态分								
营业	130283	82303	59352	59352	59352	11075	112	1583
停业（歇业）	10607	192340	192340	192340	192340	—	—	—
当年关闭	—	—	—	—	—	—	—	—
当年破产	—	—	—	—	—	—	—	—
七、按控股情况分								
私人控股	140890	274643	251692	251692	251692	11075	112	1583

年）

主要建筑材料消耗量						补充资料		
钢 材（吨）	木 材（立方米）	水 泥（吨）	平板玻璃（重量箱）	平板玻璃平方米	铝 材（吨）	企业总产值（千元）	房屋建筑竣工面积（平方米）	竣工房屋价值（千元）
7423	**5521**	**23499**	**669**	**50790**	**3029**	**239895**	**77607**	**72452**
7423	5521	23499	669	50790	3029	239895	77607	72452
2365	5336	8489	117	34270	28	100460	42397	63452
2365	5336	8489	117	34270	28	100460	42397	63452
—	—	—	—	—	—	37005	—	—
5058	185	15010	552	16520	3001	102430	35210	9000
5058	185	15010	552	16520	3001	102430	35210	9000
7317	5511	23299	654	49050	3009	188494	77607	72452
106	10	200	15	1740	20	14396	—	—
106	10	200	15	1740	20	14396	—	—
106	10	200	15	1740	20	14396	—	—
—	—	—	—	—	—	—	—	—
—	—	—	—	—	—	—	—	—
—	—	—	—	—	—	37005	—	—
—	—	—	—	—	—	37005	—	—
106	10	200	15	1740	20	29826	—	—
—	—	—	—	—	—	37005	—	—
—	—	—	—	—	—	—	—	—
7317	5511	23299	654	49050	3009	173064	77607	72452
7393	5501	23489	667	50770	3028	192283	42397	63452
5028	165	15000	550	16500	3000	78000	—	—
2365	5336	8489	117	34270	28	114283	42397	63452
30	20	10	2	20	1	47612	35210	9000
30	20	10	2	20	1	9000	35210	9000
—	—	—	—	—	—	38612	—	—
7423	5521	23499	669	50790	3029	239895	77607	72452
2365	5336	8489	117	34270	28	151288	42397	63452
5058	185	15010	552	16520	3001	88607	35210	9000
—	—	—	—	—	—	—	—	—
—	—	—	—	—	—	—	—	—
7423	5521	23499	669	50790	3029	239895	77607	72452

4—14 (2012

	企业个数（个）			建筑业合同情况（千元）			承
	#建筑企业个数	#有工作量的企业个数	#亏损企业个数	签订的合同额	上年结转合同额	本年新签合同额	直接从建设单位承揽工程完成的产值
总　　计	**18**	**15**		**4914070**	**—**	**4914070**	**4861140**
一、按登记注册类型分组							
内资企业	18	15		4914070	—	4914070	4861140
集体企业	1	1		293220	—	293220	293220
有限责任公司	3	3		1049278	—	1049278	996348
其他有限责任公司	3	3		1049278	—	1049278	996348
私营企业	14	11		3571572	—	3571572	3571572
私营有限责任公司	14	11		3571572	—	3571572	3571572
二、按国民经济行业分组							
房屋建筑业	10	9		3103978	—	3103978	3103978
土木工程建筑业	4	3		707112	—	707112	665232
铁路、道路、隧道和桥梁工程建筑	2	2		450125	—	450125	408245
公路工程建筑	2	2		450125	—	450125	408245
架线和管道工程建筑	1			—	—	—	—
架线及设备工程建筑	1			—	—	—	—
其他土木工程建筑	1	1		256987	—	256987	256987
建筑安装业	2	1		489680	—	489680	489680
电气安装	2	1		489680	—	489680	489680
建筑装饰和其他建筑业	2	2		613300	—	613300	602250
建筑装饰业	2	2		613300	—	613300	602250
三、按隶属关系分组							
县（区、市、旗）	4	4		1342498	—	1342498	1289568
其他	14	11		3571572	—	3571572	3571572
四、按企业资质等级分组							
施工总承包	15	13		4331471	—	4331471	4278541
二级	1	1		573680	—	573680	573680
三级及以下	14	12		3757791	—	3757791	3704861
专业承包	3	2		582599	—	582599	582599
三级及以下	3	2		582599	—	582599	582599
五、按地区分							
公主岭市	18	15		4914070	—	4914070	4861140
六、按营业状态分							
营业	15	14		4775270	—	4775270	4722340
停业（歇业）	3	1		138800	—	138800	138800
七、按控股情况分							
集体控股	1	1		293220	—	293220	293220
私人控股	15	12		3961225	—	3961225	3961225
其他	2	2		659625	—	659625	606695

生产情况（公主岭市）

年）

包工程完成情况（千元）			建筑业总产值（千元）				
自行完成施工产值	分包出去工程产值	从建设单位以外承揽工程产值	建筑业总产值（千元）	#装饰装修产值	建筑工程产值	安装工程产值	其他产值
4861140	**—**	**—**	**4861140**	**—**	**4596140**	**265000**	**—**
4861140	—	—	4861140	—	4596140	265000	—
293220	—	—	293220	—	293220	—	—
996348	—	—	996348	—	996348	—	—
996348	—	—	996348	—	996348	—	—
3571572	—	—	3571572	—	3306572	265000	—
3571572	—	—	3571572	—	3306572	265000	—
3103978	—	—	3103978	—	3103978	—	—
665232	—	—	665232	—	400232	265000	—
408245	—	—	408245	—	143245	265000	0
408245	—	—	408245	—	143245	265000	—
—	—	—	—	—	—	—	—
—	—	—	—	—	—	—	—
256987	—	—	256987	—	256987	—	—
489680	—	—	489680	—	489680	—	—
489680	—	—	489680	—	489680	—	—
602250	—	—	602250	—	602250	—	—
602250	—	—	602250	—	602250	—	—
1289568	—	—	1289568	—	1289568	—	—
3571572	—	—	3571572	—	3306572	265000	—
4278541	—	—	4278541	—	4013541	265000	—
573680	—	—	573680	—	573680	—	—
3704861	—	—	3704861	—	3439861	265000	—
582599	—	—	582599	—	582599	—	—
582599	—	—	582599	—	582599	—	—
4861140	—	—	4861140	—	4596140	265000	—
4722340	—	—	4722340	—	4457340	265000	—
138800	—	—	138800	—	138800	—	—
293220	—	—	293220	—	293220	—	—
3961225	—	—	3961225	—	3696225	265000	—
606695	—	—	606695	—	606695	—	—

	竣工产值（千元）	房屋建筑施工面积（平方米）				年末自有施工机械设备		
		建筑施工面积（平方米）	＃本年新开工面积	＃实行投标承包面积	＃本年新开工	净值（千元）	总台数（台）	总功率（千瓦）
总　　计	**4591852**	**2264356**	**2264356**	**1577965**	**1577965**	**33915**	**1478**	**25470**
一、按登记注册类型分组								
内资企业	4591852	2264356	2264356	1577965	1577965	33915	1478	25470
集体企业	293220	183262	183262	183262	183262	7890	220	2072
有限责任公司	865860	424921	424921	—	—	2915	783	12414
其他有限责任公司	865860	424921	424921	—	—	2915	783	12414
私营企业	3432772	1656173	1656173	1394703	1394703	23110	475	10984
私营有限责任公司	3432772	1656173	1656173	1394703	1394703	23110	475	10984
二、按国民经济行业分组								
房屋建筑业	3103978	1992356	1992356	1305965	1305965	31279	808	23156
土木工程建筑业	534744	—	—	—	—	—	—	—
铁路、道路、隧道和桥梁工程建筑	277757	—	—	—	—	—	—	—
公路工程建筑	277757	—	—	—	—	—	—	—
架线和管道工程建筑	—	—	—	—	—	—	—	—
架线及设备工程建筑	—	—	—	—	—	—	—	—
其他土木工程建筑	256987	—	—	—	—	—	—	—
建筑安装业	489680	272000	272000	272000	272000	2580	12	1025
电气安装	489680	272000	272000	272000	272000	2580	12	1025
建筑装饰和其他建筑业	463450	—	—	—	—	56	658	1289
建筑装饰业	463450	—	—	—	—	56	658	1289
三、按隶属关系分组								
县（区、市、旗）	1159080	608183	608183	183262	183262	10805	1003	14486
其他	3432772	1656173	1656173	1394703	1394703	23110	475	10984
四、按企业资质等级分组								
施工总承包	4009253	2065794	2065794	1379403	1379403	31355	1449	24149
二级	573680	—	—	—	—	—	—	—
三级及以下	3435573	2065794	2065794	1379403	1379403	31355	1449	24149
专业承包	582599	198562	198562	198562	198562	2560	29	1321
三级及以下	582599	198562	198562	198562	198562	2560	29	1321
五、按地区分								
公主岭市	4591852	2264356	2264356	1577965	1577965	33915	1478	25470
六、按营业状态分								
营业	4591852	2264356	2264356	1577965	1577965	33915	1478	25470
停业（歇业）	—	—	—	—	—	—	—	—
七、按控股情况分								
集体控股	293220	183262	183262	183262	183262	7890	220	2072
私人控股	3822425	2081094	2081094	1394703	1394703	25969	600	22109
其他	476207	—	—	—	—	56	658	1289

年）

主要建筑材料消耗量						补充资料	房屋建筑竣工面积（平方米）	竣工房屋价值（千元）
钢 材（吨）	木 材（立方米）	水 泥（吨）	平板玻璃（重量箱）	平板玻璃平方米	铝 材（吨）	企业总产值（千元）		
47770	**226156**	**246602**	**11767**	**8833843**	**18238**	**4861240**	**2264356**	**3019978**
47770	226156	246602	11767	8833843	18238	4861240	2264356	3019978
6506	272	62023	486	107850	141	293220	183262	293220
11828	212517	74998	1487	149231	17008	996348	424921	389653
11828	212517	74998	1487	149231	17008	996348	424921	389653
29436	13367	109581	9794	8576762	1089	3571672	1656173	2337105
29436	13367	109581	9794	8576762	1089	3571672	1656173	2337105
40730	225849	222842	11394	8684917	18201	3103978	1992356	2530298
—	—	—	—	—	—	665232	—	—
—	—	—	—	—	—	408245	—	—
—	—	—	—	—	—	408245	—	—
—	—	—	—	—	—	—	—	—
—	—	—	—	—	—	—	—	—
—	—	—	—	—	—	256987	—	—
5410	251	12500	122	16320	25	489680	272000	489680
5410	251	12500	122	16320	25	489680	272000	489680
1630	56	11260	251	132606	12	602350	—	—
1630	56	11260	251	132606	12	602350	—	—
18334	212789	137021	1973	257081	17149	1289568	608183	682873
29436	13367	109581	9794	8576762	1089	3571672	1656173	2337105
41814	225905	195341	11516	8714743	18220	4278641	2065794	2694366
—	—	—	—	—	—	573680	—	—
41814	225905	195341	11516	8714743	18220	3704961	2065794	2694366
5956	251	51261	251	119100	18	582599	198562	325612
5956	251	51261	251	119100	18	582599	198562	325612
47770	226156	246602	11767	8833843	18238	4861240	2264356	3019978
47770	226156	246602	11767	8833843	18238	4722340	2264356	3019978
—	—	—	—	—	—	138900	—	—
6506	272	62023	486	107850	141	293220	183262	293220
39634	225828	173319	11030	8593387	18085	3961325	2081094	2726758
1630	56	11260	251	132606	12	606695	—	—

各县区建筑业企业

4－15 （2012

	企业个数（个）			建筑业合同情况（千元）			承
	＃建筑企业个数	＃有工作量的企业个数	＃亏损企业个数	签订的合同额	上年结转合同额	本年新签合同额	直接从建设单位承揽工程完成的产值
总　　计	**8**	**5**	**1**	**226180**	**—**	**226180**	**311340**
一、按登记注册类型分组							
内资企业	8	5	1	226180	—	226180	311340
有限责任公司	1		1	—	—	—	—
其他有限责任公司	1		1	—	—	—	—
股份有限公司	1			—	—	—	—
私营企业	6	5		226180	—	226180	311340
私营独资企业	1	1		8651	—	8651	8651
私营有限责任公司	5	4		217529	—	217529	302689
二、按国民经济行业分组							
房屋建筑业	3	2		18120	—	18120	102780
土木工程建筑业	3	1	1	60	—	60	60
水利和内河港口工程建筑	1	1		60	—	60	60
河湖治理及防洪设施工程建筑	1	1		60	—	60	60
其他土木工程建筑	2		1	—	—	—	—
建筑安装业	2	2		208000	—	208000	208500
其他建筑安装业	2	2		208000	—	208000	208500
三、按隶属关系分组							
县（区、市、旗）	1		1	—	—	—	—
居委会	1			—	—	—	—
其他	6	5		226180	—	226180	311340
四、按企业资质等级分组							
施工总承包	3	2		8711	—	8711	8711
三级及以下	3	2		8711	—	8711	8711
专业承包	5	3	1	217469	—	217469	302629
三级及以下	5	3	1	217469	—	217469	302629
五、按地区分							
双辽市	8	5	1	226180	—	226180	311340
六、按营业状态分							
营业	5	2	1	18120	—	18120	102780
停业（歇业）	3	3		208060	—	208060	208560
七、按控股情况分							
私人控股	8	5	1	226180	—	226180	311340

生产情况（双辽市）

年）

包工程完成情况（千元）			建筑业总产值（千元）				
自行完成施工产值	分包出去工程产值	从建设单位以外承揽工程产值	建筑业总产值（千元）	# 装饰装修产值	建筑工程产值	安装工程产值	其他产值
311340	**—**	**—**	**311340**	**—**	**310840**	**—**	**500**
311340	—	—	311340	—	310840	—	500
—	—	—	—	—	—	—	—
—	—	—	—	—	—	—	—
—	—	—	—	—	—	—	—
311340	—	—	311340	—	310840	—	500
8651	—	—	8651	—	8651	—	—
302689	—	—	302689	—	302189	—	500
102780	—	—	102780	—	102780	—	—
60	—	—	60	—	60	—	—
60	—	—	60	—	60	—	—
60	—	—	60	—	60	—	—
—	—	—	—	—	—	—	—
208500	—	—	208500	—	208000	—	500
208500	—	—	208500	—	208000	—	500
—	—	—	—	—	—	—	—
—	—	—	—	—	—	—	—
311340	—	—	311340	—	310840	—	500
8711	—	—	8711	—	8711	—	—
8711	—	—	8711	—	8711	—	—
302629	—	—	302629	—	302129	—	500
302629	—	—	302629	—	302129	—	500
311340	—	—	311340	—	310840	—	500
102780	—	—	102780	—	102780	—	—
208560	—	—	208560	—	208060	—	500
311340	—	—	311340	—	310840	—	500

	竣工产值（千元）	房屋建筑施工面积（平方米）				年末自有施工机械设备		
		建筑施工面积（平方米）	#本年新开工面积	#实行投标承包面积	#本年新开工	净值（千元）	总台数（台）	总功率（千瓦）
总　　计	**218921**	**270288**	**112384**	**—**	**—**	**3000**	**15**	**200**
一、按登记注册类型分组								
内资企业	218921	270288	112384	—	—	3000	15	200
有限责任公司	—	—	—	—	—	—	—	—
其他有限责任公司	—	—	—	—	—	—	—	—
股份有限公司	—	—	—	—	—	—	—	—
私营企业	218921	270288	112384	—	—	3000	15	200
私营独资企业	8651	20555	8651	—	—	3000	15	200
私营有限责任公司	210270	249733	103733	—	—	—	—	—
二、按国民经济行业分组								
房屋建筑业	50861	122574	110670	—	—	3000	15	200
土木工程建筑业	60	1714	1714	—	—	—	—	—
水利和内河港口工程建筑	60	1714	1714	—	—	—	—	—
河湖治理及防洪设施工程建筑	60	1714	1714	—	—	—	—	—
其他土木工程建筑	—	—	—	—	—	—	—	—
建筑安装业	168000	146000	—	—	—	—	—	—
其他建筑安装业	168000	146000	—	—	—	—	—	—
三、按隶属关系分组								
县（区、市、旗）	—	—	—	—	—	—	—	—
居委会	—	—	—	—	—	—	—	—
其他	218921	270288	112384	—	—	3000	15	200
四、按企业资质等级分组								
施工总承包	8711	22269	10365	—	—	3000	15	200
三级及以下	8711	22269	10365	—	—	3000	15	200
专业承包	210210	248019	102019	—	—	—	—	—
三级及以下	210210	248019	102019	—	—	—	—	—
五、按地区分								
双辽市	218921	270288	112384	—	—	3000	15	200
六、按营业状态分								
营业	50861	122574	110670	—	—	3000	15	200
停业（歇业）	168060	147714	1714	—	—	—	—	—
七、按控股情况分								
私人控股	218921	270288	112384	—	—	3000	15	200

年）

主要建筑材料消耗量						补充资料	房屋建筑竣工面积（平方米）	竣工房屋价值（千元）
钢 材（吨）	木 材（立方米）	水 泥（吨）	平板玻璃（重量箱）	平板玻璃平方米	铝 材（吨）	企业总产值（千元）		
32782	**31079**	**48966**	**1064**	**34014**	**35028**	**311340**	**213134**	**218921**
32782	31079	48966	1064	34014	35028	311340	213134	218921
—	—	—	—	—	—	—	—	—
—	—	—	—	—	—	—	—	—
—	—	—	—	—	—	—	—	—
32782	31079	48966	1064	34014	35028	311340	213134	218921
30000	31000	32000	1000	33000	35000	8651	20555	8651
2782	79	16966	64	1014	28	302689	192579	210270
32692	31056	48843	1060	34006	35025	102780	65420	50861
—	—	—	—	—	—	60	1714	60
—	—	—	—	—	—	60	1714	60
—	—	—	—	—	—	60	1714	60
—	—	—	—	—	—	—	—	—
90	23	123	4	8	3	208500	146000	168000
90	23	123	4	8	3	208500	146000	168000
—	—	—	—	—	—	—	—	—
—	—	—	—	—	—	—	—	—
32782	31079	48966	1064	34014	35028	311340	213134	218921
30000	31000	32000	1000	33000	35000	8711	22269	8711
30000	31000	32000	1000	33000	35000	8711	22269	8711
2782	79	16966	64	1014	28	302629	190865	210210
2782	79	16966	64	1014	28	302629	190865	210210
32782	31079	48966	1064	34014	35028	311340	213134	218921
32692	31056	48843	1060	34006	35025	102780	65420	50861
90	23	123	4	8	3	208560	147714	168060
32782	31079	48966	1064	34014	35028	311340	213134	218921

各县区建筑业企业

4－16 （2012

	企业个数（个）			建筑业合同情况（千元）			承
	#建筑企业个数	#有工作量的企业个数	#亏损企业个数	签订的合同额	上年结转合同额	本年新签合同额	直接从建设单位承揽工程完成的产值
总　　计	**5**	**4**	**3**	**93252**	**—**	**93252**	**93252**
#国有及国有控股企业	1	1	1	596	—	596	596
一、按登记注册类型分组							
内资企业	5	4	3	93252	—	93252	93252
国有企业	1	1	1	596	—	596	596
有限责任公司	2	2	1	83199	—	83199	83199
其他有限责任公司	2	2	1	83199	—	83199	83199
私营企业	2	1	1	9457	—	9457	9457
私营有限责任公司	2	1	1	9457	—	9457	9457
二、按国民经济行业分组							
房屋建筑业	2	1	1	81117	—	81117	81117
土木工程建筑业	3	3	2	12135	—	12135	12135
水利和内河港口工程建筑	1	1	1	596	—	596	596
港口及航运设施工程建筑	1	1	1	596	—	596	596
架线和管道工程建筑	1	1	1	2082	—	2082	2082
架线及设备工程建筑	1	1	1	2082	—	2082	2082
其他土木工程建筑	1	1		9457	—	9457	9457
三、按隶属关系分组							
县（区、市、旗）	1	1		81117	—	81117	81117
其他	4	3	3	12135	—	12135	12135
四、按企业资质等级分组							
施工总承包	3	3	1	91170	—	91170	91170
三级及以下	3	3	1	91170	—	91170	91170
专业承包	2	1	2	2082	—	2082	2082
三级及以下	2	1	2	2082	—	2082	2082
五、按地区分							
梨树县	5	4	3	93252	—	93252	93252
六、按营业状态分							
营业	5	4	3	93252	—	93252	93252
七、按控股情况分							
国有控股	1	1	1	596	—	596	596
私人控股	3	2	1	90574	—	90574	90574
其他	1	1	1	2082	—	2082	2082

生 产 情 况（梨 树 县）

年）

包工程完成情况（千元）			建筑业总产值（千元）				
自行完成施工产值	分包出去工程产值	从建设单位以外承揽工程产值	建筑业总产值（千元）	#装饰装修产值	建筑工程产值	安装工程产值	其他产值
93252	**—**	**—**	**93252**	**—**	**90574**	**2082**	**596**
596	—	—	596	—	—	—	596
93252	—	—	93252	—	90574	2082	596
596	—	—	596	—	—	—	596
83199	—	—	83199	—	81117	2082	—
83199	—	—	83199	—	81117	2082	—
9457	—	—	9457	—	9457	—	—
9457	—	—	9457	—	9457	—	—
81117	—	—	81117	—	81117	—	—
12135	—	—	12135	—	9457	2082	596
596	—	—	596	—	—	—	596
596	—	—	596	—	—	—	596
2082	—	—	2082	—	—	2082	0
2082	—	—	2082	—	—	2082	—
9457	—	—	9457	—	9457	—	—
81117	—	—	81117	—	81117	—	—
12135	—	—	12135	—	9457	2082	596
91170	—	—	91170	—	90574	—	596
91170	—	—	91170	—	90574	—	596
2082	—	—	2082	—	—	2082	0
2082	—	—	2082	—	—	2082	—
93252	—	—	93252	—	90574	2082	596
93252	—	—	93252	—	90574	2082	596
596	—	—	596	—	—	—	596
90574	—	—	90574	—	90574	—	—
2082	—	—	2082	—	—	2082	—

	竣工产值(千元)	房屋建筑施工面积（平方米）				年末自有施工机械设备		
		建筑施工面积(平方米)	#本年新开工面积	#实行投标承包面积	#本年新开工	净值(千元)	总台数(台)	总功率(千瓦)
总计	**89584**	**65000**	**65000**	**65000**	**65000**	**4190**	**56**	**520**
#国有及国有控股企业	—	—	—	—	—	—	—	—
一、按登记注册类型分组								
内资企业	89584	65000	65000	65000	65000	4190	56	520
国有企业	—	—	—	—	—	—	—	—
有限责任公司	81117	65000	65000	65000	65000	590	46	460
其他有限责任公司	81117	65000	65000	65000	65000	590	46	460
私营企业	8467	—	—	—	—	3600	10	60
私营有限责任公司	8467	—	—	—	—	3600	10	60
二、按国民经济行业分组								
房屋建筑业	81117	65000	65000	65000	65000	590	46	460
土木工程建筑业	8467	—	—	—	—	3600	10	60
水利和内河港口工程建筑	—	—	—	—	—	—	—	—
港口及航运设施工程建筑	—	—	—	—	—	—	—	—
架线和管道工程建筑	—	—	—	—	—	—	—	—
架线及设备工程建筑	—	—	—	—	—	—	—	—
其他土木工程建筑	8467	—	—	—	—	3600	10	60
三、按隶属关系分组								
县（区、市、旗）	81117	65000	65000	65000	65000	590	46	460
其他	8467	—	—	—	—	3600	10	60
四、按企业资质等级分组								
施工总承包	89584	65000	65000	65000	65000	4190	56	520
三级及以下	89584	65000	65000	65000	65000	4190	56	520
专业承包	—	—	—	—	—	—	—	—
三级及以下	—	—	—	—	—	—	—	—
五、按地区分								
梨树县	89584	65000	65000	65000	65000	4190	56	520
六、按营业状态分								
营业	89584	65000	65000	65000	65000	4190	56	520
七、按控股情况分								
国有控股	—	—	—	—	—	—	—	—
私人控股	89584	65000	65000	65000	65000	4190	56	520
其他	—	—	—	—	—	—	—	—

年）

主要建筑材料消耗量						补充资料	房屋建筑竣工面积（平方米）	竣工房屋价值（千元）
钢材（吨）	木材（立方米）	水泥（吨）	平板玻璃（重量箱）	平板玻璃平方米	铝材（吨）	企业总产值（千元）		
2500	**650**	**5300**	**100**	**100**	**10**	**93252**	**65000**	**81117**
—	—	—	—	—	—	596	—	—
2500	650	5300	100	100	10	93252	65000	81117
—	—	—	—	—	—	596	—	—
2500	650	5000	100	100	10	83199	65000	81117
2500	650	5000	100	100	10	83199	65000	81117
—	—	300	—	—	—	9457	—	—
—	—	300	—	—	—	9457	—	—
2500	650	5000	100	100	10	81117	65000	81117
—	—	300	—	—	—	12135	—	—
—	—	—	—	—	—	596	—	—
—	—	—	—	—	—	596	—	—
—	—	—	—	—	—	2082	—	—
—	—	—	—	—	—	2082	—	—
—	—	300	—	—	—	9457	—	—
2500	650	5000	100	100	10	81117	65000	81117
—	—	300	—	—	—	12135	—	—
2500	650	5300	100	100	10	91170	65000	81117
2500	650	5300	100	100	10	91170	65000	81117
—	—	—	—	—	—	2082	—	—
—	—	—	—	—	—	2082	—	—
2500	650	5300	100	100	10	93252	65000	81117
2500	650	5300	100	100	10	93252	65000	81117
—	—	—	—	—	—	596	—	—
2500	650	5300	100	100	10	90574	65000	81117
—	—	—	—	—	—	2082	—	—

4－17 （2012

	企业个数（个）			建筑业合同情况（千元）			承
	#建筑企业个数	#有工作量的企业个数	#亏损企业个数	签订的合同额	上年结转合同额	本年新签合同额	直接从建设单位承揽工程完成的产值
总计	**6**	**4**	**2**	**618349**	**68962**	**549387**	**618349**
一、按登记注册类型分组							
内资企业	6	4	2	618349	68962	549387	618349
有限责任公司	1	1		165233	8962	156271	165233
其他有限责任公司	1	1		165233	8962	156271	165233
私营企业	5	3	2	453116	60000	393116	453116
私营有限责任公司	5	3	2	453116	60000	393116	453116
二、按国民经济行业分组							
房屋建筑业	4	4		618349	68962	549387	618349
土木工程建筑业	2		2	—	—	—	—
水利和内河港口工程建筑	2		2	—	—	—	—
河湖治理及防洪设施工程建筑	2		2	—	—	—	—
三、按隶属关系分组							
其他	6	4	2	618349	68962	549387	618349
四、按企业资质等级分组							
施工总承包	5	4	1	618349	68962	549387	618349
二级	2	1	1	165233	8962	156271	165233
三级及以下	3	3		453116	60000	393116	453116
专业承包	1		1	—	—	—	—
三级及以下	1		1	—	—	—	—
五、按地区分							
伊通县	6	4	2	618349	68962	549387	618349
六、按营业状态分							
营业	4	4		618349	68962	549387	618349
停业（歇业）	2		2	—	—	—	—
七、按控股情况分							
私人控股	6	4	2	618349	68962	549387	618349

生 产 情 况（伊 通 县）

年）

包工程完成情况（千元）			建筑业总产值（千元）				
自行完成施工产值	分包出去工程产值	从建设单位以外承揽工程产值	建筑业总产值（千元）	#装饰装修产值	建筑工程产值	安装工程产值	其他产值
618349	**—**	**—**	**618349**	**—**	**557763**	**60586**	**0**
618349	—	—	618349	—	557763	60586	0
165233	—	—	165233	—	164647	586	0
165233	—	—	165233	—	164647	586	0
453116	—	—	453116	—	393116	60000	0
453116	—	—	453116	—	393116	60000	0
618349	—	—	618349	—	557763	60586	0
—	—	—	—	—	—	—	—
—	—	—	—	—	—	—	—
—	—	—	—	—	—	—	—
618349	—	—	618349	—	557763	60586	0
618349	—	—	618349	—	557763	60586	0
165233	—	—	165233	—	164647	586	0
453116	—	—	453116	—	393116	60000	0
—	—	—	—	—	—	—	—
—	—	—	—	—	—	—	—
618349	—	—	618349	—	557763	60586	0
618349	—	—	618349	—	557763	60586	0
—	—	—	—	—	—	—	—
618349	—	—	618349	—	557763	60586	0

	竣工产值（千元）	房屋建筑施工面积（平方米）				年末自有施工机械设备		
		建筑施工面积（平方米）	#本年新开工面积	#实行投标承包面积	#本年新开工	净值（千元）	总台数（台）	总功率（千瓦）
总　计	**588349**	**415365**	**406222**	**321222**	**321222**	**71461**	**396**	**3094**
一、按登记注册类型分组								
内资企业	588349	415365	406222	321222	321222	71461	396	3094
有限责任公司	165233	136597	127454	127454	127454	14711	136	64
其他有限责任公司	165233	136597	127454	127454	127454	14711	136	64
私营企业	423116	278768	278768	193768	193768	56750	260	3030
私营有限责任公司	423116	278768	278768	193768	193768	56750	260	3030
二、按国民经济行业分组								
房屋建筑业	588349	415365	406222	321222	321222	71461	396	3094
土木工程建筑业	—	—	—	—	—	—	—	—
水利和内河港口工程建筑	—	—	—	—	—	—	—	—
河湖治理及防洪设施工程建筑	—	—	—	—	—	—	—	—
三、按隶属关系分组								
其他	588349	415365	406222	321222	321222	71461	396	3094
四、按企业资质等级分组								
施工总承包	588349	415365	406222	321222	321222	71461	396	3094
二级	165233	136597	127454	127454	127454	14711	136	64
三级及以下	423116	278768	278768	193768	193768	56750	260	3030
专业承包	—	—	—	—	—	—	—	—
三级及以下	—	—	—	—	—	—	—	—
五、按地区分								
伊通县	588349	415365	406222	321222	321222	71461	396	3094
六、按营业状态分								
营业	588349	415365	406222	321222	321222	71461	396	3094
停业（歇业）	—	—	—	—	—	—	—	—
七、按控股情况分								
私人控股	588349	415365	406222	321222	321222	71461	396	3094

年）

主要建筑材料消耗量						补充资料	房屋建筑竣工面积（平方米）	竣工房屋价值（千元）
钢材（吨）	木材（立方米）	水泥（吨）	平板玻璃（重量箱）	平板玻璃平方米	铝材（吨）	企业总产值（千元）		
16753	**95852**	**132603**	**2337**	**637860**	**14493**	**659014**	**415365**	**548849**
16753	95852	132603	2337	637860	14493	659014	415365	548849
10635	89466	79964	425	3120	160	165233	136597	165233
10635	89466	79964	425	3120	160	165233	136597	165233
6118	6386	52639	1912	634740	14333	493781	278768	383616
6118	6386	52639	1912	634740	14333	493781	278768	383616
16753	95852	132603	2337	637860	14493	659014	415365	548849
—	—	—	—	—	—	—	—	—
—	—	—	—	—	—	—	—	—
—	—	—	—	—	—	—	—	—
16753	95852	132603	2337	637860	14493	659014	415365	548849
16753	95852	132603	2337	637860	14493	659014	415365	548849
10635	89466	79964	425	3120	160	165233	136597	165233
6118	6386	52639	1912	634740	14333	493781	278768	383616
—	—	—	—	—	—	—	—	—
—	—	—	—	—	—	—	—	—
16753	95852	132603	2337	637860	14493	659014	415365	548849
16753	95852	132603	2337	637860	14493	659014	415365	548849
—	—	—	—	—	—	—	—	—
16753	95852	132603	2337	637860	14493	659014	415365	548849

4—18 (2012

	企业个数（个）			建筑业合同情况（千元）			承
	#建筑企业个数	#有工作量的企业个数	#亏损企业个数	签订的合同额	上年结转合同额	本年新签合同额	直接从建设单位承揽工程完成的产值
总计	**2**	**2**		**22805**	**8120**	**14685**	**21185**
一、按登记注册类型分组							
内资企业	2	2		22805	8120	14685	21185
有限责任公司	1	1		8120	8120	—	6500
其他有限责任公司	1	1		8120	8120	—	6500
私营企业	1	1		14685	—	14685	14685
私营有限责任公司	1	1		14685	—	14685	14685
二、按国民经济行业分组							
房屋建筑业	2	2		22805	8120	14685	21185
三、按隶属关系分组							
县（区、市、旗）	1	1		8120	8120	—	6500
其他	1	1		14685	—	14685	14685
四、按企业资质等级分组							
施工总承包	1	1		8120	8120	—	6500
三级及以下	1	1		8120	8120	—	6500
专业承包	1	1		14685	—	14685	14685
二级	1	1		14685	—	14685	14685
五、按地区分							
辽河农垦区	2	2		22805	8120	14685	21185
六、按营业状态分							
营业	1	1		8120	8120	—	6500
停业（歇业）	1	1		14685	—	14685	14685
七、按控股情况分							
私人控股	2	2		22805	8120	14685	21185

生产情况（辽河农垦区）

年）

包工程完成情况（千元）			建筑业总产值（千元）				
自行完成施工产值	分包出去工程产值	从建设单位以外承揽工程产值	建筑业总产值（千元）	#装饰装修产值	建筑工程产值	安装工程产值	其他产值
21185	**—**	**—**	**21185**	**—**	**21185**	**—**	**—**
21185	—	—	21185	—	21185	—	—
6500	—	—	6500	—	6500	—	—
6500	—	—	6500	—	6500	—	—
14685	—	—	14685	—	14685	—	—
14685	—	—	14685	—	14685	—	—
21185	—	—	21185	—	21185	—	—
6500	—	—	6500	—	6500	—	—
14685	—	—	14685	—	14685	—	—
6500	—	—	6500	—	6500	—	—
6500	—	—	6500	—	6500	—	—
14685	—	—	14685	—	14685	—	—
14685	—	—	14685	—	14685	—	—
21185	—	—	21185	—	21185	—	—
6500	—	—	6500	—	6500	—	—
14685	—	—	14685	—	14685	—	—
21185	—	—	21185	—	21185	—	—

	竣工产值（千元）	房屋建筑施工面积（平方米）				年末自有施工机械设备		
		建筑施工面积（平方米）	#本年新开工面积	#实行投标承包面积	#本年新开工	净值（千元）	总台数（台）	总功率（千瓦）
总计	**14685**	**18763**	**13350**	**13350**	**13350**	**19**	**20**	**21**
一、按登记注册类型分组								
内资企业	14685	18763	13350	13350	13350	19	20	21
有限责任公司	—	5413	—	—	—	—	—	—
其他有限责任公司	—	5413	—	—	—	—	—	—
私营企业	14685	13350	13350	13350	13350	19	20	21
私营有限责任公司	14685	13350	13350	13350	13350	19	20	21
二、按国民经济行业分组								
房屋建筑业	14685	18763	13350	13350	13350	19	20	21
三、按隶属关系分组								
县（区、市、旗）	—	5413	—	—	—	—	—	—
其他	14685	13350	13350	13350	13350	19	20	21
四、按企业资质等级分组								
施工总承包	—	5413	—	—	—	—	—	—
三级及以下	—	5413	—	—	—	—	—	—
专业承包	14685	13350	13350	13350	13350	19	20	21
二级	14685	13350	13350	13350	13350	19	20	21
五、按地区分								
辽河农垦区	14685	18763	13350	13350	13350	19	20	21
六、按营业状态分								
营业	—	5413	—	—	—	—	—	—
停业（歇业）	14685	13350	13350	13350	13350	19	20	21
七、按控股情况分								
私人控股	14685	18763	13350	13350	13350	19	20	21

年）

主要建筑材料消耗量						补充资料	房屋建筑竣工面积（平方米）	竣工房屋价值（千元）
钢材（吨）	木材（立方米）	水泥（吨）	平板玻璃（重量箱）	平板玻璃平方米	铝材（吨）	企业总产值（千元）		
560	**520**	**1960**	**1000**	**1980**	**816**	**21185**	**13350**	**14685**
560	520	1960	1000	1980	816	21185	13350	14685
500	500	1500	500	1000	800	6500	—	—
500	500	1500	500	1000	800	6500	—	—
60	20	460	500	980	16	14685	13350	14685
60	20	460	500	980	16	14685	13350	14685
560	520	1960	1000	1980	816	21185	13350	14685
500	500	1500	500	1000	800	6500	—	—
60	20	460	500	980	16	14685	13350	14685
500	500	1500	500	1000	800	6500	—	—
500	500	1500	500	1000	800	6500	—	—
60	20	460	500	980	16	14685	13350	14685
60	20	460	500	980	16	14685	13350	14685
560	520	1960	1000	1980	816	21185	13350	14685
500	500	1500	500	1000	800	6500	—	—
60	20	460	500	980	16	14685	13350	14685
560	520	1960	1000	1980	816	21185	13350	14685

各县区建筑业企业

4—19 （2012

	年初存货	年末								
		流动资产合计	应收工程款	#竣工工程	#存货	固定资产合计	资产减值准备	固定资产原价	累计折旧	#本年折旧
总　　计	**250590**	**1516701**	**631341**	**466528**	**278054**	**337260**	**—**	**494008**	**158278**	**14010**
其中：国有及国有控股企业	4766	27963	3350	2450	8033	67831	—	74037	6206	2566
一、按登记注册类型分组							—			
内资企业	250590	1516701	631341	466528	278054	337260	—	494008	158278	14010
国有企业	—	3889	900	—	—	2635	—	2789	154	—
有限责任公司	97626	355787	112583	80926	118181	113850	—	141780	27930	6110
其他有限责任公司	97626	355787	112583	80926	118181	113850	—	141780	27930	6110
股份有限公司	16707	162160	6208	2450	16816	4841	—	22126	17285	42
私营企业	136257	994865	511650	383152	143057	215934	—	327313	112909	7858
私营有限责任公司	136257	994865	511650	383152	143057	215934	—	327313	112909	7858
二、按国民经济行业分组							—			
房屋建筑业	96619	544618	107793	36080	113763	75469	—	118504	44558	2438
土木工程建筑业	56590	700513	347624	255814	69065	248021	—	354176	106155	10021
铁路、道路、隧道和桥梁工程建筑	41914	515971	324176	234202	36543	173797	—	264811	91014	7166
铁路工程建筑	—	5000	—	—	—	—	—	—	—	—
公路工程建筑	31123	444223	278721	193330	26858	147634	—	224884	77250	5376
市政道路工程建筑	41	5059	4583	—	476	1920	—	5084	3164	581
其他道路、隧道和桥梁工程建筑	10750	61689	40872	40872	9209	24243	—	34843	10600	1209
水利和内河港口工程建筑	9255	46211	6713	6713	22024	61749	—	67511	5762	2617
水源及供水设施工程建筑	9255	46211	6713	6713	22024	61749	—	67511	5762	2617
架线和管道工程建筑	5421	138331	16735	14899	10498	12475	—	21854	9379	238
架线及设备工程建筑	2362	45188	16735	14899	317	2652	—	6487	3835	238
管道工程建筑	3059	93143	—	—	10181	9823	—	15367	5544	—
建筑安装业	97381	271570	175924	174634	95226	13770	—	21328	7565	1551
电气安装	97381	268660	174634	174634	94026	10630	—	18178	7555	1551
其他建筑安装业	—	2910	1290	—	1200	3140	—	3150	10	—
三、按隶属关系分组							—			
中央	4762	21008	—	—	7920	60837	—	66259	5422	2524
省（自治区、直辖市）	16703	159094	3758	—	16703	482	—	17137	16655	—
地区（州、盟、省辖市）	14985	136592	57719	26062	16162	29496	—	39399	9903	2192
其他	214140	1200007	569864	440466	237269	246445	—	371213	126298	9294
四、按企业资质等级分组							—			
施工总承包	242566	1394880	600581	451629	267017	261322	—	404159	143349	10548
一级	39438	546476	252078	193330	41963	131923	—	221935	90012	3820
二级	8479	211980	44321	686	10753	44859	—	57984	13125	—
三级以下	194649	636424	304182	257613	214301	84540	—	124240	40212	6728
专业承包	8024	121821	30760	14899	11037	75938	—	89849	14929	3462
一级	4762	21008	—	—	7920	60837	—	66259	5422	2524
二级	—	29895	15784	13628	317	5197	—	9111	3914	206
三级以下	3262	70918	14976	1271	2800	9904	—	14479	5593	732
五、按地区分							—			
铁西区	250590	1516701	631341	466528	278054	337260	—	494008	158278	14010
六、按营业状态分							—			
营业	149250	1128898	443707	291894	166047	306107	—	445263	140179	11739
停业（歇业）	101340	387803	187634	174634	112007	31153	—	48745	18099	2271
七、按控股情况分							—			
国有控股	4766	27963	3350	2450	8033	67831	—	74037	6206	2566
集体控股	27453	231600	44630	40872	25912	24905	—	52955	28050	1272
私人控股	218371	1257138	583361	423206	244109	244524	—	367016	124022	10172

财务状况（铁西区）

年）

单位：千元

资产		负债									
在建工程	资产合计	流动负债合计	应付账款	非流动负责合计	负债合计	所有者权益合计	#实收资本	国家资本	集体资本	法人资本	个人资本
—	**1893088**	**815230**	**203174**	**73000**	**968819**	**924269**	**692924**	**6200**	**90925**	**221348**	**374451**
—	97362	31261	1763	—	31262	66100	67423	—	7420	60003	—
—	1893088	815230	203174	73000	968819	924269	692924	6200	90925	221348	374451
—	6524	11238	—	—	11238	−4714	—	—	—	—	—
—	473504	272959	47754	—	273161	200343	213864	—	17239	60003	136622
—	473504	272959	47754	—	273161	200343	213864	—	17239	60003	136622
—	173466	4600	67	—	83482	89984	64930	—	64930	—	—
—	1239594	526433	155353	73000	600938	638656	414130	6200	8756	161345	237829
—	1239594	526433	155353	73000	600938	638656	414130	6200	8756	161345	237829
—	633093	229168	28346	—	308750	324343	255267	6200	72469	36889	139709
—	974654	423401	126600	—	424408	550246	411607	—	18456	164459	228692
—	694815	293777	106452	—	294278	400537	274504	—	8756	72056	193692
—	7500	—	—	—	500	7000	7000	—	7000	—	—
—	591888	221555	72707	—	221556	370332	235500	—	—	71847	163653
—	6979	3966	3207	—	3966	3013	1992	—	1756	209	27
—	88448	68256	30538	—	68256	20192	30012	—	—	—	30012
—	107963	19176	1696	—	19177	88786	85003	—	—	60003	25000
—	107963	19176	1696	—	19177	88786	85003	—	—	60003	25000
—	171876	110448	18452	—	110953	60923	52100	—	9700	32400	10000
—	54619	43930	2806	—	44435	10184	32100	—	9700	12400	10000
—	117257	66518	15646	—	66518	50739	20000	—	—	20000	—
—	285341	162661	48228	73000	235661	49680	26050	—	—	20000	6050
—	279291	162661	48228	73000	235661	43630	20000	—	—	20000	—
—	6050	—	—	—	—	6050	6050	—	—	—	6050
—	81845	18450	1696	—	18451	63394	60003	—	—	60003	—
—	164473	3027	—	—	81909	82564	57510	—	57510	—	—
—	168433	86955	14065	—	87156	81277	101969	—	24659	—	77310
—	1478337	706798	187413	73000	781303	697034	473442	6200	8756	161345	297141
—	1681550	709730	190716	73000	862313	819237	573785	6200	74225	148939	344421
—	683296	187423	64396	—	266305	416991	258010	—	57510	71847	128653
—	271130	133621	27700	—	133621	137509	81883	—	—	41883	40000
—	727124	388686	98620	73000	462387	264737	233892	6200	16715	35209	175768
—	211538	105500	12458	—	106506	105032	119139	—	16700	72409	30030
—	81845	18450	1696	—	18451	63394	60003	—	—	60003	—
—	35335	53490	1565	—	53490	−18155	9700	—	9700	—	—
—	94358	33560	9197	—	34565	59793	49436	—	7000	12406	30030
—	1893088	815230	203174	73000	968819	924269	692924	6200	90925	221348	374451
—	1452340	578551	131800	—	658140	794200	618394	6200	83925	181348	346921
—	440748	236679	71374	73000	310679	130069	74530	—	7000	40000	27530
—	97362	31261	1763	—	31262	66100	67423	—	7420	60003	—
—	264418	74850	33419	—	153732	110686	95061	—	65049	—	30012
—	1531308	709119	167992	73000	783825	747483	530440	6200	18456	161345	344439

	损							益	
	营业收入	主营业务收入	营业成本	主营业务成本	营业税金及附加	主营业务税金及附加	其他业务利润	管理费用	#税金
总计	**1388830**	**1360766**	**1225950**	**1207860**	**46452**	**45107**	**477**	**62454**	**2078**
其中：国有及国有控股企业	38003	37263	29527	29013	1156	540	226	8156	3
一、按登记注册类型分组									
内资企业	1388830	1360766	1225950	1207860	46452	45107	477	62454	2078
国有企业	4621	4621	4617	4617	155	155	—	819	2
有限责任公司	289678	288934	244561	244047	10633	10017	230	23132	792
其他有限责任公司	289678	288934	244561	244047	10633	10017	230	23132	792
股份有限公司	57628	57628	51250	51250	569	385	—	4792	1
私营企业	1036903	1009583	925522	907946	35095	34550	247	33711	1283
私营有限责任公司	1036903	1009583	925522	907946	35095	34550	247	33711	1283
二、按国民经济行业分组									
房屋建筑业	545579	545579	474436	456944	19069	18885	—	19432	1359
土木工程建筑业	653549	625485	551753	551155	21001	19840	477	41766	719
铁路、道路、隧道和桥梁工程建筑	536419	536149	464134	464050	17615	17433	185	22638	552
铁路工程建筑	—	—	—	—	—	—	—	—	—
公路工程建筑	477361	477357	414865	414865	15641	15641	4	15093	212
市政道路工程建筑	18186	17920	15087	15003	601	419	181	1919	20
其他道路、隧道和桥梁工程建筑	40872	40872	34182	34182	1373	1373	—	5626	320
水利和内河港口工程建筑	54771	54031	43323	42809	1540	924	226	8699	42
水源及供水设施工程建筑	54771	54031	43323	42809	1540	924	226	8699	42
架线和管道工程建筑	62359	35305	44296	44296	1846	1483	66	10429	125
架线及设备工程建筑	35305	35305	28356	28356	1110	747	—	5419	125
管道工程建筑	27054	—	15940	15940	736	736	66	5010	—
建筑安装业	189702	189702	199761	199761	6382	6382	—	1256	—
电气安装	188102	188102	198515	198515	6320	6320	—	1206	—
其他建筑安装业	1600	1600	1246	1246	62	62	—	50	—
三、按隶属关系分组									
中央	26814	26074	19074	18560	616	—	226	6809	—
省（自治区、直辖市）	51060	51060	45414	45414	184	—	—	4264	—
地区（州、盟、省辖市）	160968	160964	139812	139812	5309	5309	4	10802	359
其他	1149988	1122668	1021650	1004074	40343	39798	247	40579	1719
四、按企业资质等级分组									
施工总承包	1185119	1157795	1051849	1034273	40013	39647	251	48338	1907
一级	469210	469210	406641	406641	13983	13799	—	18004	48
二级	183508	156454	151309	133831	6532	6532	66	9937	39
三级以下	532401	532131	493899	493801	19498	19316	185	20397	1820
专业承包	203711	202971	174101	173587	6439	5460	226	14116	171
一级	26814	26074	19074	18560	616	—	226	6809	—
二级	18249	18249	14421	14421	538	538	—	5042	100
三级以下	158648	158648	140606	140606	5285	4922	—	2265	71
五、按地区分									
铁西区	1388830	1360766	1225950	1207860	46452	45107	477	62454	2078
六、按营业状态分									
营业	1110292	1109282	956015	937925	37257	35912	411	55744	2078
停业（歇业）	278538	251484	269935	269935	9195	9195	66	6710	—
七、按控股情况分									
国有控股	38003	37263	29527	29013	1156	540	226	8156	3
集体控股	101946	101946	87840	87840	1893	1709	—	10217	327
私人控股	1248881	1221557	1108583	1091007	43403	42858	251	44081	1748

年）　　　　单位：千元

及		分		配							
#差旅费	#工会经费	财务费用	利息收入	#利息支出	营业利润	补贴收入	营业外收入	营业外支出	利润总额	应交所得税	应付职工薪酬
1320	**340**	**14871**	**11**	**10583**	**36106**	**—**	**4288**	**354**	**40205**	**30243**	**94679**
7	—	—	—	—	−836	—	—	—	−836	588	4676
1320	340	14871	11	10583	36106	—	4288	354	40205	30243	94679
5	—	—	—	—	−969	—	—	—	−969	115	1383
553	188	209	6	187	11122	—	3821	215	14726	6335	32590
553	188	209	6	187	11122	—	3821	215	14726	6335	32590
2	—	−42	—	—	1059	—	—	—	1059	1441	5509
760	152	14704	5	10396	24894	—	467	139	25389	22352	55197
760	152	14704	5	10396	24894	—	467	139	25389	22352	55197
455	96	278	1	1	29329	—	157	48	29438	14430	72467
865	244	8665	10	4664	30427	—	4131	291	34554	11106	20388
687	125	5389	6	4664	26642	—	4069	226	30484	8786	6541
—	—	—	—	—	—	—	—	—	—	—	40
176	95	5202	—	4478	26560	—	449	211	26798	7362	3471
231	—	−1	4	—	580	—	—	15	565	403	1672
280	30	188	2	186	−498	—	3620	—	3121	1021	1358
110	—	−4	4	—	1212	—	—	3	1209	1008	3615
110	—	−4	4	—	1212	—	—	3	1209	1008	3615
68	119	3280	—	—	2573	—	62	62	2861	1312	10232
68	119	129	—	—	292	—	1	11	281	740	2888
—	—	3151	—	—	2281	—	61	51	2580	572	7344
—	—	5928	—	5918	−23650	—	—	15	−23787	4707	1824
—	—	5918	—	5918	−23857	—	—	15	−23872	4703	1104
—	—	10	—	—	207	—	—	—	85	4	720
—	—	—	—	—	314	—	—	—	314	309	2851
—	—	−42	—	—	1240	—	—	—	1240	1277	5067
274	155	−6	4	—	5032	—	201	215	5017	3653	13676
1046	185	14919	7	10583	29520	—	4087	139	33634	25004	73085
1246	171	14741	10	10583	27190	—	4237	298	31295	24731	69390
127	59	5160	—	4478	25422	—	249	10	25661	7382	8011
156	39	3447	—	—	12347	—	168	52	12752	5201	25272
963	73	6134	10	6105	−10579	—	3820	236	−7118	12148	36107
74	169	130	1	—	8916	—	51	56	8910	5512	25289
—	—	—	—	—	314	—	—	—	314	309	2851
61	87	3	—	—	−1754	—	—	11	−1766	388	3551
13	82	127	1	—	10356	—	51	45	10362	4815	18887
1320	340	14871	11	10583	36106	—	4288	354	40205	30243	94679
1306	290	5802	11	4665	52424	—	4177	243	56234	23379	68170
14	50	9069	—	5918	−16318	—	111	111	−16029	6864	26509
7	—	—	—	—	−836	—	—	—	−836	588	4676
295	30	140	2	186	1855	—	3620	—	5474	2543	9140
1018	310	14731	9	10397	35087	—	668	354	35567	27112	80863

	土地和固定资产支出			
	支出总计	土地购置	房屋和建筑物	机械设备
总　　　计	**6595**	**30**	**—**	**5726**
其中：国有及国有控股企业	—	—	—	—
一、按登记注册类型分组				
内资企业	6595	30	—	5726
国有企业	—	—	—	—
有限责任公司	5128	30	—	5096
其他有限责任公司	5128	30	—	5096
股份有限公司	—	—	—	—
私营企业	1467	—	—	630
私营有限责任公司	1467	—	—	630
二、按国民经济行业分组				
房屋建筑业	—	—	—	—
土木工程建筑业	6595	30	—	5726
铁路、道路、隧道和桥梁工程建筑	6595	30	—	5726
铁路工程建筑	—	—	—	—
公路工程建筑	4976	30	—	4944
市政道路工程建筑	837	—	—	—
其他道路、隧道和桥梁工程建筑	782	—	—	782
水利和内河港口工程建筑	—	—	—	—
水源及供水设施工程建筑	—	—	—	—
架线和管道工程建筑	—	—	—	—
架线及设备工程建筑	—	—	—	—
管道工程建筑	—	—	—	—
建筑安装业	—	—	—	—
电气安装	—	—	—	—
其他建筑安装业	—	—	—	—
三、按隶属关系分组				
中央	—	—	—	—
省（自治区、直辖市）	—	—	—	—
地区（州、盟、省辖市）	4346	30	—	4314
其他	2249	—	—	1412
四、按企业资质等级分组				
施工总承包	6595	30	—	5726
一级	630	—	—	630
二级	—	—	—	—
三级以下	5965	30	—	5096
专业承包	—	—	—	—
一级	—	—	—	—
二级	—	—	—	—
三级以下	—	—	—	—
五、按地区分				
铁西区	6595	30	—	5726
六、按营业状态分				
营业	6595	30	—	5726
停业（歇业）	—	—	—	—
七、按控股情况分				
国有控股	—	—	—	—
集体控股	782	—	—	782
私人控股	5813	30	—	4944

年）

		销售费用	在境外的营业收入
运输工具	其他费用		
837	**2**	**45**	**10014**
—	—	—	—
837	2	45	10014
—	—	—	—
—	2	20	10014
—	2	20	10014
—	—	—	—
837	—	25	—
837	—	25	—
—	—	45	10014
837	2	—	—
837	2	—	—
—	—	—	—
—	2	—	—
837	—	—	—
—	—	—	—
—	—	—	—
—	—	—	—
—	—	—	—
—	—	—	—
—	—	—	—
—	—	—	—
—	—	—	—
—	—	—	—
—	—	—	—
—	—	—	—
—	2	20	10014
837	—	25	—
837	2	35	10014
—	—	—	—
—	—	—	—
837	2	35	10014
—	—	10	—
—	—	—	—
—	—	—	—
—	—	10	—
837	2	45	10014
837	2	34	10014
—	—	11	—
—	—	—	—
—	—	—	10014
837	2	45	—

各县区建筑业企业

4—20

（2012

	年初存货	年末								
		流动资产合计	应收工程款	#竣工工程	#存货	固定资产合计	资产减值准备	固定资产原价	累计折旧	#本年折旧
总计	**82800**	**370737**	**64215**	**17757**	**190325**	**54140**	**—**	**56229**	**26714**	**4596**
一、按登记注册类型分组										
内资企业	82800	370737	64215	17757	190325	54140	—	56229	26714	4596
有限责任公司	4863	51872	44491	13857	2312	41327	—	40145	19823	3861
其他有限责任公司	4863	51872	44491	13857	2312	41327	—	40145	19823	3861
股份有限公司	—	16732	13584	—	—	2726	—	3209	483	214
私营企业	77937	302133	6140	3900	188013	10087	—	12875	6408	521
私营有限责任公司	77937	302133	6140	3900	188013	10087	—	12875	6408	521
二、按国民经济行业分组										
房屋建筑业	82800	318429	20994	17757	189455	34277	—	20688	11036	770
土木工程建筑业	—	35576	29637	—	870	17137	—	32332	15195	3612
铁路、道路、隧道和桥梁工程建筑	—	800	410	—	—	6570	—	8000	1430	717
市政道路工程建筑	—	800	410	—	—	6570	—	8000	1430	717
工矿工程建筑	—	34776	29227	—	870	10567	—	24332	13765	2895
其他土木工程建筑	—	—	—	—	—	—	—	—	—	—
建筑安装业	—	16732	13584	—	—	2726	—	3209	483	214
其他建筑安装业	—	16732	13584	—	—	2726	—	3209	483	214
三、按隶属关系分组										
地区（州、盟、省辖市）	12	20600	410	—	12	6874	—	8000	1430	717
县（区、市、旗）	—	16732	13584	—	—	2726	—	3209	483	214
其他	82788	333405	50221	17757	190313	44540	—	45020	24801	3665
四、按企业资质等级分组										
施工总承包	81900	350208	48684	16807	189475	48300	—	45770	22095	4191
二级	76240	268902	240	—	181501	5058	—	10425	5946	386
三级以下	5660	81306	48444	16807	7974	43242	—	35345	16149	3805
专业承包	900	20529	15531	950	850	5840	—	10459	4619	405
二级	900	2800	950	950	850	1350	—	1600	250	50
三级以下	—	17729	14581	—	—	4490	—	8859	4369	355
五、按地区分										
铁东区	82800	370737	64215	17757	190325	54140	—	56229	26714	4596
六、按营业状态分										
营业	4875	52631	27851	13857	1454	32026	—	13372	2655	1039
停业（歇业）	77925	318106	36364	3900	188871	22114	—	42857	24059	3557
七、按控股情况分										
私人控股	82800	370737	64215	17757	190325	54140	—	56229	26714	4596

财务状况（铁东区）

年）

单位：千元

资产		负债									
在建工程	资产合计	流动负债合计	应付账款	非流动负债合计	负债合计	所有者权益合计	#实收资本	国家资本	集体资本	法人资本	个人资本
21524	**437237**	**240289**	**42626**	**860**	**241149**	**196088**	**137927**	**—**	**1198**	**24049**	**112680**
21524	437237	240289	42626	860	241149	196088	137927	—	1198	24049	112680
21005	99428	15411	12367	860	16271	83157	44247	—	1198	15549	27500
21005	99428	15411	12367	860	16271	83157	44247	—	1198	15549	27500
—	19458	1467	1007	—	1467	17991	12000	—	—	—	12000
519	318351	223411	29252	—	223411	94940	81680	—	—	8500	73180
519	318351	223411	29252	—	223411	94940	81680	—	—	8500	73180
21524	365066	224782	29354	—	224782	140284	109427	—	—	14747	94680
—	52713	14040	12265	860	14900	37813	16500	—	1198	9302	6000
—	7370	270	—	—	270	7100	6000	—	—	—	6000
—	7370	270	—	—	270	7100	6000	—	—	—	6000
—	45343	13770	12265	860	14630	30713	10500	—	1198	9302	—
—	—	—	—	—	—	—	—	—	—	—	—
—	19458	1467	1007	—	1467	17991	12000	—	—	—	12000
—	19458	1467	1007	—	1467	17991	12000	—	—	—	12000
—	27474	295	—	—	295	27179	26000	—	—	—	26000
—	19458	1467	1007	—	1467	17991	12000	—	—	—	12000
21524	390305	238527	41619	860	239387	150918	99927	—	1198	24049	74680
21524	404640	236855	41189	860	237715	166925	116680	—	1198	17802	97680
—	279830	217301	23749	—	217301	62529	50180	—	—	—	50180
21524	124810	19554	17440	860	20414	104396	66500	—	1198	17802	47500
—	32597	3434	1437	—	3434	29163	21247	—	—	6247	15000
—	4150	970	430	—	970	3180	3000	—	—	—	3000
—	28447	2464	1007	—	2464	25983	18247	—	—	6247	12000
21524	437237	240289	42626	860	241149	196088	137927	—	1198	24049	112680
21005	84658	2136	1109	—	2136	82522	59500	—	—	—	59500
519	352579	238153	41517	860	239013	113566	78427	—	1198	24049	53180
21524	437237	240289	42626	860	241149	196088	137927	—	1198	24049	112680

	损							益	
	营业收入	主营业务收入	营业成本	主营业务成本	营业税金及附加	主营业务税金及附加	其他业务利润	管理费用	#税金
总　　计	**296280**	**296280**	**234517**	**234517**	**9803**	**9803**	**—**	**6276**	**445**
一、按登记注册类型分组									
内资企业	296280	296280	234517	234517	9803	9803	—	6276	445
有限责任公司	159910	159910	121038	121038	5218	5218	—	1993	115
其他有限责任公司	159910	159910	121038	121038	5218	5218	—	1993	115
股份有限公司	37005	37005	30020	30020	1241	1241	—	1175	2
私营企业	99365	99365	83459	83459	3344	3344	—	3108	328
私营有限责任公司	99365	99365	83459	83459	3344	3344	—	3108	328
二、按国民经济行业分组									
房屋建筑业	185429	185429	163678	163678	6226	6226	—	4181	393
土木工程建筑业	73846	73846	40819	40819	2336	2336	—	920	50
铁路、道路、隧道和桥梁工程建筑	14350	14350	12900	12900	373	373	—	770	50
市政道路工程建筑	14350	14350	12900	12900	373	373	—	770	50
工矿工程建筑	59496	59496	27919	27919	1963	1963	—	150	—
其他土木工程建筑	—	—	—	—	—	—	—	—	—
建筑安装业	37005	37005	30020	30020	1241	1241	—	1175	2
其他建筑安装业	37005	37005	30020	30020	1241	1241	—	1175	2
三、按隶属关系分组									
地区（州、盟、省辖市）	29780	29780	26026	26026	892	892	—	1405	50
县（区、市、旗）	37005	37005	30020	30020	1241	1241	—	1175	2
其他	229495	229495	178471	178471	7670	7670	—	3696	393
四、按企业资质等级分组									
施工总承包	248668	248668	195407	195407	8216	8216	—	4184	393
二级	68580	68580	56864	56864	2304	2304	—	1795	—
三级以下	180088	180088	138543	138543	5912	5912	—	2389	393
专业承包	47612	47612	39110	39110	1587	1587	—	2092	52
二级	9000	9000	7740	7740	302	302	—	360	10
三级以下	38612	38612	31370	31370	1285	1285	—	1732	42
五、按地区分									
铁东区	296280	296280	234517	234517	9803	9803	—	6276	445
六、按营业状态分									
营业	151242	151242	134915	134915	4971	4971	—	3096	77
停业（歇业）	145038	145038	99602	99602	4832	4832	—	3180	368
七、按控股情况分									
私人控股	296280	296280	234517	234517	9803	9803	—	6276	445

年）　　　　　　　　　　　　　　　　　　　　　　　　　单位：千元

及		分		配							
#差旅费	#工会经费	财务费用	利息收入	#利息支出	营业利润	补贴收入	营业外收入	营业外支出	利润总额	应交所得税	应付职工薪酬
385	**224**	**1444**	**4**	**1071**	**21252**	**—**	**5**	**129**	**21128**	**6777**	**27630**
385	224	1444	4	1071	21252	—	5	129	21128	6777	27630
351	224	118	—	—	8395	—	—	—	8395	3638	23392
351	224	118	—	—	8395	—	—	—	8395	3638	23392
24	—	−4	4	—	4573	—	—	76	4497	925	346
10	—	1330	—	1071	8284	—	5	53	8236	2214	3892
10	—	1330	—	1071	8284	—	5	53	8236	2214	3892
89	212	1328	—	1071	10176	—	5	53	10128	4365	26255
272	12	120	—	—	6503	—	—	—	6503	1487	1029
122	12	—	—	—	−43	—	—	—	−43	—	369
122	12	—	—	—	−43	—	—	—	−43	—	369
150	—	120	—	—	6546	—	—	—	6546	1487	500
—	—	—	—	—	—	—	—	—	—	—	160
24	—	−4	4	—	4573	—	—	76	4497	925	346
24	—	−4	4	—	4573	—	—	76	4497	925	346
122	12	—	—	—	1107	—	—	—	1107	245	417
24	—	−4	4	—	4573	—	—	76	4497	925	346
239	212	1448	—	1071	15572	—	5	53	15524	5607	26867
350	222	1450	—	1071	16433	—	5	53	16385	5587	25018
—	—	1071	—	1071	6546	—	5	53	6498	1714	1679
350	222	379	—	—	9887	—	—	—	9887	3873	23339
35	2	−6	4	—	4819	—	—	76	4743	1190	2612
10	—	—	—	—	588	—	—	—	588	225	1800
25	2	−6	4	—	4231	—	—	76	4155	965	812
385	224	1444	4	1071	21252	—	5	129	21128	6777	27630
224	222	−4	4	—	7914	—	—	76	7838	3281	22820
161	2	1448	—	1071	13338	—	5	53	13290	3496	4650
385	224	1444	4	1071	21252	—	5	129	21128	6777	27630

	土地和固定		
	支出总计	土地购置	房屋和建筑物
总　　计	**1700**	**—**	**850**
一、按登记注册类型分组			
内资企业	1700	—	850
有限责任公司	—	—	—
其他有限责任公司	—	—	—
股份有限公司	—	—	—
私营企业	1700	—	850
私营有限责任公司	1700	—	850
二、按国民经济行业分组			
房屋建筑业	1700	—	850
土木工程建筑业	—	—	—
铁路、道路、隧道和桥梁工程建筑	—	—	—
市政道路工程建筑	—	—	—
工矿工程建筑	—	—	—
其他土木工程建筑	—	—	—
建筑安装业	—	—	—
其他建筑安装业	—	—	—
三、按隶属关系分组			
地区（州、盟、省辖市）	—	—	—
县（区、市、旗）	—	—	—
其他	1700	—	850
四、按企业资质等级分组			
施工总承包	1700	—	850
二级	—	—	—
三级以下	1700	—	850
专业承包	—	—	—
二级	—	—	—
三级以下	—	—	—
五、按地区分			
铁东区	1700	—	850
六、按营业状态分			
营业	—	—	—
停业（歇业）	1700	—	850
七、按控股情况分			
私人控股	1700	—	850

年）

资产支出			销售费用	在境外的营业收入
机械设备	运输工具	其他费用		
620	**230**	**—**	**23275**	**—**
620	230	—	23275	—
—	—	—	23265	—
—	—	—	23265	—
—	—	—	—	—
620	230	—	10	—
620	230	—	10	—
620	230	—	10	—
—	—	—	23265	—
—	—	—	350	—
—	—	—	350	—
—	—	—	22915	—
—	—	—	—	—
—	—	—	—	—
—	—	—	—	—
—	—	—	350	—
—	—	—	—	—
620	230	—	22925	—
620	230	—	23265	—
—	—	—	—	—
620	230	—	23265	—
—	—	—	10	—
—	—	—	10	—
—	—	—	—	—
620	230	—	23275	—
—	—	—	350	—
620	230	—	22925	—
620	230	—	23275	—

各县区建筑业企业

4－21 （2012

	年初存货	年末								
		流动资产合计	应收工程款	#竣工工程	#存货	固定资产合计	资产减值准备	固定资产原价	累计折旧	#本年折旧
总计	**15810**	**587231**	**188956**	**188836**	**14871**	**285275**	**—**	**318379**	**56523**	**6798**
一、按登记注册类型分组										
内资企业	15810	587231	188956	188836	14871	285275	—	318379	56523	6798
集体企业	39	16865	—	—	39	1135	—	1235	100	—
有限责任公司	1550	98132	3042	2922	3928	20244	—	23254	3798	908
其他有限责任公司	1550	98132	3042	2922	3928	20244	—	23254	3798	908
私营企业	14221	472234	185914	185914	10904	263896	—	293890	52625	5890
私营有限责任公司	14221	472234	185914	185914	10904	263896	—	293890	52625	5890
二、按国民经济行业分组										
房屋建筑业	12518	375548	184689	184689	14359	90255	—	104885	18494	3733
土木工程建筑业	1498	89869	4147	4147	512	58474	—	68852	19723	1012
铁路、道路、隧道和桥梁工程建筑	1498	44741	4147	4147	512	48729	—	49006	9622	811
公路工程建筑	1498	44741	4147	4147	512	48729	—	49006	9622	811
架线和管道工程建筑	—	1000	—	—	—	1000	—	1100	100	—
架线及设备工程建筑	—	1000	—	—	—	1000	—	1100	100	—
其他土木工程建筑	—	44128	—	—	—	8745	—	18746	10001	201
建筑安装业	1230	69614	—	—	—	5200	—	6020	1030	802
电气安装	1230	69614	—	—	—	5200	—	6020	1030	802
建筑装饰和其他建筑业	564	52200	120	—	—	131346	—	138622	17276	1251
建筑装饰业	564	52200	120	—	—	131346	—	138622	17276	1251
三、按隶属关系分组										
县（区、市、旗）	1589	114997	3042	2922	3967	21379	—	24489	3898	908
其他	14221	472234	185914	185914	10904	263896	—	293890	52625	5890
四、按企业资质等级分组										
施工总承包	15691	491978	188956	188836	14845	271540	—	294413	46292	6507
二级	—	58897	—	—	532	11558	—	20833	9295	2090
三级以下	15691	433081	188956	188836	14313	259982	—	273580	36997	4417
专业承包	119	95253	—	—	26	13735	—	23966	10231	291
三级以下	119	95253	—	—	26	13735	—	23966	10231	291
五、按地区分										
公主岭市	15810	587231	188956	188836	14871	285275	—	318379	56523	6798
六、按营业状态分										
营业	15810	584231	188956	188836	14871	164490	—	191418	40137	5796
停业（歇业）	—	3000	—	—	—	120785	—	126961	16386	1002
七、按控股情况分										
集体控股	39	16865	—	—	39	1135	—	1235	100	—
私人控股	14221	479084	188836	188836	14832	269721	—	301448	55058	6471
其他	1550	91282	120	—	—	14419	—	15696	1365	327

财务状况（公主岭市）

年）

单位：千元

在建工程	资产合计	流动负债合计	应付账款	非流动负债合计	负债合计	所有者权益合计	#实收资本	国家资本	集体资本	法人资本	个人资本
资	产	负	债								
2932	**913771**	**376805**	**35643**	**19038**	**449447**	**464324**	**260994**	**—**	**3224**	**53800**	**203970**
2932	913771	376805	35643	19038	449447	464324	260994	—	3224	53800	203970
—	19800	15867	—	—	15867	3933	3224	—	3224	—	—
88	143155	83554	7518	—	83554	59601	54000	—	—	—	54000
88	143155	83554	7518	—	83554	59601	54000	—	—	—	54000
2844	750816	277384	28125	19038	350026	400790	203770	—	—	53800	149970
2844	750816	277384	28125	19038	350026	400790	203770	—	—	53800	149970
2844	481700	147119	5507	19038	170147	311553	141794	—	3224	21800	116770
88	173411	74625	21836	—	75025	98386	68200	—	—	—	68200
88	118538	52811	21836	—	53211	65327	63000	—	—	—	63000
88	118538	52811	21836	—	53211	65327	63000	—	—	—	63000
—	2000	1000	—	—	1000	1000	1000	—	—	—	1000
—	2000	1000	—	—	1000	1000	1000	—	—	—	1000
—	52873	20814	—	—	20814	32059	4200	—	—	—	4200
—	74814	1000	—	—	50214	24600	24000	—	—	23000	1000
—	74814	1000	—	—	50214	24600	24000	—	—	23000	1000
—	183846	154061	8300	—	154061	29785	27000	—	—	9000	18000
—	183846	154061	8300	—	154061	29785	27000	—	—	9000	18000
88	162955	99421	7518	—	99421	63534	57224	—	3224	—	54000
2844	750816	277384	28125	19038	350026	400790	203770	—	—	53800	149970
2932	790778	323771	35643	—	377375	413403	240794	—	3224	38800	198770
—	70455	19939	—	—	19939	50516	24000	—	—	—	24000
2932	720323	303832	35643	—	357436	362887	216794	—	3224	38800	174770
—	122993	53034	—	19038	72072	50921	20200	—	—	15000	5200
—	122993	53034	—	19038	72072	50921	20200	—	—	15000	5200
2932	913771	376805	35643	19038	449447	464324	260994	—	3224	53800	203970
2932	789986	264805	27343	19038	337447	452539	249994	—	3224	44800	201970
—	123785	112000	8300	—	112000	11785	11000	—	—	9000	2000
—	19800	15867	—	—	15867	3933	3224	—	3224	—	—
2844	763491	282194	31368	19038	354836	408655	209770	—	—	53800	155970
88	130480	78744	4275	—	78744	51736	48000	—	—	—	48000

4—21 续表1 （2012

	损益								
	营业收入	主营业务收入	营业成本	主营业务成本	营业税金及附加	主营业务税金及附加	其他业务利润	管理费用	#税金
总计	**4901020**	**4901020**	**4306222**	**4306222**	**185896**	**164696**	**—**	**86951**	**7980**
一、按登记注册类型分组									
内资企业	4901020	4901020	4306222	4306222	185896	164696	—	86951	7980
集体企业	293220	293220	272694	272694	9940	9940	—	4800	300
有限责任公司	1038228	1038228	907746	907746	45690	24490	—	9757	756
其他有限责任公司	1038228	1038228	907746	907746	45690	24490	—	9757	756
私营企业	3569572	3569572	3125782	3125782	130266	130266	—	72394	6924
私营有限责任公司	3569572	3569572	3125782	3125782	130266	130266	—	72394	6924
二、按国民经济行业分组									
房屋建筑业	3101978	3101978	2712033	2712033	111122	111122	—	59245	6140
土木工程建筑业	707112	707112	568140	568140	39416	39416	—	14396	593
铁路、道路、隧道和桥梁工程建筑	450125	450125	362551	362551	25564	25564	—	5128	501
公路工程建筑	450125	450125	362551	362551	25564	25564	—	5128	501
架线和管道工程建筑	—	—	—	—	—	—	—	—	—
架线及设备工程建筑	—	—	—	—	—	—	—	—	—
其他土木工程建筑	256987	256987	205589	205589	13852	13852	—	9268	92
建筑安装业	489680	489680	475827	475827	9658	9658	—	800	12
电气安装	489680	489680	475827	475827	9658	9658	—	800	12
建筑装饰和其他建筑业	602250	602250	550222	550222	25700	4500	—	12510	1235
建筑装饰业	602250	602250	550222	550222	25700	4500	—	12510	1235
三、按隶属关系分组									
县（区、市、旗）	1331448	1331448	1180440	1180440	55630	34430	—	14557	1056
其他	3569572	3569572	3125782	3125782	130266	130266	—	72394	6924
四、按企业资质等级分组									
施工总承包	4320421	4320421	3806266	3806266	162234	141034	—	74873	7765
二级	573680	573680	501576	501576	19448	19448	—	16588	2875
三级以下	3746741	3746741	3304690	3304690	142786	121586	—	58285	4890
专业承包	580599	580599	499956	499956	23662	23662	—	12078	215
三级以下	580599	580599	499956	499956	23662	23662	—	12078	215
五、按地区分									
公主岭市	4901020	4901020	4306222	4306222	185896	164696	—	86951	7980
六、按营业状态分									
营业	4762220	4762220	4191722	4191722	181396	160196	—	76961	7000
停业（歇业）	138800	138800	114500	114500	4500	4500	—	9990	980
七、按控股情况分									
集体控股	293220	293220	272694	272694	9940	9940	—	4800	300
私人控股	3959225	3959225	3468255	3468255	143475	143475	—	78421	7047
其他	648575	648575	565273	565273	32481	11281	—	3730	633

单位：千元

及		分		配							
#差旅费	#工会经费	财务费用	利息收入	#利息支出	营业利润	补贴收入	营业外收入	营业外支出	利润总额	应交所得税	应付职工薪酬
10354	**7486**	**17344**	**30**	**5055**	**232821**	**—**	**2350**	**460**	**234711**	**38341**	**691395**
10354	7486	17344	30	5055	232821	—	2350	460	234711	38341	691395
4000	200	300	30	270	5486	—	—	—	5486	586	9080
256	740	2296	—	499	33232	—	—	—	33232	7530	105948
256	740	2296	—	499	33232	—	—	—	33232	7530	105948
6098	6546	14748	—	4286	194103	—	2350	460	195993	30225	576367
6098	6546	14748	—	4286	194103	—	2350	460	195993	30225	576367
5108	2589	10599	30	4213	155835	—	350	450	155735	19755	446767
209	866	2329	—	606	65271	—	—	—	65271	18315	45686
157	866	2203	—	480	40969	—	—	—	40969	12239	28526
157	866	2203	—	480	40969	—	—	—	40969	12239	28526
—	—	—	—	—	—	—	—	—	—	—	40
—	—	—	—	—	—	—	—	—	—	—	40
52	—	126	—	126	24302	—	—	—	24302	6076	17120
25	12	50	—	25	3094	—	—	—	3094	125	97600
25	12	50	—	25	3094	—	—	—	3094	125	97600
5012	4019	4366	—	211	8621	—	2000	10	10611	146	101342
5012	4019	4366	—	211	8621	—	2000	10	10611	146	101342
4256	940	2596	30	769	38718	—	—	—	38718	8116	115028
6098	6546	14748	—	4286	194103	—	2350	460	195993	30225	576367
10051	7474	17180	30	4908	192917	—	2350	460	194807	32014	576115
130	387	713	—	713	33505	—	—	—	33505	8376	29640
9921	7087	16467	30	4195	159412	—	2350	460	161302	23638	546475
303	12	164	—	147	39904	—	—	—	39904	6327	115280
303	12	164	—	147	39904	—	—	—	39904	6327	115280
10354	7486	17344	30	5055	232821	—	2350	460	234711	38341	691395
5354	3476	13344	30	5055	227811	—	350	450	227711	38320	688504
5000	4010	4000	—	—	5010	—	2000	10	7000	21	2891
4000	200	300	30	270	5486	—	—	—	5486	586	9080
6220	6567	15036	—	4574	195968	—	2350	460	197858	30691	583630
134	719	2008	—	211	31367	—	—	—	31367	7064	98685

	土地和固定资产支出			
	支出总计	土地购置	房屋和建筑物	机械设备
总　　计	—	—	—	—
一、按登记注册类型分组				
内资企业	—	—	—	—
集体企业	—	—	—	—
有限责任公司	—	—	—	—
其他有限责任公司	—	—	—	—
私营企业	—	—	—	—
私营有限责任公司	—	—	—	—
二、按国民经济行业分组				
房屋建筑业	—	—	—	—
土木工程建筑业	—	—	—	—
铁路、道路、隧道和桥梁工程建筑	—	—	—	—
公路工程建筑	—	—	—	—
架线和管道工程建筑	—	—	—	—
架线及设备工程建筑	—	—	—	—
其他土木工程建筑	—	—	—	—
建筑安装业	—	—	—	—
电气安装	—	—	—	—
建筑装饰和其他建筑业	—	—	—	—
建筑装饰业	—	—	—	—
三、按隶属关系分组				
县（区、市、旗）	—	—	—	—
其他	—	—	—	—
四、按企业资质等级分组				
施工总承包	—	—	—	—
二级	—	—	—	—
三级以下	—	—	—	—
专业承包	—	—	—	—
三级以下	—	—	—	—
五、按地区分				
公主岭市	—	—	—	—
六、按营业状态分				
营业	—	—	—	—
停业（歇业）	—	—	—	—
七、按控股情况分				
集体控股	—	—	—	—
私人控股	—	—	—	—
其他	—	—	—	—

年）

运输工具	其他费用	销售费用	在境外的营业收入
—	**—**	**71786**	**—**
—	—	71786	—
—	—	—	—
—	—	39507	—
—	—	39507	—
—	—	32279	—
—	—	32279	—
—	—	53144	—
—	—	17560	—
—	—	13710	—
—	—	13710	—
—	—	—	—
—	—	—	—
—	—	3850	—
—	—	251	—
—	—	251	—
—	—	831	—
—	—	831	—
—	—	39507	—
—	—	32279	—
—	—	66951	—
—	—	1850	—
—	—	65101	—
—	—	4835	—
—	—	4835	—
—	—	71786	—
—	—	70986	—
—	—	800	—
—	—	—	—
—	—	58070	—
—	—	13716	—

各县区建筑业企业

4—22

（2012

	年初存货	年末								
		流动资产合计	应收工程款	#竣工工程	#存货	固定资产合计	资产减值准备	固定资产原价	累计折旧	#本年折旧
总计	**12052**	**63383**	**13539**	**11539**	**34578**	**48262**	**26596**	**40749**	**1501**	**566**
一、按登记注册类型分组										
内资企业	12052	63383	13539	11539	34578	48262	26596	40749	1501	566
有限责任公司	—	—	—	—	—	—	—	—	—	—
其他有限责任公司	—	—	—	—	—	—	—	—	—	—
股份有限公司	—	2000	—	—	—	8000	—	—	—	—
私营企业	12052	61383	13539	11539	34578	40262	26596	40749	1501	566
私营独资企业	220	3736	—	—	220	3883	—	4004	121	—
私营有限责任公司	11832	57647	13539	11539	34358	36379	26596	36745	1380	566
二、按国民经济行业分组										
房屋建筑业	10549	54857	11539	11539	33075	38943	26596	31064	585	464
土木工程建筑业	—	2000	2000	—	—	—	—	—	—	—
水利和内河港口工程建筑	—	2000	2000	—	—	—	—	—	—	—
河湖治理及防洪设施工程建筑	—	2000	2000	—	—	—	—	—	—	—
其他土木工程建筑	—	—	—	—	—	—	—	—	—	—
建筑安装业	1503	6526	—	—	1503	9319	—	9685	916	102
其他建筑安装业	1503	6526	—	—	1503	9319	—	9685	916	102
三、按隶属关系分组										
县（区、市、旗）	—	—	—	—	—	—	—	—	—	—
居委会	—	2000	—	—	—	8000	—	—	—	—
其他	12052	61383	13539	11539	34578	40262	26596	40749	1501	566
四、按企业资质等级分组										
施工总承包	220	7736	2000	—	220	11883	—	4004	121	—
三级以下	220	7736	2000	—	220	11883	—	4004	121	—
专业承包	11832	55647	11539	11539	34358	36379	26596	36745	1380	566
三级以下	11832	55647	11539	11539	34358	36379	26596	36745	1380	566
五、按地区分										
双辽市	12052	63383	13539	11539	34578	48262	26596	40749	1501	566
六、按营业状态分										
营业	10549	54857	11539	11539	33075	38943	26596	31064	585	464
停业（歇业）	1503	8526	2000	—	1503	9319	—	9685	916	102
七、按控股情况分										
私人控股	12052	63383	13539	11539	34578	48262	26596	40749	1501	566

财务状况（双辽市）

年）　　　　单位：千元

资	产	负	债								
在建工程	资产合计	流动负债合计	应付账款	非流动负责合计	负债合计	所有者权益合计	#实收资本	国家资本	集体资本	法人资本	个人资本
—	**123248**	**51370**	**26989**	**—**	**63124**	**60124**	**53713**	**—**	**—**	**1800**	**51913**
—	123248	51370	26989	—	63124	60124	53713	—	—	1800	51913
—	100	—	—	—	—	100	100	—	—	—	100
—	100	—	—	—	—	100	100	—	—	—	100
—	10000	—	—	—	8000	2000	2000	—	—	1000	1000
—	113148	51370	26989	—	55124	58024	51613	—	—	800	50813
—	7619	—	—	—	554	7065	7000	—	—	—	7000
—	105529	51370	26989	—	54570	50959	44613	—	—	800	43813
—	95303	47084	26892	—	55638	39665	35628	—	—	1000	34628
—	12100	4	4	—	2004	10096	8100	—	—	—	8100
—	2000	4	4	—	4	1996	2000	—	—	—	2000
—	2000	4	4	—	4	1996	2000	—	—	—	2000
—	10100	—	—	—	2000	8100	6100	—	—	—	6100
—	15845	4282	93	—	5482	10363	9985	—	—	800	9185
—	15845	4282	93	—	5482	10363	9985	—	—	800	9185
—	100	—	—	—	—	100	100	—	—	—	100
—	10000	—	—	—	8000	2000	2000	—	—	1000	1000
—	113148	51370	26989	—	55124	58024	51613	—	—	800	50813
—	19619	4	4	—	8558	11061	11000	—	—	1000	10000
—	19619	4	4	—	8558	11061	11000	—	—	1000	10000
—	103629	51366	26985	—	54566	49063	42713	—	—	800	41913
—	103629	51366	26985	—	54566	49063	42713	—	—	800	41913
—	123248	51370	26989	—	63124	60124	53713	—	—	1800	51913
—	105403	47084	26892	—	57638	47765	41728	—	—	1000	40728
—	17845	4286	97	—	5486	12359	11985	—	—	800	11185
—	123248	51370	26989	—	63124	60124	53713	—	—	1800	51913

	损								益
	营业收入	主营业务收入	营业成本	主营业务成本	营业税金及附加	主营业务税金及附加	其他业务利润	管理费用	#税金
总计	**106399**	**106249**	**95403**	**95152**	**3643**	**3617**	**—**	**2609**	**47**
一、按登记注册类型分组									
内资企业	106399	106249	95403	95152	3643	3617	—	2609	47
有限责任公司	5	5	2	2	1	1	—	1	—
其他有限责任公司	5	5	2	2	1	1	—	1	—
股份有限公司	4	4	1	1	1	1	—	1	1
私营企业	106390	106240	95400	95149	3641	3615	—	2607	46
私营独资企业	8651	8651	8083	8083	332	332	—	168	16
私营有限责任公司	97739	97589	87317	87066	3309	3283	—	2439	30
二、按国民经济行业分组									
房屋建筑业	102784	102784	92247	92247	3523	3523	—	2473	46
土木工程建筑业	65	65	55	55	2	2	—	54	1
水利和内河港口工程建筑	60	60	53	53	1	1	—	53	1
河湖治理及防洪设施工程建筑	60	60	53	53	1	1	—	53	1
其他土木工程建筑	5	5	2	2	1	1	—	1	—
建筑安装业	3550	3400	3101	2850	118	92	—	82	—
其他建筑安装业	3550	3400	3101	2850	118	92	—	82	—
三、按隶属关系分组									
县（区、市、旗）	5	5	2	2	1	1	—	1	—
居委会	4	4	1	1	1	1	—	1	1
其他	106390	106240	95400	95149	3641	3615	—	2607	46
四、按企业资质等级分组									
施工总承包	8715	8715	8137	8137	334	334	—	222	18
三级以下	8715	8715	8137	8137	334	334	—	222	18
专业承包	97684	97534	87266	87015	3309	3283	—	2387	29
三级以下	97684	97534	87266	87015	3309	3283	—	2387	29
五、按地区分									
双辽市	106399	106249	95403	95152	3643	3617	—	2609	47
六、按营业状态分									
营业	102789	102789	92249	92249	3524	3524	—	2474	46
停业（歇业）	3610	3460	3154	2903	119	93	—	135	1
七、按控股情况分									
私人控股	106399	106249	95403	95152	3643	3617	—	2609	47

年）

单位：千元

及		分		配							
#差旅费	#工会经费	财务费用	利息收入	#利息支出	营业利润	补贴收入	营业外收入	营业外支出	利润总额	应交所得税	应付职工薪酬
262	**12**	**959**	**3**	**712**	**3830**	**—**	**—**	**53**	**3777**	**1895**	**1400**
262	12	959	3	712	3830	—	—	53	3777	1895	1400
—	—	1	—	—	—	—	—	42	−42	—	40
—	—	1	—	—	—	—	—	42	−42	—	40
—	—	—	—	—	—	—	—	—	—	—	160
262	12	958	3	712	3830	—	—	11	3819	1895	1200
1	12	35	—	35	32	—	—	—	32	1	200
261	—	923	3	677	3798	—	—	11	3787	1894	1000
262	12	958	3	712	3581	—	—	—	3581	1867	519
—	—	1	—	—	—	—	—	42	−42	—	316
—	—	—	—	—	—	—	—	—	—	—	156
—	—	—	—	—	—	—	—	—	—	—	156
—	—	1	—	—	—	—	—	42	−42	—	160
—	—	—	—	—	249	—	—	11	238	28	565
—	—	—	—	—	249	—	—	11	238	28	565
—	—	1	—	—	—	—	—	42	−42	—	40
—	—	—	—	—	—	—	—	—	—	—	160
262	12	958	3	712	3830	—	—	11	3819	1895	1200
1	12	35	—	35	32	—	—	—	32	1	516
1	12	35	—	35	32	—	—	—	32	1	516
261	—	924	3	677	3798	—	—	53	3745	1894	884
261	—	924	3	677	3798	—	—	53	3745	1894	884
262	12	959	3	712	3830	—	—	53	3777	1895	1400
262	12	959	3	712	3581	—	—	42	3539	1867	679
—	—	—	—	—	249	—	—	11	238	28	721
262	12	959	3	712	3830	—	—	53	3777	1895	1400

	土地和固定资产支出			
	支出总计	土地购置	房屋和建筑物	机械设备
总　　计	**13012**	**—**	**12115**	**897**
一、按登记注册类型分组				
内资企业	13012	—	12115	897
有限责任公司	—	—	—	—
其他有限责任公司	—	—	—	—
股份有限公司	—	—	—	—
私营企业	13012	—	12115	897
私营独资企业	—	—	—	—
私营有限责任公司	13012	—	12115	897
二、按国民经济行业分组				
房屋建筑业	13012	—	12115	897
土木工程建筑业	—	—	—	—
水利和内河港口工程建筑	—	—	—	—
河湖治理及防洪设施工程建筑	—	—	—	—
其他土木工程建筑	—	—	—	—
建筑安装业	—	—	—	—
其他建筑安装业	—	—	—	—
三、按隶属关系分组				
县（区、市、旗）	—	—	—	—
居委会	—	—	—	—
其他	13012	—	12115	897
四、按企业资质等级分组				
施工总承包	—	—	—	—
三级以下	—	—	—	—
专业承包	13012	—	12115	897
三级以下	13012	—	12115	897
五、按地区分				
双辽市	13012	—	12115	897
六、按营业状态分				
营业	13012	—	12115	897
停业（歇业）	—	—	—	—
七、按控股情况分				
私人控股	13012	—	12115	897

年）

		销售费用	在境外的营业收入
运输工具	其他费用		
—	**—**	**2**	**—**
—	—	2	—
—	—	—	—
—	—	—	—
—	—	1	—
—	—	1	—
—	—	1	—
—	—	—	—
—	—	2	—
—	—	—	—
—	—	—	—
—	—	—	—
—	—	—	—
—	—	—	—
—	—	—	—
—	—	—	—
—	—	1	—
—	—	1	—
—	—	2	—
—	—	2	—
—	—	—	—
—	—	—	—
—	—	2	
—	—	2	—
—	—	—	—
—	—	2	—

各县区建筑业企业

4－23　　　　(2012

	年初存货	年末 流动资产合计	应收工程款	#竣工工程	#存货	固定资产合计	资产减值准备	固定资产原价	累计折旧	#本年折旧
总　　计	**3482**	**56119**	**36947**	**9457**	**5107**	**12109**	**—**	**17732**	**5623**	**805**
其中：国有及国有控股企业	2514	3502	—	—	1997	932	—	2249	1317	218
一、按登记注册类型分组										
内资企业	3482	56119	36947	9457	5107	12109	—	17732	5623	805
国有企业	2514	3502	—	—	1997	932	—	2249	1317	218
有限责任公司	763	22914	11600	—	2877	4082	—	6440	2358	36
其他有限责任公司	763	22914	11600	—	2877	4082	—	6440	2358	36
私营企业	205	29703	25347	9457	233	7095	—	9043	1948	551
私营有限责任公司	205	29703	25347	9457	233	7095	—	9043	1948	551
二、按国民经济行业分组										
房屋建筑业	158	19890	11615	—	2430	4681	—	5978	1297	—
土木工程建筑业	3324	36229	25332	9457	2677	7428	—	11754	4326	805
水利和内河港口工程建筑	2514	3502	—	—	1997	932	—	2249	1317	218
港口及航运设施工程建筑	2514	3502	—	—	1997	932	—	2249	1317	218
架线和管道工程建筑	605	6477	—	—	475	431	—	1492	1061	36
架线及设备工程建筑	605	6477	—	—	475	431	—	1492	1061	36
其他土木工程建筑	205	26250	25332	9457	205	6065	—	8013	1948	551
三、按隶属关系分组										
县（区、市、旗）	158	16437	11600	—	2402	3651	—	4948	1297	—
其他	3324	39682	25347	9457	2705	8458	—	12784	4326	805
四、按企业资质等级分组										
施工总承包	2877	46189	36932	9457	4604	10648	—	15210	4562	769
三级以下	2877	46189	36932	9457	4604	10648	—	15210	4562	769
专业承包	605	9930	15	—	503	1461	—	2522	1061	36
三级以下	605	9930	15	—	503	1461	—	2522	1061	36
五、按地区分										
梨树县	3482	56119	36947	9457	5107	12109	—	17732	5623	805
六、按营业状态分										
营业	3482	56119	36947	9457	5107	12109	—	17732	5623	805
七、按控股情况分										
国有控股	2514	3502	—	—	1997	932	—	2249	1317	218
私人控股	363	46140	36947	9457	2635	10746	—	13991	3245	551
其他	605	6477	—	—	475	431	—	1492	1061	36

财务状况（梨树县）

年）　　　　　　　　　　　　　　　　　　　　　　　　　　　　　　　　　　　　单位：千元

资产		负债									
在建工程	资产合计	流动负债合计	应付账款	非流动负责合计	负债合计	所有者权益合计	#实收资本	国家资本	集体资本	法人资本	个人资本
—	**70036**	**22568**	**11182**	**—**	**22568**	**47468**	**40906**	**4100**	**—**	**20806**	**16000**
—	4434	6402	4339	—	6402	—1968	806	—	—	806	—
—	70036	22568	11182	—	22568	47468	40906	4100	—	20806	16000
—	4434	6402	4339	—	6402	—1968	806	—	—	806	—
—	27037	2854	—	—	2854	24183	24100	4100	—	20000	—
—	27037	2854	—	—	2854	24183	24100	4100	—	20000	—
—	38565	13312	6843	—	13312	25253	16000	—	—	—	16000
—	38565	13312	6843	—	13312	25253	16000	—	—	—	16000
—	26338	255	—	—	255	26083	26000	—	—	20000	6000
—	43698	22313	11182	—	22313	21385	14906	4100	—	806	10000
—	4434	6402	4339	—	6402	—1968	806	—	—	806	—
—	4434	6402	4339	—	6402	—1968	806	—	—	806	—
—	6949	2849	—	—	2849	4100	4100	4100	—	—	—
—	6949	2849	—	—	2849	4100	4100	4100	—	—	—
—	32315	13062	6843	—	13062	19253	10000	—	—	—	10000
—	20088	5	—	—	5	20083	20000	—	—	20000	—
—	49948	22563	11182	—	22563	27385	20906	4100	—	806	16000
—	56837	19469	11182	—	19469	37368	30806	—	—	20806	10000
—	56837	19469	11182	—	19469	37368	30806	—	—	20806	10000
—	13199	3099	—	—	3099	10100	10100	4100	—	—	6000
—	13199	3099	—	—	3099	10100	10100	4100	—	—	6000
—	70036	22568	11182	—	22568	47468	40906	4100	—	20806	16000
—	70036	22568	11182	—	22568	47468	40906	4100	—	20806	16000
—	4434	6402	4339	—	6402	—1968	806	—	—	806	—
—	58653	13317	6843	—	13317	45336	36000	—	—	20000	16000
—	6949	2849	—	—	2849	4100	4100	4100	—	—	—

	损							益	
	营业收入	主营业务收入	营业成本	主营业务成本	营业税金及附加	主营业务税金及附加	其他业务利润	管理费用	#税金
总计	**102040**	**102040**	**94280**	**94280**	**3561**	**3509**	**—**	**3132**	**55**
其中：国有及国有控股企业	596	596	546	546	20	20	—	405	2
一、按登记注册类型分组									
内资企业	102040	102040	94280	94280	3561	3509	—	3132	55
国有企业	596	596	546	546	20	20	—	405	2
有限责任公司	91987	91987	86534	86534	3226	3174	—	849	—
其他有限责任公司	91987	91987	86534	86534	3226	3174	—	849	—
私营企业	9457	9457	7200	7200	315	315	—	1878	53
私营有限责任公司	9457	9457	7200	7200	315	315	—	1878	53
二、按国民经济行业分组									
房屋建筑业	89905	89905	84754	84754	3174	3174	—	406	10
土木工程建筑业	12135	12135	9526	9526	387	335	—	2726	45
水利和内河港口工程建筑	596	596	546	546	20	20	—	405	2
港口及航运设施工程建筑	596	596	546	546	20	20	—	405	2
架线和管道工程建筑	2082	2082	1780	1780	52	—	—	703	—
架线及设备工程建筑	2082	2082	1780	1780	52	—	—	703	—
其他土木工程建筑	9457	9457	7200	7200	315	315	—	1618	43
三、按隶属关系分组									
县（区、市、旗）	89905	89905	84754	84754	3174	3174	—	146	—
其他	12135	12135	9526	9526	387	335	—	2986	55
四、按企业资质等级分组									
施工总承包	99958	99958	92500	92500	3509	3509	—	2169	45
三级以下	99958	99958	92500	92500	3509	3509	—	2169	45
专业承包	2082	2082	1780	1780	52	—	—	963	10
三级以下	2082	2082	1780	1780	52	—	—	963	10
五、按地区分									
梨树县	102040	102040	94280	94280	3561	3509	—	3132	55
六、按营业状态分									
营业	102040	102040	94280	94280	3561	3509	—	3132	55
七、按控股情况分									
国有控股	596	596	546	546	20	20	—	405	2
私人控股	99362	99362	91954	91954	3489	3489	—	2024	53
其他	2082	2082	1780	1780	52	—	—	703	—

单位：千元

及		分		配							
#差旅费	#工会经费	财务费用	利息收入	#利息支出	营业利润	补贴收入	营业外收入	营业外支出	利润总额	应交所得税	应付职工薪酬
8	**2**	**29**	**10**	**29**	**838**	**—**	**560**	**—**	**1398**	**1987**	**1646**
3	—	2	—	2	−587	—	107	—	−480	—	5
8	2	29	10	29	838	—	560	—	1398	1987	1646
3	—	2	—	2	−587	—	107	—	−480	—	5
—	—	—	—	—	1378	—	451	—	1829	1798	937
—	—	—	—	—	1378	—	451	—	1829	1798	937
5	2	27	10	27	47	—	2	—	49	189	704
5	2	27	10	27	47	—	2	—	49	189	704
—	—	—	10	—	1581	—	—	—	1581	1798	324
8	2	29	—	29	−743	—	560	—	−183	189	1322
3	—	2	—	2	−587	—	107	—	−480	—	5
3	—	2	—	2	−587	—	107	—	−480	—	5
—	—	—	—	—	−453	—	451	—	−2	—	853
—	—	—	—	—	−453	—	451	—	−2	—	853
5	2	27	—	27	297	—	2	—	299	189	464
—	—	—	—	—	1831	—	—	—	1831	1798	84
8	2	29	10	29	−993	—	560	—	−433	189	1562
8	2	29	—	29	1541	—	109	—	1650	1987	553
8	2	29	—	29	1541	—	109	—	1650	1987	553
—	—	—	10	—	−703	—	451	—	−252	—	1093
—	—	—	10	—	−703	—	451	—	−252	—	1093
8	2	29	10	29	838	—	560	—	1398	1987	1646
8	2	29	10	29	838	—	560	—	1398	1987	1646
3	—	2	—	2	−587	—	107	—	−480	—	5
5	2	27	10	27	1878	—	2	—	1880	1987	788
—	—	—	—	—	−453	—	451	—	−2	—	853

	土地和固定资产支出			
	支出总计	土地购置	房屋和建筑物	机械设备
总　　计	—	—	—	—
其中：国有及国有控股企业	—	—	—	—
一、按登记注册类型分组				
内资企业	—	—	—	—
国有企业	—	—	—	—
有限责任公司	—	—	—	—
其他有限责任公司	—	—	—	—
私营企业	—	—	—	—
私营有限责任公司	—	—	—	—
二、按国民经济行业分组				
房屋建筑业	—	—	—	—
土木工程建筑业	—	—	—	—
水利和内河港口工程建筑	—	—	—	—
港口及航运设施工程建筑	—	—	—	—
架线和管道工程建筑	—	—	—	—
架线及设备工程建筑	—	—	—	—
其他土木工程建筑	—	—	—	—
三、按隶属关系分组				
县（区、市、旗）	—	—	—	—
其他	—	—	—	—
四、按企业资质等级分组				
施工总承包	—	—	—	—
三级以下	—	—	—	—
专业承包	—	—	—	—
三级以下	—	—	—	—
五、按地区分				
梨树县	—	—	—	—
六、按营业状态分				
营业	—	—	—	—
七、按控股情况分				
国有控股	—	—	—	—
私人控股	—	—	—	—
其他	—	—	—	—

年）

		销售费用	在境外的营业收入
运输工具	其他费用		
—	**—**	**210**	**—**
—	—	210	—
—	—	210	—
—	—	210	—
—	—	—	—
—	—	—	—
—	—	—	—
—	—	—	—
—	—	—	—
—	—	210	—
—	—	210	—
—	—	210	—
—	—	—	—
—	—	—	—
—	—	—	—
—	—	—	—
—	—	210	—
—	—	210	—
—	—	210	—
—	—	—	—
—	—	—	—
—	—	210	—
—	—	210	—
—	—	210	—
—	—	—	—
—	—	—	—

各 县 区 建 筑 业 企 业

4－24 （2012

	年初存货	年						末		
		流动资产合计	应 收工程款	#竣工工 程	#存货	固定资产合计	资产减值准备	固定资产原价	累计折旧	#本年折 旧
总　　　计	**60**	**327341**	**245989**	**222118**	**65195**	**89932**	**800**	**26728**	**3536**	**769**
一、按登记注册类型分组										
内资企业	60	327341	245989	222118	65195	89932	800	26728	3536	769
有限责任公司	60	165293	165233	165233	60	14711	—	15786	1075	280
其他有限责任公司	60	165293	165233	165233	60	14711	—	15786	1075	280
私营企业	—	162048	80756	56885	65135	75221	800	10942	2461	489
私营有限责任公司	—	162048	80756	56885	65135	75221	800	10942	2461	489
二、按国民经济行业分组										
房屋建筑业	60	325341	245989	222118	65195	87932	—	25918	3524	767
土木工程建筑业	—	2000	—	—	—	2000	800	810	12	2
水利和内河港口工程建筑	—	2000	—	—	—	2000	800	810	12	2
河湖治理及防洪设施工程建筑	—	2000	—	—	—	2000	800	810	12	2
三、按隶属关系分组										
其他	60	327341	245989	222118	65195	89932	800	26728	3536	769
四、按企业资质等级分组										
施工总承包	60	326341	245989	222118	65195	88932	800	25928	3526	767
二级	60	166293	165233	165233	60	15711	800	15796	1077	280
三级以下	—	160048	80756	56885	65135	73221	—	10132	2449	487
专业承包	—	1000	—	—	—	1000	—	800	10	2
三级以下	—	1000	—	—	—	1000	—	800	10	2
五、按地区分										
伊通县	60	327341	245989	222118	65195	89932	800	26728	3536	769
六、按营业状态分										
营业	60	325341	245989	222118	65195	87932	—	25918	3524	767
停业（歇业）	—	2000	—	—	—	2000	800	810	12	2
七、按控股情况分										
私人控股	60	327341	245989	222118	65195	89932	800	26728	3536	769

财务状况（伊通县）

年）　　　　　　　　　　　　　　　　　　　　　　　　　　　　　　　　　　单位：千元

资产		负债									
在建工程	资产合计	流动负债合计	应付账款	非流动负责合计	负债合计	所有者权益合计	#实收资本	国家资本	集体资本	法人资本	个人资本
22329	**425309**	**267659**	**195508**	**—**	**267659**	**157650**	**92160**	**—**	**—**	**50006**	**42154**
22329	425309	267659	195508	—	267659	157650	92160	—	—	50006	42154
—	181079	154798	154798	—	154798	26281	7834	—	—	—	7834
—	181079	154798	154798	—	154798	26281	7834	—	—	—	7834
22329	244230	112861	40710	—	112861	131369	84326	—	—	50006	34320
22329	244230	112861	40710	—	112861	131369	84326	—	—	50006	34320
22329	421309	265659	195508	—	265659	155650	90160	—	—	50006	40154
—	4000	2000	—	—	2000	2000	2000	—	—	—	2000
—	4000	2000	—	—	2000	2000	2000	—	—	—	2000
—	4000	2000	—	—	2000	2000	2000	—	—	—	2000
22329	425309	267659	195508	—	267659	157650	92160	—	—	50006	42154
22329	423309	266659	195508	—	266659	156650	91160	—	—	50006	41154
—	183079	155798	154798	—	155798	27281	8834	—	—	—	8834
22329	240230	110861	40710	—	110861	129369	82326	—	—	50006	32320
—	2000	1000	—	—	1000	1000	1000	—	—	—	1000
—	2000	1000	—	—	1000	1000	1000	—	—	—	1000
22329	425309	267659	195508	—	267659	157650	92160	—	—	50006	42154
22329	421309	265659	195508	—	265659	155650	90160	—	—	50006	40154
—	4000	2000	—	—	2000	2000	2000	—	—	—	2000
22329	425309	267659	195508	—	267659	157650	92160	—	—	50006	42154

	损								益
	营业收入	主营业务收入	营业成本	主营业务成本	营业税金及附加	主营业务税金及附加	其他业务利润	管理费用	#税金
总　　计	**490519**	**490519**	**421443**	**270608**	**16192**	**11289**	**—**	**11182**	**293**
一、按登记注册类型分组									
内资企业	490519	490519	421443	270608	16192	11289	—	11182	293
有限责任公司	165233	165233	150835	—	5353	5353	—	4523	56
其他有限责任公司	165233	165233	150835	—	5353	5353	—	4523	56
私营企业	325286	325286	270608	270608	10839	5936	—	6659	237
私营有限责任公司	325286	325286	270608	270608	10839	5936	—	6659	237
二、按国民经济行业分组									
房屋建筑业	490519	490519	421443	270608	16192	11289	—	11082	293
土木工程建筑业	—	—	—	—	—	—	—	100	—
水利和内河港口工程建筑	—	—	—	—	—	—	—	100	—
河湖治理及防洪设施工程建筑	—	—	—	—	—	—	—	100	—
三、按隶属关系分组									
其他	490519	490519	421443	270608	16192	11289	—	11182	293
四、按企业资质等级分组									
施工总承包	490519	490519	421443	270608	16192	11289	—	11132	293
二级	165233	165233	150835	—	5353	5353	—	4573	56
三级以下	325286	325286	270608	270608	10839	5936	—	6559	237
专业承包	—	—	—	—	—	—	—	50	—
三级以下	—	—	—	—	—	—	—	50	—
五、按地区分									
伊通县	490519	490519	421443	270608	16192	11289	—	11182	293
六、按营业状态分									
营业	490519	490519	421443	270608	16192	11289	—	11082	293
停业（歇业）	—	—	—	—	—	—	—	100	—
七、按控股情况分									
私人控股	490519	490519	421443	270608	16192	11289	—	11182	293

年）　　　　　　　　　　　　　　　　　　　　　　　　　　　　　　　单位：千元

及		分		配							
#差旅费	#工会经费	财务费用	利息收入	#利息支出	营业利润	补贴收入	营业外收入	营业外支出	利润总额	应交所得税	应付职工薪酬
58	**516**	**1484**	**1**	**1483**	**39687**	**1033**	**1143**	**626**	**40204**	**7994**	**77108**
58	516	1484	1	1483	39687	1033	1143	626	40204	7994	77108
3	—	—	—	—	4521	—	110	59	4572	920	6653
3	—	—	—	—	4521	—	110	59	4572	920	6653
55	516	1484	1	1483	35166	1033	1033	567	35632	7074	70455
55	516	1484	1	1483	35166	1033	1033	567	35632	7074	70455
58	516	1484	1	1483	39787	1033	1143	626	40304	7994	76967
—	—	—	—	—	−100	—	—	—	−100	—	141
—	—	—	—	—	−100	—	—	—	−100	—	141
—	—	—	—	—	−100	—	—	—	−100	—	141
58	516	1484	1	1483	39687	1033	1143	626	40204	7994	77108
58	516	1484	1	1483	39737	1033	1143	626	40254	7994	77003
3	—	—	—	—	4471	—	110	59	4522	920	6689
55	516	1484	1	1483	35266	1033	1033	567	35732	7074	70314
—	—	—	—	—	−50	—	—	—	−50	—	105
—	—	—	—	—	−50	—	—	—	−50	—	105
58	516	1484	1	1483	39687	1033	1143	626	40204	7994	77108
58	516	1484	1	1483	39787	1033	1143	626	40304	7994	76967
—	—	—	—	—	−100	—	—	—	−100	—	141
58	516	1484	1	1483	39687	1033	1143	626	40204	7994	77108

	土地和固定资产支出			
	支出总计	土地购置	房屋和建筑物	机械设备
总　　计	**253**	**—**	**—**	**—**
一、按登记注册类型分组				
内资企业	253	—	—	—
有限责任公司	253	—	—	—
其他有限责任公司	253	—	—	—
私营企业	—	—	—	—
私营有限责任公司	—	—	—	—
二、按国民经济行业分组				
房屋建筑业	253	—	—	—
土木工程建筑业	—	—	—	—
水利和内河港口工程建筑	—	—	—	—
河湖治理及防洪设施工程建筑	—	—	—	—
三、按隶属关系分组				
其他	253	—	—	—
四、按企业资质等级分组				
施工总承包	253	—	—	—
二级	253	—	—	—
三级以下	—	—	—	—
专业承包	—	—	—	—
三级以下	—	—	—	—
五、按地区分				
伊通县	253	—	—	—
六、按营业状态分				
营业	253	—	—	—
停业（歇业）	—	—	—	—
七、按控股情况分				
私人控股	253	—	—	—

年）

		销售费用	在境外的营业收入
运输工具	其他费用		
182	**71**	**531**	**—**
182	71	531	—
182	71	1	—
182	71	1	—
—	—	530	—
—	—	530	—
182	71	531	—
—	—	—	—
—	—	—	—
—	—	—	—
182	71	531	—
182	71	531	—
182	71	1	—
—	—	530	—
—	—	—	—
—	—	—	—
182	71	531	—
182	71	531	—
—	—	—	—
182	71	531	—

4－25 （2012

	年初存货	年末								
		流动资产合计	应收工程款	#竣工工程	#存货	固定资产合计	资产减值准备	固定资产原价	累计折旧	#本年折旧
总计	**3798**	**26637**	**7629**	**7229**	**4053**	**1106**	**—**	**1476**	**370**	**42**
一、按登记注册类型分组										
内资企业	3798	26637	7629	7229	4053	1106	—	1476	370	42
有限责任公司	—	13500	400	—	200	625	—	700	75	40
其他有限责任公司	—	13500	400	—	200	625	—	700	75	40
私营企业	3798	13137	7229	7229	3853	481	—	776	295	2
私营有限责任公司	3798	13137	7229	7229	3853	481	—	776	295	2
二、按国民经济行业分组										
房屋建筑业	3798	26637	7629	7229	4053	1106	—	1476	370	42
三、按隶属关系分组										
县（区、市、旗）	—	13500	400	—	200	625	—	700	75	40
其他	3798	13137	7229	7229	3853	481	—	776	295	2
四、按企业资质等级分组										
施工总承包	—	13500	400	—	200	625	—	700	75	40
三级以下	—	13500	400	—	200	625	—	700	75	40
专业承包	3798	13137	7229	7229	3853	481	—	776	295	2
二级	3798	13137	7229	7229	3853	481	—	776	295	2
五、按地区分										
辽河农垦区	3798	26637	7629	7229	4053	1106	—	1476	370	42
六、按营业状态分										
营业	—	13500	400	—	200	625	—	700	75	40
停业（歇业）	3798	13137	7229	7229	3853	481	—	776	295	2
七、按控股情况分										
私人控股	3798	26637	7629	7229	4053	1106	—	1476	370	42

财务状况（辽河农垦区）

年）　　　　单位：千元

在建工程	资产合计	流动负债合计	应付账款	非流动负责合计	负债合计	所有者权益合计	#实收资本	国家资本	集体资本	法人资本	个人资本
—	**27818**	**13463**	**6163**	**197**	**13660**	**14158**	**13310**	**—**	**—**	**—**	**13310**
—	27818	13463	6163	197	13660	14158	13310	—	—	—	13310
—	14200	6910	5880	197	7107	7093	7000	—	—	—	7000
—	14200	6910	5880	197	7107	7093	7000	—	—	—	7000
—	13618	6553	283	—	6553	7065	6310	—	—	—	6310
—	13618	6553	283	—	6553	7065	6310	—	—	—	6310
—	27818	13463	6163	197	13660	14158	13310	—	—	—	13310
—	14200	6910	5880	197	7107	7093	7000	—	—	—	7000
—	13618	6553	283	—	6553	7065	6310	—	—	—	6310
—	14200	6910	5880	197	7107	7093	7000	—	—	—	7000
—	14200	6910	5880	197	7107	7093	7000	—	—	—	7000
—	13618	6553	283	—	6553	7065	6310	—	—	—	6310
—	13618	6553	283	—	6553	7065	6310	—	—	—	6310
—	27818	13463	6163	197	13660	14158	13310	—	—	—	13310
—	14200	6910	5880	197	7107	7093	7000	—	—	—	7000
—	13618	6553	283	—	6553	7065	6310	—	—	—	6310
—	27818	13463	6163	197	13660	14158	13310	—	—	—	13310

	损								益
	营业收入	主营业务收入	营业成本	主营业务成本	营业税金及附加	主营业务税金及附加	其他业务利润	管理费用	#税金
总计	**16685**	**16685**	**15046**	**15046**	**551**	**551**	**—**	**674**	**6**
一、按登记注册类型分组									
内资企业	16685	16685	15046	15046	551	551	—	674	6
有限责任公司	2000	2000	1650	1650	66	66	—	198	2
其他有限责任公司	2000	2000	1650	1650	66	66	—	198	2
私营企业	14685	14685	13396	13396	485	485	—	476	4
私营有限责任公司	14685	14685	13396	13396	485	485	—	476	4
二、按国民经济行业分组									
房屋建筑业	16685	16685	15046	15046	551	551	—	674	6
三、按隶属关系分组									
县（区、市、旗）	2000	2000	1650	1650	66	66	—	198	2
其他	14685	14685	13396	13396	485	485	—	476	4
四、按企业资质等级分组									
施工总承包	2000	2000	1650	1650	66	66	—	198	2
三级以下	2000	2000	1650	1650	66	66	—	198	2
专业承包	14685	14685	13396	13396	485	485	—	476	4
二级	14685	14685	13396	13396	485	485	—	476	4
五、按地区分									
辽河农垦区	16685	16685	15046	15046	551	551	—	674	6
六、按营业状态分									
营业	2000	2000	1650	1650	66	66	—	198	2
停业（歇业）	14685	14685	13396	13396	485	485	—	476	4
七、按控股情况分									
私人控股	16685	16685	15046	15046	551	551	—	674	6

年）　　　　单位：千元

及		分	配								
＃差旅费	＃工会经费	财务费用	利息收入	＃利息支出	营业利润	补贴收入	营业外收入	营业外支出	利润总额	应交所得税	应付职工薪酬
19	**21**	**1**	**−7**	**8**	**411**	**—**	**—**	**—**	**411**	**317**	**1820**
19	21	1	−7	8	411	—	—	—	411	317	1820
18	1	−7	−7	—	93	—	—	—	93	23	1150
18	1	−7	−7	—	93	—	—	—	93	23	1150
1	20	8	—	8	318	—	—	—	318	294	670
1	20	8	—	8	318	—	—	—	318	294	670
19	21	1	−7	8	411	—	—	—	411	317	1820
18	1	−7	−7	—	93	—	—	—	93	23	1150
1	20	8	—	8	318	—	—	—	318	294	670
18	1	−7	−7	—	93	—	—	—	93	23	1150
18	1	−7	−7	—	93	—	—	—	93	23	1150
1	20	8	—	8	318	—	—	—	318	294	670
1	20	8	—	8	318	—	—	—	318	294	670
19	21	1	−7	8	411	—	—	—	411	317	1820
18	1	−7	−7	—	93	—	—	—	93	23	1150
1	20	8	—	8	318	—	—	—	318	294	670
19	21	1	−7	8	411	—	—	—	411	317	1820

	土地和固定资产支出			
	支出总计	土地购置	房屋和建筑物	机械设备
总　　计	—	—	—	—
一、按登记注册类型分组				
内资企业	—	—	—	—
有限责任公司	—	—	—	—
其他有限责任公司	—	—	—	—
私营企业	—	—	—	—
私营有限责任公司	—	—	—	—
二、按国民经济行业分组				
房屋建筑业	—	—	—	—
三、按隶属关系分组				
县（区、市、旗）	—	—	—	—
其他	—	—	—	—
四、按企业资质等级分组				
施工总承包	—	—	—	—
三级以下	—	—	—	—
专业承包	—	—	—	—
二级	—	—	—	—
五、按地区分				
辽河农垦区	—	—	—	—
六、按营业状态分				
营业	—	—	—	—
停业（歇业）	—	—	—	—
七、按控股情况分				
私人控股	—	—	—	—

年）

		销售费用	在境外的营业收入
运输工具	其他费用		
—	**—**	**2**	**—**
—	—	2	—
—	—	—	—
—	—	—	—
—	—	2	—
—	—	2	—
—	—	2	—
—	—	—	—
—	—	2	—
—	—	—	—
—	—	—	—
—	—	2	—
—	—	2	—
—	—	2	—
—	—	—	—
—	—	2	—
—	—	2	—

全市建筑业从业

4—26

（2012

	期末人数	#女性	#非全日制期末人数	工程技术人员	全部从业平均人数	从业人员工资总额
四平市	**35376**	**1536**	**1256**	**3079**	**38296**	**1070834**
铁西区	5636	460	394	1402	5650	95479
铁东区	1837	265	—	287	1720	31021
梨树县	239	33	—	137	239	2849
伊通县	3377	116	—	436	3191	103487
公主岭市	23434	582	862	601	26629	824913
双辽市	685	55	—	98	707	8915
辽河垦区	168	25	—	118	160	4170

人员及工资总额

年）　　　　　　　　　　　　　　　　　　　　　　　　　　　　　单位：人、千元

在岗职工工资总额	#基本工资	#绩效工资	#津贴和补贴	#其他工资	劳务派遣人员工资总额	其他从业人员工资总额
1035790	**954842**	**30867**	**47196**	**2885**	**4460**	**30584**
90109	76456	10098	1432	2123	1388	3982
28339	27889	271	79	100	—	2682
2849	2682	15	152	—	—	—
96319	51145	2174	42800	200	—	7168
805089	783970	18009	2733	377	3072	16752
8915	8830	—	—	85	—	—
4170	3870	300	—	—	—	—

5 统计资料

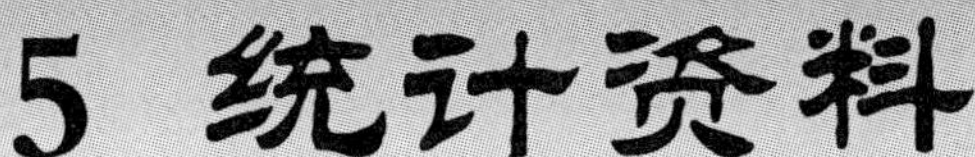

财政、金融和保险

PUBLIC FINANCE BANKING AND INSURANCE

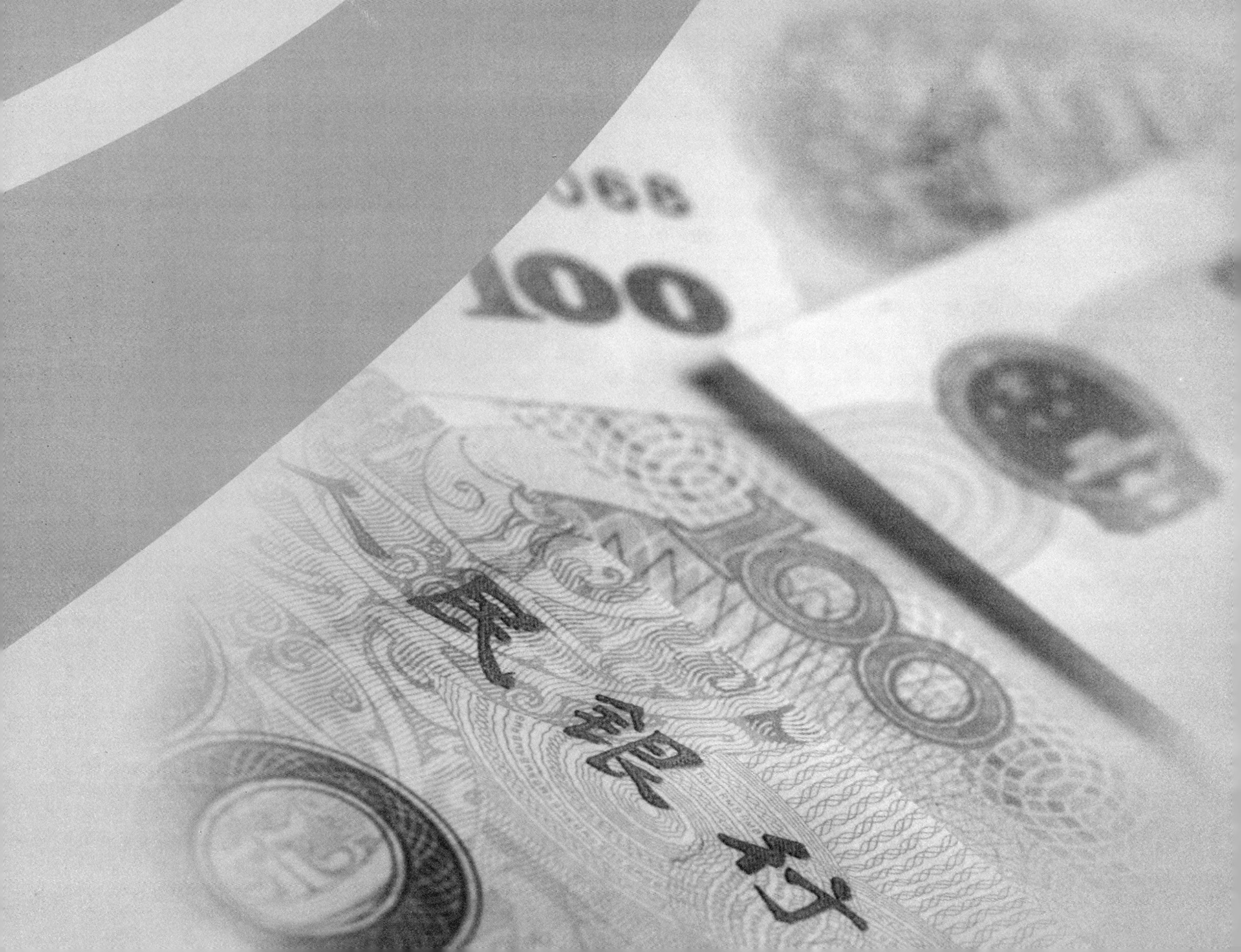

2007年—2012年一般预算全口径财政收入

5—1　　　　单位：万元

	2007年	2008年	2009年	2010年	2011年	2012年
全　　市	**288076**	**375122**	**434132**	**560161**	**735985**	**932190**
四平市区	151689	199714	218886	278580	388446	478368
公主岭市	51332	65557	85034	110009	146636	191575
双 辽 市	42815	43552	48815	53533	54607	71812
梨 树 县	24051	41361	48493	63851	77586	100017
伊 通 县	16556	22585	29659	43263	56588	72509
辽河农垦管理区	1633	2353	3245	10925	12122	17909

注：四平市区不含辽河农垦管理区。

2007年—2012年一般预算地方财政收入

5—2　　　　单位：万元

	2007年	2008年	2009年	2010年	2011年	2012年
全　　市	**127180**	**174101**	**213578**	**279049**	**388855**	**565765**
四平市区	49679	72439	81616	114606	168020	251289
公主岭市	30089	40955	58438	70583	102055	146916
双 辽 市	20102	25433	28189	30415	34455	47326
梨 树 县	11749	19761	25700	32832	43733	64305
伊 通 县	14534	14016	17548	25170	33470	45520
辽河农垦管理区	1027	1497	2087	5443	7122	10409

注：四平市区不含辽河农垦管理区。

2007年—2012年一般预算财政支出

5—3 单位：万元

	2007年	2008年	2009年	2010年	2011年	2012年
全　市	**519777**	**714806**	**907641**	**1137529**	**1398180**	**1716558**
四平市区	157643	236016	257546	356159	448086	575806
公主岭市	121840	150159	210387	263099	338296	415926
双 辽 市	72873	95970	127322	142589	171292	201957
梨 树 县	90619	131262	173082	207071	241174	284273
伊 通 县	66329	89415	120032	143023	168776	200720
辽河农垦管理区	10473	11984	19272	25588	30556	37876

注：四平市区不含辽河农垦管理区。

2007年—2012年金融机构存贷款余额

5—4 单位：万元

	2007年	2008年	2009年	2010年	2011年	2012年
各项存款合计	3228260	4048682	4745109	5436894	6371777	7369217
#单位存款	384804	472105	636141	698416	1724347	1901197
财政存款	16163	43133	106406	72291	75322	65964
机关存款	210212	307549	370500	635400	—	—
储蓄存款	2524046	3114430	3520043	3894618	4563950	5375970
农业存款	897	1948	10733	6672	—	—
其他存款	91771	108196	98701	128921	938	500
各项贷款合计	2830471	3107397	3588571	3645759	3771039	4427199
#短期贷款	2068382	2171211	2424725	2199773.408	1938939	2181074
中长期贷款	637519	686954	964770	1390094.641	1697046	2017703

注：此表为人民币数据。

一般预算全口径财政收入

5—5　　(2012年)　　单位：万元

	全　市	市　区	市直*	铁西区	铁东区	辽河管理区	公主岭市	双辽市	梨树县	伊通县
合　计	**932190**	**496277**	**301816**	**83930**	**92622**	**17909**	**191575**	**71812**	**100017**	**72509**
国内增值税	182321	94272	50868	8650	29730	5024	28566	19772	16868	22843
国内消费税	97961	79301	65613	6	13680	2	4883	1230	10505	2042
车辆购置税（费）	31305	11886	－2	11888	—	—	7511	3228	5876	2804
营业税	98239	39626	13260	14376	9074	2916	26651	10946	11212	9804
企业所得税	84565	46156	15823	13882	10523	5928	14281	7447	9570	7111
个人所得税	19765	11957	1400	6911	3358	288	3786	1218	1564	1240
资源税	6749	631	313	222	85	11	2253	58	622	3185
城市维护建设税	37488	26230	23748	1047	1117	318	4687	2300	2418	1853
房产税	10973	5744	3855	1039	795	55	2453	1613	856	307
印花税	3877	1674	487	571	541	75	911	452	393	447
城镇土地使用税	12171	7230	4906	776	1487	61	2758	1414	520	249
土地增值税	17447	4753	178	2572	1670	333	5852	1618	4182	1042
车船使用和牌照税	6692	3566	3069	—	—	497	1131	579	852	564
耕地占用税	85766	53331	18848	17003	17378	102	20074	1844	8849	1668
契税	30444	13627	12923	—	—	704	8612	3483	1956	2766
专项收入	19118	9574	9261	—	—	313	3536	2905	1795	1308
行政事业性收费收入	72462	38550	36953	456	610	531	17844	2339	9747	3982
罚没收入	27724	12133	10850	494	498	291	6817	2804	3381	2589
国有资本经营收入	52947	24960	24960	—	—	—	27987	—	—	—
国有资源（资产）有偿使用收入	24619	9108	4245	4037	406	420	327	6562	8622	—
其他收入	9557	1968	258	—	1670	40	655	—	229	6705

注：市直含红嘴开发区和四平经济开发区。

全市地方财政收入（体制收入）

5－6　　（2012 年）　　单位：万元

	全　市	市　区					公主岭市	双辽市	梨树县	伊通县
			市直＊	铁西区	铁东区	辽　河管理区				
合　　计	**565765**	**261698**	**181712**	**36420**	**33157**	**10409**	**146916**	**47326**	**64305**	**45520**
国内增值税	34424	12411	8596	577	1982	1256	7142	4943	4217	5711
营业税	79882	21269	10536	4792	3025	2916	26651	10946	11212	9804
企业所得税	27387	12024	6326	1892	1435	2371	5712	2979	3828	2844
个人所得税	6038	2915	1400	942	458	115	1514	487	626	496
资源税	6749	631	313	222	85	11	2253	58	622	3185
城市维护建设税	37488	26230	23748	1047	1117	318	4687	2300	2418	1853
房产税	10973	5744	3855	1039	795	55	2453	1613	856	307
印花税	3877	1674	487	571	541	75	911	452	393	447
城镇土地使用税	12171	7230	4906	776	1487	61	2758	1414	520	249
土地增值税	17447	4753	178	2572	1670	333	5852	1618	4182	1042
车船使用和牌照税	6692	3566	3069	—	—	497	1131	579	852	564
耕地占用税	85766	53331	18848	17003	17378	102	20074	1844	8849	1668
契　税	30444	13627	12923	—	—	704	8612	3483	1956	2766
专项收入	19118	9574	9261	—	—	313	3536	2905	1795	1308
行政事业性收费收入	72462	38550	36953	456	610	531	17844	2339	9747	3982
罚没收入	27724	12133	10850	494	498	291	6817	2804	3381	2589
国有资本经营收入	52947	24960	24960	—	—	—	27987	—	—	—
国有资源（资产）有偿使用收入	24619	9108	4245	4037	406	420	327	6562	8622	—
其他收入	9557	1968	258	—	1670	40	655	—	229	6705

注：市直含红嘴开发区和四平经济开发区。

一 般 预 算 财 政 支 出

5—7　　(2012 年)　　单位：万元

	全　市	市　区					公主岭市	双辽市	梨树县	伊通县
			市直＊	铁西区	铁东区	辽　河 管理区				
一般预算支出合计	**1716558**	**613682**	**424246**	**72171**	**79389**	**37876**	**415926**	**201957**	**284273**	**200720**
一般公共服务	187942	98227	65235	15731	10538	6723	35405	17718	21531	15061
国防	2087	1050	659	231	155	5	309	170	356	202
公共安全	99580	48289	42170	2606	2787	726	19039	9566	12756	9930
教育	347448	115075	55679	23612	26773	9011	96687	36781	57062	41843
科学技术	5498	3575	3283	113	179	—	696	497	396	334
文化体育与传媒	24377	6976	6192	279	429	76	8335	2355	4293	2418
社会保障和就业	275966	100592	79908	11763	8138	783	55317	35258	54896	29903
医疗卫生	154622	32447	20874	3922	5969	1682	48585	20557	34123	18910
节能环保	60375	21502	14393	4422	2149	538	14232	10397	6026	8218
城乡社区事务	94846	36265	25743	3032	6252	1238	31436	3001	8028	16116
农林水事务	187254	30819	13463	3182	5385	8789	47123	35772	44285	29255
交通运输	54895	29012	27875	212	589	336	5594	5943	8545	5801
资源勘探电力信息等事务	66644	31560	23471	1773	6294	22	10479	8232	13813	2560
商业服务业等事务	18928	5355	1696	969	2232	458	6140	2620	2943	1870
金融监管等事务支出	1100	220	220	—	—	—	271	484	125	—
国土资源气象等事务	16572	6628	6366	—	—	262	2467	1807	2564	3106
住房保障支出	104911	42607	34952	—	505	7150	29084	9601	10196	13423
粮油物资储备管理事务	5705	1270	1270	—	—	—	1532	378	1415	1110
债务付息支出	7006	1783	392	324	990	77	2962	820	828	613
其他支出（类）	802	430	405	—	25	—	233	—	92	47

注：市直含红嘴开发区和四平经济开发区。

国　税　收　入

5—8　(2012 年)　单位：万元

	全　市	市　区	公主岭市*	双辽市	梨树县	伊通县	辽河农垦区
税收收入	**356019**	**204985**	**43407**	**27352**	**40002**	**31257**	**9016**
一、两税收入	281745	169813	33633	21002	27374	24884	5039
1. 增值税	183784	90514	28750	19772	16869	22842	5037
2. 消费税	97961	79299	4883	1230	10505	2042	2
二、其他收入	74274	35172	9774	6350	12628	6373	3977
1. 企业所得税	42922	23273	2247	3119	6742	3564	3977
2. 个人所得税	47	13	16	3	10	5	—
3. 车辆购置税	31305	11886	7511	3228	5876	2804	—

注：市区国税收入含铁东区、铁西区、经济开发区和红嘴高新技术开发区；公主岭市国税收入含公主岭国家农业科技园区和范家屯经济开发区。

地　税　收　入

5—9　(2012 年)　单位：万元

	全　市	市　区	公主岭市*	双辽市	梨树县	伊通县	辽　河 农垦区
合　　计	**395910**	**194382**	**95236**	**32056**	**38440**	**28137**	**7659**
营业税	110728	44315	28709	12128	12136	10461	2979
#金保	12489	7605	2058	1182	924	657	63
企业所得税	41645	16956	12033	4329	2829	3547	1951
个人所得税	19719	11658	3770	1215	1553	1236	287
资源税	6748	620	2252	58	622	3185	11
城建税	37486	25912	4686	2300	2418	1853	317
房产税	10973	5688	2454	1613	856	307	55
印花税	3877	1598	912	452	393	447	75
土地使用税	12171	7169	2758	1414	520	249	61
土地增值税	17447	4420	5853	1617	4182	1042	333
车船使用税	6691	3069	1130	579	852	564	497
烟叶税	—	—	—	—	—	—	—
教育费附加	12154	6800	1959	1023	1273	812	287
耕地占用税	85766	53229	20074	1844	8849	1668	102
契税	30444	12922	8612	3484	1956	2766	704
其他收入	61	26	34	—	1	—	—

注：公主岭市地税收入含范家屯经济开发区和公主岭国家农业科技园区。

全市金融机构信贷收支

5—10　　(2012 年)　　单位：万元

来源项目名称	金　额	运用项目名称	金　额
一、各项存款	7382660	一、各项贷款	4488998
1. 单位存款	1903901	(一) 境内贷款	4488651
#活期存款	1563285	1. 短期贷款	2234047
定期存款	208974	(1) 个人贷款及透支	365877
通知存款	400	#个人消费贷款	19742
保证金存款	110372	(2) 单位普通贷款及透支	1707623
2. 个人存款	5408003	#经营贷款	1699188
储蓄存款	5386653	固定资产贷款	8435
保证金存款	180	(3) 普通并购贷款	—
结构性存款	21171	(4) 银团贷款	6850
3. 财政性存款	65964	(5) 贸易融资	153697
4. 临时性存款	3161	(6) 境外筹资转贷款	—
5. 委托存款	1130	2. 中长期贷款	2026529
6. 其他存款	500	(1) 个人贷款	1019901
二、金融债券	—	#个人消费贷款 1	362636
三、中长期借款	—	(2) 单位普通贷款	964191
四、应付及暂收款	171051	#经营贷款 1	257043
#应付利息	101889	固定资产贷款 1	707148
五、同业往来（来源方）	5482	(3) 普通并购贷款 1	—
六、系统内资金往来（来源方）	—	(4) 银团贷款 1	35497
七、外汇买卖（来源方）	183611	(5) 贸易融资 1	—
#结售汇	183572	(6) 境外筹资转贷款 1	6940
八、各项准备	276543	3. 融资租赁	—
#贷款损失准备金	269470	4. 票据融资	228076
九、所有者权益	−104610	#贴现	228076
#实收资本	115531	5. 各项垫款	—
十、其　他	−536233	(二) 境外贷款	347
		二、有价证券	−587
		三、股权及其他投资	6266
		四、应收及预付款	33005
		#应收利息	22724
		五、同业往来（运用方）	—
		六、系统内资金往来（运用方）	2479715
		七、金银占款	—
		八、外汇买卖（运用方）	183596
		#结售汇 1	183557
		九、固定资产	108858
		十、库存现金	78651
		十一、投资性房地产	—
资金来源总计	**7378504**	**资金运用总计**	**7378504**

注：此表为本外币数据。

金融机构分市、县存贷款

5—11 (2012年) 单位：万元

	合　计	四平市区	公主岭市	双辽市	梨树县	伊通县
一、各项存款	7369217	3107118	1814652	619751	1085264	742432
#单位存款	1901197	899719	360537	184560	264495	191886
居民储蓄存款	5375970	2450667	1443058	147522	815704	519019
二、各项贷款	4427199	1980841	863552	522494	622831	437481
#短期贷款	2181074	928184	378929	296092	377948	199921
中长期贷款	2017703	955850	353007	226402	244883	237561
票据融资	228076	96461	131615	—	—	—

注：此表为人民币数据。

金 融 机 构 主 要 指 标

5—12 (2012年) 单位：万元

	各项存款	#单位存款	#储蓄存款	各项贷款
全金融机构*	7369217	1901197	5375970	4488998
工商银行	750853	199930	548505	717562
建设银行	1577322	648125	921011	619948
农业银行	1103669	272240	817923	475271
中国银行	389528	117021	271697	210775
农业发展银行	15408	15408	—	795200
交通银行	34032	17584	16385	31293
邮政储蓄银行	1099511	103664	995847	105924
吉林银行	567115	251738	315375	255510
村镇银行	67762	32846	34890	35033
农村商业银行	41491	1300	40191	5649
农村合作银行	457840	55640	402199	370686
农村信用社	1211035	188404	1022630	866146

注：此表为本外币数据。因归属不同，全金融机构存、贷款不等于各个机构存、贷款的和。

基本养老保险基金缴拨情况

5—13　　(2012 年)　　单位：万元

	缴费基数总额		本期单位缴费		本期个人缴费		本期应发养老金		
	单 位	个 人	应 缴	实 缴	应 缴	实 缴	合 计	#离休金	#退休金
总　计	**172339**	**571226**	**34468**	**32043**	**93565**	**81875**	**276391**	**2648**	**268847**
一、企　业	150575	150575	30115	27915	12047	11058	186955	2556	180122
1. 国有企业	72403	72403	14480	13481	5793	5339	148070	2556	142129
2. 集体企业	23435	23435	4687	4360	1875	1744	36490	—	35816
3. 其他企业	54737	54737	10948	10074	4379	3975	2395	—	2177
二、事　业	21764	21764	4353	4128	1741	1640	8465	92	8306
三、其　他	—	398887	—	—	79777	69177	80971	—	80419

参加基本养老保险人数

5－14　　(2012年)　　单位：人

	参保职工		实际缴费人员		离休、退休、退职人员					
	期末数	平均数	期末数	平均数	期末数	离休	退休	平均数	离休	退休
总　计	**306354**	**312803**	**287743**	**294285**	**206127**	**984**	**205143**	**195713**	**1041**	**194672**
一、企　业	96529	95215	93957	92179	116585	947	115638	114727	1004	113723
1. 国有企业	46295	46734	45861	46300	86417	947	85470	86314	1004	85310
2. 集体企业	14226	14206	13929	13809	28809	—	28809	27048	—	27048
3. 其他企业	36008	34275	34167	32070	1359	—	1359	1365	—	1365
二、事　业	13554	13604	10451	10501	4274	37	4237	4197	37	4160
三、其　他	196271	203984	183335	191605	85268	—	85268	76789	—	76789

5－14 续表　　(2012年)　　单位：人

	本期办理离退休人数				本期死亡离退休人数
	合计	#病退	#特殊工种	#提前退休	
总　计	**19873**	**197**	**701**	**23**	**3441**
一、企　业	4987	44	150	16	2892
1. 国有企业	1680	39	136	15	2281
2. 集体企业	3217	1	8	—	463
3. 其他企业	90	4	6	1	148
二、事　业	175	—	—	—	43
三、其　他	14711	153	551	7	506

失业保险基本情况

5—15　　(2012 年)　　单位：人、万元

	应参保人数	已参保人数	缴费基数总额		缴费金额		#个人缴费金额	
			单位	个人	应缴额	实缴额	应缴额	实缴额
总　计	**225391**	**206733**	**154698**	**154698**	**4641**	**4325**	**1547**	**1441**
一、企　业	147937	129279	106946	106946	3208	3176	1070	1059
1. 国有企业	84009	70669	46038	46038	1382	1366	460	455
2. 集体企业	23368	18050	21520	21520	645	645	215	215
3. 其他企业	40560	40560	39388	39388	1181	1165	395	389
二、事　业	77454	77454	47752	47752	1433	1149	477	382

基本养老保险个人帐户情况

5—16　　(2012 年)　　单位：人、万元

	建帐户人数				期初累计记帐余额	本期帐户记帐额				本期帐户支出额				期末累计记帐余额
	合计	#在职职工	#离退休人员	#其它		合计	个人缴费部分	利息	其它	合计	定期支付基本养老金	一次性支付养老金	其他	
总　计	**485975**	**287743**	**179621**	**18611**	**213835**	**41680**	**40369**	**1230**	**81**	**9682**	**9043**	**595**	**44**	**246066**
一、企　业	191407	93957	94878	2572	100282	11582	11058	513	11	5166	4948	202	16	106698
1. 国有企业	116381	45861	70086	434	80986	5667	5339	323	5	3933	3771	148	14	82720
2. 集体企业	38328	13929	24102	297	6398	1804	1744	59	1	1175	1135	39	1	7027
3. 其他企业	36698	34167	690	1841	12898	4111	3975	131	5	58	42	15	1	16951
二、事　业	17279	10451	3725	3103	12601	1730	1640	88	2	195	179	16	—	14136
三、其　他	277289	183335	81018	12936	100952	28368	27671	629	68	4321	3916	377	28	125232

全市财产保险公司保险情况

5—17　　(2012 年)　　单位：件、万元

	保费收入	赔款支出	简单赔付率（%）
合　　计	**56502**	**25904**	**46**
车　　险	41138	19905	48
农业保险	10306	4607	45
短期意健险	742	235	32
其他非车险	4317	1157	27

全市寿险保险公司保险情况

5—18　　(2012 年)　　单位：万元

	保费收入	赔款及给付
合　　计	**116122**	**15292**
个人寿险	74391	13578
团体寿险	1361	214
代理业务	38658	205
短期意健险	1711	1295

6 统计资料

物 价

PRICE

2007年—2012年市区居民消费价格指数

6—1　　（指数以上年为100）　　单位：%

	2007年	2008年	2009年	2010年	“十一五”期间定基比	2011年	2012年
居民消费价格总指数	105.2	105.3	99.5	103.1	123.8	104.8	102.5
生活费用价格总指数	107.6		99.8	105.1	134.3	106.4	102.9
低收入居民生活费用指数	109.2		100.1	105.8	139.4	106.9	103.1
非食品价格指数	101	100.1	98.8	98.6	105.9	100.8	101.7
服务项目价格指数	106	101.2	104	101.3	113.9	101	101.1
工业品价格指数	98.6	99.5	96	97.3	101.7	100.7	102.1
扣除食品和能源价格指数	101.1	99.5	98.7	98.3	104.8	100.6	101.6
扣除鲜菜鲜果总指数	105.2	105.1	98.9	101.3	119.3	104.5	102.3
消费品价格指数	105	106.5	98.2	103.9	126.9	106.3	103
一、食品	113.9	115.1	100.8	112.6	166.2	113.9	104.1
1. 粮食	105.1	101.7	111.7	115.4	150.6	109.6	107.5
2. 淀粉	100	128.2	114.7	122	262.5	145.6	95.9
3. 干豆类及豆制品	113.1	130.4	83.9	106.8	131.8	101	118.2
4. 油脂	117.2	127.2	72.3	108.5	137	118.5	101.7
5. 肉禽及其制品	145.3	126.4	90.8	104.7	186.5	128	102.4
(1) 食用畜肉及副产品	154.1	127	89.3	103.8	189.5	131.5	102.3
(2) 禽	111.6	125.3	93.3	112.1	152.7	115.2	98.2
(3) 加工肉禽	133.6	121.1	102.3	103.9	191.4	115.5	106.6
6. 蛋	119.9	110.4	122.9	118	220.1	118.2	93.8
7. 水产品	101.7	121	100.8	108.8	138.1	117.2	106.7
(1) 鱼	104.5	128.4	97.9	109.6	144.5	121.3	108.2
(2) 其他水产品	96.1	105.4	108	107.3	124.1	109.6	103.6
8. 菜	110.6	107.7	115.3	131.8	202.8	98.3	112.2
9. 调味品	100.2	105.4	108.4	103.3	113.3	102.1	96.6
10. 糖	107.9	93.4	103	102.2	118.7	107.1	104.6
11. 茶及饮料	99.4	108.3	106.1	100.8	130.4	105.5	104.6
(1) 茶叶	100	103	100.7	100.2	82	105.2	100.2

6－1 续表 1　　（指数以上年为 100）　　单位：%

	2007 年	2008 年	2009 年	2010 年	“十一五”期间定基比	2011 年	2012 年
（2）饮料	99.3	109.5	107.1	100.9	139.7	105.6	105.8
12. 干鲜瓜果	100.1	114.5	95.9	113.8	171.5	123.5	100
13. 糕点饼干	100.6	104.3	101.3	100.7	105.4	106.2	103.1
14. 液体乳及乳制品	101.8	122.4	93.3	107.6	113.3	98.1	96.7
15. 在外用膳食品	106.7	107.3	102.7	105.9	136	109.8	105
16. 其他食品	106.7	101.4	99.7	107.9	158.2	130	101.3
二、烟酒	99	100.1	102.1	100.5	111.1	102.5	100.2
1. 烟草	100.5	99.9	99.7	99.7	100.1	100.7	100.5
2. 酒	96.7	100.5	106.7	102.2	131.2	105.2	99.7
3. 吸烟、饮酒用品	100	100	100	100	100		
三、衣着	93.3	95.8	87.4	93.9	79.9	98.4	104.1
1. 服装	91.6	98.4	87.7	93.9	80.5	98.5	104.3
（1）男式服装	92.5	98	85.5	95.7	76.2	102	96.7
（2）女式服装	89.9	99.7	88.9	93	85.8	97.6	109.5
（3）儿童服装	98.2	92.4	91.4	90.8	68.3	89.6	107.5
2. 衣着材料	101.4	99.6	100	101.9	105.3	101.2	103.9
3. 鞋袜帽	96.5	88.4	84.7	93.9	73.7	97.5	103.5
（1）鞋	95.9	86.4	81.9	94	69.8	96.2	102.7
（2）袜子	100	100	100	100	100	101.4	105.9
（3）帽子	100	99.3	94.4	92	105.2	118.9	113.8
4. 衣着加工服务费	95.5	96.9	100.7	115.8	129.1	106	108.6
四、家庭设备用品及维修服务	104	100.4	99.8	97.4	103.9	100.7	101.9
1. 耐用消费品	107.3	101.8	100.6	97.3	111.4	100.3	98.8
（1）家具	112.7	105.2	103.5	98.9	123.8	104.5	101
（2）家庭设备	104.1	100.2	99	95.7	103.6	98.9	98.1
2. 室内装饰品	95.1	95.9	106.8	94.7	91.9	102.9	100.6
3. 床上用品	85.7	92	92	79.4	51.3	97.8	95.3

6—1 续表 2　　（指数以上年为 100）　　单位：%

	2007 年	2008 年	2009 年	2010 年	“十一五”期间定基比	2011 年	2012 年
4. 家庭日用杂品	107.1	101.9	101.7	102.6	116.7	101.7	107.4
5. 家庭服务及加工维修服务	94.9	106	104.7	100	116.8	100	102.8
五、医疗保健和个人用品	108	98.2	101.1	100	136.5	103.7	103.9
1. 医疗保健	110.5	97.1	102.4	99.6	148	104	102.4
（1）医疗器具及用品	97.3	112.4	103.3	98.7	110.6	101.3	104.1
（2）中药材及中成药	98	100.7	102	103	110.9	118.7	104
（3）西药	98.2	102.3	103.3	98.5	163.4	99.7	103.7
（4）保健器具及用品	100.9	108	106.7	97.6	171.5	103.9	101
（5）医疗保健服务	151.3	85.1	100.5	100.1	136.1	100	100
2. 个人用品及服务	99.9	101.9	96.9	100.9	101.7	102.9	108
（1）化妆美容用品	100	99.9	99.7	96.7	96.5	99.4	100.3
（2）清洁化妆用品	97.2	99.2	104.6	102.7	96.8	99.4	106
（3）个人饰品	100.5	105.1	88.6	113	124.4	115.8	99.7
（4）个人服务	100.3	103.6	100	101.5	106	101.5	119.8
六、交通和通信	96.6	97	95.1	98	83.2	98.6	98.7
1. 交通	100.5	100.2	99.4	102.3	105.9	101.1	100.2
（1）交通工具	94.1	95.3	99.8	104.7	92.4	95.5	99.2
（2）车用燃料及零配件	104.1	114.7	88.8	113.3	143.3	110.8	102.5
（3）车辆使用及维修费	100	100	100.4	99.9	100.3	104.8	100.9
（4）市区公共交通费	100	100	100	100	100	100	100
（5）城市间交通费	104.3	99	101.5	101.7	115.9	103.3	100.1
2. 通信	93.7	93.9	90.5	93.6	66.4	93.8	95.6

6—1 续表 3　　（指数以上年为 100）　　单位：%

	2007 年	2008 年	2009 年	2010 年	“十一五”期间定基比	2011 年	2012 年
（1）通信工具	74.3	73.3	60.9	100	101.5	70.2	71.8
（2）通信服务	100.2	100	100	100	91.3	100	100
七、娱乐教育文化用品及服务	100.5	103.8	103.5	99.3	108.2	101.3	100.2
1. 文娱用耐用消费品及服务	97.1	92.4	97.2	94.7	78.5	96.1	92.9
2. 教育	101.3	108.9	107	100	121.4	102	101.7
（1）教材及参考书	99.5	102.6	103.8	100.1	96.6	100.4	100.3
（2）学杂托幼费	101.6	109.8	107.4	100	125.3	102.4	102
3. 文化娱乐类	102	102.2	102.4	100.4	110.7	103.3	101.5
（1）文化娱乐用品	104.1	106.9	103.4	98.7	112.1	101.1	103.4
（2）书报杂志	102.7	100	102.7	100	105.5	100	100
（3）文娱费	99.5	99	100.9	104.7	116.4	105.7	101
4. 旅游	100	98.7	96.3	101.5	92.5	99.1	96.8
八、居住	105.8	103.9	104.7	102.8	123.9	101.6	101.7
1. 建房及装修材料	114.6	103.2	104.7	110.8	228.3	109	107.2
2. 租房	105	105.2	101.5	104.3	120.4	100	100
3. 自有住房	105	102.3	106.9	102.6	121.3	100	100
4. 水、电、燃料	103.1	104.5	98.9	103.1	114.8	100.8	101.9

2007年—2012年市区商品零售价格指数

6—2　　（指数以上年为100）　　单位：%

	2007年	2008年	2009年	2010年	“十一五”期间定基比	2011年	2012年
商品零售价格总指数	104	106.2	97.7	103.6	124.5	105.3	101.8
一、食品	114.4	115.4	101.2	111.8	166.6	113.8	103.9
1. 粮食	106.1	103.1	112.3	115.9	155.7	109.6	107.8
(1) 大米	105.2	98.6	117	120.4	160.2	109	106.4
(2) 面粉	109.9	111.3	103.6	108	145.9	110.1	105.1
2. 淀粉	100	128.2	114.7	122	262.5	145.6	95.9
3. 干豆类及豆制品	113.1	130.2	84	109	133.9	100.9	117.8
4. 油脂	118.8	127.1	72	109.4	139.5	118.3	101.7
5. 肉禽及其制品	145.3	126.3	93.2	104.1	188.7	130	100.9
6. 蛋	119.9	110.1	122.4	118.1	218.8	118.3	93.7
7. 水产品	101.7	121	100.7	108.7	138	117.3	106.8
8. 菜	110.6	107.8	114.1	127.2	193.6	96.9	113.6
9. 调味品	100.2	105.5	108.4	103.2	113.3	102	96.6
10. 糖	107.9	94.5	101.4	102.3	116	109.1	106.1
11. 干鲜瓜果	100.1	114.3	95.7	113.8	170.2	123.5	100.1
12. 糕点饼干面包	100.6	104.1	101.2	100.9	105.5	106	103
13. 液体乳及乳制品	101.8	123	94.3	104.8	111.3	98.9	96.5
14. 在外用膳食品	106.7	107.3	102.7	106.3	137.8	109.3	104.9
15. 其他食品	106.7	101.4	99.7	107.9	158.2	130	101.3
二、饮料、烟酒	99.1	101.5	103	100.6	115.1	103.2	101.2
1. 茶及饮料	99.4	106.6	105.5	100.7	127	105.3	104.3
2. 烟草	100.5	99.9	99.7	99.7	100.1	100.6	100
3. 酒	96.7	100.5	106.2	101.7	129.9	105.1	99.5
三、服装、鞋帽	92.9	95.7	86.9	93.9	78.6	98.1	103.6
1. 服装	91.6	98.4	87.7	94	80.5	98.6	104
2. 鞋袜帽	96.5	88.4	84.7	94.4	74	97	103.3
3. 其他	91.8	101.2	95	95.4	76.2	98.1	93.9
四、纺织品	89.8	94.5	95.6	88.7	68.5	99.1	98.6
1. 衣着材料	101.4	99.6	100	101.9	105.3	101.2	103.9
2. 床上用品	85.7	92	92	79.4	51.3	97.8	95.2
五、家用电器及音像器材	100.1	95.4	97.2	94.3	89.3	97.6	96.1
1. 家庭设备	104.1	100.2	99	96.8	104.8	98.3	97.5
2. 文娱用耐用消费品	97.1	87.7	93.8	91.1	72.9	94.3	92.3
3. 音像器材	81.9	92.3	98.1	92	58.7	109.1	102.3

6－2 续表 （指数以上年为 100） 单位：%

	2007 年	2008 年	2009 年	2010 年	“十一五”期间定基比	2011 年	2012 年
六、文化办公用品	99.7	98.3	97.3	99.1	89.2	100.8	98.3
七、日用品	105.8	102.7	101.7	101.3	113.9	101.3	101
1. 日用百货	99.8	98.9	105.8	103.1	110.4	99.5	100.4
2. 日用杂品	113.1	99.2	100	100	116.6	100	104.1
3. 洗涤用品	101.8	106.4	101.9	101.9	113.8	101.7	99.7
4. 其他日用品	113.7	102.5	98.4	99.6	115.9	103	102
八、体育娱乐用品	104.2	106.1	100.3	100.9	133.9	102.8	103.4
1. 体育用品	104.8	97.8	99.7	101.3	106.1	100	101.6
2. 娱乐用品	103.8	110.6	100.6	100.7	150.3	105.1	104.9
九、交通、通信用品	86.9	87.1	82.9	88.2	49.1	83	87.5
1. 交通运输机械	96.6	98.5	99.6	98.7	89.2	94.8	98.6
2. 通信器材	78.2	76.4	66	79.7	26.2	72.9	75
十、家具	112.7	105.2	103.5	98.9	123.8	104.5	101
十一、化妆品	99.1	98.5	101.8	97	96.3	99.3	102.2
十二、金银珠宝	104.6	112.4	92.6	118.2	154.8	118	98.7
十三、中西药品及医疗保健用品	98.5	103	103.5	99.5	149.4	105.5	103.2
1. 医疗器具及用品	97.3	112.4	103.3	98.7	110.6	101.3	104.1
2. 中药材及中成药	98	100.7	102	103	110.9	118.7	104
3. 西药	98.2	102.3	103.3	98.5	163.4	99.5	103.6
4. 保健品及器具	101	108.5	107.1	97.6	178.3	104.3	100.8
十四、书报杂志及电子出版物	101.1	100.9	102.7	100.1	101.4	100.1	100.2
1. 教材及参考书	99.5	102.6	103.8	100.2	96.7	100.3	100.5
2. 书报杂志	102.7	100	102.7	100	105.5	100	100
3. 电子音像制品	100	98.9	100.2	100.3	102.2	99.7	100
十五、燃料	103.3	117.5	91.6	114.8	158.3	111.1	104.4
1. 煤炭及制品	101.6	120.6	114.9	132.9	260.2	133.5	110.8
2. 石油及制品	103.6	116.9	87.3	111.1	139.6	107.2	103.1
十六、建筑材料及五金电料	110.7	104.9	100.4	105.8	133.3	110.1	104.2
1. 建筑装璜材料	114.4	107.1	102	102	139.7	110.7	104.6
2. 五金电料	100	98.1	95.3	116.6	113.4	108.5	102.8

2007年—2012年市区基本生活用品及服务项目价格

6—3　　　　单位：元

商品类别	规格等级	计量单位	2007年	2008年	2009年	2010年	2011年	2012年
面　粉	精粉	千克	2.65	2.89	2.94	3.22	3.58	3.65
大　米	东北大米	千克	3.1	2.98	3.59	4.3	4.76	4.86
玉米面	一等	千克	1.98	2.38	2.63	3.01	3.14	3.63
小　米	一等	千克	3.33	5.09	5.06	6.2	6	5.57
大　豆	一等	千克	3.78	5.92	4.74	5.02	5.02	5.56
绿　豆	一等	千克	6.85	7.35	6.95	15.34	13.57	9.17
植物油	豆油	千克	8.83	11.21	7.71	8.66	10.53	10.53
豆　腐	水豆腐	千克	1.81	2.18	1.8	1.8	1.75	2.21
猪　肉	去骨统肉	千克	18.66	23.12	18.68	19.23	27.01	24.39
牛　肉	去骨统肉	千克	20.83	28.51	32	32.17	35.22	45.16
羊　肉	去骨统肉	千克	24.11	32.03	34.14	38.48	49.6	57.25
鸡　蛋	新鲜完整	千克	6.29	6.05	6.38	7.28	8.53	7.98
白条鸡	开膛	千克	9.78	11.79	10.45	11.4	13.93	13.23
带　鱼	新鲜0.25千克以上	千克	8.54	9.06	11.74	15	19.44	21.19
海　带	上等	千克	5.24	11.44	13.53	13.46	13.42	14.31
盐	精盐一级	千克	2	1.99	2	2	2	2.6
酱　油	袋装四平	千克	3.57	3.57	3.57	3.57	3.55	3.8
醋	480ML“新华米醋”四平	千克	5.35	5.83	5.82	5.83	5.8	5.97
味　精	红梅牌、袋装	千克	19.91	23.33	23.99	26.51	27.55	26.93
白　糖	绵白糖	千克	8.08	7.81	9.11	9.98	11.69	13.15
啤　酒		瓶	2.3	2.3	2.3	2.3	2.5	2.8
苹　果	一等国光	千克	3.8	5.24	5.16	6.51	7.23	7.71
梨	一等白梨	千克	2.27	3.55	3.74	4.34	6.03	5.41
鲜　奶	250克袋装	千克	5.16	7.4	7.24	7.48	7.72	8.66
白　菜	一等	千克	1.02	1.28	1.47	2.12	1.79	1.84
韭　菜	一等	千克	2.5	3.27	3.64	4.48	4.92	5.28
茄　子	一等	千克	3.14	3.29	3.74	4.49	3.57	4.58
土　豆	一等	千克	1.38	2.13	1.94	3.19	2.71	2.43

6—3续表 单位：元

商品类别	规格等级	计量单位	2007年	2008年	2009年	2010年	2011年	2012年
萝　卜	一等	千克	0.79	1.52	1.42	1.97	1.97	1.74
青　椒	一等	千克	3.89	4.47	5.14	5.45	6.08	7.13
黄　瓜	一等	千克	2.95	3.08	3.72	4	4.07	4.73
西红柿	一等	千克	2.9	3.34	3.84	4.63	4.76	5.43
豆　角	一等	千克	4.11	5.51	5.62	6.39	7.08	8
大　葱	一等	千克	1.55	2.92	3.13	3.56	2.88	4.1
芹　菜	一等	千克	1.92	2.27	2.66	4.06	3.37	4.41
菠　菜	一等	千克	2.02	3.5	3.82	5.29	4.28	5.62
大头菜	一等	千克	1.5	1.5	1.83	2.38	2.18	2.45
胡萝卜	一等	千克	1.38	2.4	2.75	3.02	3.49	3.46
灯　泡	40W	个	1	1	1	1	1	1.3
信　纸	16KX80页	本	1.5	1.5	1.38	1.4	1.5	1.75
甘　草	一级	千克	24.42	23.5	25.58	29.58	30	30
党　参	一级	千克	25.33	28.17	29	31.38	71.33	90
黄　连	一级	千克	132.08	102.71	105	119.48		
电　池	一号	节	1	1	1	1	1	1
原　煤	铁法块煤	吨	550	800	800	1025	1030	1100
黄　金	24K	克	189.25	227.86	245.13	292.58	356.33	369.71
自来水	民用	吨	2.45	2.45	2.45	2.45	2.5	2.5
居民用电	220W	度	0.53	0.53	0.53	0.53	0.53	0.536
管道燃气	天然气	立方米	1.8	1.8	1.8	1.8	1.8	1.8
液化石油气	民用13公斤	千克	5.31	6.88	5.52	5.91	6.24	6.76
居民取暖费		平方米	25.5	25.5	28.07	28.3	28.3	28.3
房　租	民用住宅混合价	平方米	0.75	0.75	0.75	0.75	0.75	0.75
理　发	男理一级	次	7.5	7.5	7.5	7.5	10	12.5
洗　澡	普通浴池	次	3	4.5	4.5	4.66	4.96	7
挂号费	普通门诊	次	1	1	1	1	2	2
注射费	肌肉注射	次	2	2	2	2	2	2

2007 年—2012 年工业生产者出厂价格指数

6—4　　(指数以上年为 100)　　单位:%

	2007 年	2008 年	2009 年	2010 年	2011 年	2012 年
全部工业品	105.3	105.57	99.76	104.04	108.50	99.10
轻　工　业	105.46	106.78	98.08	105.14	115.60	100.20
以农产品为原料	107.11	108.86	95.80	105.97	116.70	100.30
以非农产品为原料	102.79	102.79	101.77	102.59	101.80	99.60
重　工　业	104.97	104.04	101.97	102.82	104.10	98.40
采　掘	101.31	104.64	133.74	103.72	100.10	100.10
原　料	109.17	102.43	103.55	101.75	100.20	100.50
加　工	101.04	105.37	99.33	103.35	106.00	97.40
生产资料	105.16	104.6	101.68	103.20	105.70	98.60
1. 采　掘	101.31	104.64	133.74	103.72	100.10	100.10
2. 原　料	109.06	102.9	102.60	103.40	103.40	100.00
3. 加　工	102.54	105.75	100.37	103.07	106.80	98.00
生活资料	105.32	107.07	96.99	105.78	114.90	100.10
1. 食　品	106.01	107.46	96.17	105.75	115.90	100.20
2. 衣　着	100	104.13	92.82	100.00	100.00	99.00
3. 一般日用品	100.35	104.14	104.00	106.78	99.80	99.10
按工业行业大、中类分						
煤炭采选业	98.53	107.15	178.84	109.10	100.50	103.60
煤炭开采业	98.53	107.15	178.84	109.10	100.50	103.60
石油和天然气开采业	—	—	—	—	—	—
天然气开采业	—	—	—	—	—	—
有色金属矿采选业	113.4	101.97	90.22	111.79	100.00	102.00
重有色金属采选业	—	—	—	—	—	—
贵金属矿采选业	113.4	101.97	90.22	111.79	100.00	102.00
非金属矿采选业	101.32	101.3	103.15	102.23	99.90	99.60
土砂石开采业	101.32	101.3	103.15	102.23	99.90	99.60
化学矿采选业	—	—	—	—	—	—
食品加工业	112.49	111	91.46	108.47	120.30	100.40
粮食及饲料加工业	109.53	121.54	101.53	105.86	105.60	102.60
合成材料制造业	89.27	—	—	—	—	100.00

6—4 续表 1　　（指数以上年为 100）　　单位：%

	2007 年	2008 年	2009 年	2010 年	2011 年	2012 年
植物油加工业	119.37	128.45	74.56	112.07	124.10	94.20
屠宰及肉类蛋类加工业	130.09	109.36	101.36	102.22	137.60	102.30
食品制造业	100.01	124.42	116.61	102.62	101.60	101.20
方便食品制造业	100	124.93	117.05	103.96	101.60	102.20
乳制品制造业	100	100	—	—	110.70	96.20
发酵制品业	100	100	—	—	100.00	100.00
调味品制造业	101.25	100	—	—	100.00	100.00
其他食品制造业	100	100	100.00	100.00	100.00	100.00
饮料制造业	101.61	104.56	98.37	102.40	111.50	99.30
酒精及饮料酒制造业	107.3	104.62	98.37	106.98	117.50	97.90
软饮料制造业	102.99	108.48	90.25	89.97	100.00	100.00
烟草加工业	105.09	106.64	100.00	100.00	100.00	100.00
卷烟制造业	105.09	106.64	100.00	100.00	100.00	100.00
纺织业	100.78	104.51	92.51	110.93	124.90	102.70
棉纺织业	101.12	105.86	92.41	112.21	124.90	102.70
针织品业	100	111.57	87.27	100.00	124.90	102.70
纺织制造业	100	103.53	96.29	100.00	100.00	99.00
服装制造业	100	103.53	96.29	100.00	100.00	99.00
木材加工及竹、藤、棕、草制品业	100	100.82	100.60	99.72	100.20	101.10
人造板制造业	100	100.82	100.60	99.72	100.40	101.60
造纸及纸制品业	102.15	108.91	100.25	100.68	107.70	98.70
造纸业	100.93	107.34	100.40	102.89	103.10	99.70
纸制品业	102.88	109.28	99.94	95.57	103.10	95.50
印刷业、记录媒介的复制	112.06	97.91	99.20	100.30	101.90	102.28
印刷业	106.21	112.68	99.83	103.19	100.30	105.50
化学原料及化学制品制造业	99.35	103.03	108.11	105.32	98.40	100.40
基本化学原料制造业	100.78	103.26	111.63	107.67	99.20	95.10
化学肥料制造业	99.44	128.12	94.10	97.12	94.10	113.00
有机化学产品制造业	103.56	100	—	—	111.50	100.00
建筑用金属制品业	100	100	—	100.00	100.00	100.00

6—4 续表 2 （指数以上年为 100） 单位：%

	2007 年	2008 年	2009 年	2010 年	2011 年	2012 年
专用化学产品制造业	101.52	105.77	100.16	98.15	100.00	100.00
日用化学产品制造业	98.19	101.78	106.14	107.64	100.00	100.00
医药制造业	102.8	100.03	99.69	99.00	99.30	98.80
化学药品制剂制造业	104.25	100.04	99.00	99.51	91.80	100.00
中药材及中成药加工业	100	100	100.17	98.81	100.00	100.70
生物制品业	—	—	—	—	—	—
化学纤维制造业	102.32	102.21	82.60	105.36	113.10	91.00
合成纤维制造业	102.32	102.21	82.60	105.36	113.10	91.00
橡胶制品业	100.89	101.89	103.16	103.82	96.30	94.50
轮胎制造业	100	100	—	—	—	—
力车胎制造业	100	100	—	—	—	—
橡胶板、管、带制造业	99.55	98	102.04	107.36	92.80	89.40
橡胶零件制品业	102.13	103.17	103.35	100.00	100.00	100.00
塑料制品业	107.84	101.89	93.31	107.06	105.50	99.80
塑料薄膜制造业	106.9	103.31	94.18	106.91	101.40	99.30
塑料板、管、棒材制造业	100	100	—	—	—	—
泡沫塑料及人造革、合成革制造业	112.15	—	—	—	—	—
非金属矿物制品业	106.75	104.51	107.52	102.67	98.60	102.40
水泥制造业	104.03	104.44	104.26	99.71	99.80	106.80
水泥制品和石棉水泥制品业	100	100	—	98.78	100.00	100.00
砖瓦、石灰和轻质建筑材料制造业	105.56	100	—	100.00	95.90	100.00
玻璃及玻璃制品业	113.37	103.98	114.85	—	96.40	95.90
石墨及碳素制品业	—	—	—	—	—	99.70
其他类未包括的非金属矿物制品业	—	—	—	—	—	—
黑色金属冶炼及压延加工业	101.18	114.16	96.53	106.73	112.10	86.70
炼钢业	109.18	114.16	99.53	106.73	112.10	86.70
金属制品业	99.58	105.41	104.91	102.44	104.90	102.10
金属结构制造业	100	105.68	107.84	102.35	108.90	103.90
金属丝绳及其制品业	110.26	126.42	76.38	114.56	108.90	100.00

（指数以上年为 100）

单位：%

	2007 年	2008 年	2009 年	2010 年	2011 年	2012 年
日用金属制品业	100	100	—	100.00	100.00	100.00
通用设备制造业	99.3	103.27	100.78	100.38	98.80	98.60
锅炉及原动机制造业	95.11	103.57	95.71	97.91	102.80	103.80
轴承、阀门制造业	97.22	103.75	98.73	99.82	103.20	96.60
其他通用零部件制造业	101.07	99.56	99.56	100.00	85.90	95.80
铸锻件制造业	101.07	109.68	100.00	98.52	103.90	100.90
专用设备制造业	107.3	101.72	100.50	100.85	102.00	99.50
冶金、矿山、机电工业专用设备	100	100	100.00	100.00	100.00	99.70
轻纺工业专用设备制造业	—	—	—	—	—	96.70
农、林、牧、渔、水利业机械制造业	100	98.43	96.60	—	—	101.50
医疗器械制造业	—	—	—	—	—	—
交通运输设备制造业	101.54	102.7	99.51	101.68	108.40	99.50
铁路运输设备制造业	100	100	99.39	100.00	100.00	100.00
汽车制造业	101.56	102.74	99.51	101.70	109.80	99.50
电气机械及器材制造业	101.31	95.38	86.48	109.78	102.50	97.50
电工器材制造业	101.3	94.87	80.44	116.43	104.60	93.10
电子及通信设备制造业	100	100	100.00	100.00	120.30	108.50
电子元件制造业	100	100	100.00	100.00	120.30	108.50
其他制造业	100	100	—		100.00	100.00
工艺美术品制造业	100	100	—		100.00	100.00
电力、蒸气、热水生产供应业	110.98	102.48	102.17	101.47	100.70	102.10
电力生产业	115.74	103.92	103.11	100.66	102.10	103.90
电力供应业	102.56	100.27	100.00	100.00	100.00	101.60
蒸气、热水生产供应业	106.7	100.07	103.66	107.33	100.00	100.00
煤气生产和供应业	100	100	100.00	100.00	100.00	100.00
煤气供应业	100	100	100.00	100.00	100.00	100.00
自来水的生产和供应业	100.41	99.9	100.06	100.00	100.00	100.00
自来水生产业	100.41	99.9	100.06	100.00	100.00	100.00
自来水供应业	100.41	99.9	100.06	100.00	100.00	100.00

2007 年—2012 年工业生产者出厂产品价格指数

6－5 （指数以上年为 100） 单位：%

	2007 年	2008 年	2009 年	2010 年	2011 年	2012 年
褐煤	98.53	107.15	108.15	109.10	103.95	103.60
天然气	100	100	100.00	100.00	100.00	100.00
铅精矿	100	100	99.56	100.00	100.00	100.00
银精矿	113.4	101.97	90.22	111.79	100.00	102.00
石灰石	100	105.33	103.22	100.00	100.00	100.00
硅石	90.06	100.47	113.22	109.70	109.70	109.00
硅粉	90.06	100.47	113.22	109.70	109.70	109.00
石渣	100	101.34	104.67	105.58	105.58	105.23
钠土	101.32	101.34	103.15	102.23	102.23	102.00
硫铁矿	100	101.32	101.12	100.00	100.00	100.00
大米	107.44	104.61	100.47	105.79	108.40	108.00
小麦粉	103.99	104.99	102.99	102.98	102.98	102.33
配合饲料	105.54	115	106.83	106.51	107.70	105.00
混合饲料	112.33	135.94	91.51	104.60	104.58	105.70
蛋白饲料	117.04	135.94	91.51	105.98	105.68	105.40
大豆油	120.05	128.45	74.56	112.07	91.20	94.20
鲜猪肉	134.56	112.9	98.33	97.00	169.00	99.10
鲜冻猪肉	132.56	112.9	98.33	97.00	169.00	99.10
鲜冻牛肉	129	112.6	99.65	100.00	120.46	106.90
鲜冻鸡	68	111.78	98.99	108.18	103.78	102.30
方便面	115.7	124.93	117.05	103.96	103.90	102.20
奶粉	100.01	114.66	102.82	125.33	110.71	96.20
消毒鲜牛奶	101.78	120	112.35	112.35	112.35	105.30
甜玉米罐头	100.78	100	100.00	100.00	100.00	100.00
酱油	103.05	—	—	—	—	—
食醋	107.46	100	100.00	100.00	100.00	100.00
鸡精	101.35	100	100.00	100.00	100.00	100.00
淀粉制品	100.56	99.3	97.52	111.52	100.76	102.40
冷冻饮品	104.98	100	100.00	100.00	100.00	100.00
酒精	100	104.62	95.48	106.98	104.70	97.90
白酒	99.82	98.58	82.48	100.01	98.35	101.70
啤酒	95.89	102.68	103.14	101.86	106.84	99.50
碳酸饮料	102.99	108.48	90.25	100.00	100.00	100.00
卷烟	103.26	106.64	100.00	100.00	100.00	100.00

6—5 续表 1　　(指数以上年为 100)　　单位:%

	2007 年	2008 年	2009 年	2010 年	2011 年	2012 年
混纺纱	100	100	93.80	105.72	96.97	74.30
棉布	96.11	100	90.43	92.47	94.47	102.70
混纺交织布	100	100	87.27	101.27	101.27	101.20
涤纶线	103.88	112.901	93.80	105.72	125.00	111.70
工业用毡	100	100	100.00	100.00	100.00	100.00
棉针织产品	100	100	87.27	100.00	100.00	100.00
布服装	100	103.53	96.29	100.00	100.00	100.00
服装	100	101.23	95.59	100.00	100.00	100.00
防火板	113.26	105.03	101.33	100.00	101.57	101.60
印刷用纸	102.4	105.46	100.40	102.85	100.00	98.30
包装纸板	101.49	109.41	100.40	102.89	119.26	99.70
瓦楞纸箱	102.88	109.28	99.94	95.57	100.00	100.00
纸印刷品	106.59	112.68	99.83	103.19	104.00	105.50
光碟	97.2	100	93.29	97.56	100.00	100.00
硫酸	101.25	105.17	124.14	118.53	97.67	89.67
合成盐酸	105.22	111.5	100.51	116.88	116.88	110.88
全氟辛酸	102.56	108.5	108.50	105.80	105.80	105.00
生物纤维酸	101.56	100	99.56	102.30	102.30	100.30
硅酸钠	100	106.6	100.51	116.88	101.37	101.00
复合肥料	99.44	128.12	100.00	97.12	100.00	100.00
三聚氯氰	104.91	131.42	80.08	99.56	95.83	96.00
乙烯	102.17	127.35	94.10	103.59	103.59	102.30
甲醛	103.25		—	103.91	104.41	104.00
氧化铁红	100	—	—	—	—	—
聚酯	100	—	—	—	—	—
粘合剂	100	107.36	102.11	100.00	100.00	100.00
炸药	101	—	—	—	100.00	100.00
洗衣皂	97.35	101.62	106.22	107.64	100.00	100.00
合成洗衣粉	98.21	101.62	106.22	107.64	100.00	100.00
复方醋酸钠注射液	101.58	—	—	—	—	—
感冒冲剂	103.25	—	—	—	—	—
消食片	108	100	106.97	100.67	101.02	102.60
肺宁冲剂	100	100	105.46	100.67	100.00	100.00

6—5 续表 2　　　　（指数以上年为 100）　　　　单位:%

	2007 年	2008 年	2009 年	2009 年	2011 年	2012 年
胸腺肽	100	100	99.56	—	—	—
绦纶长丝	102.74	112.9	82.60	105.36	103.38	100
载重汽车外胎	100	100	102.04	100.00	100.00	99
橡胶胶管	99.55	98	102.04	107.36	97.08	98.56
橡胶密封件	105	106.08	106.44	100.00	100.00	100
聚氯乙烯薄膜	106.9	108.03	94.18	106.91	92.22	93.45
PVC 制品	106	100	99.86	100.00	100.00	100
人造革	100	100	99.56	100.00	100.00	100
塑料周转箱	100.39	96.5	95.50	108.47	100.00	100
普通硅酸盐水泥	105.4	103.71	102.56	99.33	82.03	102
复合硅酸盐水泥	103.4	104.35	106.46	100.31	118.88	110
矿渣硅酸盐水泥	103.9	99.25	105.98	99.82	118.88	110
水泥电杆	100	100	100.00	96.24	100.00	100
水泥预制构件	100.42	100	151.79	96.24	100.00	100
粘土砖	107.25	106.85	106.85	100.00	103.57	101.58
石灰	100	100	100.00	100.00	95.86	95.68
平板玻璃	113.37	103.98	114.85	110.20	110.20	98.4
弹簧制动缸	100	99.56	99.56	100.00	100.00	100
普通功率石墨电极	100	100	99.87	100.00	100.00	100
生铁	100	100	99.89	100.00	100.00	100
钢锭	100	100	99.88	100.00	100.00	100
普通大型钢材	103.85	127.53	113.10	100.46	102.57	99.63
普通小型钢材	100	121.99	88.70	122.91	100.00	96.53
优质型钢材	100	100	99.70	105.84	105.00	98.78
薄钢板	100	100.22	99.56	100.00	100.00	100
钼	105.48	99.86	99.86	101.83	136.64	101.23
其它铝制品	100	100	98.45	100.00	136.96	111.32
钨材	116.67	99.86	88.59	101.83	136.64	112
输变电铁塔	100	105.68	107.84	102.35	124.44	110.32
钻头	101.13	100.6	99.77	103.25	100.00	99.36
钢丝	101.02	111.02	99.56	113.56	110.00	96.5
铁丝	110.26	126.42	76.38	114.56	100.00	100
热水锅炉	95.11	103.57	101.23	97.91	106.67	99
输运设备	100	100	99.00	98.38	100.00	100

6—5 续表 3　　（指数以上年为 100）　　单位：%

	2007 年	2008 年	2009 年	2010 年	2011 年	2012 年
深井泵	100.29	100	95.26	99.82	100.00	100
油泵	97.22	100	94.56	99.82	100.00	100
空调机	96.94	101.12	100.00	100.00	100.00	100
轴承	100	103.41	100.24	100.40	106.38	102
螺母	100.22	100	100.00	100.00	100.00	100
弹簧垫	100	99.56	100.00	100.19	100.00	100
工业链条	99.03	104.68	105.38	100.19	100.00	100
铸铁件	96.97	100.52	102.28	100.00	112.50	99
铸钢件	99.93	104.79	94.75	100.00	100.19	99
锻件	103.58	122.39	95.44	100.00	100.00	100
连铸机	100	100	99.88	100.00	99.42	99
其它	100	100	100.00	100.91	102.23	100
食品蒸煮均质机械	107.3	107.62	102.69	100.85	100.00	100
清理机械	100.43	—	—	100.91	101.69	101
机动脱粒机	106.46	109.31	107.35	100.91	101.69	101
收割机	101.4	98.43	99.43	100.00	100.00	100
橡皮膏	100	100	100.00	100.00	100.00	100
机车减振器	100	100	100.00	100.00	100.00	100
一般自卸汽车	104.52	100	102.38	98.96	100.00	100
专用汽车	103.56	100	101.15	100.00	100.00	100
汽车配件	100.76	104.67	98.84	106.87	106.38	102
电阻、变阻器	100	100	90.13	97.42	100.00	99
矿用防爆开关	102.66	100.72	90.13	97.42	100.00	99
钢芯铝绞线	101.35	—	—	—	100.00	99
通讯电缆	101.3	94.87	80.44	116.43	100.00	98.9
普通照明灯泡	100	—	—	—	—	—
汽车仪器仪表	102.22	107.57	99.55	95.90	105.10	101
化纤地毯	100	—	—	—	—	—
工业用电	102.86	100.27	100.27	100.69	100.00	100
民用电	102.86	100.27	100.27	100.69	100.00	100
热	106.7	100.07	103.66	107.33	100.00	100
工业用自来水	100.41	99.9	100.06	100.00	100.00	100
民用自来水	100.41	99.9	100.06	100.00	100.00	100

2007年—2012年工业生产者购进价格指数

6—6　　（指数以上年为100）　　单位:%

	2007年	2008年	2009年	2010年	2011年	2012年
全部原材料	104.45	110	97.92	108.24	106.10	101.7
一燃料、动力类	103.58	110.66	101.63	108.86	100.50	100.7
二黑色金属材料类	103.63	111.63	93.56	105.88	106.10	94.7
钢　材	102.87	110.63	98.97	105.77	104.70	95.5
其　它	109.93	121.45	78.06	106.40	113.60	90.5
三有色金属材料和电线类	104.98	100.92	89.31	101.44	106.20	100.6
四化工原料类	101.51	106.02	92.21	105.59	105.40	99.3
五木材及纸浆类	101.97	126.52	91.65	116.41	104.20	101.5
六建筑材料及非金属矿类	104.35	105.26	102.66	103.79	101.50	107.9
七其它工业原材料及半成品类	99.75	100.7	99.55	106.94	100.30	100.2
八农副产品类	117.91	117.62	96.94	109.22	114.90	106.3
九纺织原料类	101.44	102.3	103.06	113.12	122.70	98.5

2007年—2012年工业生产者购进产品指数

6－7　　（指数以上年为100）　　单位：%

	2007年	2008年	2009年	2010年	2011年	2012年
小麦	115.3	164.26	90.53	111.81	1112.00	103.10
高粱	130.64	115.88	95.83	95.83	100.00	101.20
大豆	119.63	134.15	85.16	103.66	100.42	113.20
麦芽	103.57	111.57	99.16	89.74	100.00	101.20
玉米	116.36	107.87	100.78	110.81	111.62	108.50
大麦	115.3	164.26	80.53	72.06	129.45	103.10
蓖麻籽	—	—	—	—	—	—
生猪	140.1	131.97	87.99	109.16	158.50	128.50
生鸭	113.15	104.15	94.15	108.10	103.60	105.30
无烟煤	97.67	111.58	99.87	143.81	104.84	102.90
烟煤	106.7	109.14	111.82	109.26	100.00	100.00
褐煤	100.75	109.14	104.82	109.26	100.00	100.00
洗粒级煤	101.25	105.16	102.35	103.25	100.00	100.00
洗中煤	112.35	110.52	104.65	103.65	100.00	100.00
洗块煤	101.3	104.98	102.35	102.36	100.00	100.00
天然原油	—	—	—	—	—	—
天然气	101.56	111.86	105.56	105.56	100.00	100.00
银精矿	109.19		—		100.00	105.20
钨精矿	104.64		—		100.00	100.00
石灰石	104.26	105.33	102.67	104.10	112.60	105.50
耐火粘土成品矿	93.43	100	99.87	112.12	100.00	100.00
膨润土原矿石	103.26	100	99.56	93.18	100.00	100.00
砂子	100	112.34	98.65	97.35	100.00	100.00
硫铁矿	—	—	—	—	—	—
海盐	113	115	112.00	112.00	100.00	100.00

6－7 续表 1 （指数以上年为 100） 单位：%

	2007 年	2008 年	2009 年	2010 年	2011 年	2012 年
石墨	100	—	—	—	—	—
瓷土	100	—	—	—	—	—
大米	103.55	105.32	102.32	102.32	102.32	102.56
小麦粉	104.65	104.44	97.80	111.81	119.85	106.50
豆粕	112.26	124.83	89.60	98.97	96.91	102.30
棕油	106	—	—	—	—	—
机制甘蔗糖	101.5	103.7	101.57	111.25	91.88	97.00
消毒鲜牛奶	100.28	130	98.60	113.54	114.29	94.80
淀粉	103.4	105.6	98.60	98.60	100.00	102.56
酒精	102.68	103.63	98.75	98.75	100.00	110.23
棉纱	101.09	101.75	104.31	113.88	120.18	101.00
混纺纱	100	105.2	95.76	100.00	131.43	110.00
混纺交织布	100	103.26	102.30	100.00	110.80	109.85
PU 革基布	103.96	103.96	80.78	100.00	100.00	100.00
涤粘布	100.18	102.18	100.00	100.00	100.00	100.00
普通锯材	99.29	—	—	—	100.00	100.00
机制纸浆	103.46	103.46	98.32	97.32	100.00	100.00
印刷用纸	91.47	103.81	93.82	97.92	102.38	103.00
包装纸板	98.3	133.86	85.32	121.06	102.27	98.40
汽油	106.24	114.33	103.90	123.78	100.00	100.90
柴油	119.43	119.92	94.43	105.21	105.21	105.00
燃料油	119.56	132.39	97.89	100.00	100.00	100.00
氢氟酸	112.79	118.83	93.23	100.00	100.00	100.00
磷酸	102.38	112.14	101.14	100.00	100.00	100.00

6—7 续表 2　　（指数以上年为 100）　　单位：%

	2007 年	2008 年	2009 年	2010 年	2011 年	2012 年
烧碱（氢氧化钠）	102.76	108.76	101.71	101.00	121.74	121.2
纯碱（碳酸钠）	112.02	122.52	80.77	101.24	121.40	76.5
碳酸氢钠	101.36	120.53	101.53	101.00	108.57	118.57
无水硫酸钠（无水芒硝）	101	102	101.00	101.00	100.00	100
三聚磷酸钠	102.37	102.37	112.32	101.53	100.00	100
磷酸氢钙	101.3	101	101.00	100.00	100.00	100
氰化钠	101	100	93.23	100.00	100.00	100
赤磷	102	100	100.00	100.00	100.00	100
一甲胺	103.2	97.7	97.70	100.00	100.00	100
聚氯乙烯树脂	102.07	101.63	101.63	111.00	103.51	102.56
聚乙烯树脂	102.27	99.81	85.86	101.59	109.52	108.52
聚炭酸脂	90.94	98.73	98.73	102.98	97.74	101.57
顺丁橡胶	100	99.14	99.14	111.50	111.00	105.6
丁苯橡胶	103.46	95.14	84.12	111.50	119.68	105.6
丁腈橡胶	102.67	96.35	86.35	111.50	100.00	103.2
聚酯	100		—	102.98	104.62	103.65
聚乙烯醇	100	108.27	120.29	101.53	100.00	100
粘胶纤维	103.55	100.02	100.02	100.00	100.00	100
涤纶短纤维	104.94	118.57	87.82	103.84	103.42	101.2
丙纶短纤维	103.55	108.66	100.26	100.00	100.00	101.1
橡胶密封件	100	102.34	101.34	100.86	100.00	100
PVC 制品	101.52	106.47	101.47	113.55	100.00	100
矿渣硅酸盐水泥	103.73	103.73	101.32	101.20	100.00	101.36
平板玻璃	102	103.12	101.11	102.22	102.00	103.54
硅炭棒	100	100	—	—	—	—

6－7 续表 3　　（指数以上年为 100）　　单位：%

	2007 年	2008 年	2009 年	2010 年	2011 年	2012 年
生　铁	109.24	122.02	85.42	104.48	107.47	101.9
普碳钢坯	112.25	117.24	68.82	106.65	107.34	100.6
优质碳结钢坯	90.9	117.24	68.85	106.65	109.30	106.52
普通大型钢材	104.22	122.23	91.05	110.21	100.00	100.3
普通中型钢材	103.54	110.59	90.86	106.21	100.00	92.4
普通小型钢材	102.23	105.82	99.19	100.34	100.54	92.3
优质型钢材	103.64	117.78	99.76	107.17	105.00	102
线材	111.1	111.1	99.52	105.10	105.00	100.24
中厚钢板	107.5	116.67	79.65	109.58	103.45	96.2
薄钢板	103.13	95.81	88.66	100.02	140.43	113.6
无缝钢管	100.54	115.65	101.29	99.64	102.12	101.12
焊接钢管	100	99.84	101.29	101.00	105.78	103.45
铜	102.6	100.83	78.26	105.00	98.85	100.1
铝	100.18	97.38	97.38	108.37	114.28	95
钼	103.74	103.74	103.74	105.00	105.00	103
黄铜材	103.85	101.18	89.28	102.21	100.00	100
铝成品材	118.57	97.38	96.38	106.37	114.00	104
钢丝	105.42	102.34	92.35	104.00	100.00	100
轴承	108.15	102.34	92.34	111.93	100.00	100
汽车配件	99.99	101	95.63	105.00	102.00	100
钢芯铝绞线	100	103.25	93.25	115.00	112.00	101
汽车仪器仪表	98.98	101.34	87.58	100.00	100.00	100
电	102.63	100.08	100.90	99.68	100.00	101.7
自来水	99.09	100.25	100.23	100.00	100.00	100

工业生产者购进年平均价格

6－8 （2012 年）

	单 位	平均价格（元）
玉米	吨	2180
水稻	吨	2750
一般烟煤	吨	400
石灰石	吨	28
海盐	吨	400
白砂糖	吨	5200
瓦楞原纸	吨	2700
17 支棉纱	吨	23000
盐酸	吨	500
普碳冷轧薄板	吨	5000
普碳板	吨	4800
角钢	吨	4150
聚氯乙烯树脂	吨	9900
黄芩	公斤	35
废钢铁	吨	2500
高工钢	吨	6000
涤纶短纤维	吨	11450
轴承钢轧材	吨	6000
铸造生铁	吨	4300
聚脂	吨	12200
镀锌钢丝	吨	11900
氯丁橡胶	吨	21450

工业生产者主要产品平均价格

6—9 （2012 年）

	单 位	平均价格（元）
卷烟（三类）	箱	4788
褐煤	吨	287.6
啤酒	升	1602
猪饲料	吨	3510
大豆油（食用）	吨	8116
普通白酒	吨	9100
食用淀粉	吨	2950
酒精（工业）	吨	6500
硫酸	吨	2150
涤纶长丝	吨	13826
水泥（425＃）	吨	330
平板玻璃（4MM)	重量箱	123.35
轴承（圆锥滚轴承）	套	48.65
半挂牵引车	辆	273934.30
普碳热轧薄板	吨	4000
碳素结构钢轧材	吨	4356
合成洗衣粉	吨	5600
市话电缆	公里	32450
单色胶印	吨	7500
血栓心脉宁	盒	36
绵白糖	吨	5500
涤纶线	吨	20006.1

7 统计资料

人民生活

PEOPLE' S LIVELIHOOD

2007年—2012年城市居民家庭基本情况

7—1

	单　位	2007年	2008年	2009年	2010年	2011年	2012年
调查户数	户	100	100	100	100	100	100
家庭居住人口	人/户	2.86	2.73	2.75	2.71	2.61	2.64
现住房建筑面积	平方米/人	26.86	26.87	27.56	28.07	28.17	28.42
就业人口数	人/户	1.5	1.46	1.49	1.48	1.45	1.55
#国有经济单位职工人数	人/户	1.21	0.79	0.78	0.79	0.54	0.6
城镇集体经济单位职工人数	人/户	0.04	0.15	0.13	0.1	—	—
其他经济类型单位职工人数	人/户	0.03	0.11	0.11	0.11	0.3	0.3
城镇个体或私营企业主人数	人/户	0.12	0.08	0.13	0.13	0.06	0.06
城镇个体或私营企业被雇人数	人/户	0.07	0.16	0.19	0.19	0.38	0.41
离退休再就业人数	人/户	—	—	—	—.01	0.03	0.04
其他就业人数	人/户	0.03	0.17	0.15	0.15	0.14	0.13
平均每户就业面	%	52.4	53.5	54.2	54.6	55.6	58.7
每一就业者负担人数	人	1.91	1.87	1.85	1.83	1.8	1.70
离退休人数	人/户	0.59	0.59	0.63	0.63	0.54	0.52
家庭总收入	元/人	12 699.12	14 372.61	16 116.76	17 621.32	19 416	22 321.54
#可支配收入	元/人	12 329.14	13 604.31	15 100.44	16 458.96	18 482.92	21 387.28
家庭总支出	元/人	11 899.30	13 295.84	14 639.09	15 369.61	13 799.2	20 471.6
#消费性支出	元/人	9 708.68	9 797.66	10 593.81	10 830.87	11 290.75	12 712.5

2007年—2012年城市居民家庭平均每百户耐用品拥有量

7—2

	单 位	2007年	2008年	2009年	2010年	2011年	2012年
1. 摩托车	辆	10	15	17	22	12	12
2. 助力车	辆	4	2	5	6	3	3
3. 家用汽车	辆	6	3	4	3	5	7
4. 洗衣机	台	95	93	93	97	97	97
5. 电冰箱	台	91	92	95	99	100	100
6. 彩色电视机	台	127	121	132	130	132	132
7. 家用电脑	台	55	57	66	73	79	81
8. 组合音响	套	26	21	22	24	19	22
9. 摄像机	架	8	8	8	9	8	7
10. 照相机	架	41	37	42	41	42	43
11. 钢琴	架	4	2	2	1	1	1
12. 其他中高档乐器	件	9	13	17	18	17	17
13. 微波炉	台	41	38	47	52	52	52
14. 空调器	台	15	14	14	14	11	10
15. 淋浴热水器	台	41	30	42	47	54	57
16. 消毒碗柜	台	6	2	5	4	6	6
17. 洗碗机	台	2	—	2	1	2	2
18. 健身器材	套	2	2	5	6	6	5
19. 固定电话	部	75	70	73	73	74	69
20. 移动电话	部	180	182	211	221	219	230

2007年—2012年城市居民家庭收入与支出主要指标

7—3

	单　位	2007年	2008年	2009年	2010年	2011年	2012年
家庭总收入	元/人	12699.12	14372.61	16116.76	17621.32	19416	22321.54
#可支配收入	元/人	12329.14	13604.31	15100.44	16458.96	18482.92	21387.28
（一）工资性收入	元/人	8010.88	9660.24	10930.89	11847.75	12612.12	14585.86
（二）经营净收入	元/人	1127.19	1010.45	1131.42	1360.00	1860.7	2091.48
（三）财产性收入	元/人	28.22	127.02	201.97	202.58	182.19	384.96
（四）转移性收入	元/人	3532.82	3574.90	3852.48	4210.98	4760.98	5259.24
家庭总支出	元/人	11899.30	13295.84	14639.09	15369.61	13799.2	20471.6
#消费性支出	元/人	9708.68	9797.66	10593.81	10830.87	11290.75	12712.5
#服务性消费支出	元/人	2039.34	2253.60	2487.47	2596.48	2837.22	3022.03
一、食品	元/人	3157.26	3471.81	3651.11	3772.31	4024.19	4270.58
二、衣着	元/人	1498.67	1186.75	1296.99	1437.28	1622.61	1893.93
三、居住	元/人	1012.40	1202.82	1498.68	1222.75	1252.99	1351.19
四、家庭设备用品及服务	元/人	421.83	788.94	587.01	833.33	749.13	755.45
五、医疗保健	元/人	964.46	870.66	1257.39	973.67	734.32	1156.54
六、交通和通信	元/人	1179.98	778.39	943.12	887.34	980.55	1463.43
七、教育文化娱乐服务	元/人	1074.56	1276.15	1030.87	1256.74	1466.38	1329.62
八、其他商品和服务	元/人	399.53	222.15	328.65	447.45	460.58	491.75

2007年—2012年农民人均纯收入

7—4 单位：元

	2007年	2008年	2009年	2010年	2011年	2012年
全　市	**4279**	**5045**	**5418**	**6586**	**7718**	**8760**
铁西区	4941	5895	6396	7524	8650	9565
铁东区	4442	5264	5790	7057	8159	9456
公主岭市	4382	5174	5526	6551	7841	9180
双辽市	4075	5000	5318	6351	7506	9392
梨树县	4339	5050	5452	6511	7705	8885
伊通县	4065	4767	5217	6270	7478	8352
辽河农垦管理区	4036	4706	5177	6290	7486	8690

注：此表为省统计局根据农村住户抽样调查核定数据。

城市居民家庭基本情况

7—5 (2012年)

	单　位	合　计
调查户数	户	
一、家庭人口数	人/户	2.64
（一）有收入者人数	人/户	2.09
1. 就业人口数	人/户	1.55
（1）国有经济单位职工人数	人/户	0.6
（2）城镇集体经济单位职工人数	人/户	—
（3）其他各种经济类型单位职工	人/户	0.3
（4）城镇个体经营者人员数	人/户	0.06
（5）城镇个体被雇人员数	人/户	0.41
（6）离退休再就业人员数	人/户	0.04
（7）其他就业人员数	人/户	0.13
2. 离退休人数	人/户	0.52
3. 其他有收入者人数	人/户	0.02
（二）无收入者人数	人/户	0.53
二、负担系数	人/就业者	1.70
三、家庭总收入	元/人	22321.54
#可支配收入	元/人	21387.28
四、家庭总支出	元/人	20471.6
#消费支出	元/人	12712.5
1. 食品	元/人	4270.58
2. 衣着	元/人	1893.93
3. 居住	元/人	1351.19
4. 家庭设备用品及服务	元/人	755.45
5. 医疗保健	元/人	1156.54
6. 交通和通信	元/人	1463.43
7. 教育文化娱乐服务	元/人	1329.62
8. 其他商品和服务	元/人	491.75
五、现住房建筑面积	平方米/人	28.42
六、现住房使用面积	平方米/人	21.32
七、恩格尔系数	%	33.6

城市居民家庭耐用消费品拥有量

7—6 (2012 年)

	单位	合计
1. 摩托车	辆/百户	12
2. 助力车	辆/百户	3
3. 家用汽车	辆/百户	7
4. 洗衣机	台/百户	97
5. 电冰箱	台/百户	100
6. 彩色电视机	台/百户	132
7. 家用电脑	台/百户	81
8. 组合音响	套/百户	22
9. 摄像机	架/百户	7
10. 照相机	架/百户	43
11. 钢琴	架/百户	1
12. 其他中高档乐器	件/百户	17
13. 微波炉	台/百户	52
14. 空调器	台/百户	10
15. 淋浴热水器	台/百户	57
16. 消毒碗柜	台/百户	6
17. 洗碗机	台/百户	2
18. 健身器材	套/百户	5
19. 固定电话	部/百户	69
20. 移动电话	部/百户	230
21. 接入有线电视电视机	台/百户	121
22. 接入互连网计算机	台/百户	70
23. 接入互连网移动电话	部/百户	48

城市居民家庭现金收支

7—7

(2012年)

	单位	合计
一、期初手存现金	元/人	1274.83
二、家庭总收入	元/人	22321.54
#可支配收入	元/人	21387.28
(一)工资性收入	元/人	14585.86
1. 工资及补贴收入	元/人	14474.28
2. 其他劳动收入	元/人	111.58
(二)经营净收入	元/人	2091.48
(三)财产性收入	元/人	384.96
1. 利息收入	元/人	80.84
2. 股息与红利收入	元/人	7.62
3. 保险收益	元/人	—
4. 其他投资收入	元/人	—
5. 出租房屋收入	元/人	222.02
6. 知识产权收入	元/人	—
7. 其他财产性收入	元/人	74.48
(四)转移性收入	元/人	5259.24
1. 养老金或离退休金	元/人	4680.83
2. 社会救济收入	元/人	102.83
#最低生活保障收入	元/人	102.83
3. 辞退金	元/人	—
4. 赔偿收入	元/人	—
5. 保险收入	元/人	—
#失业保险金	元/人	—
6. 赡养收入	元/人	112.73
#来自城镇居民的赡养收入	元/人	52.17
7. 捐赠收入	元/人	210.6
#来自城镇居民的捐赠收入	元/人	83.4
8 提取住房公积金	元/人	17.9
9 记帐补贴	元/人	134.36
10 其它转移性收入	元/人	—
三、出售财物收入	元/人	114.25
1. 出售住房收入	元/人	—
2. 出售其它物品收入	元/人	114.25
四、借贷收入	元/人	8083.61
1. 提取储蓄存款	元/人	8039.47
2. 借入款	元/人	7.62
3. 收回借出款	元/人	—
4. 收回储蓄性保险本	元/人	—
5. 兑售有价证券	元/人	—
6. 收回投资本金	元/人	—
7. 住房贷款	元/人	10.63
8. 汽车贷款	元/人	—
9. 教育贷款	元/人	—
10. 其他贷款	元/人	25.9
11. 其他借贷收入	元/人	—

7—7 续表 1 （2012 年）

	单 位	合 计
五、家庭总支出	元/人	20471.6
（一）消费性支出	元/人	12712.5
（二）财产性支出	元/人	32.11
1. 非生产性贷款利息支出	元/人	5.45
2. 其他	元/人	26.66
（三）转移性支出	元/人	2305.47
1. 交纳所得税	元/人	6.47
来自工资性收入的个税	元/人	3.7
来自经营净收入的个税	元/人	
来自财产性收入的个税	元/人	1.1
来自转移性收入的个税	元/人	1.66
2. 捐赠支出	元/人	1279.52
3. 购买彩票	元/人	0.25
4. 赡养支出	元/人	923.84
# 在外就学子女费用	元/人	883.35
5. 各种非储蓄性保险支出	元/人	66.25
# 车辆保险支出	元/人	20.06
6. 其他转移性支出	元/人	29.16
（四）社会保障支出	元/人	793.43
1. 个人交纳的养老基金	元/人	435.73
2. 个人交纳的住房公积金	元/人	196.7
3. 个人交纳的医疗基金	元/人	151.12
4. 个人交纳的失业基金	元/人	7.73
5. 其他社会保障支出	元/人	2.15
（五）购房与建房支出	元/人	4628.09
1. 购房	元/人	4628.09
2. 建房	元/人	—
六、借贷支出	元/人	9646.56
1. 存入储蓄款	元/人	9586.85
2. 借出款	元/人	0.02
3. 归还借款	元/人	0.38
4. 储蓄性保险支出	元/人	51.76
5. 购买有价证券	元/人	—
6. 其他投资支出	元/人	—
7. 归还住房贷款	元/人	7.54
8. 归还汽车贷款	元/人	—
9. 归还教育贷款	元/人	—
10. 归还其它贷款	元/人	—
11. 其他借贷支出	元/人	—
七、期末手存现金	元/人	1642.61
消费支出	元/人	12712.5
其中：服务性消费支出	元/人	3022.03
通过互联网购买商品或服务支出	元/人	51.25
旅游人次	人次/户	0.38
旅游花费总额	元/人	249.24
有价证券收入	元/人	—

7—7 续表 2 (2012 年)

	单 位	合 计
一、食品	元/人	4270.58
(一) 粮油类	元/人	746.75
1. 粮食	元/人	465.03
·数量	千克/人	85.18
(1) 大米·单价	元/千克	5.14
·数量	千克/人	43.54
·金额	元/人	223.72
(2) 面粉·单价	元/千克	4.35
·数量	千克/人	15.75
·金额	元/人	68.59
(3) 其他粮食及制品	元/人	172.72
·数量	千克/人	25.89
2. 淀粉及薯类	元/人	79.18
·数量	千克/人	27.91
3. 干豆类及豆制品	元/人	78.75
4. 油脂类	元/人	123.78
·数量	千克/人	10.07
(1) 食用植物油·单价	元/千克	12.32
·数量	千克/人	9.99
·金额	元/人	123.02
(2) 食用动物油	元/人	0.76
(二) 肉禽蛋水产品类	元/人	1109.88
1. 肉类	元/人	739.45
·数量	千克/人	26.54
(1) 猪肉·单价	元/千克	25.15
·数量	千克/人	17.18
·金额	元/人	432.11
(2) 牛肉·单价	元/千克	41.54
·数量	千克/人	2.68
·金额	元/人	111.26
(3) 羊肉·单价	元/千克	41.98
·数量	千克/人	1.54
·金额	元/人	64.6
(4) 其他肉及制品	元/人	131.47
·数量	千克/人	5.2
2. 禽类	元/人	118.8
·数量	千克/人	6.26
(1) 鸡·单价	元/千克	16.13
·数量	千克/人	3.06
·金额	元/人	49.34
(2) 鸭·单价	元/千克	13.78
·数量	千克/人	0.46
·金额	元/人	6.31
(3) 其他禽类及制品	元/人	63.16
·数量	千克/人	2.75
3. 蛋类	元/人	95.15
·数量	千克/人	11.7
(1) 鲜蛋·单价	元/千克	8.06
·数量	千克/人	10.72
·金额	元/人	86.42
(2) 蛋制品	元/人	8.73
·数量	千克/人	0.98

(2012 年)

	单 位	合 计
4. 水产品类	元/人	156.48
(1) 鱼·单价	元/千克	14.42
·数量	千克/人	7.48
·金额	元/人	107.85
(2) 虾·单价	元/千克	36.47
·数量	千克/人	0.48
·金额	元/人	17.55
(3) 其他水产品及制品	元/人	31.07
·数量	千克/人	1.71
(三) 蔬菜类	元/人	474.99
1. 鲜菜·单价	元/千克	3.74
·数量	千克/人	113.03
·金额	元/人	422.85
2. 干菜	元/人	33.26
3. 菜制品	元/人	18.88
(四) 调味品	元/人	69.06
(五) 糖烟酒饮料类	元/人	416.03
1. 糖类	元/人	25.4
2. 烟草类	元/人	210.74
3. 酒类	元/人	100.01
·数量	千克	8.88
(1) 白酒·单价	元/千克	23.13
·数量	千克/人	2.28
·金额	元/人	52.71
(2) 果酒·单价	元/千克	41.28
·数量	千克/人	0.1
·金额	元/人	3.93
(3) 啤酒·单价	元/千克	6.52
·数量	千克/人	6.5
·金额	元/人	42.33
(4) 其他酒	元/人	1.04
·数量	千克/人	0.01
4. 饮料	元/人	79.88
(1) 碳酸饮料·单价	元/千克	7.55
·数量	千克/人	0.59
·金额	元/人	4.45
(2) 瓶装饮用水·单价	元/千克	2.41
·数量	千克/人	7.27
·金额	元/人	17.51
(3) 茶叶·单价	元/千克	150.94
·数量	千克/人	0.1
·金额	元/人	14.72
(4) 其他饮料	元/人	43.2

7—7 续表 4　　　　　　　　　　　　(2012 年)

	单　位	合　计
(六) 干鲜瓜果类	元/人	487.19
1. 鲜果·单价	元/千克	7.25
·数量	千克/人	43.54
·金额	元/人	315.72
2. 鲜瓜·单价	元/千克	3.66
·数量	千克/人	12.68
·金额	元/人	46.45
3. 其他干鲜瓜果类及制品	元/人	125.02
(七) 糕点、奶及奶制品	元/人	202.3
1. 糕点·单价	元/千克	14.72
·数量	千克/人	5.38
·金额	元/人	79.18
2. 奶及奶制品	元/人	123.11
(1) 鲜乳品·单价	元/千克	7.32
·数量	千克/人	10.85
·金额	元/人	79.4
(2) 奶粉·单价	元/千克	69.84
·数量	千克/人	0.14
·金额	元/人	10.03
(3) 酸奶·单价	元/千克	8.77
·数量	千克/人	1.75
·金额	元/人	15.31
(4) 其他奶制品	元/人	18.37
(八) 其他食品	元/人	67.02
(九) 饮食服务	元/人	697.36
1. 食品加工服务费	元/人	1.03
2. 在外饮食	元/人	696.33
二、衣着	元/人	1893.93
(一) 服装·单价	元/件	165.6
·数量	件/人	8.31
·金额	元/人	1376.55
(二) 衣着材料	元/人	4.07
(三) 鞋类·单价	元/双	153.76
·数量	双/人	2.9
·金额	元/人	446.21
(四) 其他衣着用品	元/人	54.16
(五) 衣着加工服务费	元/人	12.95

	单 位	合 计
三、居住	元/人	1351.19
(一) 住房	元/人	406.54
1. 租赁房房租	元/人	120.99
2. 住房装潢支出	元/人	161.21
3. 维修用建筑材料	元/人	105.78
4. 其他住房支出	元/人	18.55
(二) 水电燃料及其他	元/人	901.96
1. 水·单价	元/吨	2.48
·数量	吨/人	20.27
·金额	元/人	50.33
2. 电·单价	元/度	0.5
·数量	度/人	560.54
·金额	元/人	280.96
3. 燃料	元/人	89.56
(1) 煤炭·单价	元/千克	0.43
·数量	千克/人	25.74
·金额	元/人	11.04
(2) 罐装液化石油气·单价	元/千克	5.19
·数量	千克/人	0.41
·金额	元/人	2.14
(3) 管道液化石油气·单价	元/立方米	—
·数量	立方/人	—
·金额	元/人	—
(4) 管道煤气·单价	元/立方米	—
·数量	立方米/人	—
·金额	元/人	—
(5) 管道天然气·单价	元/立方米	1.82
·数量	立方米/人	41.4
·金额	元/人	75.26
(6) 柴油·单价	元/升	0
·数量	元/人	—
·金额	元/人	—
(7) 其他燃料	元/人	1.12
4. 取暖费	元/人	480.89
5. 其他相关支出	元/人	0.22
(三) 居住服务费	元/人	42.69
1. 物业管理费	元/人	37.45
2. 维修服务费	元/人	2.89
3. 其他居住服务费	元/人	2.35

（2012 年）

	单　位	合　计
四、家庭设备用品及服务	元/人	755.45
（一）耐用消费品	元/人	298.27
1. 家具	元/人	99.79
2. 家庭设备	元/人	198.49
（1）洗衣机・单价	元/台	2064.83
・数量	台/百户	6
・金额	元/人	47.18
（2）电冰箱・单价	元/台	2377.14
・数量	台/百户	7
・金额	元/人	63.37
（3）微波炉・单价	元/台	272.5
・数量	台/百户	2
・金额	元/人	2.08
（4）空调器・单价	元/台	1940
・数量	台/百户	2
・金额	元/人	14.78
（5）淋浴热水器・单价	元/台	650
・数量	台/百户	1
・金额	元/人	2.48
（6）消毒碗柜・单价	元/台	—
・数量	台/百户	—
・金额	元/人	—
（7）洗碗机・单价	元/台	—
・数量	台/百户	—
・金额	元/人	—
（8）其他家庭设备	元/人	68.61
（二）室内装饰品	元/人	16.59
（三）床上用品	元/人	74.71
（四）家庭日用杂品	元/人	330.77
（五）家具材料	元/人	9.54
（六）家庭服务	元/人	25.57
1. 家政服务	元/人	15.33
2. 加工维修服务费	元/人	10.24
五、医疗保健	元/人	1156.54
（一）医疗器具	元/人	7.2
（二）保健器具	元/人	5.61
（三）药品费	元/人	764.31
（四）滋补保健品	元/人	58.11
（五）医疗费	元/人	317.94
（六）其他医疗保健支出	元/人	3.37

	单　位	合　计
六、交通和通信	元/人	1463.43
（一）交通	元/人	819.26
1. 家庭交通工具	元/人	382.71
(1) 摩托车·单价	元/辆	6000
·数量	辆/百户	1
·金额	元/人	22.85
(2) 助力车·单价	元/辆	—
·数量	辆/百户	—
·金额	元/人	—
(3) 家用汽车·单价	元/辆	94000
·数量	辆/百户	1
·金额	元/人	357.98
(4) 其他交通工具	元/人	1.88
2. 车辆用燃料及零配件	元/人	77.21
(1) 燃料	元/人	68.17
# 汽油·单价	元/升	7.46
·数量	升/人	9.11
·金额	元/人	67.94
# 柴油·单价	元/升	—
·数量	升/人	—
·金额	元/人	—
(2) 零配件	元/人	3.81
(3) 其他	元/人	5.23
3. 交通工具服务支出	元/人	57.66
(1) 维修费	元/人	10.1
(2) 车辆使用税费	元/人	41.61
(3) 其他车辆使用费用	元/人	5.95
4. 交通费	元/人	301.67
(1) 飞机	元/人	56.21
(2) 火车	元/人	78.93
(3) 长途汽车	元/人	10.65
(4) 市内公共交通	元/人	25.96
(5) 出租汽车费	元/人	111.18
(6) 其他交通费	元/人	18.74
（二）通信	元/人	644.17
1. 通信工具	元/人	87.98
(1) 电话机·单价	元/部	700
·数量	部/百户	1
·金额	元/人	2.67
(2) 移动电话·单价	元/部	652.12
·数量	部/百户	34
·金额	元/人	84.44
(3) 其他通信工具	元/人	0.88
2. 通信服务	元/人	556.2
(1) 电信费	元/人	547.95
# 上网费	元/人	126.25
(2) 邮费	元/人	5.42
(3) 其他通信服务费	元/人	2.83

7—7 续表 8　　　　　　　　　　　　　　　　　　　　(2012 年)

	单　位	合　计
七、教育文化娱乐服务	元/人	1329.62
(一) 文化娱乐用品	元/人	303.87
1. 彩色电视机・单价	元/台	4961.43
・数量	台/百户	7
・金额	元/人	132.26
2. 家用电脑	元/人	58.15
(1) 购买整机	元/台	2407.4
・数量	台/百户	5
・金额	元/人	45.84
(2) 计算机外部设备	元/人	4.57
(3) 各种零配件及耗材	元/人	7.74
3. 组合音响・单价	元/台	—
・数量	台/百户	—
・金额	元/人	—
4. 摄像机・单价	元/架	—
・数量	架/百户	—
・金额	元/人	—
5. 照相机・单价	元/架	1080
・数量	架/百户	1
・金额	元/人	4.11
6. 钢琴・单价	元/架	—
・数量	架/百户	—
・金额	元/人	—
7. 其他中高档乐器・单价	元/件	—
・数量	件/百户	—
・金额	元/人	—
8. 健身器材・单价	元/件	—
・数量	件/百户	—
・金额	元/人	—
9. 电子辞典・单价	元/部	—
・数量	部/百户	—
・金额	元/人	—
10. 音像制品及软件	元/人	0.08
11. 体育用品	元/人	1.42
12. 书报杂志	元/人	24.26
13. 纸张文具	元/人	19.36
14. 其他文娱用品	元/人	64.23

	单　位	合　计
(二) 文化娱乐服务	元/人	445.76
1. 参观游览	元/人	29.19
2. 健身活动	元/人	2
3. 团体旅游	元/人	256.7
4. 其他文娱活动	元/人	152.67
5. 文娱用品修理服务费	元/人	5.21
(三) 教育	元/人	579.99
1. 教材	元/人	11.8
(1) 课本及参考书	元/人	11.31
(2) 教育软件	元/人	—
(3) 其他教材	元/人	0.49
2. 教育费用	元/人	568.19
(1) 非义务教育学杂费	元/人	81.09
(2) 义务教育学杂费	元/人	55.8
(3) 托幼费	元/人	50.46
(4) 成人教育费	元/人	57.64
(5) 家教费	元/人	3.92
(6) 培训班	元/人	312.97
(7) 学校住宿费	元/人	—
(8) 其他教育费用	元/人	6.31
八、其他商品和服务	元/人	491.75
(一) 其他商品	元/人	333.02
1. 金银珠宝饰品	元/人	63.51
2. 手表・单价	元/只	971.58
・数量	只/人	0.05
・金额	元/人	44.4
3. 理发美容用具	元/人	1.21
4. 化妆品	元/人	109.66
5. 其他杂品	元/人	114.23
(二) 服务	元/人	158.73
1. 旅馆住宿费	元/人	19.93
2. 理发洗澡费	元/人	107.57
3. 美容费	元/人	13.07
4. 其他服务	元/人	18.16

城市居民家庭非现金收入

7—8 (2012年)

	单 位	合 计
非现金（实物与服务）收入总计·合计	元/人	94.4
一、食品·合计	元/人	36.6
（一）粮油类·合计	元/人	18.46
（二）肉禽蛋水产品类·合计	元/人	5.9
（三）蔬菜类·合计	元/人	1.22
（五）糖烟酒饮料类·合计	元/人	7.72
（六）干鲜瓜果类·合计	元/人	2.67
（七）糕点、奶及奶制品·合计	元/人	0.65
（八）其它食品·合计	元/人	—
（九）饮食服务·合计	元/人	—
二、衣着·合计	元/人	1.75
三、居住·合计	元/人	1.9
（一）住房·合计	元/人	—
（二）水电燃料及其它·合计	元/人	1.9
（三）居住服务费·合计	元/人	—
四、家庭设备用品及服务·合计	元/人	1.14
五、医疗保健·合计	元/人	53
# 医疗基金·合计	元/人	—
（一）医疗器具·合计	元/人	—
（二）保健用品·合计	元/人	—
（三）药品费·合计	元/人	49.8
（四）滋补保健品·合计	元/人	—
（五）医疗费·合计	元/人	3.2
（六）其它医疗保健·合计	元/人	—
六、交通和通讯·合计	元/人	—
（一）交通·合计	元/人	—
（二）通信·合计	元/人	—
七、教育文化娱乐服务·合计	元/人	—
（一）文化娱乐用品·合计	元/人	—
（二）文化娱乐服务·合计	元/人	—
（三）教育·合计	元/人	—
八、其它商品和服务·合计	元/人	—

城市居民家庭住房

7—9　　(2012年)

	计量单位	合　计
一、住房情况		
1. 家庭居住人口	人/户	2.64
2. 现住房总建筑面积	平方米/人	28.42
3. 房屋产权（合计）	户	100
租赁公房	户	2
租赁私房	户	10
原有私房	户	1
房改私房	户	24
商品房	户	60
借用房	户	2
其　它	户	1
4. 住宅建筑式样（合计）	户	—
单栋住宅	户	—
四居室	户	4
三居室	户	25
二居室	户	55
一居室	户	8
普通楼房	户	5
平房及其它	户	3
6. 装修状况（合计）	户	—
有装修	户	68
未装修	户	32
如果装修过最近一次装修花费	元/户	24410
7. 现有住房按市场价估计值	元/户	188270
8. 租赁房月租金	元/户	43.5
(1) 租赁公房月租金	元/户	2.7
(2) 租赁私房月租金	元/户	40.8
9. 现住房房租折算	元/户	629.9
10. 购房总金额	户	73120
购房实际支出金额	户	72150

7—9 续表　　(2012 年)

	计量单位	合　计
11. 饮水情况（合计）	—	—
自来水	户	87
矿泉水	户	7
纯净水	户	6
井、河水	户	—
其它	户	—
12. 用水情况（合计）	户	—
独用自来水	户	100
公用自来水	户	—
井、河水	户	—
其它	户	—
13. 卫生设备（合计）	户	—
无卫生设备	户	—
有厕所浴室	户	57
有厕所无浴室	户	42
公用	户	1
14. 取暖设备（合计）	户	—
无取暖设备	户	—
空调设备	户	1
暖气	户	95
其它	户	4
15. 炊用燃料使用情况（合计）	—	—
煤炭	户	2
罐装液化石油气	户	2
管道液化石油气	户	
管道煤气	户	—
管道天然气	户	93
柴油	户	—
其它燃料	户	3
16. 除了现住房，还有几处其它住房	套/百户	16
(1) 出租房	套/百户	13
# 建筑面积	平方米/户	11.64
(2) 偶尔居住房	套/百户	—
# 建筑面积	平方米/户	—
(3) 其它用途房	套/百户	3
# 建筑面积	平方米/户	1.84

农村居民家庭基本情况

7—10

(2012年)

	单 位	四平地区	梨树县	伊通县	公主岭市	双辽市
农村住户家庭基本情况	—					
一、调查户数	户	400	100	100	100	100
(一) 调查户从业类型(按总收入比重计算)						
1. 农业户	户	155	47	28	33	47
2. 农业兼业户	户	197	44	56	56	41
3. 非农业兼业户	户	45	9	16	11	9
4. 非农业户	户	3	—	—	—	3
(二) 调查户从业类型(按从业劳动力比重计算)						
1. 农业户	户	211	60	45	38	68
2. 农业兼业户	户	66	18	16	19	13
3. 非农业兼业户	户	109	20	38	39	12
4. 非农业户	户	14	2	1	4	7
(三) 户别						
1. 个体工商户	户	2	—	—	1	1
2. 干部户	户	2	—	—	1	1
3. 个体工商和干部户	户	—	—	—	—	—
4. 五保户	户	—	—	—	—	—
5. 其他户	户	396	100	100	98	98
(四) 家庭结构						
1. 单身或夫妇	户	80	19	28	18	15
2. 夫妇与一个孩子	户	141	30	39	38	34
3. 夫妇与两个孩子	户	53	14	9	16	14
4. 夫妇与三个以上孩子	户	6	1	1	4	—
5. 单亲与孩子	户	5	1	2	2	—
6. 三代同堂	户	100	29	16	21	34
7. 其他	户	15	6	5	1	3
(五) 是否参加专业性合作经济组织						
1. 参加的户数	户	—	—	—	—	—
2. 未参加的户数	户	400	100	100	100	100
(六) 是否参加新型农村合作医疗						
1. 参加的户数	户	395	95	100	100	100
2. 未参加的户数	户	5	5	—	—	—
(七) 是否领取最低生活保障						
1. 领取的户数	户	10	8	1	—	1
2. 未领取的户数	户	390	92	99	100	99

7—10 续表 1 （2012 年）

	单　位	四平地区	梨树县	伊通县	公主岭市	双辽市
二、期末生产性固定资产拥有情况						
（一）生产性固定资产原值	元	12210985	3957265	2257990	2981200	3014530
1. 农业	元	6596435	1965065	1289990	927550	2413830
其中：房屋及建筑物	元	2910829	1014329	580200	312800	1003500
役畜	元	206550	71350	24000	111200	—
大中型铁木农具	元	391090	242170	17500	124420	7000
农业机械	元	2651395	572745	666190	371130	1041330
2. 林业	元	—	—	—	—	—
其中：房屋及建筑物	元	—	—	—	—	—
役畜	元	—	—	—	—	—
大中型铁木农具	元	—	—	—	—	—
林业机械	元	—	—	—	—	—
3. 牧业	元	3939350	1909200	237800	1702650	89700
其中：房屋及建筑物	元	2988100	1620800	187000	1150300	30000
产品畜	元	832800	233700	25500	513900	59700
大中型铁木农具	元	5000	2000	3000	—	—
牧业机械	元	76250	23000	22300	30950	—
4. 渔业	元	—	—	—	—	—
其中：房屋及建筑物	元	—	—	—	—	—
大中型铁木农具	元	—	—	—	—	—
渔业机械	元	—	—	—	—	—
5. 采矿业	元	—	—	—	—	—
6. 制造业	元	20000	—	20000	—	—
其中：房屋及建筑物	元	—	—	—	—	—
生产设备	元	—	—	—	—	—
7. 电力煤气与水的生产及供应	元	—	—	—	—	—
8. 建筑业	元	53000	—	—	53000	—
9. 交通运输业、仓储和邮政业	元	1198200	30000	659200	168000	341000
10. 批发和零售贸易业	元	253000	8000	—	75000	170000
11. 住宿和餐饮业	元	—	—	—	—	—
12. 居民服务与其他服务业	元	51000	—	51000	—	—
13. 教育	元	—	—	—	—	—
14. 卫生、社会保障和福利业	元	85000	45000	—	40000	—
15. 文化、体育和娱乐业	元	—	—	—	—	—
16. 其他	元	15000	—	—	15000	—

7—10 续表 2 (2012 年)

	单位	四平地区	梨树县	伊通县	公主岭市	双辽市
（二）主要生产性固定资产数量	*	—	—	—	—	—
1. 房屋及建筑物	平方米	22943	9123	3776	5532	4512
2. 汽车	辆	28	2	9	5	12
3. 大中型拖拉机	台	70	5	9	16	40
4. 小型和手扶拖拉机	台	193	53	65	27	48
5. 动力三轮车	辆	22	7	7	6	2
6. 机动脱粒机	台	15	8	3	4	—
7. 收割机	台	—	—	—	—	—
8. 农用动力机械	台	41	20	15	5	1
9. 胶轮大车	架	18	10	1	7	—
10. 水泵	台	133	72	7	7	47
11. 役畜	头	51	17	10	23	1
12. 产品畜	头	425	128	4	247	46
三、期末主要耐用消费品拥有情况	*	—	—	—	—	—
01. 洗衣机	台	370	92	98	91	89
02. 电冰箱	台	299	84	74	73	68
03. 空调机	台	2	—	—	—	2
04. 抽油烟机	台	30	3	1	16	10
05. 吸尘器	台	1	—	1	—	—
06. 微波炉	台	20	5	2	4	9
07. 热水器	台	28	8	2	2	16
其中：太阳能热水器	台	18	2	—	—	16
08. 自行车	辆	265	59	62	88	56
其中：电动自行车	辆	30	4	4	10	12
09. 摩托车	台	286	85	57	73	71
10. 汽车（生活用）	台	28	8	4	11	5
11. 固定电话机	部	156	40	19	46	51
12. 移动电话	部	816	229	196	226	165
其中：接入互联网的	部	54	28	1	20	5
13. 彩色电视机	台	468	134	115	118	101
其中：接入有线电视网的	台	206	124	—	62	20
14. 黑白电视机	台	2	1	1	—	—
其中：接入有线电视网的	台	1	1	—	—	—
15. 摄像机	台	6	—	—	6	—
16. 影碟机	台	133	32	28	29	44
17. 照相机	架	12	3	2	7	—
18. 家用计算机	台	85	30	15	23	17
其中：接入互联网的	台	60	28	—	18	14
19. 中高档乐器	件	1	—	—	—	1
四、期内住户固定资产投资完成额	元	—	—	—	—	—
其中：住宅投资完成额	元	—	—	—	—	—
五、通过互联网购买商品和服务的总额	元	10000	—	—	—	10000

农村住户居住情况

7－11

（2012 年）

	单　位	四平地区	梨树县	伊通县	公主岭市	双辽市
一、期末拥有住房情况	—					
（一）期末拥有住房面积	平方米	35019	8551	7716	9570	9182
# 出租住房面积	平方米	960	—	—	960	—
（二）期末拥有住房价值	元	25291000	5557000	5043500	8538500	6152000
二、期末居住住房情况	—					
（一）居住住房性质	—					
1. 自有	户	400	100	100	100	100
2. 租住	户	—	—	—	—	—
3. 其他	户	—	—	—	—	—
（二）居住住房面积	平方米	35019	8551	7716	9570	9182
（三）居住住房价值	元	25291000	5557000	5043500	8538500	6152000
（四）居住住房类型	—					
1. 楼房面积	平方米	1081	60	—	1021	—
2. 砖瓦平房面积	平方米	31616	7622	6953	8549	8492
3. 其他	平方米	2322	869	763	—	690
（五）居住住房结构	—					
1. 钢筋混泥土结构面积	平方米	60	60	—	—	—
2. 砖木结构面积	平方米	32471	7622	6953	9570	8326
3. 其他	平方米	2488	869	763	—	856
三、期内新建（购）住房情况	—					
（一）新建（购）住房面积	平方米	668	—	473	124	71
新建住房面积	平方米	633	—	438	124	71
新购住房面积	平方米	35	—	35	—	—
（二）新建（购）住房价值	元	685000	—	475000	170000	40000
新建住房价值	元	655000	—	445000	170000	40000
新购住房价值	元	30000	—	30000	—	—
（三）新建（购）住房类型	—					
1. 楼房面积	平方米	—	—	—	—	—
2. 砖瓦平房面积	平方米	570	—	375	124	71
3. 其他	平方米	98	—	98	—	—
（四）新建（购）住房结构	—					
1. 钢筋混泥土结构面积	平方米	—	—	—	—	—
2. 砖木结构面积	平方米	570	—	375	124	71
3. 其他	平方米	98	—	98	—	—
（五）期内新建(购)住房资金来源	元	655035	—	445035	170000	40000
1. 国内贷款	元	—	—	—	—	—
2. 自筹资金	元	575035	—	365035	170000	40000
3. 其他	元	80000	—	80000	—	—

7—11 续表　　　　　　　　　　　　　　　　（2012 年）

	单　位	四平地区	梨树县	伊通县	公主岭市	双辽市
四、居住条件	—					
（一）住房卫生设备使用情况	*					
1. 使用水冲式厕所的户数	户	—	—	—	—	—
2. 使用旱厕的户数	户	400	100	100	100	100
3. 无厕所的户数	户	—	—	—	—	—
（二）取暖设备使用情况	*					
#1. 使用空调的户数	户	2	—	—	—	2
2. 使用暖气的户数	户	52	—	—	7	45
3. 使用火炕的户数	户	346	100	100	93	53
4. 使用其他暖设备的户数	户	—	—	—	—	—
（三）炊事使用的主要能源	*					
#1. 使用沼气的户数	户	—	—	—	—	—
2. 使用其他燃气的户数	户	—	—	—	—	—
3. 使用燃油的户数	户	—	—	—	—	—
4. 使用电的户数	户	5	—	—	—	5
5. 使用太阳能的户数	户	—	—	—	—	—
6. 使用煤炭的户数	户	1	—	—	—	1
7. 使用柴草的户数	户	393	100	100	100	93
（四）饮用水来源情况	*					
1. 饮用自来水的户数	户	90	30	50	0	10
2. 饮用深井水的户数	户	310	70	50	100	90
3. 饮用浅井水的户数	户	—	—	—	—	—
4. 饮用江河湖泊水的户数	户	—	—	—	—	—
5. 饮用塘水的户数	户	—	—	—	—	—
6. 饮用其他水源的户数	户	—	—	—	—	—
（五）住宅外道路路面状况	*					
1. 水泥或柏油路面的户数	户	167	74	—	36	57
2. 沙石或石板等硬质路面的户数	户	195	13	100	52	30
3. 其他路面的户数	户	38	13	—	12	13
五、附：期内新建（购）房屋户数	户	8	—	6	1	1

农业生产结构及生产技术应用情况

7－12

(2012 年)

	单　位	四平地区	梨树县	伊通县	公主岭市	双辽市
一、土地经营情况	*					
(一) 期初实际经营土地面积	亩	9082.16	2204.55	1322.22	1919.49	3635.90
1. 耕地	亩	9068.46	2190.85	1322.22	1919.49	3635.90
其中：有效灌溉面积	亩	1669.55	17.40	0.00	85.25	1566.90
2. 山地	亩	—	—	—	—	—
3. 园地	亩	13.70	13.70	—	—	—
4. 牧草地	亩	—	—	—	—	—
5. 养殖水面	亩	—	—	—	—	—
(二) 期内增加的经营土地面积	亩	519.00	—	505.20	13.80	—
1. 耕地	亩	519.00	—	505.20	13.80	—
其中：有效灌溉面积	亩	—	—	—	—	—
2. 山地	亩	—	—	—	—	—
3. 园地	亩	—	—	—	—	—
4. 牧草地	亩	—	—	—	—	—
5. 养殖水面	亩	—	—	—	—	—
(三) 期内经营土地增加的原因	*					
1. 新开垦	亩	3.00	—	3.00	—	—
2. 转包	亩	39.00	—	37.00	2.00	—
3. 村内进行土地调整	亩	—	—	—	—	—
4. 其他	亩	1.00	—	—	1.00	—
(四) 期内减少的经营土地面积	亩	123.19	—	112.69	10.50	—
1. 耕地	亩	123.19	—	112.69	10.50	—
其中：有效灌溉面积	亩	—	—	—	—	—
2. 山地	亩	—	—	—	—	—
3. 园地	亩	—	—	—	—	—
4. 牧草地	亩	—	—	—	—	—
5. 养殖水面	亩	—	—	—	—	—
(五) 期内经营土地减少的原因	*					
1. 建设占用 (征地)	亩	—	—	—	—	—
2. 转包	亩	17.00	—	17.00	—	—
3. 村内进行土地调整	亩	—	—	—	—	—
4. 退耕还林	亩	—	—	—	—	—
5. 其他	亩	9.00	—	8.00	1.00	—

7－12 续表　　　　　　　　　　　　（2012 年）

	单　位	四平地区	梨树县	伊通县	公主岭市	双辽市
（六）期末实际经营的土地面积	亩	9478.97	2204.55	1715.73	1922.79	3635.90
1. 耕地	亩	9465.27	2190.85	1715.73	1922.79	3635.90
其中：有效灌溉面积	亩	1669.55	17.40	—	85.25	1566.90
2. 山地	亩	—	—	—	—	—
3. 园地	亩	13.70	13.70	—	—	—
4. 牧草地	亩	—	—	—	—	—
5. 养殖水面	亩	—	—	—	—	—
二、土地种植情况	*					
（一）粮食播种面积	亩	9221.50	2131.00	1724.88	1887.49	3478.13
#1. 小麦播种面积	亩	—	—	—	—	—
2. 水稻播种面积	亩	514.45	1.50	2.70	85.25	425.00
3. 玉米播种面积	亩	8603.08	2128.50	1721.98	1801.90	2950.70
4. 豆类播种面积	亩	67.04	—	0.20	0.34	66.50
5. 薯类播种面积	亩	1.93	1.00	—	—	0.93
（二）经济作物播种面积	亩	175.16	43.80	33.76	26.68	70.92
1. 棉花播种面积	亩	—	—	—	—	—
2. 油料播种面积	亩	22.00	—	1.00	—	21.00
3. 麻类播种面积	亩	—	—	—	—	—
4. 糖料播种面积	亩	—	—	—	—	—
5. 烟草播种面积	亩	—	—	—	—	—
6. 蔬菜播种面积	亩	153.15	43.80	32.75	26.68	49.92
7. 瓜类播种面积	亩	0.01	—	0.01	—	—
8. 酱用西红柿播种面积	亩	—	—	—	—	—
9. 打瓜播种面积	亩	—	—	—	—	—
三、农业生产技术应用情况	—					
（一）机耕面积	亩	6796.14	1712.15	—	1505.09	3578.90
（二）抛秧面积	亩	139.40	0.40	—	—	139.00
（三）机播面积	亩	4164.40	982.00	—	—	3182.40
（四）机收面积	亩	441.00	—	—	—	441.00
（五）机电灌溉面积	亩	464.00	—	—	—	464.00
（六）薄膜覆盖面积	亩	—	—	—	—	—
（七）温室面积	亩	—	—	—	—	—

农村住户当年生产经营情况

7—13 （2012年）

	单　位	四平地区	梨树县	伊通县	公主岭市	双辽市
一、农　业	—					
（一）谷物产量	公斤	5912621.79	1685336.62	1137800.00	1324378.89	1765106.28
1. 小麦	公斤	—	—	—	—	—
2. 稻谷	公斤	264784.12	1110.34	1500.00	47467.08	214706.70
3. 玉米	公斤	5639647.67	1684226.28	1136300.00	1276911.81	1542209.58
4. 高粱	公斤	2340.00	—	—	—	2340.00
5. 谷子	公斤	5850.00	—	—	—	5850.00
6. 青稞	公斤	—	—	—	—	—
7. 其他谷物	公斤	—	—	—	—	—
（二）薯类产量	公斤	459.00	396.00	—	—	63.00
1. 红薯产量	公斤	423.00	396.00	—	—	27.00
2. 马铃薯产量	公斤	36.00	—	—	—	36.00
3. 其他薯类产量	公斤	—	—	—	—	—
（三）豆类产量	公斤	7768.50	—	15.00	103.50	7650.00
1. 大豆产量	公斤	103.50	—	—.00	103.50	—
2. 其他豆类产量	公斤	7665.00	—	15.00	—	7650.00
（四）棉花产量	公斤	—	—	—	—	—
（五）油料产量	公斤	3425.00	—	50.00	—	3375.00
1. 花生产量	公斤	3015.00	—	—	—	3015.00
2. 芝麻产量	公斤	360.00	—	—	—	360.00
3. 油菜籽产量	公斤	—	—	—	—	—
4. 葵花籽产量	公斤	—	—	—	—	—
5. 其他产量	公斤	50.00	—	50.00	—	—
（六）麻类产量	公斤	—	—	—	—	—
（七）糖料产量	公斤	—	—	—	—	—
1. 甘蔗产量	公斤	—	—	—	—	—
2. 甜菜产量	公斤	—	—	—	—	—
3. 其他糖料产量	公斤	—	—	—	—	—
（八）烟草产量	公斤	—	—	—	—	—
（九）蔬菜产量	公斤	240053.26	70178.13	40553.50	56944.89	72376.74
1. 鲜菜	公斤	240050.56	70178.13	40553.50	56944.89	72374.04
2. 干菜	公斤	2.70	—	—	—	2.70
3. 鲜菌	公斤	—	—	—	—	—
4. 干菌	公斤	—	—	—	—	—
（十）花卉、园艺	—	—	—	—	—	—
1. 鲜切花产量	枝	—	—	—	—	—
2. 盆栽植物产量	盆	—	—	—	—	—
3. 绿化苗木产量	株	—	—	—	—	—
4. 人工草坪、草皮产量	平方米	—	—	—	—	—
5. 种子、种苗产量	任选	—	—	—	—	—
6. 其他产量	任选	—	—	—	—	—

	单 位	四平地区	梨树县	伊通县	公主岭市	双辽市
（十一）瓜果类产量	公斤	5.00	—	5.00	—	—
1. 西瓜产量	公斤	—	—	—	—	—
2. 甜瓜产量	公斤	—	—	—	—	—
3. 白兰瓜产量	公斤	—	—	—	—	—
4. 草莓产量	公斤	5.00	—	5.00	—	—
5. 其他产量	公斤	—	—	—	—	—
（十二）园林水果产量	公斤	635.00	—	185.00	—	450.00
1. 苹果产量	公斤	185.00	—	185.00	—	—
2. 梨产量	公斤	—	—	—	—	—
3. 柑桔类产量	公斤	—	—	—	—	—
4. 香蕉产量	公斤	—	—	—	—	—
5. 菠萝产量	公斤	—	—	—	—	—
6. 荔枝产量	公斤	—	—	—	—	—
7. 龙眼产量	公斤	—	—	—	—	—
8. 葡萄产量	公斤	270.00	—	—	—	270.00
9. 桃产量	公斤	—	—	—	—	—
10. 杏产量	公斤	180.00	—	—	—	180.00
11. 枣产量	公斤	—	—	—	—	—
12. 柿子产量	公斤	—	—	—	—	—
13. 椰子产量	个	—	—	—	—	—
14. 其他产量	任选	—	—	—	—	—
（十三）茶叶和其他饮料	—	—	—	—	—	—
1. 茶叶产量	公斤	—	—	—	—	—
2. 其他饮料产量	任选	—	—	—	—	—
（十四）香料产量	公斤	—	—	—	—	—
（十五）中药材(人工种植)产量	公斤	—	—	—	—	—
（十六）其他种植业产品	—	—	—	—	—	—
1. 青饲料产量	公斤	—	—	—	—	—
2. 牧草产量	公斤	—	—	—	—	—
3. 绿肥产量	公斤	—	—	—	—	—
4. 其他产量	任选	—	—	—	—	—
（十七）野生植物采集	—	—	—	—	—	—
1. 野菜产量	公斤	—	—	—	—	—
2. 虫草产量	公斤	—	—	—	—	—
3. 其他	任选	—	—	—	—	—
（十八）农作物副产品产量	公斤	7650.00	—	—	7650.00	—
（十九）用农产品加工手工业产品	—	—	—	—	—	—
1. 酒产量	公斤	—	—	—	—	—
2. 酥油产量	公斤	—	—	—	—	—
3. 其他	任选	—	—	—	—	—
（二十）专用农产品	—	—	—	—	—	—
1. 酱用西红柿产量	公斤	—	—	—	—	—
2. 打瓜产量	公斤	—	—	—	—	—
3. 其他	任选	—	—	—	—	—

	单　位	四平地区	梨树县	伊通县	公主岭市	双辽市
二、林　业	—					
(一) 采集的林产品	—					
1. 天然林和人工林地采集的果实	—	—	—	—	—	—
(1) 板栗产量	公斤	—	—	—	—	—
(2) 核桃产量	公斤	—	—	—	—	—
(3) 松子产量	公斤	—	—	—	—	—
(4) 花椒产量	公斤	—	—	—	—	—
(5) 油桐籽产量	公斤	—	—	—	—	—
(6) 油茶籽产量	公斤	—	—	—	—	—
(7) 其他	任选	—	—	—	—	—
2. 野生植物、果实	—	21924.00	7181.00	—	9535.00	5208.00
(1) 柴	公担	180.00	—	—	180.00	—
(2) 草	公担	21744.00	7181.00	—	9355.00	5208.00
(3) 野生菌类产量	公斤	—	—	—	—	—
(4) 野果产量	公斤	—	—	—	—	—
(5) 中药材（野生）产量	公斤	—	—	—	—	—
(6) 其他	任选	—	—	—	—	—
(二) 竹木采伐量	—	—	—	—	—	—
1. 竹	根	—	—	—	—	—
2. 木材	立方米	—	—	—	—	—
(三) 育种、育苗	—	—	—	—	—	—
1. 林木种子产量	公斤	—	—	—	—	—
2. 树苗	株	—	—	—	—	—
(四) 林业副产品	任选	—	—	—	—	—
(五) 用林产品加工手工业产品	任选	—	—	—	—	—
三、牧　业	—					
(一) 畜禽肉产量(出售、自宰)	公斤	182443.46	77379.15	10758.07	72849.78	21456.46
1. 畜肉产量	公斤	167949.61	76804.05	9689.57	70313.43	11142.56
(1) 肉猪头数	头	1613.50	733.00	83.50	707.00	90.00
肉猪肉产量	公斤	157275.75	74356.42	8395.24	66260.52	8263.56
(2) 菜羊只数	只	88.00	4.00	—	8.00	76.00
菜羊肉产量	公斤	2905.35	63.00	—	693.35	2149.00
(3) 肉牛头数	头	35.00	10.00	8.00	15.00	2.00
肉牛肉产量	公斤	7544.19	2308.63	1241.00	3264.56	730.00
(4) 其他牲畜头数	头	4.00	1.00	2.00	1.00	—
其他牲畜肉产量	公斤	224.33	76.00	53.33	95.00	—
2. 家禽肉产量	公斤	14493.85	575.10	1068.50	2536.35	10313.90
(1) 鸡只数	只	4633.00	197.00	353.00	624.00	3459.00
鸡的肉产量	公斤	12863.35	411.95	1017.50	1863.00	9570.90
(2) 鸭只数	只	282.00	17.00	3.00	93.00	169.00
鸭的肉产量	公斤	774.90	39.60	7.50	351.80	376.00
(3) 鹅只数	只	247.00	48.00	11.00	78.00	110.00
鹅的肉产量	公斤	855.60	123.55	43.50	321.55	367.00
(4) 其他家禽只数	只	—	—	—	—	—
其他家禽的肉产量	公斤	—	—	—	—	—

	单　位	四平地区	梨树县	伊通县	公主岭市	双辽市
(二) 蛋类产量	公斤	52483.38	24167.50	1615.50	18973.38	7727.00
1. 鸡蛋产量	公斤	49759.38	24008.50	1071.50	18366.08	6313.30
2. 鸭蛋产量	公斤	1979.70	119.00	192.00	407.00	1261.70
3. 种蛋产量	公斤	489.80	3.00	330.00	46.80	110.00
4. 其他蛋产量	公斤	254.50	37.00	22.00	153.50	42.00
(三) 皮产量	张	—	—	—	—	—
1. 猪皮产量	张	—	—	—	—	—
2. 牛皮产量	张	—	—	—	—	—
3. 羊皮产量	张	—	—	—	—	—
4. 其他皮产量	张	—	—	—	—	—
(四) 毛、绒产量	公斤	255.50	—	—	—	255.50
1. 羊毛产量	公斤	255.00	—	—	—	255.00
2. 羊绒产量	公斤	—	—	—	—	—
3. 兔毛、绒产量	公斤	—	—	—	—	—
4. 其他毛、绒产量	公斤	0.50	—	—	—	—.50
(五) 奶类产量	公斤	35664.40	—	—	—	35664.40
1. 牛奶产量	公斤	33664.40	—	—	—	33664.40
2. 羊奶产量	公斤	2000.00	—	—	—	2000.00
3. 其他奶产量	公斤	—	—	—	—	—
(六) 仔、幼、育肥畜、禽产品	—					
1. 仔猪头数	头	771.00	373.00	—	398.00	—
2. 架子猪头数	头	12.00	2.00	—	10.00	—
3. 羊羔只数	只	9.00	—	—	5.00	4.00
4. 育肥周转羊只数	只	—	—	—	—	—
5. 牛犊只数	只	13.00	7.00	—	1.00	5.00
6. 育肥周转牛只数	只	—	—	—	—	—
7. 仔、幼鸡只数	只	10388.00	75.00	—	10203.00	110.00
8. 仔、幼鸭只数	只	4056.00	—	—	4000.00	56.00
9. 仔、幼鹅只数	只	5051.00	—	—	5040.00	11.00
10. 仔、幼兔只数	只	—	—	—	—	—
11. 其他小动物只数	只	—	—	—	—	—
(七) 其他牧业产品	*					
1. 小动物	*					
(1) 兔只数	只	—	—	—	—	—
兔肉产量	公斤	—	—	—	—	—
(2) 鸟类只数 (包括鸽子)	只	55.00	—	40.00	15.00	—
(3) 家养动物只数(猫.狗等)	只	5.00	—	2.00	3.00	—
家养动物肉产量	公斤	130.00	—	20.00	110.00	—
(4) 珍贵动物只数(鹿.貂等)	只	—	—	—	—	—
珍贵动物肉产量	公斤	—	—	—	—	—
(5) 其他	任选	—	—	—	—	—

7—13 续表 4　　(2012 年)

	单　位	四平地区	梨树县	伊通县	公主岭市	双辽市
2. 虫类	*	—	—	—	—	—
(1) 青蛙肉产量	公斤	—	—	—	—	—
(2) 其他	任选	—	—	—	—	—
3. 家畜产品	*	—	—	—	—	—
(1) 蚕茧产量	公斤	—	—	—	—	—
(2) 蜂蜜、蜂蜡产量	公斤	—	—	—	—	—
(3) 麝香产量	克	—	—	—	—	—
(4) 鹿茸产量	克	—	—	—	—	—
(5) 其他	任选	—	—	—	—	—
(八) 狩猎和捕捉野生动物	任选	—	—	—	—	—
(九) 牧业副产品产量	任选	—	—	—	—	—
(十) 用牧产品加工手工业产品	任选	—	—	—	—	—
四、渔　业	*					
(一) 海水产品	*					
(1) 鱼类产量	公斤	—	—	—	—	—
(2) 虾类产量	公斤	—	—	—	—	—
(3) 蟹类产量	公斤	—	—	—	—	—
(4) 贝类产量	公斤	—	—	—	—	—
(5) 藻类产量	公斤	—	—	—	—	—
(6) 种苗	任选	—	—	—	—	—
(7) 其它海水产品产量	公斤	—	—	—	—	—
(二) 淡水产品	*					
(1) 鱼类产量	公斤	2550.00	—	2550.00	—	—
(2) 虾类产量	公斤	—	—	—	—	—
(3) 蟹类产量	公斤	—	—	—	—	—
(4) 贝类产量	公斤	—	—	—	—	—
(5) 种苗	任选	—	—	—	—	—
(6) 其它淡水产品产量	公斤	—	—	—	—	—
(三) 渔业副产品产量	任选	—	—	—	—	—
(四) 用渔产品加工手工业产品	任选	—	—	—	—	—
五、采掘业、工业产品	*					
1. 金子	克	—	—	—	—	—
2. 煤	吨	—	—	—	—	—
3. 其他采掘产品产量	*	—	—	—	—	—
4. 工业产品产量	*	—	—	—	—	—
六、建筑业产品产量	*					
七、其它家庭经营产品	任选					

农村住户总收入与总支出（人均）

7—14

（2012 年）

	单　位	四平地区	梨树县	伊通县	公主岭市	双辽市
一、总收入	**元**	**15780.87**	**17738.34**	**12708.27**	**18300.13**	**15036.61**
（一）工资性收入	元	1983.16	1741.61	1908.69	2525.61	1454.51
1. 在非企业组织中劳动得到收入	元	134.29	181.55	162.95	34.11	111.70
（1）乡村干部收入	元	78.33	—	162.95	34.11	111.70
（2）乡村教师收入	元	47.37	153.68	—	—	—
（3）行政事业单位等职工收入	元	8.59	27.87	—	—	—
2. 在本乡地域内劳动得到收入	元	953.53	1117.27	347.29	1351.13	803.02
（1）在企业中劳动得到收入	元	26.45	—	26.50	85.42	—
（2）在国家投资基建项目得到收入	元	0.93	—	—	—	3.57
（3）提供其他劳务收入	元	926.16	1117.27	320.78	1265.71	799.45
3. 外出从业得到收入	元	895.34	442.78	1398.45	1140.38	539.79
（1）在乡外县内从业得到收入	元	155.29	114.54	161.14	140.23	179.37
（2）在县外省内从业得到收入	元	570.42	195.40	1152.56	771.01	152.02
（3）在省外国内从业得到收入	元	152.44	102.19	84.75	229.14	178.71
（4）在国外从业得到收入	元	17.18	30.65	—	—	29.69
（二）家庭经营收入	元	12632.10	14955.59	9878.61	14531.73	12254.65
1. 第一产业收入	元	12053.81	14711.59	8427.91	14144.15	11839.07
（1）农业收入	元	8793.49	9560.18	7282.52	8441.52	10223.46
A. 农产品收入	元	8671.63	9476.13	7044.62	8348.82	10131.20
①粮食收入	元	8366.45	9108.25	6858.20	8064.86	9732.70
②棉花收入	元	—	—	—	—	—
③油料收入	元	12.82	—	1.30	—	48.05
④麻类收入	元	—	—	—	—	—
⑤糖料收入	元	—	—	—	—	—
⑥烟草收入	元	—	—	—	—	—
⑦蔬菜收入	元	222.74	278.48	129.23	193.92	298.76
⑧花卉园艺收入	元	4.90	0.13	—	18.98	—
⑨瓜果收入	元	0.03	—	0.13	—	—
⑩园林收入	元	2.16	—	1.02	—	7.41
⑪茶叶和其他饮料收入	元	—	—	—	—	—
⑫香料收入	元	—	—	—	—	—
⑬中药材收入	元	—	—	—	—	—
⑭其他种植业产品收入	元	1.62	—	—	0.07	5.54
⑮野生植物采集收入	元	—	—	—	—	—
⑯农作物副产品收入	元	60.91	89.27	54.75	71.00	38.74
⑰用农产品加工手工业产品收入	元	—	—	—	—	—
⑱专用农产品收入	元	—	—	—	—	—
B. 农业服务性收入	元	121.86	84.05	237.90	92.70	92.26

	单　位	四平地区	梨树县	伊通县	公主岭市	双辽市
（2）林业收入	元	14.78	—	0.32	63.71	—
A. 林业产品收入	元	1.47	—	—	6.36	—
①采集林产品收入	元	—	—	—	—	—
②竹木采伐收入	元	—	—	—	—	—
③育种、育苗收入	元	1.47	—	—	6.36	—
④林业副产品收入	元	—	—	—	—	—
⑤用林产品加工手工业产品收入	元	—	—	—	—	—
B. 林业服务性收入	元	13.31	—	0.32	57.35	—
（3）牧业收入	元	3223.86	5151.41	1046.88	5638.92	1615.61
A. 牧业产品收入	元	3218.18	5151.41	1030.90	5629.62	1615.61
①成龄家畜收入	元	2347.46	4233.11	652.61	4283.42	655.59
其中：猪收入	元	2143.84	4050.58	536.60	3981.74	412.33
菜羊收入	元	61.66	6.33	—	41.77	193.78
肉牛收入	元	137.52	169.82	112.12	251.22	49.48
②成龄家禽收入	元	131.00	21.60	81.94	84.92	337.84
③蛋类收入	元	282.27	505.46	46.86	425.11	188.76
④皮收入	元	—	—	—	—	—
⑤毛、绒收入	元	3.62	—	—	—	13.91
⑥奶类收入	元	79.55	—	—	—	305.53
⑦仔、幼畜、禽产品收入	元	372.14	391.24	245.87	830.33	113.97
⑧育肥畜收入	元	—	—	—	—	—
⑨其他牧业产品收入	元	1.95	—	3.63	4.98	—
⑩狩猎和捕捉野生动物收入	元	—	—	—	—	—
⑪牧业副产品收入	元	0.20	—	—	0.87	—
⑫牧业加工手工业收入	元	—	—	—	—	—
B. 牧业服务性收入	元	5.68	—	15.98	9.30	—
（4）渔业收入	元	21.69	—	98.19	—	—
A. 渔业产品收入	元	21.69	—	98.19	—	—
①海水产品收入	元	—	—	—	—	—
②淡水产品收入	元	21.69	—	98.19	—	—
③渔业副产品收入	元	—	—	—	—	—
④渔业加工手工业产品收入	元	—	—	—	—	—
B. 渔业服务性收入	元	—	—	—	—	—

7—14 续表 2　　　　(2012 年)

	单　位	四平地区	梨树县	伊通县	公主岭市	双辽市
2. 第二产业收入	元	83.63	—	238.27	39.38	84.12
(1) 工业收入	元	43.90	—	111.25	—	74.22
A. 工业产品收入	元	—	—	—	—	—
其中：①金子收入	元	—	—	—	—	—
②煤收入	元	—	—	—	—	—
B. 工业服务性收入	元	43.90	—	111.25		74.22
(2) 建筑业收入	元	39.73	—	127.03	39.38	9.90
①建筑业产品收入	元	—	—	—	—	—
②建筑业服务性收入	元	39.73	—	127.03	39.38	9.90
3. 第三产业收入	元	494.66	244.00	1212.43	348.20	331.47
(1) 其他产品收入	元	—	—	—	—	—
(2) 第三产业服务性收入	元	494.66	244.00	1212.43	348.20	331.47
①交通.运输.邮电业收入	元	323.53	154.46	940.17	81.03	226.83
②批零贸易业.饮食业收入	元	100.10	86.41	116.20	112.13	104.63
③社会服务业收入	元	26.43	0.91	118.63	—	—
④文教卫生业收入	元	7.16	—	32.41	—	—
⑤其他行业收入	元	37.44	2.21	5.02	155.03	—
(三) 财产性收入	元	314.70	223.21	256.70	234.22	466.04
1. 利息	元	2.72	—	12.31	—	—
2. 集体分配股息和红利	元	—	—	—	—	—
3. 其他股息和红利	元	—	—	—	—	—
4. 租金（包括农业机械）	元	4.80	—	—	—	18.42
5. 出让无形资产净收入	元	—	—	—	—	—
6. 储蓄性保险投资收入	元	—	—	—	—	—
7. 转让承包土地经营权收入	元	65.92	—	142.58	—	26.45
8. 其他	元	241.26	223.21	101.80	234.22	421.18
(四) 转移性收入	元	850.91	817.94	664.27	1008.57	861.40
1. 家庭住户成员寄回和带回	元	—	—	—	—	—
2. 城市亲友赠送	元	13.36	10.74	26.78	17.47	—
3. 农村亲友赠送	元	149.66	89.55	70.50	367.98	61.37
4. 离退休金、养老金	元	12.43	4.70	0.46	—	40.74
5. 城市亲友支付赡养费	元	4.65	—	1.54	—	15.67
6. 农村亲友支付赡养费	元	3.87	—	10.77	—	4.96
7. 救济金、抚恤金、救灾款	元	0.29	0.29	0.92	—	—
8. 退税	元	0.95	—	—	3.71	—
9. 退耕还林还草补贴	元	5.93	—	—	—	21.62
10. 无偿扶贫或扶持款	元	7.16	—	—	—	26.12
11. 得到赔款	元	0.13	—	—	—.51	—
12. 各项补贴收入	元	649.45	707.11	552.27	616.12	688.28
13. 其他	元	3.04	5.54	1.02	2.79	2.64

7—14 续表 3　　(2012 年)

	单　位	四平地区	梨树县	伊通县	公主岭市	双辽市
二、总支出	元	15025.63	16259.63	11257.64	17558.37	15062.57
(一) 家庭经营费用支出	元	6284.62	8000.95	3798.62	8113.94	6032.47
1. 第一产业生产费用支出	元	6184.28	7928.83	3700.30	7910.49	5979.16
(1) 农业生产费用支出	元	3852.49	4323.13	2911.33	3610.74	4651.74
A. 农业生产资料支出	元	2960.59	2711.55	2098.84	2751.36	4212.10
①种籽、种苗支出	元	473.32	799.94	355.58	456.48	339.05
②饲料支出	元	35.06	3.82	44.29	105.31	—
③其他生产资料支出	元	2452.22	1907.79	1698.97	2189.57	3873.05
B. 农业服务性支出	元	891.90	1611.58	812.49	859.38	439.64
①农业生产雇工工资支出	元	423.83	975.08	236.46	477.87	90.31
②其他生产服务支出	元	468.06	636.50	576.02	381.50	349.32
(2) 林业生产费用支出	元	18.25	—	5.61	31.21	37.67
A. 林业生产资料支出	元	2.21	—	5.61	0.96	2.87
①饲料支出	元	0.01	—	0.06	—	—
②其他生产资料支出	元	2.19	—	5.54	0.96	2.87
B. 林业服务性支出	元	16.04	—	—	30.25	34.80
①林业生产雇工工资支出	元	6.37	—	—	27.61	—
②其他生产服务支出	元	9.67	—	—	2.64	34.80
(3) 牧业生产费用支出	元	2300.52	3605.70	724.44	4268.55	1289.75
A. 牧业生产资料支出	元	2254.89	3582.53	713.58	4106.39	1277.93
①饲料支出	元	1930.12	3235.51	609.85	3194.64	1187.71
②其他生产资料支出	元	324.77	347.02	103.73	911.74	90.22
B. 牧业服务性支出	元	45.63	23.17	10.85	162.16	11.81
①牧业生产雇工工资支出	元	11.91	10.71	—	43.37	—
②其他生产服务支出	元	33.72	12.46	10.85	118.79	11.81
(4) 渔业生产费用支出	元	13.02	—	58.93	—	—
A. 渔业生产资料支出	元	12.82	—	58.04	—	—
①饲料支出	元	6.29	—	28.48	—	—
②其他生产资料支出	元	6.53	—	29.55	—	—
B. 渔业服务性支出	元	0.20	—	0.89	—	—
①渔业生产雇工工资支出	元	—	—	—	—	—
②其他生产服务支出	元	0.20	—	0.89	—	—
2. 第二产业生产费用支出	元	15.27	—	—	60.71	4.84
(1) 工业生产费用支出	元	—	—	—	—	—
A. 工业生产资料支出	元	—	—	—	—	—
其中：原料支出	元	—	—	—	—	—
燃料支出	元	—	—	—	—	—
B. 工业服务性支出	元	—	—	—	—	—
①工业生产雇工工资支出	元	—	—	—	—	—
②其他生产服务支出	元	—	—	—	—	—
(2) 建筑业生产费用支出	元	15.27	—	—	60.71	4.84
A. 建筑业生产资料支出	元	2.19	—	—	9.49	—
其中：原料支出	元	—	—	—	—	—
燃料支出	元	2.19	—	—	9.49	—
B. 建筑业服务性支出	元	13.08	—	—	51.22	4.84
①建筑业生产雇工工资支出	元	2.81	—	—	12.15	
②其他生产服务支出	元	10.28	—	—	39.07	4.84

	单 位	四平地区	梨树县	伊通县	公主岭市	双辽市
3. 第三产业生产费用支出	元	85.07	72.12	98.32	142.73	48.47
(1) 交通运输邮电业生产费用支出	元	55.35	55.24	98.32	64.71	19.50
A. 交通运输邮电业生产资料支出	元	30.75	54.92	12.96	46.45	13.92
其中：燃料支出	元	26.99	48.39	11.02	41.24	11.90
B. 交通运输邮电业服务性支出	元	24.60	0.32	85.35	18.26	5.58
①交通运输邮电业生产雇工工资支出	元	—	—	—	—	—
②其他生产服务支出	元	24.60	0.32	85.35	18.26	5.58
(2) 批零贸易餐饮业生产费用支出	元	9.27	13.94	—	—	22.40
A. 批零贸易餐饮业生产资料支出	元	2.84	6.91	—	—	4.37
其中：原料支出	元	—	—	—	—	—
燃料支出	元	2.32	5.07	—	—	4.12
B. 批零贸易餐饮业服务性支出	元	6.43	7.03	—	—	18.03
①批零贸易餐饮业生产雇工工资支出	元	0.36	—	—	—	1.37
②其他生产服务支出	元	6.07	7.03	—	—	16.66
(3) 社会服务业生产费用支出	元	18.17	—	—	71.32	6.56
A. 社会服务业生产资料支出	元	1.69	—	—	—	6.51
其中：原料支出	元	—	—	—	—	—
燃料支出	元	1.52	—	—	—	5.85
B. 社会服务业服务性支出	元	16.48	—	—	71.32	0.05
①社会服务业生产雇工工资支出	元	—	—	—	—	—
②其他生产服务支出	元	16.48	—	—	71.32	0.05
(4) 文教卫生业生产费用支出	元	—	—	—	—	—
A. 文教卫生业生产资料支出	元	—	—	—	—	—
其中：原料支出	元	—	—	—	—	—
燃料支出	元	—	—	—	—	—
B. 文教卫生业服务性支出	元	—	—	—	—	—
①文教卫生业生产雇工工资支出	元	—	—	—	—	—
②其他生产服务支出	元	—	—	—	—	—
(5) 其他行业生产费用支出	元	2.27	2.93	—	6.71	—
A. 其他行业生产资料支出	元	2.16	2.93	—	6.24	—
其中：原料支出	元	—	—	—	—	—
燃料支出	元	1.43	—	—	6.20	—
B. 其他行业服务性支出	元	0.11	—	—	0.47	—
①其他行业生产雇工工资支出	元	—	—	—	—	—
②其他生产服务支出	元	0.11	—	—	0.47	—
(二) 购置生产性固定资产支出	元	850.87	632.14	465.81	843.73	1030.03
(三) 建．造生产性固定资产雇工支出	元	6.46	—	7.81	6.26	12.65
(四) 税费支出	元	5.88	—	—	25.49	—
1. 第一产业税	元	—	—	—	—	—
2. 第二产业税	元	—	—	—	—	—
(1) 工业生产纳税	元	—	—	—	—	—
(2) 建筑业生产纳税	元	—	—	—	—	—
3. 第三产业生产纳税	元	—	—	—	—	—
4. 其他各种收费	元	5.88	—	—	25.49	—
其中："一事一议"筹资	元	5.88	—	—	25.49	—

7—14 续表 5 (2012 年)

	单 位	四平地区	梨树县	伊通县	公主岭市	双辽市
(五) 生活消费支出	元	6327.70	6279.90	5716.13	6803.86	6403.30
其中：服务性支出	元	1766.17	1889.86	1727.15	1934.12	1348.05
1. 食品消费支出	元	2216.23	2117.18	2175.53	2428.23	2449.33
A. 食品消费品支出	元	1966.26	1882.74	1959.64	2181.98	2171.67
(1) 谷物	元	489.74	554.07	479.27	455.27	545.95
(2) 薯类	元	4.17	0.46	7.31	6.73	3.40
(3) 豆类	元	8.94	7.00	9.60	12.28	8.68
(4) 食用油	元	115.90	125.33	133.14	116.06	110.57
(5) 蔬菜及制品	元	199.19	183.20	206.38	237.28	206.04
(6) 肉．禽．蛋．奶及制品	元	468.70	352.44	505.65	510.49	584.77
(7) 水产品及制品	元	41.90	31.38	43.51	45.16	54.24
(8) 烟．酒	元	248.53	233.19	207.75	313.88	279.14
(9) 茶叶．饮料	元	39.87	36.99	26.92	48.85	51.94
(10) 其它类食品	元	349.33	358.68	340.09	435.95	326.93
B. 食品消费服务性支出	元	249.97	234.43	215.89	246.25	277.66
(1) 在外饮食	元	246.61	233.22	211.02	243.98	272.87
(2) 食品加工费	元	3.02	0.84	4.52	1.79	4.66
(3) 其他服务性支出	元	0.34	0.37	0.35	0.48	0.13
2. 衣着消费支出	元	516.48	578.38	442.39	417.96	582.92
A. 衣着消费品支出	元	516.03	577.91	442.32	417.55	582.11
(1) 服装	元	349.33	397.55	301.77	271.79	397.21
(2) 服装材料	元	7.29	9.14	4.61	9.09	5.52
(3) 鞋类	元	127.64	128.11	113.53	112.90	144.13
(4) 其他	元	31.76	43.11	22.41	23.77	35.25
B. 衣着消费服务性支出	元	0.45	0.46	0.07	0.41	0.81
(1) 衣着加工费	元	0.22	0.01	—	0.04	0.81
(2) 其他服务性支出	元	0.23	0.45	0.07	0.37	—
3. 居住消费支出	元	879.59	614.71	612.95	925.34	1260.08
A. 居住消费品支出	元	644.05	430.91	415.19	647.50	1005.73
(1) 建筑生活用房材料	元	220.93	1.51	229.25	152.13	472.30
(2) 维修生活用房材料	元	189.31	296.68	7.97	279.01	147.57
(3) 装修生活用房材料	元	103.71	63.52	74.17	145.31	116.68
(4) 生活用房	元	78.74	—	87.49	—	219.92
(5) 生活用燃料	元	51.36	69.20	16.32	71.04	49.26
B. 居住消费服务性支出	元	235.54	183.80	197.76	277.84	254.34
(1) 建筑．维修生活用房雇工工资	元	96.51	51.32	15.25	151.35	149.82
(2) 房租	元	2.15	—	—	7.91	—
(3) 生活用水	元	1.57	—	3.19	2.89	—
(4) 生活用电	元	107.46	126.82	97.59	96.84	99.63
(5) 清洁费．卫生费	元	0.12	0.23	0.26	—	—
(6) 其他服务性支出	元	27.73	5.43	81.46	18.85	4.89
4. 家庭设备．用品消费支出	元	272.87	226.34	274.98	283.44	278.80
A. 家庭设备用品消费品支出	元	268.34	223.02	267.83	279.70	275.20
(1) 日用品	元	91.26	91.34	104.32	78.93	83.33
(2) 床上用品	元	20.05	17.57	19.04	16.64	25.08
(3) 室内装饰品	元	9.85	18.22	1.28	12.21	6.65
(4) 家俱类	元	61.62	18.10	62.44	85.39	71.61
(5) 机电设备	元	85.55	77.79	80.75	86.52	88.54
B. 家庭设备用品服务性消费支出	元	4.52	3.32	7.15	3.74	3.59
(1) 家庭设备修理费	元	2.89	2.31	3.98	2.68	2.37
(2) 日杂用品加工修理费	元	0.28	0.03	0.45	0.55	0.04
(3) 家政服务费	元	0.26	—	0.84	0.21	—
(4) 其他服务性支出	元	1.09	0.99	1.88	0.31	1.18

	单　位	四平地区	梨树县	伊通县	公主岭市	双辽市
5. 交通和通讯消费支出	元	812.14	837.13	652.49	1164.80	496.36
A. 交通和通讯用品支出	元	533.89	517.44	441.88	868.80	237.72
(1) 交通工具	元	320.27	235.14	288.90	637.90	69.66
(2) 交通工具用燃料	元	118.46	146.55	96.47	129.79	89.85
(3) 交通工具用零配件	元	24.54	36.53	10.57	36.80	11.33
(4) 通讯工具	元	69.86	98.50	45.26	63.50	66.12
(5) 通讯工具用零配件	元	0.76	0.71	0.67	0.82	0.75
B. 交通和通讯服务消费支出	元	278.25	319.69	210.61	296.00	258.64
(1) 交通消费服务支出	元	160.36	202.31	92.83	177.17	151.98
①交通客运费	元	128.58	155.17	81.87	126.45	137.80
②生活物品货运费	元	0.51	1.80	0.09	0.16	—
③交通工具修理费	元	26.04	31.42	9.55	49.36	9.78
④其他(过路过桥费等)服务性支出	元	5.23	13.92	1.31	1.20	4.40
(2) 通讯消费服务支出	元	117.90	117.38	117.78	118.83	106.66
①邮寄费	元	0.90	0.87	2.60	0.13	0.03
②通讯费	元	115.82	115.14	114.06	117.15	106.07
③通讯工具修理费	元	1.08	1.36	0.86	1.50	0.48
④其他	元	0.10	0.01	0.27	0.04	0.08
6. 文化教育．娱乐消费支出	元	538.17	481.73	496.93	543.53	575.37
A. 文化教育．娱乐用品消费支出	元	190.80	209.16	159.59	135.89	242.55
(1) 文教．娱乐用机电消费品	元	118.12	135.48	95.64	70.85	161.31
(2) 书．报．杂志	元	3.93	5.27	4.26	4.57	1.31
(3) 纸张．文具	元	19.74	16.00	9.45	11.47	39.78
(4) 音像制品	元	0.37	0.46	0.20	0.69	0.06
(5) 电脑软件	元	—	—	—	—	—
(6) 体育用品	元	0.20	—	0.83	—	—
(7) 计算机零配件及耗材	元	0.11	0.23	0.20	—	—
(8) 鲜花	元	0.15	0.23	0.34	0.02	—
(9) 娱乐用品	元	43.62	50.36	43.74	43.63	33.12
(10) 其他用品	元	4.57	1.13	4.94	4.65	6.97
B. 教育服务消费支出	元	304.03	233.03	300.98	345.23	303.20
(1) 托儿费	元	24.30	13.08	16.50	33.45	30.52
(2) 幼儿园赞助费	元	5.61	—	4.09	16.08	0.93
(3) 学杂费	元	187.32	138.98	265.26	122.04	210.47
(4) 入学赞助费	元	—	—	—	—	—
(5) 私立学校就读费	元	—	—	—	—	—
(6) 成人培训费	元	17.45	32.22	—	35.01	—
(7) 教育设备修理费	元	—	—	—	—	—
(8) 其他服务性支出	元	69.34	48.75	15.13	138.65	61.28
C. 文化．体育．娱乐服务消费支出	元	43.34	39.54	36.35	62.41	29.63
(1) 旅游	元	10.56	2.03	16.22	15.55	7.15
(2) 休闲娱乐费	元	7.57	1.00	19.38	6.80	2.77
(3) 文化．体育．娱乐用品修理费	元	3.29	—	0.09	10.83	1.26
(4) 其他服务性支出	元	21.91	36.51	0.67	29.22	18.45
7. 医疗保健消费支出	元	911.99	1144.21	920.44	889.78	623.33
A. 医疗保健用品	元	319.29	355.57	224.93	235.37	431.99
(1) 医疗卫生用品	元	312.65	352.03	219.31	221.52	429.60
①药品	元	310.33	351.71	215.80	219.46	426.46
②医疗卫生器械	元	1.70	0.31	2.52	1.89	1.90
③其他医疗卫生用品	元	0.61	—	0.99	0.17	1.25
(2) 保健用品	元	6.64	3.54	5.62	13.86	2.39
①药品类保健品	元	4.65	1.97	0.02	13.54	1.84
②保健器材	元	1.99	1.57	5.60	0.32	0.55

7—14 续表 7 （2012 年）

	单位	四平地区	梨树县	伊通县	公主岭市	双辽市
B. 医疗保健服务消费支出	元	592.71	788.64	695.51	654.41	191.34
（1）医疗费	元	587.78	782.75	694.35	644.85	189.04
（2）医疗设备修理费	元	0.56	1.52	—	—	0.71
（3）保健费	元	2.42	3.07	0.29	4.61	1.31
（4）保健设备修理费	元	0.07	—	0.29	—	—
（5）其他服务性支出	元	1.88	1.30	0.58	4.95	0.27
8. 其他商品和服务消费支出	元	180.22	280.23	140.44	150.79	137.12
A. 其他商品支出	元	122.86	193.30	77.61	102.95	108.28
（1）首饰	元	34.77	72.58	18.24	15.01	31.95
（2）手表	元	1.50	2.05	0.13	2.97	0.59
（3）化妆品	元	20.99	18.04	24.28	20.35	19.39
（4）迷信．宗教用品	元	10.19	6.76	8.20	18.42	5.79
（5）其他	元	55.42	93.88	26.75	46.20	50.56
B. 其他消费服务支出	元	57.36	86.93	62.83	47.83	28.84
（1）旅馆住宿费	元	0.97	3.05	—	—.21	0.62
（2）美容美发	元	11.08	12.89	9.20	11.65	9.53
（3）殡殓费	元	13.93	52.25	—	3.82	0.02
（4）生活消费借贷利息	元	1.46	—	5.83	0.11	—
（5）其他服务性支出	元	29.92	18.75	47.79	32.04	18.67
（六）财产性支出	元	0.08	0.32	—	—	—
1. 宅基地有偿使用费	元	—	—	—	—	—
2. 其他	元	0.08	0.32	—	—	—
（七）转移性支出	元	1550.01	1346.31	1269.26	1765.09	1584.13
1. 给大中专学生生活费和学杂费	元	149.12	51.00	105.32	205.40	198.74
2. 赠送农村亲友	元	1129.61	947.31	1112.17	1127.64	1189.41
3. 赠送城市亲友	元	95.74	204.89	1.62	164.38	0.74
4. 交纳医疗保险	元	46.61	59.27	16.40	62.57	39.34
5. 交纳社会保障基金	元	36.34	17.80	17.17	8.56	89.27
6. 购买非储蓄性保险	元	47.85	60.80	11.16	74.35	35.27
7. 赡养费	元	6.28	—	2.92	10.28	9.85
8. 其他直接税	元	—	—	—	—	—
9. 捐赠	元	1.59	1.34	0.66	3.44	0.62
10. 罚款．赔款	元	—	—	—	—	—
11. 其他	元	36.87	3.91	1.85	108.46	20.89
一、全年纯收入	**元**	**8760.01**	**8884.97**	**8351.90**	**9179.61**	**8391.96**
（一）工资性收入	元	1983.16	1741.61	1908.69	2525.61	1454.51
1. 在非企业组织中劳动得到收入	元	134.29	181.55	162.95	34.11	111.70
（1）乡村干部收入	元	78.33	—	162.95	34.11	111.70
（2）乡村教师收入	元	47.37	153.68	—	—	—
（3）行政事业单位等职工收入	元	8.59	27.87	—	—	—
2. 在本乡地域内劳动得到收入	元	953.53	1117.27	347.29	1351.13	803.02
（1）在企业中劳动得到收入	元	26.45	—	26.50	85.42	—
（2）在国家投资基建项目得到收入	元	0.93	—	—	—	3.57
（3）提供其他劳务收入	元	926.16	1117.27	320.78	1265.71	799.45
3. 外出从业得到收入	元	895.34	442.78	1398.45	1140.38	539.79
（1）在乡外县内从业得到收入	元	155.29	114.54	161.14	140.23	179.37
（2）在县外省内从业得到收入	元	570.42	195.40	1152.56	771.01	152.02
（3）在省外国内从业得到收入	元	152.44	102.19	84.75	229.14	178.71
（4）在国外从业得到收入	元	17.18	30.65	—	—	29.69

	单　位	四平地区	梨树县	伊通县	公主岭市	双辽市
（二）家庭经营纯收入	元	5758.90	6188.80	5592.19	5776.05	5669.73
1. 第一产业纯收入	元	5360.90	6032.98	4397.55	5664.51	5401.10
（1）农业收入	元	4621.44	4856.75	4092.51	4618.86	5129.35
（2）林业收入	元	－3.47	—	－5.28	32.50	－37.67
（3）牧业收入	元	734.26	1176.23	271.07	1013.14	309.42
（4）渔业收入	元	8.67	—	39.26	—	—
2. 非农产业纯收入	元	398.00	155.82	1194.64	111.55	268.63
A. 第二产业纯收入	元	64.86	—	233.95	－32.31	79.28
（1）工业收入	元	42.94	—	106.93	—	74.22
（2）建筑业收入	元	21.92	—	127.03	－32.31	5.06
B. 第三产业纯收入	元	333.14	155.82	960.68	143.86	189.35
（1）交通．运输．邮电业收入	元	211.00	93.42	699.44	－18.40	144.84
（2）批零贸易业．饮食业收入	元	78.76	70.92	116.20	96.63	51.07
（3）社会服务业收入	元	5.82	0.91	107.61	－71.32	－6.56
（4）文教卫生业收入	元	3.10	－8.71	32.41	－8.27	—
（5）其他行业收入	元	34.46	－0.72	5.02	145.22	0.00
（三）财产性纯收入	元	314.70	223.21	256.70	234.22	466.04
1. 利息	元	2.72	—	12.31	—	—
2. 集体分配股息和红利	元	—	—	—	—	—
3. 其他股息和红利	元	—	—	—	—	—
4. 租金（包括农业机械）	元	4.80	—	—	—	18.42
5. 出让无形资产净收入	元	—	—	—	—	—
6. 储蓄性保险投资收入	元	—	—	—	—	—
7. 转让承包土地经营权收入	元	65.92	—	142.58	—	26.45
8. 其他	元	241.26	223.21	101.80	234.22	421.18
（四）转移性纯收入	元	703.25	731.36	594.32	643.72	801.68
1. 家庭住户成员寄回和带回	元	—	—	—	—	—
2. 城市亲友赠送	元	13.36	10.74	26.78	17.47	—
3. 离退休金、养老金	元	12.43	4.70	0.46	—	40.74
4. 城市亲友支付赡养费	元	4.65	—	1.54	—	15.67
5. 农村亲友支付赡养费	元	3.87	—	10.77	—	4.96
6. 救济金、抚恤金、救灾款	元	0.29	0.29	0.92	—	—
7. 退税	元	0.95	—	—	3.71	—
8. 退耕还林还草补贴	元	5.93	—	—	—	21.62
9. 无偿扶贫或扶持款	元	7.16	—	—	—	26.12
10. 得到赔款	元	0.13	—	—	0.51	—
11. 各项补贴收入	元	649.45	707.11	552.27	616.12	688.28
12. 其他	元	5.05	8.52	1.57	5.92	4.29
二、全年现金纯收入	元	7003.02	6936.91	7128.54	7073.66	6393.84
三、全年实物纯收入	元	1757.00	1948.07	1223.37	2105.95	1998.12

农村住户劳动力就业与外出务工情况

7－15 （2012 年）

	单 位	四平地区	梨树县	伊通县	公主岭市	双辽市
农村住户劳动力就业情况	*					
一、就业劳动力人数	人	1017	256	244	268	249
#男劳动力	人	522	132	127	140	123
整劳动力	人	645	172	139	168	166
受过专业培训的人数	人	90	17	49	3	21
（一）与户主关系	*					
1. 户主	人	394	100	99	100	95
2. 配偶	人	373	93	94	96	90
3. 子女	人	236	60	46	70	60
4. 孙子女	人	2	2	—	—	—
5. 父母	人	11	1	4	2	4
6. 祖父母	人	—	—	—	—	—
7. 兄弟姐妹	人	1	—	1	—	—
8. 其他亲属	人	—	—	—	—	—
9. 非亲属	人	—	—	—	—	—
（二）年龄结构	—					
1. 16－18 岁	人	19	6	4	4	5
2. 19－22 岁	人	64	20	10	25	9
3. 23－25 岁	人	67	19	11	23	14
4. 26－30 岁	人	73	24	11	16	22
5. 31－40 岁	人	223	52	61	48	62
6. 41－50 岁	人	292	75	62	77	78
7. 51－60 岁	人	208	44	56	53	55
8. 60 岁以上	人	71	16	29	22	4
（三）文化程度	—					
1. 不识字或识字很少	人	31	6	9	16	0
2. 小学程度	人	302	102	73	76	51
3. 初中程度	人	589	128	147	145	169
4. 高中程度	人	72	16	12	21	23
5. 中专	人	11	4	2	3	2
6. 大专及以上	人	12	—	1	7	4
（四）就业地点	—					
1. 乡内	人	874	234	205	211	224
2. 县内乡外	人	23	1	2	9	11
3. 省内县外	人	81	11	32	32	6
4. 国内省外	人	36	8	5	16	7
5. 国外	人	2	2	—	—	—

7—15 续表 1 （2012 年）

	单　位	四平地区	梨树县	伊通县	公主岭市	双辽市
（五）行业分布	*					
(1) 农、林、牧、渔业	人	771	210	179	175	207
(2) 采矿业	人	3	—	2	1	—
(3) 制造业	人	18	1	5	10	2
(4) 电力、燃气及水的生产和供应业	人	1	1	—	—	—
(5) 建筑业	人	96	23	27	35	11
(6) 交通运输、仓储和邮政业	人	32	6	11	7	8
(7) 信息传输、计算机服务和软件业	人	4	—	—	4	—
(8) 批发和零售业	人	24	2	4	11	7
(9) 住宿和餐饮业	人	15	6	—	6	3
(10) 金融业	人	—	—	—	—	—
(11) 房地产业	人	1	—	1	—	—
(12) 租赁和商务服务业	人	2	—	—	—	2
(13) 科学研究、技术服务和地质勘察业	人	1	—	1	—	—
(14) 水利、环境和公共设施管理业	人	1	—	1	—	—
(15) 居民服务和其他服务业	人	34	4	10	13	7
(16) 教育	人	4	2	—	2	0
(17) 卫生、社会保障和社会福利业	人	1	—	—	1	—
(18) 文化、体育和娱乐业	人	3	—	—	2	1
(19) 公共管理和社会组织	人	5	1	3	1	—
(20) 国际组织	人	—	—	—	—	—
（六）年内从事各种行业时间	月					
1. 农业	月	3456.4	1002.5	657	926.9	870
2. 本地非农自营	月	248.9	45.7	60.3	64.9	78
3. 本地非农务工	月	698.6	256.9	89.5	258.7	93.5
4. 外出从业	月	1209.5	177	274.5	572.5	185.5
农村住户劳动力外出务工情况	*					
一、外出就业的劳动力人数	人	203	31	52	91	29
其中：男劳动力人数	人	171	28	48	75	20
整劳动力人数	人	162	27	40	75	20
受过专业培训的人数	人	23	3	17	—	3
首次外出的人数	人	63	8	19	23	13
（一）与户主关系	*					
1. 户主	人	112	20	40	39	13
2. 配偶	人	12	1	4	3	4
3. 子女	人	76	10	8	49	9
4. 孙子女	人	—	—	—	—	—
5. 父母	人	3	—	—	—	3
6. 祖父母	人	—	—	—	—	—
7. 兄弟姐妹	人	—	—	—	—	—
8. 其他亲属	人	—	—	—	—	—
9. 非亲属	人	—	—	—	—	—
（二）年龄结构	*					
1.16—18 岁	人	12	2	3	4	3
2.19—22 岁	人	21	1	2	16	2
3.23—25 岁	人	28	3	1	21	3
4.26—30 岁	人	12	2	2	6	2
5.31—40 岁	人	46	9	17	12	8
6.41—50 岁	人	57	12	19	20	6
7.51—60 岁	人	24	2	6	11	5
8.60 岁以上	人	3	—	2	1	0

7—15 续表 2 (2012 年)

	单 位	四平地区	梨树县	伊通县	公主岭市	双辽市
(三) 文化程度	*					
1. 不识字或识字很少	人	1	—	—	1	0
2. 小学	人	43	7	13	19	4
3. 初中	人	134	20	36	56	22
4. 高中	人	15	2	2	9	2
5. 中专	人	3	2	—	1	0
6. 大专及以上	人	7	—	1	5	1
(四) 外出方式	*					
#1. 政府 (单位) 组织外出人数	人	—	—	—	—	—
2. 中介组织介绍	人	—	—	—	—	—
3. 亲属介绍外出人数	人	—	—	—	—	—
(五) 外出地区	*					
1. 东部地区	人	—	—	—	—	—
2. 中部地区	人	—	—	—	—	—
3. 西部地区	人	—	—	—	—	—
4. 其他地区	人	—	—	—	—	—
(六) 外出地区类型	*	—	—	—	—	—
1. 直辖市	人	—	—	—	—	—
2. 省会城市	人	—	—	—	—	—
3. 地区级城市	人	—	—	—	—	—
4. 县级市	人	—	—	—	—	—
5. 建制镇	人	—	—	—	—	—
6. 其他地区	人	—	—	—	—	—
(七) 与雇主签定劳动合同的人数	人	—	—	—	—	—
(八) 参加工伤保险的人数	*					
(九) 外出务工时间	月	1209.5	177	274.5	572.5	185.5
(十) 外出劳动力从业时间情况	*					
1. 外出劳动力中从业累计 1 个月以下的人数	人	5	—	2	3	0
2. 外出劳动力中从业累计 1—3 个月人数	人	40	6	11	21	2
3. 外出劳动力中从业累计 3—6 个月人数	人	53	9	16	18	10
4. 外出劳动力中从业累计 6 个月以上的人数	人	105	16	23	49	17
(十一) 外出从事的行业	*					
(1) 农、林、牧、渔业	人	44	10	8	21	5
(2) 采矿业	人	2	—	1	1	0
(3) 制造业	人	13	—	4	8	1
(4) 电力、燃气及水的生产和供应业	人	1	1	—	—	—
(5) 建筑业	人	70	11	24	26	9
(6) 交通运输、仓储和邮政业	人	14	3	6	3	2
(7) 信息传输、计算机服务和软件业	人	4	—	—	4	—

（2012 年）

	单　位	四平地区	梨树县	伊通县	公主岭市	双辽市
（8）批发和零售业	人	11	—	—	8	3
（9）住宿和餐饮业	人	14	5	—	6	3
（10）金融业	人	—	—	—	—	—
（11）房地产业	人	1	—	1	—	—
（12）租赁和商务服务业	人	—	—	—	—	—
（13）科学研究、技术服务和地质勘察业	人	1	—	1	—	—
（14）水利、环境和公共设施管理业	人	—	—	—	—	—
（15）居民服务和其他服务业	人	23	1	7	10	5
（16）教育	人	2	—	—	2	0
（17）卫生、社会保障和社会福利业	人	—	—	—	—	—
（18）文化、体育和娱乐业	人	3	—	—	2	1
（19）公共管理和社会组织	人	—	—	—	—	—
（20）国际组织	人	—	—	—	—	—
（十二）在外务工总收入	元	3547649	648660	994950	1507839	396200
其中：寄回带回现金	元	1688829	438570	799170	284789	166300
1. 外出务工分地区收入情况	*					
（1）在东部地区的收入	元	—	—	—	—	—
（2）在中部地区的收入	元	—	—	—	—	—
（3）在西部地区的收入	元	—	—	—	—	—
（4）在其他地区的收入	元	—	—	—	—	—
2. 外出务工分地区类型收入情况	*					
（1）在直辖市得到的收入	元	—	—	—	—	—
（2）在省会城市得到的收入	元	—	—	—	—	—
（3）在地区级城市得到的收入	元	—	—	—	—	—
（4）在县级市得到的收入	元	—	—	—	—	—
（5）在建制镇得到的收入	元	—	—	—	—	—
（6）在其他地区得到的收入	元	—	—	—	—	—
（十三）雇主拖欠工资的人数	人	—	—	—	—	—
（十四）雇主拖欠的工资额	元	—	—	—	—	—
（十五）外出从业的生产性费用支出	元	—	—	—	—	—
1. 旅费支出	元	—	—	—	—	—
2. 办理各种手续支出	元	—	—	—	—	—
（十六）在外务工生活消费总支出	元	1052475	84620	151640	651115	165100
# 食品	元	—	—	—	—	—
衣着	元	—	—	—	—	—
居住	元	—	—	—	—	—
交通通讯	元	—	—	—	—	—
医疗保健	元	—	—	—	—	—

8 统计资料

市政公用事业和环境保护

URBAN PUBLIC UTILITIES AND ENVIRONMENT

四 平 市 区 设 施 水 平

8—1

（2012 年）

	单 位	市 区
人口密度	人/平方公里	717
人均日生活用水量	升	100.1
用水普及率	%	71.5
燃气普及率	%	96.3
建成区供水管道密度	公里/平方公里	8.0
建成区排水管道密度	公里/平方公里	34.0
人均道路面积	平方米	9.0
人均公园绿地面积	平方米	8.4
建成区绿地率	%	31.0
建成区绿化覆盖率	%	34.0

＊注：用水普及率，燃气普及率按国家统计局四平调查队资料计算。

四平市区建设用地

8－2

(2012年)

	单　位	指标值
一、建成区	平方公里	53.8
二、城市建设用地面积	平方公里	53.5
1. 居住用地	平方公里	22.7
2. 公共管理与公共服务用地	平方公里	4.2
3. 工业用地	平方公里	8.5
4. 物流仓储用地	平方公里	1.9
5. 市政公共设施用地	平方公里	2.0
6. 绿地	平方公里	4.8
7. 商业服务业设施用地	平方公里	7.3
8. 交通设施用地	平方公里	2.0

四平市区市政设施

8－3

(2012年)

	单　位	合　计
道路长度	公里	353.2
道路面积	万平方米	547.2
#人行道	万平方米	96.2
桥梁数	座	16
#立交桥	座	5
路灯盏数	千盏	16.3
安装路灯的道路长度	公里	123
排水管道长度	公里	214
污水排放量	万立方米	2682

四平市区公共交通情况

8—4

(2012 年)

	单 位	合 计	公交企业
运营车数	辆	224	
#汽油车	辆	1	
柴油车	辆	223	
标准运营车数	标台	32	
运营线路网长度	公里	104.3	
本年更新运营车数	辆	63	
运营线路条数	条	17	
运营线路总长度	公里	235	
客运总量	万人次	3993	
运营里程	万公里	1500	

四平市区市容环境卫生情况

8—5

(2012 年)

	单 位	合 计
道路清扫保洁面积	万平方米	673
生活垃圾清运量	万吨	24
生活垃圾简易处理能力	万吨/年	8.6
粪便清运量	万吨	3.4
公共厕所数量	座	195
市容环卫专用车辆总数	台	17

工业污染排放及处理利用情况

8—6

（2012 年）

	单 位	全 市	四平市区	公主岭市	双辽市	梨树县	伊通县	辽河垦区
一、企业基本情况								
1. 工业企业数	个	256.00	69.00	51.00	28.00	56.00	41.00	11.00
2. 工业总产值（现价）	万元	2466816.40	1528564.50	376947.20	247165.40	164024.30	139695.00	10420.00
3. 工业用水总量	万吨	147084.90	32333.69	12837.88	85196.75	15797.88	612.67	306.02
4. 工业煤炭消费总量	万吨	1073.16	374.32	216.17	315.14	122.37	43.88	1.28
二、工业废水								
1. 废水治理设施数	套	117.00	52.00	22.00	12.00	14.00	14.00	3.00
2. 废水治理设施处理能力	万吨/日	18.97	5.85	4.85	3.62	2.98	1.07	0.60
3. 工业废水处理量	万吨	3604.28	1009.70	1171.36	203.41	731.90	299.43	188.48
4. 工业废水排放量	万吨	3566.57	796.06	1261.49	116.88	795.06	396.47	200.61
5. 工业废水中化学需氧量产生量	吨	69511.66	10933.98	28720.34	207.21	24280.76	2328.59	3040.78
6. 工业废水中化学需氧量排放量	吨	7288.88	1004.36	2570.97	84.32	1561.65	1420.91	646.68
7. 工业废水中氨氮产生量	吨	641.21	175.84	296.97	15.18	110.69	11.45	31.09
8. 工业废水中氨氮排放量	吨	275.52	97.70	94.08	15.07	35.76	8.09	24.83
三、工业废气								
1. 工业废气排放量	万立方米	12649941.55	5882554.19	1268707.09	3056763.06	1581944.75	830552.50	29419.96
2. 废气治理设施处理能力	万立方米/时	3038.41	1137.02	233.20	1307.96	258.80	90.20	11.22
3. 二氧化硫产生量	吨	74812.65	31851.73	9857.50	25255.76	5474.53	2205.86	167.27
4. 二氧化硫排放量	吨	45291.41	16737.97	8095.20	12610.58	5474.53	2205.86	167.27
5. 氮氧化物产生量	吨	50305.48	18134.65	4654.99	21697.44	3842.92	1912.48	63.00
6. 氮氧化物排放量	吨	48879.25	16708.42	4654.99	21697.44	3842.92	1912.48	63.00
7. 烟（粉）尘产生量	吨	2325903.92	1178494.93	143200.40	428217.67	386125.92	189381.98	483.01
8. 烟（粉）尘排放量	吨	24342.71	10647.72	3599.37	1377.14	5331.03	3234.74	152.70
四、工业固体废物								
1. 一般工业固体废物产生量	万吨	263.95	169.03	30.13	48.94	12.02	3.22	0.62
2. 一般工业固体废物综合利用/处置量	万吨	263.95	169.03	30.13	48.94	12.02	3.22	0.62
3. 一般工业固体废物综合利用/处置率	%	100.00	100.00	100.00	100.00	100.00	100.00	100.00

工业企业“三废”排放及处理情况

8—7

(2012 年)

	单　位	全　市	四平市区	公主岭市	双辽市	梨树县	伊通县
一、废水排放总量	万吨	10777.03	4019.33	2998.47	946.07	1618.08	895.32
#工业废水排放量	万吨	3566.57	796.06	1261.49	116.88	795.06	396.47
生活污水排放总量	万吨	7210.46	3223.27	1736.98	829.19	823.02	498.85
二、COD 排放总量	吨	24065.74	5354.74	7237.23	2845.24	4165.19	3374.76
#工业 COD 排放量	吨	7288.88	1004.36	2570.97	84.32	1561.65	1420.91
生活 COD 排放量	吨	16776.86	4350.38	4666.26	2760.92	2603.54	1953.85
三、氨氮排放总量	吨	3608.35	1408.87	954.95	418.66	468.44	274.33
#工业氨氮排放量	吨	275.52	97.70	94.08	15.07	35.76	8.09
生活氨氮排放量	吨	3332.83	1311.17	860.87	403.59	432.68	266.24
四、煤炭消费总量	万吨	1138.53	388.05	247.43	323.81	130.64	46.53
#工业煤炭消费量	万吨	1073.16	374.32	216.17	315.14	122.37	43.88
生活煤炭消费量	万吨	65.38	13.73	31.26	8.67	8.27	2.65
五、二氧化硫排放总量	吨	50848.41	17905.02	10752.00	13347.53	6177.48	2431.11
#工业二氧化硫排放量	吨	45291.41	16737.97	8095.20	12610.58	5474.53	2205.86
生活二氧化硫排放量	吨	5557.00	1167.05	2656.80	736.95	702.95	225.25
六、氮氧化物排放总量	吨	50196.39	16988.27	5282.14	21871.52	4009.98	1965.48
#工业氮氧化物排放量	吨	48879.25	16708.42	4654.99	21697.44	3842.92	1912.48
生活氮氧化物排放量	吨	1317.14	279.85	627.15	174.08	167.06	53.00
七、烟（粉）尘排放量	吨	29572.87	11746.12	6099.93	2070.74	5992.63	3446.74
#工业烟（粉）尘排放量	吨	24342.71	10647.72	3599.37	1377.14	5331.03	3234.74
生活烟（粉）尘排放量	吨	5230.16	1098.40	2500.56	693.60	661.60	212.00
八、一般工业固体废物产生量	万吨	263.95	169.03	30.13	48.94	12.02	3.22

四平市区供水（节约用水）情况

8—8

（2012 年）

	单　位	公共供水企业
水厂个数	个	4
综合生产力	万立方米/日	23.6
供水管道长度	公里	431.0
供水总量	万立方米	3831
售水量	万立方米	3561.4
生产运营用水	万立方米	1396
公共服务用水	万立方米	744.2
居民家庭用水	万立方米	889.6
其他用水	万立方米	531.6
用水户数	户	158575
# 居民家庭	户	130085
用水人口	万人	44.7

四平市区集中供热情况

8—9

(2012 年)

	单 位	合 计
供热能力	兆瓦	810
#热电厂	兆瓦	500
锅炉房	兆瓦	310
供热总量	万吉焦	730
#热电厂	万吉焦	554
锅炉房	万吉焦	176
管道长度	公里	875
供热面积	万平方米	1485.9
#住宅	万平方米	1119.1

四平市区燃气情况

8—10

(2012年)

	单　位	天然气	液化石油气（液化气供应站）
储气能力	万立方米、吨	2	350
供气管道长度	公里	635.8	5.6
外购气量	万立方米、吨	—	9000
供气总量	万立方米、吨	3277	9000
销售气量	万立方米、吨	3041	9000
#家庭用量	万立方米、吨	1162	6000
用气户数	户	131252	27200
#家庭用户	户	122163	23985

四平市区园林绿化情况

8—11

(2012年)

	单　位	合　计
绿化覆盖面积	公顷	1842
#建成区	公顷	1825
园林绿地面积	公顷	1671
#建成区	公顷	1671
公园绿地面积	公顷	510
公园个数	个	7
公园面积	公顷	392

9 统计资料

农 业

AGRICULTURE

2007年—2012年农村经济主要统计指标

9—1

	单　位	2007年	2008年	2009年	2010年	2011年	2012年
耕地面积	万公顷	76.2	76.2	85.7	92.2	91.4	91.4
农业总产值	亿元	276.4	324.8	335.1	396.3	465.4	491.4
农业增加值	亿元	162	193.8	180.1	211.5	257.4	283.8
粮食总产量	万吨	591.1	694.1	555.5	682.6	755	771.0
油料产量	万吨	12.4	11.7	8.9	11.6	9.3	6.9
蔬菜产量	万吨	105	113.6	114.4	112.1	113.8	109.7
水果产量	万吨	2.99	2.99	2.97	2.29	2.45	2.6
造林面积	公顷	295	—	4805	1324	1892	5587.0
木材产量	立方米	52329	107133	11750	271602	132926	120864.0
猪存栏数	万头	337.5	455.7	561.3	291.7	320.8	335.8
猪出栏数	万头	637.2	684.9	838.5	369.4	396.3	429.2
牛存栏数	万头	125	130.6	153.9	103.4	114.5	114.8
牛出栏数	万头	130.1	138.8	148.4	56.7	63.2	63.9
羊存栏数	万只	83.8	91.8	100.7	59.8	65.9	66.2
羊出栏数	万只	93.6	104.7	107.1	55.7	57.9	60.9
家禽存栏数	万只	6695	7320	8114	3387.1	3893.9	4286.5
家禽出栏数	万只	9112	10882	14123	5689.4	6132.1	6692.6
农民人均纯收入	元	4279	5045	5418	6586	7718	8760.0
肉类总产量	万吨	99.6	107.3	130.1	54.7	61.5	65.1
猪牛羊肉产量	万吨	77.4	82.3	97.9	42.9	48.7	51.2
禽蛋产量	万吨	48.8	52.9	54.7	33	35.6	31.4
奶类产量	万吨	16.8	21.2	24.8	12.2	13	9.2
水产品产量	吨	4108	4959	5006	4890	5245	5955.0
机电井	眼	12307	13764	15027	16661	17226	17653.0
农村用电量	万千瓦时	42861	45139	49130	51202	56503	57910.0
化肥施用量	万吨	51.2	53.3	55.8	62.6	66.6	68.2
农用机械总动力	万千瓦	181	194.5	211.5	217.7	244.4	261.0

注：2010年粮食总产量及畜牧业数据为省局调整后数据。

2007年—2012年农村经济主要统计指标定基发展速度

9—2 (以2007年为100) 单位:%

	2007年	2008年	2009年	2010年	2011年	2012年
耕地面积	100.0	100.0	112.5	121.0	119.9	119.9
农业总产值	100.0	117.5	121.2	143.4	168.4	177.8
农业增加值	100.0	119.6	111.2	130.6	158.9	175.2
粮食总产量	100.0	117.4	94.0	115.5	127.7	130.4
油料产量	100.0	94.4	71.8	93.5	75.0	55.6
蔬菜产量	100.0	108.2	109.0	106.8	108.4	104.5
水果产量	100.0	100.0	99.3	76.6	81.9	87.0
造林面积	100.0	—	1628.8	448.8	641.4	1893.9
木材产量	100.0	204.7	22.5	519.0	254.0	231.0
猪存栏数	100.0	135.0	166.3	86.4	95.1	99.5
猪出栏数	100.0	107.5	131.6	58.0	62.2	67.4
牛存栏数	100.0	104.5	123.1	82.7	91.6	91.8
牛出栏数	100.0	106.7	114.1	43.6	48.6	49.1
羊存栏数	100.0	109.5	120.2	71.4	78.6	79.0
羊出栏数	100.0	111.9	114.4	59.5	61.9	65.1
家禽存栏数	100.0	109.3	121.2	50.6	58.2	64.0
家禽出栏数	100.0	119.4	155.0	62.4	67.3	73.4
农民人均纯收入	100.0	117.9	126.6	153.9	180.4	204.7
肉类总产量	100.0	107.7	130.6	54.9	61.7	65.4
猪牛羊肉产量	100.0	106.3	126.5	55.4	62.9	66.1
禽蛋产量	100.0	108.4	112.1	67.6	73.0	64.3
奶类产量	100.0	126.2	147.6	72.6	77.4	54.8
水产品产量	100.0	120.7	121.9	119.0	127.7	145.0
机电井	100.0	111.8	122.1	135.4	140.0	143.4
农村用电量	100.0	105.3	114.6	119.5	131.8	135.1
化肥施用量	100.0	104.1	109.0	122.3	130.1	133.2
农用机械总动力	100.0	107.5	116.9	120.3	135.0	144.2

注：2010年粮食总产量及畜牧业数据为省局调整后数据。

2007年—2012年农村经济主要统计指标环比发展速度

9－3　　（以上年为100）　　单位：%

	2007年	2008年	2009年	2010年	2011年	2012年
耕地面积	103.8	100.0	112.5	107.6	99.1	100.0
农业总产值	113.6	117.5	103.2	118.3	117.4	105.6
农业增加值	116.7	119.6	92.9	117.4	121.7	110.3
粮食总产量	95.0	117.4	80.0	122.9	110.6	102.1
油料产量	119.2	94.4	76.1	130.3	80.2	74.2
蔬菜产量	110.5	108.2	100.7	98.0	101.5	96.4
水果产量	126.2	100.0	99.3	77.1	107.0	106.1
造林面积	10.9	—	—	27.6	142.9	295.3
木材产量	442.6	204.7	11.0	2311.5	48.9	90.9
猪存栏数	115.7	135.0	123.2	52.0	110.0	104.7
猪出栏数	116.1	107.5	122.4	44.1	107.3	108.3
牛存栏数	110.4	104.5	117.8	67.2	110.7	100.3
牛出栏数	96.8	106.7	106.9	38.2	111.5	101.1
羊存栏数	109.0	109.5	109.7	59.4	110.2	100.5
羊出栏数	95.0	111.9	102.3	52.0	103.9	105.2
家禽存栏数	129.4	109.3	110.8	41.7	115.0	110.1
家禽出栏数	95.6	119.4	129.8	40.3	107.8	109.1
农民人均纯收入	116.3	117.9	107.4	121.6	117.2	113.5
肉类总产量	100.5	107.7	121.2	42.0	112.4	105.9
猪牛羊肉产量	104.5	106.3	119.0	43.8	113.5	105.1
禽蛋产量	109.4	108.4	103.4	60.3	107.9	88.2
奶类产量	135.5	126.2	117.0	49.2	106.6	70.8
水产品产量	110.8	120.7	100.9	97.7	107.3	113.5
机电井	101.8	111.8	109.2	110.9	103.4	102.5
农村用电量	101.8	105.3	108.8	104.2	110.4	102.5
化肥施用量	103.9	104.1	104.7	112.2	106.4	102.4
农用机械总动力	103.1	107.5	108.7	102.9	112.3	106.8

注：2010年粮食总产量及畜牧业数据为省局调整后数据。

农村基本情况及农业生产条件

9－4

（2012 年）

	单 位	全 市 合 计	铁西区	铁东区	公主岭市	双辽市	梨树县	伊通县	辽 河 农垦区
一、农村基层组织情况									
乡镇个数	个	73	1	4	20	12	20	15	1
# 镇个数	个	56	—	3	18	8	14	12	1
村民委员会个数	个	1159	20	54	404	190	295	187	9
二、农村基础设施									
自来水受益村数	个	450	11	19	117	51	105	138	9
通汽车村数	个	1159	20	54	404	190	295	187	9
通电话村数	个	1159	20	54	404	190	295	187	9
三、乡村人口与从业人员									
乡村户数	户	595357	14012	35741	192945	76137	162637	105921	7964
乡村人口数	人	2113690	48268	116066	707820	268273	558280	382553	32430
1. 男	人	1124411	24120	60660	366128	141886	312592	202157	16868
2. 女	人	989279	24148	55406	341692	126387	245688	180396	15562
乡村劳动力资源数	人	1159656	28325	59465	385637	155561	310070	203874	16724
1. 男	人	622943	15141	34438	211436	83572	156298	112799	9259
2. 女	人	536713	13184	25027	174201	71989	153772	91075	7465
乡村从业人员数	人	1017603	26401	53975	352135	146668	246956	178681	12787
1. 男	人	557507	14169	30647	196619	79572	129698	99486	7316
2. 女	人	460096	12232	23328	155516	67096	117258	79195	5471
# 农业从业人员	人	743191	14817	28966	255948	111869	207711	112571	11309
四、年末耕地总资源	公顷	913784	10450	21214	317096	174441	239406	124177	27000
（一）常用耕地面积	公顷	850622	10450	21214	280407	174441	213649	123461	27000
# 水浇地	公顷	119941	713	—	36969	39496	42226	537	—
（二）临时性耕地面积	公顷	63162	—	—	36689	—	25757	716	—

	单　位	全　市 合　计	铁西区	铁东区	公主岭市	双辽市	梨树县	伊通县	辽　河 农垦区
五、农业主要能源及物耗									
农村用电量	千千瓦时	579103	66350	74711	173604	95763	82585	78056	8034
农用化肥施用量（实物量）	吨	682300	7385	20557	245910	108130	176676	101822	21820
1. 氮肥	吨	200556	636	5847	53537	49452	68150	12221	10713
（1）硫酸铵	吨	10589	10	498	881	3459	4321	270	1150
（2）硝酸铵	吨	13434	100	563	—	4327	4899	275	3270
（3）尿素	吨	168248	526	4471	52656	41108	52760	11384	5343
（4）碳酸氢铵	吨	877	—	25	—	290	370	192	—
（5）氨水	吨	—	—	—	—	—	—	—	—
（6）其他	吨	7408	—	290	—	268	5800	100	950
2. 磷肥	吨	29576	320	733	5043	11439	7642	3317	1082
3. 钾肥	吨	22052	10	552	4203	9542	3492	2198	2055
4. 复合肥	吨	430116	6419	13425	183127	37697	97392	84086	7970
农用塑料薄膜使用量	吨	4078	131	96	1557	425	1608	207	54
农用柴油使用量	吨	77679	1108	2308	19742	20919	12775	17552	3275
农药使用量（实物量）	吨	6603	210	440	2585	893	953	1397	125
六、水利情况									
有效灌溉面积	公顷	188440	900	590	68390	44330	58180	16050	—
#机电灌溉面积	公顷	147960	820	530	56260	42790	36150	11410	—
旱涝保收面积	公顷	119070	900	590	21030	26070	54430	16050	—
易涝面积	公顷	245890	180	280	96990	50960	75000	22480	—
水土流失面积	公顷	618890	870	8770	93580	130000	195320	190350	—
水土保持面积	公顷	494490	530	2590	93580	88000	162080	147710	—
盐碱耕地面积	公顷	85030	—	—	12700	34070	38260	—	—
机电井	眼	17653	67	150	2253	7681	2583	4919	—
水库库容量	万立方米	228911	26	6789	18165	6221	186132	11578	—

注：辽河农垦区的水利情况包括在梨树县和双辽市之中。

9—5 (2012

	全市合计			铁西区	
	播种面积（公顷）	总产量（吨）	单产（公斤）	播种面积（公顷）	总产量（吨）
农作物总播种面积	**915717**	**—**	**—**	**10557**	**—**
一、粮食作物合计	857845	7710180	8988	9422	47502
（一）谷　物	833540	7544863	9052	9422	47502
1. 稻　谷	59076	583454	9876	124	942
2. 小　麦	200	600	3000	—	—
3. 玉　米	770325	6933872	9001	9298	46560
4. 谷　子	438	1864	4256	—	—
5. 高　粱	3174	24150	7609	—	—
6. 其他谷物	327	923	2823	—	—
（二）豆类合计	13377	45603	3409	—	—
#大　豆	10136	37918	3741	—	—
绿　豆	2212	5200	2351	—	—
红小豆	1029	2485	2415	—	—
（三）薯　类（折粮）	10928	119714	10955	—	—
#马铃薯	10797	119018	11023	—	—
二、油料合计	24521	68875	2809	—	—
1. 花　生	22813	65186	2857	—	—
2. 芝　麻	20	30	1500	—	—
3. 葵花子	1668	3658	2193	—	—
三、棉花合计	—	—	—	—	—
四、烟叶合计	69	60	870	—	—
1. 烤烟叶	—	—	—	—	—
2. 晒　烟	69	60	870	—	—
五、蔬菜（含菜用瓜）	26073	1096861	42069	1130	55502
六、瓜果类	7103	272928	38424	5	169
#西　瓜	4545	191139	42055	3	105
甜　瓜	2558	80789	31583	2	64
草　莓	—	—	—	—	—
七、其他农作物	106	—	—	—	—
#青饲料	106	—	—	—	—

面　积　和　产　量

年）

	铁东区			公主岭市		
单　产（公斤）	播种面积（公顷）	总产量（吨）	单　产（公斤）	播种面积（公顷）	总产量（吨）	单　产（公斤）
—	**21214**	**—**	**—**	**317117**	**—**	**—**
5042	20660	109500	5300	303550	3120130	10279
5042	20620	109220	5297	295388	3036846	10281
7597	187	1411	7545	15495	175671	11337
—	—	—	—	—	—	—
5008	20433	107809	5276	279645	2859413	10225
—	—	—	—	—	—	—
—	—	—	—	248	1762	7105
—	—	—	—	—	—	—
—	40	280	7000	2588	9453	3653
—	40	280	7000	2573	9398	3653
—	—	—	—	15	55	3667
—	—	—	—	—	—	—
—	—	—	—	5574	73831	13246
—	—	—	—	5557	73596	13244
—	—	—	—	395	1025	2595
—	—	—	—	395	1025	2595
—	—	—	—	—	—	—
—	—	—	—	—	—	—
—	—	—	—	—	—	—
—	—	—	—	15	6	400
—	—	—	—	—	—	—
—	—	—	—	15	6	400
49117	454	21674	47740	9540	416445	43653
33800	100	1200	12000	3511	144529	41165
35000	50	800	16000	3034	134531	44341
32000	50	400	8000	477	9998	20960
—	—	—	—	—	—	—
—	—	—	—	106	—	—
—	—	—	—	106	—	—

	双辽市			梨树县	
	播种面积（公顷）	总产量（吨）	单产（公斤）	播种面积（公顷）	总产量（吨）
农作物总播种面积	**174441**	**—**	**—**	**241277**	**—**
一、粮食作物合计	153298	1105461	7211	223014	2126587
（一）谷　物	149000	1083006	7268	214623	2078427
1. 稻　谷	22692	214682	9461	6204	61946
2. 小　麦	200	600	3000	—	—
3. 玉　米	122620	843253	6877	208359	2016206
4. 谷　子	375	1675	4467	—	—
5. 高　粱	2796	21903	7834	50	245
6. 其他谷物	317	893	2817	10	30
（二）豆类合计	3663	11430	3120	4652	18248
#大　豆	2384	8431	3536	3965	16257
绿　豆	873	2195	2514	232	708
红小豆	406	804	1980	455	1283
（三）薯　类（折粮）	635	11025	17362	3739	29912
#马铃薯	635	11025	17362	3647	29541
二、油料合计	17943	49661	2768	6050	17950
1. 花　生	16368	46211	2823	6050	17950
2. 芝　麻	20	30	1500	—	—
3. 葵花子	1535	3419	2227	—	—
三、棉花合计	—	—	—	—	—
四、烟叶合计	—	—	—	—	—
1. 烤烟叶	—	—	—	—	—
2. 晒　烟	—	—	—	—	—
五、蔬菜（含菜用瓜）	2129	77028	36180	9835	462188
六、瓜果类	1071	32600	30439	2378	93649
#西　瓜	367	11590	31580	1089	44069
甜　瓜	704	21010	29844	1289	48580
草　莓	—	—	—	—	—
七、其他农作物	—	—	—	—	—
#青饲料	—	—	—	—	—

年）

	伊通县			辽河农垦区		
单产（公斤）	播种面积（公顷）	总产量（吨）	单产（公斤）	播种面积（公顷）	总产量（吨）	单产（公斤）
—	**124111**	**—**	**—**	**27000**	**—**	**—**
9536	121301	1002500	8265	26600	198500	7462
9684	119220	994094	8338	25267	195768	7748
9985	6707	61302	9140	7667	67500	8804
—	—	—	—	—	—	—
9677	112503	932762	8291	17467	127869	7321
—	—	—	—	63	189	3000
4900	10	30	3000	70	210	3000
3000	—	—	—	—	—	—
3923	1101	3460	3143	1333	2732	2050
4100	1041	3220	3093	133	332	2496
3052	25	108	4320	1067	2134	2000
2820	35	132	3771	133	266	2000
8000	980	4946	5047	—	—	—
8100	958	4856	5069	—	—	—
2967	—	—	—	133	239	1797
2967	—	—	—	—	—	—
—	—	—	—	—	—	—
—	—	—	—	133	239	1797
—	—	—	—	—	—	—
—	54	54	1000	—	—	—
—	—	—	—	—	—	—
—	54	54	1000	—	—	—
46994	2718	55668	20481	267	8356	31296
39381	38	781	20553	—	—	—
40467	2	44	22000	—	—	—
37688	36	737	20472	—	—	—
—	—	—	—	—	—	—
—	—	—	—	—	—	—
—	—	—	—	—	—	—

蔬菜及特种作物生产情况

9－6

（2012年）

	全市合计		铁西区		铁东区		公主岭市	
	播种面积（公顷）	产量（吨）	播种面积（公顷）	产量（吨）	播种面积（公顷）	产量（吨）	播种面积（公顷）	产量（吨）
一、蔬菜合计	**26073**	**1096861**	**1130**	**55502**	**454**	**21674**	**9540**	**416445**
1. 叶菜类	2333	91073	118	3188	69	2580	505	14138
#芹　菜	550	17976	9	212	30	1120	177	5285
油　菜	344	8097	12	268	10	400	32	754
菠　菜	588	17363	20	398	29	1060	144	4377
2. 白菜类	11800	590870	46	2106	167	8990	3377	203572
#大白菜	10998	578034	43	1966	167	8990	3128	194570
3. 甘蓝类	227	7378	8	129	10	100	—	—
#卷心菜	223	7288	4	39	10	100	—	—
4. 根茎类	1465	52762	73	2476	3	48	730	28514
#白萝卜	481	11083	1	15	3	48	—	—
胡萝卜	412	14067	3	48	—	—	323	11197
生　姜	—	—	—	—	—	—	—	—
榨菜头	—	—	—	—	—	—	—	—
5. 瓜菜类	3466	131860	211	19596	99	4864	1573	59270
#黄　瓜	3020	118509	207	19406	99	4864	1500	56341
南　瓜	210	5500	—	—	—	—	—	—
6. 豆　类（菜用）	1535	39288	215	5210	22	774	824	23204
#豇　豆	61	1237	—	—	6	96	29	552
四季豆	1354	33210	215	5210	16	678	795	22652
7. 茄果菜类	3233	120104	288	18127	72	4102	1579	55560
#茄　子	1430	43467	42	1120	30	2260	659	22002
辣　椒	516	13456	30	1082	—	—	345	10177
西红柿	1236	60223	216	15925	42	1642	575	23381
8. 葱蒜类	2014	62901	171	4384	12	216	952	32032
#大　葱	1516	50149	47	1350	12	216	825	28302
蒜　头	298	8034	1	4	—	—	98	2714
9. 水生菜类	—	—	—	—	—	—	—	—
#莲　藕	—	—	—	—	—	—	—	—
10. 其他蔬菜	—	—	—	—	—	—	—	—
11. 食用菌（干鲜混合）	—	6250	—	2860	—	—	—	1550
#香　菇（干品）	—	—	—	—	—	—	—	—
黑木耳（干品）	—	—	—	—	—	—	—	—
蘑　菇（鲜品）	—	6250	—	2860	—	—	—	1550
二、特种作物	—	—	—	—	—	—	—	—
花卉种植面积	68	—	—	—	—	—	—	—
鲜切花	—	—	—	—	—	—	—	—
盆栽观赏植物（包括盆景）	—	108600	—	—	—	—	—	—
药　材	—	—	—	—	—	—	—	—
#人　参	—	—	—	—	—	—	—	—
甘　草	—	—	—	—	—	—	—	—
枸　杞	—	—	—	—	—	—	—	—

9—6 续表 (2012 年)

	双辽市		梨树县		伊通县		辽河农垦区	
	播种面积（公顷）	产量（吨）	播种面积（公顷）	产量（吨）	播种面积（公顷）	产量（吨）	播种面积（公顷）	产量（吨）
一、蔬菜合计	**2129**	**77028**	**9835**	**462188**	**2718**	**55668**	**267**	**8356**
1. 叶菜类	709	24000	807	44822	110	2100	15	245
#芹　菜	35	360	265	10337	30	600	4	62
油　菜	50	600	213	5574	20	400	7	101
菠　菜	25	500	306	9846	60	1100	4	82
2. 白菜类	499	30000	6367	318251	1201	21564	143	6387
#大白菜	350	28000	6367	318251	800	19870	143	6387
3. 甘蓝类	—	—	209	7149	—	—	—	—
#卷心菜	—	—	209	7149	—	—	—	—
4. 根茎类	240	4600	234	11499	180	5350	5	275
#白萝卜	200	3500	178	4490	95	2850	4	180
胡萝卜	40	1100	30	1200	15	450	1	72
生　姜	—	—	—	—	—	—	—	—
榨菜头	—	—	—	—	—	—	—	—
5. 瓜菜类	112	3500	673	26928	767	16750	31	952
#黄　瓜	100	2000	633	24696	450	10250	31	952
南瓜	—	—	—	—	210	5500	—	—
6. 豆　类（菜用）	150	5000	244	2790	80	2310	—	—
#豇　豆	—	—	6	39	20	550	—	—
四季豆	30	200	238	2710	60	1760	—	—
7. 茄果菜类	169	4528	870	33012	230	4450	25	325
#茄　子	30	800	541	15283	110	1800	18	202
辣　椒	10	20	39	329	90	1800	2	48
西红柿	80	1200	290	17400	30	600	3	75
8. 葱蒜类	250	5400	431	17597	150	3100	48	172
#大　葱	130	3000	392	15281	110	2000	—	—
蒜　头	120	2400	39	2116	40	800	—	—
9. 水生菜类	—	—	—	—	—	—	—	—
#莲　藕	—	—	—	—	—	—	—	—
10. 其他蔬菜	—	—	—	—	—	—	—	—
11. 食用菌（干鲜混合）	—	—	—	1400	—	440	—	—
#香　菇（干品）	—	—	—	—	—	—	—	—
黑木耳（干品）	—	—	—	—	—	—	—	—
蘑　菇（鲜品）	—	—	—	1400	—	440	—	—
二、特种作物	—	—	—	—	—	—	—	—
花卉种植面积	23	—	—	—	45	—	—	—
鲜切花	—	—	—	—	—	—	—	—
盆栽观赏植物（包括盆景）	—	—	—	28600	—	80000	—	—
药　材	—	—	—	—	—	—	—	—
#人　参	—	—	—	—	—	—	—	—
甘　草	—	—	—	—	—	—	—	—
枸　杞	—	—	—	—	—	—	—	—

林 业 生 产 情 况

9—7 （2012 年）

	单 位	全 市	铁西区	铁东区	公主岭市	双辽市	梨树县	伊通县	辽河农垦区
一、营林情况									
（一）当年造林面积	公 顷	5587	400	733	231	—	2657	1499	67
1. 用材林	公 顷	666	—	666	—	—	—	—	—
2. 经济林	公 顷	157	—	—	—	—	157	—	—
3. 防护林	公 顷	4764	400	67	231		2500	1499	67
4. 薪炭林	公 顷	—	—	—	—	—	—	—	—
（二）更新造林面积	公 顷	855	10	36	—	—	727	78	4
（三）低产林改造面积	公 顷	764	—	—	—	—	627	137	—
（四）封山育林面积	公 顷	11840	—	3840	667	—	333	7000	—
（五）零星(四旁)植树	万 株	1400	—	—	1300	—	100	—	—
（六）育苗面积	公 顷	342	—	12	110	80	100	40	—
（七）当年苗木产量	万 株	2172	—	475	—	—	200	1497	—
（八）幼林抚育作业面积	公顷/次	26325	268	2700	—	2666	10141	10550	—
（九）成林抚育面积	公 顷	4998	11	1333	340		2014	1000	300
二、当年木材产量	立方米	120864	2077	3133	51154	43384	1487	17251	2378

注：市实验林场、叶赫林场包括在铁东区中。

水果生产情况

9—8 (2012年)

	单位	全市	铁西区	铁东区	公主岭市	双辽市	梨树县	伊通县
一、园林水果产量合计	**吨**	**26320**	**422**	**3678**	**10659**	**871**	**6292**	**4398**
1. 苹　果	吨	7496	—	2400	2507	76	855	1658
#红富士苹果	吨	—	—	—	—	—	—	—
国光苹果	吨	785	—	—	172	76	29	508
2. 梨	吨	8260	7	840	3101	18	2984	1310
#苹果梨	吨	6957	7	710	2665	18	2967	590
雪花梨	吨	14	—	—	—	—	—	14
鸭　梨	吨	3	—	—	—	—	—	3
3. 其他园林水果	吨	10564	415	438	5051	777	2453	1430
#山　楂	吨	75		75	—	—	—	—
桃	吨	155	—	—	—	150	5	—
葡　萄	吨	7858	390	363	2640	627	2448	1390
二、食用坚果	吨	1	—	—	—	—	—	1
#核　桃	吨	—	—	—	—	—	—	—
板　栗	吨	—	—	—	—	—	—	—
松　子	吨	1	—	—	—	—	—	1
三、年末果园面积	公顷	3403	18	381	1242	177	891	694
1. 苹　果	公顷	930		223	189	23	247	248
#红富士苹果	公顷	35	—	—	—	—	—	35
国光苹果	公顷	116	—	—	28	23	4	61
2. 梨	公顷	1366	2	95	545	8	330	386
#苹果梨	公顷	1132	2	79	417	8	326	300
雪花梨	公顷	4	—	—	—	—	—	4
鸭　梨	公顷	2	—	—	—	—	—	2
3. 葡　萄	公顷	658	12	60	204	39	313	30
4. 山　楂	公顷	3	—	3	—	—	—	—
5. 桃	公顷	61	—	—	—	60	1	—
6. 其　他	公顷	385	4	—	304	47	—	30

9—9 (2012

	单位	全市合计			铁西区	
		出栏数	肉产量（吨）	存栏数	出栏数	肉产量（吨）
一、大牲畜总头数	头	—	—	1266745	—	—
#从事农事劳役的	头	—	—	140125	—	—
1. 牛	头	638903	103196	1148167	5457	660
#良种及改良奶牛	头	—	—	47863	—	—
2. 马	头	31862	3722	53800	323	44
3. 驴	头	30453	1730	47193	305	15
4. 骡	头	19984	2000	17585	250	25
二、猪	头	4291931	400005	3357997	50980	4610
三、羊	只	608635	9133	662555	510	8
四、鹿	只	—	—	61539	—	—
五、家禽	千只	66926	129102	42865	630	1236
#鸡	千只	51302	106273	36935	592	1153
鹅	千只	2547	7084	2886	20	50
六、家兔	只	253331	465	122127	—	—
七、奶类产量	吨	—	91539	—	—	6292
#牛奶产量	吨	—	91267	—	—	6292
八、禽蛋产量	吨	—	313622	—	—	786
九、绵羊毛产量	公斤	—	2191533	—	—	3016
十、羊绒产量	公斤	—	800	—	—	—
十一、蜂蜜产量	吨	—	411	—	—	—
十二、鹿茸产量	公斤	—	29884	—	—	—
十三、养蜂箱数	箱	7619	—	—	180	—
十四、肉类总产量	吨	—	651031	—	—	6613
十五、猪牛羊肉产量	吨	—	512334	—	—	5278

生　　产　　情　　况

年）

	铁东区			公主岭市		
存栏数	出栏数	肉产量（吨）	存栏数	出栏数	肉产量（吨）	存栏数
8731	—	—	22013	—	—	294173
689	—	—	6866	—	—	38806
7364	10761	1720	16755	125546	20087	267013
5541	—	—	1812	—	—	13441
378	1053	100	2604	17632	2126	11684
698	1110	56	1145	15973	934	11437
291	1055	105	1509	11666	1163	4039
34284	54446	4855	53107	1232265	103815	881266
1510	13998	222	20265	106301	1774	124123
268	—	—	5416	—	—	6969
454	278	427	522	22092	42751	12308
414	260	388	483	18055	35330	11176
19	9	18	20	500	1541	525
—	11679	20	28135	53550	81	59592
—	—	4014	—	—	33396	—
—	—	4014	—	—	33164	—
—	—	6014	—	—	81992	—
—	—	37820	—	—	356741	—
—	—	—	—	—	—	—
—	—	49	—	—	83	—
—	—	—	—	—	1554	—
—	1994	—	—	1185	—	—
—	—	7531	—	—	173569	—
—	—	6797	—	—	125676	—

9—9 续表 (2012

	单位	双辽市			梨树县	
		出栏数	肉产量（吨）	存栏数	出栏数	肉产量（吨）
一、大牲畜总头数	头	—	—	213041	—	—
#从事农事劳役的	头	—	—	15923	—	—
1. 牛	头	129648	21994	198800	182821	29250
#良种及改良奶牛	头	—	—	13560	—	—
2. 马	头	712	99	1590	11300	1255
3. 驴	头	5665	285	12343	6702	394
4. 骡	头	41	3	308	6690	674
二、猪	头	673768	62532	596104	1752572	173873
三、羊	只	252327	3847	287947	190699	2683
四、鹿	只	—	—	2568	—	—
五、家禽	千只	18434	35221	9213	19398	37780
#鸡	千只	13993	25482	7511	13327	33780
鹅	千只	741	2223	835	1001	2505
六、家兔	只	4872	9	9370	180000	350
七、奶类产量	吨	—	20972	—	—	11115
#牛奶产量	吨	—	20952	—	—	11115
八、禽蛋产量	吨	—	55014	—	—	71420
九、绵羊毛产量	公斤	—	1259945	—	—	470000
十、羊绒产量	公斤	—	—	—	—	—
十一、蜂蜜产量	吨	—	110	—	—	21
十二、鹿茸产量	公斤	—	981	—	—	312
十三、养蜂箱数	箱	1475	—	—	305	—
十四、肉类总产量	吨	—	124080	—	—	246351
十五、猪牛羊肉产量	吨	—	88373	—	—	205806

年）

	伊通县			辽河农垦区		
存栏数	出栏数	肉产量（吨）	存栏数	出栏数	肉产量（吨）	存栏数
402270	—	—	311058	—	—	15459
26236	—	—	50370	—	—	1235
336565	174160	27865	308180	10510	1620	13490
8146	—	—	1393	—	—	3970
36072	181	22	898	661	76	574
19265	358	20	1195	340	26	1110
10368	147	16	785	135	14	285
1477216	455200	44331	243720	72700	5989	72300
172710	32600	404	42200	12200	195	13800
2231	—	—	32887	—	—	11200
10085	4064	7222	8127	2030	4465	2156
8225	3460	6220	7146	1615	3920	1980
936	189	491	485	87	256	66
20000	3230	5	5030	—	—	—
—	—	650	—	—	15100	—
—	—	630	—	—	15100	—
—	—	71336	—	—	27060	—
—	—	10000	—	—	54011	—
—	—	800	—	—	—	—
—	—	148	—	—	—	—
—	—	16000	—	—	7280	—
—	2480	—	—	—	—	—
—	—	80380	—	—	12507	—
—	—	72600	—	—	7804	—

渔 业 生 产 情 况

9—10 （2012 年）

	单位	全市	铁西区	铁东区	公主岭市	双辽市	梨树县	伊通县	辽河农垦区
水产品产量	**吨**	**5955**	**—**	**1121**	**1680**	**270**	**675**	**1400**	**809**
#池　塘	吨	3166	—	190	1318	160	378	311	809
湖　泊	吨	—	—	—	—	—	—	—	—
水　库	吨	2789	—	931	362	110	297	1089	—
水产品种类									
#草　鱼	吨	448	—	27	349	26	5	41	—
鲢　鱼	吨	2331	—	499	483	94	284	840	131
鲤　鱼	吨	1730	—	118	546	77	255	144	590
鲫　鱼	吨	167	—	19	79	25	3	41	—
泥鳅鱼	吨	—	—	—	—	—	—	—	—
鲶　鱼	吨	8	—	8	—	—	—	—	—
水产养殖面积	公顷	11258	—	6280	1997	666	452	1786	77
#池　塘	公顷	1147	—	93	552	130	102	193	77
湖　泊	公顷	—	—	—	—	—	—	—	—
水　库	公顷	10111	—	6187	1445	536	350	1593	—

农林牧渔业总产值（按现行价格计算）

9—11　　（2012 年）　　单位：万元

	全市合计	铁西区	铁东区	公主岭市	双辽市	梨树县	伊通县	辽河农垦区
农林牧渔业总产值	**4913793**	**67569**	**74752**	**1702470**	**696667**	**1573942**	**655660**	**142733**
一、农业产值	2041092	25639	27570	793095	333101	585849	227236	48602
1. 谷物及其他作物	1835161	9351	23067	711275	317397	508638	217491	47942
(1) 谷　物	1705934	9351	22940	671007	270833	472240	213427	46136
# 小　麦	—	—	—	—	—	—	—	—
稻　谷	168618	272	408	50769	62043	17902	17716	19508
玉　米	1429186	9079	21023	577586	189434	425241	181889	24934
(2) 薯　类	57011	—	—	35019	5204	14388	2400	—
(3) 油　料	49662	—	—	753	35604	13193	—	112
(4) 豆　类	22395	—	127	4385	5756	8817	1616	1694
(5) 棉　花	—	—	—	—	—	—	—	—
(6) 麻　类	—	—	—	—	—	—	—	—
(7) 糖　料	—	—	—	—	—	—	—	—
(8) 烟　草	53	—	—	5	—	—	48	—
(9) 其他农作物	106	—	—	106	—	—	—	—
2. 蔬菜园艺作物	145349	15864	3483	60258	6155	51528	7401	660
3. 水果和坚果	60582	424	1020	21562	9549	25683	2344	—
4. 中药材	—	—	—	—	—	—	—	—
二、林业产值	21713	590	1075	8158	4155	2854	4546	335
(一) 林木的培育和种植	7738	361	729	1147	96	2692	2641	72
(二) 竹木采运	13975	229	346	7011	4059	162	1905	263
# 村及村以下	6933	229	39	3435	2205	88	937	—
(三) 林产品	—	—	—	—	—	—	—	—
三、牧业产值	2760058	41340	42387	864650	350453	958324	411228	91676
(一) 牲畜饲养	277817	3964	5898	65930	61292	73841	58030	8862
1. 牛的饲养	208500	1780	3512	40970	42310	59662	56836	3430
2. 羊的饲养	15842	9	284	2483	7867	4064	762	373
3. 其他牲畜饲养	20286	212	777	11043	2070	5729	185	270
4. 奶产品	28293	1951	1244	10281	6495	3446	195	4681
# 牛　奶	28293	1951	1244	10281	6495	3446	195	4681
5. 毛绒产品	4896	12	81	1153	2550	940	52	108
6. 其他牲畜副产品	—	—	—	—	—	—	—	—
(二) 猪的饲养	1817701	34434	30764	571150	156171	744808	225376	54998
1. 肉　猪	1817701	34434	30764	571150	156171	744808	225376	54998
2. 猪的副产品	—	—	—	—	—	—	—	—
(三) 家禽饲养	605181	2920	4891	195365	115150	138033	122042	26780
1. 肉　禽	245478	2389	832	81296	65968	72665	13814	8514
2. 禽　蛋	359163	531	4059	113549	49182	65348	108228	18266
3. 羽　绒	540	—	—	520		20	—	—
(四) 狩猎和捕捉动物	—	—	—	—	—	—	—	—
(五) 其他畜牧业	59359	22	834	32205	17840	1642	5780	1036
四、渔业产值	10010	—	1820	3067	458	1115	1850	1700
五、农林牧渔服务业	80920	—	1900	33500	8500	25800	10800	420

农林牧渔业总产值发展速度（按可比价格计算）

9—12　（以上年为100）　单位：%

	2007年	2008年	2009年	2010年	2011年	2012年
农林牧渔业总产值	**105.17**	**107.19**	**103.14**	**110.44**	**104.98**	**106.60**
一、农业产值	96.45	107.11	88.12	123.59	104.60	102.77
1. 谷物及其他作物	94.18	108.01	84.25	126.29	104.24	105.36
(1) 谷　物	92.70	109.06	86.86	121.91	111.45	106.21
#小　麦	31.43	2.12	—	—	—	—
稻　谷	101.15	90.09	—	109.44	102.85	103.12
玉　米	107.71	117.75	—	126.70	110.14	105.77
(2) 薯　类	105.63	109.72	85.67	164.02	57.18	113.63
(3) 油　料	146.93	67.65	72.72	135.32	93.82	78.21
(4) 豆　类	58.87	173.84	42.67	198.06	53.33	99.65
(5) 棉　花	—	—	—	—	—	—
(6) 麻　类	—	—	—	—	—	—
(7) 糖　料	—	—	—	—	—	—
(8) 烟　草	173.91	66.67	135.29	60.34	135.71	79.37
(9) 其他农作物	0.62	1100.00	0.00	5.13	54.17	815.38
2. 蔬菜园艺作物	109.46	102.23	132.48	97.55	110.56	76.39
3. 水果和坚果	154.77	96.16	91.17	144.48	97.43	104.37
4. 中药材	—	—	—	—	—	—
二、林业产值	88.27	99.75	64.44	78.99	89.82	113.54
(一) 林木的培育和种植	92.73	93.13	—	84.88	44.30	174.87
(二) 竹木采运	87.04	104.02	101.42	72.11	149.30	92.66
#村及村以下	101.82	133.16	—	100.71	115.05	89.27
(三) 林产品	5.24	507.69	—	106.67	15.63	—
三、牧业产值	112.06	107.35	112.40	104.27	105.28	109.19
(一) 牲畜饲养	109.10	119.38	92.31	117.61	65.22	69.63
1. 牛的饲养	106.20	123.83	92.79	116.52	56.24	79.73
2. 羊的饲养	151.83	93.28	135.43	66.57	96.25	81.43
3. 其他牲畜饲养	75.63	98.44	—	265.78	132.92	84.28
4. 奶产品	—	122.06	99.13	128.35	79.29	34.99
#牛　奶	137.79	169.83	97.93	127.82	80.27	35.32
5. 毛绒产品	204.25	56.51	—	64.52	150.83	74.98
6. 其他牲畜副产品	—	—	—	—	—	—
(二) 猪的饲养	142.39	103.30	116.18	109.55	130.81	126.30
1. 肉　猪	142.39	103.30	116.18	109.55	130.81	126.30
2. 猪的副产品	—	100.00	—	100.00	—	—
(三) 家禽饲养	84.45	106.74	120.71	89.28	92.01	87.10
1. 肉　禽	44.10	98.42	163.80	86.63	103.30	85.26
2. 禽　蛋	135.20	110.08	105.67	90.92	85.97	88.30
3. 羽　绒	103.00	106.21	—	19.81	122.51	190.81
(四) 狩猎和捕捉动物	—	—	—	—	—	—
(五) 其他畜牧业	36.62	120.94	88.63	132.71	215.60	170.65
四、渔业产值	179.18	117.50	118.32	82.51	148.95	115.79
五、农林牧渔服务业	97.27	105.56	103.93	101.42	104.29	103.88

农林牧渔业总产值发展速度（各县市区）（按可比价格计算）

9—13　　（以上年为100）　　单位：%

	铁西区	铁东区	公主岭市	双辽市	梨树县	伊通县	辽河农垦区
农林牧渔业总产值	**103.99**	**105.54**	**104.61**	**107.67**	**107.45**	**110.50**	**101.23**
一、农业产值	105.91	104.90	103.48	103.93	101.00	103.33	99.74
1. 谷物及其他作物	97.62	98.49	104.77	105.57	107.05	105.47	100.02
(1) 谷　物	97.62	98.43	104.08	111.26	107.83	106.06	100.37
#小　麦	—	—	—	—	—	—	—
稻　谷	103.47	84.10	104.97	102.62	103.15	91.56	113.17
玉　米	102.98	96.95	102.90	115.05	108.21	103.51	95.58
(2) 薯　类	—	—	115.92	189.60	100.53	125.80	—
(3) 油　料	—	—	184.74	70.57	108.36	—	24.36
(4) 豆　类	—	109.40	102.87	131.11	85.23	54.80	411.59
(5) 棉　花	—	—	—	—	—	—	—
(6) 麻　类	—	—	—	—	—	—	—
(7) 糖　料	—	—	—	—	—	—	—
(8) 烟　草	—	—	83.33	—	—	78.95	—
(9) 其他农作物	—	—	815.38	—	—	—	—
2. 蔬菜园艺作物	109.07	133.53	87.52	67.78	62.45	62.40	81.21
3. 水果	1077.14	601.32	110.45	85.97	102.72	106.27	—
4. 中药材	—	—	—	—	—	—	—
二、林业产值	184.16	193.05	147.41	67.71	77.18	173.24	113.74
(一) 林木的培育和种植	163.35	174.40	—	8.96	146.30	304.26	1200.00
(二) 竹木采运	240.24	261.40	123.85	82.62	7.60	102.57	88.28
#村及村以下	240.24	—	60.68	—	4.39	—	—
(三) 林产品	—	—	—	—	—	—	—
三、牧业产值	102.52	104.15	105.16	111.79	111.42	114.08	101.83
(一) 牲畜饲养	27.58	60.54	71.28	83.27	75.38	63.36	48.18
1. 牛的饲养	60.80	61.34	71.50	89.23	92.25	72.16	73.07
2. 羊的饲养	80.00	71.01	79.26	88.10	73.63	71.13	95.45
3. 其他牲畜饲养	200.00	67.92	147.85	37.67	98.47	5.07	68.88
4. 奶产品	18.14	53.21	44.25	77.65	19.27	3.26	38.10
#牛　奶	18.17	54.42	44.56	78.22	19.55	3.34	38.23
5. 毛绒产品	275.00	74.26	92.04	92.27	51.18	13.60	59.52
6. 其他牲畜副产品	—	—	—	—	—	—	—
(二) 猪的饲养	155.90	120.71	110.91	134.48	117.71	226.87	193.66
1. 肉　猪	155.90	120.71	110.91	134.48	117.71	226.87	193.66
2. 猪的副产品	—	—	—	—	—	—	—
(三) 家禽饲养	49.67	93.39	89.58	91.99	102.35	75.18	62.48
1. 肉　禽	147.26	205.06	63.73	111.95	110.12	59.36	83.81
2. 禽　蛋	12.78	84.29	124.16	74.71	95.11	77.74	56.05
3. 羽　绒	—	—	190.48	—	200.00	—	—
(四) 狩猎和捕捉动物	—	—	—	—	—	—	—
(五) 其他畜牧业	52.38	74.87	1770.48	577.91	59.04	25.62	30.65
四、渔业产值	—	127.72	120.63	128.32	124.15	102.93	104.60
五、农林牧渔服务业	—	105.43	106.64	103.15	100.20	105.06	102.00

农林牧渔业增加值

9－14　　（2012年）　　单位：万元

	全市合计	铁西区	铁东区	公主岭市	双辽市	梨树县	伊通县	辽河农垦区
一、总产值	4913793	67569	74752	1702470	696667	1573942	655660	142733
二、中间消耗	2075686	28438	25568	728038	319404	647326	258491	68421
（一）中间物质消耗	1999908	28438	24608	678687	308479	641782	249733	68181
（二）对非物质生产部门的劳务支出	75778	—	960	49351	10925	5544	8758	240
三、增加值	2838107	39131	49184	974432	377263	926616	397169	74312
（一）固定资产折旧	452470	2684	9225	131588	74195	129646	82558	22574
（二）劳动者报酬	1711841	24953	29841	572672	230786	520518	298311	34760
（三）生产税	—	—	—	—	—	—	—	—
（四）生产补贴（一）	222609	2790	4446	68543	49842	65728	30495	765
（五）营业盈余	896405	14284	14564	338715	122124	342180	46795	17743

农林牧渔业中间消耗

9—15　　(2012年)　　单位：万元

	全市合计	铁西区	铁东区	公主岭市	双辽市	梨树县	伊通县	辽河农垦区
农林牧渔业中间消耗总计	**2075686**	**28438**	**25568**	**728038**	**319404**	**647326**	**258491**	**68421**
一、农业中间消耗	601683	3565	4370	230178	152602	115833	84985	10150
(一) 中间物质消耗	535206	3565	4370	181758	144212	112116	79035	10150
1. 种　子	91878	395	769	24524	25706	21846	17248	1390
2. 役畜饲料	71122	5	275	1617	66553	2144	473	55
3. 肥　料	219597	866	881	104595	20272	65858	21309	5816
4. 农　药	5773	—	—	2327	1184	1144	1118	—
5. 燃　料	79745	543	226	35744	19053	13096	8716	2367
6. 中小农具购置	8620	—	—	600	75	461	7484	—
7. 农业用电	29774	1626	2123	9868	6569	4694	4437	457
8. 塑料薄膜	5583	131	96	1868	680	2412	331	65
9. 对物质生产部门劳务支出	22550	—	—	577	3720	453	17800	—
10. 办公用品购置	348	—	—	20	200	8	120	—
11. 其他物质消耗	218	—	—	18	200	—	—	—
(二) 对非物质生产部门劳务支出	66477	—	—	48420	8390	3717	5950	—
(1) 种植贷款利息净支出	31960	—	—	20000	6000	2710	3250	—
(2) 种植业保险费支出	10605	—	—	9000	800	55	750	—
(3) 广告费	243	—	—	120	100	23	—	—
(4) 职工教育费	185	—	—	100	60	25	—	—
(5) 技术咨询费	1770	—	—	1500	30	240	—	—
(6) 外雇排灌费	9306	—	—	8000	450	156	700	—
(7) 外雇机耕费	9392	—	—	8000	600	42	750	—
(8) 上交管理费	320	—	—	—	55	265	—	—
(9) 差旅费	1580	—	—	1300	155	125	—	—
(10) 会议费支出	831	—	—	200	55	76	500	—
(11) 其他劳务费	285	—	—	200	85	—	—	—
二、林业中间消耗	5165	—	170	626	2452	405	1472	40
(一) 中间物质消耗	4292	—	—	466	2195	359	1272	—
1. 用种量	1593	—	—	400	1100	93	—	—
2. 肥　料	—	—	—	—	—	—	—	—
3. 燃　料	1590	—	—	24	686	124	756	—
4. 农　药	213	—	—	—	125	—	88	—
5. 办公用品购置	10	—	—	—	—	10	—	—
6. 林业用电	193	—	—	—	42	73	78	—
7. 中小农具购置	—	—	—	—	—	—	—	—
8. 对物质部门劳务支出	468	—	—	42	22	54	350	—
9. 其他物质消耗	226	—	—	—	220	6	—	—
(二) 对非物质生产部门劳务支出	873	—	170	160	257	46	200	40
1. 贷款利息净支出	66	—	—	50	16	—	—	—
2. 保险费支出	92	—	—	90	2	—	—	—
3. 广告费	5	—	—	3	2	—	—	—
4. 技术咨询费	9	—	—	4	5	—	—	—
5. 上交管理费	49	—	—	4	5	40	—	—
6. 差旅费	16	—	—	7	5	4	—	—
7. 会议费	6	—	—	2	2	2	—	—
8. 其他劳务费	630	—	170	—	220	—	200	40

	全市合计	铁西区	铁东区	公主岭市	双辽市	梨树县	伊通县	辽河农垦区
三、牧业中间消耗	1459790	24873	20218	495493	163353	528131	169761	57961
(一) 中间物质消耗	1455383	24873	20218	495386	161325	527194	168426	57961
1. 非役畜饲料饲草	150969	497	1246	26376	22068	26982	67002	6798
2. 猪	538670	5978	18972	248001	50192	110304	54060	51163
3. 羊	7194	20	—	3095	2188	1666	225	—
4. 鹿	5266	1	—	144	145	72	4904	—
5. 家　禽	697941	18377	—	169998	83838	385050	40678	—
6. 蚕	—	—	—	—	—	—	—	—
7. 其他小动物饲料	47220	—	—	46800	—	420	—	—
8. 种　蛋	2000	—	—	900	—	1100	—	—
9. 牧业用电	328	—	—	18	35	261	14	—
10. 燃　料	2288	—	—	—	1649	117	522	—
11. 畜牧用药品	1796	—	—	26		750	1020	—
12. 对物质生产部门劳务支出	1694	—	—	28	1210	456	—	—
13. 其他物质消耗	15	—	—	—	—	15	—	—
(二) 对非物质生产部门劳务支出	4407	—	—	107	2028	937	1335	—
1. 牧业贷款利息净支出	2175	—	—	35	1200	150	790	—
2. 牧业保险费支出	62	—	—	7	30	25	—	—
3. 广告费	55	—	—	—	20	35	—	—
4. 职工教育费	59	—	—	35	8	16	—	—
5. 配种费	795	—	—	—	280	350	165	—
6. 防疫费	980	—	—	—	350	250	380	—
7. 技术咨询费	145	—	—	—	100	45	—	—
8. 上交管理费	40	—	—	—	20	20	—	—
9. 差旅费	28	—	—	—	10	18	—	—
10. 会议费	25	—	—	—	10	15	—	—
11. 其他劳务费	43	—	—	30	—	13	—	—
四、渔业中间消耗	3298	—	710	741	397	547	823	80
(一) 中间物质消耗	1487	—	—	277	397	263	550	—
1. 用种费	331	—	—	100	50	61	120	—
2. 饲　料	378	—	—	156	193	—	29	—
3. 燃　料	431	—	—	—	55	114	262	—
4. 渔业用电	194	—	—	—	52	3	139	—
5. 办公用品购置		—	—	—	—	—	—	—
6. 对物质生产部门劳务支出	153	—	—	21	47	85	—	—
7. 其他物质消耗		—	—	—	—	—	—	—
(二) 对非物质生产部门劳务支出	1811	—	710	464	—	284	273	80
1. 贷款利息净支出	140	—	—	80	—	60	—	—
2. 保险费支出	107	—	—	62	—	45	—	—
3. 广告费	15	—	—	—	—	15	—	—
4. 职工教育费	5	—	—	—	—	5	—	—
5. 技术咨询费	8	—	—	—	—	8	—	—
6. 上交管理费	205	—	—	60	—	65	80	—
7. 差旅费	245	—	—	92	—	58	95	—
8. 会议费	183	—	—	100	—	15	68	—
9. 其他劳务费	903	—	710	70	—	13	30	80
五、农林牧渔业服务业中间消耗合计	5750	—	100	1000	600	2410	1450	190
(一) 物质消耗	3540	—	20	800	350	1850	450	70
(二) 生产服务支出	2210	—	80	200	250	560	1000	120

农业机械和农业机械化情况

9—16 （2012年）

	单 位	全市合计	铁西区	铁东区	公主岭市	双辽市	梨树县	伊通县	辽河农垦区
农业机械总动力	千瓦	2610173.69	54743.07	50242.07	948233.41	581231.41	479700.69	336139.04	159884.00
#柴油机	千瓦	2281073.49	54388.67	47893.97	838270.16	522478.86	358461.64	302541.24	157038.95
电动机	千瓦	320446.95	354.04	2326.05	108907.25	54064.85	121099.04	33420.03	274.07
大中型拖拉机	台	38801	449	316	16274	9361	5211	4104	3086
小型拖拉机	台	51138	91	422	18187	13270	9178	9115	875
#手扶式	台	4801	7	59	646	430	108	3526	25
大中型拖拉机配套农具	台	39459	554	488	11258	8218	11921	4575	2445
#机引犁	台	3326	—	—	434	1366	710	416	400
旋耕机	台	4634	78	86	1362	692	1234	542	640
机引耙	台	1320	78	25	158	280	545	34	200
机引播种机	台	7120	132	75	2901	1550	1866	32	564
小型拖拉机配套农具	台	151519	182	154	63452	35839	36675	11969	3248
排灌动力机械	台	75495	4676	77	17105	19182	21922	4194	8339
农用水泵	台	75826	3968	69	17560	19636	22689	3404	8500
机动脱粒机	台	19393	85	256	7776	3440	4565	3229	42
畜牧养殖机械	台	13561	167	2017	4532	379	2001	4361	104
#饲草饲料加工机械	台	13356	79	2011	4502	300	2001	4361	102
粮食加工机械	台	15930	420	53	7872	1300	4951	1230	104
油料加工机械	台	135	—	6	110	10	—	9	—
农用运输车	辆	9240	48	1083	4933	638	212	1670	656
农田基本建设机械	台	274	—	—	89	60	9	110	6
机耕面积	千公顷	843.4	6.7	8.3	342.9	101.2	243.3	116.6	24.4
机播面积	千公顷	783.9	7.9	6.6	306.7	95.9	242.1	102.7	22

9－17 (2012

	行政区域面积（公顷）	常用耕地面积（公顷）	乡镇总人口（人）	乡镇从业人员（人）	粮食总产量（吨）	肉类总产量（吨）
铁西区平西乡	15900	10450	56697	26031	47502	16613
铁东区山门镇	18170	4799	27214	12664	22884	5153
铁东区石岭镇	34000	6592	35943	23289	46900	11900
铁东区叶赫满族镇	26500	5962	31754	13294	41992	4201
铁东区城东乡	7412	2986	32133	12047	20798	5420
辽河农垦区孤家子镇	16260	10255	72831	21321	151326	3945
梨树县梨树镇	18296	14127	122156	34746	120000	30840
梨树县郭家店镇	16622	13106	64235	20030	112000	2700
梨树县榆树台镇	18942	12601	48192	19829	112000	2701
梨树县小城子镇	18485	14890	44749	24149	150000	19287
梨树县喇嘛甸镇	11130	9928	31466	14837	102000	6620
梨树县蔡家镇	12016	9783	29194	10850	112000	7222
梨树县刘家馆子镇	29200	15728	28036	13807	100487	10849
梨树县十家堡镇	21332	12389	34050	16500	110000	24683
梨树县孟家岭镇	16397	3968	18128	9973	45000	5297
梨树县万发镇	21317	15892	42684	21220	153000	26000
梨树县东河镇	12643	10493	29143	13010	95160	15923
梨树县沈洋镇	16680	12075	21087	10820	105258	11500
梨树县林海镇	27500	12227	33455	12768	120200	15070
梨树县小宽镇	9661	7728	22934	9435	67000	7475
梨树县白山乡	11200	9347	28291	13588	115000	21212
梨树县泉眼岭乡	8400	7780	21447	8684	75000	7910
梨树县胜利乡	12414	9613	24502	8385	96000	1930
梨树县四棵树乡	14457	10938	27030	12184	95000	20344
梨树县双河乡	12500	9820	25099	10425	110000	5600
梨树县金山乡	12400	10948	22692	10989	100500	18930
伊通满族自治县伊通镇	11760	7795	32111	14235	77080	2450
伊通满族自治县二道镇	16200	5500	19412	8300	43750	2800
伊通满族自治县伊丹镇	15000	8347	28708	10560	61722	2174
伊通满族自治县马鞍镇	14900	9534	30758	14270	80092	8010
伊通满族自治县景台镇	22500	9417	34390	15679	79680	8300
伊通满族自治县靠山镇	14770	6506	27126	14434	57975	4213
伊通满族自治县大孤山镇	21400	12780	41410	20402	88795	4200
伊通满族自治县小孤山镇	16800	9933	26837	13475	80897	7260
伊通满族自治县营城子镇	26500	11055	38248	12420	75756	1715
伊通满族自治县西苇镇	14921	5205	15295	5690	3990	650

基　本　情　况

年）

企业实交税金总额（万元）	财政供给人员全年工资总额（万元）	财政总收入（万元）	在校学生总数（人）	农民人均纯收入（元）
152	444	500	442	8450
2989	380	2850	2680	7687
1160	310	695	1960	8200
35	210	1950	2310	7128
12100	212	970	540	7712
49	115	482	8768	7980
2860	1015	2368	23058	9600
966	502	905	4910	9307
67	301	631	4821	9300
550	400	830	2700	9450
140	218	390	1570	9540
68	318	424	1770	8450
4	268	673	1859	9300
14700	340	2145	3416	9200
1000	249	456	1090	9300
155	438	800	2500	8000
18	288	503	1550	9260
32	295	450	1473	9000
8	172	486	2249	9350
40	120	401	1533	9350
44	263	310	1483	9219
6	121	500	2450	8300
13	92	293	1643	5945
5	209	445	1400	8500
1	124	361	2670	9300
1	186	386	1091	9276
630	676	5500	3631	9368
85	280	667	1227	6800
20	239	808	2878	8300
780	289	1260	2496	7500
468	355	1760	2610	8945
420	285	1028	2400	8328
254	470	1355	4265	8070
21	370	650	2585	8980
446	282	1425	2851	8350
40	277	704	1510	8320

	行政区域面　积（公顷）	常用耕地面　积（公顷）	乡　镇总人口（人）	乡　镇从业人员（人）	粮　食总产量（吨）	肉　类总产量（吨）
伊通满族自治县河源镇	22300	6895	22221	9918	47297	780
伊通满族自治县黄岭子镇	12890	4928	17896	7000	36948	265
伊通满族自治县新兴乡	6800	5193	14772	8500	37900	900
伊通满族自治县莫里青乡	9600	5027	16339	7375	39515	360
伊通满族自治县三道乡	11500	7671	20324	7375	77217	700
公主岭市二十家子镇	11320	6948	22308	9745	60370	9081
公主岭市黑林子镇	25500	19550	57104	21929	216158	31325
公主岭市陶家屯镇	11900	9435	30823	13366	90557	3301
公主岭市范家屯镇	17190	12854	88498	47784	126484	13608
公主岭市响水镇	11300	10936	38202	17687	124280	9514
公主岭市大岭镇	15700	12181	37425	14278	124480	20930
公主岭市怀德镇	43900	36145	102323	42300	364196	7826
公主岭市双城堡镇	39700	33015	75428	23811	341150	1972
公主岭市双龙镇	12230	9747	23356	9863	102900	2270
公主岭市杨大城子镇	25186	12871	52217	22289	212404	2400
公主岭市毛城子镇	15600	13150	25350	9766	140180	11225
公主岭市玻璃城子镇	25300	19585	31276	13572	179665	14160
公主岭市朝阳坡镇	12883	10740	30995	14001	92851	5093
公主岭市大榆树镇	10800	9504	26867	15996	103251	5100
公主岭市秦家屯镇	19020	16263	52020	25123	151105	5892
公主岭市八屋镇	8900	7847	32974	13507	91325	8900
公主岭市十屋镇	9000	8020	28552	10880	119200	3549
公主岭市桑树台镇	14200	10464	24593	13182	96800	1350
公主岭市龙山乡	4120	3856	14482	8130	58810	1618
公主岭市永发乡	7860	7553	23957	10553	79403	19900
双辽市茂林镇	46800	25767	53409	17076	206996	5000
双辽市双山镇	34868	22103	30480	19786	174600	7800
双辽市卧虎镇	31500	17268	26741	11194	80010	800
双辽市服先镇	29272	21472	29029	11089	105460	750
双辽市王奔镇	12220	9960	23157	15061	79951	450
双辽市玻璃山镇	10600	5701	8467	4464	25000	400
双辽市兴隆镇	15500	10029	14390	6754	50085	3100
双辽市东明镇	10765	7024	19221	8620	60461	1200
双辽市那木乡	21021	11850	19767	10143	68000	1500
双辽市柳条乡	15840	10100	17025	4891	66742	1300
双辽市新立乡	6600	5300	16142	8492	40900	13000
双辽市永加乡	17000	9292	11917	8456	59000	1000

年）

企业实交税金总额（万元）	财政供给人员全年工资总额（万元）	财政总收入（万元）	在校学生总数（人）	农民人均纯收入（元）
12	312	1149	1489	7272
25	313	753	1342	7850
16	200	500	1220	8000
60	300	570	1150	8755
18	218	682	1619	8662
350	148	402	500	9096
208	235	4022	3906	9110
2	251	473	1566	10019
5870	868	10842	7397	10637
268	290	2561	2191	9230
170	226	2700	2184	11118
1300	640	3800	7420	10825
610	162	5200	4434	9600
86	170	2370	1884	9786
130	545	799	3273	9861
20	140	1400	1584	8750
95	131	1750	1289	7865
28	197	510	1228	10390
25	185	1410	2500	9800
368	121	670	2221	9915
3	100	1550	1425	8680
7	180	1940	1137	8819
110	195	1795	1908	7792
10	135	304	843	9015
60	74	960	743	7512
55	443	1651	3243	10125
515	279	1356	2106	10170
26	106	1500	2609	9000
30	483	1513	1780	10215
40	185	680	1815	10827
105	195	851	770	9800
50	148	400	1200	9802
12	50	732	1633	10350
5	230	860	754	9000
108	141	508	1584	6080
316	180	605	1550	8100
6	142	350	1005	10188

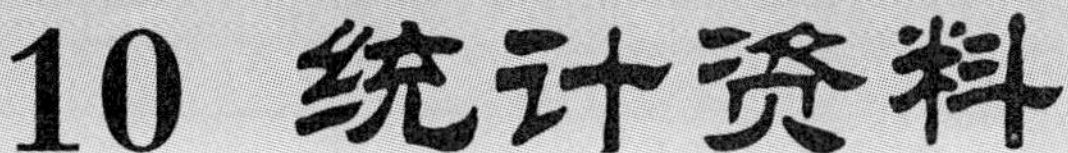

工业和能源消费

INDUSTRY AND CONSUMPTION OF ENERGY

2007年—2012年工业企业主要经济指标分析

10—1 单位:%

	2007年	2008年	2009年	2010年	2011年	2012年
工业经济效益综合指数	183.0	222.7	273.36	304.8	318.8	467.3
总资产贡献率	9.3	10.6	12.2	13.5	14.9	13.4
资本保值增值率	129.1	130.4	113.5	122.0	125.5	135.1
资产负债率	66.4	64.8	62.4	62.0	56.9	50.2
流动资产周转率（次）	2.5	3.0	4.5	4.4	5.8	5.7
成本费用利润率	3.3	3.3	3.7	4.4	3.9	3.7
全员劳动生产率（元/人）	145 677	197 323	251 381	295 301	292 483	543 272
产品销售率	98.2	97.9	98.0	91.5	98.8	98.8

2007年—2012年工业企业主要产品产量

10—2

	计量单位	2007年	2008年	2009年	2010年	2011年	2012年
原煤	吨	364345	401852	402000	365960	218026	236626
天然原油	吨	77480	149658	419413	773663	1103666	1264999
大米	吨	8512	37688	120043	295614	427765	376899
饲料	吨	587090	954740	1275062	1576841	1926302	1542259
精制食用植物油	吨	109839	106798	196366	224721	342634	292194
鲜、冷藏肉	吨	125989	159458	287191	420963	467311	607032
方便面	吨	54685	53894	59872	49469	44777	48836
乳制品	吨	840	907	1607	1598	2604	3407
冷冻饮品	吨	62746	61530	54380	33966	42246	51071
发酵酒精（折96度商品量）	千升	316068	382372	406973	390617	386397	419975
饮料酒	千升	317758	351293	443218	485356	545256	559575
软饮料	吨	126210	127541	157645	95104	212258	125990
纱	吨	6832	6428	6503	6686	6700	6814
布	万米	823	813	921	703	631	493
亚麻布（含亚麻≥55%）	万米	69	53	87	82	74	17
服装	万件	144	94	345	255	420	282
人造板	立方米	24300	7200	16166	86259	33850	47773
机制纸及纸板	吨	96005	152014	199350	200942	242314	303836
纸制品	吨	35009	26556	57799	52014	32202	41716
硫酸（折100%）	吨	45320	77360	154634	151286	230767	252467
盐酸（氯化氢含量31%）	吨	28238	29311	43001	54579	61041	69462
烧碱（折100%）	吨	97771	98149	190928	220618	211659	190886

10－2 续表

	计量单位	2007 年	2008 年	2009 年	2010 年	2011 年	2012 年
初级形态的塑料	吨	77365	75322	151028	192784	174941	116089
合成洗涤剂	吨	155746	129007	133082	133446	135063	130346
中成药	吨	3111	13054	18537	17653	17921	9830
化学纤维	吨	8640	7588	4675	15413	26068	52078
塑料制品	吨	14204	12176	9068	10381	2520	10281
水泥熟料	吨	1339313	3099566	3205955	2754973	3201644	3597504
水泥	吨	4196212	4939840	5296733	4902670	5982507	5021298
砖	万块	4920	16060	18973	39672	36414	48786
平板玻璃	重量箱	7015795	6055958	3316079	3008130	2901497	2619478
粗钢	吨	960200	953592	1853924	1716058	1534679	1200774
钢材	吨	1125037	1342962	1929197	1774325	1595723	1980554
工业锅炉	蒸发量吨	701	993	1588	2110	3026	4500
起重机	吨	852	1135	1774	2949	2767	2207
滚动轴承	万套	1117	757	1591	2724	5666	19956
风机	台	1464	1615	3799	2835	2506	1898
改装汽车	辆	10865	9802	11757	19205	9243	9470
变压器	千伏安	—	74730	136710	200738	339750	638465
汽车仪器仪表	台	1461568	1376531	1357818	1254016	1158068	1180403
发电量	万千瓦小时	881808	956836	843843	718872	850158	761795
自来水生产量	万立方米	2696	2495	1774	2154	3726	3521

2007 年—2012 年工业企业主要能源产品消费量

10—3

	计量单位	2007 年	2008 年	2009 年	2010 年	2011 年	2012 年
原　煤	吨	9203807	10134036	8891858	8800099	9365834	8363943.30
洗精煤	吨	2021	327	397	2343	1215	3045.00
其他洗煤	吨	21106	15232	10379	13790	15103	16628.00
煤制品	吨	31272	—	25452	25544	36693	40615.00
型煤	吨	—	—	2139	—	—	—
煤粉	吨	—	—	23313	—	—	—
焦　炭	吨	8229	482401	984031	1080942	890691	892650.37
天然气	万立方米	2231	778	1611	3467	3758	5649.37
原　油	吨	62880	57491	29671	17951	14106	3229.46
汽　油	吨	4431	4870	5590	11758	16688	18665.56
煤　油	吨	78	38	45	44	36	26.14
柴　油	吨	11598	13828	15545	20517	24334	29766.53
其他石油制品	吨	80	—	60	—	—	—
热　力	百万千焦		170665	420325	1981736	1056217	1059172.00
电　力	万千瓦时	295183	341360	431079	516325	630702	659193.29
其他燃料	吨标准煤	118032	35870	24279	7817	174012	208050.20
煤矸石	吨		129527	89963	35751	48620	—

工业企业主要经济指标分析

10－4　　(2012 年)　　单位:%

	工业经济效益综合指数	总资产贡献率	资本保值增值率	资产负债率	流动资产周转率(次)	成本费用利润率	全员劳动生产率(元/人)	产品销售率
总　计	**467.28**	**13.38**	**135.09**	**50.24**	**5.65**	**3.68**	**543272**	**98.77**
市　直	122.89	2.18	93.44	64.51	1.94	－5.49	137626	102.52
铁西区	584.63	11.08	103.02	54.59	4.09	4.35	771922	99.97
铁东区	451.84	17.62	96.18	53.96	6.47	4.05	497689	98.65
公主岭市	446.93	19.04	127.13	58.86	6.38	3.94	480774	97.02
双辽市	675.38	10.66	108.65	70.09	5.11	3.10	918091	99.69
梨树县	736.25	17.79	87.49	62.79	7.25	2.31	967547	99.70
伊通县	517.37	15.62	261.65	10.86	9.36	6.96	510448	97.62
辽河垦区	237.27	7.88	356.73	14.77	5.65	4.42	128659	93.11
经济开发区	653.00	39.15	266.37	57.42	3.65	26.71	630211	100.00
红嘴开发区	212.65	14.71	158.78	54.47	1.61	5.13	170287	100.16

10—5　　(2012

	企业单位数（个）	#亏损企业	工业总产值（当年价）	工业销售产值（当年价）	#出口交货值	年初存货	#产成品	#在产品
总　　计	**502**	**41**	**17107960**	**16829190**	**38862**	**798240**	**307390**	**28867**
一、按登记注册类型分组								
内资企业	487	35	16033312	15798549	18554	671168	281789	27802
国有企业	11	6	388789	394463	816	31941	10388	4013
中央企业	1	1	116870	119775	—	20134	1190	3515
地方企业	10	5	271919	274688	816	11807	9198	498
集体企业	7	—	173238	173135	—	1190	194	—
股份合作企业	4	1	84642	73842	—	2486	641	—
有限责任公司	184	17	5250338	5181375	3721	238838	69686	16127
股份有限公司	25	3	3135742	3132171	11871	126958	47067	4370
私营企业	213	7	5984909	5835458	2147	236213	137710	3078
其他企业	43	1	1015655	1008105	—	33542	16104	214
港、澳、台商投资企业	9	3	516267	486865	18090	63025	11410	1064
外商投资企业	6	3	558381	543777	2218	64047	14191	—
二、按经济组织类型分组								
独资企业	59	10	1647342	1631713	1041	87211	29132	4234
国有企业	11	6	388789	394463	816	31941	10388	4013
集体企业	7	—	173238	173135	—	1190	194	—
私营独资企业	37	2	859634	853296	20	10899	5507	221
港澳台商独资经营企业	2	1	9471	7764	205	1619	1167	—
外资企业	2	1	216211	203055	—	41563	11876	—
合作、合伙企业	48	2	1107473	1088382	—	36203	16745	214
股份有限公司	49	5	3653639	3636086	13431	160303	52096	4370
有限责任公司	346	24	10699506	10473010	24390	514523	209418	20049
在总计中：国有控股企业	28	12	1333028	1317860	6171	94211	22829	10391
在总计中：亏损企业	41	41	477214	470899	14789	70358	16064	7571
在总计中：农村工业	10	1	237672	236651	—	2617	701	—
三、按轻重工业分组								
轻工业	177	13	6200166	6089307	22607	412242	151385	4206
重工业	325	28	10907794	10739884	16255	385998	156005	24661
四、按企业规模分组								
大型企业	8	1	3261895	3250268	5356	240687	50910	5118
中型企业	52	14	2755863	2706720	25053	177866	74586	15534
小型企业	429	25	10941090	10722349	8454	370089	172567	8214
微型企业	13	1	149113	149853	—	9598	9326	1
五、按县（市）区分组								
市　　直	9	5	286322	293990	816	39650	10834	4416
铁 西 区	61	7	2961669	2939431	3120	153146	50105	635
铁 东 区	112	9	3150539	3101097	17454	139183	32946	9485
公主岭市	124	7	3546739	3412445	15312	179246	83202	8082
双 辽 市	65	4	2467316	2459718	—	128501	83743	150
梨 树 县	52	2	2981214	2962866	—	101440	27591	—
伊 通 县	36	3	1145965	1112897	—	25507	8401	3977
辽河农垦管理区	24	—	357108	335818	1560	15726	6263	—
经济开发区	5	—	121569	121569	—	—	—	—
红嘴高新技术开发区	14	4	89519	89361	601	15841	4304	2121

要 经 济 指 标

年）

单位：万元

资产总计	流动资产小计	#应收账款	#存货	#产成品	#在成品	固定资产合计	固定资产原价	累计折旧	#本年折旧	在建工程
6904455	**2689176**	**634312**	**938503**	**442802**	**30698**	**3604015**	**13049722**	**9576874**	**1254069**	**167971**
6377102	2387121	556222	822510	403848	30241	3425444	12601326	9304874	1208259	164255
465396	142705	36821	36326	16015	1575	279874	381307	101616	16487	5107
287896	75857	3486	23621	6603	1029	176686	212861	36175	8354	4745
177500	66848	33335	12705	9412	546	103188	168446	65441	8133	362
12541	5294	443	1315	237	3	6948	75666	68836	8253	—
23490	12207	3465	2891	1241	—	10802	45872	35071	4515	—
2234099	855174	206552	242933	105239	16600	1094135	3892078	2878509	345665	93126
1937914	490108	100353	192992	81078	4371	1362745	2635580	1282257	254691	31259
1471158	779212	185749	295761	179026	7517	554181	4197461	3684877	438623	32978
232504	102422	22840	50293	21013	176	116760	1373362	1253708	140025	1785
282127	178512	46653	55674	14656	457	69177	273932	204872	20993	1913
245226	123542	31437	60319	24298	—	109394	174464	67129	24817	1804
790500	287990	79162	102317	37941	1695	449400	1659010	1212435	162909	7563
465396	142705	36821	36326	16015	1575	279874	381307	101616	16487	5107
12541	5294	443	1315	237	3	6948	75666	68836	8253	—
109337	43997	14932	15304	5578	117	59609	1037768	979884	114514	403
12616	3145	438	2108	1562	—	5882	7985	2103	346	250
190609	92849	26528	47265	14549	—	97087	156284	59997	23310	1804
260619	115541	26872	53529	22253	176	129737	1422083	1289452	144540	1785
2150732	602519	127998	213716	89459	4470	1424611	2770374	1357532	265084	35190
3702605	1683126	400279	568941	293148	24357	1600268	7198255	5717455	681536	123433
1476138	409056	93297	109740	31697	9885	887959	1478683	603970	78170	80299
899039	316280	68927	78664	27133	6760	485277	755719	281198	53791	18111
15087	7051	1699	2727	584	—	5609	310559	304962	33759	—
1968323	1066560	194374	438307	214950	4777	748734	4107729	3418363	409117	51116
4936132	1622616	439937	500197	227853	25921	2855281	8941993	6158511	844952	116856
2113462	570909	66347	253963	86445	2471	1479763	2667334	1188791	255606	9390
1799223	744280	217530	206938	86541	14656	845540	2368405	1583692	179068	68397
2947300	1344651	339964	466389	260688	13572	1268656	7918555	6719020	809401	90082
44470	29335	10470	11213	9129	—	10056	95428	85372	9994	101
655170	166869	26633	40032	13778	2035	415925	545892	133664	28386	24937
991783	462834	75148	178283	83272	397	395268	501050	117466	19143	7532
1049905	476316	116965	143525	48051	12514	454066	4164418	3753142	444060	41263
1108807	563482	159951	226560	106005	7556	456446	691907	250493	61262	15534
995226	415131	71114	162840	116792	3	477580	3958113	3479267	374950	45409
593327	332345	90023	108437	37160	1123	220581	791729	589379	74664	8914
1122909	133031	48770	34776	14885	3933	979273	2195447	1217043	248464	2141
255273	64833	20372	19824	10723	308	176573	163741	25878	2061	16018
39561	16865	5332	6242	3517	—	1660	3236	1576	19	4763
92495	57470	20005	17985	8621	2830	26642	34188	8967	1061	1461

	企业单位数（个）	#亏损企业	工业总产值（当年价）	工业销售产值（当年价）	#出口交货值	年初存货	#产成品	#在产品
六、按行业分组								
煤炭开采和洗选业	1	1	14806	10464	—	578	480	—
石油和天然气开采业	2	—	764913	764913	—	—	—	—
有色金属矿采选业	2	1	9798	13813	—	2102	1699	403
非金属矿采选业	9	1	200741	199816	131	1994	1630	—
开采辅助活动	1	—	4455	4255	—	78	—	—
其他采矿业	2	—	20000	20000	—	70	70	—
农副食品加工业	89	1	4355501	4271209	6916	276327	125319	656
食品制造业	8	1	213043	207735	205	3463	1360	—
酒、饮料和精制茶制造业	12	—	531736	539397	—	83916	7146	1603
烟草制品业	—	—	—	—	—	—	—	—
纺织业	6	2	77954	78050	—	4175	2573	353
纺织服装、服饰业	5	—	140631	140631	3120	628	351	—
皮革、毛皮、羽毛（绒）及其制品和制鞋业	1	—	2465	2433	—	446	365	—
木材加工及木、竹、藤、棕、草制品业	3	—	103723	93815	—	2985	634	—
家具制造业	4	—	24709	24709	—	67	—	—
造纸及纸制品业	11	—	170676	167001	—	3946	968	—
印刷和记录媒介复制业	6	1	49928	43680	12367	5756	1086	972
石油加工、炼焦及核燃料加工业	1	—	61845	45690	—	7259	2559	—
化学原料和化学制品制造业	41	2	1563269	1539275	163	58860	21614	4232
医药制造业	16	3	290637	274699	—	20802	7416	150
化学纤维制造业	2	1	44567	44164	—	5827	3650	—
橡胶和塑料制品业	17	—	167757	165398	—	3067	2230	—
非金属矿物制品业	42	3	848153	841423	567	60457	29246	6150
黑色金属冶炼及压延加工业	9	2	1945816	1937099	—	80835	30654	498
有色金属冶炼及压延加工业	4	1	296198	294996	2087	3033	1063	—
金属制品业	9	—	139347	137811	—	5325	2447	410
通用设备制造业	48	2	801623	801166	3653	50428	27191	6968
专用设备制造业	35	2	944421	941706	601	40769	9351	2703
汽车制造业	67	1	2079881	2033228	9054	48570	17910	3496
铁路、船舶、航天航空和其他设备制造业	1	—	4067	3300	—	3257	152	—
电气机械及器材制造业	14	3	300243	297433	—	7124	5442	176
计算机、通信设备及其他电子设备制造业	2	—	32986	32968	—	1184	977	42
仪器仪表制造业	5	2	101606	101651	—	1879	1540	55
金属制品、机械和设备修理业	2	1	36895	36895	—	1388	100	—
电力、热力的生产和供应业	18	6	6033538	5907982	—	108369	—	—
燃气生产和供应业	4	1	1507465	1181005	—	6524	1670	—
水的生产和供应业	3	3	94716	94716	—	1575	—	—

年）

单位：万元

资产总计	流动资产小计	#应收账款	#存货	#产成品	#在成品	固定资产合计	固定资产原价	累计折旧	#本年折旧	在建工程
9947	5477	488	924	465	—	2335	4438	2104	441	—
875017	33133	17704	351	285	—	835658	1835136	999478	209239	—
15588	11250	3343	2546	2004	542	3886	5884	1998	444	25
19498	7706	4101	1632	1384	—	10871	336478	325681	36823	—
9400	2900	1900	210	—	—	71	71	—	—	9000
26500	1800	750	160	160	—	24700	90525	65825	4067	—
1182262	689272	108890	322214	165684	656	445257	2693136	2288119	278824	18478
46874	21871	2489	9512	6034	308	23877	40902	17026	3391	96
289031	134784	23753	41057	7953	1442	126166	213044	88218	15360	1320
—	—	—	—	—	—	—	—	—	—	—
18369	8358	1522	4300	3118	266	8411	94913	86560	1660	1057
12665	7007	772	4780	4520	—	4650	209569	204919	24491	—
1308	987	427	499	459	—	321	599	278	238	—
17350	8279	—	1296	802	—	4064	58167	54207	6254	—
7453	2551	1621	107	75	—	4088	4849	761	413	—
30007	12193	5061	3840	1673	25	13386	171442	163653	19858	2127
69198	39085	11218	4134	824	393	12404	51418	39014	2483	—
13171	4053	—	402	289	—	5371	7091	1720	1683	3121
554496	216395	43289	69323	27288	1833	284904	1278398	1001192	123399	13447
177788	89625	18775	33202	17502	1093	51800	146533	105407	12883	20126
16212	12458	2687	5803	3554	—	2963	61809	58846	7025	2813
62451	28949	8657	8797	5594	3	28158	162440	137217	16552	1086
444143	202346	45884	93251	45402	12984	212547	617753	401999	52357	3382
536930	225955	7532	119877	53352	464	294647	443653	152529	18170	167
20491	7181	3169	3032	810	—	8892	224767	220708	26281	—
98711	73964	31204	25880	6847	284	22087	46904	27640	3725	2189
275889	181826	72622	59012	32947	2950	69003	625502	558238	65760	4761
351079	165436	63234	29038	13641	3080	88546	775208	698796	80078	1974
413670	218779	81156	61554	29024	4001	157448	1145443	992428	123274	4067
13629	6130	1531	3908	100	—	7499	7499	1338	224	85
93418	46429	18459	10089	7562	180	35645	270316	237189	31881	3079
6109	4597	1288	882	593	104	1377	3363	1986	7	—
13446	10255	3383	3224	2733	22	1987	87179	85340	10097	30
21513	8750	4254	1427	57	—	8978	17155	8177	1734	45
10707540	1733703	354612	113139	—	—	7613290	12536292	5230611	713040	745295
592973	70640	17306	8249	648	702	292661	429876	151234	27692	6324
307928	189628	59590	1044	—	—	114235	215235	101000	8819	3369

	负债合计	#流动负债小计	#应付账款	#非流动负债	所有者权益合计	#实收资本	#国家资本
总计	**3511830**	**2795197**	**549767**	**379315**	**3349654**	**1448864**	**131577**
一、按登记注册类型分组							
内资企业	3191629	2512186	463288	372485	3142889	1256223	74920
国有企业	375079	335805	22876	39246	90242	71528	63760
中央企业	262845	237930	12706	24915	25051	36939	36939
地方企业	112234	97875	10170	14331	65191	34589	26821
集体企业	4409	3878	78	100	7991	945	—
股份合作企业	10260	9637	103	125	13210	609	50
有限责任公司	1364533	957365	201882	251830	858583	658604	10710
股份有限公司	485833	449360	83410	31368	1452081	227340	—
私营企业	861498	685693	148233	38898	583453	234109	300
其他企业	90018	70449	6707	10919	137329	63088	100
港、澳、台商投资企业	146612	117976	31286	6829	135129	105744	—
外商投资企业	173589	165034	55193	—	71637	86898	56658
二、按经济组织类型分组							
独资企业	541898	491655	35635	43101	243574	167460	120417
国有企业	375079	335805	22876	39246	90242	71528	63760
集体企业	4409	3878	78	100	7991	945	—
私营独资企业	39771	29333	4460	3755	64755	27522	—
港澳台商独资经营企业	7006	7006	839	—	5610	7946	—
外资企业	115634	115634	7382	—	74976	59519	56658
合作、合伙企业	102685	81920	6809	11043	152757	65915	150
股份有限公司	593573	527302	87398	41369	1548506	271901	—
有限责任公司	2273674	1694319	419924	283802	1404818	943589	11010
在总计中：国有控股企业	981002	773649	143209	200686	492213	305258	67952
在总计中：亏损企业	727457	588520	91599	113012	171487	179905	47298
在总计中：农村工业	6133	4933	893	—	8905	2335	—
三、按轻重工业分组							
轻工业	1190892	1014676	202161	53953	764337	506295	60170
重工业	2320938	1780521	347606	325361	2585317	942570	71408
四、按企业规模分组							
大型企业	815873	763505	75230	42585	1297590	310677	93597
中型企业	1224341	899823	187873	191338	570772	405721	19150
小型企业	1464111	1125319	285694	145392	1447861	726819	18831
微型企业	7505	6550	970	—	33432	5648	—
五、按县（市）区分组							
市　　直	433733	356065	84516	68471	221436	100422	48599
铁 西 区	561627	444844	106742	36662	424900	226222	1790
铁 东 区	575608	437689	84818	57476	471687	274003	3970
公主岭市	650933	541552	153592	58286	440796	267607	63008
双 辽 市	693442	577776	53601	114357	292913	164851	1006
梨 树 县	359391	241888	32624	24294	230225	163698	11853
伊 通 县	123291	103954	13087	7000	998092	36762	1351
辽河农垦管理区	43362	33615	5728	5905	211461	178535	—
经济开发区	22716	12163	1834	5702	14761	14560	—
红嘴高新技术开发区	47726	45653	13225	1162	43383	22205	—

年）　　　　　　　　　　　　　　　　　　　　　　　　　　单位：万元

#集体资本	#法人资本	#个人资本	#港澳台资本	#外商资本	营业收入	#主营业务收入	营业成本	#主营业务成本
108228	**714212**	**411136**	**54121**	**29590**	**15094172**	**14985797**	**13669407**	**13545465**
104828	668264	396321	10504	1386	14281895	14209030	12922012	12826748
—	4308	3460	—	—	387184	380883	352022	340506
—	—	—	—	—	119775	114267	114318	108928
—	4308	3460	—	—	267409	266616	237704	231578
225	150	570	—	—	173234	173234	147010	147010
130	165	264	—	—	73842	73842	72222	72222
22077	500257	124448	—	1111	4800829	4746637	4296440	4233698
81568	57563	87934	—	275	2307487	2301165	2072151	2067419
678	68240	164060	832	—	5619498	5613768	5144958	5128862
150	37581	15586	9671	—	919822	919501	837208	837031
—	33411	11972	43617	16744	485567	475152	425152	420349
3400	12537	2843	—	11460	326710	301615	322243	298367
225	18562	20310	2646	5300	1620153	1588911	1479249	1443393
—	4308	3460	—	—	387184	380883	352022	340506
225	150	570	—	—	173234	173234	147010	147010
—	11242	16280	—	—	832100	831900	768589	767574
—	—	—	2646	5300	7764	7764	6685	6685
—	2862	—	—	—	219872	195131	204942	181618
280	37746	18067	9671	—	1000099	999778	915623	915445
81568	70589	104968	14500	275	2770902	2764549	2484018	2479249
26155	587315	267791	27303	24015	9703018	9632559	8790518	8707377
3755	214155	3460	15936	—	1387911	1329709	1249308	1191584
3963	79448	25680	13181	10334	475358	449228	449258	423394
—	1365	970	—	—	189515	189515	178268	178268
15054	156237	234146	29949	10739	5543908	5503253	5034705	4997258
93175	557975	176990	24171	18851	9550264	9482544	8634702	8548207
80743	72188	48214	15936	—	2451819	2411796	2183073	2145526
12479	243933	109166	10535	10458	2578757	2521359	2282233	2223097
15007	395542	250659	27650	19131	9917673	9906719	9077032	9049772
—	2550	3098	—	—	145922	145922	127069	127069
—	46204	5619	—	—	316171	292200	293567	266432
98564	63383	35783	25035	1667	1924790	1924015	1781278	1775847
2126	110124	144110	832	12841	2841986	2835752	2545611	2537024
600	86534	83801	18582	15082	3335528	3296057	2989469	2945900
1647	138327	14200	9671	—	2215511	2181089	2078029	2046754
1537	57932	92376	—	—	2864639	2863095	2598549	2595038
—	28397	7014	—	—	1123191	1122471	989635	988987
—	174392	4143	—	—	335057	335057	285235	285235
—	—	14560	—	—	51919	51919	40455	40455
3755	8920	9530	—	—	85380	84141	67579	63793

	负债合计	#流动负债小计	#应付账款	#非流动负债	所有者权益合计	#实收资本	#国家资本
六、按行业分组							
煤炭开采和洗选业	5576	3148	442	2429	4371	3970	—
石油和天然气开采业	9647	9647	—	—	865370	12258	9559
有色金属矿采选业	8198	8198	590	—	7390	4050	—
非金属矿采选业	3640	3181	848	—	14564	8125	—
开采辅助活动	5400	5400	—	—	4000	4000	—
其他采矿业	500	500	—	—	26000	171	—
农副食品加工业	777840	646048	137833	27209	393953	244607	56658
食品制造业	22944	22905	4121	—	23920	8261	—
酒、饮料和精制茶制造业	158380	148414	9166	—	130126	120506	—
烟草制品业	—	—	—	—	—	—	—
纺织业	11730	9040	1800	2690	6162	1530	—
纺织服装、服饰业	3757	2912	125	—	8794	3933	—
皮革、毛皮、羽毛（绒）及其制品和制鞋业	679	523	433	156	629	100	—
木材加工及木、竹、藤、棕、草制品业	5440	5440	—	—	11910	1780	—
家具制造业	1874	1473	495	401	5579	3853	—
造纸及纸制品业	13233	11635	3886	605	16592	7671	—
印刷和记录媒介复制业	24514	22628	12064	1886	44635	34192	—
石油加工、炼焦及核燃料加工业	11360	5300	3700	5086	1812	2600	—
化学原料和化学制品制造业	415468	352476	57571	26900	136142	103576	36989
医药制造业	86405	72037	12705	13448	90191	46832	—
化学纤维制造业	13504	10724	—	2780	2708	4388	—
橡胶和塑料制品业	23357	15988	5603	1360	37251	15820	180
非金属矿物制品业	231635	199023	35927	29633	205344	122246	—
黑色金属冶炼及压延加工业	315455	292459	74424	22646	221453	118251	—
有色金属冶炼及压延加工业	8561	2720	421	—	10353	4900	—
金属制品业	62214	61168	6518	102	36435	16346	—
通用设备制造业	181285	141265	29629	12488	92261	54520	15827
专用设备制造业	161940	82824	6995	5801	183364	91269	1100
汽车制造业	199292	170956	53089	9371	209766	70320	—
铁路、船舶、航天航空和其他运输制造业	5463	5463	68	—	6975	7135	—
电气机械及器材制造业	47368	31052	5111	1163	45860	24719	60
计算机、通信设备及其他电子设备制造业	3126	3107	637	19	2983	1905	645
仪器仪表制造业	6872	5809	1935	200	6574	5271	—
金属制品、机械和设备修理业	13176	13176	5402	—	7976	6409	—
电力、热力的生产和供应业	5931265	3798433	708873	2107674	4776272	2680803	70474
燃气生产和供应业	443013	163476	11650	—	144398	170320	—
水的生产和供应业	345703	323664	61778	21758	—38525	82387	35120

年）　　　　单位：万元

#集体资本	#法人资本	#个人资本	#港澳台资本	#外商资本	营业收入	#主营业务收入	营业成本	#主营业务成本
—	3970	—	—	—	5568	5536	3772	3735
—	2699	—	—	—	754938	754938	643001	643001
—	2090	1960	—	—	13813	13788	9037	9007
1337	3000	3649	—	140	204657	204657	193495	193495
—	4000	—	—	—	4455	4455	2228	2228
—	—	171	—	—	20000	20000	12314	12314
3400	51103	115845	15936	1667	3854350	3817585	3611378	3583473
—	4703	912	2646	—	205169	205169	174553	170032
—	50085	70421	—	—	502262	502262	389848	389778
—	—	—	—	—	—	—	—	—
—	1050	480	—	—	70960	70960	66665	66665
—	2780	1153	—	—	140631	140631	132178	132178
—	—	100	—	—	2582	2582	2433	2433
—	1780	—	—	—	69406	69406	62838	62838
—	100	3753	—	—	24864	24864	22992	22992
—	5031	2640	—	—	171824	171805	163840	163831
11654	9236	4230	—	9072	38121	37448	32742	32197
—	—	2600	—	—	46375	43311	46274	36596
155	15998	48062	—	2372	1467186	1461449	1335570	1330051
—	18806	17491	10535	—	235563	235563	162482	158971
—	4088	300	—	—	31068	30662	28545	27885
—	5311	9498	832	—	158271	158216	142305	139305
200	96187	16187	9671	—	782742	781880	678321	677620
80743	31802	5707	—	—	1146553	1136991	1103577	1093386
—	1578	2200	—	1122	306822	306712	284298	283761
1019	1510	13817	—	—	129894	128265	116641	116603
1445	16766	19372	—	1111	745027	742325	667694	660694
1020	59346	15303	14500	—	891589	891494	777545	774880
1325	29388	30801	—	8806	1857643	1853781	1688098	1679601
—	7135	—	—	—	2431	2431	2368	1662
3825	9947	10886	—	—	295128	294943	281200	281078
—	—	1260	—	—	15250	15249	14102	14102
—	181	5090	—	—	102231	101160	98511	97518
—	5251	1158	—	—	35746	35055	30500	30179
20066	2561890	28373	—	—	6328637	5960842	5687483	5367149
1000	115000	1320	—	53000	1180991	1166948	1113600	1068501
—	16046	31221	—	—	100927	74481	79558	78122

	营业税金及附加	#主营业务税金及附加	其他业务收入	其他业务利润	销售费用	管理费用	#税金	#差旅费	#工会费
总计	**58941**	**58134**	**108375**	**8684**	**309934**	**320890**	**13412**	**31253**	**1637**
一、按登记注册类型分组									
内资企业	56451	55644	72865	8295	282501	296462	12367	27216	1352
国有企业	2397	2387	6300	319	12834	21052	980	606	106
中央企业	296	286	5508	119	2272	6786	732	94	33
地方企业	2101	2101	792	200	10562	14266	248	512	73
集体企业	1594	1594	—	—	5148	9427	107	5	—
股份合作企业	12	12	—	—	54	187	—	2	6
有限责任公司	21972	21711	54191	6273	76893	91675	3174	6271	604
股份有限公司	18045	18044	6322	1612	63527	39468	726	2211	161
私营企业	9911	9381	5731	—53	109661	114948	6382	16989	439
其他企业	2520	2516	321	143	14386	19705	999	1133	35
港、澳、台商投资企业	1619	1619	10415	119	22627	15341	539	3869	233
外商投资企业	871	871	25095	271	4806	9088	507	168	52
二、按经济组织类型分组									
独资企业	5769	5741	31241	350	41718	55506	1565	1116	175
国有企业	2397	2387	6300	319	12834	21052	980	606	106
集体企业	1594	1594	—	—	5148	9427	107	5	—
私营独资企业	867	850	200	—1	20410	17551	75	351	23
港澳台商独资经营企业	74	74	—	—	357	743	18	32	6
外资企业	836	836	24741	33	2969	6733	386	123	40
合作、合伙企业	2533	2529	321	143	14468	20052	999	1135	41
股份有限公司	19920	19427	6353	1607	74502	54527	1880	6142	189
有限责任公司	30719	30436	70459	6584	179246	190806	8968	22860	1232
在总计中：国有控股企业	6105	6091	58203	125	33141	46367	1765	1540	387
在总计中：亏损企业	2372	2243	26129	4873	14637	39088	1940	1418	164
在总计中：农村工业	844	844	—	—	2143	2503	27	26	1
三、按轻重工业分组									
轻工业	29964	29586	40655	363	146374	108584	4469	9386	643
重工业	28977	28547	67720	8322	163560	212306	8943	21867	993
四、按企业规模分组									
大型企业	28796	28786	40023	—118	75764	39226	1873	1282	162
中型企业	4916	4798	57398	8132	74015	85402	2914	6397	695
小型企业	24961	24284	10954	670	154389	194584	8121	23544	774
微型企业	267	267	—	—	5765	1679	505	31	7
五、按县（市）区分组									
市　　直	1002	992	23971	4815	8641	19768	1059	657	214
铁 西 区	1612	1602	775	232	37071	37056	1205	11459	207
铁 东 区	19487	19487	6234	374	59094	64150	2050	4238	315
公主岭市	9444	8931	39471	829	84290	103769	6363	7895	564
双 辽 市	3337	3334	34421	599	27631	25468	840	3692	46
梨 树 县	14755	14488	1544	1770	43739	42416	773	2658	176
伊 通 县	7608	7607	720	4	32583	8844	506	147	17
辽河农垦管理区	517	515	—	—	11971	10175	223	228	68
经济开发区	96	96	—	—	1086	1445	57	—	—
红嘴高新技术开发区	1083	1081	1240	61	3828	7800	336	279	30

年）

单位：万元

财务费用	#利息收入	#利息支出	营业利润	资产减值损失	投资收益	营业外收入	#补贴收入	营业外支出	利润总额	应交所得税
146289	**2533**	**110927**	**510228**	**14332**	**−1214**	**34018**	**8172**	**15025**	**529825**	**24274**
136362	2307	101144	501948	13953	487	32633	7602	14348	520837	23299
18206	573	18467	−9394	184	−1964	2260	557	1600	−8733	897
13510	514	13943	−14370	—	3036	741	—	1351	−14980	—
4696	59	4524	4976	184	−5000	1519	557	249	6247	897
276	—	237	9683	—	—	—	—	195	9488	—
110	11	88	1169	—	—	—	—	—	1169	562
42211	1106	28112	173606	9960	1232	17673	5111	3055	188224	10230
38168	106	22170	79151	—	650	7813	—	1158	86564	1311
32976	504	29820	200110	3244	119	4203	1818	2986	201172	9568
4414	8	2251	47623	564	450	685	116	5355	42953	730
3750	112	3493	9728	—	16	766	—	629	9865	923
6178	115	6291	−1448	379	−1718	620	570	48	−877	52
25180	722	25367	16232	563	−1632	2958	1127	2104	16932	989
18206	573	18467	−9394	184	−1964	2260	557	1600	−8733	897
276	—	237	9683	—	—	—	—	195	9488	—
2158	93	1976	16275	—	—	—	—	258	15862	57
148	−3	149	−227	—	16	82	—	6	−151	35
4392	59	4539	−105	379	316	616	570	45	465	—
4525	19	2339	48845	564	450	685	116	5355	44175	1292
41811	130	25624	97272	—	650	8546	130	1684	104892	2127
74774	1663	57597	347879	13204	−683	21830	6799	5882	363827	19866
39549	1514	38343	30862	−420	−1928	6056	1184	2286	34632	4706
26286	817	26140	−39525	−481	3154	3532	1399	1855	−37849	368
634	—	566	5374	—	—	−1	—	439	4934	13
41816	599	39267	144061	3279	−801	10461	3882	9213	145155	5414
104473	1934	71661	366167	11053	−414	23557	4291	5812	384670	18860
47649	675	32484	66385	379	4005	12412	1501	4926	73871	—
32273	565	31363	82121	−410	963	12588	3099	1490	93978	8297
65633	1293	46355	356072	14362	−6182	8967	3523	8285	356754	15977
734	—	725	5651	—	—	52	50	325	5223	—
27391	734	27885	−18781	−400	3111	4434	1631	1448	−15794	1152
26389	155	10628	70676	11	−1377	10549	1485	1175	80050	2672
17200	1155	15119	102984	13675	59	7349	494	963	109369	5146
22971	146	19224	130814	418	333	3121	923	2988	130947	8090
17784	79	16870	69355	373	78	2387	1418	5908	65680	2051
13140	98	12617	54640	45	−4485	4440	853	2305	57534	1895
6904	85	5933	71360	113	—	1273	1233	149	72484	1908
12848	51	1534	13911	97	—	295	—	26	14179	888
502	1	217	11616	—	1045	—	—	—	11616	35
1161	30	901	3654	−1	23	170	136	63	3761	438

	营业税金及附加	#主营业务税金及附加	其他业务收入	其他业务利润	销售费用	管理费用	#税金	#差旅费	#工会费
六、按行业分组									
煤炭开采和洗选业	198	83	32	－5	466	1413	37	8	5
石油和天然气开采业	7033	7033	—	—	34553	8427	—	159	—
有色金属矿采选业	127	127	25	－5	247	2895	17	21	23
非金属矿采选业	196	196	—	—	2272	1542	15	478	7
开采辅助活动	156	156	—	—	668	446	—	—	—
其他采矿业	220	220	—	—	1160	1260	—	—	—
农副食品加工业	4644	4269	36765	500	66343	45018	2549	3295	333
食品制造业	1207	1205	—	—	11372	9645	280	349	10
酒、饮料和精制茶制造业	21160	21160	—	－237	26526	18537	528	3022	7
烟草制品业	—	—	—	—	—	—	—	—	—
纺织业	318	318	—	－47	429	1758	75	51	114
纺织服装、服饰业	377	377	—	—	928	1047	38	72	—
皮革、毛皮、羽毛（绒）及其制品和制鞋业	1	1	—	—	18	23	1	2	3
木材加工及木、竹、藤、棕、草制品业	17	17	—	—	2192	1521	2	200	—
家具制造业	23	23	—	—	68	86	2	9	—
造纸及纸制品业	361	361	19	—	1134	1885	40	76	5
印刷和记录媒介复制业	180	180	673	127	526	3471	114	71	11
石油加工、炼焦及核燃料加工业	—	—	3065	－563	1697	1996	27	136	—
化学原料和化学制品制造业	2747	2471	5737	170	25372	30193	1514	1913	119
医药制造业	897	897	—	—	36524	18112	387	1958	96
化学纤维制造业	53	53	407	6	454	1018	41	26	2
橡胶和塑料制品业	852	852	55	—	1558	3005	61	98	11
非金属矿物制品业	5760	5756	862	136	17552	24134	2072	521	115
黑色金属冶炼及压延加工业	611	611	9562	－629	8380	9767	273	467	12
有色金属冶炼及压延加工业	1070	1070	110	—	1902	2562	2	40	—
金属制品业	370	370	1628	1590	2464	4002	260	243	46
通用设备制造业	2731	2731	2701	1384	15849	27562	754	1884	192
专用设备制造业	1777	1765	95	31	20622	23001	982	10459	58
汽车制造业	2219	2201	3862	471	19674	39560	2685	4240	251
铁路、船舶、航天航空和其他运输制造业	19	19	—	—	66	296	—	—	—
电气机械及器材制造业	1067	1067	185	—	1605	14320	279	483	35
计算机、通信设备及其他电子设备制造业	32	32	1	1	357	408	2	3	1
仪器仪表制造业	57	57	1072	79	256	747	11	33	6
金属制品、机械和设备修理业	180	180	691	—	543	5539	71	39	—
电力、热力的生产和供应业	18199	18162	367795	42721	20209	112703	1799	8204	1683
燃气生产和供应业	4190	4190	14043	14043	30086	28590	510	373	92
水的生产和供应业	434	434	26446	—	11253	15647	646	406	—

年）　　　　　　　　　　　　　　　　　　　　　　　　单位：万元

财务费用	#利息收入	#利息支出	营业利润	资产减值损失	投资收益	营业外收入	#补贴收入	营业外支出	利润总额	应交所得税
181	1	182	−463	—	—	123	100	51	−391	—
3122	—	2712	58504	—	−5000	—	—	—	58504	—
43	7	20	1463	—	—	1413	557	33	2843	865
137	2	127	5081	—	—	1	—	1	5081	—
178	—	111	341	—	—	—	—	—	341	—
46	—	46	5000	—	—	—	—	—	5000	—
30046	418	28138	82318	1776	−1873	4235	2180	6484	79914	1853
785	6	591	12420	—	—	1026	931	213	13233	30
6027	58	6047	10079	—	—	3777	—	2161	11695	733
—	—	—	—	—	—	—	—	—	—	—
398	1	303	1351	—	18	156	156	5	1503	178
130	1	124	5323	1406	—	12	—	—	5335	—
3	—	3	105	—	—	—	—	—	105	26
78	—	73	2794	—	—	—	—	—	2794	—
17	—	1	1364	—	—	—	—	—	1364	95
200	1	153	4247	—	—	81	80	7	4321	8
452	3	385	814	—	−22	222	220	56	981	80
1199	—	1199	4202	—	—	61	—	279	3984	—
16917	613	16417	28160	3144	3036	1169	148	1486	27842	2599
2079	37	1963	19357	97	638	439	131	67	19729	1732
616	—	590	−266	—	6	—	—	13	−279	—
804	—	655	9318	—	433	28	28	13	9333	66
6541	120	5874	51116	678	812	6034	662	1320	55829	6106
20437	7	5224	16013	−539	689	6184	—	895	21302	346
375	2	277	5848	—	—	—	—	—	5848	—
3887	90	3883	3466	—	47	139	81	3	4360	267
3326	78	2517	27306	4725	−57	1695	316	212	28789	2254
3487	59	2917	64758	—	—	725	—	63	65420	599
5895	−34	3539	61790	3165	—	2583	74	1247	63126	5035
326	—	326	63	—	—	—	—	—	63	—
998	11	838	290	—	—	101	—	4	387	49
16	−1	17	540	15	—	54	—	—	594	5
42	2	44	2367	—	5	113	58	3	2478	17
71	—	71	−140	—	—	—	—	62	−202	—
363242	10426	245391	208168	−1352	387	32352	20952	1882	238638	12982
8962	59	8507	52916	—	163	2452	2000	13	55355	346
2126	37	1718	−8103	—	—	1689	1551	1576	−7990	—

	亏损企业亏损总额	利税总额	应交税金及附加	本年应付职工薪酬	本年应交增值税	本年进项税额	本年销项税额
总计	**37849**	**774384**	**282245**	**265936**	**185618**	**540987**	**660166**
一、按登记注册类型分组							
内资企业	32824	744466	259295	238749	167179	452364	565192
国有企业	17299	877	11487	24386	7213	23373	28643
中央企业	14980	—11986	3726	9842	2698	17669	20363
地方企业	2319	12863	7761	14544	4515	5704	8280
集体企业	—	11201	1820	1035	119	—	64
股份合作企业	640	1242	635	850	61	4474	4448
有限责任公司	7953	268299	93480	100019	58104	189398	226626
股份有限公司	3044	146824	62297	37718	42215	39824	57929
私营企业	3454	264692	79470	62200	53609	184301	232142
其他企业	435	51331	10107	12541	5858	10995	15340
港、澳、台商投资企业	1802	19636	11233	16886	8152	47905	48339
外商投资企业	3223	10282	11717	10301	10287	40719	46635
二、按经济组织类型分组							
独资企业	18872	41024	26647	39533	18324	62093	73176
国有企业	17299	877	11487	24386	7213	23373	28643
集体企业	—	11201	1820	1035	119	—	64
私营独资企业	137	17814	2084	5649	1085	8757	9242
港澳台商独资经营企业	274	—29	175	692	48	850	848
外资企业	1162	11161	11081	7772	9860	29113	34380
合作、合伙企业	1075	52628	10744	13545	5920	15469	19788
股份有限公司	6198	173929	73045	50086	49117	58584	86114
有限责任公司	11704	506802	171810	162773	112257	404841	481087
在总计中：国有控股企业	22177	72214	44052	67292	31476	100930	120510
在总计中：亏损企业	37849	—24410	15748	43575	11067	48191	55840
在总计中：农村工业	156	5872	978	2047	95	—	—
三、按轻重工业分组							
轻工业	7286	235222	99950	91902	60103	243278	278470
重工业	30563	539162	182295	174034	125515	297709	381696
四、按企业规模分组							
大型企业	14980	159683	87685	52052	57016	87956	104653
中型企业	11917	143876	61109	100449	44982	125990	164381
小型企业	10909	464940	132283	112737	83224	326751	390666
微型企业	43	5885	1168	698	396	290	466
五、按县（市）区分组							
市　　直	19539	—9151	8855	29038	5642	36043	43768
铁 西 区	3973	97824	21651	36216	16162	42069	51996
铁 东 区	8597	150108	47936	49020	21253	126332	142024
公主岭市	1424	210187	93693	59351	69797	199648	257102
双 辽 市	1079	88831	26041	27090	19813	77296	90214
梨 树 县	1167	93872	39006	23716	21583	37604	46205
伊 通 县	1291	105295	35225	20921	25204	12819	16065
辽河农垦管理区	—	18156	5088	14277	3460	4063	6869
经济开发区	—	12499	975	1050	787	—	—
红嘴高新技术开发区	779	6763	3776	5258	1919	5116	5923

年）　　　　　　　　　　　　　　　　　　　　　　　　单位：万元

土地和固定资产支出	土地购置	房屋和建筑物	机器设备	运输工具	其他费用	全部从业人员年平均人数（人）
232159	**28119**	**44098**	**115159**	**9535**	**35248**	**84494**
217645	28119	43496	112283	9515	24232	78005
7419	500	3250	3271	30	369	5542
5775	—	2949	2699	—	127	2596
1644	500	301	572	30	242	2946
—	—	—	—	—	—	519
1192	—	—	1192	—	—	359
86661	6751	7137	55449	1227	16098	31552
58745	8255	17543	29051	3888	8	12224
63489	12613	15509	23239	4371	7758	23090
140	—	58	82	—	—	4719
2457	—	510	1899	20	28	3940
12058	—	92	978	—	10988	2549
20594	500	3765	4943	30	11357	10661
7419	500	3250	3271	30	369	5542
—	—	—	—	—	—	519
470	—	350	120	—	—	2659
758	—	133	625	—	—	189
11947	—	32	927	—	10988	1752
1332	—	58	1274	—	—	5173
72208	8808	18745	33594	3940	7122	15940
138025	18811	21531	75349	5566	16770	52720
56687	500	4229	51119	162	677	12376
33025	498	2892	7490	562	21583	12261
—	—	—	—	—	—	632
105513	14431	24667	40677	7381	18357	32018
126646	13688	19431	74482	2154	16891	52476
70879	8255	20441	28814	2255	11115	14218
55142	5956	5703	18847	2857	21780	27787
106138	13908	17955	67498	4424	2353	42273
—	—	—	—	—	—	216
24127	—	2887	6439	563	14239	6647
10778	6083	1596	1297	1791	11	11701
134887	13384	25575	85372	3011	7546	18022
35841	6743	9161	7886	582	11469	19216
14681	954	1380	8754	3510	83	6392
983	500	—	250	—	233	9292
3125	—	—	1389	69	1668	6840
6666	—	3242	3425	—	—	4255
862	455	258	149	—	—	591
210	—	—	200	10	—	1538

	亏损企业亏损总额	利税总额	应交税金及附加	本年应付职工薪酬	本年应交增值税	本年进项税额	本年销项税额
六、按行业分组							
煤炭开采和洗选业	391	467	895	3377	660	285	945
石油和天然气开采业	—	86030	27526	7198	20493	850	1566
有色金属矿采选业	640	3933	1973	4126	963	429	1944
非金属矿采选业	1	6190	1124	1820	913	620	863
开采辅助活动	—	497	156	108	—	—	—
其他采矿业	—	6054	1054	3852	834	—	—
农副食品加工业	43	109376	33864	43780	24818	150601	159604
食品制造业	274	20630	7708	6121	6191	6274	12204
酒、饮料和精制茶制造业	—	46909	36474	16925	14053	12446	20426
烟草制品业	—	—	—	—	—	—	—
纺织业	526	4102	2853	2461	2282	4407	5367
纺织服装、服饰业	—	5904	607	1106	192	5335	5772
皮革、毛皮、羽毛（绒）及其制品和制鞋业	—	111	33	151	5	434	439
木材加工及木、竹、藤、棕、草制品业	—	2875	83	698	64	1001	1040
家具制造业	—	1473	206	240	86	1604	1666
造纸及纸制品业	—	5311	1038	2727	630	13750	14167
印刷和记录媒介复制业	217	1760	973	3029	599	5909	5600
石油加工、炼焦及核燃料加工业	—	3984	27	266	—	1486	3004
化学原料和化学制品制造业	15978	40707	16978	20296	10118	73988	85129
医药制造业	1662	29498	11889	6894	8873	11002	17832
化学纤维制造业	1002	82	402	912	308	1069	1378
橡胶和塑料制品业	—	10809	1602	2804	623	8057	8039
非金属矿物制品业	1017	80688	33036	17279	19099	33151	48602
黑色金属冶炼及压延加工业	4041	27012	6329	9893	5099	11544	13088
有色金属冶炼及压延加工业	2060	7713	1866	1685	794	922	1633
金属制品业	—	8045	4211	5199	3315	1997	2369
通用设备制造业	1182	39548	13767	19127	8028	24757	29438
专用设备制造业	734	70444	6605	11004	3247	22758	26411
汽车制造业	100	83544	28137	22968	18200	77302	93366
铁路、船舶、航天航空和其他设备制造业	—	162	99	104	80	273	353
电气机械及器材制造业	3190	2063	2004	4438	609	8355	9319
计算机、通信设备及其他电子设备制造业	—	727	139	498	101	132	198
仪器仪表制造业	89	2615	165	833	81	1098	1177
金属制品、机械和设备修理业	202	429	702	2412	451	—	—
电力、热力的生产和供应业	34667	579921	356064	383113	323084	437485	706736
燃气生产和供应业	2344	70948	16449	16386	11403	154040	165565
水的生产和供应业	7990	－3935	4701	16565	3621	—	—

年）　　　　　　　　　　　　　　　　　　　　　　　　　　　　　　　　　单位：万元

土地和固定资产支出	土地购置	房屋和建筑物	机器设备	运输工具	其他费用	全部从业人员年平均人数（人）
71	—	—	62	9	—	807
750	500	—	250	—	—	2407
278	—	124	115	30	9	872
—	—	—	—	—	—	815
—	—	—	—	—	—	60
—	—	—	—	—	—	1120
26810	4313	877	7728	2904	10988	13290
64	—	—	64	—	—	1595
56570	8255	17575	26898	3842	—	5660
—	—	—	—	—	—	—
—	—	—	—	—	—	1393
—	—	—	—	—	—	388
—	—	—	—	—	—	55
—	—	—	—	—	—	376
—	—	—	—	—	—	185
1256	340	—	534	149	233	1319
2646	1055	484	905	189	13	1145
180	59	—	121	—	—	100
8227	13	3512	4534	17	151	7439
10027	455	5486	3805	281	—	3607
27	—	—	24	—	2	470
2665	718	816	495	612	24	1411
12243	6901	2267	2778	161	137	6107
577	—	436	142	—	—	3117
—	—	—	—	—	—	683
103	—	—	103	—	—	1535
12636	312	4520	7354	290	161	6594
1396	140	765	447	35	9	4597
19189	5058	6696	6913	316	205	8680
—	—	—	—	—	—	62
7685	—	60	520	—	7105	1525
9	—	—	9	—	—	158
104	—	—	104	—	—	409
—	—	—	—	—	—	580
679546	—	3477	506942	7012	162115	4478
6942	—	1329	5613	—	—	733
—	—	—	—	—	—	722

10－6 （2012

	企业单位数（个）	#亏损企业	工业总产值（当年价）	工业销售产值（当年价）	#出口交货值	年初存货	#产成品	#在产品
总　　计	**28**	**12**	**1333028**	**1317860**	**6171**	**94211**	**22829**	**10391**
一、按登记注册类型分组								
内资企业	26	12	1083768	1081188	816	65282	17268	10391
国有企业	11	6	388789	394463	816	31941	10388	4013
中央企业	1	1	116870	119775	—	20134	1190	3515
地方企业	10	5	271919	274688	816	11807	9198	498
有限责任公司	14	6	646505	638252	—	32545	6880	6378
股份有限公司	1	—	48474	48474	—	796	—	—
港、澳、台商投资企业	2	—	249260	236672	5356	28929	5561	—
二、按经济组织类型分组								
独资企业	11	6	388789	394463	816	31941	10388	4013
国有企业	11	6	388789	394463	816	31941	10388	4013
股份有限公司	1	—	48474	48474	—	796	—	—
有限责任公司	16	6	895765	874924	5356	61474	12441	6378
在总计中：国有控股企业	28	12	1333028	1317860	6171	94211	22829	10391
在总计中：亏损企业	12	12	259991	265916	—	31477	4443	4303
三、按轻重工业分组								
轻工业	3	2	219567	206978	5356	28986	5561	—
重工业	25	10	1113462	1110882	816	65224	17268	10391
四、按企业规模分组								
大型企业	2	1	330749	321066	5356	49063	6751	3515
中型企业	11	5	603717	606720	816	36114	13046	4335
小型企业	15	6	398562	390075	—	9034	3032	2541
微型企业	—	—	—	—	—	—	—	—
五、按县（市）区分组								
市　　直	6	2	241449	249117	816	37039	10834	4416
铁 西 区	3	—	316881	308917	—	4042	3578	—
铁 东 区	5	1	65491	66460	—	8699	1744	2532
公主岭市	4	2	272738	260150	5356	28986	5561	—
双 辽 市	5	4	153811	153811	—	6259	—	—
梨 树 县	2	1	215236	215236	—	—	—	—
伊 通 县	2	1	43410	40157	—	8625	701	3294
辽河农垦管理区	—	—	—	—	—	—	—	—
经济开发区	—	—	—	—	—	—	—	—
红嘴高新技术开发区	1	1	24012	24012	—	560	411	149
六、按行业分组								
石油和天然气开采业	1	—	191989	191989	—	—	—	—
有色金属矿采选业	1	—	7418	11433	—	1985	1582	403
农副食品加工业	1	—	213879	201291	5356	28929	5561	—
化学原料和化学制品制造业	1	1	116870	119775	—	20134	1190	3515
橡胶和塑料制品业	1	—	3719	3252	—	1642	1178	—
非金属矿物制品业	3	1	89953	87813	—	15500	1352	5688
黑色金属冶炼及压延加工业	1	1	11581	13109	—	7471	2541	498
通用设备制造业	2	—	26818	26039	816	8123	6439	95
专用设备制造业	2	—	313350	313350	—	2400	2400	—
电气机械及器材制造业	1	1	24012	24012	—	560	411	149
计算机、通信设备及其他电子设备制造业	1	—	2020	2002	—	355	176	42
金属制品、机械和设备修理业	1	1	12088	12088	—	533	—	—
电力、热力的生产和供应业	10	5	3136442	3060215	—	65221	—	—
水的生产和供应业	2	2	56874	56874	—	577	—	—

企 业 主 要 指 标

年）　　　　　　　　　　　　　　　　　　　　　　　　单位：万元

资产总计	流动资产小计	#应收账款	#存货	#产成品	#在成品	固定资产合计	固定资产原价	累计折旧	#本年折旧	在建工程
1476138	**409056**	**93297**	**109740**	**31697**	**9885**	**887959**	**1478683**	**603970**	**78170**	**80299**
1382308	343617	90722	66051	21900	9885	862631	1399826	550440	75759	78753
465396	142705	36821	36326	16015	1575	279874	381307	101616	16487	5107
287896	75857	3486	23621	6603	1029	176686	212861	36175	8354	4745
177500	66848	33335	12705	9412	546	103188	168446	65441	8133	362
755853	197203	53901	29414	5885	8310	446487	869982	436558	52275	53981
161059	3709	—	311	—	—	136270	148537	12267	6997	19665
93830	65440	2576	43689	9797	—	25328	78858	53529	2411	1546
465396	142705	36821	36326	16015	1575	279874	381307	101616	16487	5107
465396	142705	36821	36326	16015	1575	279874	381307	101616	16487	5107
161059	3709	—	311	—	—	136270	148537	12267	6997	19665
849683	262643	56476	73103	15682	8310	471816	948840	490087	54686	55527
1476138	409056	93297	109740	31697	9885	887959	1478683	603970	78170	80299
521924	137614	28062	33430	7874	3574	344356	493025	152241	34013	5432
104679	70360	8426	42270	9797	—	30860	87507	56647	2447	1883
1371459	338697	84871	67470	21900	9885	857100	1391177	547323	75723	78416
380075	139646	6062	65871	16400	1029	202014	291719	89704	10765	6291
648536	185718	54069	33085	10512	6100	368299	790257	435086	38170	42219
447527	83692	33167	10784	4785	2756	317646	396707	79180	29236	31789
—	—	—	—	—	—	—	—	—	—	—
534108	123935	22254	37250	13778	2035	353136	417222	67338	16341	24491
44836	18207	8842	1748	844	—	25570	28846	12949	2719	—
145295	36590	9590	11559	2538	4539	90539	109089	18689	4475	11849
125582	77138	13717	43442	10690	—	44629	121184	76555	4855	1917
511805	103322	20298	5384	—	—	317174	691883	374827	32080	41965
21279	1930	508	439	285	—	13123	38153	25094	2052	—
77800	33376	12932	9358	3150	3163	42945	70091	27146	15649	50
—	—	—	—	—	—	—	—	—	—	—
—	—	—	—	—	—	—	—	—	—	—
15433	14558	5156	560	411	149	844	2215	1372	—	26
9974	1588	458	351	285	—	2161	8547	6386	49	—
12448	10161	2432	2422	1880	542	1835	3684	1850	304	25
92179	63789	2576	42250	9797	—	25328	78858	53529	2411	1546
287896	75857	3486	23621	6603	1029	176686	212861	36175	8354	4745
8228	7085	1473	1748	844	—	920	2120	1200	96	—
152483	60024	17946	18346	3730	7639	84550	113779	29368	6301	195
48172	11747	3508	3589	673	464	36425	45900	12727	498	56
33910	28947	16970	8050	6402	4	4812	10494	5682	475	—
35901	14622	12688	1192	893	—	20476	17171	6368	1988	—
15433	14558	5156	560	411	149	844	2215	1372	—	26
912	807	187	388	178	58	88	1623	1535	7	—
17554	6213	3128	542	—	—	7556	15533	7977	1709	45
7485475	1070889	174402	66601	—	—	5207474	9572495	4366841	559439	733236
124998	65711	58504	195	—	—	55312	86490	31178	363	3369

10－6 续表 1 （2012

	负债合计	#流动负债小计	#应付账款	#非流动负债	所有者权益合计	#实收资本
总　　计	**981002**	**773649**	**143209**	**200686**	**492213**	**305258**
一、按登记注册类型分组						
内资企业	926470	719117	126767	200686	452916	265418
国有企业	375079	335805	22876	39246	90242	71528
中央企业	262845	237930	12706	24915	25051	36939
地方企业	112234	97875	10170	14331	65191	34589
有限责任公司	572423	410187	88154	155596	180583	193890
股份有限公司	－21032	－26875	15736	5843	182091	—
港、澳、台商投资企业	54533	54533	16443	—	39297	39840
二、按经济组织类型分组						
独资企业	375079	335805	22876	39246	90242	71528
国有企业	375079	335805	22876	39246	90242	71528
股份有限公司	－21032	－26875	15736	5843	182091	—
有限责任公司	626955	464719	104597	155596	219880	233730
在总计中：国有控股企业	981002	773649	143209	200686	492213	305258
在总计中：亏损企业	446464	374593	62253	71843	75385	88012
三、按轻重工业分组						
轻工业	63728	63700	11604	—	40875	43262
重工业	917274	709949	131606	200686	451338	261996
四、按企业规模分组						
大型企业	315727	290812	21084	24915	64348	76779
中型企业	522548	384301	85468	131626	123141	155467
小型企业	142728	98537	36657	44145	304724	73013
微型企业	—	—	—	—	—	—
五、按县（市）区分组						
市　　直	317475	281741	75811	35734	216633	79538
铁 西 区	15585	4480	367	4483	26404	6769
铁 东 区	83650	49462	16565	34188	61646	52818
公主岭市	76419	67393	11607	8980	49162	45110
双 辽 市	417516	315691	29523	101825	94215	81763
梨 树 县	11240	2236	117	9004	10040	11853
伊 通 县	48273	41801	5770	6472	29527	23651
辽河农垦管理区	—	—	—	—	—	—
经济开发区	—	—	—	—	—	—
红嘴高新技术开发区	10847	10847	3450	—	4586	3755
六、按行业分组						
石油和天然气开采业	415	415	—	—	9559	9559
有色金属矿采选业	4759	4759	590	—	7689	4000
农副食品加工业	52882	52882	8378	—	39297	39840
化学原料和化学制品制造业	262845	237930	12706	24915	25051	36939
橡胶和塑料制品业	524	524	367	—	7705	180
非金属矿物制品业	87363	75195	13453	12169	65120	53300
黑色金属冶炼及压延加工业	46309	41332	33821	4976	1863	29297
通用设备制造业	27403	27403	5687	—	6507	12627
专用设备制造业	9597	2958	—	—	23456	7009
电气机械及器材制造业	10847	10847	3450	—	4586	3755
计算机、通信设备及其他电子设备制造业	1106	1087	212	19	－194	645
金属制品、机械和设备修理业	11314	11314	5402	—	6240	5251
电力、热力的生产和供应业	4547922	2961859	559189	1586063	2937552	994336
水的生产和供应业	108467	108187	32260	—	15781	34225

年）　　　　　　　　　　　　　　　　　　　　　　　　　　　　　　单位：万元

#国家资本	#集体资本	#法人资本	#个人资本	#港澳台资本	营业收入	#主营业务收入	营业成本	#主营业务成本
67952	**3755**	**214155**	**3460**	**15936**	**1387911**	**1329709**	**1249308**	**1191584**
67952	3755	190251	3460	—	1164581	1116185	1050145	996733
63760	—	4308	3460	—	387184	380883	352022	340506
36939	—	—	—	—	119775	114267	114318	108928
26821	—	4308	3460	—	267409	266616	237704	231578
4192	3755	185943	—	—	728924	686827	659052	617158
—	—	—	—	—	48474	48474	39070	39070
—	—	23904	—	15936	223330	213524	199163	194851
63760	—	4308	3460	—	387184	380883	352022	340506
63760	—	4308	3460	—	387184	380883	352022	340506
—	—	—	—	—	48474	48474	39070	39070
4192	3755	209846	—	15936	952254	900351	858216	812008
67952	3755	214155	3460	15936	1387911	1329709	1249308	1191584
44941	3755	37816	1500	—	278635	262565	264851	248851
1154	—	24672	1500	15936	191826	181832	167816	163498
66798	3755	189483	1960	—	1196085	1147877	1081492	1028086
36939	—	23904	—	15936	307724	292410	278485	268783
13792	—	139714	1960	—	698502	656628	638740	591373
17221	3755	50537	1500	—	381686	380671	332083	331429
—	—	—	—	—	—	—	—	—
46241	—	31337	1960	—	260196	244824	240804	219229
180	—	6589	—	—	360006	359951	323256	323256
3970	—	48848	—	—	65245	64480	50038	49391
3350	—	24324	1500	15936	242378	232474	217860	213457
1006	—	80757	—	—	187798	155710	177461	146363
11853	—	—	—	—	205277	205262	184071	184071
1351	—	22300	—	—	43000	42996	35176	35175
—	—	—	—	—	—	—	—	—
—	—	—	—	—	—	—	—	—
—	3755	—	—	—	24012	24012	20642	20642
9559	—	—	—	—	182015	182015	160632	160632
—	—	2040	1960	—	11433	11408	6167	6136
—	—	23904	—	15936	187949	178143	164167	159855
36939	—	—	—	—	119775	114267	114318	108928
180	—	—	—	—	3871	3816	3046	3046
—	—	53300	—	—	87264	86728	67790	67269
—	—	29297	—	—	22722	13160	23803	13612
12627	—	—	—	—	26847	26342	25451	19362
—	—	7009	—	—	360820	360820	324874	324874
—	3755	—	—	—	24012	24012	20642	20642
645	—	—	—	—	2003	2003	1788	1788
—	—	5251	—	—	12088	11397	9491	9169
68474	—	925862	—	—	3432367	3119112	3234904	2926290
11541	—	7684	15000	—	38775	36888	36490	36429

	营业税金及附加	#主营业务税金及附加	其他业务收入	其他业务利润	销售费用	管理费用	#税金	#差旅费	#工会费
总　　计	**6105**	**6091**	**58203**	**125**	**33141**	**46367**	**1765**	**1540**	**387**
一、按登记注册类型分组									
内资企业	5005	4991	48397	125	18269	40546	1522	1441	191
国有企业	2397	2387	6300	319	12834	21052	980	606	106
中央企业	296	286	5508	119	2272	6786	732	94	33
地方企业	2101	2101	792	200	10562	14266	248	512	73
有限责任公司	2608	2604	42097	－194	5435	19495	542	807	85
股份有限公司	—	—	—	—	—	—	—	29	—
港、澳、台商投资企业	1100	1100	9806	—	14872	5821	243	99	196
二、按经济组织类型分组									
独资企业	2397	2387	6300	319	12834	21052	980	606	106
国有企业	2397	2387	6300	319	12834	21052	980	606	106
股份有限公司	—	—	—	—	—	—	—	29	—
有限责任公司	3708	3705	51902	－194	20307	25315	785	906	281
在总计中：国有控股企业	6105	6091	58203	125	33141	46367	1765	1540	387
在总计中：亏损企业	1470	1457	16070	－526	4255	19761	1021	509	85
三、按轻重工业分组									
轻工业	857	857	9995	—	15000	6315	307	76	101
重工业	5248	5234	48208	125	18140	40052	1458	1465	286
四、按企业规模分组									
大型企业	1137	1127	15314	119	17144	12607	975	168	134
中型企业	1985	1982	41874	－118	6910	18378	414	1115	216
小型企业	2983	2982	1015	124	9087	15382	376	257	37
微型企业	—	—	—	—	—	—	—	—	—
五、按县（市）区分组									
市　　直	784	774	15372	－415	4868	14338	1001	433	192
铁 西 区	69	69	55	—	1298	3676	43	255	32
铁 东 区	484	484	765	92	1685	4141	275	105	24
公主岭市	1063	1060	9905	9	14872	10219	332	272	139
双 辽 市	1139	1139	32088	435	128	2811	71	224	—
梨 树 县	1691	1691	15	—	8191	6315	—	219	—
伊 通 县	264	264	4	4	1951	1828	40	34	—
辽河农垦管理区	—	—	—	—	—	—	—	—	—
经济开发区	—	—	—	—	—	—	—	—	—
红嘴高新技术开发区	610	610	—	—	148	3039	4	—	—
六、按行业分组									
石油和天然气开采业	1646	1646	—	—	8191	6315	—	96	—
有色金属矿采选业	127	127	25	－5	229	2763	17	19	23
农副食品加工业	841	841	9806	—	14872	5821	243	74	101
化学原料和化学制品制造业	296	286	5508	119	2272	6786	732	94	33
橡胶和塑料制品业	21	21	55	—	41	577	—	15	4
非金属矿物制品业	659	659	536	－13	3349	4806	283	94	12
黑色金属冶炼及压延加工业	—	—	9562	－629	601	1663	116	50	6
通用设备制造业	145	145	505	205	1973	4115	167	258	47
专用设备制造业	128	128	—	—	1257	1677	—	202	11
电气机械及器材制造业	610	610	—	—	148	3039	4	—	—
计算机、通信设备及其他电子设备制造业	8	8	1	1	80	172	2	3	1
金属制品、机械和设备修理业	173	173	691	—	—	2545	71	18	—
电力、热力的生产和供应业	14353	14316	313255	4471	—	55912	674	6164	1498
水的生产和供应业	160	160	1887	—	1284	4946	637	11	—

单位：万元

财务费用	#利息收入	#利息支出	营业利润	资产减值损失	投资收益	营业外收入	#补贴收入	营业外支出	利润总额	应交所得税
39549	**1514**	**38343**	**30862**	**−420**	**−1928**	**6056**	**1184**	**2286**	**34632**	**4706**
37984	1463	37024	30051	−420	−1928	5856	1184	1806	34101	4706
18206	573	18467	−9394	184	−1964	2260	557	1600	−8733	897
13510	514	13943	−14370	—	3036	741	—	1351	−14980	—
4696	59	4524	4976	184	−5000	1519	557	249	6247	897
10266	852	9007	39341	−604	36	3596	627	207	42730	3808
9512	38	9549	104	—	—	—	—	—	104	—
1565	52	1320	811	—	—	200	—	480	531	—
18206	573	18467	−9394	184	−1964	2260	557	1600	−8733	897
18206	573	18467	−9394	184	−1964	2260	557	1600	−8733	897
9512	38	9549	104	—	—	—	—	—	104	—
11831	904	10327	40152	−604	36	3796	627	686	43262	3808
39549	1514	38343	30862	−420	−1928	6056	1184	2286	34632	4706
18566	608	18860	−21426	−494	3072	895	99	1646	−22177	28
1567	48	1320	269	—	—	204	—	635	−163	—
37981	1466	37024	30594	−420	−1928	5852	1184	1651	34795	4706
15078	562	15263	−13690	—	3036	941	—	1831	−14580	—
8627	103	8397	33695	−446	36	2196	1169	221	35670	2572
15844	850	14683	10858	27	−5000	2919	15	234	13543	2134
—	—	—	—	—	—	—	—	—	—	—
23926	567	24311	−15060	−400	3072	2231	557	1403	−14231	865
338	—	18	33024	11	—	—	—	5	33019	—
2550	769	1572	6372	15	—	2832	114	117	9087	2134
2228	55	1984	964	—	—	428	—	646	745	—
8392	80	8311	−349	−192	—	384	373	69	−34	925
699	6	699	3964	45	−5000	—	—	3	3961	28
1425	28	1450	2365	100	—	181	140	43	2503	753
—	—	—	—	—	—	—	—	—	—	—
—	—	—	—	—	—	—	—	—	—	—
−9	9	—	−418	—	—	—	—	—	−418	—
58	—	58	4873	—	−5000	—	—	—	4873	—
44	7	20	2103	—	—	1413	557	33	3483	865
1568	48	1320	680	—	—	200	—	480	400	—
13510	514	13943	−14370	—	3036	741	—	1351	−14980	—
18	—	18	168	—	—	—	—	—	168	—
2611	43	2426	8022	100	—	2933	254	92	10864	2879
211	2	151	−2991	−539	36	7	—	12	−2996	—
815	2	783	−5	139	—	102	—	55	42	4
240	—	21	33547	—	—	200	—	—	33747	—
−9	9	—	−418	—	—	—	—	—	−418	—
—	−1	—	8	15	—	47	—	—	55	5
17	—	17	−140	—	—	—	—	62	−202	—
204663	8893	195862	−2035	−1352	—	4085	3730	459	1591	9534
−4	—	—	−4111	—	—	40	—	1555	−5626	—

	亏损企业亏损总额	利税总额	应交税金及附加	本年应付职工薪酬	本年应交增值税	本年进项税额	本年销项税额
总计	**22177**	**72214**	**44052**	**67292**	**31476**	**100930**	**120510**
一、按登记注册类型分组							
内资企业	22177	64865	36992	55061	25759	65671	88113
国有企业	17299	877	11487	24386	7213	23373	28643
中央企业	14980	－11986	3726	9842	2698	17669	20363
地方企业	2319	12863	7761	14544	4515	5704	8280
有限责任公司	4878	63885	25505	30380	18546	37880	51492
股份有限公司	—	104	—	295	—	4419	7979
港、澳、台商投资企业	—	7348	7060	12231	5717	35259	32397
二、按经济组织类型分组							
独资企业	17299	877	11487	24386	7213	23373	28643
国有企业	17299	877	11487	24386	7213	23373	28643
股份有限公司	—	104	—	295	—	4419	7979
有限责任公司	4878	71233	32565	42611	24263	73139	83889
在总计中：国有控股企业	22177	72214	44052	67292	31476	100930	120510
在总计中：亏损企业	22177	－14176	9049	25350	6531	30982	36986
三、按轻重工业分组							
轻工业	563	6545	7014	7762	5851	29474	28811
重工业	21614	65668	37038	59529	25626	71457	91699
四、按企业规模分组							
大型企业	14980	－5028	10527	16918	8415	47143	49174
中型企业	4839	54528	21845	38943	16873	36915	51715
小型企业	2358	22713	11680	11431	6188	16872	19621
微型企业	—	—	—	—	—	—	—
五、按县（市）区分组							
市　　直	17976	－8889	7209	24510	4559	30910	37733
铁 西 区	—	34292	1315	2545	1204	46	54
铁 东 区	644	13063	6385	3682	3491	12251	10834
公主岭市	615	8286	7872	10517	6477	32449	32426
双 辽 市	1079	13449	14480	17221	12345	17439	27936
梨 树 县	912	6398	2466	3694	746	3580	4682
伊 通 县	533	5421	3712	3547	2654	4256	6845
辽河农垦管理区	—	—	—	—	—	—	—
经济开发区	—	—	—	—	—	—	—
红嘴高新技术开发区	418	193	614	1576	—	—	—
六、按行业分组							
石油和天然气开采业	—	7234	2362	829	716	850	1566
有色金属矿采选业	—	4573	1973	3921	963	429	1944
农副食品加工业	—	6958	6801	7076	5717	29474	28811
化学原料和化学制品制造业	14980	－11986	3726	9842	2698	17669	20363
橡胶和塑料制品业	—	198	30	325	8	46	54
非金属矿物制品业	644	17062	9359	3967	5539	9165	14982
黑色金属冶炼及压延加工业	2996	－2996	116	1769	—	2608	3862
通用设备制造业	—	1224	1352	4081	1037	754	491
专用设备制造业	—	34671	923	864	796	—	—
电气机械及器材制造业	418	193	614	1576	—	—	—
计算机、通信设备及其他电子设备制造业	—	129	80	227	66	132	198
金属制品、机械和设备修理业	202	367	640	1510	397	—	—
电力、热力的生产和供应业	23743	150008	158625	306198	134064	398046	482400
水的生产和供应业	5626	－4131	2132	6864	1335	—	—

年）　　　　单位：万元

土地和固定资产支出	土地购置	房屋和建筑物	机器设备	运输工具	其他费用	全部从业人员年平均人数（人）
56687	**500**	**4229**	**51119**	**162**	**677**	**12376**
56687	500	4229	51119	162	677	10235
7419	500	3250	3271	30	369	5542
5775	—	2949	2699	—	127	2596
1644	500	301	572	30	242	2946
49268	—	980	47848	132	308	4637
—	—	—	—	—	—	56
—	—	—	—	—	—	2141
7419	500	3250	3271	30	369	5542
7419	500	3250	3271	30	369	5542
—	—	—	—	—	—	56
49268	—	980	47848	132	308	6778
56687	500	4229	51119	162	677	12376
6555	—	3036	3160	—	360	5799
—	—	—	—	—	—	1825
56687	500	4229	51119	162	677	10551
5775	—	2949	2699	—	127	4063
9256	—	606	8320	30	301	5921
41656	500	675	40101	132	249	2392
—	—	—	—	—	—	—
6070	—	3090	2814	30	136	5319
—	—	—	—	—	—	732
40561	—	588	39592	132	249	921
202	—	—	202	—	—	2076
8809	—	551	8198	—	59	1857
983	500	—	250	—	233	618
63	—	—	63	—	—	583
—	—	—	—	—	—	—
—	—	—	—	—	—	—
—	—	—	—	—	—	270
750	500	—	250	—	—	296
278	—	124	115	30	9	822
—	—	—	—	—	—	1467
5775	—	2949	2699	—	127	2596
—	—	—	—	—	—	156
1614	—	515	967	32	100	1043
—	—	—	—	—	—	570
101	—	90	11	—	—	721
—	—	—	—	—	—	538
—	—	—	—	—	—	270
9	—	—	9	—	—	59
—	—	—	—	—	—	470
481610	—	5512	470689	1001	4408	3010
—	—	—	—	—	—	358

10－7 （2012

	企业单位数（个）	#亏损企业	工业总产值（当年价）	工业销售产值（当年价）	#出口交货值	年初存货	#产成品	#在产品
总　　计	**11**	**6**	**388789**	**394463**	**816**	**31941**	**10388**	**4013**
一、按登记注册类型分组								
内资企业	11	6	388789	394463	816	31941	10388	4013
国有企业	11	6	388789	394463	816	31941	10388	4013
中央企业	1	1	116870	119775	—	20134	1190	3515
地方企业	10	5	271919	274688	816	11807	9198	498
二、按经济组织类型分组								
独资企业	11	6	388789	394463	816	31941	10388	4013
国有企业	11	6	388789	394463	816	31941	10388	4013
在总计中：国有控股企业	11	6	388789	394463	816	31941	10388	4013
在总计中：亏损企业	6	6	158845	161750	—	20192	1190	3515
三、按轻重工业分组								
轻工业	2	2	5687	5687	—	58	—	—
重工业	9	4	383102	388776	816	31884	10388	4013
四、按企业规模分组								
大型企业	1	1	116870	119775	—	20134	1190	3515
中型企业	3	1	52390	55626	816	8638	7103	403
小型企业	7	4	219529	219062	—	3169	2095	95
微型企业	—	—	—	—	—	—	—	—
五、按县（市）区分组								
市　　直	3	1	146013	152154	816	28772	8293	3918
铁 西 区	1	—	3719	3252	—	1642	1178	—
铁 东 区	1	—	5093	5093	—	1469	917	95
公主岭市	1	1	4757	4757	—	58	—	—
双 辽 市	3	3	13971	13971	—	—	—	—
梨 树 县	2	1	215236	215236	—	—	—	—
伊 通 县	—	—	—	—	—	—	—	—
辽河农垦管理区	—	—	—	—	—	—	—	—
经济开发区	—	—	—	—	—	—	—	—
红嘴高新技术开发区	—	—	—	—	—	—	—	—
六、按行业分组								
石油和天然气开采业	1	—	191989	191989	—	—	—	—
有色金属矿采选业	1	—	7418	11433	—	1985	1582	403
化学原料和化学制品制造业	1	1	116870	119775	—	20134	1190	3515
橡胶和塑料制品业	1	—	3719	3252	—	1642	1178	—
通用设备制造业	2	—	26818	26039	816	8123	6439	95
电力、热力的生产和供应业	3	3	362877	362877	—	3	—	—
水的生产和供应业	2	2	56874	56874	—	577	—	—

主 要 经 济 指 标

年）　　　　　　　　　　　　　　　　　　　　　　　　　　　　　　单位：万元

资产总计	流动资产小计	#应收账款	#存货	#产成品	#在成品	固定资产合计	固定资产原价	累计折旧	#本年折旧	在建工程
465396	**142705**	**36821**	**36326**	**16015**	**1575**	**279874**	**381307**	**101616**	**16487**	**5107**
465396	142705	36821	36326	16015	1575	279874	381307	101616	16487	5107
465396	142705	36821	36326	16015	1575	279874	381307	101616	16487	5107
287896	75857	3486	23621	6603	1029	176686	212861	36175	8354	4745
177500	66848	33335	12705	9412	546	103188	168446	65441	8133	362
465396	142705	36821	36326	16015	1575	279874	381307	101616	16487	5107
465396	142705	36821	36326	16015	1575	279874	381307	101616	16487	5107
465396	142705	36821	36326	16015	1575	279874	381307	101616	16487	5107
400835	94924	15488	23755	6603	1029	270147	356462	86497	15564	5082
12500	6571	5850	20	—	—	5531	8649	3118	36	337
452896	136134	30971	36306	16015	1575	274343	372658	98498	16451	4770
287896	75857	3486	23621	6603	1029	176686	212861	36175	8354	4745
46635	31314	15310	8377	6502	542	14718	39531	24877	2495	25
130865	35534	18025	4328	2910	4	88470	128915	40564	5638	337
—	—	—	—	—	—	—	—	—	—	—
323226	106829	18746	31911	13105	1571	180441	222786	42344	8846	4770
8228	7085	1473	1748	844	—	920	2120	1200	96	—
11028	8136	4141	2183	1781	4	2891	4254	1363	287	—
11717	6226	5822	—	—	—	5094	7758	2664	—	337
89917	12499	6130	46	—	—	77404	106236	28951	5206	—
21279	1930	508	439	285	—	13123	38153	25094	2052	—
—	—	—	—	—	—	—	—	—	—	—
—	—	—	—	—	—	—	—	—	—	—
—	—	—	—	—	—	—	—	—	—	—
—	—	—	—	—	—	—	—	—	—	—
9974	1588	458	351	285	—	2161	8547	6386	49	—
12448	10161	2432	2422	1880	542	1835	3684	1850	304	25
287896	75857	3486	23621	6603	1029	176686	212861	36175	8354	4745
8228	7085	1473	1748	844	—	920	2120	1200	96	—
33910	28947	16970	8050	6402	4	4812	10494	5682	475	—
1004396	124960	61519	1142	—	—	879294	1349519	472045	71732	—
124998	65711	58504	195	—	—	55312	86490	31178	363	3369

10－7 续表 1 （2012

	负债合计	#流动负债小计	#应付账款	#非流动负债	所有者权益合计	#实收资本
总　　计	**375079**	**335805**	**22876**	**39246**	**90242**	**71528**
一、按登记注册类型分组						
内资企业	375079	335805	22876	39246	90242	71528
国有企业	375079	335805	22876	39246	90242	71528
中央企业	262845	237930	12706	24915	25051	36939
地方企业	112234	97875	10170	14331	65191	34589
二、按经济组织类型分组						
独资企业	375079	335805	22876	39246	90242	71528
国有企业	375079	335805	22876	39246	90242	71528
在总计中：国有控股企业	375079	335805	22876	39246	90242	71528
在总计中：亏损企业	341978	302704	16233	39246	58782	45162
三、按轻重工业分组						
轻工业	10847	10819	3226	—	1578	3423
重工业	364232	324986	19650	39246	88663	68106
四、按企业规模分组						
大型企业	262845	237930	12706	24915	25051	36939
中型企业	38527	29523	5600	9004	8108	15596
小型企业	73708	68352	4570	5328	57082	18993
微型企业	—	—	—	—	—	—
五、按县（市）区分组						
市　　直	290547	265632	18190	24915	32679	50241
铁 西 区	524	524	367	—	7705	180
铁 东 区	4460	4460	793	—	6568	3325
公主岭市	10370	10342	2814	—	1346	2654
双 辽 市	57939	52612	596	5328	31904	3275
梨 树 县	11240	2236	117	9004	10040	11853
伊 通 县	—	—	—	—	—	—
辽河农垦管理区	—	—	—	—	—	—
经济开发区	—	—	—	—	—	—
红嘴高新技术开发区	—	—	—	—	—	—
六、按行业分组						
石油和天然气开采业	415	415	—	—	9559	9559
有色金属矿采选业	4759	4759	590	—	7689	4000
化学原料和化学制品制造业	262845	237930	12706	24915	25051	36939
橡胶和塑料制品业	524	524	367	—	7705	180
通用设备制造业	27403	27403	5687	—	6507	12627
电力、热力的生产和供应业	682867	539554	3006	143313	321529	48003
水的生产和供应业	108467	108187	32260	—	15781	34225

单位：万元

#国家资本	#法人资本	#个人资本	营业收入	#主营业务收入	营业成本	#主营业务成本
63760	**4308**	**3460**	**387184**	**380883**	**352022**	**340506**
63760	4308	3460	387184	380883	352022	340506
63760	4308	3460	387184	380883	352022	340506
36939	—	—	119775	114267	114318	108928
26821	4308	3460	267409	266616	237704	231578
63760	4308	3460	387184	380883	352022	340506
63760	4308	3460	387184	380883	352022	340506
63760	4308	3460	387184	380883	352022	340506
41393	2268	1500	163018	157304	156726	151330
1154	768	1500	3878	3689	3649	3643
62606	3540	1960	383306	377195	348373	336863
36939	—	—	119775	114267	114318	108928
11596	2040	1960	57106	56789	52056	46062
15225	2268	1500	210302	209827	185648	185515
—	—	—	—	—	—	—
46241	2040	1960	153619	147809	142935	131552
180	—	—	3871	3816	3046	3046
3325	—	—	4435	4207	3001	2874
1154	—	1500	3229	3229	3366	3366
1006	2268	—	16752	16561	15604	15598
11853	—	—	205277	205262	184071	184071
—	—	—	—	—	—	—
—	—	—	—	—	—	—
—	—	—	—	—	—	—
—	—	—	—	—	—	—
9559	—	—	182015	182015	160632	160632
—	2040	1960	11433	11408	6167	6136
36939	—	—	119775	114267	114318	108928
180	—	—	3871	3816	3046	3046
12627	—	—	26847	26342	25451	19362
33003	15000	—	393659	393478	387591	387591
11541	7684	15000	38775	36888	36490	36429

	营业税金及附加	#主营业务税金及附加	其他业务收入	其他业务利润	营业费用	管理费用	#税金	#差旅费	#工会费
总　　计	**2397**	**2387**	**6300**	**319**	**12834**	**21052**	**980**	**606**	**106**
一、按登记注册类型分组									
内资企业	2397	2387	6300	319	12834	21052	980	606	106
国有企业	2397	2387	6300	319	12834	21052	980	606	106
中央企业	296	286	5508	119	2272	6786	732	94	33
地方企业	2101	2101	792	200	10562	14266	248	512	73
二、按经济组织类型分组									
独资企业	2397	2387	6300	319	12834	21052	980	606	106
国有企业	2397	2387	6300	319	12834	21052	980	606	106
在总计中：国有控股企业	2397	2387	6300	319	12834	21052	980	606	106
在总计中：亏损企业	457	447	5715	119	2400	7281	796	218	33
三、按轻重工业分组									
轻工业	16	16	189	—	128	495	64	1	—
重工业	2381	2371	6111	319	12706	20557	916	605	106
四、按企业规模分组									
大型企业	296	286	5508	119	2272	6786	732	94	33
中型企业	274	274	317	96	1995	5889	153	358	58
小型企业	1827	1827	475	104	8567	8377	95	153	15
微型企业	—	—	—	—	—	—	—	—	—
五、按县（市）区分组									
市　　直	525	515	5810	215	4267	12675	885	329	91
铁 西 区	21	21	55	—	41	577	—	15	4
铁 东 区	43	43	228	104	207	990	31	42	11
公主岭市	13	13	—	—	—	229	64	—	—
双 辽 市	103	103	192	—	128	265	—	1	—
梨 树 县	1691	1691	15	—	8191	6315	—	219	—
伊 通 县	—	—	—	—	—	—	—	—	—
辽河农垦管理区	—	—	—	—	—	—	—	—	—
经济开发区	—	—	—	—	—	—	—	—	—
红嘴高新技术开发区	—	—	—	—	—	—	—	—	—
六、按行业分组									
石油和天然气开采业	1646	1646	—	—	8191	6315	—	96	—
有色金属矿采选业	127	127	25	-5	229	2763	17	19	23
化学原料和化学制品制造业	296	286	5508	119	2272	6786	732	94	33
橡胶和塑料制品业	21	21	55	—	41	577	—	15	4
通用设备制造业	145	145	505	205	1973	4115	167	258	47
电力、热力的生产和供应业	1454	1452	181	—	—	—	—	1231	—
水的生产和供应业	160	160	1887	—	1284	4946	637	11	—

年）

单位：万元

财务费用	#利息收入	#利息支出	营业利润	资产减值损失	投资收益	营业外收入	#补贴收入	营业外支出	利润总额	应交所得税
18206	**573**	**18467**	**—9394**	**184**	**—1964**	**2260**	**557**	**1600**	**—8733**	**897**
18206	573	18467	—9394	184	—1964	2260	557	1600	—8733	897
18206	573	18467	—9394	184	—1964	2260	557	1600	—8733	897
13510	514	13943	—14370	—	3036	741	—	1351	—14980	—
4696	59	4524	4976	184	—5000	1519	557	249	6247	897
18206	573	18467	—9394	184	—1964	2260	557	1600	—8733	897
18206	573	18467	—9394	184	—1964	2260	557	1600	—8733	897
18206	573	18467	—9394	184	—1964	2260	557	1600	—8733	897
17271	564	17588	—16532	45	3036	745	—	1512	—17299	28
—	—	—	—411	—	—	4	—	156	—563	—
18207	573	18467	—8983	184	—1964	2256	557	1444	—8171	897
13510	514	13943	—14370	—	3036	741	—	1351	—14980	—
1337	15	1308	1158	184	—	1483	557	43	2598	894
3359	44	3216	3818	—	—5000	36	—	205	3649	4
—	—	—	—	—	—	—	—	—	—	—
14206	523	14611	—12303	139	3036	2224	557	1391	—11470	865
18	—	18	168	—	—	—	—	—	168	—
163	—	135	31	—	—	32	—	48	15	4
—	—	—	—379	—	—	4	—	156	—530	—
3120	44	3005	—875	—	—	—	—	2	—877	—
699	6	699	3964	45	—5000	—	—	3	3961	28
—	—	—	—	—	—	—	—	—	—	—
—	—	—	—	—	—	—	—	—	—	—
—	—	—	—	—	—	—	—	—	—	—
—	—	—	—	—	—	—	—	—	—	—
58	—	58	4873	—	—5000	—	—	—	4873	—
44	7	20	2103	—	—	1413	557	33	3483	865
13510	514	13943	—14370	—	3036	741	—	1351	—14980	—
18	—	18	168	—	—	—	—	—	168	—
815	2	783	—5	139	—	102	—	55	42	4
37616	496	36451	—17510	452	—	—	—	51	—17561	281
—4	—	—	—4111	—	—	40	—	1555	—5626	—

	亏损企业亏损总额	利税总额	应交税金及附加	本年应付职工薪酬	本年应交增值税	本年进项税额	本年销项税额
总计	**17299**	**877**	**11487**	**24386**	**7213**	**23373**	**28643**
一、按登记注册类型分组							
内资企业	17299	877	11487	24386	7213	23373	28643
国有企业	17299	877	11487	24386	7213	23373	28643
中央企业	14980	－11986	3726	9842	2698	17669	20363
地方企业	2319	12863	7761	14544	4515	5704	8280
二、按经济组织类型分组							
独资企业	17299	877	11487	24386	7213	23373	28643
国有企业	17299	877	11487	24386	7213	23373	28643
在总计中：国有控股企业	17299	877	11487	24386	7213	23373	28643
在总计中：亏损企业	17299	－12352	5770	15231	4489	21294	24589
三、按轻重工业分组							
轻工业	563	－413	213	686	134	—	—
重工业	16736	1290	11274	23700	7079	23373	28643
四、按企业规模分组							
大型企业	14980	－11986	3726	9842	2698	17669	20363
中型企业	912	4764	3211	10314	1891	3160	5060
小型企业	1407	8099	4550	4230	2624	2544	3220
微型企业	—	—	—	—	—	—	—
五、按县（市）区分组							
市　　直	14980	－6387	6834	17291	4559	18098	22307
铁 西 区	—	198	30	325	8	46	54
铁 东 区	—	197	217	553	139	754	491
公主岭市	530	－411	182	262	106	—	—
双 辽 市	877	881	1758	2262	1655	895	1110
梨 树 县	912	6398	2466	3694	746	3580	4682
伊 通 县	—	—	—	—	—	—	—
辽河农垦管理区	—	—	—	—	—	—	—
经济开发区	—	—	—	—	—	—	—
红嘴高新技术开发区	—	—	—	—	—	—	—
六、按行业分组							
石油和天然气开采业	—	7234	2362	829	716	850	1566
有色金属矿采选业	—	4573	1973	3921	963	429	1944
化学原料和化学制品制造业	14980	－11986	3726	9842	2698	17669	20363
橡胶和塑料制品业	—	198	30	325	8	46	54
通用设备制造业	—	1224	1352	4081	1037	754	491
电力、热力的生产和供应业	17561	469	18311	47023	16576	36252	42255
水的生产和供应业	5626	－4131	2132	6864	1335	—	—

年） 单位：万元

土地和固定资产支出	土地购置	房屋和建筑物	机器设备	运输工具	其他费用	全部从业人员年平均人数（人）
7419	**500**	**3250**	**3271**	**30**	**369**	**5542**
7419	500	3250	3271	30	369	5542
7419	500	3250	3271	30	369	5542
5775	—	2949	2699	—	127	2596
1644	500	301	572	30	242	2946
7419	500	3250	3271	30	369	5542
7419	500	3250	3271	30	369	5542
7419	500	3250	3271	30	369	5542
6291	—	3036	2895	—	360	3547
—	—	—	—	—	—	358
7419	500	3250	3271	30	369	5184
5775	—	2949	2699	—	127	2596
528	—	141	115	30	242	1745
1116	500	159	457	—	—	1201
—	—	—	—	—	—	—
6070	—	3090	2814	30	136	4019
—	—	—	—	—	—	156
84	—	73	11	—	—	120
—	—	—	—	—	—	167
283	—	87	196	—	—	462
983	500	—	250	—	233	618
—	—	—	—	—	—	—
—	—	—	—	—	—	—
—	—	—	—	—	—	—
—	—	—	—	—	—	—
750	500	—	250	—	—	296
278	—	124	115	30	9	822
5775	—	2949	2699	—	127	2596
—	—	—	—	—	—	156
101	—	90	11	—	—	721
5155	—	869	1958	—	2328	593
—	—	—	—	—	—	358

10—8 (2012

	企业单位数（个）	工业总产值（当年价）	工业销售产值（当年价）	年初存货	#产成品	资产总计
总　　计	**7**	**173238**	**173135**	**1190**	**194**	**12541**
一、按登记注册类型分组						
内资企业	7	173238	173135	1190	194	12541
集体企业	7	173238	173135	1190	194	12541
二、按经济组织类型分组						
独资企业	7	173238	173135	1190	194	12541
集体企业	7	173238	173135	1190	194	12541
在总计中：农村工业	2	57426	57424	785	—	3395
三、按轻重工业分组						
轻工业	2	97349	97347	824	31	8568
重工业	5	75889	75788	366	163	3973
四、按企业规模分组						
大型企业	—	—	—	—	—	—
中型企业	—	—	—	—	—	—
小型企业	7	173238	173135	1190	194	12541
微型企业	—	—	—	—	—	—
五、按县（市）区分组						
市　　直	—	—	—	—	—	—
铁 西 区	—	—	—	—	—	—
铁 东 区	4	56752	56752	347	147	3446
公主岭市	1	67197	67197	39	31	5646
双 辽 市	1	30152	30151	785	—	2922
梨 树 县	1	19137	19035	19	16	527
伊 通 县	—	—	—	—	—	—
辽河农垦管理区	—	—	—	—	—	—
经济开发区	—	—	—	—	—	—
红嘴高新技术开发区	—	—	—	—	—	—
六、按行业分组						
食品制造业	1	67197	67197	39	31	5646
化学原料和化学制品制造业	3	70720	70718	785	—	3855
非金属矿物制品业	1	19137	19035	19	16	527
通用设备制造业	2	16185	16185	347	147	2513

主 要 经 济 指 标

年）　　　　　　　　　　　　　　　　　　　　　　单位：万元

流动资产小计	#应收账款	#存货	#产成品	#在产品	固定资产合计	固定资产原价	累计折旧	#本年折旧
5294	**443**	**1315**	**237**	**3**	**6948**	**75666**	**68836**	**8253**
5294	443	1315	237	3	6948	75666	68836	8253
5294	443	1315	237	3	6948	75666	68836	8253
5294	443	1315	237	3	6948	75666	68836	8253
5294	443	1315	237	3	6948	75666	68836	8253
1893	323	691	31	—	1501	68812	67324	7567
3440	221	530	6	—	5128	73688	68560	8155
1854	222	785	231	3	1820	1977	276	98
—	—	—	—	—	—	—	—	—
—	—	—	—	—	—	—	—	—
5294	443	1315	237	3	6948	75666	68836	8253
—	—	—	—	—	—	—	—	—
—	—	—	—	—	—	—	—	—
—	—	—	—	—	—	—	—	—
1765	186	764	216	—	1575	1742	251	89
1948	19	10	6	—	3698	4947	1250	594
1492	202	520	—	—	1430	68741	67311	7562
89	36	22	16	3	245	235	25	9
—	—	—	—	—	—	—	—	—
—	—	—	—	—	—	—	—	—
—	—	—	—	—	—	—	—	—
—	—	—	—	—	—	—	—	—
1948	19	10	6	—	3698	4947	1250	594
1988	355	747	69	—	1761	69072	67395	7569
89	36	22	16	3	245	235	25	9
1269	34	537	147	—	1244	1411	167	82

	负债合计	#流动负债小计	#应付账款	#非流动负责小计	所有者权益合计	#实收资本
总　　计	**4409**	**3878**	**78**	**100**	**7991**	**945**
一、按登记注册类型分组						
内资企业	4409	3878	78	100	7991	945
集体企业	4409	3878	78	100	7991	945
二、按经济组织类型分组						
独资企业	4409	3878	78	100	7991	945
集体企业	4409	3878	78	100	7991	945
在总计中：农村工业	597	597	—	—	2798	190
三、按轻重工业分组						
轻工业	1282	1282	22	—	7287	540
重工业	3127	2596	56	100	705	405
四、按企业规模分组						
大型企业	—	—	—	—	—	—
中型企业	—	—	—	—	—	—
小型企业	4409	3878	78	100	7991	945
微型企业	—	—	—	—	—	—
五、按县（市）区分组						
市　　直	—	—	—	—	—	—
铁 西 区	—	—	—	—	—	—
铁 东 区	2941	2410	56	100	505	205
公主岭市	822	822	22	—	4825	390
双 辽 市	460	460	—	—	2462	150
梨 树 县	186	186	—	—	200	200
伊 通 县	—	—	—	—	—	—
辽河农垦管理区	—	—	—	—	—	—
经济开发区	—	—	—	—	—	—
红嘴高新技术开发区	—	—	—	—	—	—
六、按行业分组						
食品制造业	822	822	22	—	4825	390
化学原料和化学制品制造业	1028	597	—	—	2827	215
非金属矿物制品业	186	186	—	—	200	200
通用设备制造业	2373	2273	56	100	140	140

年）　　　　　　　　　　　　　　　　　　　　　　　　　　　　单位：万元

#集体资本	#法人资本	#个人资本	营业收入	#主营业务收入	营业成本	#主营业务成本
225	**150**	**570**	**173234**	**173234**	**147010**	**147010**
225	150	570	173234	173234	147010	147010
225	150	570	173234	173234	147010	147010
225	150	570	173234	173234	147010	147010
225	150	570	173234	173234	147010	147010
—	150	40	57424	57424	55585	55585
—	150	390	97345	97345	79036	79036
225	—	180	75889	75889	67974	67974
—	—	—	—	—	—	—
—	—	—	—	—	—	—
225	150	570	173234	173234	147010	147010
—	—	—	—	—	—	—
—	—	—	—	—	—	—
—	—	—	—	—	—	—
25	—	180	56752	56752	50206	50206
—	—	390	67195	67195	50561	50561
—	150	—	30151	30151	28476	28476
200	—	—	19137	19137	17768	17768
—	—	—	—	—	—	—
—	—	—	—	—	—	—
—	—	—	—	—	—	—
—	—	—	—	—	—	—
—	—	390	67195	67195	50561	50561
25	150	40	70718	70718	67631	67631
200	—	—	19137	19137	17768	17768
—	—	140	16185	16185	11051	11051

	营业税金及附加	#主营业务税金及附加	销售费用	管理费用	#税金	#差旅费	财务费用	#利息支出
总　　计	**1594**	**1594**	**5148**	**9427**	**107**	**5**	**276**	**237**
一、按登记注册类型分组								
内资企业	1594	1594	5148	9427	107	5	276	237
集体企业	1594	1594	5148	9427	107	5	276	237
二、按经济组织类型分组								
独资企业	1594	1594	5148	9427	107	5	276	237
集体企业	1594	1594	5148	9427	107	5	276	237
在总计中：农村工业	98	98	54	47	27	3	95	55
三、按轻重工业分组								
轻工业	511	511	4594	6144	—	3	220	210
重工业	1084	1084	554	3284	107	2	57	27
四、按企业规模分组								
大型企业	—	—	—	—	—	—	—	—
中型企业	—	—	—	—	—	—	—	—
小型企业	1594	1594	5148	9427	107	5	276	237
微型企业	—	—	—	—	—	—	—	—
五、按县（市）区分组								
市　　直	—	—	—	—	—	—	—	—
铁 西 区	—	—	—	—	—	—	—	—
铁 东 区	1058	1058	554	3253	91	—	30	—
公主岭市	453	453	4562	6124	—	—	155	155
双 辽 市	58	58	32	20	—	3	65	55
梨 树 县	26	26	—	31	16	2	27	27
伊 通 县	—	—	—	—	—	—	—	—
辽河农垦管理区	—	—	—	—	—	—	—	—
经济开发区	—	—	—	—	—	—	—	—
红嘴高新技术开发区	—	—	—	—	—	—	—	—
六、按行业分组								
食品制造业	453	453	4562	6124	—	—	155	155
化学原料和化学制品制造业	497	497	586	313	91	3	95	55
非金属矿物制品业	26	26	—	31	16	2	27	27
通用设备制造业	619	619	—	2960	—	—	—	—

年）　　　　　　　　　　　　　　　　　　　　　　　　　　单位：万元

营业利润	营业外支出	利润总额	利税总额	应交税金及附加	本年应付职工薪酬	本年应交增值税	本年销项税额	全部从业人员年平均人数（人）
9683	**195**	**9488**	**11201**	**1820**	**1035**	**119**	**64**	**519**
9683	195	9488	11201	1820	1035	119	64	519
9683	195	9488	11201	1820	1035	119	64	519
9683	195	9488	11201	1820	1035	119	64	519
9683	195	9488	11201	1820	1035	119	64	519
1545	—	1545	1663	145	141	20	—	140
6746	195	6551	7126	575	496	64	64	140
2937	—	2937	4075	1245	539	54	—	379
—	—	—	—	—	—	—	—	—
—	—	—	—	—	—	—	—	—
9683	195	9488	11201	1820	1035	119	64	519
—	—	—	—	—	—	—	—	—
—	—	—	—	—	—	—	—	—
—	—	—	—	—	—	—	—	—
1652	—	1652	2764	1204	449	54	—	313
5246	195	5051	5568	517	420	64	64	98
1500	—	1500	1558	58	76	—	—	42
1285	—	1285	1311	41	90	—	—	66
—	—	—	—	—	—	—	—	—
—	—	—	—	—	—	—	—	—
—	—	—	—	—	—	—	—	—
—	—	—	—	—	—	—	—	—
5246	195	5051	5568	517	420	64	64	98
1597	—	1597	2149	643	254	54	—	225
1285	—	1285	1311	41	90	—	—	66
1554	—	1554	2174	619	271	—	—	130

10－9 （2012

	企业单位数（个）	#亏损企业	工业总产值（当年价）	工业销售产值（当年价）	#出口交货值	年初存货	#产成品	#在产品
总计	**15**	**6**	**1074648**	**1030642**	**20308**	**127072**	**25601**	**1064**
一、按登记注册类型分组								
港、澳、台商投资企业	9	3	516267	486865	18090	63025	11410	1064
外商投资企业	6	3	558381	543777	2218	64047	14191	—
二、按经济组织类型分组								
独资企业	4	2	225681	210819	205	43182	13043	—
港澳台商独资经营企业	2	1	9471	7764	205	1619	1167	—
外资企业	2	1	216211	203055	—	41563	11876	—
股份有限公司	1	—	39028	39028	—	22099	912	—
有限责任公司	10	4	809938	780794	20103	61791	11645	1064
在总计中：国有控股企业	2	—	249260	236672	5356	28929	5561	—
在总计中：亏损企业	6	6	47387	44075	14789	12690	3207	972
三、按轻重工业分组								
轻工业	6	3	775352	747743	17927	91789	19501	972
重工业	9	3	299296	282898	2381	35283	6100	93
四、按企业规模分组								
大型企业	2	—	427194	401450	5356	66385	16701	—
中型企业	4	2	196104	195947	12367	6014	1656	972
小型企业	9	4	451350	433245	2586	54673	7243	93
微型企业	—	—	—	—	—	—	—	—
五、按县（市）区分组								
市　　直	1	—	35381	35381	—	—	—	—
铁 西 区	3	1	361614	361399	—	42847	2545	—
铁 东 区	4	3	87236	71141	14616	13388	2850	1064
公主岭市	6	2	461306	433609	5691	69972	19573	—
双 辽 市	—	—	—	—	—	—	—	—
梨 树 县	1	—	129111	129111	—	865	633	—
伊 通 县	—	—	—	—	—	—	—	—
辽河农垦管理区	—	—	—	—	—	—	—	—
经济开发区	—	—	—	—	—	—	—	—
红嘴高新技术开发区	—	—	—	—	—	—	—	—
六、按行业分组								
非金属矿采选业	1	1	4272	4026	131	380	280	—
农副食品加工业	3	—	739927	714183	5356	85243	17310	—
食品制造业	1	1	3812	2106	205	1398	1167	—
印刷和记录媒介复制业	1	1	21760	21817	12367	3259	—	972
化学原料和化学制品制造业	2	—	186896	171946	163	5230	2746	93
医药制造业	1	1	9852	9638	—	1890	1024	—
有色金属冶炼及压延加工业	1	1	4795	3593	2087	1657	—	—
通用设备制造业	1	1	2896	2896	—	4107	737	—
专用设备制造业	1	—	39028	39028	—	22099	912	—
汽车制造业	1	—	20370	20370	—	1589	1425	—
电力、热力的生产和供应业	1	—	353812	353812	—	—	—	—
燃气生产和供应业	1	—	56582	56582	—	2214	—	—

工 业 企 业 主 要 指 标

年）　　　　单位：万元

资产总计	流动资产小计	#应收账款	#存货	#产成品	#在成品	固定资产合计	固定资产原价	累计折旧	#本年折旧	在建工程
527353	**302054**	**78090**	**115993**	**38954**	**457**	**178571**	**448396**	**272001**	**45810**	**3717**
282127	178512	46653	55674	14656	457	69177	273932	204872	20993	1913
245226	123542	31437	60319	24298	—	109394	174464	67129	24817	1804
203226	95994	26966	49373	16112	—	102969	164269	62099	23655	2054
12616	3145	438	2108	1562	—	5882	7985	2103	346	250
190609	92849	26528	47265	14549	—	97087	156284	59997	23310	1804
76962	47255	16502	1897	356	—	4798	7764	2983	529	17
247166	158805	34622	64723	22486	457	70804	276363	206918	21626	1645
93830	65440	2576	43689	9797	—	25328	78858	53529	2411	1546
69117	46176	15173	12167	4533	393	18403	58318	40772	3832	21
341467	190386	36513	95196	30293	393	138728	294821	156093	28443	3329
185886	111668	41577	20798	8662	64	39843	153575	115908	17368	388
267709	145055	25534	84037	22878	—	118919	231646	112727	24921	3329
71201	42505	18577	5814	2050	393	26556	168365	141809	16903	—
188443	114495	33979	26142	14027	64	33096	48386	17466	3987	388
—	—	—	—	—	—	—	—	—	—	—
1651	1651	—	1439	—	—	—	—	—	—	—
120569	70103	19713	9489	5992	—	18075	33912	15855	2306	17
75200	55459	19612	12313	2780	457	15171	48653	34381	3179	120
303198	163116	30471	91874	29374	—	130905	246944	117299	26120	3579
—	—	—	—	—	—	—	—	—	—	—
26736	11726	8294	878	809	—	14420	118887	104467	14205	—
—	—	—	—	—	—	—	—	—	—	—
—	—	—	—	—	—	—	—	—	—	—
—	—	—	—	—	—	—	—	—	—	—
—	—	—	—	—	—	—	—	—	—	—
2561	1258	1034	117	58	—	1303	2514	1268	165	—
294722	158941	25943	89993	27490	—	125124	242512	117389	25575	3329
3931	2317	287	1706	1562	—	1468	2830	1362	170	—
26220	20166	7481	1860	217	393	5063	34197	29133	1574	—
55905	33545	16855	4483	1700	64	21032	129847	108914	15010	99
16594	8962	2802	1637	1024	—	7073	15282	8209	1123	—
4732	1891	—	1369	204	—	—	—	—	—	—
15079	11583	3570	5478	1468	—	3496	3496	800	800	21
76962	47255	16502	1897	356	—	4798	7764	2983	529	17
20312	13658	3466	5613	4875	—	4800	4800	1203	689	—
16510	16510	—	14390	—	—	—	—	—	—	—
86853	8275	1505	4017	—	—	44144	51546	7402	1754	2504

10－9 续表 1 （2012

	负债合计	#流动负债合计	#应付账款	#非流动负债	所有者权益合计	#实收资本	#国家资本
总计	**320201**	**283010**	**86479**	**6829**	**206766**	**192642**	**56658**
一、按登记注册类型分组							
港、澳、台商投资企业	146612	117976	31286	6829	135129	105744	—
外商投资企业	173589	165034	55193	—	71637	86898	56658
二、按经济组织类型分组							
独资企业	122640	122640	8221	—	80586	67465	56658
港澳台商独资经营企业	7006	7006	839	—	5610	7946	—
外资企业	115634	115634	7382	—	74976	59519	56658
股份有限公司	36971	26768	3562	4016	39604	14500	—
有限责任公司	160590	133603	74696	2813	86576	110676	—
在总计中：国有控股企业	54533	54533	16443	—	39297	39840	—
在总计中：亏损企业	40123	32332	4929	1886	28994	37481	—
三、按轻重工业分组							
轻工业	223782	221831	64019	1886	117686	134133	56658
重工业	96419	61180	22461	4944	89080	58508	—
四、按企业规模分组							
大型企业	156298	156298	14981	—	111411	96497	56658
中型企业	33829	16323	10572	1886	37373	39505	—
小型企业	130074	110389	60926	4944	57982	56639	—
微型企业	—	—	—	—	—	—	—
五、按县（市）区分组							
市　　直	1651	1651	8065	—	—	—	—
铁 西 区	92901	82633	50458	4016	27281	31702	—
铁 东 区	42212	33559	10852	2813	32987	26803	—
公主岭市	167882	165168	17104	—	135316	122955	56658
双 辽 市	—	—	—	—	—	—	—
梨 树 县	15554	—	—	—	11182	11182	—
伊 通 县	—	—	—	—	—	—	—
辽河农垦管理区	—	—	—	—	—	—	—
经济开发区	—	—	—	—	—	—	—
红嘴高新技术开发区	—	—	—	—	—	—	—
六、按行业分组							
非金属矿采选业	1328	1328	848	—	1233	1450	—
农副食品加工业	203440	203440	61112	—	91282	103164	56658
食品制造业	3719	3719	399	—	212	2646	—
印刷和记录媒介复制业	7835	5949	1742	1886	18385	17788	—
化学原料和化学制品制造业	31479	14997	7935	927	24426	15135	—
医药制造业	8789	8724	765	—	7806	10535	—
有色金属冶炼及压延加工业	6237	396	396	—	－1504	2200	—
通用设备制造业	12217	12217	779	—	2862	2862	—
专用设备制造业	36971	26768	3562	4016	39604	14500	—
汽车制造业	3250	536	436	—	17062	17062	—
电力、热力的生产和供应业	16510	16510	80650	—	—	—	—
燃气生产和供应业	32873	32873	4402	—	53980	53000	—

年）

单位：万元

#集体资本	#法人资本	#个人资本	#港澳台资本	#外商资本	营业收入	#主营业务收入	营业成本	#主营业务成本
3400	**45948**	**14815**	**43617**	**28204**	**812277**	**776767**	**747395**	**718716**
—	33411	11972	43617	16744	485567	475152	425152	420349
3400	12537	2843	—	11460	326710	301615	322243	298367
—	2862	—	2646	5300	227636	202894	211627	188303
—	—	—	2646	5300	7764	7764	6685	6685
—	2862	—	—	—	219872	195131	204942	181618
—	—	—	14500	—	39082	39082	26424	26424
3400	43086	14816	26471	22903	545559	534790	509344	503990
—	23904	—	15936	—	223330	213524	199163	194851
—	12656	1310	13181	10334	39411	38668	35314	34293
3400	32687	1533	29117	10739	524995	489643	493889	465757
—	13261	13282	14500	17465	287281	287124	253506	252960
—	23904	—	15936	—	405620	371105	366973	339336
—	8716	11182	10535	9072	214131	213531	197835	197351
3400	13328	3634	17146	19131	192526	192131	182587	182030
—	—	—	—	—	—	—	—	—
—	—	—	—	—	35381	35381	34996	34996
3400	67	1533	25035	1667	140168	139930	137343	137332
—	13447	791	—	12566	59641	58888	51485	50458
—	32435	1310	18582	13971	424160	389641	382523	354883
—	—	—	—	—	—	—	—	—
—	—	11182	—	—	152927	152927	141047	141047
—	—	—	—	—	—	—	—	—
—	—	—	—	—	—	—	—	—
—	—	—	—	—	—	—	—	—
—	—	—	—	—	—	—	—	—
—	—	1310	—	140	4669	4669	3857	3857
3400	23971	1533	15936	1667	497067	462315	469988	442340
—	—	—	2646	—	2106	2106	2108	2108
—	8716	—	—	9072	16185	15585	13888	13404
—	791	11972	—	2372	189568	189559	171087	171081
—	—	—	10535	—	9638	9638	7904	7904
—	1078	—	—	1122	4614	4503	5420	4883
—	2862	—	—	—	2201	2168	2137	2137
—	—	—	14500	—	39082	39082	26424	26424
—	8531	—	—	8531	6108	6103	5009	5006
—	—	—	—	—	353810	353810	349960	349960
—	—	—	—	53000	56582	56582	45769	45769

	营业税金及附加	#主营业务税金及附加	其他业务收入	其他业务利润	销售费用	管理费用	#税金	#差旅费	#工会费
总　　计	**2490**	**2490**	**35510**	**390**	**27433**	**24429**	**1046**	**4037**	**285**
一、按登记注册类型分组									
港、澳、台商投资企业	1619	1619	10415	119	22627	15341	539	3869	233
外商投资企业	871	871	25095	271	4806	9088	507	168	52
二、按经济组织类型分组									
独资企业	910	910	24741	33	3326	7476	404	155	46
港澳台商独资经营企业	74	74	—	—	357	743	18	32	6
外资企业	836	836	24741	33	2969	6733	386	123	40
股份有限公司	93	93	—	—	4765	4035	81	3466	6
有限责任公司	1486	1486	10769	357	19341	12917	561	416	233
在总计中：国有控股企业	1100	1100	9806	—	14872	5821	243	99	196
在总计中：亏损企业	237	237	743	148	3178	4683	167	234	33
三、按轻重工业分组									
轻工业	1899	1899	35353	354	20600	15425	842	435	151
重工业	591	591	157	36	6832	9004	203	3602	134
四、按企业规模分组									
大型企业	1676	1676	34515	—	17368	11947	607	185	123
中型企业	466	466	600	116	2350	2927	127	254	109
小型企业	348	348	395	274	7715	9555	312	3598	52
微型企业	—	—	—	—	—	—	—	—	—
五、按县（市）区分组									
市　　直	259	259	—	—	—	—	—	25	95
铁 西 区	169	169	238	238	7636	5626	263	3677	33
铁 东 区	287	287	752	152	1082	5185	143	84	28
公主岭市	1775	1775	34520	—	18293	13426	639	224	129
双 辽 市	—	—	—	—	—	—	—	—	—
梨 树 县	—	—	—	—	422	192	—	26	—
伊 通 县	—	—	—	—	—	—	—	—	—
辽河农垦管理区	—	—	—	—	—	—	—	—	—
经济开发区	—	—	—	—	—	—	—	—	—
红嘴高新技术开发区	—	—	—	—	—	—	—	—	—
六、按行业分组									
非金属矿采选业	24	24	—	—	509	272	14	8	—
农副食品加工业	1687	1687	34753	238	18521	12593	713	221	136
食品制造业	5	5	—	—	152	97	3	11	1
印刷和记录媒介复制业	142	142	600	116	210	1790	50	28	—
化学原料和化学制品制造业	144	144	9	3	705	2008	70	69	10
医药制造业	65	65	—	—	1718	945	77	175	14
有色金属冶炼及压延加工业	—	—	110	—	116	972	2	—	—
通用设备制造业	1	1	33	33	473	607	21	13	18
专用设备制造业	93	93	—	—	4765	4035	81	3466	6
汽车制造业	—	—	5	—	58	464	—	—	—
电力、热力的生产和供应业	2590	2590	—	—	—	—	—	250	950
燃气生产和供应业	695	695	—	—	2056	6461	152	210	50

年）

单位：万元

财务费用	#利息收入	#利息支出	营业利润	资产减值损失	投资收益	营业外收入	#补贴收入	营业外支出	利润总额	应交所得税
9928	**227**	**9784**	**8280**	**379**	**−1702**	**1386**	**570**	**677**	**8988**	**975**
3750	112	3493	9728	—	16	766	—	629	9865	923
6178	115	6291	−1448	379	−1718	620	570	48	−877	52
4539	57	4688	−332	379	333	698	570	51	315	35
148	−3	149	−227	—	16	82	—	6	−151	35
4392	59	4539	−105	379	316	616	570	45	465	—
1061	18	1078	2934	—	—	476	—	58	3352	220
4327	152	4018	5678	—	−2034	212	—	567	5322	721
1565	52	1320	811	—	—	200	—	480	531	—
1029	29	968	−5071	—	—	54	—	8	−5025	—
8195	161	8062	56	379	−1718	868	570	532	392	—
1732	65	1721	8224	—	16	517	—	145	8597	975
5855	108	5755	1737	379	316	815	570	525	2028	—
685	30	646	2263	—	—	1	—	2	2262	—
3387	89	3383	4280	—	−2017	569	—	150	4699	975
—	—	—	—	—	—	—	—	—	—	—
−3	4	—	131	—	—	—	—	—	131	—
2964	70	3018	1790	—	−2034	476	—	59	2208	220
929	21	860	640	—	—	8	—	84	563	669
6037	132	5905	2061	379	333	901	570	534	2428	87
—	—	—	—	—	—	—	—	—	—	—
1	—	1	3659	—	—	—	—	—	3659	—
—	—	—	—	—	—	—	—	—	—	—
—	—	—	—	—	—	—	—	—	—	—
—	—	—	—	—	—	—	—	—	—	—
—	—	—	—	—	—	—	—	—	—	—
7	—	2	−1	—	—	1	—	1	−1	—
7442	134	7352	1904	379	−1718	815	570	525	2194	—
65	—	65	−321	—	—	52	—	5	−274	—
371	1	303	−216	—	—	1	—	2	−217	—
290	18	301	7736	—	—	7	—	82	7661	669
316	26	342	−1310	—	—	—	—	1	−1311	—
165	2	153	−2060	—	—	—	—	—	−2060	—
104	—	104	−1162	—	—	—	—	—	−1162	—
1061	18	1078	2934	—	—	476	—	58	3352	220
27	27	—	551	—	—	3	—	3	552	52
−29	35	—	1310	—	—	—	—	—	1310	—
821	−26	841	943	—	163	299	—	9	1233	346

	亏损企业亏损总额	利税总额	应交税金及附加	本年应付职工薪酬	本年应交增值税	本年进项税额
总计	**5025**	**29918**	**22950**	**27187**	**18439**	**88624**
一、按登记注册类型分组						
港、澳、台商投资企业	1802	19636	11233	16886	8152	47905
外商投资企业	3223	10282	11717	10301	10287	40719
二、按经济组织类型分组						
独资企业	1436	11132	11256	8463	9908	29963
港澳台商独资经营企业	274	—29	175	692	48	850
外资企业	1162	11161	11081	7772	9860	29113
股份有限公司	—	4114	1063	1350	668	4120
有限责任公司	3588	14672	10631	17374	7864	54541
在总计中：国有控股企业	—	7348	7060	12231	5717	35259
在总计中：亏损企业	5025	—3931	1260	3996	857	4619
三、按轻重工业分组						
轻工业	1802	18479	18930	16798	16188	71043
重工业	3223	11438	4020	10389	2251	17580
四、按企业规模分组						
大型企业	—	19281	17860	13982	15577	57511
中型企业	1528	3292	1157	7155	564	8402
小型企业	3497	7345	3933	6051	2299	22710
微型企业	—	—	—	—	—	—
五、按县（市）区分组						
市直	—	390	259	5155	—	5786
铁西区	1311	3583	1858	2992	1206	15826
铁东区	3439	2031	2280	3386	1182	7653
公主岭市	275	20255	18553	15432	16052	59359
双辽市	—	—	—	—	—	—
梨树县	—	3659	—	223	—	—
伊通县	—	—	—	—	—	—
辽河农垦管理区	—	—	—	—	—	—
经济开发区	—	—	—	—	—	—
红嘴高新技术开发区	—	—	—	—	—	—
六、按行业分组						
非金属矿采选业	1	269	283	419	245	620
农副食品加工业	—	19458	17977	14919	15577	68119
食品制造业	274	—222	56	101	48	308
印刷和记录媒介复制业	217	—49	218	1073	26	1518
化学原料和化学制品制造业	—	8960	2038	836	1155	5060
医药制造业	1311	—709	679	704	538	1098
有色金属冶炼及压延加工业	2060	—2060	2	833	—	—
通用设备制造业	1162	—1162	22	866	—	1075
专用设备制造业	—	4114	1063	1350	668	4120
汽车制造业	—	734	234	340	182	378
电力、热力的生产和供应业	—	3900	2590	51550	—	57856
燃气生产和供应业	—	1929	1194	5904	1	5425

年）

单位：万元

本年销项税额	土地和固定资产支出	房屋和建筑物	机器设备	运输工具	其他费用	全部从业人员年平均人数（人）
94974	**14515**	**602**	**2877**	**20**	**11016**	**6489**
48339	2457	510	1899	20	28	3940
46635	12058	92	978	—	10988	2549
35228	12705	165	1552	—	10988	1941
848	758	133	625	—	—	189
34380	11947	32	927	—	10988	1752
6666	60	—	52	—	9	196
53080	1749	437	1273	20	19	4352
32397	—	—	—	—	—	2141
3747	97	—	64	20	13	1445
76178	12154	92	1041	20	11001	4027
18795	2360	510	1835	—	15	2462
62825	11947	32	927	—	10988	3019
5813	33	—	—	20	13	1827
26336	2534	570	1949	—	15	1643
—	—	—	—	—	—	—
3586	—	—	—	—	—	674
19138	170	60	102	—	9	778
7155	1639	377	1222	20	19	1135
65095	12705	165	1552	—	10988	3504
—	—	—	—	—	—	—
—	—	—	—	—	—	398
—	—	—	—	—	—	—
—	—	—	—	—	—	—
—	—	—	—	—	—	—
—	—	—	—	—	—	—
862	—	—	—	—	—	166
73659	12058	92	978	—	10988	3234
293	64	—	64	—	—	38
588	33	—	—	20	13	388
6201	1605	377	1222	—	6	659
1638	—	—	—	—	—	367
—	—	—	—	—	—	286
366	—	—	—	—	—	200
6666	60	—	52	—	9	196
560	—	—	—	—	—	130
35858	—	—	—	—	—	674
5548	6942	1329	5613	—	—	151

私营工业企业

10－10 （2012

	企业单位数（个）	#亏损企业	工业总产值（当年价）	工业销售产值（当年价）	#出口交货值	年初存货	#产成品	#在产品
总　　计	**213**	**7**	**5984909**	**5835458**	**2147**	**236213**	**137710**	**3078**
一、按登记注册类型分组								
内资企业	213	7	5984909	5835458	2147	236213	137710	3078
私营企业	213	7	5984909	5835458	2147	236213	137710	3078
二、按经济组织类型分组								
独资企业	37	2	859634	853296	20	10899	5507	221
私营独资企业	37	2	859634	853296	20	10899	5507	221
合作、合伙企业	1	—	7176	6435	—	176	—	—
股份有限公司	23	2	478869	464887	1560	11246	4116	—
有限责任公司	152	3	4639229	4510840	567	213893	128087	2857
在总计中：亏损企业	7	7	46851	40434	—	6092	2940	261
三、按轻重工业分组								
轻工业	71	3	2034879	1992165	1560	148576	89020	794
重工业	142	4	3950030	3843293	587	87637	48690	2284
四、按企业规模分组								
大型企业	—	—	—	—	—	—	—	—
中型企业	8	2	551576	520182	—	48159	16788	654
小型企业	197	4	5333396	5215217	2147	178760	111868	2424
微型企业	8	1	99937	100058	—	9295	9054	1
五、按县（市）区分组								
市　　直	—	—	—	—	—	—	—	—
铁 西 区	10	2	106422	103040	—	2430	821	139
铁 东 区	36	2	1103492	1084266	—	50280	13866	872
公主岭市	101	3	2676344	2573705	587	80246	48714	1998
双 辽 市	33	—	1285249	1281036	—	90449	68864	—
梨 树 县	9	—	445637	445637	—	2096	1241	—
伊 通 县	13	—	213344	204987	—	4518	3095	69
辽河农垦管理区	10	—	149925	138290	1560	5631	1110	—
经济开发区	—	—	—	—	—	—	—	—
红嘴高新技术开发区	1	—	4496	4496	—	563	—	—
六、按行业分组								
煤炭开采和洗选业	1	1	14806	10464	—	578	480	—
非金属矿采选业	5	—	128998	128998	—	1219	1219	—
开采辅助活动	1	—	4455	4255	—	78	—	—
农副食品加工业	45	1	1601419	1568696	1560	141825	85838	655
食品制造业	2	—	71355	68625	—	550	—	—
酒、饮料和精制茶制造业	5	—	63834	61929	—	447	423	—
纺织业	3	1	49059	49155	—	1162	494	139
皮革、毛皮、羽毛（绒）及其制品和制鞋业	1	—	2465	2433	—	446	365	—
木材加工及木、竹、藤、棕、草制品业	1	—	40325	40325	—	1388	—	—
造纸及纸制品业	7	—	139497	136639	—	2847	814	—
印刷和记录媒介复制业	1	—	2310	2310	—	283	131	—
石油加工、炼焦及核燃料加工业	1	—	61845	45690	—	7259	2559	—
化学原料和化学制品制造业	16	—	627795	624356	—	20026	14489	153
医药制造业	1	—	6111	5163	—	141	141	—
橡胶和塑料制品业	9	—	51372	50125	—	458	370	—
非金属矿物制品业	21	—	453183	450094	567	19203	14612	—
黑色金属冶炼及压延加工业	3	—	95219	84975	—	768	535	—
有色金属冶炼及压延加工业	1	—	94188	94188	—	108	108	—
金属制品业	6	—	83413	81877	—	2267	125	—
通用设备制造业	17	1	341749	339154	—	4975	1814	73
专用设备制造业	11	—	267438	266268	—	1620	385	—
汽车制造业	44	1	1222808	1193500	20	19146	6860	2057
铁路、船舶、航天航空和其他运输设备制造业	1	—	4067	3300	—	3257	152	—
电气机械及器材制造业	4	1	157884	156269	—	4435	4401	2
计算机、通信设备及其他电子设备制造业	1	—	30967	30967	—	830	802	—
仪器仪表制造业	2	1	62980	62980	—	597	428	—
电力、热力的生产和供应业	1	—	1744140	1744140	—	—	—	—
燃气生产和供应业	2	—	1309566	983106	—	2991	1670	—

主 要 经 济 指 标

年）

单位：万元

资产总计	流动资产小计	#应收账款	#存货	#产成品	#在成品	固定资产合计	固定资产原价	累计折旧	#本年折旧	在建工程
1471158	**779212**	**185749**	**295761**	**179026**	**7517**	**554181**	**4197461**	**3684877**	**438623**	**32978**
1471158	779212	185749	295761	179026	7517	554181	4197461	3684877	438623	32978
1471158	779212	185749	295761	179026	7517	554181	4197461	3684877	438623	32978
109337	43997	14932	15304	5578	117	59609	1037768	979884	114514	403
109337	43997	14932	15304	5578	117	59609	1037768	979884	114514	403
4626	913	567	345	—	—	2176	2849	673	—	—
135856	65155	11144	18827	8025	99	57068	127030	72291	9864	3913
1221339	669147	159106	261285	165423	7300	435329	3029814	2632028	314246	28663
61076	31888	9993	8523	5708	308	18502	27595	9282	2055	2941
676206	379134	66611	176131	112656	770	262831	1927479	1697834	194685	9190
794953	400078	119138	119630	66371	6747	291350	2269982	1987042	243938	23789
—	—	—	—	—	—	—	—	—	—	—
289583	133249	29635	52260	21966	654	141106	156949	44707	10136	6767
1143306	620744	147576	232816	148204	6862	403895	3946842	3555679	418686	26110
38270	25219	8538	10686	8856	—	9180	93670	84490	9801	101
—	—	—	—	—	—	—	—	—	—	—
73186	41357	12167	5499	790	91	12329	19136	7387	1102	68
333758	135948	20645	54801	18059	1040	168736	1666528	1521670	177867	10551
635861	319508	102096	98466	58116	6321	245351	331481	99872	29905	11316
299759	218193	33416	111435	91871	3	73619	1910502	1837117	200633	1671
40426	24069	6503	8212	1478	—	14051	179059	165581	20320	373
52772	22989	6198	11405	6122	62	29124	79841	50977	7734	—
31912	15814	4121	5345	2590	—	9069	8909	2170	1040	9000
—	—	—	—	—	—	—	—	—	—	—
3484	1334	602	599	—	—	1903	2006	103	24	—
9947	5477	488	924	465	—	2335	4438	2104	441	—
9571	4362	2422	1173	1173	—	5210	248486	243294	27250	—
9400	2900	1900	210	—	—	71	71	—	—	9000
573649	343444	57201	160968	101659	654	208701	1448350	1266390	151115	6383
14275	7153	668	5201	3213	—	7121	17631	10509	1916	—
9824	3726	558	1922	1713	—	3845	77045	73200	8307	—
4989	2724	361	1292	874	91	2265	84834	82571	989	—
1308	987	427	499	459	—	321	599	278	238	—
4136	3998	—	—	—	—	138	469	331	4	—
20495	7645	3696	2349	1526	25	11846	142032	135783	16515	8
1019	287	169	98	60	—	732	903	171	46	—
13171	4053	—	402	289	—	5371	7091	1720	1683	3121
94394	51222	9019	21651	12876	145	39836	506695	466979	55489	1163
2710	500	143	274	202	—	408	408	—	—	—
22073	8542	2410	3004	1592	3	11434	11514	1939	516	96
136948	80177	19364	40521	28182	3689	49282	230026	181149	23075	1824
16149	3575	1340	1084	755	—	6600	8632	2032	224	1
4095	473	89	384	384	—	2045	222728	220683	26261	—
16495	6548	1139	2858	538	—	9550	30614	21189	2323	—
69127	31914	10820	7356	3244	431	29175	269959	241504	30064	4432
85270	45890	11632	5556	1286	—	18505	344033	325667	34446	—
231698	125975	50567	26347	12139	2363	79290	323147	245014	31642	4029
13629	6130	1531	3908	100	—	7499	7499	1338	224	85
52156	19338	7770	6318	5275	—	23908	81028	59327	10469	2838
5197	3790	1101	493	415	45	1289	1740	452	—	—
2263	1526	787	704	545	—	711	85168	84605	9968	—
235161	50361	951	—	—	—	184800	331689	146889	39800	—
236586	18245	530	2671	648	702	82131	91536	19605	14405	—

	负债合计	#流动负债小计	#应付账款	#非流动负债	所有者权益合计	#实收资本
总　　计	**861498**	**685693**	**148233**	**38898**	**583453**	**234109**
一、按登记注册类型分组						
内资企业	861498	685693	148233	38898	583453	234109
私营企业	861498	685693	148233	38898	583453	234109
二、按经济组织类型分组						
独资企业	39771	29333	4460	3755	64755	27522
私营独资企业	39771	29333	4460	3755	64755	27522
合作、合伙企业	2408	1834	—	—	2218	2218
股份有限公司	70769	51175	426	5984	56821	30061
有限责任公司	748551	603351	143347	29159	459658	174309
在总计中：亏损企业	35491	28232	5967	2595	25567	13470
三、按轻重工业分组						
轻工业	428981	371150	67781	15901	239975	90758
重工业	432518	314543	80452	22997	343478	143352
四、按企业规模分组						
大型企业	—	—	—	—	—	—
中型企业	192269	147421	38593	4629	96530	37121
小型企业	665055	534337	109122	34269	456362	193321
微型企业	4175	3935	518	—	30562	3668
五、按县（市）区分组						
市　　直	—	—	—	—	—	—
铁 西 区	45716	4468	—435	1054	26902	6703
铁 东 区	208270	152447	3452	13915	123718	60431
公主岭市	359328	291553	115157	19446	260242	113527
双 辽 市	195985	194328	20463	931	98643	26909
梨 树 县	18424	15326	8000	1598	21047	13351
伊 通 县	13084	8861	169	39	38640	1745
辽河农垦管理区	18579	16653	1404	1916	12892	10443
经济开发区	—	—	—	—	—	—
红嘴高新技术开发区	2114	2058	23	—	1370	1000
六、按行业分组						
煤炭开采和洗选业	5576	3148	442	2429	4371	3970
非金属矿采选业	1697	1697	—	—	7874	2862
开采辅助活动	5400	5400	—	—	4000	4000
农副食品加工业	384322	333956	63704	13470	182525	68278
食品制造业	4460	4460	—	—	9815	522
酒、饮料和精制茶制造业	4508	4325	1312	—	5043	3060
纺织业	1963	1848	—141	115	3026	500
皮革、毛皮、羽毛（绒）及其制品和制鞋业	679	523	433	156	629	100
木材加工及木、竹、藤、棕、草制品业	3999	3998	—	—	138	560
造纸及纸制品业	8346	7648	2194	521	11974	5162
印刷和记录媒介复制业	358	358	186	—	661	450
石油加工、炼焦及核燃料加工业	11360	5300	3700	5086	1812	2600
化学原料和化学制品制造业	49643	46600	11107	1058	42751	27840
医药制造业	811	811	188	—	1898	200
橡胶和塑料制品业	10207	5197	934	360	10121	5147
非金属矿物制品业	59177	55641	10252	3536	70748	20391
黑色金属冶炼及压延加工业	8058	8058	654	—	8091	4707
有色金属冶炼及压延加工业	144	144	—	—	2373	1100
金属制品业	8057	7834	3423	—	8376	8312
通用设备制造业	42510	32069	4964	6359	26598	11602
专用设备制造业	56660	9044	1091	1520	28041	6786
汽车制造业	134711	121415	43049	4290	92769	35981
铁路、船舶、航天航空和其他运输设备制造业	5463	5463	68	—	6975	7135
电气机械及器材制造业	27438	14425	13	—	24719	9843
计算机、通信设备及其他电子设备制造业	2020	2020	426	—	3177	1260
仪器仪表制造业	1370	506	124	—	893	711
电力、热力的生产和供应业	26183	26183	183	—	208978	8000
燃气生产和供应业	199442	11872	931	—	31583	2320

年） 单位：万元

#国家资本	#集体资本	#法人资本	#个人资本	#港澳台资本	营业收入	#主营业务收入	营业成本	#主营业务成本
300	**678**	**68240**	**164060**	**832**	**5619498**	**5613768**	**5144958**	**5128862**
300	678	68240	164060	832	5619498	5613768	5144958	5128862
300	678	68240	164060	832	5619498	5613768	5144958	5128862
—	—	11242	16280	—	832100	831900	768589	767574
—	—	11242	16280	—	832100	831900	768589	767574
—	—	—	2218	—	6435	6435	6192	6192
—	—	13026	17035	—	424333	424302	385443	385406
300	678	43972	128527	832	4356631	4351131	3984734	3969689
—	208	4151	9111	—	34102	34071	31361	31325
—	—	22590	67336	832	2015216	2013204	1884873	1884656
300	678	45650	96724	—	3604282	3600564	3260085	3244206
—	—	—	—	—	—	—	—	—
—	—	6312	30809	—	468966	468935	437395	437358
300	678	60678	130833	832	5052886	5047187	4620529	4604469
—	—	1250	2418	—	97646	97646	87034	87034
—	—	—	—	—	—	—	—	—
300	370	181	5853	—	103545	103472	84271	84231
—	208	1494	57897	832	1004816	1004816	932776	932775
—	100	39759	73668	—	2518214	2514570	2255513	2239735
—	—	15909	11000	—	1239345	1237333	1178906	1178906
—	—	2734	10617	—	396069	396069	362277	362277
—	—	163	1581	—	209235	209235	196968	196690
—	—	7000	3443	—	143778	143778	130724	130724
—	—	—	—	—	—	—	—	—
—	—	1000	—	—	4496	4496	3524	3524
—	—	3970	—	—	5568	5536	3772	3735
—	—	2850	12	—	132477	132477	126247	126247
—	—	4000	—	—	4455	4455	2228	2228
—	—	16989	51288	—	1595730	1593718	1488287	1488139
—	—	—	522	—	67625	67625	61326	61326
—	—	1000	2060	—	62594	62594	58151	58081
—	—	200	300	—	46665	46665	43915	43915
—	—	—	100	—	2582	2582	2433	2433
—	—	560	—	—	13258	13258	11929	11929
—	—	3082	2080	—	134737	134737	128682	128682
—	—	450	—	—	2310	2310	2218	2218
—	—	—	2600	—	46375	43311	46274	36596
—	—	1100	26740	—	587270	587196	534232	534192
—	—	—	200	—	5163	5163	4754	4754
—	—	1032	3283	832	50034	50034	46894	46894
—	—	7111	13280	—	426501	426496	374627	374624
—	—	1000	3707	—	95338	95338	91761	91761
—	—	—	1100	—	97718	97718	92859	92859
—	—	1510	6802	—	63022	63022	57732	57732
—	208	2578	8816	—	325598	325598	295898	295898
300	370	250	5867	—	179355	179355	141280	141279
—	—	13092	22889	—	1169262	1168719	1064642	1059227
—	—	7135	—	—	2431	2431	2368	1662
—	—	150	9693	—	154485	154485	151705	151705
—	—	—	1260	—	13247	13247	12315	12315
—	—	181	530	—	62980	62980	60637	60637
—	—	—	8000	—	1744102	1744102	1468601	1468601
—	1000	—	1320	—	983092	983092	909335	909335

	营业税金及附加	#主营业务税金及附加	其他业务收入	其他业务利润	销售费用	管理费用	#税金	#差旅费	#工会费
总　　计	**9911**	**9381**	**5731**	**－53**	**109661**	**114948**	**6382**	**16989**	**439**
一、按登记注册类型分组									
内资企业	9911	9381	5731	－53	109661	114948	6382	16989	439
私营企业	9911	9381	5731	－53	109661	114948	6382	16989	439
二、按经济组织类型分组									
独资企业	867	850	200	－1	20410	17551	75	351	23
私营独资企业	867	850	200	－1	20410	17551	75	351	23
合作、合伙企业	2	2	—	—	29	160	—	—	—
股份有限公司	1781	1290	32	－5	6210	11024	1073	465	21
有限责任公司	7261	7239	5499	－47	83012	86214	5234	16173	395
在总计中：亏损企业	258	142	32	－16	1191	3873	135	314	9
三、按轻重工业分组									
轻工业	2981	2605	2013	240	40157	28461	1957	4156	60
重工业	6930	6776	3718	－293	69504	86487	4424	12833	379
四、按企业规模分组									
大型企业	—	—	—	—	—	—	—	—	—
中型企业	335	219	32	－5	15338	12824	588	1198	50
小型企业	9318	8903	5699	－48	88874	101145	5299	15761	383
微型企业	258	258	—	—	5448	979	495	30	6
五、按县（市）区分组									
市　　直	—	—	—	—	—	—	—	—	—
铁 西 区	75	75	74	33	10809	7799	167	6609	7
铁 东 区	1524	1524	—	—	6460	18563	337	656	66
公主岭市	6348	5839	3645	－326	58437	67841	5524	7098	344
双 辽 市	1182	1182	2013	—	13130	6988	227	2382	—
梨 树 县	40	18	—	241	15310	9150	—	201	4
伊 通 县	467	467	—	—	1340	1101	67	14	5
辽河农垦管理区	270	270	—	—	3933	3316	19	23	12
经济开发区	—	—	—	—	—	—	—	—	—
红嘴高新技术开发区	6	6	—	—	241	191	40	6	2
六、按行业分组									
煤炭开采和洗选业	198	83	32	－5	466	1413	37	8	5
非金属矿采选业	136	136	—	—	535	279	—	44	—
开采辅助活动	156	156	—	—	668	446	—	—	—
农副食品加工业	1800	1424	2013	241	34652	20402	1674	1521	51
食品制造业	382	382	—	—	2431	2495	124	39	3
酒、饮料和精制茶制造业	191	191	—	—	1668	1150	4	2191	2
纺织业	188	188	—	－1	378	586	26	36	1
皮革、毛皮、羽毛（绒）及其制品和制鞋业	1	1	—	—	18	23	1	2	3
木材加工及木、竹、藤、棕、草制品业	—	—	—	—	264	271	—	—	—
造纸及纸制品业	310	310	—	—	644	1141	13	46	—
印刷和记录媒介复制业	5	5	—	—	—	81	2	1	—
石油加工、炼焦及核燃料加工业	—	—	3065	－563	1697	1996	27	136	—
化学原料和化学制品制造业	406	385	74	34	18239	13487	202	1077	7
医药制造业	10	10	—	—	68	65	45	—	—
橡胶和塑料制品业	179	179	—	—	389	1178	6	12	4
非金属矿物制品业	2763	2763	5	5	10996	7852	655	296	80
黑色金属冶炼及压延加工业	94	94	—	—	268	693	36	224	6
有色金属冶炼及压延加工业	125	125	—	—	718	421	—	40	—
金属制品业	31	31	—	—	760	850	106	8	2
通用设备制造业	784	784	—	—	5775	10234	207	625	61
专用设备制造业	554	554	—	—	10297	11170	440	6531	21
汽车制造业	1037	1020	543	237	15674	25475	2423	3776	161
铁路、船舶、航天航空和其他运输设备制造业	19	19	—	—	66	296	—	—	—
电气机械及器材制造业	73	73	—	—	666	9880	275	341	32
计算机、通信设备及其他电子设备制造业	24	24	—	—	277	236	—	—	—
仪器仪表制造业	48	48	—	—	26	65	—	8	—
电力、热力的生产和供应业	1829	1829	—	—	17728	17920	550	227	—
燃气生产和供应业	2138	2138	—	—	2468	9718	241	78	—

年）　　　　　　　　　　　　　　　　　　　　　　　　　　　　单位：万元

财务费用	#利息收入	#利息支出	营业利润	资产减值损失	投资收益	营业外收入	#补贴收入	营业外支出	利润总额	应交所得税
32976	**504**	**29820**	**200110**	**3244**	**119**	**4203**	**1818**	**2986**	**201172**	**9568**
32976	504	29820	200110	3244	119	4203	1818	2986	201172	9568
32976	504	29820	200110	3244	119	4203	1818	2986	201172	9568
2158	93	1976	16275	—	—	—	—	258	15862	57
2158	93	1976	16275	—	—	—	—	258	15862	57
—	—	—	53	—	—	—	—	—	53	—
2583	7	2376	15187	—	—	257	130	468	14976	597
28236	405	25468	168595	3244	119	3945	1688	2259	170281	8915
701	5	698	−3608	—	—	222	100	69	−3454	53
20547	312	18909	43254	1	119	2893	1132	1334	44659	972
12429	192	10911	156856	3243	—	1310	686	1652	156514	8597
—	—	—	—	—	—	—	—	—	—	—
11985	187	11496	2849	—	110	1558	162	537	3870	—
20325	317	17659	193628	3244	9	2593	1606	2124	194096	9568
665	—	665	3633	—	—	52	50	325	3206	—
—	—	—	—	—	—	—	—	—	—	—
406	37	376	3517	—	—	175	148	7	3685	146
9889	297	9911	34317	3144	110	1760	272	455	35621	221
11865	6	10219	119145	100	—	833	353	2038	117940	7592
7522	−1	6692	30344	—	9	1435	1045	474	31150	701
1181	92	1011	5030	—	—	—	—	—	5030	537
758	50	505	3483	—	—	—	—	12	3471	221
1175	1	991	3922	—	—	—	—	—	3922	62
—	—	—	—	—	—	—	—	—	—	—
180	22	115	354	—	—	—	—	—	354	89
181	1	182	−463	—	—	123	100	51	−391	—
126	1	123	3629	—	—	—	—	—	3629	—
178	—	111	341	—	—	—	—	—	341	—
19413	241	17860	35486	1	119	2795	1132	1332	36795	787
278	—	166	1713	—	—	—	—	—	1713	—
114	—	102	1390	—	—	—	—	—	1390	5
50	—	50	1547	—	—	—	—	2	1545	89
3	—	3	105	—	—	—	—	—	105	26
—	—	—	795	—	—	—	—	—	795	—
112	—	101	3551	—	—	—	—	—	3551	8
1	—	1	5	—	—	—	—	—	5	1
1199	—	1199	4202	—	—	61	—	279	3984	—
1505	68	1268	16325	3144	—	201	148	4	16522	664
68	—	68	171	—	—	—	—	—	171	1
302	—	248	1123	—	—	—	—	12	1111	66
2847	73	2592	26773	—	—	63	63	101	26735	1527
124	4	119	2397	—	—	—	—	—	2397	346
23	—	23	3697	—	—	—	—	—	3697	—
496	88	494	3319	—	—	—	—	—	3319	92
411	59	473	12484	—	—	350	302	79	12755	2210
778	37	680	15577	—	—	—	—	—	15577	143
3029	−68	2502	36291	99	—	458	74	1125	35624	3593
326	—	326	63	—	—	—	—	—	63	—
752	—	750	−1739	—	—	98	—	—	−1642	10
17	—	17	532	—	—	7	—	—	539	—
20	—	20	1868	—	—	48	—	1	1915	—
5215	—	2991	232809	—	—	—	—	—	232809	—
1015	—	455	56466	—	—	—	—	—	56466	—

10—10 续表 3 （2012

	亏损企业亏损总额	利税总额	应交税金及附加	本年应付职工薪酬	本年应交增值税	本年进项税额	本年销项税额
总计	**3454**	**264692**	**79470**	**62200**	**53609**	**184301**	**232142**
一、按登记注册类型分组							
内资企业	3454	264692	79470	62200	53609	184301	232142
私营企业	3454	264692	79470	62200	53609	184301	232142
二、按经济组织类型分组							
独资企业	137	17814	2084	5649	1085	8757	9242
私营独资企业	137	17814	2084	5649	1085	8757	9242
合作、合伙企业	—	55	2	154	—	—	—
股份有限公司	3154	22992	9686	11017	6235	14641	21519
有限责任公司	163	223831	67699	45380	46289	160903	201381
在总计中：亏损企业	3454	−2002	1641	5198	1195	2121	2857
三、按轻重工业分组							
轻工业	2897	58371	16641	21085	10731	71594	79496
重工业	557	206321	62828	41115	42877	112707	152646
四、按企业规模分组							
大型企业	—	—	—	—	—	—	—
中型企业	3154	5157	1875	13515	952	13937	15148
小型企业	257	255701	76472	48168	52287	170073	216537
微型企业	43	3834	1123	517	370	290	457
五、按县（市）区分组							
市直	—	—	—	—	—	—	—
铁西区	137	4190	819	1893	430	11143	11547
铁东区	2783	38076	3013	10917	931	5784	6423
公主岭市	534	171930	67106	34123	47642	112683	158261
双辽市	—	35758	5535	4234	3426	49666	49362
梨树县	—	5755	1262	1501	685	1061	2522
伊通县	—	4370	1188	2817	432	1621	1720
辽河农垦管理区	—	4203	362	6354	12	1629	1544
经济开发区	—	—	—	—	—	—	—
红嘴高新技术开发区	—	410	184	360	50	714	764
六、按行业分组							
煤炭开采和洗选业	391	467	895	3377	660	285	945
非金属矿采选业	—	3764	136	435	—	1	1
开采辅助活动	—	497	156	108	—	—	—
农副食品加工业	43	44161	9827	14971	5566	51940	55997
食品制造业	—	5052	3462	716	2956	—	2938
酒、饮料和精制茶制造业	—	1903	521	569	322	1562	1855
纺织业	92	3190	1761	601	1457	1900	2115
皮革、毛皮、羽毛（绒）及其制品和制鞋业	—	111	33	151	5	434	439
木材加工及木、竹、藤、棕、草制品业	—	795	—	216	—	—	—
造纸及纸制品业	—	3990	460	2042	129	12503	12628
印刷和记录媒介复制业	—	178	176	198	168	2389	2599
石油加工、炼焦及核燃料加工业	—	3984	27	266	—	1486	3004
化学原料和化学制品制造业	—	18119	2464	3129	1191	8173	9334
医药制造业	—	234	108	175	52	864	917
橡胶和塑料制品业	—	1443	404	1074	153	1112	935
非金属矿物制品业	—	34704	10151	5666	5205	15594	18790
黑色金属冶炼及压延加工业	—	2967	951	775	475	7366	7841
有色金属冶炼及压延加工业	—	3844	148	420	23	—	—
金属制品业	—	3581	461	2662	232	895	1127
通用设备制造业	20	17145	6807	4235	3606	11741	14634
专用设备制造业	—	16250	1256	2281	119	10722	10841
汽车制造业	100	49013	19406	14517	12352	41356	52353
铁路、船舶、航天航空和其他运输设备制造业	—	162	99	104	80	273	353
电气机械及器材制造业	2763	−1534	393	1538	35	287	322
计算机、通信设备及其他电子设备制造业	—	598	59	272	35	—	—
仪器仪表制造业	46	1993	78	257	30	—	—
电力、热力的生产和供应业	—	414797	182538	11328	180159	—	180159
燃气生产和供应业	—	66016	9791	3152	7412	134194	141606

年）　　单位：万元

土地和固定资产支出	土地购置	房屋和建筑物	机器设备	运输工具	其他费用	全部从业人员年平均人数（人）
63489	**12613**	**15509**	**23239**	**4371**	**7758**	**23090**
63489	12613	15509	23239	4371	7758	23090
63489	12613	15509	23239	4371	7758	23090
470	—	350	120	—	—	2659
470	—	350	120	—	—	2659
—	—	—	—	—	—	95
13403	553	1203	4492	52	7105	3520
49615	12060	13956	18627	4319	653	16816
8276	498	60	604	9	7105	1646
23204	4313	877	7624	3052	7338	7724
40285	8300	14632	15615	1318	419	15366
—	—	—	—	—	—	—
8558	—	60	1002	158	7338	4003
54931	12613	15449	22237	4213	420	18921
—	—	—	—	—	—	166
—	—	—	—	—	—	—
1611	140	765	671	35	—	849
34367	4775	4977	17099	260	7256	4405
21504	6743	8938	4779	566	478	12302
5872	954	829	555	3510	24	2358
—	—	—	—	—	—	836
135	—	—	135	—	—	1060
—	—	—	—	—	—	1170
—	—	—	—	—	—	—
—	—	—	—	—	—	110
71	—	—	62	9	—	807
—	—	—	—	—	—	175
—	—	—	—	—	—	60
14677	4313	785	6675	2904	—	5106
—	—	—	—	—	—	241
40	—	32	8	—	—	285
—	—	—	—	—	—	292
—	—	—	—	—	—	55
—	—	—	—	—	—	120
812	—	—	430	149	233	783
—	—	—	—	—	—	110
180	59	—	121	—	—	100
406	—	—	404	—	3	1531
—	—	—	—	—	—	98
2665	718	816	495	612	24	714
7729	2013	1547	4004	129	37	2265
577	—	436	142	—	—	349
—	—	—	—	—	—	206
—	—	—	—	—	—	518
11714	312	4430	6594	227	152	1398
1226	140	765	286	35	—	1251
15717	5058	6638	3509	306	205	5308
—	—	—	—	—	—	62
7675	—	60	510	—	7105	612
—	—	—	—	—	—	99
—	—	—	—	—	—	141
—	—	—	—	—	—	280
—	—	—	—	—	—	124

大中型工业企

10－11 （2012

	企业单位数（个）	#亏损企业	工业总产值（当年价）	工业销售产值（当年价）	#出口交货值	年初存货	#产成品	#在产品
总　　计	**60**	**15**	**6017757**	**5956988**	**30409**	**418553**	**125496**	**20652**
一、按登记注册类型分组								
内资企业	54	13	5394459	5359592	12687	346154	107139	19680
国有企业	4	2	169260	175401	816	28772	8293	3918
中央企业	1	1	116870	119775	—	20134	1190	3515
地方企业	3	1	52390	55626	816	8638	7103	403
有限责任公司	30	9	1941555	1932744	—	152522	41934	10788
股份有限公司	9	—	2707680	2706875	11871	116002	39999	4168
私营企业	8	2	551576	520182	—	48159	16788	654
其他企业	3	—	24389	24389	—	699	126	153
港、澳、台商投资企业	5	2	409983	397237	17722	34943	7218	972
外商投资企业	1	—	213315	200159	—	37456	11140	—
二、按经济组织类型分组								
独资企业	6	2	454937	447922	816	66630	19835	3918
国有企业	4	2	169260	175401	816	28772	8293	3918
私营独资企业	1	—	72362	72362	—	402	402	—
外资企业	1	—	213315	200159	—	37456	11140	—
合作、合伙企业	3	—	24389	24389	—	699	126	153
股份有限公司	11	2	2730701	2723939	11871	117265	41137	4168
有限责任公司	40	11	2807731	2760739	17722	233959	64398	12414
在总计中：国有控股企业	13	6	934466	927786	6171	85177	19797	7850
在总计中：亏损企业	15	15	331057	331071	12367	44760	6967	6613
三、按轻重工业分组								
轻工业	26	4	2061991	1997883	17722	234015	58615	3853
重工业	34	11	3955766	3959105	12687	184538	66881	16799
四、按企业规模分组								
大型企业	8	1	3261895	3250268	5356	240687	50910	5118
中型企业	52	14	2755863	2706720	25053	177866	74586	15534
小型企业	—	—	—	—	—	—	—	—
微型企业	—	—	—	—	—	—	—	—
五、按县（市）区分组								
市　　直	8	5	237848	245516	816	38854	10834	4416
铁 西 区	9	1	2229168	2222126	—	87932	37519	—
铁 东 区	13	4	825264	798610	15204	94109	18734	6705
公主岭市	9	2	863260	830082	14389	97738	36340	6084
双 辽 市	2	1	139841	139841	—	6259	—	—
梨 树 县	11	2	964768	974856	—	76196	17499	—
伊 通 县	5	—	631997	628744	—	9324	827	3447
辽河农垦管理区	3	—	125611	117215	—	8142	3742	—
经济开发区	—	—	—	—	—	—	—	—
红嘴高新技术开发区	—	—	—	—	—	—	—	—
六、按行业分组								
煤炭开采和洗选业	1	1	14806	10464	—	578	480	—
石油和天然气开采业	1	—	572924	572924	—	—	—	—
有色金属矿采选业	1	—	7418	11433	—	1985	1582	403
其他采矿业	2	—	20000	20000	—	70	70	—
农副食品加工业	10	—	1271036	1219952	5356	127762	45880	654
食品制造业	1	—	54147	54147	—	1303	160	—
酒、饮料和精制茶制造业	3	—	426852	438065	—	81268	6264	1603
纺织业	2	—	23712	23712	—	2651	2079	153
造纸及纸制品业	1	—	67455	64873	—	487	264	—
印刷和记录媒介复制业	2	1	37198	30807	12367	4581	360	972
化学原料和化学制品制造业	4	1	314365	316168	—	25507	1823	3987
医药制造业	3	1	101207	88660	—	10668	2949	—
非金属矿物制品业	6	2	171822	169340	—	16218	1163	3434
黑色金属冶炼及压延加工业	2	1	1744134	1745661	—	80051	30120	498
金属制品业	1	—	44510	44510	—	—	—	—
通用设备制造业	3	—	67927	70602	3653	29145	20689	6022
专用设备制造业	3	1	307643	307846	—	8194	6038	1488
汽车制造业	5	—	493193	492031	9033	18529	4916	1439
电气机械及器材制造业	1	1	8215	6600	—	686	659	—
金属制品、机械和设备修理业	1	1	12088	12088	—	533	—	—
电力、热力的生产和供应业	5	3	2391897	2391897	—	81055	—	—
燃气生产和供应业	1	1	141317	141317	—	1319	—	—
水的生产和供应业	1	1	37842	37842	—	998	—	—

业主要经济指标

年）　　　　单位：万元

资产总计	流动资产小计	#应收账款	#存货	#产成品	#在成品	固定资产合计	固定资产原价	累计折旧	#本年折旧	在建工程
3912685	**1315189**	**283878**	**460901**	**172986**	**17126**	**2325302**	**5035739**	**2772483**	**434674**	**77787**
3573774	1127629	239767	371050	148058	16734	2179827	4635729	2517948	392851	74459
334531	107171	18796	31998	13105	1571	191404	252392	61052	10849	4770
287896	75857	3486	23621	6603	1029	176686	212861	36175	8354	4745
46635	31314	15310	8377	6502	542	14718	39531	24877	2495	25
1228905	447920	103728	110655	40049	10297	622363	1881170	1287920	144961	58564
1689716	435377	86641	175285	72740	4037	1198068	2252156	1058037	222800	3302
289583	133249	29635	52260	21966	654	141106	156949	44707	10136	6767
31040	3914	967	852	198	176	26886	93062	66232	4105	1057
163380	106293	21152	48064	11847	393	51884	247222	195338	19313	1546
175531	81266	22959	41787	13081	—	93591	152788	59197	22510	1783
518988	191819	42621	75533	26680	1571	290539	410725	120444	33462	6863
334531	107171	18796	31998	13105	1571	191404	252392	61052	10849	4770
8927	3382	866	1748	495	—	5545	5545	194	102	310
175531	81266	22959	41787	13081	—	93591	152788	59197	22510	1783
31040	3914	967	852	198	176	26886	93062	66232	4105	1057
1729384	450014	89852	179296	76040	4037	1213911	2272701	1062738	224498	6101
1633272	669442	150437	205221	70067	11343	793966	2259252	1523070	172610	63767
1028610	325364	60130	98956	26912	7129	570313	1081976	524790	48935	48510
650795	206186	31014	49913	13616	5748	363001	577086	217985	33206	8933
1093213	549528	108328	205024	69347	4352	487899	789645	347458	59732	26110
2819472	765661	175550	255877	103639	12775	1837404	4246094	2425025	374943	51678
2113462	570909	66347	253963	86445	2471	1479763	2667334	1188791	255606	9390
1799223	744280	217530	206938	86541	14656	845540	2368405	1583692	179068	68397
—	—	—	—	—	—	—	—	—	—	—
—	—	—	—	—	—	—	—	—	—	—
494111	163160	26633	39721	13778	2035	279655	397356	121397	21389	5271
677747	277863	23445	137657	64425	—	348948	423040	83769	13803	2385
544902	280665	67211	85340	23715	9398	215554	882916	695469	84154	16620
411693	218946	52515	116034	44379	1236	179973	329527	155264	32711	4743
421888	90822	14168	5338	—	—	239770	585647	345876	26874	41965
354774	191220	64043	61480	19774	1120	150036	430177	290167	38294	972
966029	68098	31145	10210	3349	3338	896229	1969911	1073738	216212	1057
41541	24415	4719	5122	3567	—	15136	17165	6803	1238	4774
—	—	—	—	—	—	—	—	—	—	—
—	—	—	—	—	—	—	—	—	—	—
9947	5477	488	924	465	—	2335	4438	2104	441	—
865043	31545	17245	—	—	—	833497	1826589	993092	209191	—
12448	10161	2432	2422	1880	542	1835	3684	1850	304	25
26500	1800	750	160	160	—	24700	90525	65825	4067	—
591462	305185	59160	143151	51888	654	277811	506653	259167	44543	6184
15587	6991	251	1111	160	—	8136	11050	2914	448	96
268191	123440	20756	36388	5796	1442	119034	123765	5947	5947	1320
9769	4531	749	2578	1924	176	3997	5312	1371	339	1057
8802	1980	243	951	462	—	6822	4132	2890	529	—
42731	29502	8825	3087	665	393	10938	45772	34834	2160	—
341891	98602	17196	27710	7412	1624	204721	359375	155179	23842	6708
81398	45327	10096	11377	5617	1093	28145	36354	16218	2381	12691
145140	60323	13399	26421	3536	6215	72858	156204	83486	10759	1035
505115	212802	3508	117176	52541	464	283889	332271	51637	8217	60
67398	55901	24201	20123	4020	—	9465	10680	3911	848	—
102729	83065	41896	26947	18326	957	13589	27907	14349	1565	300
131522	41302	20330	12563	9754	1931	52502	56618	13790	2627	1956
87432	51732	21034	15080	5544	1638	31013	641147	610163	71957	1112
29722	9161	2723	3086	2835	—	13509	16106	2598	1256	2799
17554	6213	3128	542	—	—	7556	15533	7977	1709	45
5070586	1133450	138331	88633	—	—	2964199	7200702	4237777	395465	420176
269534	44120	15271	1561	—	—	166386	286794	124227	11533	3820
182930	123917	1086	849	—	—	58923	128745	69822	8456	—

	负债合计	#流动负债小计	#应付账款	#非流动负债	所有者权益合计	#实收资本	#国家资本
总　　计	**2040214**	**1663328**	**263103**	**233923**	**1868361**	**716398**	**112747**
一、按登记注册类型分组							
内资企业	1850087	1490706	237551	232037	1719578	580395	56089
国有企业	301372	267453	18306	33919	33159	52535	48535
中央企业	262845	237930	12706	24915	25051	36939	36939
地方企业	38527	29523	5600	9004	8108	15596	11596
有限责任公司	901867	642138	121524	173324	324190	284058	7554
股份有限公司	452026	431140	59104	20166	1237689	206361	—
私营企业	192269	147421	38593	4629	96530	37121	—
其他企业	2554	2554	23	—	28009	321	—
港、澳、台商投资企业	86710	69205	18950	1886	76670	79345	—
外商投资企业	103417	103417	6603	—	72114	56658	56658
二、按经济组织类型分组							
独资企业	408414	373175	25058	35239	110575	114494	105193
国有企业	301372	267453	18306	33919	33159	52535	48535
私营独资企业	3625	2305	149	1320	5301	5301	—
外资企业	103417	103417	6603	—	72114	56658	56658
合作、合伙企业	2554	2554	23	—	28009	321	—
股份有限公司	470771	443656	58230	22595	1258613	218024	—
有限责任公司	1158476	843943	179792	176090	471165	383559	7554
在总计中：国有控股企业	838274	675112	106552	156541	187489	232245	50731
在总计中：亏损企业	536874	425826	67178	97094	113920	143266	43787
三、按轻重工业分组							
轻工业	665022	543243	87233	12054	427715	328020	59016
重工业	1375192	1120085	175870	221869	1440647	388378	53731
四、按企业规模分组							
大型企业	815873	763505	75230	42585	1297590	310677	93597
中型企业	1224341	899823	187873	191338	570772	405721	19150
小型企业	—	—	—	—	—	—	—
微型企业	—	—	—	—	—	—	—
五、按县（市）区分组							
市　　直	454765	382940	68780	62628	39345	100422	48599
铁 西 区	350430	319463	51035	24280	324470	175210	—
铁 东 区	301504	243058	35854	17336	243397	119759	—
公主岭市	265153	245093	61512	20059	145755	117207	61854
双 辽 市	359577	263079	28927	96497	62311	78489	—
梨 树 县	241720	145427	9948	10324	113055	92141	2294
伊 通 县	52846	52846	5762	—	912706	25320	—
辽河农垦管理区	14220	11421	1286	2799	27322	7850	—
经济开发区	—	—	—	—	—	—	—
红嘴高新技术开发区	—	—	—	—	—	—	—
六、按行业分组							
煤炭开采和洗选业	5576	3148	442	2429	4371	3970	—
石油和天然气开采业	9232	9232	—	—	855811	2699	—
有色金属矿采选业	4759	4759	590	—	7689	4000	—
其他采矿业	500	500	—	—	26000	171	—
农副食品加工业	390375	292978	54524	1320	201088	143151	56658
食品制造业	11865	11865	3609	—	3722	—	—
酒、饮料和精制茶制造业	151812	142029	7822	—	116379	112489	—
纺织业	6593	4018	1963	2575	2699	180	—
造纸及纸制品业	4232	3710	559	521	4570	90	—
印刷和记录媒介复制业	12397	10511	2815	1886	30334	29442	—
化学原料和化学制品制造业	291903	251434	25262	24915	49988	53745	36939
医药制造业	37353	33712	1748	3576	44045	24535	—
非金属矿物制品业	100569	84111	19868	16203	44571	27156	—
黑色金属冶炼及压延加工业	297448	274802	72744	22646	207667	110040	—
金属制品业	48121	47401	—	—	19277	5015	—
通用设备制造业	76789	71269	20103	5520	25940	23013	12302
专用设备制造业	38492	30979	−57	—	90183	55989	—
汽车制造业	40529	35415	6197	5114	46118	9158	—
电气机械及器材制造业	13169	9369	−1316	—	16553	7693	—
金属制品、机械和设备修理业	11314	11314	5402	—	6240	5251	—
电力、热力的生产和供应业	4423943	2973524	372436	1450419	646641	822960	44900
燃气生产和供应业	210698	118731	6317	—	58835	115000	—
水的生产和供应业	237236	215477	29518	21758	−54306	48162	23579

单位：万元

#集体资本	#法人资本	#个人资本	#港澳台资本	#外商资本	营业收入	#主营业务收入	营业成本	#主营业务成本
93222	**316121**	**157380**	**26471**	**10458**	**5030576**	**4933156**	**4465306**	**4368623**
93222	283501	146198	—	1386	4410826	4348520	3900498	3831937
—	2040	1960	—	—	176881	171056	166374	154990
—	—	—	—	—	119775	114267	114318	108928
—	2040	1960	—	—	57106	56789	52056	46062
11654	226030	37709	—	1111	1858041	1806435	1594280	1540218
81568	49119	75399	—	275	1882548	1877705	1686338	1683258
—	6312	30809	—	—	468966	468935	437395	437358
—	—	321	—	—	24389	24389	16112	16112
—	32620	11182	26471	9072	402079	391673	362003	357206
—	—	—	—	—	217671	192962	202805	179481
—	2040	7261	—	—	466914	436380	440516	405809
—	2040	1960	—	—	176881	171056	166374	154990
—	—	5301	—	—	72362	72362	71337	71337
—	—	—	—	—	217671	192962	202805	179481
—	—	321	—	—	24389	24389	16112	16112
81568	53089	83092	—	275	1895311	1890437	1698420	1695304
11654	260992	66705	26471	10183	2643962	2581950	2310258	2251399
—	163618	1960	15936	—	1006225	949038	917225	860155
—	64219	15652	10535	9072	338304	313105	321031	296492
11654	96502	125306	26471	9072	1903297	1865577	1617171	1584308
81568	219619	32073	—	1386	3127280	3067578	2848136	2784315
80743	72188	48214	15936	—	2451819	2411796	2183073	2145526
12479	243933	109166	10535	10458	2578757	2521359	2282233	2223097
—	—	—	—	—	—	—	—	—
—	—	—	—	—	—	—	—	—
—	46204	5619	—	—	267697	243726	254497	227362
92397	53559	18720	10535	—	1420369	1420367	1322612	1318091
825	21077	88511	—	9347	639683	635527	514063	507952
—	37336	970	15936	1111	781506	745653	720584	692760
—	78489	—	—	—	171046	139150	161857	130766
—	47259	42588	—	—	995145	993601	867865	867865
—	24999	321	—	—	628754	628754	522050	522050
—	7200	650	—	—	126378	126378	101778	101778
—	—	—	—	—	—	—	—	—
—	—	—	—	—	—	—	—	—
—	3970	—	—	—	5568	5536	3772	3735
—	2699	—	—	—	572924	572924	482369	482369
—	2040	1960	—	—	11433	11408	6167	6136
—	—	171	—	—	20000	20000	12314	12314
—	26104	44454	15936	—	1195952	1161437	1082016	1054379
—	—	—	—	—	48638	48638	43589	39069
—	45585	66904	—	—	399883	399883	295323	295323
—	—	180	—	—	19130	19130	18071	18071
—	—	90	—	—	65265	65265	62643	62643
11654	8716	—	—	9072	25177	24575	21109	20625
—	5624	11182	—	—	317425	311770	294363	288890
—	9636	4364	10535	—	91120	91120	42803	42803
—	26844	312	—	—	151547	151547	131077	131077
80743	29297	—	—	—	959022	949460	925213	915022
—	—	5015	—	—	58787	57257	54001	54001
—	7000	2600	—	1111	77875	76390	66348	60324
—	51689	4300	—	—	349471	349376	312114	309650
825	3562	4496	—	275	342553	339239	305321	302242
—	—	7693	—	—	7195	7195	8311	8311
—	5251	—	—	—	12088	11397	9491	9169
—	757687	20373	—	—	2791796	2431228	2687350	2369616
—	115000	—	—	—	141317	127274	158496	113397
—	8362	16221	—	—	62152	37593	43068	41693

10—11 续表 2 (2012

	营业税金及附加	#主营业务税金及附加	其他业务收入	其他业务利润	销售费用	管理费用	#税金	#差旅费	#工会费
总计	**33713**	**33584**	**97420**	**8014**	**149780**	**124628**	**4786**	**7679**	**856**
一、按登记注册类型分组									
内资企业	31571	31442	62306	7898	130062	109754	4052	7240	624
国有企业	570	560	5825	215	4267	12675	885	452	91
中央企业	296	286	5508	119	2272	6786	732	94	33
地方企业	274	274	317	96	1995	5889	153	358	58
有限责任公司	13273	13269	51606	6162	51402	50412	1953	3651	357
股份有限公司	17148	17148	4843	1526	57844	32458	622	1932	124
私营企业	335	219	32	—5	15338	12824	588	1198	50
其他企业	245	245	—	—	1211	1386	4	7	1
港、澳、台商投资企业	1307	1307	10406	116	17222	8747	370	329	211
外商投资企业	835	835	24709	—	2496	6127	364	110	22
二、按经济组织类型分组									
独资企业	1405	1395	30534	215	6943	19040	1249	574	113
国有企业	570	560	5825	215	4267	12675	885	452	91
私营独资企业	—	—	—	—	179	239	—	12	—
外资企业	835	835	24709	—	2496	6127	364	110	22
合作、合伙企业	245	245	—	—	1211	1386	4	7	1
股份有限公司	17346	17231	4875	1521	58533	34906	660	2221	129
有限责任公司	14716	14713	62012	6278	83093	69295	2874	4877	613
在总计中：国有控股企业	3122	3109	57187	1	24054	30985	1389	1283	350
在总计中：亏损企业	1370	1241	25200	4841	11051	28326	1640	1331	126
三、按轻重工业分组									
轻工业	24112	24111	37719	—152	90970	60192	2329	4455	430
重工业	9601	9472	59701	8166	58810	64436	2457	3224	427
四、按企业规模分组									
大型企业	28796	28786	40023	—118	75764	39226	1873	1282	162
中型企业	4916	4798	57398	8132	74015	85402	2914	6397	695
小型企业	—	—	—	—	—	—	—	—	—
微型企业	—	—	—	—	—	—	—	—	—
五、按县（市）区分组									
市直	1002	992	23971	4815	8641	19768	1059	629	214
铁西区	1056	1055	2	—44	17887	16724	586	1172	131
铁东区	12035	12035	4156	130	47904	29587	1087	3309	196
公主岭市	2111	1992	35853	1150	28256	29808	1206	1445	200
双辽市	1036	1036	31896	435	—	2545	71	223	—
梨树县	10455	10455	1544	1529	8975	13870	673	575	53
伊通县	5858	5858	—	—	29525	5325	45	105	1
辽河农垦管理区	161	161	—	—	8591	7000	60	222	61
经济开发区	—	—	—	—	—	—	—	—	—
红嘴高新技术开发区	—	—	—	—	—	—	—	—	—
六、按行业分组									
煤炭开采和洗选业	198	83	32	—5	466	1413	37	8	5
石油和天然气开采业	5387	5387	—	—	26363	2111	—	64	—
有色金属矿采选业	127	127	25	—5	229	2763	17	19	23
其他采矿业	220	220	—	—	1160	1260	—	—	—
农副食品加工业	1747	1747	34515	—	34355	24482	1192	1244	203
食品制造业	348	348	—	—	3583	376	54	284	3
酒、饮料和精制茶制造业	20946	20946	—	—237	23763	16456	525	702	3
纺织业	97	96	—	—46	51	462	4	7	102
造纸及纸制品业	12	12	—	—	93	398	12	42	—
印刷和记录媒介复制业	159	159	602	118	323	2840	104	47	2
化学原料和化学制品制造业	469	459	5655	133	2694	10201	1004	140	88
医药制造业	604	604	—	—	27581	9849	166	1788	63
非金属矿物制品业	622	622	—	—28	5582	9558	363	158	11
黑色金属冶炼及压延加工业	258	258	9562	—629	6504	7137	238	239	6
金属制品业	277	277	1529	1529	901	2249	115	158	30
通用设备制造业	380	380	1485	1247	7321	7934	241	982	92
专用设备制造业	14	14	95	31	2698	2892	402	342	11
汽车制造业	209	209	3314	234	2116	9522	160	382	62
电气机械及器材制造业	—	—	—	—	223	1036	—	281	—
金属制品、机械和设备修理业	173	173	691	—	—	2545	71	18	—
电力、热力的生产和供应业	13040	13007	360568	42685	2200	68309	708	7264	1512
燃气生产和供应业	1357	1357	14043	14043	25562	12411	117	85	42
水的生产和供应业	274	274	24559	—	9969	10701	9	395	—

年）　　　　　　　　　　　　　　　　　　　　　　　　　　　　　　单位：万元

财务费用	#利息收入	#利息支出	营业利润	资产减值损失	投资收益	营业外收入	#补贴收入	营业外支出	利润总额	应交所得税
79923	**1240**	**63847**	**148505**	**−31**	**4968**	**25000**	**4600**	**6415**	**167848**	**8297**
73382	1103	57446	144504	−410	4652	24184	4029	5888	163558	8297
14847	529	15251	−13212	184	3036	2224	557	1394	−12382	894
13510	514	13943	−14370	—	3036	741	—	1351	−14980	—
1337	15	1308	1158	184	—	1483	557	43	2598	894
19258	321	18944	74940	−594	867	12508	3222	2813	84635	6021
27125	65	11626	74659	—	639	7805	—	1144	82077	1294
11985	187	11496	2849	—	110	1558	162	537	3870	—
167	—	129	5268	—	—	89	89	—	5357	89
2253	78	1966	2943	—	—	201	—	482	2662	—
4288	59	4435	1057	379	316	616	570	45	1628	—
19226	680	19870	−11646	563	3352	2840	1127	1439	−10246	894
14847	529	15251	−13212	184	3036	2224	557	1394	−12382	894
92	92	184	509	—	—	—	—	—	509	—
4288	59	4435	1057	379	316	616	570	45	1628	—
167	—	129	5268	—	—	89	89	—	5357	89
27792	67	12292	71336	—	639	8026	100	1196	78924	1294
32738	494	31556	83547	−594	977	14046	3284	3780	93813	6021
23705	665	23660	20005	−446	3072	3137	1169	2052	21090	2572
20733	750	21185	−28617	−494	3111	3331	1273	1611	−26897	315
25524	441	25045	36982	476	407	8025	2067	3309	41699	3077
54398	799	38802	111523	−507	4561	16975	2533	3107	126149	5220
47649	675	32484	66385	379	4005	12412	1501	4926	73871	—
32273	565	31363	82121	−410	963	12588	3099	1490	93978	8297
—	—	—	—	—	—	—	—	—	—	—
—	—	—	—	—	—	—	—	—	—	—
17879	696	18336	−18885	−400	3111	4434	1631	1448	−15898	1152
20886	46	5586	57189	—	632	9638	1191	1086	65740	2156
11300	175	11131	17006	—	49	4104	99	787	20322	1793
9487	118	8693	7017	318	316	2086	732	657	8446	192
5271	36	5306	526	−192	—	384	373	67	843	925
10198	98	10275	15806	45	859	3791	345	2304	18052	411
4201	21	3772	61796	100	—	269	229	41	62025	843
700	50	749	8050	97	—	295	—	26	8319	826
—	—	—	—	—	—	—	—	—	—	—
—	—	—	—	—	—	—	—	—	—	—
181	1	182	−463	—	—	123	100	51	−391	—
3063	—	2653	53631	—	—	—	—	—	53631	—
44	7	20	2103	—	—	1413	557	33	3483	865
46	—	46	5000	—	—	—	—	—	5000	—
17643	337	17234	13340	379	427	2149	632	1001	14488	—
157	6	175	5049	—	—	972	931	13	6009	—
5771	57	5804	7469	—	—	3777	—	2161	9085	633
124	—	83	265	—	—	129	129	2	392	89
81	—	81	1931	—	—	—	—	—	1931	—
411	3	344	338	—	−20	222	220	55	505	51
13511	515	13945	−8383	—	3036	961	—	1400	−8823	625
640	34	667	9521	97	—	295	—	27	9789	1680
1587	41	1620	5263	100	812	2772	584	480	7554	2453
19922	2	4729	12344	−539	689	6184	—	895	17633	—
3290	—	3290	−402	—	47	51	—	2	404	155
1768	8	1505	412	78	−61	1178	—	67	1523	—
951	7	725	32989	—	—	43	—	5	33027	—
235	2	97	15030	—	—	2024	—	97	16956	507
486	—	484	−2860	—	—	98	—	—	−2763	—
17	—	17	−140	—	—	—	—	62	−202	—
90705	2077	92529	−30816	−1464	387	22308	10919	625	−9133	12402
7126	85	7211	−4493	—	—	2153	2000	4	−2344	—
2130	37	1718	−3992	—	—	1649	1551	21	−2364	—

	亏损企业亏损总额	利税总额	应交税金及附加	本年应付职工薪酬	本年应交增值税	本年进项税额	本年销项税额
总计	**26897**	**303559**	**148794**	**152501**	**101998**	**213946**	**269034**
一、按登记注册类型分组							
内资企业	25369	280986	129777	131364	85857	148033	200396
国有企业	15892	−7223	6937	20156	4589	20829	25423
中央企业	14980	−11986	3726	9842	2698	17669	20363
地方企业	912	4764	3211	10314	1891	3160	5060
有限责任公司	6323	136577	59916	58559	38669	80292	113217
股份有限公司	—	139856	59695	34615	40631	32411	45863
私营企业	3154	5157	1875	13515	952	13937	15148
其他企业	—	6619	1355	4519	1016	564	746
港、澳、台商投资企业	1528	10250	7958	14231	6281	37875	34623
外商投资企业	—	12322	11059	6906	9860	28038	34014
二、按经济组织类型分组							
独资企业	15892	5608	17996	27577	14449	48866	59437
国有企业	15892	−7223	6937	20156	4589	20829	25423
私营独资企业	—	509	—	515	—	—	—
外资企业	—	12322	11059	6906	9860	28038	34014
合作、合伙企业	—	6619	1355	4519	1016	564	746
股份有限公司	3154	137560	60590	39047	41291	32697	46807
有限责任公司	7851	153771	68853	81357	45243	131819	162044
在总计中：国有控股企业	19819	49501	32372	55861	25289	84058	100889
在总计中：亏损企业	26897	−18441	10411	32272	7086	39738	46867
三、按轻重工业分组							
轻工业	4527	107427	71134	61978	41617	124209	150340
重工业	22370	196132	77660	90523	60381	89737	118694
四、按企业规模分组							
大型企业	14980	159683	87685	52052	57016	87956	104653
中型企业	11917	143876	61109	100449	44982	125990	164381
小型企业	—	—	—	—	—	—	—
微型企业	—	—	—	—	—	—	—
五、按县（市）区分组							
市直	19539	−9255	8855	28744	5642	31624	35790
铁西区	1311	80519	17520	23015	13723	12971	19275
铁东区	4202	46271	28828	23744	13913	49357	63854
公主岭市	476	31923	24875	26805	21367	91917	103450
双辽市	202	12568	12722	14959	10690	16544	26827
梨树县	1167	39315	22347	13811	10809	6376	9632
伊通县	—	90928	29791	13025	23046	3561	6091
辽河农垦管理区	—	11289	3856	8397	2809	1595	4116
经济开发区	—	—	—	—	—	—	—
红嘴高新技术开发区	—	—	—	—	—	—	—
六、按行业分组							
煤炭开采和洗选业	391	467	895	3377	660	285	945
石油和天然气开采业	—	78795	25164	6369	19777	—	—
有色金属矿采选业	—	4573	1973	3921	963	429	1944
其他采矿业	—	6054	1054	3852	834	—	—
农副食品加工业	—	31820	18524	28780	15585	57511	62825
食品制造业	—	9250	3295	4262	2894	5354	8248
酒、饮料和精制茶制造业	—	43555	35627	15733	13524	10885	18572
纺织业	—	1313	1014	1523	824	2508	3252
造纸及纸制品业	—	2035	116	532	93	11895	11987
印刷和记录媒介复制业	217	956	606	1996	291	2629	2117
化学原料和化学制品制造业	14980	−4217	6234	13195	4137	42185	48339
医药制造业	1311	17131	9187	3997	6738	8912	15364
非金属矿物制品业	900	15257	10519	7282	7081	9489	15281
黑色金属冶炼及压延加工业	2996	22329	4934	8655	4438	2608	3862
金属制品业	—	3451	3317	1337	2770	—	—
通用设备制造业	—	5120	3837	8437	3216	5471	7963
专用设备制造业	578	34029	1404	3358	988	769	757
汽车制造业	—	21892	5603	4260	4727	19849	24400
电气机械及器材制造业	2763	−2763	—	1055	—	—	—
金属制品、机械和设备修理业	202	367	640	1510	397	—	—
电力、热力的生产和供应业	20888	118241	140484	273659	114334	317263	413371
燃气生产和供应业	2344	3003	5464	7330	3990	14421	18411
水的生产和供应业	2364	196	2569	9701	2286	—	—

单位：万元

土地和固定资产支出	土地购置	房屋和建筑物	机器设备	运输工具	其他费用	全部从业人员年平均人数（人）
126022	**14211**	**26143**	**47661**	**5112**	**32895**	**42005**
114041	14211	26111	46734	5092	21894	37159
6303	—	3090	2814	30	369	4341
5775	—	2949	2699	—	127	2596
528	—	141	115	30	242	1745
40566	5956	5418	13995	1016	14181	16567
58615	8255	17543	28923	3888	6	10805
8558	—	60	1002	158	7338	4003
—	—	—	—	—	—	1443
33	—	—	—	20	13	3294
11947	—	32	927	—	10988	1552
18250	—	3122	3741	30	11357	6188
6303	—	3090	2814	30	369	4341
—	—	—	—	—	—	295
11947	—	32	927	—	10988	1552
—	—	—	—	—	—	1443
66360	8255	17603	29495	3897	7111	12012
41411	5956	5418	14425	1185	14427	22362
15031	—	3555	11019	30	428	9984
32059	—	2806	7112	562	21580	8672
87193	9323	22588	32451	4477	18355	19172
38828	4888	3556	15210	634	14540	22833
70879	8255	20441	28814	2255	11115	14218
55142	5956	5703	18847	2857	21780	27787
—	—	—	—	—	—	—
—	—	—	—	—	—	—
24127	—	2887	6439	563	14239	6591
8785	5943	772	315	1756	—	7295
65466	8268	19693	27748	2619	7139	7949
14215	—	32	2784	174	11225	7401
8526	—	464	8002	—	59	1395
233	—	—	—	—	233	5293
—	—	—	—	—	—	3923
4669	—	2296	2373	—	—	2158
—	—	—	—	—	—	—
—	—	—	—	—	—	—
71	—	—	62	9	—	807
—	—	—	—	—	—	2111
278	—	124	115	30	9	822
—	—	—	—	—	—	1120
12023	—	32	1003	—	10988	7294
—	—	—	—	—	—	1035
56529	8255	17543	26890	3842	—	5037
—	—	—	—	—	—	879
812	—	—	430	149	233	316
2545	1055	484	805	189	13	747
6215	13	3135	2908	17	143	3975
7169	—	4283	2604	281	—	2119
2900	4888	205	−2193	—	—	2250
—	—	—	—	—	—	2590
—	—	—	—	—	—	675
750	—	17	661	63	9	2550
13	—	—	13	—	—	1206
2023	—	—	2023	—	—	2009
7675	—	60	510	—	7105	400
—	—	—	—	—	—	470
270181	—	2608	118300	5326	143947	2771
—	—	—	—	—	—	458
—	—	—	—	—	—	364

工 业 企 业 增 加 值

10－12　　(2012 年)　　单位：万元、%

	工业增加值（现行价格）	工业增加值增长速度（按可比价格计算）
总　　计	**5049534**	**14.7**
一、按经济组织类型分组		
国有企业	218974	3.3
集体企业	26124	22.8
股份合作企业	6870	10.0
股份制企业	4285925	17.0
外商及港澳台商投资企业	186718	9.3
其他经济类型企业	324924	－0.1
在总计中：国有控股企业	354408	5.0
在总计中：民营工业	3664203	16.7
在总计中：非公有工业	4069354	15.5
在总计中：中央企业	57639	－17.5
省属企业	68588	－9.8
二、按轻重工业分组		
轻工业	1663714	9.9
重工业	3385820	17.2
三、按企业规模分组		
大型企业	1364968	19.0
中型企业	832124	7.2
小型企业	2850020	15.0
微型企业	2423	16.2
四、按县（市）区分组		
市　直	89970	－21.7
铁 西 区	1019792	13.4
铁 东 区	1015143	13.4
梨 树 县	938250	13.4
伊 通 县	389411	13.4
公主岭市	1057476	14.8
双 辽 市	638982	4.8
辽河垦区	94009	12.8
经济开发区	40068	10.7
红嘴开发区	31195	10.7

10—12 续表 (2012 年) 单位：万元、%

	工业增加值 (现行价格)	工业增加值增长速度 (按可比价格计算)
五、按行业分组		
煤炭开采和洗选业	3931	—4.2
石油和天然气开采业	336861	32.5
有色金属矿采选业	15739	0.0
非金属矿采选业	63475	15.5
其他采矿业	7042	6.4
农副食品加工业	1105025	8.2
食品制造业	51389	8.2
酒、饮料和精制茶制造业	147786	23.6
纺织业	13946	8.8
纺织服装、服饰业	57054	45.4
皮革、毛皮、羽毛及其制品和制鞋业	738	—5.5
木材加工和木、竹、藤、棕、草制品业	20317	—2.4
家具制造业	13297	—5.3
造纸和纸制品业	40006	27.5
印刷和记录媒介复制业	15493	—18.8
石油加工、炼焦和核燃料加工业	11126	59.0
化学原料和化学制品制造业	470613	4.6
医药制造业	92412	5.4
化学纤维制造业	14787	33.7
橡胶和塑料制品业	50817	16.0
非金属矿物制品业	269624	14.5
黑色金属冶炼和压延加工业	675035	19.8
有色金属冶炼和压延加工业	91988	8.1
金属制品业	50099	—3.4
通用设备制造业	138613	27.3
专用设备制造业	427704	17.9
汽车制造业	543470	22.3
铁路、船舶、航空航天和其他运输设备制造业	615	1.1
电气机械和器材制造业	70448	28.2
计算机、通信和其他电子设备制造业	11975	19.0
仪器仪表制造业	34249	13.8
金属制品、机械和设备修理业	3959	5.2
电力、热力的生产和供应业	154122	3.9
燃气生产和供应业	42787	41.5
水的生产和供应业	2994	0.5

10—13 (2012

	增加值				能源消	
	本期		上年同期	比重	本期	
	绝对量(亿元)	比重	绝对量(亿元)		绝对量(万吨标准煤)	比重
合　　计	**929.79**	**100.00**	**828.17**	**100.00**	**923.02**	**100.00**
不包括居民生活	929.79	100.00	828.17	100.00	756.57	81.97
第一产业	205.17	22.07	195.21	23.57	26.86	2.91
第二产业	435.56	46.84	374.71	45.25	604.44	65.49
#工业	406.84	43.76	355.30	42.90	596.87	64.66
第三产业	289.06	31.09	258.25	31.18	125.27	13.57
交通运输	41.70	4.48	35.93	4.34	28.62	3.10
其他	247.36	26.60	222.32	26.84	96.65	10.47
居民生活	—	—	—	—	166.45	18.03

会　节　能　情　况

年）

费量		单位增加值能耗（吨标准煤/万元）		单位GDP（增加值）能耗变化率（%）	全部节能（万吨标准煤）		
上年同期		本期	上年同期		合计	结构节能	直接节能
绝对量（万吨标准煤）	比重						
907.73	**100.00**	**0.99**	**1.10**	**−9.43**	**−96.05**	**22.22**	**−118.27**
753.51	83.01	0.81	0.91	−10.57	−89.35	22.22	−111.57
25.30	2.79	0.13	0.13	1.01	−1.58	−1.86	0.28
616.68	67.94	1.39	1.65	−15.68	−87.87	24.45	−112.32
611.10	67.32	1.47	1.72	−14.70	−89.26	13.67	−102.93
111.53	12.29	0.43	0.43	0.34	0.09	−0.37	0.46
24.67	2.72	0.69	0.69	−0.03	0.93	0.93	0.00
86.86	9.57	0.39	0.39	0.01	−0.84	−0.84	0.00
154.22	16.99	—	—	—	—	—	0.00

10－14　(2012

	企业数	上年同期		
		综合能源消费量（吨标准煤）	工业总产值（万元）	产值能耗（吨标准煤/万元）
总　　计	**523**	**5328998**	**14031869**	**0.38**
一、按企业登记注册类型分				
国有企业	11	151548	360780	0.42
集体企业	3	5425	83764	0.06
股份合作企业	4	3044	71075	0.04
股份制企业	386	4323623	10424337	0.41
外商及港澳台商投资企业	16	581954	928378	0.63
其他经济类型企业	103	263405	2163535	0.12
二、按轻重工业分组				
（一）轻工业	183	1130694	5249352	0.22
（二）重工业	340	4198305	8782516	0.48
三、特殊分组				
高耗能行业	116	3957397	4552465	0.87
四、分能源消费量（吨标准煤）				
5000 吨以下	452	468544	8893172	0.05
5000 吨以上	71	4860454	5138696	0.95
1 万以上	38	4684192	4006176	1.17
5 万以上	17	4256804	2966671	1.43
10 万以上	11	3683915	2665533	1.38
15 万以上	7	3101934	2223694	1.39
五、按工业行业门类分				
（一）采矿业	17	42277	738525	0.06
煤炭开采和洗选业	1	1638	15278	0.11
石油和天然气开采业	2	4235	509453	0.01
黑色金属矿采选业	—	—	—	0.00
有色金属矿采选业	2	4484	9606	0.47
非金属矿采选业	10	30918	185989	0.17
开采辅助活动	—			
其他采矿业	2	1002	18200	0.06
（二）制造业	481	3332824	12647641	0.26
农副食品加工业	94	676357	3792516	0.18
食品制造业	9	19772	182771	0.11
酒、饮料和精制茶制造业	10	301628	401908	0.75
烟草制品业	—	—	—	0.00
纺织业	6	11634	66852	0.17
纺织服装、服饰业	5	978	83473	0.01
皮革、毛皮、羽毛及其制品制造业	1	100	2691	0.04

产　　值　　能　　耗

年）

本期			本期与上年同期产值能耗变动幅度（%）
综合能源消费量（吨标准煤）	工业总产值（万元）	产值能耗（吨标准煤/万元）	
5059107	**17165205**	**0.29**	**−22.39**
130525	388789	0.34	−20.08
5279	116486	0.05	−30.02
2905	84642	0.03	−19.86
4083677	13123165	0.31	−24.97
585223	1060873	0.55	−12.00
251499	2391250	0.11	−13.61
1083720	6205099	0.17	−18.92
3975387	10960106	0.36	−24.12
3659787	5288115	0.69	−20.39
442458	11013871	0.04	−23.75
4616649	6151334	0.75	−20.65
4391651	4609051	0.95	−18.51
3901675	3280433	1.19	−17.11
3397390	2984300	1.14	−17.63
2905910	2574951	1.13	−19.10
46652	1039083	0.04	−21.57
1546	14806	0.10	−2.62
7013	764913	0.01	10.28
—	—	—	−100.00
3758	9798	0.38	−17.82
33106	229566	0.14	−13.25
1229	20000	0.06	11.63
3312853	15369600	0.22	−18.20
650118	4427970	0.15	−17.67
16248	216989	0.07	−30.78
278022	525890	0.53	−29.56
—	—	—	−100.00
12268	77954	0.16	−9.56
1845	140631	0.01	11.93
54	2465	0.02	−40.60

	企业数	上年同期		
		综合能源消费量（吨标准煤）	工业总产值（万元）	产值能耗（吨标准煤/万元）
木材加工和木、竹、藤、棕、草制品业	7	17816	225615	0.08
家具制造业	5	393	13673	0.03
造纸及纸制品业	11	45529	138990	0.33
印刷业和记录媒介的复制	7	4988	59863	0.08
文教、工美、体育和娱乐用品制造业	—	—	—	0.00
石油加工、炼焦和核燃料加工业	1	2316	34083	0.07
化学原料和化学制品制造	43	254041	1379996	0.18
医药制造业	16	31925	267341	0.12
化学纤维制造业	2	6230	32220	0.19
橡胶和塑料制品业	18	16510	123873	0.13
非金属矿物制品业	41	691513	700282	0.99
黑色金属冶炼及压延加工业	10	1056508	1655967	0.64
有色金属冶炼及压延加工业	4	3117	237374	0.01
金属制品业	8	12021	150671	0.08
通用设备制造业	34	31693	377912	0.08
专用设备制造业	57	47515	863573	0.06
汽车制造业	71	84162	1556339	0.05
铁路、船舶、航空及航天、和其他运输设备制造业	1	221	3867	0.06
电气机械及器材制造业	13	7862	194292	0.04
计算机、通信和及其他电子设备制造业	1	29	4043	0.01
仪器仪表制造业	5	7618	86268	0.09
其他制造业	—	—	—	0.00
废弃资源综合利用业	—	—	—	0.00
金属制品、机械和设备修理业	1	349	11188	0.03
（三）电力、煤气及水的生产等	25	1953897	645703	3.03
电力、热力的生产和供应	17	1949902	544763	3.58
燃气生产和供应业	5	1126	91540	0.01
水的生产和供应业	3	2869	9399	0.31
六、按县市（区）分组				
市　　直	9	658218	353275	1.86
铁 西 区	62	1221756	2336972	0.52
铁 东 区	123	541921	2482041	0.22
公主岭市	121	824766	2808265	0.29
双 辽 市	72	1402418	2176314	0.64
梨 树 县	52	483789	2469758	0.20
伊 通 县	38	154677	940836	0.16
辽河垦区	26	28472	292253	0.10
开 发 区	5	6309	98667	0.06
红嘴高新区	15	6671	73486	0.09

年）

本期			本期与上年同期产值能耗变动幅度（%）
综合能源消费量（吨标准煤）	工业总产值（万元）	产值能耗（吨标准煤/万元）	
13669	221698	0.06	－21.92
1055	25215	0.04	45.48
44097	170829	0.26	－21.20
5650	51016	0.11	32.90
—	—	—	－100.00
5292	65100	0.08	19.65
209920	1504757	0.14	－24.22
44812	291511	0.15	28.73
5644	44567	0.13	－34.51
17883	148514	0.12	－9.66
647301	856281	0.76	－23.45
1093891	1942974	0.56	－11.76
8296	321138	0.03	96.73
11341	151024	0.08	－5.87
63542	543144	0.12	39.50
55727	1154595	0.05	－12.28
105546	2076334	0.05	－6.00
119	3930	0.03	－46.80
9871	286950	0.03	－14.99
40	5099	0.01	9.68
10164	100940	0.10	14.03
—	—	—	－100.00
—	—	—	－100.00
439	12088	0.04	16.47
1699602	756521	2.25	－25.76
1695088	597865	2.84	－20.79
1810	149185	0.01	－1.33
2704	9472	0.29	－6.48
622596	280071	2.22	19.31
1303305	2978402	0.44	－16.30
517241	3110875	0.17	－23.85
801729	3615873	0.22	－24.50
1204986	2467490	0.49	－24.22
426808	3000756	0.14	－27.39
142146	1143116	0.12	－24.36
25876	356580	0.07	－25.51
8133	121569	0.07	4.61
6289	90472	0.07	－23.43

10—15　　　　(2012

	原　煤 (吨)	洗精煤 (吨)	其他洗煤 (吨)	焦　炭 (吨)	天　然　气 (万立方米)	原　油 (吨)
总　　计	**8363943.30**	**3045.00**	**16628.00**	**892646.81**	**5949.29**	**3229.46**
一、按行业分						
采矿业	26223.50	—	—	3.56	—	—
煤炭开采和洗选业	1142.00	—	—	—	—	—
石油和天然气开采业	—	—	—	—	—	—
黑色金属矿采选业	—	—	—	—	—	—
有色金属矿采选业	3139.50	—	—	3.56	—	—
非金属矿采选业	21942.00	—	—	—	—	—
其他采矿业	—	—	—	—	—	—
制造业	2866027.07	3045.00	16628.00	892646.81	5949.29	3229.46
农副食品加工业	1032238.83	—	—	—	—	—
食品制造业	21940.77	—	—	—	178.00	—
酒、饮料和精制茶制造业	565927.00	—	—	—	661.00	—
烟草制品业	—	—	—	—	—	—
纺织业	4691.80	—	—	—	—	—
纺织服装、服饰业	551.44	—	—	—	—	—
皮革、毛皮、羽毛及其制品制造业	—	—	—	—	—	—
木材加工和木、竹、藤、棕、草制品业	7018.00	—	—	—	—	—
家具制造业	—	—	—	—	—	—
造纸及纸制品业	40906.52	—	—	—	—	—
印刷业和记录媒介的复制	4182.98	—	—	—	—	—
文教、工美、体育和娱乐用品制造业	—	—	—	—	—	—
石油加工、炼焦和核燃料加工业	—	3045.00	—	—	—	—
化学原料和化学制品制造	140348.20	—	12104.00	10736.00	—	—
医药制造业	54230.50	—	—	—	—	—
化学纤维制造业	4717.46	—	—	—	—	—
橡胶和塑料制品业	9518.30	—	—	—	466.00	—

源　消　费　量

年）

汽　油（吨）	煤　油（吨）	柴　油（吨）	热　力（百万千焦）	电　力（万千瓦时）	其他燃料（吨标准煤）	煤矸石（吨标准煤）
18665.56	**26.14**	**29766.53**	**1059172.00**	**659193.29**	**208050.20**	
790.65	—	2718.46	—	19995.18	—	
—	—	157.40	—	673.19	—	
—	—	—	—	5706.00	—	
—	—	—	—	—	—	
30.65	—	111.06	—	1762.84	—	
760.00	—	2450.00	—	10853.15	—	
—	—	—	—	1000.00	—	
17212.08	26.14	25819.07	37274.00	560051.36	4992.20	
5045.43	—	10960.95	37274.00	135282.29	—	
219.74	—	330.00	—	3316.91	—	
656.50	—	962.00	—	22104.95	—	
—	—	—	—	—	0.00	
321.46	—	303.80	—	6510.33	—	
209.03	—	—	—	930.40	—	
—	—	—	—	44.07	—	
617.00	—	983.00	—	5139.16	—	
—	—	—	—	858.80	—	
520.00	—	1054.00	—	10232.93	—	
16.00	—	11.00	—	2136.66	—	
—	—	—	—	—	0.00	
—	—	605.00	—	1364.50	—	
1125.33	—	1707.09	—	86209.73	4726.00	
710.60	—	386.24	—	3455.37	240.00	
73.00	—	73.00	—	2166.85	—	
176.60	—	110.20	—	3635.55	—	

	原 煤 (吨)	洗精煤 (吨)	其他洗煤 (吨)	焦 炭 (吨)	天 然 气 (万立方米)	原 油 (吨)
非金属矿物制品业	711449.27	—	4524.00	—	4221.09	3229.46
黑色金属冶炼及压延加工业	157643.97	—	—	880707.49	17.20	—
有色金属冶炼及压延加工业	8260.00	—	—	—	50.00	—
金属制品业	5055.00	—	—	236.40	234.46	—
通用设备制造业	27592.31	—	—	8.92	83.04	—
专用设备制造业	40897.68	—	—	120.00	—	—
汽车制造业	16050.11	—	—	838.00	38.50	—
铁路、船舶、航空及航天和其他制造业	145.00	—	—	—	—	—
电气机械及器材制造业	6126.00	—	—	—	—	—
计算机、通信和及其他电子设备制造业	—	—	—	—	—	—
仪器仪表制造业	6430.43	—	—	—	—	—
其他制造业	—	—	—	—	—	—
废弃资源综合利用业	—	—	—	—	—	—
金属制品、机械和设备修理业	105.50	—	—	—	—	—
电力、煤气及水的生产等	5471692.73	—	—	—	—	—
电力、热力的生产和供应	5471692.73	—	—	—	—	—
燃气生产和供应业	—	—	—	—	—	—
水的生产和供应业	—	—	—	—	—	—
二、按县(市)区分						
市　　直	2271388.69	—	—	214.96	66.66	—
铁 西 区	426316.19	—	—	880707.49	4.00	—
铁 东 区	631738.23	—	12104.00	10744.92	50.00	—
公主岭市	899196.96	3045.00	—	838.00	583.62	—
双 辽 市	3129427.74	—	—	—	4882.09	3229.46
梨 树 县	722647.00	—	4524.00	145.00	185.00	—
伊 通 县	252382.99	—	—	—	—	—
辽河农垦管理区	16758.00	—	—	—	—	—
经济开发区	10207.00	—	—	—	—	—
红嘴高新技术开发区	3880.50	—	—	—	178.00	—

年）

汽油（吨）	煤油（吨）	柴油（吨）	热力（百万千焦）	电力（万千瓦时）	其他燃料（吨标准煤）	煤矸石（吨标准煤）
1028.33	—	2720.09	—	60312.57	—	
1146.00	—	1277.43	—	99641.25	—	
83.00	—	83.00	—	1303.94	—	
255.07	—	448.45	—	2897.82	—	
1128.22	3.00	725.05	—	15891.71	—	
1744.53	—	773.90	—	18560.28	—	
1470.44	23.14	1613.58	—	70157.44	26.20	
4.00	—	—	—	8.00	—	
304.70	—	340.71	—	3702.36	—	
—	—	—	—	32.37	—	
235.00	—	330.58	—	4029.22	—	
—	—	—	—	—	—	
—	—	—	—	—	—	
122.10	—	20.00	—	125.90	—	
662.83	—	1229.00	1021898.00	79146.75	203058.00	
344.45	—	1217.00	1021898.00	75791.02	203058.00	
222.00	—	—	—	1285.43	—	
96.38	—	12.00	—	2070.30	—	
191.60	—	808.84	—	83971.59	—	
791.85	—	173.24	—	127939.50	—	
3559.70	23.14	3498.30	—	79776.10	—	
3278.60	3.00	4625.30	37274.00	147558.32	203084.20	
10670.96	—	20067.34	1021898.00	141228.70	—	
107.00	—	381.00	—	44879.73	—	
14.76	—	188.11	—	24969.00	—	
22.00	—	22.00	—	7221.24	4966.00	
—	—	—	—	685.00	—	
29.09	—	2.40	—	964.11	—	

工业企业能源购进、消费及库存

10－16 （2012年）

	计量单位	年初库存	购进量	消费量	年末库存
原　煤	吨	557299.67	8345899.26	8363943.30	528582.71
其中：1. 无烟煤	吨	—	1365.00	302.00	1063.00
2. 炼焦烟煤	吨	825.56	2007.28	1977.62	855.22
3. 一般烟煤	吨	112261.57	1686852.76	1688098.66	103344.35
4. 褐煤	吨	444212.54	6655674.22	6673565.02	423320.14
洗精煤	吨	—	3045.00	3045.00	—
其它洗煤	吨	14093.80	8952.00	16628.00	6417.80
煤制品	吨	—	40673.00	40615.00	58.00
焦炭	吨	78180.05	822392.49	892650.37	7222.17
天然气（气态）	万立方米	—	5949.29	5949.29	—
液化天然气（液态）	吨	—	3.50	3.50	—
原　油	吨	5298.18	—	3229.46	2068.72
汽　油	吨	64.70	18619.96	18665.56	19.00
煤　油	吨	—	26.14	26.14	—
柴　油	吨	1259.69	29523.51	29766.53	1050.37
液化石油气	吨		1280.00	1280.00	—
热　力	百万千焦	—	1055188.00	1059172.00	—
电　力	万千瓦时	—	573319.89	659193.29	—
煤矸石用于燃料	吨	—	—	—	—
生物质废料用于燃料	吨	—	440.00	440.00	—
其他燃料	吨标准煤	20567.67	199636.00	208050.20	12179.67

工业企业增加值能耗

10—17 （2012年）

	企业数	本期	上年同期	增加值能耗增减变动幅度（%）
		增加值能耗（吨标准煤/万元）	增加值能耗（吨标准煤/万元）	
全部工业企业	**523**	**1.0585**	**1.2792**	**—17.26**
一、按企业登记注册类型分组				
国有企业	11	0.5961	0.7421	—19.68
集体企业	3	0.2021	0.2874	—29.69
股份合作企业	4	0.4229	0.5315	—20.44
股份制企业	386	0.9528	1.2502	—23.79
外商及港澳台商投资企业	16	3.1343	3.5822	—12.51
其他经济类型企业	103	0.7740	0.8328	—7.06
二、按轻重工业分组				
（一）轻工业	183	0.6514	0.7928	—17.84
（二）重工业	340	1.1741	1.5324	—23.38
三、按工业行业门类分组				
（一）采矿业	17	0.1219	0.1401	—13.02
煤炭开采和洗选业	1	0.3978	0.4038	—1.49
石油和天然气开采业	2	0.0236	0.0189	25.02
黑色金属矿采选业	—	0.0000		
有色金属矿采选业	2	0.2435	0.2906	—16.21
非金属矿采选业	10	0.5574	0.6012	—7.29
开采辅助活动	—	0.0000		
其他采矿业	2	0.1802	0.1564	15.29
（二）制造业	481	0.787	0.9025	—12.80
农副食品加工业	94	0.6237	0.7018	—11.13
食品制造业	9	0.3314	0.4362	—24.04
酒、饮料和精制茶制造业	10	2.0614	2.7642	—25.43
烟草制品业	—	0.0000		
纺织业	6	0.9428	0.9727	—3.08
纺织服装、服饰业	5	0.0375	0.0289	29.72
皮革、毛皮、羽毛及其制品制造业	1	0.0710	0.1242	—42.88
木材加工和木、竹、藤、棕、草制品业	7	0.3706	0.8529	—21.41
家具制造业	5	0.0769	0.0271	183.52
造纸及纸制品业	11	1.1815	1.5551	—24.02
印刷业和记录媒介的复制	7	0.3263	0.2338	39.53
文教、工美、体育和娱乐用品制造业	—			
石油加工、炼焦和核燃料加工业	1	0.5715	0.3976	43.74
化学原料和化学制品制造	43	0.4685	0.5928	—20.96

10—17 续表 （2012 年）

	企业数	本期	上年同期	增加值能耗增减变动幅度（%）
		增加值能耗（吨标准煤/万元）	增加值能耗（吨标准煤/万元）	
医药制造业	16	0.4993	0.3750	33.15
化学纤维制造业	2	0.3950	0.5828	－32.22
橡胶和塑料制品业	18	0.3762	0.4028	－6.59
非金属矿物制品业	41	2.6085	3.1895	－18.22
黑色金属冶炼及压延加工业	10	1.5318	1.7726	－13.59
有色金属冶炼及压延加工业	4	0.1078	0.0438	146.22
金属制品业	8	0.2283	0.2337	－2.31
通用设备制造业	34	0.5015	0.3185	57.47
专用设备制造业	57	0.1406	0.1413	－0.49
汽车制造业	71	0.2111	0.2058	2.57
铁路、船舶、航空及航天、和其他运输设备制造业	1	0.1944	0.3653	－46.77
电气机械及器材制造业	13	0.1542	0.1575	－2.09
计算机、通信和及其他电子设备制造业	1	0.0039	0.0034	15.88
仪器仪表制造业	5	0.3175	0.2707	17.30
其他制造业	—			
废弃资源综合利用业	—			
金属制品、机械和设备修理业	1	0.1139	0.0953	19.56
（三）电力、煤气及水的生产等	25	9.0727	11.4264	－20.60
电力、热力的生产和供应	17	11.4966	13.7362	－16.30
燃气生产和供应业	5	0.0490	0.0432	13.57
水的生产和供应业	3	0.9053	0.9653	－6.22
四、按县市（区）分组				
市　　直	9	6.9662	5.7633	20.87
铁 西 区	62	1.4228	1.8327	－22.37
铁 东 区	123	0.5613	0.7257	－22.65
公主岭市	121	0.8635	1.1166	－22.67
双 辽 市	72	1.9180	2.3398	－18.03
梨 树 县	52	0.4858	0.6250	－22.27
伊 通 县	38	0.4113	0.5061	－18.74
辽河垦区	26	0.2938	0.3646	－19.42
开 发 区	5	0.2273	0.1944	16.91
红嘴高新区	15	0.2247	0.2649	－15.18

工业企业能源购进价格分析表

10—18　　(2012年)

	单 位	标准值	价　　格（最低值）	价　　格（最高值）	价　　格（平均值）	总价值量（千元）
原煤	元/吨	100—900	110	1800	417	3482555
其中：1. 无烟煤	元/吨	100—900	444	833	673	918
2. 炼焦烟煤	元/吨	100—900	626	626	626	1256
3. 一般烟煤	元/吨	100—900	110	1600	697	1175251
4. 褐煤	元/吨	100—900	200	1800	346	2305129
洗精煤	元/吨	400—1000	841	841	841	2561
其他洗煤	元/吨	100—900	722	722	722	6459
煤制品	元/吨	200—900	486	486	486	19750
焦炭	元/吨	300—2000	995	2300	1500	1233532
天然气	元/立方米	5000—40000	13300	30023	21455	161975
液化天然气	元/吨	3000—10000	2000	2000	2000	7
原油	元/吨	2000—8000	—	—	—	—
汽油	元/吨	4000—8000	4000	12000	8582	159795
煤油	元/吨	4000—8000	5000	8998	8539	223
柴油	元/吨	3500—8000	3500	14000	8738	257970
液化石油气	元/吨	1000—10000	2109	2109	2109	2700
热力	元/百万千焦	15—1000	22	103	24	25410
电力	元/千瓦时	1000—16000	1000	15779	6535	3746564
其他燃料	元/吨标准煤	10—10000	105	1000	127	25406
生物质能	元/吨标准煤	100—1500	500	500	500	220

工业企业分品种能源库存量变动表

10—19 (2012年)

	计量单位	年初库存量	期末库存量	2012年年初与2012年期末库存量，	
				变化幅度	差值
原煤	吨	557300.00	528583.00	—5.15	28717.00
其中：1. 无烟煤	吨	—	1063.00	—	—1063.00
2. 炼焦烟煤	吨	826.00	855.00	3.51	—29.00
3. 一般烟煤	吨	112262.00	103344.00	—7.94	8918.00
4. 褐煤	吨	444213.00	423320.00	—4.70	20893.00
洗精煤	吨	—	—	—	—
其它洗煤	吨	14094.00	6418.00	—54.46	7676.00
煤制品	吨	—	58.00	—	—58.00
焦炭	吨	78180.00	7222.00	—90.76	70958.00
其它焦化产品	吨	—	—	—	—
原油	吨	5298.00	2069.00	—60.95	3229.00
汽油	吨	65.00	19.00	—70.77	46.00
柴油	吨	1260.00	1050.00	—16.67	210.00
其他燃料	吨标准煤	20568.00	12180.00	—40.78	8388.00

工业企业水费（取水总量）

10—20　　(2012年)　　单位：万立方米

	报告期取水量	上年同期取水量	比上年同期增长（%）	报告期外供水量	上年同期外供水量	外供水量增长（%）	报告期净取水量	报告期上年同期净取水量	报告期净取水量增长（%）
合　计	**9944.20**	**6983.56**	**42.39**	**4570.59**	**1950.00**	**134.39**	**5373.61**	**5033.56**	**6.76**
1. 陆地地表水	6441.55	3433.42	87.61	—	—	—	6441.55	3433.42	87.61
其中：陆地湖咸水	—	—	—	—	—	—	—	—	—
2. 地下水	2899.38	2958.38	−1.99	160.30	—	—	2739.08	2958.38	−7.41
其中：地下咸水	3.59	0.06	5883.33	—	—	—	3.59	0.06	5883.33
3. 自来水	473.18	561.69	−15.76	4410.28	1950.00	126.17	−3937.10	−1388.31	183.59
4. 海水	—	—	—	—	—	—	—	—	—
5. 其他水	130.09	30.07	332.62	0.01	—	—	130.08	30.07	332.59
其中：雨水收集利用	31.00	30.00	3.33	—	—	—	31.00	30.00	3.33
海水淡化水	—	—	—	—	—	—	—	—	—
再生水（中水）	52.00	—	—	0.01	—	—	51.99	—	—
重复用水量	73963.60	44142.22	67.56	—	—	—	—	—	—
河湖海冷却直排水量	0.01	—	—	—	—	—	—	—	—
废水排放量	1077.24	673.29	60.00	—	—	—	—	—	—

交通运输和邮电通讯业

TRANSPORTATION POSTAL AND TELECOMMUNICATIONS SERVICES

公路线路年底到达数

11—1 (2012年) 单位：公里

	公路里程						
	合计	高速	一级	二级	三级	四级	等外
合　计	**8639.913**	**—**	**283.746**	**696.107**	**768.933**	**6202.948**	**688.179**
国家干线	268.734	—	152.094	42.608	74.032	—	—
省线干线	728.607	—	104.529	405.585	153.845	60.383	4.265
县线干线	722.898	—	27.123	207.388	440.866	47.521	—
乡线干线	2533.176	—	—	32.073	81.736	2309.334	110.033
村线干线	4386.498	—	—	8.453	18.454	3785.71	573.881

全社会公路客货运输量

11—2 (2012年)

	单　位	总　计	#个体经济
一、客运量	万人	5145	929
汽车	万人	5145	929
二、旅客周转量	万人公里	235434	36526
汽车	万人公里	235434	36526
三、货运量	万吨	6460	4824
1. 汽车	万吨	6339	4703
2. 其他机动车	万吨	121	121
四、货物周转量	万吨公里	1585488	1171336
1. 汽车	万吨公里	1581295	1167143
2. 其他机动车	万吨公里	4193	4193

公路运输工具拥有量

11—3 (2012年)

	单 位	营业性	#个 体
一、汽 车	辆	36104	25153
1. 载客汽车	辆	1488	304
载客量	客位	39361	6980
#大型	辆	480	23
载客量	客位	17899	800
中型	辆	802	261
载客量	客位	19489	5985
2. 载货汽车	辆	34616	24849
载重量	吨位	333975	210195
(1) 普通载货汽车	辆	34033	24777
载重量	吨位	324353	208396
#大型	辆	17270	10168
载重量	吨位	297421	184712
#重型	辆	12270	7768
载重量	吨位	267177	158001
中型	辆	1977	1443
载重量	吨位	6293	4844
(2) 专用载货汽车	辆	583	72
载重量	吨位	9622	1799
二、其他机动车	辆	3510	3510
载重量	吨位	3932	3932

补充资料：出租客车 8544 辆。

民用汽车拥有量

11—4　　(2012年)　　单位：辆

	总计	#私人
一、民用汽车	223537	191452
1. 载客汽车	166107	147238
#大型	2606	961
中型	1718	728
小型	156101	140305
微型	5682	5244
#轿车	112546	103658
2. 载货汽车	46599	34131
#重型	19164	11228
中型	5367	4185
轻型	21869	18569
微型	199	149
#普通载货	21845	18220
3. 其他汽车	10831	10083
二、摩托车	184574	184457
1. 普通	183982	183866
2. 轻便	592	591
三、农用运输车	9240	9240
1. 三轮	6077	6077
2. 四轮	3163	3163
四、拖拉机	89939	89939
1. 大型	38801	38801
2. 小型	51138	51138
五、挂车	9232	3572

补充资料：机动车驾驶员626946人，汽车驾驶员522294人。

邮 政 基 本 情 况

11—5 (2012 年)

	单 位	全 市	市 区	公主岭市	双 辽 市	梨 树 县	伊 通 县
一、邮政机构数	处	148	31	44	23	28	22
邮政局	处	5	1	1	1	1	1
邮政支局	处	134	30	43	18	23	20
代办邮政所	处	9	—	—	4	4	1
自办邮政所	处	—	—	—	—	—	—
二、邮政单程长度	公里	1022	144	202	262	212	202
三、农村投递线路	公里	13078	595	6081	1426	2624	2352
四、邮政业务总量	万元	16338	3794	6184	1704	2576	2080
五、主要计费业务量	—	—	—	—	—	—	—
国内函件	件	2011301	1804481	100527	25706	44451	36136
国际函件	件	143	132	5	—	3	3
机要邮件	件	8776	6920	605	175	83	993
邮送广告	件	1502695	1340696	158249	—	—	3750
邮政商业信函	件	366239	327080	26500	5263	5561	1835
国内包裹	件	39489	17535	9581	4266	7009	1098
国际包裹	件	954	462	95	47	42	308
国内异地特快专递	件	189094	71565	44095	20626	33995	18813
国内同城特快专递	件	2514	864	192	46	1320	92
国际 特快专递信件	件	984	443	276	33	42	190
国内电子信涵	件	—	—	—	—	—	—
国际电子信涵	件	—	—	—	—	—	—
国内汇票	张	421614	114161	119780	62080	79748	45845
兑付汇票	张	37989	10087	17627	5368	2970	1937
订销报纸份数	份	20671922	7568633	4388896	2750597	3475922	2487874
订销杂志份数	份	1239220	512839	281493	155772	129177	159939
邮政储蓄平均余额	万元	733222	125152	307959	78898	119939	101274
邮政储蓄期末余额	万元	787878	134350	327233	85998	132925	107372
集邮业务	枚	1328889	789497	227407	166292	46066	99627
邮政其他业务量	万元	744	302	217	49	107	69

移 动 电 话 业 基 本 情 况

11—6 (2012 年)

	期末用户数 (万户)	营业收入 (万元)
全市合计	**385.8**	**117134**
移动电话业	385.8	117134

注：移动电话业是中国联通公司及中国移动公司四平分公司数据。

通信企业基本情况

11－7 (2012年)

	单位	全市	市区	公主岭市	双辽市	梨树县	伊通县
一、电缆长度	皮长公里	4525.36	211.58	31.83	26.58	15.22	17.15
二、电信业务量(2000年不变价)	万元	161627.73	19549.48	16006.6	7517.05	11707.32	6747.3
长途电信业务量	万元	12437.25	3403.75	3641.1	1594.3	2125.67	1572.43
本地电话业务	万元	125902.7	7636.23	6584.9	3236.04	5691.69	2753.84
数据通信业务总量	万元	23287.78	8509.5	5780.6	2686.71	3889.96	2421.01
三、主要计费业务量							
长途电话	万次	36688.24	11648.96	11213.86	3560.1	4898.06	5367.25
国际电话	次	217598	133779	43559	12167	17691	10402
港澳台电话	次	80012	37485	16616	8541	8655	8655
本地网区间电话通话量	万次	9856.8	4918.09	1793.45	98.93	1094.44	522.18
本地网区内电话通话量	万次	217638.68	53542.33	45635.67	22736.85	35881.08	18863.62
四、城市及乡村电话							
城市电话用户	户	263773	36139	7562	7404	3458	2727
# 城市住宅电话用户	户	16970	30771	4475	5935	2172	1885
乡村电话用户	户	226176	—	2402	4301	8205	—
# 乡村住宅电话用户	户	214883	—	2402	4301	8205	—
智能网专用接入终端用户	部	20366	5194	—	—	—	—
本地网无线接入电话用户	户	16669	—	—	—	—	—
集中用户交换机电话用户	户	—	—	—	—	—	—
国内长途有权用户	户	417757	18785	4218	5887	2134	1640
国际及港澳台有权用户	户	337694	75	17	24	9	7
五、公用电话							
# 普通公用电话	部	22582	3331	1473	1536	1449	921
IC卡公用电话	部	1187	—	—	—	—	—
六、IP网拨号及专线注册用户	户	250487	—	—	—	—	—
七、已通电话的行政村	个	1142	—	—	—	—	—
八、互联网络宽带接入用户	户	308437	34708	10439	8385	5530	2462

注：本表数据系中国联合网络通信有限公司四平市分公司、中国移动通信集团吉林有限公司四平分公司、中国电信集团有限公司四平分公司的数据，各县（市）区合计数与全市总计不等。

12 统计资料

批发零售贸易和餐饮业

WHOLESALE RETAILSALE AND CATERING TRADE

社 会 消 费 品 零 售 总 额

12—1　　(2012年)　　单位：万元

	零售额
社会消费品零售总额	**3947946.6**
一、按销售单位所在地分	
1. 城镇	3270765.4
其中：城区	1941456.2
2. 乡村	677181.2
二、按行业分	
1. 批发业	156842.4
限额以上	50810.3
限额以下	106032.1
2. 零售业	3347954.0
限额以上	1805956.7
限额以下	1541997.3
3. 住宿业	26213.4
限额以上	13469.4
限额以下	12744.0
4. 餐饮业	416936.8
限额以上	66273.8
限额以下	350663.0

社会消费品零售总额（2007年—2012年调整后）

12—2　　(2012年)　　单位：万元

	2007年	2008年	2009年	2010年	2011年	2012年
社会消费品零售额	**1592950.3**	**1994600.0**	**2425158.6**	**2877110.0**	**3376565.5**	**3947946.6**
(一) 按销售单位所在地分组						
(1) 市的零售额	1003339.0	1266132.7	1526982.5	1389549.8	1677511.7	1941456.2
(2) 县的零售额	163463.4	226948.4	279005.2	972617.3	1164562.7	1329309.2
(3) 县以下的零售额	426147.9	501518.9	619170.9	514942.9	534491.1	677181.2
(二) 按行业分组						
(1) 批发、零售贸易业	1406987.2	1759338.9	2241299.0	2548428.9	3005333.1	3504796.4
限额以上	347721.1	455791.5	435785.9	645768.3	1061698.6	1856767.0
限额以下及个体户	1059266.1	1303547.4	1805513.1	1902660.6	1943634.5	1648029.4
(2) 住宿和餐饮业	185963.1	232718.9	180811.2	328681.1	371232.4	443150.2
星级（限额以上）	8777.9	8305.1	13853.9	29986.1	42244.9	79743.2
星级（限下及个体户）	177185.2	224413.8	166957.3	298695.0	328987.5	363407.0
(3) 其他	—	2542.2	3048.4	—	—	—

说明：按照国家统计局制定的《关于对历史数据的修订方案》要求依据第二次全国经济普查数据对2005—2007年社会消费品零售总额采用“趋势离差法”进行了修订。

社会消费品零售总额（2007年—2012年调整后）县区情况

12—3　（2012年）　单位：万元

	2007年	2008年	2009年	2010年	2011年	2012年
四　平　市	**1592950.3**	**1994600.0**	**2425158.6**	**2877110.0**	**3376565.5**	**3947946.6**
市　　直	145048.6	—	—	—	—	—
铁　西　区	239169.2	455900.8	542148.9	468442.8	583662.4	708566.2
铁　东　区	136780.7	186379.2	229205.2	304619.9	381871.5	438770.4
公主岭市	503752.7	638546.5	796890.1	988912.6	1039393.0	1259633.2
双　辽　市	208050.8	257111.3	320566.7	396639.3	415304.7	440756.8
梨　树　县	198382.9	257642.7	299446.0	380686.8	547620.6	629216.1
伊　通　县	159119.4	195856.3	232274.7	287729.8	333469.4	374561.9
辽河农垦管理区	2646.0	3163.2	4627.0	50078.8	75243.9	96442.0

说明：按照国家统计局制定的《关于对历史数据的修订方案》要求依据第二次全国经济普查数据对2005—2007年社会消费品零售总额采用“趋势离差法”进行了修订。

批发零售贸易业商品销售情况

12—4　（2012年）　单位：万元

	销售额	零售额
总　　计	**4978072.8**	**3504796.4**
一、批发业	1118919.9	156842.4
1. 限额以上	685578.2	50810.3
2. 限额以下	433341.7	106032.1
二、零售业	3859152.9	3347954
1. 限额以上	1893026.8	1805956.7
2. 限额以下	1966126.1	1541997.3

限上企业（单位）商品零售类值

12－5　　（2012 年）　　单位：万元

	零售额
总　　计	**1685242.2**
1. 粮油、食品、饮料、烟酒类	175455.8
(1) 粮油、食品类	124468.8
其中：粮油类	66079.1
肉禽蛋类	11584.5
水产品类	5012.2
蔬菜类	19263.9
干鲜果品类	5754.2
(2) 饮料类	18464.7
(3) 烟酒类	32522.3
2. 服装、鞋帽、针纺织品类	609213.5
(1) 服装类	365224
(2) 鞋帽类	137730.3
(3) 针、纺织品类	106259.2
3. 化妆品类	26354.5
4. 金银珠宝类	26003.7
5. 日用品类	42245.3
其中：洗涤用品类	13750.7
儿童玩具类	6372.2
6. 五金、电料类	14519.8
7. 体育、娱乐用品类	7561.1
8. 书报杂志类	11158.3
9. 电子出版物及音像制品类	6313.3
10. 家用电器和音像器材类	84915
11. 中西药品类	30891.9
其中：西药类	7922.3
中草药及中成药类	844.2
12. 文化办公用品类	19248.8
13. 家具类	52652.3
14. 通讯器材类	17443.1
15. 煤炭及制品类	45136.4
16. 木材及制品类	
17. 石油及制品类	453505.2
18. 化工材料及制品类	—
其中：化肥类	—
19. 金属材料类	—
20. 建筑及装潢材料类	—
21. 机电产品及设备类	1707.3
其中：农机类	—
22. 汽车类	45764.8
23. 种子饲料类	—
24. 棉麻类	—
25. 其他类	15152.1

限额以上批发和零售业法人基本情况表

12—6 (2012年)

	法人企业数（个）	从业人员期末人数（人）	#女性	法人所属产业活动单位（个）	批发和零售	其他
总计	**141**	**20650**	**13381**	**340**	**340**	**—**
一、批发业	46	2569	750	77	77	—
1. 按国民经济行业分						
农、林、牧产品批发	26	1646	423	57	57	—
谷物、豆及薯类批发	20	1563	386	51	51	—
种子批发	5	72	36	5	5	—
饲料批发	—	—	—	—	—	—
棉、麻批发	—	—	—	—	—	—
林业产品批发	—	—	—	—	—	—
牲畜批发	1	11	1	1	1	—
其他农牧产品批发	—	—	—	—	—	—
食品、饮料及烟草制品批发	8	621	210	8	8	—
米、面制品及食用油批发	1	3	1	1	1	—
糕点、糖果及糖批发	—	—	—	—	—	—
果品、蔬菜批发	1	88	52	1	1	—
肉、禽、蛋及水产品批发	—	—	—	—	—	—
盐及调味品批发	1	34	15	1	1	—
营养及保健品批发	—	—	—	—	—	—
酒、饮料及茶叶批发	—	—	—	—	—	—
烟草制品批发	5	496	142	5	5	—
其他食品批发	—	—	—	—	—	—
纺织、服装及家庭用品批发	—	—	—	—	—	—
纺织品、针织品及原料批发	—	—	—	—	—	—
服装批发	—	—	—	—	—	—
鞋帽批发	—	—	—	—	—	—
化妆品及卫生用品批发	—	—	—	—	—	—
厨房、卫生间用具及日用杂货批发	—	—	—	—	—	—
灯具、装饰物品批发	—	—	—	—	—	—
家用电器批发	—	—	—	—	—	—
其他家庭用品批发	—	—	—	—	—	—
文化、体育用品及器材批发	—	—	—	—	—	—
文具用品批发	—	—	—	—	—	—
体育用品及器材批发	—	—	—	—	—	—
图书批发	—	—	—	—	—	—
报刊批发	—	—	—	—	—	—
音像制品及电子出版物批发	—	—	—	—	—	—
首饰、工艺品及收藏品批发	—	—	—	—	—	—
其他文化用品批发	—	—	—	—	—	—
医药及医疗器材批发	2	76	30	2	2	—
西药批发	1	48	20	1	1	—
中药批发	1	28	10	1	1	—
医疗用品及器材批发	—	—	—	—	—	—
矿产品、建材及化工产品批发	4	94	49	4	4	—
煤炭及制品批发	1	11	3	1	1	—
石油及制品批发	—	—	—	—	—	—
非金属矿及制品批发	—	—	—	—	—	—
金属及金属矿批发	—	—	—	—	—	—
建材批发	—	—	—	—	—	—
化肥批发	3	83	46	3	3	—
农药批发	—	—	—	—	—	—
农用薄膜批发	—	—	—	—	—	—
其他化工产品批发	—	—	—	—	—	—
机械设备、五金交电及电子产品批发	5	124	32	5	5	—
农业机械批发	4	86	20	4	4	—

（2012 年）

	法人企业数（个）	从业人员期末人数（人）	＃女性	法人所属产业活动单位（个）	批发和零售	其他
汽车批发	—	—	—	—	—	—
汽车零配件批发	—	—	—	—	—	—
摩托车及零配件批发	—	—	—	—	—	—
五金产品批发	—	—	—	—	—	—
电气设备批发	—	—	—	—	—	—
计算机、软件及辅助设备批发	—	—	—	—	—	—
通讯及广播电视设备批发	—	—	—	—	—	—
其他机械设备及电子产品批发	1	38	12	1	1	—
贸易经纪与代理	—	—	—	—	—	—
贸易代理	—	—	—	—	—	—
拍卖	—	—	—	—	—	—
其他贸易经纪与代理	—	—	—	—	—	—
其他批发业	1	8	6	1	1	—
再生物资回收与批发	—	—	—	—	—	—
其他未列明的批发	1	8	6	1	1	—
2. 按登记注册类型分						
内资企业	46	2569	750	77	77	—
国有企业	17	956	254	17	17	—
集体企业	2	43	23	2	2	—
股份合作企业	1	40	23	1	1	—
联营企业	—	—	—	—	—	—
国有联营企业	—	—	—	—	—	—
集体联营企业	—	—	—	—	—	—
国有与集体联营企业	—	—	—	—	—	—
其他联营企业	—	—	—	—	—	—
有限责任公司	14	1153	304	45	45	—
国有独资公司	1	352	67	10	10	—
其他有限责任公司	13	801	237	35	35	—
股份有限公司	—	—	—	—	—	—
私营企业	9	327	126	9	9	—
私营独资企业	2	124	64	2	2	—
私营合伙企业	—	—	—	—	—	—
私营有限责任公司	7	203	62	7	7	—
私营股份有限公司	—	—	—	—	—	—
其他企业	3	50	20	3	3	—
港、澳、台商投资企业	—	—	—	—	—	—
外商投资企业	—	—	—	—	—	—
3. 按企业控股情况分						
国有控股	19	1855	468	50	50	—
集体控股	3	83	46	3	3	—
私人控股	14	458	169	14	14	—
港澳台商控股	—	—	—	—	—	—
外商控股	—	—	—	—	—	—
其他	10	173	67	10	10	—
4. 按经营形式分						—
独立门店	39	1717	509	48	48	—
连锁总店	—	—	—	—	—	—
连锁门店	—	—	—	—	—	—
其他	7	852	241	29	29	—
二、零售业	95	18081	12631	263	263	—
1. 按国民经济行业分						
综合零售	23	13717	9917	23	23	—
百货零售	20	13363	9693	20	20	—
超级市场零售	1	150	125	1	1	—

（2012 年）

	法人企业数（个）	从业人员期末人数（人）	#女性	法人所属产业活动单位（个）	批发和零售	其他
其他综合零售	2	204	99	2	2	—
食品、饮料及烟草制品专门零售	3	123	67	11	11	—
粮油零售	1	30	12	1	1	—
糕点、面包零售	—	—	—	—	—	—
果品、蔬菜零售	—	—	—	—	—	—
肉、禽、蛋及水产品零售	1	38	20	1	1	—
营养和保健品零售	—	—	—	—	—	—
酒、饮料及茶叶零售	—	—	—	—	—	—
烟草制品零售	1	55	35	9	9	—
其他食品零售	—	—	—	—	—	—
纺织、服装及日用品专门零售	5	943	849	5	5	—
纺织品及针织品零售	—	—	—	—	—	—
服装零售	5	943	849	5	5	—
鞋帽零售	—	—	—	—	—	—
化妆品及卫生用品零售	—	—	—	—	—	—
钟表、眼镜零售	—	—	—	—	—	—
箱、包零售	—	—	—	—	—	—
厨房用具及日用杂品零售	—	—	—	—	—	—
自行车零售	—	—	—	—	—	—
其他日用品零售	—	—	—	—	—	—
文化、体育用品及器材专门零售	7	205	98	8	8	—
文具用品零售	1	4	4	1	1	—
体育用品及器材零售	—	—	—	—	—	—
图书、报刊零售	5	193	90	6	6	—
音像制品及电子出版物零售	—	—	—	—	—	—
珠宝首饰零售	1	8	4	1	1	—
工艺美术品及收藏品零售	—	—	—	—	—	—
乐器零售	—	—	—	—	—	—
照相器材零售	—	—	—	—	—	—
其他文化用品零售	—	—	—	—	—	—
医药及医疗器材专门零售	8	727	586	38	38	—
药品零售	6	702	567	36	36	—
医疗用品及器材零售	2	25	19	2	2	—
汽车、摩托车、燃料及零配件专门零售	26	1165	402	152	152	—
汽车零售	11	418	184	11	11	—
汽车零配件零售	5	96	35	5	5	—
摩托车及零配件零售	—	—	—	—	—	—
机动车燃料零售	10	651	183	136	136	—
家用电器及电子产品专门零售	11	911	635	14	14	—
家用视听设备零售	2	548	365	5	5	—
日用家电设备零售	7	307	222	7	7	—
计算机、软件及辅助设备零售	1	36	31	1	1	—
通信设备零售	—	—	—	—	—	—
其他电子产品零售	1	20	17	1	1	—
五金、家具及室内装修材料专门零售	4	88	38	4	4	—
五金零售	1	20	4	1	1	—
灯具零售	—	—	—	—	—	—
家具零售	3	68	34	3	3	—
涂料零售	—	—	—	—	—	—
卫生洁具零售	—	—	—	—	—	—
木制装饰材料零售	—	—	—	—	—	—
陶瓷、石材装饰材料零售	—	—	—	—	—	—
其他室内装修材料零售	—	—	—	—	—	—
货摊、无店铺及其他零售业	8	202	39	8	8	—

12—6 续表 3　　(2012 年)

	法人企业数（个）	从业人员期末人数（人）	#女性	法人所属产业活动单位（个）	批发和零售	其他
货摊食品零售	—	—	—	—	—	—
货摊纺织、服装及鞋零售	—	—	—	—	—	—
货摊日用品零售	—	—	—	—	—	—
互联网零售	—	—	—	—	—	—
邮购及电视、电话零售	—	—	—	—	—	—
旧货零售	—	—	—	—	—	—
生活用燃料零售	6	106	27	6	6	—
其他未列明的零售	2	96	12	2	2	—
2. 按登记注册类型分						
内资企业	95	18081	12631	263	263	—
国有企业	1	42	15	1	1	—
集体企业	3	142	89	3	3	—
股份合作企业	—	—	—	—	—	—
联营企业	—	—	—	—	—	—
有限责任公司	39	14287	10649	48	48	—
国有独资公司	1	58	34	2	2	—
其他有限责任公司	38	14229	10615	46	46	—
股份有限公司	5	801	169	131	131	—
私营企业	32	1640	998	35	35	—
私营独资企业	18	600	351	18	18	—
私营合伙企业	—	—	—	—	—	—
私营有限责任公司	10	872	585	13	13	—
私营股份有限公司	4	168	62	4	4	—
其他企业	15	1169	711	45	45	—
港、澳、台商投资企业	—	—	—	—	—	—
外商投资企业	—	—	—	—	—	—
3. 按企业控股情况分						
国有控股	4	178	101	13	13	—
集体控股	5	325	184	5	5	—
私人控股	71	5167	3235	104	104	—
港澳台商控股	—	—	—	—	—	—
外商控股	—	—	—	—	—	—
其他	15	12411	9111	141	141	—
4. 按经营形式分						
独立门店	87	17011	11728	255	255	—
连锁总店	—	—	—	—	—	—
连锁门店	1	10	8	1	1	—
其他	7	1060	895	7	7	—
5. 按零售业态分						
有店铺零售	95	18081	12631	263	263	—
食杂店	—	—	—	—	—	—
便利店	—	—	—	—	—	—
折扣店	—	—	—	—	—	—
超　市	5	269	202	13	13	—
大型超市	2	152	91	2	2	—
仓储会员店	—	—	—	—	—	—
百货店	21	14275	10489	21	21	—
专业店	48	2734	1523	208	208	—
专卖店	17	595	296	17	17	—
家居建材商店	1	28	10	1	1	—
购物中心	—	—	—	—	—	—
厂家直销中心	1	28	20	1	1	—
无店铺零售	—	—	—	—	—	—

限额以上住宿和餐饮业法人基本情况表

12—7 (2012年)

	法人企业数（个）	从业人员期末人数（人）	#女性	法人所属产业活动单位（个）	住宿和餐饮	其他
总计	**23**	**1335**	**799**	**23**	**23**	**—**
一、住宿业	11	962	536	11	11	—
1. 按住宿行业小类分						
旅游饭店	10	947	527	10	10	—
一般旅馆	1	15	9	1	1	—
其他住宿服务	—	—	—	—	—	—
2. 按登记注册类型分						
内资企业	10	877	481	10	10	—
国有企业	5	488	284	5	5	—
集体企业	1	156	—	1	1	—
股份合作企业	—	—	—	—	—	—
联营企业	—	—	—	—	—	—
国有联营企业	—	—	—	—	—	—
集体联营企业	—	—	—	—	—	—
国有与集体联营企业	—	—	—	—	—	—
其他联营企业	—	—	—	—	—	—
有限责任公司	3	203	167	3	3	—
国有独资公司	—	—	—	—	—	—
其他有限责任公司	3	203	167	3	3	—
股份有限公司	—	—	—	—	—	—
私营企业	1	30	30	1	1	—
私营独资企业	1	30	30	1	1	—
私营合伙企业	—	—	—	—	—	—
私营有限责任公司	—	—	—	—	—	—
私营股份有限公司	—	—	—	—	—	—
其他企业	—	—	—	—	—	—
港澳台商投资企业	1	85	55	1	1	—
与港澳台商合资经营企业	—	—	—	—	—	—
与港澳台商合作经营企业	—	—	—	—	—	—
港澳台商独资企业	1	85	55	1	1	—
港澳台商投资股份有限公司	—	—	—	—	—	—
其他港澳台投资企业	—	—	—	—	—	—
外商投资企业	—	—	—	—	—	—
外资企业	—	—	—	—	—	—
3. 按控股情况分						
国有控股	5	488	284	5	5	—
集体控股	1	156	—	1	1	—
私人控股	4	233	197	4	4	—
港澳台商控股	1	85	55	1	1	—
外商控股	—	—	—	—	—	—
其他	—	—	—	—	—	—
4. 按经营形式分						
独立门店	11	962	536	11	11	—
连锁总店（总部）	—	—	—	—	—	—
连锁门店	—	—	—	—	—	—
其他	—	—	—	—	—	—
5. 按星级分						
五星	—	—	—	—	—	—
四星	2	232	136	2	2	—
三星	2	231	127	2	2	—

12—7 续表 1　　　　　　　　　　（2012 年）

	法人企业数（个）	从业人员期末人数（人）	#女性	法人所属产业活动单位（个）	住宿和餐饮	其他
二星	1	156	—	1	1	—
一星	—	—	—	—	—	—
其他	6	343	273	6	6	—
二、餐饮业	12	373	263	12	12	—
1. 按餐饮行业小类分						
正餐服务	12	373	263	12	12	—
快餐服务	—	—	—	—	—	—
饮料及冷饮服务	—	—	—	—	—	—
茶馆服务	—	—	—	—	—	—
咖啡馆服务	—	—	—	—	—	—
酒吧服务	—	—	—	—	—	—
其他饮料及冷饮服务	—	—	—	—	—	—
其他餐饮业	—	—	—	—	—	—
小吃服务	—	—	—	—	—	—
餐饮配送服务	—	—	—	—	—	—
其他未列明餐饮业	—	—	—	—	—	—
2. 按登记注册类型分						
内资企业	12	373	263	12	12	—
国有企业	—	—	—	—	—	—
集体企业	—	—	—	—	—	—
股份合作企业	—	—	—	—	—	—
联营企业	—	—	—	—	—	—
国有联营企业	—	—	—	—	—	—
集体联营企业	—	—	—	—	—	—
国有与集体联营企业	—	—	—	—	—	—
其他联营企业	—	—	—	—	—	—
有限责任公司	2	51	41	2	2	—
国有独资公司	—	—	—	—	—	—
其他有限责任公司	2	51	41	2	2	—
股份有限公司	1	30	25	1	1	—
私营企业	7	243	155	7	7	—
私营独资企业	6	211	137	6	6	—
私营合伙企业	—	—	—	—	—	—
私营有限责任公司	1	32	18	1	1	—
私营股份有限公司	—	—	—	—	—	—
其他企业	2	49	42	2	2	—
港澳台商投资企业	—	—	—	—	—	—
外商投资企业	—	—	—	—	—	—
3. 按控股情况分						
国有控股	—	—	—	—	—	—
集体控股	—	—	—	—	—	—
私人控股	10	334	233	10	10	—
港澳台商控股	—	—	—	—	—	—
外商控股	—	—	—	—	—	—
其他	2	39	30	2	2	—
4. 按经营形式分						
独立门店	12	373	263	12	12	—
连锁总店（总部）	—	—	—	—	—	—
连锁门店	—	—	—	—	—	—
其他	—	—	—	—	—	—

12—8 （2012

	法人企业（个）	年末从业人数（人）	购进总额	#进口	销售总额
总计	**141**	**20650**	**23521073**	**—**	**24557415**
一、批发业	46	2569	6547274	—	6868131
1. 按国民经济行业分					
农、林、牧产品批发	26	1646	4043600	—	3535890
谷物、豆及薯类批发	20	1563	3857729	—	3350703
种子批发	5	72	167230	—	165107
饲料批发	—	—	—	—	—
棉、麻批发	—	—	—	—	—
林业产品批发	—	—	—	—	—
牲畜批发	1	11	18641	—	20080
其他农牧产品批发	—	—	—	—	—
食品、饮料及烟草制品批发	8	621	1952585	—	2788818
米、面制品及食用油批发	1	3	103936	—	103576
糕点、糖果及糖批发	—	—	—	—	—
果品、蔬菜批发	1	88	579280	—	551448
肉、禽、蛋及水产品批发	—	—	—	—	—
盐及调味品批发	1	34	3897	—	17889
营养及保健品批发	—	—	—	—	—
酒、饮料及茶叶批发	—	—	—	—	—
烟草制品批发	5	496	1265472	—	2115905
其他食品批发	—	—	—	—	—
纺织、服装及家庭用品批发	—	—	—	—	—
纺织品、针织品及原料批发	—	—	—	—	—
服装批发	—	—	—	—	—
鞋帽批发	—	—	—	—	—
化妆品及卫生用品批发	—	—	—	—	—
厨房、卫生间用具及日用杂货批发	—	—	—	—	—
灯具、装饰物品批发	—	—	—	—	—
家用电器批发	—	—	—	—	—
其他家庭用品批发	—	—	—	—	—
文化、体育用品及器材批发	—	—	—	—	—
文具用品批发	—	—	—	—	—
体育用品及器材批发	—	—	—	—	—
图书批发	—	—	—	—	—
报刊批发	—	—	—	—	—
音像制品及电子出版物批发	—	—	—	—	—
首饰、工艺品及收藏品批发	—	—	—	—	—
其他文化用品批发	—	—	—	—	—
医药及医疗器材批发	2	76	102877	—	101511
西药批发	1	48	46005	—	40811
中药批发	1	28	56872	—	60700
医疗用品及器材批发	—	—	—	—	—
矿产品、建材及化工产品批发	4	94	232025	—	231004
煤炭及制品批发	1	11	23980	—	24890
石油及制品批发	—	—	—	—	—
非金属矿及制品批发	—	—	—	—	—
金属及金属矿批发	—	—	—	—	—
建材批发	—	—	—	—	—
化肥批发	3	83	208045	—	206114
农药批发	—	—	—	—	—
农用薄膜批发	—	—	—	—	—
其他化工产品批发	—	—	—	—	—
机械设备、五金交电及电子产品批发	5	124	206199	—	200019
农业机械批发	4	86	157216	—	151288
汽车批发	—	—	—	—	—

业商品购、销、存总额

年）

单位：千元

批发	#出口	零售	年末库存总额	年末零售营业面积（万平方米）
7188114	**—**	**17369301**	**1659505**	**1594898**
6353648	—	514483	1008977	1121663
3199209	—	336681	875957	1035869
3018722	—	331981	849013	1014489
160407	—	4700	26802	6380
—	—	—	—	—
—	—	—	—	—
—	—	—	—	—
20080	—	—	142	15000
—	—	—	—	—
2613891	—	174927	95880	64954
102147	—	1429	360	4500
—	—	—	—	—
414287	—	137161	27832	48000
—	—	—	—	—
17889	—	—	1135	1000
—	—	—	—	—
—	—	—	—	—
2079568	—	36337	66553	11454
—	—	—	—	—
—	—	—	—	—
—	—	—	—	—
—	—	—	—	—
—	—	—	—	—
—	—	—	—	—
—	—	—	—	—
—	—	—	—	—
—	—	—	—	—
—	—	—	—	—
—	—	—	—	—
—	—	—	—	—
—	—	—	—	—
—	—	—	—	—
—	—	—	—	—
—	—	—	—	—
—	—	—	—	—
—	—	—	—	—
101511	—	—	19949	320
40811	—	—	10949	100
60700	—	—	9000	220
—	—	—	—	—
229324	—	1680	7560	12220
24890	—	—	2110	3000
—	—	—	—	—
—	—	—	—	—
—	—	—	—	—
—	—	—	—	—
204434	—	1680	5450	9220
—	—	—	—	—
—	—	—	—	—
—	—	—	—	—
198824	—	1195	9401	7300
150093	—	1195	9149	7100
—	—	—	—	—

12—8 续表 1 (2012

	法人企业（个）	年末从业人数（人）	购进总额	#进口	销售总额
汽车零配件批发	—	—	—	—	—
摩托车及零配件批发	—	—	—	—	—
五金产品批发	—	—	—	—	—
电气设备批发	—	—	—	—	—
计算机、软件及辅助设备批发	—	—	—	—	—
通讯及广播电视设备批发	—	—	—	—	—
其他机械设备及电子产品批发	1	38	48983	—	48731
贸易经纪与代理	—	—	—	—	—
贸易代理	—	—	—	—	—
拍卖	—	—	—	—	—
其他贸易经纪与代理	—	—	—	—	—
其他批发业	1	8	9988	—	10889
再生物资回收与批发	—	—	—	—	—
其他未列明的批发	1	8	9988	—	10889
2. 按登记注册类型分					
内资企业	46	2569	6547274	—	6868131
国有企业	17	956	2873503	—	3195314
集体企业	2	43	189894	—	186094
股份合作企业	1	40	18151	—	20020
联营企业	—	—	—	—	—
国有联营企业	—	—	—	—	—
集体联营企业	—	—	—	—	—
国有与集体联营企业	—	—	—	—	—
其他联营企业	—	—	—	—	—
有限责任公司	14	1153	2185172	—	2222149
国有独资公司	1	352	480026	—	414153
其他有限责任公司	13	801	1705146	—	1807996
股份有限公司	—	—	—	—	—
私营企业	9	327	1193599	—	1152875
私营独资企业	2	124	948670	—	891183
私营合伙企业	—	—	—	—	—
私营有限责任公司	7	203	244929	—	261692
私营股份有限公司	—	—	—	—	—
其他企业	3	50	86955	—	91679
港、澳、台商投资企业	—	—	—	—	—
外商投资企业	—	—	—	—	—
3. 按企业控股情况分					
国有控股	19	1855	4090311	—	4445057
集体控股	3	83	208045	—	206114
私人控股	14	458	1824020	—	1757744
港澳台商控股	—	—	—	—	—
外商控股	—	—	—	—	—
其他	10	173	424898	—	459216
4. 按经营形式分					
独立门店	39	1717	3609003	—	3854373
连锁总店	—	—	—	—	—
连锁门店	—	—	—	—	—
其他	7	852	2938271	—	3013758
二、零售业	95	18081	16973799	—	17689284
1. 按国民经济行业分					
综合零售	23	13717	7870802	—	8062650
百货零售	20	13363	7631455	—	7823004
超级市场零售	1	150	60481	—	60888
其他综合零售	2	204	178866	—	178758
食品、饮料及烟草制品专门零售	3	123	104452	—	108355

年）

单位：千元

批发	#出口	零售	年末库存总额	年末零售营业面积（万平方米）
—	—	—	—	—
—	—	—	—	—
—	—	—	—	—
—	—	—	—	—
—	—	—	—	—
—	—	—	—	—
48731	—	—	252	200
—	—	—	—	—
—	—	—	—	—
—	—	—	—	—
—	—	—	—	—
10889	—	—	230	1000
—	—	—	—	—
10889	—	—	230	1000
6353648	—	514483	1008977	1121663
3158977	—	36337	786139	942743
186094	—	—	3800	8320
18340	—	1680	1650	900
—	—	—	—	—
—	—	—	—	—
—	—	—	—	—
—	—	—	—	—
—	—	—	—	—
2032587	—	189562	132645	42900
414153	—	—	66184	3000
1618434	—	189562	66461	39900
—	—	—	—	—
865971	—	286904	75398	125200
604279	—	286904	57487	63000
—	—	—	—	—
261692	—	—	17911	62200
—	—	—	—	—
91679	—	—	9345	1600
—	—	—	—	—
—	—	—	—	—
4408720	—	36337	853075	945943
204434	—	1680	5450	9220
1306373	—	451371	113888	148500
—	—	—	—	—
—	—	—	—	—
434121	—	25095	36564	18000
3626794	—	227579	702077	998339
—	—	—	—	—
—	—	—	—	—
2726854	—	286904	306900	123324
834466	—	16854818	650528	473235
—	—	8062650	255590	284549
—	—	7823004	245336	267812
—	—	60888	6391	4337
—	—	178758	3863	12400
23819	—	84536	10117	2800

	法人企业（个）	年末从业人数（人）	购进总额	#进口	销售总额
粮油零售	1	30	7029	—	5021
糕点、面包零售	—	—	—	—	—
果品、蔬菜零售	—	—	—	—	—
肉、禽、蛋及水产品零售	1	38	57068	—	57115
营养和保健品零售	—	—	—	—	—
酒、饮料及茶叶零售	—	—	—	—	—
烟草制品零售	1	55	40355	—	46219
其他食品零售	—	—	—	—	—
纺织、服装及日用品专门零售	5	943	834473	—	979772
纺织品及针织品零售	—	—	—	—	—
服装零售	5	943	834473	—	979772
鞋帽零售	—	—	—	—	—
化妆品及卫生用品零售	—	—	—	—	—
钟表、眼镜零售	—	—	—	—	—
箱、包零售	—	—	—	—	—
厨房用具及日用杂品零售	—	—	—	—	—
自行车零售	—	—	—	—	—
其他日用品零售	—	—	—	—	—
文化、体育用品及器材专门零售	7	205	144847	—	140999
文具用品零售	1	4	14071	—	16321
体育用品及器材零售	—	—	—	—	—
图书、报刊零售	5	193	124000	—	117908
音像制品及电子出版物零售	—	—	—	—	—
珠宝首饰零售	1	8	6776	—	6770
工艺美术品及收藏品零售	—	—	—	—	—
乐器零售	—	—	—	—	—
照相器材零售	—	—	—	—	—
其他文化用品零售	—	—	—	—	—
医药及医疗器材专门零售	8	727	283474	—	309780
药品零售	6	702	263377	—	290421
医疗用品及器材零售	2	25	20097	—	19359
汽车、摩托车、燃料及零配件专门零售	26	1165	5636040	—	6008870
汽车零售	11	418	899495	—	891064
汽车零配件零售	5	96	115341	—	110668
摩托车及零配件零售	—	—	—	—	—
机动车燃料零售	10	651	4621204	—	5007138
家用电器及电子产品专门零售	11	911	1148186	—	1189708
家用视听设备零售	2	548	899395	—	933504
日用家电设备零售	7	307	235583	—	244130
计算机、软件及辅助设备零售	1	36	7457	—	5650
通信设备零售	—	—	—	—	—
其他电子产品零售	1	20	5751	—	6424
五金、家具及室内装修材料专门零售	4	88	391755	—	371451
五金零售	1	20	3179	—	2799
灯具零售	—	—	—	—	—
家具零售	3	68	388576	—	368652
涂料零售	—	—	—	—	—
卫生洁具零售	—	—	—	—	—
木制装饰材料零售	—	—	—	—	—
陶瓷、石材装饰材料零售	—	—	—	—	—
其他室内装修材料零售	—	—	—	—	—
货摊、无店铺及其他零售业	8	202	559770	—	517699
货摊食品零售	—	—	—	—	—
货摊纺织、服装及鞋零售	—	—	—	—	—
货摊日用品零售	—	—	—	—	—

单位：千元

批发	#出口	零售	年末库存总额	年末零售营业面积（万平方米）
—	—	5021	2008	1500
—	—	—	—	—
—	—	—	—	—
23819	—	33296	354	400
—	—	—	—	—
—	—	—	—	—
—	—	46219	7755	900
—	—	—	—	—
—	—	979772	24050	29120
—	—	—	—	—
—	—	979772	24050	29120
—	—	—	—	—
—	—	—	—	—
—	—	—	—	—
—	—	—	—	—
—	—	—	—	—
—	—	—	—	—
—	—	—	—	—
—	—	140999	13141	4103
—	—	16321	125	800
—	—	—	—	—
—	—	117908	12256	3153
—	—	—	—	—
—	—	6770	760	150
—	—	—	—	—
—	—	—	—	—
—	—	—	—	—
—	—	—	—	—
48	—	309732	21028	7097
—	—	290421	20290	6377
48	—	19311	738	720
494407	—	5514463	229233	63096
—	—	891064	67635	23076
2630	—	108038	9175	4050
—	—	—	—	—
491777	—	4515361	152423	35970
314609	—	875099	33838	22930
314609	—	618895	7732	2500
—	—	244130	18730	15280
—	—	5650	1807	5000
—	—	—	—	—
—	—	6424	5569	150
1583	—	369868	21320	9210
1583	—	1216	380	610
—	—	—	—	—
—	—	368652	20940	8600
—	—	—	—	—
—	—	—	—	—
—	—	—	—	—
—	—	—	—	—
—	—	—	—	—
—	—	517699	42211	50330
—	—	—	—	—
—	—	—	—	—
—	—	—	—	—

	法人企业（个）	年末从业人数（人）	购进总额	#进口	销售总额
互联网零售	—	—	—	—	—
邮购及电视、电话零售	—	—	—	—	—
旧货零售	—	—	—	—	—
生活用燃料零售	6	106	537897	—	498474
其他未列明的零售	2	96	21873	—	19225
2. 按登记注册类型分					
内资企业	95	18081	16973799	—	17689284
国有企业	1	42	77636	—	73761
集体企业	3	142	960907	—	920426
股份合作企业	—	—	—	—	—
联营企业	—	—	—	—	—
国有联营企业	—	—	—	—	—
集体联营企业	—	—	—	—	—
国有与集体联营企业	—	—	—	—	—
其他联营企业	—	—	—	—	—
有限责任公司	39	14287	6220759	—	6324232
国有独资公司	1	58	17629	—	17864
其他有限责任公司	38	14229	6203130	—	6306368
股份有限公司	5	801	4016708	—	4838217
私营企业	32	1640	4061164	—	3936239
私营独资企业	18	600	1245224	—	1140375
私营合伙企业	—	—	—	—	—
私营有限责任公司	10	872	1290197	—	1305596
私营股份有限公司	4	168	1525743	—	1490268
其他企业	15	1169	1636625	—	1596409
港、澳、台商投资企业	—	—	—	—	—
外商投资企业	—	—	—	—	—
3. 按企业控股情况分					
国有控股	4	178	143384	—	144629
集体控股	5	325	1406235	—	1365252
私人控股	71	5167	7361668	—	7793283
港澳台商控股	—	—	—	—	—
外商控股	—	—	—	—	—
其他	15	12411	8062512	—	8386120
4. 按经营形式分					
独立门店	87	17011	15051283	—	15773649
连锁总店	—	—	—	—	—
连锁门店	1	10	9469	—	9104
其他	7	1060	1913047	—	1906531
5. 按零售业态分					
有店铺零售	95	18081	16973799	—	17689284
食杂店	—	—	—	—	—
便利店	—	—	—	—	—
折扣店	—	—	—	—	—
超市	5	269	239144	—	249643
大型超市	2	152	275544	—	249577
仓储会员店	—	—	—	—	—
百货店	21	14275	8251912	—	8518614
专业店	48	2734	6985832	—	7475239
专卖店	17	595	786812	—	780305
家居建材商店	1	28	293436	—	277611
购物中心	—	—	—	—	—
厂家直销中心	1	28	141119	—	138295
无店铺零售	—	—	—	—	—

单位：千元

批发	#出口	零售	年末库存总额	年末零售营业面积（万平方米）
—	—	—	—	—
—	—	—	—	—
—	—	—	—	—
—	—	498474	39563	49980
—	—	19225	2648	350
834466	—	16854818	650528	473235
—	—	73761	3875	1200
—	—	920426	48081	36566
—	—	—	—	—
—	—	—	—	—
—	—	—	—	—
—	—	—	—	—
—	—	—	—	—
—	—	—	—	—
2630	—	6321602	183478	182032
—	—	17864	2212	288
2630	—	6303738	181266	181744
491777	—	4346440	124492	83025
316240	—	3619999	197451	112631
48	—	1140327	111003	74401
—	—	—	—	—
316192	—	989404	42486	31830
—	—	1490268	43962	6400
23819	—	1572590	93151	57781
—	—	—	—	—
—	—	—	—	—
—	—	144629	15520	3038
—	—	1365252	48583	49566
340059	—	7453224	358996	283911
—	—	—	—	—
—	—	—	—	—
494407	—	7891713	227429	136720
834466	—	14939183	568461	405813
—	—	—	—	—
—	—	9104	365	1200
—	—	1906531	81702	66222
834466	—	16854818	650528	473235
—	—	—	—	—
—	—	—	—	—
—	—	—	—	—
—	—	249643	21036	10037
—	—	249577	37340	13380
—	—	—	—	—
—	—	8518614	221819	271872
810647	—	6664592	294974	149426
23819	—	756486	56083	21660
—	—	277611	15825	4500
—	—	—	—	—
—	—	138295	3451	2360
—	—	—	—	—

12—9 （2012

	企业数（个）	#执行《2006年企业会计准则》数（个）	年初存货	流动资产合计	#应收帐款	#存货	固定资产合计
总　　计	**141**	**126**	**1241328**	**3698070**	**409291**	**1572020**	**2619611**
一、批发业	46	39	727663	1999066	263540	1036678	584364
1. 按国民经济行业分							
农、林、牧产品批发	26	23	620120	1402336	243019	887896	368976
谷物、豆及薯类批发	20	17	616798	1356971	208594	886552	357564
种子批发	5	5	3322	43055	34425	1202	7678
饲料批发	—	—	—	—	—	—	—
棉、麻批发	—	—	—	—	—	—	—
林业产品批发	—	—	—	—	—	—	—
牲畜批发	1	1	—	2310	—	142	3734
其他农牧产品批发	—	—	—	—	—	—	—
食品、饮料及烟草制品批发	8	6	75050	500708	3520	94383	170718
米、面制品及食用油批发	1	1	360	297	13	—	3855
糕点、糖果及糖批发	—	—	—	—	—	—	—
果品、蔬菜批发	1	1	—	59183	—	27832	31024
肉、禽、蛋及水产品批发	—	—	—	—	—	—	—
盐及调味品批发	1	1	1960	127	127	—	1547
营养及保健品批发	—	—	—	—	—	—	—
酒、饮料及茶叶批发	—	—	—	—	—	—	—
烟草制品批发	5	3	72730	441101	3380	66551	134292
其他食品批发	—	—	—	—	—	—	—
纺织、服装及家庭用品批发	—	—	—	—	—	—	—
纺织品、针织品及原料批发	—	—	—	—	—	—	—
服装批发	—	—	—	—	—	—	—
鞋帽批发	—	—	—	—	—	—	—
化妆品及卫生用品批发	—	—	—	—	—	—	—
厨房、卫生间用具及日用杂货批发	—	—	—	—	—	—	—
灯具、装饰物品批发	—	—	—	—	—	—	—
家用电器批发	—	—	—	—	—	—	—
其他家庭用品批发	—	—	—	—	—	—	—
文化、体育用品及器材批发	—	—	—	—	—	—	—
文具用品批发	—	—	—	—	—	—	—
体育用品及器材批发	—	—	—	—	—	—	—
图书批发	—	—	—	—	—	—	—
报刊批发	—	—	—	—	—	—	—
音像制品及电子出版物批发	—	—	—	—	—	—	—
首饰、工艺品及收藏品批发	—	—	—	—	—	—	—
其他文化用品批发	—	—	—	—	—	—	—
医药及医疗器材批发	2	2	18583	22633	498	19945	7711
西药批发	1	1	5755	12821	—	10945	7099
中药批发	1	1	12828	9812	498	9000	612
医疗用品及器材批发	—	—	—	—	—	—	—
矿产品、建材及化工产品批发	4	3	2367	26240	14663	6587	30872
煤炭及制品批发	1	1	1120	3642	2505	1137	408
石油及制品批发	—	—	—	—	—	—	—
非金属矿及制品批发	—	—	—	—	—	—	—
金属及金属矿批发	—	—	—	—	—	—	—
建材批发	—	—	—	—	—	—	—
化肥批发	3	2	1247	22598	12158	5450	30464
农药批发	—	—	—	—	—	—	—
农用薄膜批发	—	—	—	—	—	—	—
其他化工产品批发	—	—	—	—	—	—	—
机械设备、五金交电及电子产品批发	5	4	10943	46809	1784	27617	4837
农业机械批发	4	3	10691	46123	1394	27321	3971
汽车批发	—	—	—	—	—	—	—

售业企业财务状况

年）　　单位：千元

固定资产原价	累计折旧	#本年折旧	在建工程	资产总计	流动负债合计	#应付帐款	非流动负债合计	负债合计
2443128	**443839**	**70033**	**26068**	**6789032**	**3402414**	**407203**	**175838**	**4307252**
756318	172274	22676	6266	2804232	1760560	186887	108003	1868563
468153	99497	19144	370	1948754	1576252	69774	69702	1645954
454411	97167	18703	370	1890502	1539080	35097	69702	1608782
9852	2174	363	—	52207	33883	33812	—	33883
—	—	—	—	—	—	—	—	—
—	—	—	—	—	—	—	—	—
—	—	—	—	—	—	—	—	—
3890	156	78	—	6045	3289	865	—	3289
—	—	—	—	—	—	—	—	—
237298	66580	2886	5896	696902	114246	78572	42	114288
4272	417	336	—	4152	270	—	42	312
—	—	—	—	—	—	—	—	—
32150	1126	563	—	90207	15000	—	—	15000
—	—	—	—	—	—	—	—	—
2645	1098	110	—	3300	1684	1338	—	1684
—	—	—	—	—	—	—	—	—
—	—	—	—	—	—	—	—	—
198231	63939	1877	5896	599243	97292	77234	—	97292
—	—	—	—	—	—	—	—	—
—	—	—	—	—	—	—	—	—
—	—	—	—	—	—	—	—	—
—	—	—	—	—	—	—	—	—
—	—	—	—	—	—	—	—	—
—	—	—	—	—	—	—	—	—
—	—	—	—	—	—	—	—	—
—	—	—	—	—	—	—	—	—
—	—	—	—	—	—	—	—	—
—	—	—	—	—	—	—	—	—
—	—	—	—	—	—	—	—	—
—	—	—	—	—	—	—	—	—
—	—	—	—	—	—	—	—	—
—	—	—	—	—	—	—	—	—
—	—	—	—	—	—	—	—	—
—	—	—	—	—	—	—	—	—
—	—	—	—	—	—	—	—	—
—	—	—	—	—	—	—	—	—
11594	3883	268	—	30418	28762	9715	—	28762
9877	2778	74	—	19994	19118	71	—	19118
1717	1105	194	—	10424	9644	9644	—	9644
—	—	—	—	—	—	—	—	—
32712	1840	309	—	73860	3150	3150	37036	40186
940	532	153	—	4050	2050	2050	—	2050
—	—	—	—	—	—	—	—	—
—	—	—	—	—	—	—	—	—
—	—	—	—	—	—	—	—	—
—	—	—	—	—	—	—	—	—
31772	1308	156	—	69810	1100	1100	37036	38136
—	—	—	—	—	—	—	—	—
—	—	—	—	—	—	—	—	—
—	—	—	—	—	—	—	—	—
5301	464	59	—	52442	36830	25676	1023	37853
4404	433	59	—	50890	36144	25676	1023	37167
—	—	—	—	—	—	—	—	—

	企业数(个)	#执行《2006年企业会计准则》数(个)	年初存货	流动资产合计	#应收帐款	#存货	固定资产合计
汽车零配件批发	—	—	—	—	—	—	—
摩托车及零配件批发	—	—	—	—	—	—	—
五金产品批发	—	—	—	—	—	—	—
电气设备批发	—	—	—	—	—	—	—
计算机、软件及辅助设备批发	—	—	—	—	—	—	—
通讯及广播电视设备批发	—	—	—	—	—	—	—
其他机械设备及电子产品批发	1	1	252	686	390	296	866
贸易经纪与代理	—	—	—	—	—	—	—
贸易代理	—	—	—	—	—	—	—
拍卖	—	—	—	—	—	—	—
其他贸易经纪与代理	—	—	—	—	—	—	—
其他批发业	1	1	600	340	56	250	1250
再生物资回收与批发	—	—	—	—	—	—	—
其他未列明的批发	1	1	600	340	56	250	1250
2. 按登记注册类型分							
内资企业	46	39	727663	1999066	263540	1036678	584364
国有企业	17	14	603999	1297040	42002	794696	211299
集体企业	2	2	118	17498	11058	3800	30304
股份合作企业	1	—	1129	5100	1100	1650	160
联营企业	—	—	—	—	—	—	—
国有联营企业	—	—	—	—	—	—	—
集体联营企业	—	—	—	—	—	—	—
国有与集体联营企业	—	—	—	—	—	—	—
其他联营企业	—	—	—	—	—	—	—
有限责任公司	14	12	81298	524360	204533	151700	245279
国有独资公司	1	—	1887	107244	32999	74245	51569
其他有限责任公司	13	12	79411	417116	171534	77455	193710
股份有限公司	—	—	—	—	—	—	—
私营企业	9	8	27581	143013	2505	75467	95453
私营独资企业	2	2	—	93441	—	57487	39277
私营合伙企业	—	—	—	—	—	—	—
私营有限责任公司	7	6	27581	49572	2505	17980	56176
私营股份有限公司	—	—	—	—	—	—	—
其他企业	3	3	13538	12055	2342	9365	1869
港、澳、台商投资企业	—	—	—	—	—	—	—
外商投资企业	—	—	—	—	—	—	—
3. 按企业控股情况分							
国有控股	19	14	675773	1694055	211942	876615	424336
集体控股	3	2	1247	22598	12158	5450	30464
私人控股	14	13	41131	187855	5194	113641	108983
港澳台商控股	—	—	—	—	—	—	—
外商控股	—	—	—	—	—	—	—
其他	10	10	9512	94558	34246	40972	20581
4. 按经营形式分							
独立门店	39	35	600262	1331083	122781	705017	371748
连锁总店	—	—	—	—	—	—	—
连锁门店	—	—	—	—	—	—	—
其他	7	4	127401	667983	140759	331661	212616
二、零售业	95	87	513665	1699004	145751	535342	2035247
1. 按国民经济行业分							
综合零售	23	21	43815	482856	22548	213360	1034955
百货零售	20	18	35338	438269	17645	200570	1024126
超级市场零售	1	1	4906	12144	29	5353	243
其他综合零售	2	2	3571	32443	4874	7437	10586
食品、饮料及烟草制品专门零售	3	3	8484	14669	2176	6982	4727

年）　　　　　　　　　　　　　　　　单位：千元

固定资产原价	累计折旧	#本年折旧	在建工程	资产总计	流动负债合计	#应付帐款	非流动负债合计	负债合计
—	—	—	—	—	—	—	—	—
—	—	—	—	—	—	—	—	—
—	—	—	—	—	—	—	—	—
—	—	—	—	—	—	—	—	—
—	—	—	—	—	—	—	—	—
—	—	—	—	—	—	—	—	—
897	31	—	—	1552	686	—	—	686
—	—	—	—	—	—	—	—	—
—	—	—	—	—	—	—	—	—
—	—	—	—	—	—	—	—	—
—	—	—	—	—	—	—	—	—
1260	10	10	—	1856	1320	—	200	1520
—	—	—	—	—	—	—	—	—
1260	10	10	—	1856	1320	—	200	1520
756318	172274	22676	6266	2804232	1760560	186887	108003	1868563
315807	104508	5998	6266	1552566	896357	81377	69694	966051
30592	288	156	—	62510	—	—	37036	37036
1180	1020	—	—	7300	1100	1100	—	1100
—	—	—	—	—	—	—	—	—
—	—	—	—	—	—	—	—	—
—	—	—	—	—	—	—	—	—
—	—	—	—	—	—	—	—	—
—	—	—	—	—	—	—	—	—
301032	55753	14066	—	919749	811449	91780	50	811499
64915	13346	—	—	175068	122217	12316	8	122225
236117	42407	14066	—	744681	689232	79464	42	689274
—	—	—	—	—	—	—	—	—
104721	9588	2250	—	247917	40620	2986	1023	41643
40831	1554	777	—	132718	15000	—	—	15000
—	—	—	—	—	—	—	—	—
63890	8034	1473	—	115199	25620	2986	1023	26643
—	—	—	—	—	—	—	—	—
2986	1117	206	—	14190	11034	9644	200	11234
—	—	—	—	—	—	—	—	—
—	—	—	—	—	—	—	—	—
579908	155572	19011	6266	2296557	1618736	102016	69702	1688438
31772	1308	156	—	69810	1100	1100	37036	38136
120258	11595	3008	—	306289	51290	12630	1065	52355
—	—	—	—	—	—	—	—	—
—	—	—	—	—	—	—	—	—
24380	3799	501	—	131576	89434	71141	200	89634
493469	122041	8454	6266	1793853	844347	177525	108003	952350
—	—	—	—	—	—	—	—	—
—	—	—	—	—	—	—	—	—
262849	50233	14222	—	1010379	916213	9362	—	916213
1686810	271565	47357	19802	3984800	1641854	220316	67835	2438689
476759	61804	11509	—	1577900	278097	34451	34295	1041392
458483	54357	10159	—	1522484	255300	30443	32132	1016432
3066	2823	142	—	12387	10785	—	—	10785
15210	4624	1208	—	43029	12012	4008	2163	14175
7035	2308	1010	—	20301	10126	3286	1710	11836

	企业数（个）	#执行《2006年企业会计准则》数（个）	年初存货	流动资产合计	#应收帐款	#存货	固定资产合计
粮油零售	1	1	1875	4230	—	—	2099
糕点、面包零售	—	—	—	—	—	—	—
果品、蔬菜零售	—	—	—	—	—	—	—
肉、禽、蛋及水产品零售	1	1	401	2530	2176	354	2470
营养和保健品零售	—	—	—	—	—	—	—
酒、饮料及茶叶零售	—	—	—	—	—	—	—
烟草制品零售	1	1	6208	7909	—	6628	158
其他食品零售	—	—	—	—	—	—	—
纺织、服装及日用品专门零售	5	5	26001	102233	6509	24049	390484
纺织品及针织品零售	—	—	—	—	—	—	—
服装零售	5	5	26001	102233	6509	24049	390484
鞋帽零售	—	—	—	—	—	—	—
化妆品及卫生用品零售	—	—	—	—	—	—	—
钟表、眼镜零售	—	—	—	—	—	—	—
箱、包零售	—	—	—	—	—	—	—
厨房用具及日用杂品零售	—	—	—	—	—	—	—
自行车零售	—	—	—	—	—	—	—
其他日用品零售	—	—	—	—	—	—	—
文化、体育用品及器材专门零售	7	7	5343	18982	1805	9367	13736
文具用品零售	1	1	125	160	20	140	3
体育用品及器材零售	—	—	—	—	—	—	—
图书、报刊零售	5	5	4464	18035	1758	8467	12563
音像制品及电子出版物零售	—	—	—	—	—	—	—
珠宝首饰零售	1	1	754	787	27	760	1170
工艺美术品及收藏品零售	—	—	—	—	—	—	—
乐器零售	—	—	—	—	—	—	—
照相器材零售	—	—	—	—	—	—	—
其他文化用品零售	—	—	—	—	—	—	—
医药及医疗器材专门零售	8	7	10832	49695	3759	21028	6408
药品零售	6	5	10832	45853	3759	20290	6408
医疗用品及器材零售	2	2	—	3842	—	738	—
汽车、摩托车、燃料及零配件专门零售	26	23	320875	414307	13340	158540	367534
汽车零售	11	11	35520	182280	7232	67065	176763
汽车零配件零售	5	5	10914	16737	2263	8914	3806
摩托车及零配件零售	—	—	—	—	—	—	—
机动车燃料零售	10	7	274441	215290	3845	82561	186965
家用电器及电子产品专门零售	11	10	86039	469225	86491	36179	183095
家用视听设备零售	2	2	67535	374314	85931	7732	170712
日用家电设备零售	7	6	12441	84147	60	21071	9656
计算机、软件及辅助设备零售	1	1	1126	3930	500	1807	2690
通信设备零售	—	—	—	—	—	—	—
其他电子产品零售	1	1	4937	6834	—	5569	37
五金、家具及室内装修材料专门零售	4	4	9440	36150	5034	22822	8896
五金零售	1	1	—	3210	971	1582	17
灯具零售	—	—	—	—	—	—	—
家具零售	3	3	9440	32940	4063	21240	8879
涂料零售	—	—	—	—	—	—	—
卫生洁具零售	—	—	—	—	—	—	—
木制装饰材料零售	—	—	—	—	—	—	—
陶瓷、石材装饰材料零售	—	—	—	—	—	—	—
其他室内装修材料零售	—	—	—	—	—	—	—
货摊、无店铺及其他零售业	8	7	2836	110887	4089	43015	25412
货摊食品零售	—	—	—	—	—	—	—
货摊纺织、服装及鞋零售	—	—	—	—	—	—	—
货摊日用品零售	—	—	—	—	—	—	—

单位：千元

固定资产原价	累计折旧	#本年折旧	在建工程	资产总计	流动负债合计	#应付帐款	非流动负债合计	负债合计
2970	871	—	—	7200	2870	—	1710	4580
—	—	—	—	—	—	—	—	—
—	—	—	—	—	—	—	—	—
3590	1120	910	—	5000	3970	—	—	3970
—	—	—	—	—	—	—	—	—
—	—	—	—	—	—	—	—	—
475	317	100	—	8101	3286	3286	—	3286
—	—	—	—	—	—	—	—	—
429055	38571	1403	—	493219	97281	2753	14000	111281
—	—	—	—	—	—	—	—	—
429055	38571	1403	—	493219	97281	2753	14000	111281
—	—	—	—	—	—	—	—	—
—	—	—	—	—	—	—	—	—
—	—	—	—	—	—	—	—	—
—	—	—	—	—	—	—	—	—
—	—	—	—	—	—	—	—	—
—	—	—	—	—	—	—	—	—
—	—	—	—	—	—	—	—	—
21258	7522	706	2733	37676	17189	7549	789	17978
3	—	—	—	163	30	30	—	30
—	—	—	—	—	—	—	—	—
19885	7322	676	2733	35556	16491	6851	—	16491
—	—	—	—	—	—	—	—	—
1370	200	30	—	1957	668	668	789	1457
—	—	—	—	—	—	—	—	—
—	—	—	—	—	—	—	—	—
—	—	—	—	—	—	—	—	—
—	—	—	—	—	—	—	—	—
7628	1220	257	—	57208	33317	1831	—	33317
7628	1220	257	—	53366	33317	1831	—	33317
—	—	—	—	3842	—	—	—	—
485116	117582	20817	17069	864876	571433	38677	13426	584859
183416	6653	4010	4986	390451	172378	4071	13364	185742
4547	741	17	—	20595	16030	345	59	16089
—	—	—	—	—	—	—	—	—
297153	110188	16790	12083	453830	383025	34261	3	383028
221287	38192	10475	—	734302	587571	129552	—	587571
207152	36440	9737	—	626505	513329	119870	—	513329
10907	1251	588	—	94306	65021	8518	—	65021
3090	400	150	—	6620	3530	1160	—	3530
—	—	—	—	—	—	—	—	—
138	101	—	—	6871	5691	4	—	5691
9827	931	163	—	62968	42147	2217	3306	45453
20	3	—	—	3227	2227	1237	—	2227
—	—	—	—	—	—	—	—	—
9807	928	163	—	59741	39920	980	3306	43226
—	—	—	—	—	—	—	—	—
—	—	—	—	—	—	—	—	—
—	—	—	—	—	—	—	—	—
—	—	—	—	—	—	—	—	—
—	—	—	—	—	—	—	—	—
28845	3435	1017	—	136350	4693	—	309	5002
—	—	—	—	—	—	—	—	—
—	—	—	—	—	—	—	—	—
—	—	—	—	—	—	—	—	—

	企业数(个)	#执行《2006年企业会计准则》数(个)	年初存货	流动资产合计	#应收帐款	#存货	固定资产合计
互联网零售	—	—	—	—	—	—	—
邮购及电视、电话零售	—	—	—	—	—	—	—
旧货零售	—	—	—	—	—	—	—
生活用燃料零售	6	5	450	108395	3242	42335	23188
其他未列明的零售	2	2	2386	2492	847	680	2224
2. 按登记注册类型分							
内资企业	95	87	513665	1699004	145751	535342	2035247
国有企业	1	1	—	4256	—	3875	1875
集体企业	3	3	—	57448	140	42761	34667
股份合作企业	—	—	—	—	—	—	—
联营企业	—	—	—	—	—	—	—
国有联营企业	—	—	—	—	—	—	—
集体联营企业	—	—	—	—	—	—	—
国有与集体联营企业	—	—	—	—	—	—	—
其他联营企业	—	—	—	—	—	—	—
有限责任公司	39	37	103835	501055	25072	129631	1133601
国有独资公司	1	1	1419	2321	75	1352	4173
其他有限责任公司	38	36	102416	498734	24997	128279	1129428
股份有限公司	5	5	246205	172624	6005	100076	350561
私营企业	32	26	137630	758367	99090	165171	306629
私营独资企业	18	15	6611	188411	1727	110900	90013
私营合伙企业	—	—	—	—	—	—	—
私营有限责任公司	10	9	80431	450232	93838	50532	201785
私营股份有限公司	4	2	50588	119724	3525	3739	14831
其他企业	15	15	25995	205254	15444	93828	207914
港、澳、台商投资企业	—	—	—	—	—	—	—
外商投资企业	—	—	—	—	—	—	—
3. 按企业控股情况分							
国有控股	4	4	9279	16660	81	12489	7152
集体控股	5	5	418	63798	200	45331	49007
私人控股	71	64	263987	1258134	139737	322632	1139690
港澳台商控股	—	—	—	—	—	—	—
外商控股	—	—	—	—	—	—	—
其他	15	14	239981	360412	5733	154890	839398
4. 按经营形式分							
独立门店	87	80	495801	1460005	144919	459226	1632281
连锁总店	—	—	—	—	—	—	—
连锁门店	1	1	—	1023	—	365	552
其他	7	6	17864	237976	832	75751	402414
5. 按零售业态分							
有店铺零售	95	87	513665	1699004	145751	535342	2035247
食杂店	—	—	—	—	—	—	—
便利店	—	—	—	—	—	—	—
折扣店	—	—	—	—	—	—	—
超市	5	5	15450	40693	8107	23635	11018
大型超市	2	2	3092	58074	—	36588	12359
仓储会员店	—	—	—	—	—	—	—
百货店	21	19	49573	498329	14441	175863	1377550
专业店	48	42	398753	931255	107270	223748	441003
专卖店	17	17	35667	140123	11915	56232	49546
家居建材商店	1	1	8750	27079	4018	15825	3500
购物中心	—	—	—	—	—	—	—
厂家直销中心	1	1	2380	3451	—	3451	140271
无店铺零售	—	—	—	—	—	—	—

固定资产原价	累计折旧	#本年折旧	在建工程	资产总计	流动负债合计	#应付帐款	非流动负债合计	负债合计
—	—	—	—	—	—	—	—	—
—	—	—	—	—	—	—	—	—
—	—	—	—	—	—	—	—	—
26443	3257	1017	—	131584	3187	—	—	3187
2402	178	—	—	4766	1506	—	309	1815
1686810	271565	47357	19802	3984800	1641854	220316	67835	2438689
2694	819	102	—	6131	—	—	—	—
40888	6221	1505	—	92115	580	—	670	1250
—	—	—	—	—	—	—	—	—
—	—	—	—	—	—	—	—	—
—	—	—	—	—	—	—	—	—
—	—	—	—	—	—	—	—	—
—	—	—	—	—	—	—	—	—
—	—	—	—	—	—	—	—	—
582822	69223	9250	7769	1710748	394452	26195	24374	1147826
5385	1212	230	2733	9322	9117	4652	—	9117
577437	68011	9020	5036	1701426	385335	21543	24374	1138709
477115	126554	17432	11426	593458	500428	49128	26003	526431
366117	59488	16170	303	1152480	628088	131179	13000	641088
103165	13152	4241	—	282808	17136	1612	13000	30136
—	—	—	—	—	—	—	—	—
244691	42906	11519	303	735117	549022	127007	—	549022
18261	3430	410	—	134555	61930	2560	—	61930
217174	9260	2898	304	429868	118306	13814	3788	122094
—	—	—	—	—	—	—	—	—
—	—	—	—	—	—	—	—	—
11118	3966	536	2733	27351	13585	8687	—	13585
55608	6601	1685	—	112885	5550	1000	670	6220
1285611	145921	26838	5643	2595238	1267063	183275	66856	1333919
—	—	—	—	—	—	—	—	—
—	—	—	—	—	—	—	—	—
334473	115077	18298	11426	1249326	355656	27354	309	1084965
1242937	230658	45220	19802	3342088	1538742	217712	67165	2334907
—	—	—	—	—	—	—	—	—
600	48	24	—	1575	—	—	—	—
443273	40859	2113	—	641137	103112	2604	670	103782
1686810	271565	47357	19802	3984800	1641854	220316	67835	2438689
—	—	—	—	—	—	—	—	—
—	—	—	—	—	—	—	—	—
—	—	—	—	—	—	—	—	—
15971	4953	871	—	51745	33643	3752	670	34313
15724	3365	521	—	70690	17889	2448	—	17889
—	—	—	—	—	—	—	—	—
844009	86459	10465	—	1936470	327790	33985	33625	1090415
610449	169448	31011	19586	1526030	1071325	174912	29328	1100653
55860	6314	4489	216	212223	152287	5219	1272	153559
3500	—	—	—	43920	38920	—	—	38920
—	—	—	—	—	—	—	—	—
141297	1026	—	—	143722	—	—	2940	2940
—	—	—	—	—	—	—	—	—

	所有者权益合计	实收资本	国家	集体	法人	个人	港澳台	外商
总　　计	**2481780**	**986536**	**156127**	**37106**	**594085**	**199218**	**—**	**—**
一、批发业	935669	304864	149627	13430	107973	33834	—	—
1. 按国民经济行业分								
农、林、牧产品批发	302800	254922	144988	—	80940	28994	—	—
谷物、豆及薯类批发	281720	235538	144988	—	73550	17000	—	—
种子批发	18324	17384	—	—	7390	9994	—	—
饲料批发	—	—	—	—	—	—	—	—
棉、麻批发	—	—	—	—	—	—	—	—
林业产品批发	—	—	—	—	—	—	—	—
牲畜批发	2756	2000	—	—	—	2000	—	—
其他农牧产品批发	—	—	—	—	—	—	—	—
食品、饮料及烟草制品批发	582614	16305	4639	—	9068	2598	—	—
米、面制品及食用油批发	3840	598	—	—	—	598	—	—
糕点、糖果及糖批发	—	—	—	—	—	—	—	—
果品、蔬菜批发	75207	2000	—	—	—	2000	—	—
肉、禽、蛋及水产品批发	—	—	—	—	—	—	—	—
盐及调味品批发	1616	1065	514	—	551	—	—	—
营养及保健品批发	—	—	—	—	—	—	—	—
酒、饮料及茶叶批发	—	—	—	—	—	—	—	—
烟草制品批发	501951	12642	4125	—	8517	—	—	—
其他食品批发	—	—	—	—	—	—	—	—
纺织、服装及家庭用品批发	—	—	—	—	—	—	—	—
纺织品、针织品及原料批发	—	—	—	—	—	—	—	—
服装批发	—	—	—	—	—	—	—	—
鞋帽批发	—	—	—	—	—	—	—	—
化妆品及卫生用品批发	—	—	—	—	—	—	—	—
厨房、卫生间用具及日用杂货批发	—	—	—	—	—	—	—	—
灯具、装饰物品批发	—	—	—	—	—	—	—	—
家用电器批发	—	—	—	—	—	—	—	—
其他家庭用品批发	—	—	—	—	—	—	—	—
文化、体育用品及器材批发	—	—	—	—	—	—	—	—
文具用品批发	—	—	—	—	—	—	—	—
体育用品及器材批发	—	—	—	—	—	—	—	—
图书批发	—	—	—	—	—	—	—	—
报刊批发	—	—	—	—	—	—	—	—
音像制品及电子出版物批发	—	—	—	—	—	—	—	—
首饰、工艺品及收藏品批发	—	—	—	—	—	—	—	—
其他文化用品批发	—	—	—	—	—	—	—	—
医药及医疗器材批发	1656	1376	—	—	500	876	—	—
西药批发	876	876	—	—	—	876	—	—
中药批发	780	500	—	—	500	—	—	—
医疗用品及器材批发	—	—	—	—	—	—	—	—
矿产品、建材及化工产品批发	33674	18695	—	13430	5265	—	—	—
煤炭及制品批发	2000	2000	—	—	2000	—	—	—
石油及制品批发	—	—	—	—	—	—	—	—
非金属矿及制品批发	—	—	—	—	—	—	—	—
金属及金属矿批发	—	—	—	—	—	—	—	—
建材批发	—	—	—	—	—	—	—	—
化肥批发	31674	16695	—	13430	3265	—	—	—
农药批发	—	—	—	—	—	—	—	—
农用薄膜批发	—	—	—	—	—	—	—	—
其他化工产品批发	—	—	—	—	—	—	—	—
机械设备、五金交电及电子产品批发	14589	13366	—	—	12000	1366	—	—
农业机械批发	13723	12500	—	—	12000	500	—	—
汽车批发	—	—	—	—	—	—	—	—

年）

单位：千元

营业收入	主营收入	营业成本	主营成本	营业税金及附加	主营利润及附加	其他业务利润	销售费用	管理费用	#税金	#差旅费	#工会经费
24647280	**23361559**	**21389741**	**19687842**	**190375**	**189778**	**113139**	**1143501**	**875475**	**13973**	**4917**	**4854**
6965505	6865061	6143031	6030327	124176	124170	95670	165047	195788	6253	879	1938
3632023	3531579	3434212	3321508	1637	1631	96063	102596	44722	4406	120	591
3446836	3346392	3262895	3150191	409	409	96063	98029	40884	4404	115	323
165107	165107	157697	157697	18	12	—	2859	2306	2	—	—
—	—	—	—	—	—	—	—	—	—	—	—
—	—	—	—	—	—	—	—	—	—	—	—
—	—	—	—	—	—	—	—	—	—	—	—
20080	20080	13620	13620	1210	1210	—	1708	1532	—	5	268
—	—	—	—	—	—	—	—	—	—	—	—
2788818	2788818	2185472	2185472	122341	122341	−493	54719	142361	1705	587	1331
103576	103576	102643	102643	16	16	—	—	420	—	—	—
—	—	—	—	—	—	—	—	—	—	—	—
551448	551448	529966	529966	—	—	—	7826	6933	548	425	0
—	—	—	—	—	—	—	—	—	—	—	—
17889	17889	14979	14979	35	35	60	900	1832	42	16	25
—	—	—	—	—	—	—	—	—	—	—	—
—	—	—	—	—	—	—	—	—	—	—	—
2115905	2115905	1537884	1537884	122290	122290	−553	45993	133176	1115	146	1306
—	—	—	—	—	—	—	—	—	—	—	—
—	—	—	—	—	—	—	—	—	—	—	—
—	—	—	—	—	—	—	—	—	—	—	—
—	—	—	—	—	—	—	—	—	—	—	—
—	—	—	—	—	—	—	—	—	—	—	—
—	—	—	—	—	—	—	—	—	—	—	—
—	—	—	—	—	—	—	—	—	—	—	—
—	—	—	—	—	—	—	—	—	—	—	—
—	—	—	—	—	—	—	—	—	—	—	—
—	—	—	—	—	—	—	—	—	—	—	—
—	—	—	—	—	—	—	—	—	—	—	—
—	—	—	—	—	—	—	—	—	—	—	—
—	—	—	—	—	—	—	—	—	—	—	—
—	—	—	—	—	—	—	—	—	—	—	—
—	—	—	—	—	—	—	—	—	—	—	—
—	—	—	—	—	—	—	—	—	—	—	—
—	—	—	—	—	—	—	—	—	—	—	—
—	—	—	—	—	—	—	—	—	—	—	—
102752	102752	99758	99758	37	37	100	609	1924	65	66	0
42052	42052	40811	40811	9	9	—	—	735	12	29	0
60700	60700	58947	58947	28	28	100	609	1189	53	37	0
—	—	—	—	—	—	—	—	—	—	—	—
231004	231004	219017	219017	113	113	—	5233	4098	—	2	0
24890	24890	24550	24550	15	15	—	—	210	—	—	—
—	—	—	—	—	—	—	—	—	—	—	—
—	—	—	—	—	—	—	—	—	—	—	—
—	—	—	—	—	—	—	—	—	—	—	—
—	—	—	—	—	—	—	—	—	—	—	—
206114	206114	194467	194467	98	98	—	5233	3888	—	2	0
—	—	—	—	—	—	—	—	—	—	—	—
—	—	—	—	—	—	—	—	—	—	—	—
—	—	—	—	—	—	—	—	—	—	—	—
200019	200019	194572	194572	30	30	—	1874	2343	77	104	16
151288	151288	146112	146112	2	2	—	1874	2222	77	104	16
—	—	—	—	—	—	—	—	—	—	—	—

	所有者权益合计	实收资本						
			国家	集体	法人	个人	港澳台	外商
汽车零配件批发	—	—	—	—	—	—	—	—
摩托车及零配件批发	—	—	—	—	—	—	—	—
五金产品批发	—	—	—	—	—	—	—	—
电气设备批发	—	—	—	—	—	—	—	—
计算机、软件及辅助设备批发	—	—	—	—	—	—	—	—
通讯及广播电视设备批发	—	—	—	—	—	—	—	—
其他机械设备及电子产品批发	866	866	—	—	—	866	—	—
贸易经纪与代理	—	—	—	—	—	—	—	—
贸易代理	—	—	—	—	—	—	—	—
拍卖	—	—	—	—	—	—	—	—
其他贸易经纪与代理	—	—	—	—	—	—	—	—
其他批发业	336	200	—	—	200	—	—	—
再生物资回收与批发	—	—	—	—	—	—	—	—
其他未列明的批发	336	200	—	—	200	—	—	—
2. 按登记注册类型分								
内资企业	935669	304864	149627	13430	107973	33834	—	—
国有企业	586515	80630	69113	—	11517	—	—	—
集体企业	25474	12030	—	12030	—	—	—	—
股份合作企业	6200	4665	—	1400	3265	—	—	—
联营企业	—	—	—	—	—	—	—	—
国有联营企业	—	—	—	—	—	—	—	—
集体联营企业	—	—	—	—	—	—	—	—
国有与集体联营企业	—	—	—	—	—	—	—	—
其他联营企业	—	—	—	—	—	—	—	—
有限责任公司	108250	114963	80514	—	12491	21958	—	—
国有独资公司	52843	30000	30000	—	—	—	—	—
其他有限责任公司	55407	84963	50514	—	12491	21958	—	—
股份有限公司	—	—	—	—	—	—	—	—
私营企业	206274	90876	—	—	79000	11876	—	—
私营独资企业	117718	4000	—	—	—	4000	—	—
私营合伙企业	—	—	—	—	—	—	—	—
私营有限责任公司	88556	86876	—	—	79000	7876	—	—
私营股份有限公司	—	—	—	—	—	—	—	—
其他企业	2956	1700	—	—	1700	—	—	—
港、澳、台商投资企业	—	—	—	—	—	—	—	—
外商投资企业	—	—	—	—	—	—	—	—
3. 按企业控股情况分								
国有控股	608119	160630	149113	—	11517	—	—	—
集体控股	31674	16695	—	13430	3265	—	—	—
私人控股	253934	98840	—	—	80500	18340	—	—
港澳台商控股	—	—	—	—	—	—	—	—
外商控股	—	—	—	—	—	—	—	—
其他	41942	28699	514	—	12691	15494	—	—
4. 按经营形式分								
独立门店	841503	243989	96752	13430	105973	27834	—	—
连锁总店	—	—	—	—	—	—	—	—
连锁门店	—	—	—	—	—	—	—	—
其他	94166	60875	52875	—	2000	6000	—	—
二、零售业	1546111	681672	6500	23676	486112	165384	—	—
1. 按国民经济行业分								
综合零售	536508	73288	6000	15586	21602	30100	—	—
百货零售	506052	60686	6000	15586	9000	30100	—	—
超级市场零售	1602	1602	—	—	1602	—	—	—
其他综合零售	28854	11000	—	—	11000	—	—	—
食品、饮料及烟草制品专门零售	8465	5500	—	—	4653	847	—	—

年）

单位：千元

营业收入	主营收入	营业成本	主营成本	营业税金及附加	主营利润及附加	其他业务利润	销售费用	管理费用	#税金	#差旅费	#工会经费
—	—	—	—	—	—	—	—	—	—	—	—
—	—	—	—	—	—	—	—	—	—	—	—
—	—	—	—	—	—	—	—	—	—	—	—
—	—	—	—	—	—	—	—	—	—	—	—
—	—	—	—	—	—	—	—	—	—	—	—
—	—	—	—	—	—	—	—	—	—	—	—
48731	48731	48460	48460	28	28	—	—	121	—	—	—
—	—	—	—	—	—	—	—	—	—	—	—
—	—	—	—	—	—	—	—	—	—	—	—
—	—	—	—	—	—	—	—	—	—	—	—
—	—	—	—	—	—	—	—	—	—	—	—
10889	10889	10000	10000	18	18	—	16	340	—	—	—
—	—	—	—	—	—	—	—	—	—	—	—
10889	10889	10000	10000	18	18	—	16	340	—	—	—
6965505	6865061	6143031	6030327	124176	124170	95670	165047	195788	6253	879	1938
3191432	3191004	2577842	2577633	122604	122604	−273	82743	143907	1117	238	1332
186094	186094	176316	176316	—	—	—	4583	2967	—	—	—
20020	20020	18151	18151	98	98	—	650	921	—	2	0
—	—	—	—	—	—	—	—	—	—	—	—
—	—	—	—	—	—	—	—	—	—	—	—
—	—	—	—	—	—	—	—	—	—	—	—
—	—	—	—	—	—	—	—	—	—	—	—
—	—	—	—	—	—	—	—	—	—	—	—
2322164	2222148	2174957	2062462	105	99	94446	58661	33298	4247	74	338
414153	414153	423542	404327	—	—	—	5402	9157	—	—	—
1908011	1807995	1751415	1658135	105	99	94446	53259	24141	4247	74	338
—	—	—	—	—	—	—	—	—	—	—	—
1154116	1154116	1107331	1107331	1313	1313	1397	17610	13121	836	528	268
891183	891183	863431	863431	—	—	—	10291	8857	548	425	0
—	—	—	—	—	—	—	—	—	—	—	—
262933	262933	243900	243900	1313	1313	1397	7319	4264	288	103	268
—	—	—	—	—	—	—	—	—	—	—	—
91679	91679	88434	88434	56	56	100	800	1574	53	37	0
—	—	—	—	—	—	—	—	—	—	—	—
—	—	—	—	—	—	—	—	—	—	—	—
4541190	4440746	3804506	3779452	122604	122604	94113	133874	167383	5278	261	1629
206114	206114	194467	194467	98	98	—	5233	3888	—	2	0
1758985	1758985	1699236	1699236	1395	1395	1497	21559	17783	889	565	268
—	—	—	—	—	—	—	—	—	—	—	—
—	—	—	—	—	—	—	—	—	—	—	—
459216	459216	444822	357172	79	73	60	4381	6734	86	51	41
3851732	3851304	3417359	3310285	75622	75616	1284	72024	145229	1544	412	1264
—	—	—	—	—	—	—	—	—	—	—	—
—	—	—	—	—	—	—	—	—	—	—	—
3113773	3013757	2725672	2720042	48554	48554	94386	93023	50559	4709	467	674
17681775	16496498	15246710	13657515	66199	65608	17469	978454	679687	7720	4038	2916
8062650	7526012	6551073	5592455	37838	37828	3699	661860	468449	3652	2013	2482
7823004	7286366	6344565	5385947	31348	31338	3583	645574	458772	3120	930	2422
60888	60888	55136	55136	35	35	—	6495	1331	—	16	51
178758	178758	151372	151372	6455	6455	116	9791	8346	532	1067	9
101639	101639	94185	94185	167	167	—	2145	3325	85	—	70

	所有者权益合计	实收资本						
			国家	集体	法人	个人	港澳台	外商
粮油零售	2620	2020	—	—	1173	847	—	—
糕点、面包零售	—	—	—	—	—	—	—	—
果品、蔬菜零售	—	—	—	—	—	—	—	—
肉、禽、蛋及水产品零售	1030	500	—	—	500	—	—	—
营养和保健品零售	—	—	—	—	—	—	—	—
酒、饮料及茶叶零售	—	—	—	—	—	—	—	—
烟草制品零售	4815	2980	—	—	2980	—	—	—
其他食品零售	—	—	—	—	—	—	—	—
纺织、服装及日用品专门零售	381938	369008	—	—	366908	2100	—	—
纺织品及针织品零售	—	—	—	—	—	—	—	—
服装零售	381938	369008	—	—	366908	2100	—	—
鞋帽零售	—	—	—	—	—	—	—	—
化妆品及卫生用品零售	—	—	—	—	—	—	—	—
钟表、眼镜零售	—	—	—	—	—	—	—	—
箱、包零售	—	—	—	—	—	—	—	—
厨房用具及日用杂品零售	—	—	—	—	—	—	—	—
自行车零售	—	—	—	—	—	—	—	—
其他日用品零售	—	—	—	—	—	—	—	—
文化、体育用品及器材专门零售	19698	7214	500	—	6581	133	—	—
文具用品零售	133	133	—	—	—	133	—	—
体育用品及器材零售	—	—	—	—	—	—	—	—
图书、报刊零售	19065	6581	500	—	6081	—	—	—
音像制品及电子出版物零售	—	—	—	—	—	—	—	—
珠宝首饰零售	500	500	—	—	500	—	—	—
工艺美术品及收藏品零售	—	—	—	—	—	—	—	—
乐器零售	—	—	—	—	—	—	—	—
照相器材零售	—	—	—	—	—	—	—	—
其他文化用品零售	—	—	—	—	—	—	—	—
医药及医疗器材专门零售	23891	6800	—	—	3000	3800	—	—
药品零售	20049	5300	—	—	3000	2300	—	—
医疗用品及器材零售	3842	1500	—	—	—	1500	—	—
汽车、摩托车、燃料及零配件专门零售	280017	101773	—	—	72517	29256	—	—
汽车零售	204709	63881	—	—	39601	24280	—	—
汽车零配件零售	4506	4466	—	—	500	3966	—	—
摩托车及零配件零售	—	—	—	—	—	—	—	—
机动车燃料零售	70802	33426	—	—	32416	1010	—	—
家用电器及电子产品专门零售	146731	97940	—	8090	1000	88850	—	—
家用视听设备零售	113176	86950	—	—	—	86950	—	—
日用家电设备零售	29285	7600	—	5000	1000	1600	—	—
计算机、软件及辅助设备零售	3090	3090	—	3090	—	—	—	—
通信设备零售	—	—	—	—	—	—	—	—
其他电子产品零售	1180	300	—	—	—	300	—	—
五金、家具及室内装修材料专门零售	17515	9600	—	—	8600	1000	—	—
五金零售	1000	1000	—	—	1000	—	—	—
灯具零售	—	—	—	—	—	—	—	—
家具零售	16515	8600	—	—	7600	1000	—	—
涂料零售	—	—	—	—	—	—	—	—
卫生洁具零售	—	—	—	—	—	—	—	—
木制装饰材料零售	—	—	—	—	—	—	—	—
陶瓷、石材装饰材料零售	—	—	—	—	—	—	—	—
其他室内装修材料零售	—	—	—	—	—	—	—	—
货摊、无店铺及其他零售业	131348	10549	—	—	1251	9298	—	—
货摊食品零售	—	—	—	—	—	—	—	—
货摊纺织、服装及鞋零售	—	—	—	—	—	—	—	—
货摊日用品零售	—	—	—	—	—	—	—	—

单位：千元

营业收入	主营收入	营业成本	主营成本	营业税金及附加	主营利润及附加	其他业务利润	销售费用	管理费用	#税金	#差旅费	#工会经费
5021	5021	4499	4499	10	10	—	9	17	—	—	2
—	—	—	—	—	—	—	—	—	—	—	—
—	—	—	—	—	—	—	—	—	—	—	—
57115	57115	55615	55615	75	75	—	320	95	75	—	—
—	—	—	—	—	—	—	—	—	—	—	—
—	—	—	—	—	—	—	—	—	—	—	—
39503	39503	34071	34071	82	82	—	1816	3213	10	—	68
—	—	—	—	—	—	—	—	—	—	—	—
979772	979772	854561	854561	4200	4200	—	54484	13364	229	250	20
—	—	—	—	—	—	—	—	—	—	—	—
979772	979772	854561	854561	4200	4200	—	54484	13364	229	250	20
—	—	—	—	—	—	—	—	—	—	—	—
—	—	—	—	—	—	—	—	—	—	—	—
—	—	—	—	—	—	—	—	—	—	—	—
—	—	—	—	—	—	—	—	—	—	—	—
—	—	—	—	—	—	—	—	—	—	—	—
—	—	—	—	—	—	—	—	—	—	—	—
—	—	—	—	—	—	—	—	—	—	—	—
137946	122980	117336	106179	455	455	435	7472	9348	160	123	69
16321	16321	16090	16090	—	—	—	114	16	2	10	0
—	—	—	—	—	—	—	—	—	—	—	—
114855	99889	94747	83590	448	448	435	7293	9156	156	108	69
—	—	—	—	—	—	—	—	—	—	—	—
6770	6770	6499	6499	7	7	—	65	176	2	5	0
—	—	—	—	—	—	—	—	—	—	—	—
—	—	—	—	—	—	—	—	—	—	—	—
—	—	—	—	—	—	—	—	—	—	—	—
—	—	—	—	—	—	—	—	—	—	—	—
309780	309780	255968	255968	251	251	—	6837	39661	22	1	1
290421	290421	242733	242733	227	227	—	4505	37506	22	1	1
19359	19359	13235	13235	24	24	—	2332	2155	—	—	—
6018232	5397783	5559089	4939669	17081	16505	481	179866	39154	3230	739	22
903912	897902	782268	776392	12055	12055	481	18034	20404	519	730	0
110668	110668	107073	107073	154	113	—	1033	1929	—	—	—
—	—	—	—	—	—	—	—	—	—	—	—
5003652	4389213	4669748	4056204	4872	4337	—	160799	16821	2711	9	22
1182209	1169355	1046602	1046602	3485	3481	12854	56620	45987	342	912	250
933418	920757	838585	838585	1678	1678	12661	44294	37163	3	831	219
236717	236524	197735	197735	1459	1455	193	12326	7854	269	81	25
5650	5650	4573	4573	339	339	—	—	451	69	—	—
—	—	—	—	—	—	—	—	—	—	—	—
6424	6424	5709	5709	9	9	—	—	519	1	—	6
371821	371451	270802	270802	2612	2611	—	3155	54304	—	—	—
2799	2799	2549	2549	2497	2497	—	—	253	—	—	—
—	—	—	—	—	—	—	—	—	—	—	—
369022	368652	268253	268253	115	114	—	3155	54051	—	—	—
—	—	—	—	—	—	—	—	—	—	—	—
—	—	—	—	—	—	—	—	—	—	—	—
—	—	—	—	—	—	—	—	—	—	—	—
—	—	—	—	—	—	—	—	—	—	—	—
—	—	—	—	—	—	—	—	—	—	—	—
517726	517726	497094	497094	110	110	—	6015	6095	—	—	2
—	—	—	—	—	—	—	—	—	—	—	—
—	—	—	—	—	—	—	—	—	—	—	—
—	—	—	—	—	—	—	—	—	—	—	—

	所有者权益合计	实收资本	国家	集体	法人	个人	港澳台	外商
互联网零售	—	—	—	—	—	—	—	—
邮购及电视、电话零售	—	—	—	—	—	—	—	—
旧货零售	—	—	—	—	—	—	—	—
生活用燃料零售	128397	9249	—	—	751	8498	—	—
其他未列明的零售	2951	1300	—	—	500	800	—	—
2. 按登记注册类型分								
内资企业	1546111	681672	6500	23676	486112	165384	—	—
国有企业	6131	500	500	—	—	—	—	—
集体企业	90865	6560	—	6560	—	—	—	—
股份合作企业	—	—	—	—	—	—	—	—
联营企业	—	—	—	—	—	—	—	—
国有联营企业	—	—	—	—	—	—	—	—
集体联营企业	—	—	—	—	—	—	—	—
国有与集体联营企业	—	—	—	—	—	—	—	—
其他联营企业	—	—	—	—	—	—	—	—
有限责任公司	562922	446878	1000	3090	423421	19367	—	—
国有独资公司	205	616	—	—	616	—	—	—
其他有限责任公司	562717	446262	1000	3090	422805	19367	—	—
股份有限公司	67027	22526	—	9026	5000	8500	—	—
私营企业	511392	163184	—	—	48191	114993	—	—
私营独资企业	252672	34441	—	—	12591	21850	—	—
私营合伙企业	—	—	—	—	—	—	—	—
私营有限责任公司	186095	95143	—	—	4000	91143	—	—
私营股份有限公司	72625	33600	—	—	31600	2000	—	—
其他企业	307774	42024	5000	5000	9500	22524	—	—
港、澳、台商投资企业	—	—	—	—	—	—	—	—
外商投资企业	—	—	—	—	—	—	—	—
3. 按企业控股情况分								
国有控股	13766	4876	500	—	4376	—	—	—
集体控股	106665	18060	—	18060	—	—	—	—
私人控股	1261319	632508	—	2526	472946	157036	—	—
港澳台商控股	—	—	—	—	—	—	—	—
外商控股	—	—	—	—	—	—	—	—
其他	164361	26228	6000	3090	8790	8348	—	—
4. 按经营形式分								
独立门店	1007181	312040	6500	17146	127660	160734	—	—
连锁总店	—	—	—	—	—	—	—	—
连锁门店	1575	1000	—	—	—	1000	—	—
其他	537355	368632	—	6530	358452	3650	—	—
5. 按零售业态分								
有店铺零售	1546111	681672	6500	23676	486112	165384	—	—
食杂店	—	—	—	—	—	—	—	—
便利店	—	—	—	—	—	—	—	—
折扣店	—	—	—	—	—	—	—	—
超市	17432	9712	—	530	8582	600	—	—
大型超市	52801	2500	—	—	500	2000	—	—
仓储会员店	—	—	—	—	—	—	—	—
百货店	846055	424108	6000	15056	374452	28600	—	—
专业店	425377	190156	500	5000	79468	105188	—	—
专卖店	58664	35916	—	3090	18110	14716	—	—
家居建材商店	5000	5000	—	—	5000	—	—	—
购物中心	—	—	—	—	—	—	—	—
厂家直销中心	140782	14280	—	—	—	14280	—	—
无店铺零售	—	—	—	—	—	—	—	—

年）　　　　　　　　　　　　　　　　　　　　　　　　　　　　　单位：千元

营业收入	主营收入	营业成本	主营成本	营业税金及附加	主营利润及附加	其他业务利润	销售费用	管理费用	#税金	#差旅费	#工会经费
—	—	—	—	—	—	—	—	—	—	—	—
—	—	—	—	—	—	—	—	—	—	—	—
—	—	—	—	—	—	—	—	—	—	—	—
498501	498501	478525	478525	69	69	—	6009	5693	—	—	—
19225	19225	18569	18569	41	41	—	6	402	—	—	2
17681775	16496498	15246710	13657515	66199	65608	17469	978454	679687	7720	4038	2916
73761	73761	65274	65274	368	368	—	2866	2741	—	—	—
920426	920426	889472	889472	1274	1264	—	12391	10055	—	—	—
—	—	—	—	—	—	—	—	—	—	—	—
—	—	—	—	—	—	—	—	—	—	—	—
—	—	—	—	—	—	—	—	—	—	—	—
—	—	—	—	—	—	—	—	—	—	—	—
—	—	—	—	—	—	—	—	—	—	—	—
—	—	—	—	—	—	—	—	—	—	—	—
6326778	6305549	4788903	4771870	16868	16863	1032	696391	459370	3366	2618	2549
16290	1579	12355	1235	74	74	—	1690	2375	74	90	33
6310488	6303970	4776548	4770635	16794	16789	1032	694701	456995	3292	2528	2516
4838217	3687140	4573866	3002404	24089	23945	3583	154582	25098	3748	2	80
3931145	3918174	3559434	3559434	18885	18494	12854	97360	86567	471	1341	252
1142780	1142663	1060046	1060046	2237	2237	—	29860	28806	49	58	10
—	—	—	—	—	—	—	—	—	—	—	—
1298097	1285243	1175550	1175550	5501	5110	12854	53694	47202	339	981	242
1490268	1490268	1323838	1323838	11147	11147	—	13806	10559	83	302	0
1591448	1591448	1369761	1369061	4715	4674	—	14864	95856	135	77	35
—	—	—	—	—	—	—	—	—	—	—	—
—	—	—	—	—	—	—	—	—	—	—	—
136444	121628	116356	105223	530	530	92	7285	9478	84	90	101
1365252	1365252	1327788	905808	2440	2430	—	13194	11990	11	56	13
7795146	7239644	6944916	6402402	55864	55432	17034	194405	240457	4900	3854	1016
—	—	—	—	—	—	—	—	—	—	—	—
—	—	—	—	—	—	—	—	—	—	—	—
8384933	7769974	6857650	6244082	7365	7216	343	763570	417762	2725	38	1786
15766140	14580863	13493834	11904639	60751	60170	17469	910422	659016	7693	4027	2906
—	—	—	—	—	—	—	—	—	—	—	—
9104	9104	5711	5711	36	36	—	1325	1169	—	—	—
1906531	1906531	1747165	1747165	5412	5402	—	66707	19502	27	11	10
17681775	16496498	15246710	13657515	66199	65608	17469	978454	679687	7720	4038	2916
—	—	—	—	—	—	—	—	—	—	—	—
—	—	—	—	—	—	—	—	—	—	—	—
—	—	—	—	—	—	—	—	—	—	—	—
242927	242927	226596	226596	366	356	—	9738	6129	229	226	148
249577	249577	225226	225226	336	332	—	6290	5189	—	—	—
—	—	—	—	—	—	—	—	—	—	—	—
8518614	7981976	6910923	5952305	41222	41222	3699	702056	469965	3433	1787	2402
7464003	6821257	6892686	6267985	11553	11017	13474	245932	124317	3447	1345	366
792223	786330	719859	713983	10823	10782	296	13304	22142	611	680	0
277611	277611	185320	185320	84	84	—	—	51245	—	—	—
—	—	—	—	—	—	—	—	—	—	—	—
136820	136820	86100	86100	1815	1815	—	1134	700	—	—	—
—	—	—	—	—	—	—	—	—	—	—	—

12－9 续表 8　　　　(2012

	财务费用	#利息收入	#利息支出	资产减值损失	公允价值变动收益	投资收益	营业利润	营业外收入	补贴收入
总　　计	**250531**	**8934**	**157273**	**54**	**32**	**137**	**816523**	**22996**	**19732**
一、批发业	78804	753	74999	34	22	32	277430	20446	19284
1. 按国民经济行业分									
农、林、牧产品批发	77103	191	75000	14	10	12	－8995	20036	19053
谷物、豆及薯类批发	74419	66	74044	10	8	9	－10549	20036	19053
种子批发	1101	125	956	4	2	3	1127	—	—
饲料批发	—	—	—	—	—	—	—	—	—
棉、麻批发	—	—	—	—	—	—	—	—	—
林业产品批发	—	—	—	—	—	—	—	—	—
牲畜批发	1583	—	—	—	—	—	427	—	—
其他农牧产品批发	—	—	—	—	—	—	—	—	—
食品、饮料及烟草制品批发	380	1	－642	—	—	—	283052	260	231
米、面制品及食用油批发	—	—	—	—	—	—	497	—	—
糕点、糖果及糖批发	—	—	—	—	—	—	—	—	—
果品、蔬菜批发	1291	—	1291	—	—	—	5432	—	—
肉、禽、蛋及水产品批发	—	—	—	—	—	—	—	—	—
盐及调味品批发	—	—	—	—	—	—	203	58	56
营养及保健品批发	—	—	—	—	—	—	—	—	—
酒、饮料及茶叶批发	—	—	—	—	—	—	—	—	—
烟草制品批发	－911	1	－1933	—	—	—	276920	202	175
其他食品批发	—	—	—	—	—	—	—	—	—
纺织、服装及家庭用品批发	—	—	—	—	—	—	—	—	—
纺织品、针织品及原料批发	—	—	—	—	—	—	—	—	—
服装批发	—	—	—	—	—	—	—	—	—
鞋帽批发	—	—	—	—	—	—	—	—	—
化妆品及卫生用品批发	—	—	—	—	—	—	—	—	—
厨房、卫生间用具及日用杂货批发	—	—	—	—	—	—	—	—	—
灯具、装饰物品批发	—	—	—	—	—	—	—	—	—
家用电器批发	—	—	—	—	—	—	—	—	—
其他家庭用品批发	—	—	—	—	—	—	—	—	—
文化、体育用品及器材批发	—	—	—	—	—	—	—	—	—
文具用品批发	—	—	—	—	—	—	—	—	—
体育用品及器材批发	—	—	—	—	—	—	—	—	—
图书批发	—	—	—	—	—	—	—	—	—
报刊批发	—	—	—	—	—	—	—	—	—
音像制品及电子出版物批发	—	—	—	—	—	—	—	—	—
首饰、工艺品及收藏品批发	—	—	—	—	—	—	—	—	—
其他文化用品批发	—	—	—	—	—	—	—	—	—
医药及医疗器材批发	568	561	—	—	—	—	－144	115	—
西药批发	561	561	—	—	—	—	－64	—	—
中药批发	7	—	—	—	—	—	－80	115	—
医疗用品及器材批发	—	—	—	—	—	—	—	—	—
矿产品、建材及化工产品批发	56	—	56	—	—	—	2487	—	—
煤炭及制品批发	—	—	—	—	—	—	115	—	—
石油及制品批发	—	—	—	—	—	—	—	—	—
非金属矿及制品批发	—	—	—	—	—	—	—	—	—
金属及金属矿批发	—	—	—	—	—	—	—	—	—
建材批发	—	—	—	—	—	—	—	—	—
化肥批发	56	—	56	—	—	—	2372	—	—
农药批发	—	—	—	—	—	—	—	—	—
农用薄膜批发	—	—	—	—	—	—	—	—	—
其他化工产品批发	—	—	—	—	—	—	—	—	—
机械设备、五金交电及电子产品批发	652	—	585	—	—	—	548	35	—
农业机械批发	642	—	585	—	—	—	436	35	—
汽车批发	—	—	—	—	—	—	—	—	—

年）　　　　　　　　　　　　　　　　　　　　　　　　　　　　单位：千元

利润总额	应交所得税	应付职工薪酬	应交增值税	土地和固定资产支出	土地购置	房屋和建筑物	机器设备	运输工具	其他费用
711172	**27124**	**431570**	**95777**	**1492725**	**1976424**	**23012**	**16379**	**2398**	**2030**
266421	20272	116986	41470	302334	341886	19649	14728	898	2004
11657	551	47411	−6340	68734	68615	17649	14728	898	2004
10842	508	45876	−6357	23213	23215	17649	14728	898	2004
388	13	1199	15	44519	44396	—	—	—	—
—	—	—	—	—	—	—	—	—	—
—	—	—	—	—	—	—	—	—	—
—	—	—	—	—	—	—	—	—	—
427	30	336	2	1002	1004	—	—	—	—
—	—	—	—	—	—	—	—	—	—
251683	19670	63221	47324	203938	242556	—	—	—	—
497	—	72	248	17359	17607	—	—	—	—
—	—	—	—	—	—	—	—	—	—
5432	—	2112	—	—	—	—	—	—	—
—	—	—	—	—	—	—	—	—	—
261	68	1244	289	683	959	—	—	—	—
—	—	—	—	—	—	—	—	—	—
—	—	—	—	—	—	—	—	—	—
245493	19602	59793	46787	185896	223990	—	—	—	—
—	—	—	—	—	—	—	—	—	—
—	—	—	—	—	—	—	—	—	—
—	—	—	—	—	—	—	—	—	—
—	—	—	—	—	—	—	—	—	—
—	—	—	—	—	—	—	—	—	—
—	—	—	—	—	—	—	—	—	—
—	—	—	—	—	—	—	—	—	—
—	—	—	—	—	—	—	—	—	—
—	—	—	—	—	—	—	—	—	—
—	—	—	—	—	—	—	—	—	—
—	—	—	—	—	—	—	—	—	—
—	—	—	—	—	—	—	—	—	—
—	—	—	—	—	—	—	—	—	—
—	—	—	—	—	—	—	—	—	—
—	—	—	—	—	—	—	—	—	—
—	—	—	—	—	—	—	—	—	—
—	—	—	—	—	—	—	—	—	—
—	—	—	—	—	—	—	—	—	—
−29	10	1357	342	16674	17467	—	—	—	—
−64	—	852	142	7006	7148	—	—	—	—
35	10	505	200	9668	10319	—	—	—	—
—	—	—	—	—	—	—	—	—	—
2469	29	1919	18	4076	4231	—	—	—	—
115	29	165	18	4076	4231	—	—	—	—
—	—	—	—	—	—	—	—	—	—
—	—	—	—	—	—	—	—	—	—
—	—	—	—	—	—	—	—	—	—
—	—	—	—	—	—	—	—	—	—
2354	—	1754	—	—	—	—	—	—	—
—	—	—	—	—	—	—	—	—	—
—	—	—	—	—	—	—	—	—	—
—	—	—	—	—	—	—	—	—	—
641	12	2949	126	8892	8997	2000	—	—	—
529	12	2022	18	716	713	2000	—	—	—
—	—	—	—	—	—	—	—	—	—

	财务费用	#利息收入	#利息支出	资产减值损失	公允价值变动收益	投资收益	营业利润	营业外收入	补贴收入
汽车零配件批发	—	—	—	—	—	—	—	—	—
摩托车及零配件批发	—	—	—	—	—	—	—	—	—
五金产品批发	—	—	—	—	—	—	—	—	—
电气设备批发	—	—	—	—	—	—	—	—	—
计算机、软件及辅助设备批发	—	—	—	—	—	—	—	—	—
通讯及广播电视设备批发	—	—	—	—	—	—	—	—	—
其他机械设备及电子产品批发	10	—	—	—	—	—	112	—	—
贸易经纪与代理	—	—	—	—	—	—	—	—	—
贸易代理	—	—	—	—	—	—	—	—	—
拍卖	—	—	—	—	—	—	—	—	—
其他贸易经纪与代理	—	—	—	—	—	—	—	—	—
其他批发业	45	—	—	20	12	20	482	—	—
再生物资回收与批发	—	—	—	—	—	—	—	—	—
其他未列明的批发	45	—	—	20	12	20	482	—	—
2. 按登记注册类型分									
内资企业	78804	753	74999	34	22	32	277430	20446	19284
国有企业	7779	67	6585	—	—	—	256033	19454	18738
集体企业	56	—	56	—	—	—	2172	—	—
股份合作企业	—	—	—	—	—	—	200	—	—
联营企业	—	—	—	—	—	—	—	—	—
国有联营企业	—	—	—	—	—	—	—	—	—
集体联营企业	—	—	—	—	—	—	—	—	—
国有与集体联营企业	—	—	—	—	—	—	—	—	—
其他联营企业	—	—	—	—	—	—	—	—	—
有限责任公司	64829	125	64465	14	10	12	9597	877	546
国有独资公司	4656	—	4549	—	—	—	−9389	—	—
其他有限责任公司	60173	125	59916	14	10	12	18986	877	546
股份有限公司	—	—	—	—	—	—	—	—	—
私营企业	5993	561	3813	—	—	—	8748	—	—
私营独资企业	1291	—	1291	—	—	—	7313	—	—
私营合伙企业	—	—	—	—	—	—	—	—	—
私营有限责任公司	4702	561	2522	—	—	—	1435	—	—
私营股份有限公司	—	—	—	—	—	—	—	—	—
其他企业	147	—	80	20	12	20	680	115	—
港、澳、台商投资企业	—	—	—	—	—	—	—	—	—
外商投资企业	—	—	—	—	—	—	—	—	—
3. 按企业控股情况分									
国有控股	70961	67	69589	—	—	—	260553	20238	19228
集体控股	56	—	56	—	—	—	2372	—	—
私人控股	6105	561	3893	—	—	—	12907	115	—
港澳台商控股	—	—	—	—	—	—	—	—	—
外商控股	—	—	—	—	—	—	—	—	—
其他	1682	125	1461	34	22	32	1598	93	56
4. 按经营形式分									
独立门店	11548	731	9635	34	22	32	148721	19395	18794
连锁总店	—	—	—	—	—	—	—	—	—
连锁门店	—	—	—	—	—	—	—	—	—
其他	67256	22	65364	—	—	—	128709	1051	490
二、零售业	171727	8181	82274	20	10	105	539093	2550	448
1. 按国民经济行业分									
综合零售	89270	56	6380	—	—	66	254226	91	—
百货零售	88127	56	6377	—	—	66	254684	51	—
超级市场零售	38	—	—	—	—	—	−2147	40	—
其他综合零售	1105	—	3	—	—	—	1689	—	—
食品、饮料及烟草制品专门零售	31	25	—	—	—	—	1786	—	—

年）　　　　　　　　　　　　　　　　　　　　　　　　　　　　　　　　单位：千元

利润总额	应交所得税	应付职工薪酬	应交增值税	土地和固定资产支出	土地购置	房屋和建筑物	机器设备	运输工具	其他费用
—	—	—	—	—	—	—	—	—	—
—	—	—	—	—	—	—	—	—	—
—	—	—	—	—	—	—	—	—	—
—	—	—	—	—	—	—	—	—	—
—	—	—	—	—	—	—	—	—	—
—	—	—	—	—	—	—	—	—	—
112	—	927	108	8176	8284	—	—	—	—
—	—	—	—	—	—	—	—	—	—
—	—	—	—	—	—	—	—	—	—
—	—	—	—	—	—	—	—	—	—
—	—	—	—	—	—	—	—	—	—
—	—	129	—	20	20	—	—	—	—
—	—	—	—	—	—	—	—	—	—
—	—	129	—	20	20	—	—	—	—
266421	20272	116986	41470	302334	341886	19649	14728	898	2004
243849	19602	72454	46787	209101	247196	4779	3129	806	825
2154	—	1010	—	—	—	—	—	—	—
200	—	744	—	—	—	—	—	—	—
—	—	—	—	—	—	—	—	—	—
—	—	—	—	—	—	—	—	—	—
—	—	—	—	—	—	—	—	—	—
—	—	—	—	—	—	—	—	—	—
—	—	—	—	—	—	—	—	—	—
9682	88	34975	683	68259	68780	14870	11599	92	1179
−9389	—	5087	—	—	—	—	—	—	—
19071	88	29888	683	68259	68780	14870	11599	92	1179
—	—	—	—	—	—	—	—	—	—
10223	562	6917	−6200	12367	12652	—	—	—	—
7313	—	3030	—	—	—	—	—	—	—
—	—	—	—	—	—	—	—	—	—
2910	562	3887	−6200	12367	12652	—	—	—	—
—	—	—	—	—	—	—	—	—	—
313	20	886	200	12607	13258	—	—	—	—
—	—	—	—	—	—	—	—	—	—
—		—	—	—	—	—	—	—	—
249153	19602	101389	46787	209101	247196	17649	14728	898	2004
2354	—	1754	—	—	—	—	—	—	—
14497	582	10033	−5644	50489	51781	—	—	—	—
—	—	—	—	—	—	—	—	—	—
—	—	—	—	—	—	—	—	—	—
417	88	3810	327	42744	42909	2000	—	—	—
167160	20242	76307	10647	218992	201835	6732	3129	778	825
—	—	—	—	—	—	—	—	—	—
—	—	—	—	—	—	—	—	—	—
99261	30	40679	30823	83342	140051	12917	11599	120	1179
444751	6852	314584	54307	1190391	1634538	3363	1651	1500	26
254138	2990	162682	1047	415320	479552	1684	—	1500	—
254717	2673	155607	973	378521	445275	1684	—	1500	—
−2268	—	2494	39	7943	8304	—	—	—	—
1689	317	4581	35	28856	25973	—	—	—	—
1727	156	5515	874	14482	15275	26	—	—	26

	财务费用	#利息收入	#利息支出	资产减值损失	公允价值变动收益	投资收益	营业利润	营业外收入	补贴收入
粮油零售	6	—	—	—	—	—	480	—	—
糕点、面包零售	—	—	—	—	—	—	—	—	—
果品、蔬菜零售	—	—	—	—	—	—	—	—	—
肉、禽、蛋及水产品零售	25	25	—	—	—	—	985	—	—
营养和保健品零售	—	—	—	—	—	—	—	—	—
酒、饮料及茶叶零售	—	—	—	—	—	—	—	—	—
烟草制品零售	—	—	—	—	—	—	321	—	—
其他食品零售	—	—	—	—	—	—	—	—	—
纺织、服装及日用品专门零售	3717	3440	257	—	—	—	49446	—	—
纺织品及针织品零售	—	—	—	—	—	—	—	—	—
服装零售	3717	3440	257	—	—	—	49446	—	—
鞋帽零售	—	—	—	—	—	—	—	—	—
化妆品及卫生用品零售	—	—	—	—	—	—	—	—	—
钟表、眼镜零售	—	—	—	—	—	—	—	—	—
箱、包零售	—	—	—	—	—	—	—	—	—
厨房用具及日用杂品零售	—	—	—	—	—	—	—	—	—
自行车零售	—	—	—	—	—	—	—	—	—
其他日用品零售	—	—	—	—	—	—	—	—	—
文化、体育用品及器材专门零售	—49	91	21	—	—	—	3384	1007	448
文具用品零售	—	—	—	—	—	—	101	—	—
体育用品及器材零售	—	—	—	—	—	—	—	—	—
图书、报刊零售	—68	91	2	—	—	—	3279	1007	448
音像制品及电子出版物零售	—	—	—	—	—	—	—	—	—
珠宝首饰零售	19	—	19	—	—	—	4	—	—
工艺美术品及收藏品零售	—	—	—	—	—	—	—	—	—
乐器零售	—	—	—	—	—	—	—	—	—
照相器材零售	—	—	—	—	—	—	—	—	—
其他文化用品零售	—	—	—	—	—	—	—	—	—
医药及医疗器材专门零售	1913	—	1	—	—	—	5150	233	—
药品零售	1913	—	1	—	—	—	3537	233	—
医疗用品及器材零售	—	—	—	—	—	—	1613	—	—
汽车、摩托车、燃料及零配件专门零售	64850	130	62880	—	—	127	158319	94	—
汽车零售	4508	19	2697	—	—	127	66770	30	—
汽车零配件零售	31	—	—	—	—	—	448	—	—
摩托车及零配件零售	—	—	—	—	—	—	—	—	—
机动车燃料零售	60311	111	60183	—	—	—	91101	64	—
家用电器及电子产品专门零售	8697	4439	12311	—	—	—100	20718	838	—
家用视听设备零售	8172	4214	12293	—	—	—100	3426	832	—
日用家电设备零售	525	225	18	—	—	—	16818	6	—
计算机、软件及辅助设备零售	—	—	—	—	—	—	287	—	—
通信设备零售	—	—	—	—	—	—	—	—	—
其他电子产品零售	—	—	—	—	—	—	187	—	—
五金、家具及室内装修材料专门零售	3140	—	283	20	10	12	37810	287	—
五金零售	311	—	—	—	—	—	—2811	—	—
灯具零售	—	—	—	—	—	—	—	—	—
家具零售	2829	—	283	20	10	12	40621	287	—
涂料零售	—	—	—	—	—	—	—	—	—
卫生洁具零售	—	—	—	—	—	—	—	—	—
木制装饰材料零售	—	—	—	—	—	—	—	—	—
陶瓷、石材装饰材料零售	—	—	—	—	—	—	—	—	—
其他室内装修材料零售	—	—	—	—	—	—	—	—	—
货摊、无店铺及其他零售业	158	—	141	—	—	—	8254	—	—
货摊食品零售	—	—	—	—	—	—	—	—	—
货摊纺织、服装及鞋零售	—	—	—	—	—	—	—	—	—
货摊日用品零售	—	—	—	—	—	—	—	—	—

年）　　　　　　　　　　　　　　　　　　　　　　　　　　单位：千元

利润总额	应交所得税	应付职工薪酬	应交增值税	土地和固定资产支出	土地购置	房屋和建筑物	机器设备	运输工具	其他费用
480	—	680	102	366	261	—	—	—	—
—	—	—	—	—	—	—	—	—	—
—	—	—	—	—	—	—	—	—	—
985	—	720	75	8223	8298	—	—	—	—
—	—	—	—	—	—	—	—	—	—
—	—	—	—	—	—	—	—	—	—
262	156	4115	697	5893	6716	26	—	—	26
—	—	—	—	—	—	—	—	—	—
787	317	13610	1868	40000	47970	—	—	—	—
—	—	—	—	—	—	—	—	—	—
787	317	13610	1868	40000	47970	—	—	—	—
—	—	—	—	—	—	—	—	—	—
—	—	—	—	—	—	—	—	—	—
—	—	—	—	—	—	—	—	—	—
—	—	—	—	—	—	—	—	—	—
—	—	—	—	—	—	—	—	—	—
—	—	—	—	—	—	—	—	—	—
—	—	—	—	—	—	—	—	—	—
1799	—	5544	842	3715	5246	—	—	—	—
101	—	60	—	—	444	—	—	—	—
—	—	—	—	—	—	—	—	—	—
1694	—	5365	838	2735	3818	—	—	—	—
—	—	—	—	—	—	—	—	—	—
4	—	119	4	980	984	—	—	—	—
—	—	—	—	—	—	—	—	—	—
—	—	—	—	—	—	—	—	—	—
—	—	—	—	—	—	—	—	—	—
—	—	—	—	—	—	—	—	—	—
4058	107	15566	850	32840	33690	—	—	—	—
3770	107	14858	850	32840	33690	—	—	—	—
288	—	708	—	—	—	—	—	—	—
157470	593	73257	30416	458789	815418	1653	1651	—	—
66316	408	12437	6930	111421	123255	—	—	—	—
448	1	1756	503	14414	15916	—	—	—	—
—	—	—	—	—	—	—	—	—	—
90706	184	59064	22983	332954	676247	1653	1651	—	—
21552	2545	18084	17220	176303	186826	—	—	—	—
4258	966	10773	8231	148645	156876	—	—	—	—
16820	1579	6348	8908	25779	27902	—	—	—	—
287	—	675	8	969	961	—	—	—	—
—	—	—	—	—	—	—	—	—	—
187	—	288	73	910	1087	—	—	—	—
−2279	144	16377	543	43973	45097	—	—	—	—
−2811	80	300	—	191	170	—	—	—	—
—	—	—	—	—	—	—	—	—	—
532	64	16077	543	43782	44927	—	—	—	—
—	—	—	—	—	—	—	—	—	—
—	—	—	—	—	—	—	—	—	—
—	—	—	—	—	—	—	—	—	—
—	—	—	—	—	—	—	—	—	—
—	—	—	—	—	—	—	—	—	—
5499	—	3949	647	4969	5464	—	—	—	—
—	—	—	—	—	—	—	—	—	—
—	—	—	—	—	—	—	—	—	—
—	—	—	—	—	—	—	—	—	—

12—9 续表 11　　（2012

	财务费用	#利息收入	#利息支出	资产减值损失	公允价值变动收益	投资收益	营业利润	营业外收入	补贴收入
互联网零售	—	—	—	—	—	—	—	—	—
邮购及电视、电话零售	—	—	—	—	—	—	—	—	—
旧货零售	—	—	—	—	—	—	—	—	—
生活用燃料零售	153	—	141	—	—	—	8052	—	—
其他未列明的零售	5	—	—	—	—	—	202	—	—
2. 按登记注册类型分									
内资企业	171727	8181	82274	20	10	105	539093	2550	448
国有企业	—	—	—	—	—	—	2512	—	—
集体企业	10	—	—	—	—	—	7224	—	—
股份合作企业	—	—	—	—	—	—	—	—	—
联营企业	—	—	—	—	—	—	—	—	—
国有联营企业	—	—	—	—	—	—	—	—	—
集体联营企业	—	—	—	—	—	—	—	—	—
国有与集体联营企业	—	—	—	—	—	—	—	—	—
其他联营企业	—	—	—	—	—	—	—	—	—
有限责任公司	90971	3608	3380	20	10	139	274404	1083	448
国有独资公司	−6	8	2	—	—	—	−198	480	—
其他有限责任公司	90977	3600	3378	20	10	139	274602	603	448
股份有限公司	8848	—	8703	—	—	66	51800	52	—
私营企业	66696	4380	70171	—	—	−100	102103	832	—
私营独资企业	1472	12	1221	—	—	—	20359	—	—
私营合伙企业	—	—	—	—	—	—	—	—	—
私营有限责任公司	8813	4257	12650	—	—	−100	7237	832	—
私营股份有限公司	56411	111	56300	—	—	—	74507	—	—
其他企业	5202	193	20	—	—	—	101050	583	—
港、澳、台商投资企业	—	—	—	—	—	—	—	—	—
外商投资企业	—	—	—	—	—	—	—	—	—
3. 按企业控股情况分									
国有控股	−34	39	2	—	—	—	2829	598	118
集体控股	348	—	—	—	—	—	9492	—	—
私人控股	87465	8090	78390	—	—	93	272132	1536	—
港澳台商控股	—	—	—	—	—	—	—	—	—
外商控股	—	—	—	—	—	—	—	—	—
其他	83948	52	3882	20	10	12	254640	416	330
4. 按经营形式分									
独立门店	168057	4573	82274	20	10	105	474155	2550	448
连锁总店	—	—	—	—	—	—	—	—	—
连锁门店	—	—	—	—	—	—	863	—	—
其他	3670	3608	—	—	—	—	64075	—	—
5. 按零售业态分									
有店铺零售	171727	8181	82274	20	10	105	539093	2550	448
食杂店	—	—	—	—	—	—	—	—	—
便利店	—	—	—	—	—	—	—	—	—
折扣店	—	—	—	—	—	—	—	—	—
超市	376	21	341	—	—	—	−278	40	—
大型超市	43	—	—	—	—	—	12493	6	—
仓储会员店	—	—	—	—	—	—	—	—	—
百货店	92334	3475	6039	—	—	66	302180	51	—
专业店	72588	4618	73691	20	10	39	116956	2161	448
专卖店	3585	67	2203	—	—	—	22510	5	—
家居建材商店	2521	—	—	—	—	—	38441	287	—
购物中心	—	—	—	—	—	—	—	—	—
厂家直销中心	280	—	—	—	—	—	46791	—	—
无店铺零售	—	—	—	—	—	—	—	—	—

年）　　　　　单位：千元

利润总额	应交所得税	应付职工薪酬	应交增值税	土地和固定资产支出	土地购置	房屋和建筑物	机器设备	运输工具	其他费用
—	—	—	—	—	—	—	—	—	—
—	—	—	—	—	—	—	—	—	—
—	—	—	—	—	—	—	—	—	—
5297	—	2405	521	3758	4266	—	—	—	—
202	—	1544	126	1211	1198	—	—	—	—
444751	6852	314584	54307	1190391	1634538	3363	1651	1500	26
—	—	915	—	—	—	—	—	—	—
7224	33	3738	—	3874	4015	—	—	—	—
—	—	—	—	—	—	—	—	—	—
—	—	—	—	—	—	—	—	—	—
—	—	—	—	—	—	—	—	—	—
—	—	—	—	—	—	—	—	—	—
—	—	—	—	—	—	—	—	—	—
—	—	—	—	—	—	—	—	—	—
225807	1655	172004	13322	468857	479550	907	825	—	26
206	—	1635	330	1480	2055	—	—	—	—
225601	1655	170369	12992	467377	477495	907	825	—	26
51652	2627	62440	21938	250965	659144	1500	—	1500	—
96866	1680	35934	10501	335031	345718	954	826	—	—
14295	91	15055	432	14400	15018	826	826	—	—
—	—	—	—	—	—	—	—	—	—
8064	1504	16955	9257	148612	158154	128	—	—	—
74507	85	3924	812	172019	172546	—	—	—	—
63202	857	39553	8546	131664	146111	2	—	—	—
—	—	—	—	—	—	—	—	—	—
—	—	—	—	—	—	—	—	—	—
780	156	7666	1286	8003	9660	26	—	—	26
9492	73	6996	—	67791	66989	1500	—	1500	—
179808	6187	120984	23258	703165	803080	1837	1651	—	—
—	—	—	—	—	—	—	—	—	—
—	—	—	—	—	—	—	—	—	—
254671	436	178938	29763	411432	754809	—	—	—	—
431227	6083	298689	52539	1138991	1579000	3363	1651	1500	26
—	—	—	—	—	—	—	—	—	—
863	—	229	—	—	—	—	—	—	—
12661	769	15666	1768	51400	55538	—	—	—	—
444751	6852	314584	54307	1190391	1634538	3363	1651	1500	26
—	—	—	—	—	—	—	—	—	—
—	—	—	—	—	—	—	—	—	—
—	—	—	—	—	—	—	—	—	—
−458	198	8412	1002	27744	29335	154	—	—	26
12499	435	2861	7278	6617	7278	—	—	—	—
—	—	—	—	—	—	—	—	—	—
252229	2948	167922	1502	433469	499933	1556	—	1500	—
110376	2775	105233	36786	546547	907731	1653	1651	—	—
22783	432	13280	1386	115012	117970	—	—	—	—
532	64	15325	543	43782	44927	—	—	—	—
—	—	—	—	—	—	—	—	—	—
46790	—	1551	5810	17220	27364	—	—	—	—
—	—	—	—	—	—	—	—	—	—

按摊位分商品交易市场成交情况

12—10　　　　　　　　　　　　　　　　(2012年)

	年末出租摊位数(个)	成交额(万元)
总　　计	**358**	**13768**
1. 粮油、食品、饮料、烟酒类	315	13249
(1) 粮油、食品类	310	13150
其中：粮油类	10	430
肉禽蛋类	80	3290
水产品类	20	970
蔬菜类	190	8000
干鲜果品类	10	460
(2) 饮料类	3	48
(3) 烟酒类	2	51
2. 服装鞋帽、针、纺织品类	11	169
(1) 服装类	6	65
(2) 鞋帽类	4	100
(3) 针、纺织品类	1	4
3. 化妆品类	—	—
4. 金银珠宝类	—	—
5. 日用品类	24	213
其中：洗涤用品类	19	147
儿童玩具类	5	66
6. 五金、电料类	8	137
7. 体育、娱乐用品类	—	—
8. 书报杂志类	—	—
9. 电子出版物及音像制品类	—	—
10. 家用电器和音像器材类	—	—
11. 中西药品类	—	—
12. 文化办公用品类	—	—
13. 家具类	—	—
14. 通讯器材类	—	—
15. 煤炭及制品类	—	—
16. 木材及制品类	—	—
17. 石油及制品类	—	—
18. 化工材料及制品类	—	—
19. 金属材料类	—	—
20. 建筑及装潢材料类	—	—
21. 机电产品及设备类	—	—
22. 汽车类	—	—
23. 种子饲料类	—	—
24. 棉麻类	—	—
25. 其他类	—	—

亿元以上商品交易市场成交情况

12－11 （2012 年）

	市场数（个）	总摊位数（个）	年末出租摊位数（个）	营业面积（平方米）	成交额（万元）
总　　计	**1**	**358**	**358**	**9600**	**13768**
一、按市场类别分组					
1. 综合市场	1	358	358	9600	13768
生产资料综合市场	—	—	—	—	—
工业消费品综合市场	—	—	—	—	—
农产品综合市场	1	358	358	9600	13768
其他综合市场	—	—	—	—	—
2. 专业市场	—	—	—	—	—
二、按营业状态分组					
1. 常年营业	1	358	358	9600	13768
2. 季节性营业	—	—	—	—	—
3. 其他	—	—	—	—	—
三、按经营方式分组					
1. 以批发为主	—	—	—	—	—
2. 以零售为主	1	358	358	9600	13768
四、按经营环境分组					
1. 露天式	—	—	—	—	—
2. 封闭式	1	358	358	9600	13768
3. 其他	—	—	—	—	—

限额以上批发和零售业产业活动单位（个体户）商品购销存

12—12　　（2012年）　　单位：千元

	单位数（个）	年末从业人员数（人）	商品购进总额	进口额	商品销售总额	批发额	零售额	年末商品库存总额	年末零售营业面积（平方米）
总　　计	**100**	**1609**	**1670690**	**—**	**1623402**	**37788**	**1585614**	**145676**	**81835**
一、批发业									
二、零售业	100	1609	1670690	—	1623402	37788	1585614	145676	81835
1. 按零售行业小类分									
综合零售	23	454	370024	—	355025	—	355025	23391	32553
百货零售	6	86	56591	—	55556	—	55556	3102	11083
超级市场零售	14	325	296562	—	283942	—	283942	18945	19420
其他综合零售	3	43	16871	—	15527	—	15527	1344	2050
食品、饮料及烟草制品专门零售	9	125	184737	—	180014	37788	142226	5305	1960
粮油零售	—	—	—	—	—	—	—	—	—
糕点、面包零售	—	—	—	—	—	—	—	—	—
果品、蔬菜零售	1	15	3810	—	3560	—	3560	250	410
肉、禽、蛋及水产品零售	3	43	117908	—	117911	37788	80123	325	270
营养和保健品零售	—	—	—	—	—	—	—	—	—
酒、饮料及茶叶零售	4	52	47119	—	43071	—	43071	4302	1160
烟草制品零售	1	15	15900	—	15472	—	15472	428	120
其他食品零售	—	—	—	—	—	—	—	—	—
纺织、服装及日用品专门零售	16	320	362056	—	316054	—	316054	47640	11910
纺织品及针织品零售	3	22	60026	—	55711	—	55711	4805	1310
服装零售	5	87	138572	—	112537	—	112537	26435	4030
鞋帽零售	2	152	77740	—	76158	—	76158	2330	4100
化妆品及卫生用品零售	3	22	30478	—	29358	—	29358	1120	910
钟表、眼镜零售	1	21	32500	—	26900	—	26900	5600	300
箱、包零售	—	—	—	—	—	—	—	—	—
厨房用具及日用杂品零售	—	—	—	—	—	—	—	—	—
自行车零售	—	—	—	—	—	—	—	—	—
其他日用品零售	2	16	22740	—	15390	—	15390	7350	1260
文化、体育用品及器材专门零售	6	57	61862	—	60109	—	60109	4541	3610
文具用品零售	3	43	29409	—	29013	—	29013	976	2030
体育用品及器材零售	—	—	—	—	—	—	—	—	—
图书、报刊零售	—	—	—	—	—	—	—	—	—
音像制品及电子出版物零售	—	—	—	—	—	—	—	—	—
珠宝首饰零售	2	6	22853	—	22966	—	22966	2095	580
工艺美术品及收藏品零售	—	—	—	—	—	—	—	—	—
乐器零售	—	—	—	—	—	—	—	—	—
照相器材零售	—	—	—	—	—	—	—	—	—
其他文化用品零售	1	8	9600	—	8130	—	8130	1470	1000
医药及医疗器材专门零售	10	131	104552	—	123362	—	123362	12967	3870
药品零售	10	131	104552	—	123362	—	123362	12967	3870
医疗用品及器材零售	—	—	—	—	—	—	—	—	—
汽车、摩托车、燃料及零配件专门零售	14	178	151781	—	151936	—	151936	22306	9500
汽车零售	6	104	92624	—	96511	—	96511	16849	5410
汽车零配件零售	4	42	24999	—	22810	—	22810	2189	2070
摩托车及零配件零售	3	25	29316	—	27389	—	27389	3047	1720
机动车燃料零售	1	7	4842	—	5226	—	5226	221	300
家用电器及电子产品专门零售	7	141	183383	—	196692	—	196692	7123	7130
家用视听设备零售	5	89	176775	—	174681	—	174681	5316	6160
日用家电设备零售	—	—	—	—	—	—	—	—	—
计算机、软件及辅助设备零售	1	12	—	—	14237	—	14237	510	170
通信设备零售	1	40	6608	—	7774	—	7774	1297	800
其他电子产品零售	—	—	—	—	—	—	—	—	—
五金、家具及室内装修材料专门零售	10	108	194575	—	190714	—	190714	14179	9470
五金零售	1	8	5800	—	5600	—	5600	200	340
灯具零售	—	—	—	—	—	—	—	—	—
家具零售	3	24	43090	—	41772	—	41772	2304	2500
涂料零售	1	12	14993	—	14363	—	14363	630	124
卫生洁具零售	—	—	—	—	—	—	—	—	—

	单位数（个）	年末从业人员数（人）	商品购进总额	进口额	商品销售总额	批发额	零售额	年末商品库存总额	年末零售营业面积（平方米）
木制装饰材料零售	2	16	9772	—	10399	—	10399	2185	4296
陶瓷、石材装饰材料零售	—	—	—	—	—	—	—	—	—
其他室内装修材料零售	3	48	120920	—	118580	—	118580	8860	2210
货摊、无店铺及其他零售业	5	95	57720	—	49496	—	49496	8224	1832
货摊食品零售	—	—	—	—	—	—	—	—	—
货摊纺织、服装及鞋零售	—	—	—	—	—	—	—	—	—
货摊日用品零售	—	—	—	—	—	—	—	—	—
互联网零售	—	—	—	—	—	—	—	—	—
邮购及电视、电话零售	—	—	—	—	—	—	—	—	—
旧货零售	—	—	—	—	—	—	—	—	—
生活用燃料零售	—	—	—	—	—	—	—	—	—
其他未列明的零售	5	95	57720	—	49496	—	49496	8224	1832
2. 按登记注册类型分									
内资企业	—	—	—	—	—	—	—	—	—
国有企业	—	—	—	—	—	—	—	—	—
集体企业	—	—	—	—	—	—	—	—	—
股份合作企业	—	—	—	—	—	—	—	—	—
联营企业	—	—	—	—	—	—	—	—	—
有限责任公司	—	—	—	—	—	—	—	—	—
股份有限公司	—	—	—	—	—	—	—	—	—
私营企业	—	—	—	—	—	—	—	—	—
其他企业	—	—	—	—	—	—	—	—	—
港澳台商投资企业	—	—	—	—	—	—	—	—	—
外商投资企业	—	—	—	—	—	—	—	—	—
个体经营	100	1609	1670690	—	1623402	37788	1585614	145676	81835
个体户	100	1609	1670690	—	1623402	37788	1585614	145676	81835
个人合伙	—	—	—	—	—	—	—	—	—
3. 按经营形式分									
独立门店	100	1609	1670690	—	1623402	37788	1585614	145676	81835
连锁总店（总部）	—	—	—	—	—	—	—	—	—
连锁门店	—	—	—	—	—	—	—	—	—
其他	—	—	—	—	—	—	—	—	—
4. 按零售业态分									
有店铺零售	100	1609	1670690	—	1623402	37788	1585614	145676	81835
食杂店	—	—	—	—	—	—	—	—	—
便利店	1	20	16944	—	16324	—	16324	620	180
折扣店	—	—	—	—	—	—	—	—	—
超市	18	368	230534	—	218502	—	218502	20014	21270
大型超市	1	46	97939	—	95139	—	95139	2800	3200
仓储会员店	—	—	—	—	—	—	—	—	—
百货店	12	238	178476	—	172131	—	172131	7335	15753
专业店	24	317	384832	—	350385	—	350385	56838	15130
专卖店	41	592	749173	—	757825	37788	720037	56491	21442
家居建材商店	2	16	10002	—	10399	—	10399	1485	4750
购物中心	—	—	—	—	—	—	—	—	—
厂家直销中心	1	12	2790	—	2697	—	2697	93	110
无店铺零售	—	—	—	—	—	—	—	—	—

限额以上住宿餐饮业产业活动单位（个体户）经营情况

12－13　　（2012 年）　　单位：千元

	单位数（个）	年末从业人员数（人）	营业额	客房	餐费	商品销售	其他	客房数（间）	床位数（个）	餐位数（位）	年末餐饮营业面积（平方米）
总　　计	**91**	**1818**	**618424**	**51832**	**563025**	**2258**	**1309**	**655**	**1017**	**17752**	**66920**
一、住宿业	17	273	57854	51732	4813	—	1309	648	992	1690	10450
1. 按住宿行业小类分											
旅游饭店	9	118	34932	31471	3461	—	—	355	510	1490	7750
一般旅馆	7	140	18431	17079	1352	—	—	281	462	200	2700
其他住宿服务	1	15	4491	3182	—	—	1309	12	20	—	—
2. 按登记注册类型分											
内资企业	—	—	—	—	—	—	—	—	—	—	—
国有企业	—	—	—	—	—	—	—	—	—	—	—
集体企业	—	—	—	—	—	—	—	—	—	—	—
股份合作企业	—	—	—	—	—	—	—	—	—	—	—
联营企业	—	—	—	—	—	—	—	—	—	—	—
有限责任公司	—	—	—	—	—	—	—	—	—	—	—
股份有限公司	—	—	—	—	—	—	—	—	—	—	—
私营企业	—	—	—	—	—	—	—	—	—	—	—
其他企业	—	—	—	—	—	—	—	—	—	—	—
港澳台商投资企业	—	—	—	—	—	—	—	—	—	—	—
外商投资企业	—	—	—	—	—	—	—	—	—	—	—
个体经营户	17	273	57854	51732	4813	—	1309	648	992	1690	10450
个体户	17	273	57854	51732	4813	—	1309	648	992	1690	10450
个人合伙	—	—	—	—	—	—	—	—	—	—	—
3. 按经营形式分											
独立门店	17	273	57854	51732	4813	—	1309	648	992	1690	10450
连锁总店（总部）	—	—	—	—	—	—	—	—	—	—	—
连锁门店	—	—	—	—	—	—	—	—	—	—	—
其他	—	—	—	—	—	—	—	—	—	—	—
4. 星级评定情况											
一星	—	—	—	—	—	—	—	—	—	—	—
二星	—	—	—	—	—	—	—	—	—	—	—
三星	—	—	—	—	—	—	—	—	—	—	—
四星	—	—	—	—	—	—	—	—	—	—	—
五星	—	—	—	—	—	—	—	—	—	—	—
其他	17	273	57854	51732	4813	—	1309	648	992	1690	10450

12—13 续表 1 （2012 年） 单位：千元

	单位数（个）	年末从业人员数（人）	营业额					客房数（间）	床位数（个）	餐位数（位）	年末餐饮营业面积（平方米）
				客房	餐费	商品销售	其他				
二、餐饮业	74	1545	560570	100	558212	2258	—	7	25	16062	56470
1. 按餐饮行业小类分											
正餐服务	74	1545	560570	100	558212	2258	—	7	25	16062	56470
快餐服务	—	—	—	—	—	—	—	—	—	—	—
饮料及冷饮服务	—	—	—	—	—	—	—	—	—	—	—
其他餐饮服务	—	—	—	—	—	—	—	—	—	—	—
2. 按登记注册类型分											
内资企业	—	—	—	—	—	—	—	—	—	—	—
国有企业	—	—	—	—	—	—	—	—	—	—	—
集体企业	—	—	—	—	—	—	—	—	—	—	—
股份合作企业	—	—	—	—	—	—	—	—	—	—	—
联营企业	—	—	—	—	—	—	—	—	—	—	—
有限责任公司	—	—	—	—	—	—	—	—	—	—	—
股份有限公司	—	—	—	—	—	—	—	—	—	—	—
私营企业	—	—	—	—	—	—	—	—	—	—	—
其他企业	—	—	—	—	—	—	—	—	—	—	—
港澳台商投资企业	—	—	—	—	—	—	—	—	—	—	—
外商投资企业	—	—	—	—	—	—	—	—	—	—	—
个体经营户	74	1545	560570	100	558212	2258	—	7	25	16062	56470
个体户	74	1545	560570	100	558212	2258	—	7	25	16062	56470
个人合伙	—	—	—	—	—	—	—	—	—	—	—
3. 按经营形式分											
独立门店	74	1545	560570	100	558212	2258	—	7	25	16062	56470
连锁总店(总部)	—	—	—	—	—	—	—	—	—	—	—
连锁门店	—	—	—	—	—	—	—	—	—	—	—
其他	—	—	—	—	—	—	—	—	—	—	—

12－14 （2012

	法人企业（个）	从业人数（个）	营业额	客房收入	餐费收入
总　　计	**23**	**1335**	**386091**	**83748**	**291398**
一、住宿业	11	962	234551	78073	146520
1. 按住宿行业小类分					
旅游饭店	10	947	232386	75953	146515
一般旅馆	1	15	2165	2120	5
其他住宿服务	—	—	—	—	—
2. 按登记注册类型分					
内资企业	10	877	229250	74546	146096
国有企业	5	488	120329	42705	69056
集体企业	1	156	46190	14240	31950
股份合作企业	—	—	—	—	—
联营企业	—	—	—	—	—
有限责任公司	3	203	37178	12220	24918
国有独资公司	—	—	—	—	—
其他有限责任公司	3	203	37178	12220	24918
股份有限公司	—	—	—	—	—
私营企业	1	30	25553	5381	20172
私营独资企业	1	30	25553	5381	20172
私营合伙企业	—	—	—	—	—
其他企业	—	—	—	—	—
港澳台商投资企业	1	85	5301	3527	424
港澳台商独资企业	1	85	5301	3527	424
外商投资企业	—	—	—	—	—
3. 按控股情况分					
国有控股	5	488	120329	42705	69056
集体控股	1	156	46190	14240	31950
私人控股	4	233	62731	17601	45090
港澳台商控股	1	85	5301	3527	424
外商控股	—	—	—	—	—
其他	—	—	—	—	—
4. 按经营形式分					
独立门店	11	962	234551	78073	146520
连锁总店（总部）	—	—	—	—	—
连锁门店	—	—	—	—	—
其他	—	—	—	—	—
5. 按星级分					
五星	—	—	—	—	—
四星	2	232	52235	26679	25556
三星	2	231	61596	17302	35424
二星	1	156	46190	14240	31950
一星	—	—	—	—	—
其他	6	343	74530	19852	53590

法人企业经营情况

年）　　单位：千元

		客房数 （间）	床位数 （个）	餐位数 （位）	年末餐饮营业面积 （万平方米）
商品销售收入	其他收入				
8681	**2264**	**853**	**1919**	**6705**	**50111**
8139	1819	734	1605	4300	36391
8129	1789	714	1575	4270	35941
10	30	20	30	30	450
—	—	—	—	—	—
7530	1078	686	1503	4240	35291
7520	1048	348	647	2340	15741
—	—	38	66	600	2000
—	—	—	—	—	—
—	—	—	—	—	—
10	30	245	660	930	15450
—	—	—	—	—	—
10	30	245	660	930	15450
—	—	—	—	—	—
—	—	55	130	370	2100
—	—	55	130	370	2100
—	—	—	—	—	—
—	—	—	—	—	—
609	741	48	102	60	1100
609	741	48	102	60	1100
—	—	—	—	—	—
7520	1048	348	647	2340	15741
—	—	38	66	600	2000
10	30	300	790	1300	17550
609	741	48	102	60	1100
—	—	—	—	—	—
—	—	—	—	—	—
8139	1819	734	1605	4300	36391
—	—	—	—	—	—
—	—	—	—	—	—
—	—	—	—	—	—
—	—	—	—	—	—
—	—	340	847	530	7200
8129	741	125	242	1260	4044
—	—	38	66	600	2000
—	—	—	—	—	—
10	1078	231	450	1910	23147

	法人企业（个）	从业人数（个）	营业额	客房收入	餐费收入
二、餐饮业	12	373	151540	5675	144878
1. 按餐饮行业小类分					
正餐服务	12	373	151540	5675	144878
快餐服务	—	—	—	—	—
饮料及冷饮服务	—	—	—	—	—
其他餐饮业	—	—	—	—	—
2. 按登记注册类型分					
内资企业	12	373	151540	5675	144878
国有企业	—	—	—	—	—
集体企业	—	—	—	—	—
股份合作企业	—	—	—	—	—
联营企业	—	—	—	—	—
有限责任公司	2	51	12430	2418	9567
国有独资公司	—	—	—	—	—
其他有限责任公司	2	51	12430	2418	9567
股份有限公司	1	30	36099	—	36099
私营企业	7	243	67539	3257	63740
私营独资企业	6	211	61839	3257	58582
私营合伙企业	—	—	—	—	—
私营有限责任公司	1	32	5700	—	5158
私营股份有限公司	—	—	—	—	—
其他企业	2	49	35472	—	35472
港澳台商投资企业	—	—	—	—	—
外商投资企业	—	—	—	—	—
3. 按控股情况分					
国有控股	—	—	—	—	—
集体控股	—	—	—	—	—
私人控股	10	334	144563	3257	140764
港澳台商控股	—	—	—	—	—
外商控股	—	—	—	—	—
其他	2	39	6977	2418	4114
4. 按经营形式分					
独立门店	12	373	151540	5675	144878
连锁总店（总部）	—	—	—	—	—
连锁门店	—	—	—	—	—
其他	—	—	—	—	—

年）

单位：千元

商品销售收入	其他收入	客房数（间）	床位数（个）	餐位数（位）	年末餐饮营业面积（万平方米）
542	445	119	314	2405	13720
542	445	119	314	2405	13720
—	—	—	—	—	—
—	—	—	—	—	—
—	—	—	—	—	—
542	445	119	314	2405	13720
—	—	—	—	—	—
—	—	—	—	—	—
—	—	—	—	—	—
—	—	—	—	—	—
—	445	73	146	251	3000
—	—	—	—	—	—
—	445	73	146	251	3000
—	—	—	—	300	2000
542	—	46	168	1786	8420
—	—	46	168	1626	7420
—	—	—	—	—	—
542	—	—	—	160	1000
—	—	—	—	—	—
—	—	—	—	68	300
—	—	—	—	—	—
—	—	—	—	—	—
—	—	—	—	—	—
—	—	—	—	—	—
542	—	46	168	2386	11520
—	—	—	—	—	—
—	—	—	—	—	—
—	445	73	146	19	2200
542	445	119	314	2405	13720
—	—	—	—	—	—
—	—	—	—	—	—
—	—	—	—	—	—

12—15 (2012

	企业数（个）	#执行《2006年企业会计准则》企业数（个）	年初存货	流动资产合计	#应收帐款	#存货	固定资产合计
总　　计	**23**	**21**	**6474**	**91534**	**55615**	**8343**	**403073**
一、住宿业	11	10	5124	81658	54523	7301	341672
1. 按住宿行业小类分							
旅游饭店	10	9	4724	81258	54523	6901	341572
一般旅馆	1	1	400	400	—	400	100
其他住宿服务	—	—	—	—	—	—	—
2. 按登记注册类型分							
内资企业	10	9	4031	56251	32513	6247	327359
国有企业	5	4	1010	20656	4959	1924	300513
集体企业	1	1	—	3723	2263	601	2802
股份合作企业	—	—	—	—	—	—	—
联营企业	—	—	—	—	—	—	—
有限责任公司	3	3	1400	29123	24163	2101	17102
国有独资公司	—	—	—	—	—	—	—
其他有限责任公司	3	3	1400	29123	24163	2101	17102
股份有限公司	—	—	—	—	—	—	—
私营企业	1	1	1621	2749	1128	1621	6942
私营独资企业	1	1	1621	2749	1128	1621	6942
私营合伙企业	—	—	—	—	—	—	—
其他企业	—	—	—	—	—	—	—
港澳台商投资企业	1	1	1093	25407	22010	1054	14313
港澳台商独资企业	1	1	1093	25407	22010	1054	14313
外商投资企业	—	—	—	—	—	—	—
3. 按控股情况分							
国有控股	5	4	1010	20656	4959	1924	300513
集体控股	1	1	—	3723	2263	601	2802
私人控股	4	4	3021	31872	25291	3722	24044
港澳台商控股	1	1	1093	25407	22010	1054	14313
外商控股	—	—	—	—	—	—	—
其他	—	—	—	—	—	—	—
4. 按经营形式分							
独立门店	11	10	5124	81658	54523	7301	341672
连锁总店（总部）	—	—	—	—	—	—	—
连锁门店	—	—	—	—	—	—	—
其他	—	—	—	—	—	—	—
5. 按星级分							
五星	—	—	—	—	—	—	—
四星	2	2	1529	39349	24183	1528	171163
三星	2	2	1407	28938	24643	1488	156006
二星	1	1	—	3723	2263	601	2802
一星	—	—	—	—	—	—	—
其他	6	5	2188	9648	3434	3684	11701

餐饮企业财务状况

年）

单位：千元

固定资产原价	累计折旧	#本年折旧	在建工程	资产总计	流动负债合计	#应付帐款	非流动负债合计	负债合计
452002	**48929**	**4076**	**110**	**509253**	**227880**	**76426**	**97548**	**325428**
387339	45667	3112	110	437950	212672	74469	97548	310220
387239	45667	3112	110	437450	212672	74469	97548	310220
100	—	—	—	500	—	—	—	—
—	—	—	—	—	—	—	—	—
351586	24227	1815	110	394095	182015	72161	97548	279563
301709	1196	61	110	325571	136341	63401	97548	233889
2976	174	174	—	7202	6672	3230	—	6672
—	—	—	—	—	—	—	—	—
—	—	—	—	—	—	—	—	—
38676	21574	1454	—	51452	37322	5530	—	37322
—	—	—	—	—	—	—	—	—
38676	21574	1454	—	51452	37322	5530	—	37322
—	—	—	—	—	—	—	—	—
8225	1283	126	—	9870	1680	—	—	1680
8225	1283	126	—	9870	1680	—	—	1680
—	—	—	—	—	—	—	—	—
—	—	—	—	—	—	—	—	—
35753	21440	1297	—	43855	30657	2308	—	30657
35753	21440	1297	—	43855	30657	2308	—	30657
—	—	—	—	—	—	—	—	—
301709	1196	61	110	325571	136341	63401	97548	233889
2976	174	174	—	7202	6672	3230	—	6672
46901	22857	1580	—	61322	39002	5530	—	39002
35753	21440	1297	—	43855	30657	2308	—	30657
—	—	—	—	—	—	—	—	—
—	—	—	—	—	—	—	—	—
387339	45667	3112	110	437950	212672	74469	97548	310220
—	—	—	—	—	—	—	—	—
—	—	—	—	—	—	—	—	—
—	—	—	—	—	—	—	—	—
—	—	—	—	—	—	—	—	—
192563	21400	1280	—	215062	159269	59953	38588	197857
178442	22436	1297	—	193168	34746	6397	58960	93706
2976	174	174	—	7202	6672	3230	—	6672
—	—	—	—	—	—	—	—	—
13358	1657	361	110	22518	11985	4889	—	11985

12—15 续表 1 (2012

	企业数（个）	#执行《2006年企业会计准则》企业数（个）	年初存货	流动资产合计	#应收帐款	#存货	固定资产合计
二、餐饮业	12	11	1350	9876	1092	1042	61401
1. 按餐饮行业小类分							
正餐服务	12	11	1350	9876	1092	1042	61401
快餐服务	—	—	—	—	—	—	—
饮料及冷饮服务	—	—	—	—	—	—	—
其他餐饮业	—	—	—	—	—	—	—
2. 按登记注册类型分							
内资企业	12	11	1350	9876	1092	1042	61401
国有企业	—	—	—	—	—	—	—
集体企业	—	—	—	—	—	—	—
股份合作企业	—	—	—	—	—	—	—
联营企业	—	—	—	—	—	—	—
有限责任公司	2	2	465	474	45	419	325
国有独资公司	—	—	—	—	—	—	—
其他有限责任公司	2	2	465	474	45	419	325
股份有限公司	1	1	80	90	—	—	676
私营企业	7	6	779	8257	1047	538	59182
私营独资企业	6	6	758	8249	1047	531	56347
私营合伙企业	—	—	—	—	—	—	—
私营有限责任公司	1	—	21	8	—	7	2835
私营股份有限公司	—	—	—	—	—	—	—
其他企业	2	2	26	1055	—	85	1218
港澳台商投资企业	—	—	—	—	—	—	—
外商投资企业	—	—	—	—	—	—	—
3. 按控股情况分							
国有控股	—	—	—	—	—	—	—
集体控股	—	—	—	—	—	—	—
私人控股	10	9	924	8481	1047	672	61356
港澳台商控股	—	—	—	—	—	—	—
外商控股	—	—	—	—	—	—	—
其他	2	2	426	1395	45	370	45
4. 按经营形式分							
独立门店	12	11	1350	9876	1092	1042	61401
连锁总店（总部）	—	—	—	—	—	—	—
连锁门店	—	—	—	—	—	—	—
其他	—	—	—	—	—	—	—

年）　　　　　　　　　　　　　　　　　　　　　　　　　　　　单位：千元

固定资产原价	累计折旧	#本年折旧	在建工程	资产总计	流动负债合计	#应付帐款	非流动负债合计	负债合计
64663	3262	964	—	71303	15208	1957	—	15208
64663	3262	964	—	71303	15208	1957	—	15208
—	—	—	—	—	—	—	—	—
—	—	—	—	—	—	—	—	—
—	—	—	—	—	—	—	—	—
64663	3262	964	—	71303	15208	1957	—	15208
—	—	—	—	—	—	—	—	—
—	—	—	—	—	—	—	—	—
—	—	—	—	—	—	—	—	—
—	—	—	—	—	—	—	—	—
453	128	28	—	800	4863	163	—	4863
—	—	—	—	—	—	—	—	—
453	128	28	—	800	4863	163	—	4863
936	260	30	—	766	23	—	—	23
61534	2352	819	—	67464	10215	1794	—	10215
58129	1782	653	—	64621	7432	1794	—	7432
—	—	—	—	—	—	—	—	—
3405	570	166	—	2843	2783	—	—	2783
—	—	—	—	—	—	—	—	—
1740	522	87	—	2273	107	—	—	107
—	—	—	—	—	—	—	—	—
—	—	—	—	—	—	—	—	—
—	—	—	—	—	—	—	—	—
—	—	—	—	—	—	—	—	—
64562	3206	946	—	69862	10264	1794	—	10264
—	—	—	—	—	—	—	—	—
—	—	—	—	—	—	—	—	—
101	56	18	—	1441	4944	163	—	4944
64663	3262	964	—	71303	15208	1957	—	15208
—	—	—	—	—	—	—	—	—
—	—	—	—	—	—	—	—	—
—	—	—	—	—	—	—	—	—

	所有者权益合计	实收资本	国家资本	集体资本	法人资本	个人资本	港澳台资本	外商资本	营业收入
总　　计	**183825**	**64505**	**9949**	**592**	**8562**	**15402**	**30000**	**—**	**386086**
一、住宿业	127730	50549	9949	500	6300	3800	30000	—	233910
1. 按住宿行业小类分									
旅游饭店	127230	50049	9949	500	6300	3300	30000	—	231790
一般旅馆	500	500	—	—	—	500	—	—	2120
其他住宿服务	—	—	—	—	—	—	—	—	—
2. 按登记注册类型分									
内资企业	114532	20549	9949	500	6300	3800	—	—	228418
国有企业	91682	11249	9949	—	1300	—	—	—	119542
集体企业	530	500	—	500	—	—	—	—	46190
股份合作企业	—	—	—	—	—	—	—	—	—
联营企业	—	—	—	—	—	—	—	—	—
有限责任公司	14130	6000	—	—	5000	1000	—	—	37133
国有独资公司	—	—	—	—	—	—	—	—	—
其他有限责任公司	14130	6000	—	—	5000	1000	—	—	37133
股份有限公司	—	—	—	—	—	—	—	—	—
私营企业	8190	2800	—	—	—	2800	—	—	25553
私营独资企业	8190	2800	—	—	—	2800	—	—	25553
私营合伙企业	—	—	—	—	—	—	—	—	—
其他企业	—	—	—	—	—	—	—	—	—
港澳台商投资企业	13198	30000	—	—	—	—	30000	—	5492
港澳台商独资企业	13198	30000	—	—	—	—	30000	—	5492
外商投资企业	—	—	—	—	—	—	—	—	—
3. 按控股情况分									
国有控股	91682	11249	9949	—	1300	—	—	—	119542
集体控股	530	500	—	500	—	—	—	—	46190
私人控股	22320	8800	—	—	5000	3800	—	—	62686
港澳台商控股	13198	30000	—	—	—	—	30000	—	5492
外商控股	—	—	—	—	—	—	—	—	—
其他	—	—	—	—	—	—	—	—	—
4. 按经营形式分									
独立门店	127730	50549	9949	500	6300	3800	30000	—	233910
连锁总店（总部）	—	—	—	—	—	—	—	—	—
连锁门店	—	—	—	—	—	—	—	—	—
其他	—	—	—	—	—	—	—	—	—
5. 按星级分									
五星	—	—	—	—	—	—	—	—	—
四星	17205	5810	810	—	5000	—	—	—	52235
三星	99462	38896	8896	—	—	—	30000	—	61787
二星	530	500	—	500	—	—	—	—	46190
一星	—	—	—	—	—	—	—	—	—
其他	10533	5343	243	—	1300	3800	—	—	73698

年）

单位：千元

主营收入	营业成本	主营成本	营业税金及附加	主营税金及附加	其他业务利润	销售费用	管理费用	#税金	#差旅费	#工会经费
364791	**251790**	**250040**	**11455**	**9623**	**13775**	**49244**	**58925**	**4417**	**1694**	**1770**
212615	133932	132182	7228	5777	13775	41185	47537	4375	855	26
210495	132001	130251	7104	5653	13775	41185	47346	4375	855	26
2120	1931	1931	124	124	—	—	191	—	—	—
—	—	—	—	—	—	—	—	—	—	—
207123	133104	131354	6919	5468	13775	38301	45318	2523	635	10
98247	46355	44605	5239	3788	13775	31865	38812	615	67	0
46190	40134	40134	458	458	—	1993	2649	29	184	0
—	—	—	—	—	—	—	—	—	—	—
—	—	—	—	—	—	—	—	—	—	—
37133	29291	29291	804	804	—	4293	3630	1879	384	10
—	—	—	—	—	—	—	—	—	—	—
37133	29291	29291	804	804	—	4293	3630	1879	384	10
—	—	—	—	—	—	—	—	—	—	—
25553	17324	17324	418	418	—	150	227	—	—	—
25553	17324	17324	418	418	—	150	227	—	—	—
—	—	—	—	—	—	—	—	—	—	—
—	—	—	—	—	—	—	—	—	—	—
5492	828	828	309	309	—	2884	2219	1852	220	16
5492	828	828	309	309	—	2884	2219	1852	220	16
—	—	—	—	—	—	—	—	—	—	—
98247	46355	44605	5239	3788	13775	31865	38812	615	67	0
46190	40134	40134	458	458	—	1993	2649	29	184	0
62686	46615	46615	1222	1222	—	4443	3857	1879	384	10
5492	828	828	309	309	—	2884	2219	1852	220	16
—	—	—	—	—	—	—	—	—	—	—
—	—	—	—	—	—	—	—	—	—	—
212615	133932	132182	7228	5777	13775	41185	47537	4375	855	26
—	—	—	—	—	—	—	—	—	—	—
—	—	—	—	—	—	—	—	—	—	—
—	—	—	—	—	—	—	—	—	—	—
—	—	—	—	—	—	—	—	—	—	—
52235	35694	35694	1478	1478	—	2900	14639	1850	200	10
40492	828	828	3439	2255	13775	31480	26760	1852	220	16
46190	40134	40134	458	458	—	1993	2649	29	184	0
—	—	—	—	—	—	—	—	—	—	—
73698	57276	55526	1853	1586	—	4812	3489	644	251	0

12—15 续表 3 （2012

	所有者权益合计	实收资本	国家资本	集体资本	法人资本	个人资本	港澳台资本	外商资本	营业收入
二、餐饮业	56095	13956	—	92	2262	11602	—	—	152176
1. 按餐饮行业小类分									
正餐服务	56095	13956	—	92	2262	11602	—	—	152176
快餐服务	—	—	—	—	—	—	—	—	—
饮料及冷饮服务	—	—	—	—	—	—	—	—	—
其他餐饮业	—	—	—	—	—	—	—	—	—
2. 按登记注册类型分									
内资企业	56095	13956	—	92	2262	11602	—	—	152176
国有企业	—	—	—	—	—	—	—	—	—
集体企业	—	—	—	—	—	—	—	—	—
股份合作企业	—	—	—	—	—	—	—	—	—
联营企业	—	—	—	—	—	—	—	—	—
有限责任公司	－4063	549	—	72	410	67	—	—	12430
国有独资公司	—	—	—	—	—	—	—	—	—
其他有限责任公司	－4063	549	—	72	410	67	—	—	12430
股份有限公司	743	743	—	—	300	443	—	—	36099
私营企业	57249	10907	—	—	597	10310	—	—	68175
私营独资企业	57189	10847	—	—	547	10300	—	—	62475
私营合伙企业	—	—	—	—	—	—	—	—	—
私营有限责任公司	60	60	—	—	50	10	—	—	5700
私营股份有限公司	—	—	—	—	—	—	—	—	—
其他企业	2166	1757	—	20	955	782	—	—	35472
港澳台商投资企业	—	—	—	—	—	—	—	—	—
外商投资企业	—	—	—	—	—	—	—	—	—
3. 按控股情况分									
国有控股	—	—	—	—	—	—	—	—	—
集体控股	—	—	—	—	—	—	—	—	—
私人控股	59598	13256	—	92	2062	11102	—	—	145199
港澳台商控股	—	—	—	—	—	—	—	—	—
外商控股	—	—	—	—	—	—	—	—	—
其他	－3503	700	—	—	200	500	—	—	6977
4. 按经营形式分									
独立门店	56095	13956	—	92	2262	11602	—	—	152176
连锁总店（总部）	—	—	—	—	—	—	—	—	—
连锁门店	—	—	—	—	—	—	—	—	—
其他	—	—	—	—	—	—	—	—	—

年）

单位：千元

主营收入	营业成本	主营成本	营业税金及附加	主营税金及附加	其他业务利润	销售费用	管理费用	#税金	#差旅费	#工会经费
152176	117858	117858	4227	3846	—	8059	11388	42	839	1744
152176	117858	117858	4227	3846	—	8059	11388	42	839	1744
—	—	—	—	—	—	—	—	—	—	—
—	—	—	—	—	—	—	—	—	—	—
—	—	—	—	—	—	—	—	—	—	—
152176	117858	117858	4227	3846	—	8059	11388	42	839	1744
—	—	—	—	—	—	—	—	—	—	—
—	—	—	—	—	—	—	—	—	—	—
—	—	—	—	—	—	—	—	—	—	—
—	—	—	—	—	—	—	—	—	—	—
12430	9635	9635	457	457	—	275	1408	—	81	101
—	—	—	—	—	—	—	—	—	—	—
12430	9635	9635	457	457	—	275	1408	—	81	101
36099	28879	28879	1083	1083	—	722	1805	—	722	1082
68175	51266	51266	1507	1126	—	6109	6825	—	—	—
62475	48054	48054	1184	803	—	5467	5648	—	—	—
—	—	—	—	—	—	—	—	—	—	—
5700	3212	3212	323	323	—	642	1177	—	—	—
—	—	—	—	—	—	—	—	—	—	—
35472	28078	28078	1180	1180	—	953	1350	42	36	561
—	—	—	—	—	—	—	—	—	—	—
—	—	—	—	—	—	—	—	—	—	—
—	—	—	—	—	—	—	—	—	—	—
—	—	—	—	—	—	—	—	—	—	—
145199	112885	112885	3818	3437	—	8059	9449	38	839	1744
—	—	—	—	—	—	—	—	—	—	—
—	—	—	—	—	—	—	—	—	—	—
6977	4973	4973	409	409	—	—	1939	4	—	—
152176	117858	117858	4227	3846	—	8059	11388	42	839	1744
—	—	—	—	—	—	—	—	—	—	—
—	—	—	—	—	—	—	—	—	—	—
—	—	—	—	—	—	—	—	—	—	—

	财务费用	#利息收入	#利息支出	资产减值损失	公允价值变动收益	投资收益	营业利润	营业外收入
总计	**1812**	**106**	**1237**	**—**	**—**	**—**	**12860**	**21487**
一、住宿业	1808	106	1237	—	—	—	2220	21487
1. 按住宿行业小类分								
旅游饭店	1707	106	1237	—	—	—	2447	21487
一般旅馆	101	—	—	—	—	—	−227	—
其他住宿服务	—	—	—	—	—	—	—	—
2. 按登记注册类型分								
内资企业	1193	106	622	—	—	—	3583	1487
国有企业	23	—	2	—	—	—	−2752	1358
集体企业	168	53	—	—	—	—	788	129
股份合作企业	—	—	—	—	—	—	—	—
联营企业	—	—	—	—	—	—	—	—
有限责任公司	889	53	620	—	—	—	−1774	—
国有独资公司	—	—	—	—	—	—	—	—
其他有限责任公司	889	53	620	—	—	—	−1774	—
股份有限公司	—	—	—	—	—	—	—	—
私营企业	113	—	—	—	—	—	7321	—
私营独资企业	113	—	—	—	—	—	7321	—
私营合伙企业	—	—	—	—	—	—	—	—
其他企业	—	—	—	—	—	—	—	—
港澳台商投资企业	615	—	615	—	—	—	−1363	20000
港澳台商独资企业	615	—	615	—	—	—	−1363	20000
外商投资企业	—	—	—	—	—	—	—	—
3. 按控股情况分								
国有控股	23	—	2	—	—	—	−2752	1358
集体控股	168	53	—	—	—	—	788	129
私人控股	1002	53	620	—	—	—	5547	—
港澳台商控股	615	—	615	—	—	—	−1363	20000
外商控股	—	—	—	—	—	—	—	—
其他	—	—	—	—	—	—	—	—
4. 按经营形式分								
独立门店	1808	106	1237	—	—	—	2220	21487
连锁总店（总部）	—	—	—	—	—	—	—	—
连锁门店	—	—	—	—	—	—	—	—
其他	—	—	—	—	—	—	—	—
5. 按星级分								
五星	—	—	—	—	—	—	—	—
四星	620	—	620	—	—	—	−3096	—
三星	636	—	615	—	—	—	−1356	20000
二星	168	53	—	—	—	—	788	129
一星	—	—	—	—	—	—	—	—
其他	384	53	2	—	—	—	5884	1358

年）　　　　　　　　　　　　　　　　　　　　　　　　　　　　　　　　　单位：千元

补贴收入	利润总额	应交所得税	应付职工薪酬	土地和固定资产支出	土地购置	房屋和建筑物	机器设备	运输工具	其他费用
1299	**18031**	**2053**	**27205**	**421**	**—**	**—**	**406**	**—**	**15**
1299	7646	621	18168	321	—	—	306	—	15
1299	7873	562	17928	321	—	—	306	—	15
—	−227	59	240	—	—	—	—	—	—
—	—	—	—	—	—	—	—	—	—
1299	7012	345	17318	321	—	—	306	—	15
1299	−1397	16	9449	15	—	—	—	—	15
—	917	—	3369	153	—	—	153	—	—
—	—	—	—	—	—	—	—	—	—
—	—	—	—	—	—	—	—	—	—
—	171	329	3719	153	—	—	153	—	—
—	—	—	—	—	—	—	—	—	—
—	171	329	3719	153	—	—	153	—	—
—	—	—	—	—	—	—	—	—	—
—	7321	—	781	—	—	—	—	—	—
—	7321	—	781	—	—	—	—	—	—
—	—	—	—	—	—	—	—	—	—
—	—	—	—	—	—	—	—	—	—
—	634	276	850	—	—	—	—	—	—
—	634	276	850	—	—	—	—	—	—
—	—	—	—	—	—	—	—	—	—
1299	−1397	16	9449	15	—	—	—	—	15
—	917	—	3369	153	—	—	153	—	—
—	7492	329	4500	153	—	—	153	—	—
—	634	276	850	—	—	—	—	—	—
—	—	—	—	—	—	—	—	—	—
—	—	—	—	—	—	—	—	—	—
1299	7646	621	18168	321	—	—	306	—	15
—	—	—	—	—	—	—	—	—	—
—	—	—	—	—	—	—	—	—	—
—	—	—	—	—	—	—	—	—	—
—	—	—	—	—	—	—	—	—	—
—	−1151	270	3963	—	—	—	—	—	—
—	634	276	3126	—	—	—	—	—	—
—	917	—	3369	153	—	—	153	—	—
—	—	—	—	—	—	—	—	—	—
1299	7246	75	7710	168	—	—	153	—	15

	财务费用	#利息收入	#利息支出	资产减值损失	公允价值变动收益	投资收益	营业利润	营业外收入
二、餐饮业	4	—	—	—	—	—	10640	—
1. 按餐饮行业小类分								
正餐服务	4	—	—	—	—	—	10640	—
快餐服务	—	—	—	—	—	—	—	—
饮料及冷饮服务	—	—	—	—	—	—	—	—
其他餐饮业	—	—	—	—	—	—	—	—
2. 按登记注册类型分								
内资企业	4	—	—	—	—	—	10640	—
国有企业	—	—	—	—	—	—	—	—
集体企业	—	—	—	—	—	—	—	—
股份合作企业	—	—	—	—	—	—	—	—
联营企业	—	—	—	—	—	—	—	—
有限责任公司	4	—	—	—	—	—	651	—
国有独资公司	—	—	—	—	—	—	—	—
其他有限责任公司	4	—	—	—	—	—	651	—
股份有限公司	—	—	—	—	—	—	3610	—
私营企业	—	—	—	—	—	—	2468	—
私营独资企业	—	—	—	—	—	—	2122	—
私营合伙企业	—	—	—	—	—	—	—	—
私营有限责任公司	—	—	—	—	—	—	346	—
私营股份有限公司	—	—	—	—	—	—	—	—
其他企业	—	—	—	—	—	—	3911	—
港澳台商投资企业	—	—	—	—	—	—	—	—
外商投资企业	—	—	—	—	—	—	—	—
3. 按控股情况分								
国有控股	—	—	—	—	—	—	—	—
集体控股	—	—	—	—	—	—	—	—
私人控股	—	—	—	—	—	—	10988	—
港澳台商控股	—	—	—	—	—	—	—	—
外商控股	—	—	—	—	—	—	—	—
其他	4	—	—	—	—	—	−348	—
4. 按经营形式分								
独立门店	4	—	—	—	—	—	10640	—
连锁总店（总部）	—	—	—	—	—	—	—	—
连锁门店	—	—	—	—	—	—	—	—
其他	—	—	—	—	—	—	—	—

年）　　　　　　　　　　　　　　　　　　　　　　　　　　　　　　　单位：千元

补贴收入	利润总额	应交所得税	应付职工薪酬	土地和固定资产支出	土地购置	房屋和建筑物	机器设备	运输工具	其他费用
—	10385	1432	9037	100	—	—	100	—	—
—	10385	1432	9037	100	—	—	100	—	—
—	—	—	—	—	—	—	—	—	—
—	—	—	—	—	—	—	—	—	—
—	—	—	—	—	—	—	—	—	—
—	10385	1432	9037	100	—	—	100	—	—
—	—	—	—	—	—	—	—	—	—
—	—	—	—	—	—	—	—	—	—
—	—	—	—	—	—	—	—	—	—
—	—	—	—	—	—	—	—	—	—
—	651	275	1096	—	—	—	—	—	—
—	—	—	—	—	—	—	—	—	—
—	651	275	1096	—	—	—	—	—	—
—	3610	903	720	100	—	—	100	—	—
—	2213	254	6260	—	—	—	—	—	—
—	2122	—	5484	—	—	—	—	—	—
—	—	—	—	—	—	—	—	—	—
—	91	254	776	—	—	—	—	—	—
—	—	—	—	—	—	—	—	—	—
—	3911	—	961	—	—	—	—	—	—
—	—	—	—	—	—	—	—	—	—
—	—	—	—	—	—	—	—	—	—
—	—	—	—	—	—	—	—	—	—
—	—	—	—	—	—	—	—	—	—
—	10733	1432	8152	100	—	—	100	—	—
—	—	—	—	—	—	—	—	—	—
—	—	—	—	—	—	—	—	—	—
—	−348	—	885	—	—	—	—	—	—
—	10385	1432	9037	100	—	—	100	—	—
—	—	—	—	—	—	—	—	—	—
—	—	—	—	—	—	—	—	—	—
—	—	—	—	—	—	—	—	—	—

市场分类基本情况

12—16　　(2012年)　　单位：个

	合计	城市	农村
合　　计	**194**	**100**	**94**
一、消费品市场	177	87	90
（一）消费品综合市场	63	34	29
其中：批发市场	—	—	—
（二）农副产品综合市场	69	22	47
1. 农副产品综合市场	28	6	22
其中：批发市场	1	1	—
2. 农副产品专业市场	41	16	25
其中：批发市场	2	2	—
①粮油市场	7	1	6
其中：批发市场	—	—	—
②肉禽蛋市场	4	1	3
其中：批发市场	—	—	—
③水产品市场	2	2	—
其中：批发市场	—	—	—
④干鲜果品市场	5	2	3
其中：批发市场	1	1	—
⑤疏菜市场	22	10	12
其中：批发市场	1	2	0
⑥其他农副产品专业市场	1	—	1
其中：批发市场	—	—	—
（三）工业消费品市场	39	31	8
1. 工业消费品综合市场	7	4	3
2. 工业消费品专业市场	32	27	5
①纺织品和服装鞋帽市场	16	13	3
②家具市场	5	4	1
③家用电器市场	8	7	1
④家居装修装饰材料市场	1	1	0
⑤五金市场	—	—	—
⑥旧货市场	2	2	—
⑦其他工业消费品专业市场	—	—	—
（四）其他消费品市场	6	—	6
二、生产资料市场	17	13	4
（一）生产资料综合市场	—	—	—
（二）工业生产资料市场	15	13	2
1. 机动车交易市场	7	7	0
2. 旧机动市场	5	4	1
3. 机动车配件市场	—	—	—
4. 建筑工程材料市场	—	—	—
5. 钢材交易市场	—	—	—
6. 煤炭交易市场	—	—	—
7. 木材交易市场	2	1	1
8. 再生物资市场	1	1	0
9. 其他工业生产资料市场	—	—	—
（三）农业生产资料市场	2	0	2
1. 农业生产资料综合市场	2	0	2
2. 农业生产资料专业市场	—	—	—
（四）其他生产资料市场	—	—	—

私营企业基本情况

12—17　　(2012年)　　单位：个、万元

	全市	市直	铁西区	铁东区	公主岭市	双辽市	梨树县	伊通县	辽河农垦区
一、单位数	**10236**	**2654**	**788**	**685**	**2734**	**969**	**1504**	**604**	**298**
1. 按行业分									
农、林、牧、渔业	623	35	17	32	139	126	154	103	17
采矿业	84	3	—	1	5	11	27	37	
制造业	2599	588	239	251	914	88	341	118	60
电力、燃气及水的生产和供应业	58	6	6	12	14	11	4	2	3
建筑业	555	229	49	11	137	62	54	8	5
交通运输、仓储和邮政业	477	78	22	15	82	47	118	57	58
信息传输、计算机服务和软件业	375	58	65	41	85	35	55	32	4
批发和零售业	3413	937	192	245	870	410	492	183	84
住宿和餐饮业	204	126	16	13	26	1	19	2	1
金融业	59	24	3	2	12	—	11	4	3
房地产业	536	251	23	4	111	53	53	15	26
租赁和商务服务业	631	186	82	22	142	68	82	27	22
科学研究、技术服务和地质勘查业	217	91	40	6	39		28	5	8
水利、环境和公共设施管理业	14	5	2	1	2		2	1	1
居民服务和其他服务业	184	24	19	26	46	30	33	3	3
教育	22	4	1	1	2	3	11	—	—
卫生、社会保障和社会福利业	21	3	5	1	5	1	1	4	1
文化、体育和娱乐业	36	6	7	1	8	1	8	3	2
其他	128	—	—	—	95	22	11	—	—
2. 按城乡分									
城镇	7562	2517	788	665	1951	828	376	264	173
农村	2674	137	—	20	783	141	1128	340	125
二、注册资金	**2003781**	**899387**	**347615**	**44005**	**366428**	**73106**	**138761**	**67000**	**67479**
1. 按行业分									
农、林、牧、渔业	73500	13823	942	1914	18864	3080	17172	13030	4675
采矿业	6707	561	—	30	1140	950	1033	2993	—
制造业	661938	165075	212386	27116	162070	9700	40529	22958	22104
电力、燃气及水的生产和供应业	40023	18280	6050	6190	2760	1000	243	1000	4500
建筑业	134481	85460	12079	181	27481	2100	4439	1360	1381
交通运输、仓储和邮政业	42671	10301	2609	418	10001	2200	10322	2788	4032
信息传输、计算机服务和软件业	11244	2049	2224	1817	2800	1210	649	429	66
批发和零售业	522471	318644	32210	4195	67131	46572	33237	10217	10265
住宿和餐饮业	8066	1858	391	130	3880	426	1231	150	—
金融业	69505	44552	2050	—	6213	—	11610	3080	2000
房地产业	296326	200370	29708	160	36636	1330	9659	2693	15770
租赁和商务服务业	73333	16654	38568	612	7586	2550	2357	3356	1650
科学研究、技术服务和地质勘查业	35026	13639	5320	164	10160	—	4193	1180	370
水利、环境和公共设施管理业	2661	2463	55	3	100	—	—	10	30
居民服务和其他服务业	7161	1906	338	1025	1313	1300	709	40	530
教育	799	213	30	10	60	30	456	—	
卫生、社会保障和社会福利业	6391	250	190	30	4121	10	—	1700	90
文化、体育和娱乐业	6210	3289	2465	10	264	50	100	16	16
其他	5269	—	—	—	3848	598	823	—	—
2. 按城乡分									
城镇	1522432	672088	347615	41005	216029	68776	43647	27238	50209
农村	481349	227299	—	3000	94574	4330	95115	39762	17270

个 体 工 商 业 户 数

12－18 （2012 年） 单位：户

	全　市	铁西区	铁东区	公主岭市	双辽市	梨树县	伊通县	辽　河 农垦区
总　　计	**130358**	**18359**	**15327**	**34591**	**12765**	**30901**	**14640**	**3775**
农、林、牧、渔业	14407	335	161	1195	475	11328	795	118
采矿业	181	—	6	9	29	89	45	3
制造业	7331	653	318	2736	301	2255	719	349
电力、燃气及水的生产和供应业	12	6	—	1	2	3	—	
建筑业	158	103	3	8	14	20	9	1
交通运输、仓储和邮政业	10655	1879	3095	3209	903	518	1045	6
信息传输、计算机服务和软件业	680	54	395	122	32	77	—	
批发和零售业	66619	10580	8088	16080	7719	12053	9696	2403
住宿和餐饮业	11496	2375	1783	2761	1573	1564	1036	404
金融业	2	2	—		—		—	
房地产业	24	7	—	17	—		—	
租赁和商务服务业	386	209	12	20	—	62	63	20
科学研究、技术服务和地质勘查业	26	20	2	3	—	1	—	
水利、环境和公共设施管理业	3	2	1	—		—		
居民服务和其他服务业	11647	1968	1130	2427	1648	2901	1132	441
教育	22	12	3	3	—		—	4
卫生、社会保障和社会福利业	170	71	15	—	19	6	47	12
文化、体育和娱乐业	437	56	37	204	50	23	53	14
其他	6102	27	278	5796	—	1	—	
一、城镇户	92712	18359	12762	23288	12023	15510	8118	2652
农、林、牧、渔业	3580	335	92	539	—	2462	115	37
采矿业	18	—		8	—	10	—	
制造业	4481	653	195	1936	147	708	633	209
电力、燃气及水的生产和供应业	12	6	—	1	2	3	—	
建筑业	132	103	3	7	14	5	—	
交通运输、仓储和邮政业	7827	1879	2867	1860	903	86	232	
信息传输、计算机服务和软件业	510	54	335	89	32	—		
批发和零售业	53508	10580	6813	11825	7708	9335	5531	1716
住宿和餐饮业	9780	2375	1468	2040	1500	1291	802	304
金融业	2	2	—		—		—	
房地产业	24	7	—	17	—		—	
租赁和商务服务业	350	209	9	15	—	53	50	14
科学研究、技术服务和地质勘查业	25	20	1	3	—	1	—	
水利、环境和公共设施管理业	3	2	1	—		—		
居民服务和其他服务业	8934	1968	970	1803	1648	1538	658	349
教育	22	12	3	3	—		—	4
卫生、社会保障和社会福利业	147	71	2	—	19	2	44	9
文化、体育和娱乐业	276	56	2	90	50	15	53	10
其他	3081	27	1	3052	—	1	—	
二、农村户	37646	—	2565	11303	742	15391	6522	1123
农、林、牧、渔业	10827	—	69	656	475	8866	680	81
采矿业	163	—	6	1	29	79	45	3
制造业	2850	—	123	800	154	1547	86	140
电力、燃气及水的生产和供应业	—		—		—		—	
建筑业	26	—		1	—	15	9	1
交通运输、仓储和邮政业	2828	—	228	1349	—	432	813	6
信息传输、计算机服务和软件业	170	—	60	33	—	77	—	
批发和零售业	13111	—	1275	4255	11	2718	4165	687
住宿和餐饮业	1716	—	315	721	73	273	234	100
金融业	—		—		—		—	
房地产业	—		—		—		—	
租赁和商务服务业	36	—	3	5	—	9	13	6
科学研究、技术服务和地质勘查业	1	—	1	—		—		
水利、环境和公共设施管理业	—		—		—		—	
居民服务和其他服务业	2713	—	160	624	—	1363	474	92
教育	—		—		—		—	
卫生、社会保障和社会福利业	23	—	13	—		4	3	3
文化、体育和娱乐业	161	—	35	114	—	8	—	4
其他	3021	—	277	2744	—		—	

个 体 工 商 业 人 数

12—19 （2012 年） 单位：人

	全　市	铁西区	铁东区	公主岭市	双辽市	梨树县	伊通县	辽　河 农垦区
总　　计	**401629**	**32851**	**20880**	**79131**	**38781**	**174667**	**45935**	**9384**
农、林、牧、渔业	162339	420	315	3706	950	153736	2695	517
采矿业	637	—	14	74	138	97	294	20
制造业	16035	951	527	7929	1339	1582	2489	1218
电力、燃气及水的生产和供应业	40	17	—	7	12	4	—	—
建筑业	446	161	5	38	150	11	76	5
交通运输、仓储和邮政业	12699	1897	3229	3429	998	583	2543	20
信息传输、计算机服务和软件业	1012	64	534	239	98	77	—	—
批发和零售业	125790	12352	10780	32966	23451	13347	28402	4492
住宿和餐饮业	35021	3783	3470	12110	7356	2575	4658	1069
金融业	2	2	—	—	—	—	—	—
房地产业	42	8	—	34	—	—	—	—
租赁和商务服务业	624	254	21	83	—	65	148	53
科学研究、技术服务和地质勘查业	43	24	12	6	—	1	—	—
水利、环境和公共设施管理业	3	2	1	—	—	—	—	—
居民服务和其他服务业	31785	12541	1528	4833	4071	2559	4372	1881
教育	62	13	18	6	—	—	—	25
卫生、社会保障和社会福利业	392	153	26	—	58	6	106	43
文化、体育和娱乐业	1199	107	56	660	160	23	152	41
其他	13458	102	344	13011	—	1	—	—
一、城镇户	181137	32851	16968	45831	36570	16328	25965	6624
农、林、牧、渔业	6371	420	165	1786	—	3511	370	119
采矿业	63	—	—	51	—	12	—	—
制造业	9374	951	293	4746	588	759	1384	653
电力、燃气及水的生产和供应业	40	17	—	7	12	4	—	—
建筑业	355	161	5	34	150	5	—	—
交通运输、仓储和邮政业	8728	1897	2916	2153	998	92	672	—
信息传输、计算机服务和软件业	778	64	456	160	98	—	—	—
批发和零售业	93536	12352	9027	18951	23335	8396	18253	3222
住宿和餐饮业	27587	3783	2774	7860	7100	1847	3426	797
金融业	2	2	—	—	—	—	—	—
房地产业	42	8	—	34	—	—	—	—
租赁和商务服务业	543	254	16	68	—	57	103	45
科学研究、技术服务和地质勘查业	37	24	6	6	—	1	—	—
水利、环境和公共设施管理业	3	2	1	—	—	—	—	—
居民服务和其他服务业	26424	12541	1276	3704	4071	1624	1506	1702
教育	62	13	18	6	—	—	—	25
卫生、社会保障和社会福利业	355	153	9	—	58	4	99	32
文化、体育和娱乐业	710	107	4	243	160	15	152	29
其他	6127	102	2	6022	—	1	—	—
二、农村户	220492	—	3912	33300	2211	158339	19970	2760
农、林、牧、渔业	155968	—	150	1920	950	150225	2325	398
采矿业	574	—	14	23	138	85	294	20
制造业	6661	—	234	3183	751	823	1105	565
电力、燃气及水的生产和供应业	—	—	—	—	—	—	—	—
建筑业	91	—	—	4	—	6	76	5
交通运输、仓储和邮政业	3971	—	313	1276	—	491	1871	20
信息传输、计算机服务和软件业	234	—	78	79	—	77	—	—
批发和零售业	32254	—	1753	14015	116	4951	10149	1270
住宿和餐饮业	7434	—	696	4250	256	728	1232	272
金融业	—	—	—	—	—	—	—	—
房地产业	—	—	—	—	—	—	—	—
租赁和商务服务业	81	—	5	15		8	45	8
科学研究、技术服务和地质勘查业	6	—	6	—	—	—	—	—
水利、环境和公共设施管理业	—	—	—	—	—	—	—	—
居民服务和其他服务业	5361	—	252	1129	—	935	2866	179
教育	—	—	—	—	—	—	—	—
卫生、社会保障和社会福利业	37	—	17	—	—	2	7	11
文化、体育和娱乐业	489	—	52	417	—	8	—	12
其他	7331	—	342	6989	—	—	—	—

全市各类出口企业进出口总额

12－20　　(2012 年)　　单位：万美元

	实际出口			进口
	合计	现汇	易货	
合　　计	**6861**	**6861**	**—**	**26081**
铁西区	916	916	—	182
铁东区	1936	1936	—	948
公主岭市	374	374	—	—
双辽市	808	808	—	23187
梨树县	92	92	—	—
伊通县	—	—	—	—
辽河农垦管理区	99	99	—	—
四平经济开发区	2433	2433	—	1744
四平红嘴开发区	203	203	—	20

成品油零售企业（单位）能源商品销售与库存

12－21　　(2012 年)　　单位：吨

	年初库存量	累计销售量	#本季销售量	年末库存量
汽　油	2710	145293	35007	2818
93#	2141	124546	29762	2330
柴　油	3568	250705	47251	3597
0#	3331	195797	22740	861
煤　油	—	—	—	—
燃料油	—	—	—	—
润滑油	2	14	—	—

现存外商投资企业分国（地区）情况

12－22

（2012 年）

国（地区）别	企业个数（个）	比 例（%）	合同外资金额（万美元）	比 例（%）
合　　计	**47**	**100.0**	**32000**	**100.0**
韩　　国	4	8.5	35	0.1
香　　港	25	53.2	15411	48.2
日　　本	6	12.8	1510	4.7
塞 舌 尔	1	2.1	194	0.6
荷　　兰	1	2.1	166	0.5
维尔京群岛	2	4.3	11901	37.2
英　　国	2	4.3	267	0.8
美　　国	4	8.5	997	3.1
比 利 时	1	2.1	18	0.1
新 加 坡	1	2.1	1501	4.7
法　　国	—	—	—	—

现存外商投资企业各市、县情况

12－23

（2012 年）

单位：个、万美元

	企业个数	比 例（%）	投资总额	比 例（%）	合同外资金 额	比 例（%）
合　　计	**47**	**100.0**	**60720**	**100.0**	**32000**	**100.0**
四平市市区	28	59.6	26145	43.1	13106	41.0
公主岭市	10	21.3	15501	25.5	9452	29.5
双 辽 市	4	8.5	10662	17.6	4627	14.5
梨 树 县	4	8.5	7412	12.2	4315	13.5
伊 通 县	1	2.1	1000	1.6	500	1.5
辽河农垦管理区	—	—	—	—	—	—

现存外商投资企业生产经营情况

12—24

(2012 年)

	单　位	经济指标
生产营业企业户数	户	32
销售（营业）收入	万元	266520
出口总值	万美元	3200
增值税、消费税、营业税	万元	16601
盈亏相抵利润总额	万元	－1614
外商投资企业从业人员	人	4474
外商投资企业开工率	%	68.1
外商投资企业人均销售收入	万元	59.6

现存外商投资企业投资情况

12—25

(2012 年)

	单　位	经济指标
现存企业户数	户	47
现存外资到位企业户数	户	37
现存企业总投资额	万美元	60720
现存企业合同外资额	万美元	32000
实际利用外资额	万美元	22706
企业资产总额	万元	357628
# 固定资产	万元	93085
流动资金	万元	16457
企业负债总额	万元	228108
平均每户企业的总投资金额	万美元	1291.9
平均每户企业的合同外资金额	万美元	680.9
平均每户企业的实际利用外资金额	万美元	483.1
外商投资企业外资到位率	%	71

13 统计资料

社会事业和科技

SOCIAL CAUSES SCIENCE AND TECHNOLOGY

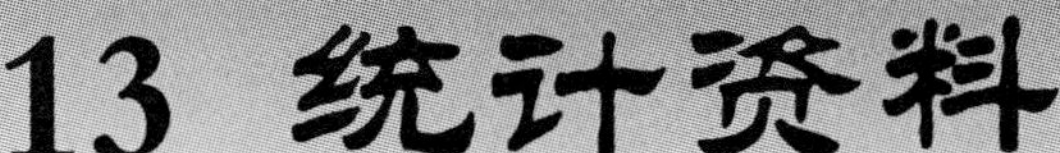

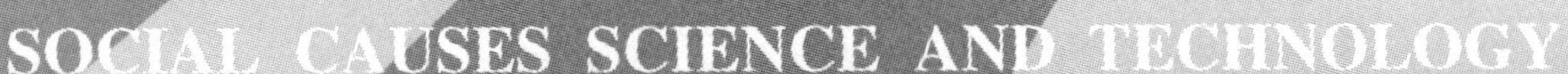

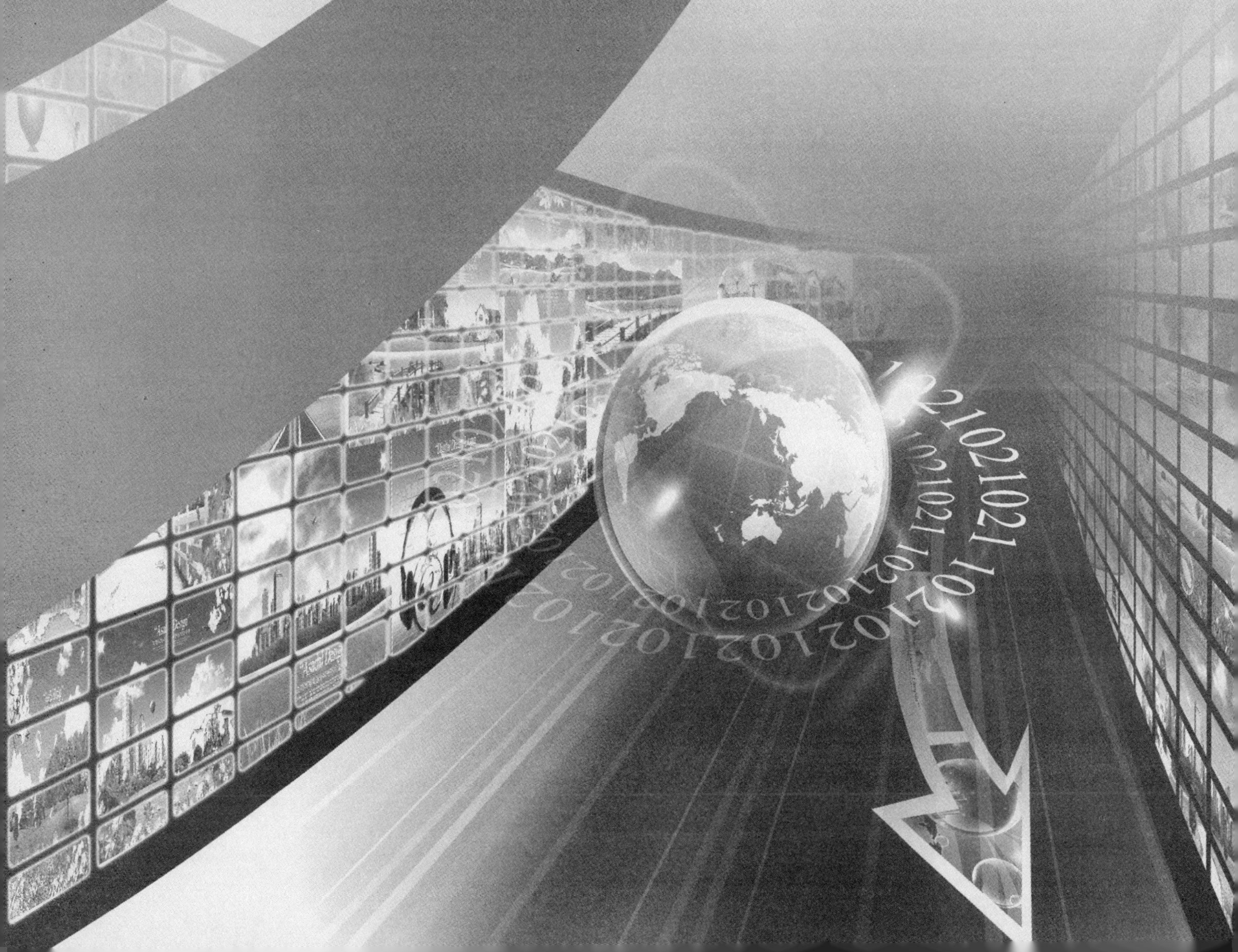

2007年—2012年规模以上工业企业科技活动人员、机构情况

13－1

	单　位	2007年	2008年	2009年	2010年	2011年	2012年
一、科技活动人员	人	1145	1359	1478	1219	1508	1611
高中级技术职称人员	人	564	558	450	533	476	492
R&D人员	人	47	131	221	273	624	898
二、企业办科技机构	个	17	15	17	21	17	12
机构科技活动人员	人	525	451	428	632	769	724
博士毕业	人	9	9	12	12	14	17
硕士毕业	人	15	12	27	25	29	36

注：2009年数据为第二次全国R&D资源清查数据。

2007年—2012年规模以上工业企业新产品产出和专利情况

13－2

	单　位	2007年	2008年	2009年	2010年	2011年	2012年
一、新产品产值	万元	360963	291955	390701	346221	311763	205610
二、新产品销售收入	万元	183680	203919	327575	318315	296480	209831
三、专利申请数	件	35	45	77	56	55	77
发明专利	件	18	21	27	23	22	25
四、拥有发明专利数	件	14	12	70	31	32	82

注：2009年数据为第二次全国R&D资源清查数据。

2007年—2012年规模以上工业企业科技活动经费情况

13－3

	单 位	2007年	2008年	2009年	2010年	2011年	2012年
一、科技活动内部经费支出	万元	13457	16221	19465	11231	19683	16308
机构科技经费内部支出	万元	3006	2812	4640	3945	7462	7389
R&D经费支出	万元	247	1466	2290	2707	9336	12787
人员人工费	万元	1901	3105	3369	2187	5426	6623
原材料费	万元	2228	2944	10995	4755	8069	5932
其他费用	万元	1945	1531	3517	2571	3795	1734
二、外部经费支出	万元	650	1053	786	574	948	1986
三、使用来自政府部门的资金	万元	301	966	924	1162	352	609

注：2009年数据为第二次全国R&D资源清查数据。

文 化 事 业 机 构

13－4　　（2012 年）　　单位：个

	全　市	市　区	公主岭市	双辽市	梨树县	伊通县	辽河农垦区
合　　计	**131**	**12**	**36**	**27**	**28**	**22**	**6**
表演团体	5	1	1	1	1	1	—
艺术表演场馆	2	1	—	—	1	—	—
图书馆	5	1	1	1	1	1	—
博物馆	6	2	1	1	1	1	—
群众艺术馆、文化馆	7	2	2	1	1	1	—
文化站	86		28	18	20	15	5
艺研室	1	1	—	—	—	—	—
电影发行放映公司	—	—	—	—	—	—	—
文化市场管理处	6	1	1	1	1	1	1
文物保护管理机构	5	1	1	1	1	1	—
其他文化事业	8	2	1	3	1	1	—

文 化 事 业 人 员 数

13－5　　（2012 年）　　单位：人

	全　市	市　区	公主岭市	双辽市	梨树县	伊通县	辽河农垦区
合　　计	**1046**	**207**	**169**	**211**	**245**	**181**	**33**
表演团体	213	41	33	71	23	45	—
艺术表演场所	63	21	—	—	42	—	—
图书馆	118	27	29	18	25	19	—
博物馆	112	50	4	20	7	31	—
群众艺术馆、文化馆	181	30	37	27	60	27	—
文化站	134	—	27	26	29	30	22
艺研室	4	4	—	—	—	—	—
电影发行放映公司	—	—	—	—	—	—	—
文化市场管理处	109	11	22	16	34	15	11
文物保护管理机构	53	6	12	7	21	7	—
其他文化事业	59	17	5	26	4	7	—

广播电视事业基本情况

13－6 （2012年）

	单　位	全　市	市　区	公主岭市	双辽市	梨树县	伊通县
一、广播							
广播电台	座	5	1	1	1	1	1
公共广播节目套数	套	6	2	1	1	1	1
公共广播节目播出时间	时：分	36822	15695	6990	6782	2580	4775
制作广播节目时间	小时	12491	7162	1276	2674	996	383
中、短波转播发射台	座	4	1	1	1	1	—
广播综合人口覆盖率	%	100	100	100	100	100	100
二、电视							
电视台数	座	5	1	1	1	1	1
电视节目套数	套	6	2	1	1	1	1
公共电视节目播出时间	时：分	37626	13213	8625	6968	2433	6387
制作电视节目时间	小时	7008	3690	1208	1058	522	530
电视转播发射台	座	7	3	1	1	1	1
电视发射机	部	32	13	5	5	4	5
电视综合人口覆盖率	%	100	100	100	100	100	100
有线广播电视用户	户	85960	10485	—	23105	—	52370

备注：网络上划，只有农网用户数。

广播电视从业人员情况

13－7　　(2012年)　　单位：人

	合　计	市　区	公主岭市	双辽市	梨树县	伊通县
合　　计	**1523**	**323**	**206**	**165**	**590**	**239**
一、管理人员	206	62	17	12	42	73
二、专业技术人员	712	230	112	88	208	74
高级	102	51	6	12	27	6
中级	294	117	31	43	87	16
初级及以下	316	62	75	33	94	52
三、其他人员	605	31	77	65	340	92
在合计中：						
1. 编辑、记者	279	111	49	43	47	29
2. 播音员、主持人	79	26	14	21	7	11
3. 工程技术人员	280	79	33	24	110	34

各级各类学校基本情况

13－8　（2012 年）　单位：人

	学校数	毕业生数	招生数	在　校 学生数	2013 年预计 毕 业 生 数	教职工数	#专任教师
一、基础教育学校	1634	113121	129289	428373	114508	35873	27590
二、幼儿园	486	18608	30794	50345	24711	3992	2397
三、小学	911	28716	36447	193898	30212	16550	13413
四、普通中学	188	47356	46109	138875	47046	14972	11509
1. 初　中	126	29734	28398	85440	29211	8545	6520
2. 高　中	19	17622	17711	53435	17835	2894	2220
3. 完　中	10	—	—	—	—	1578	1091
4. 九年一贯制	32	—	—	—	—	1842	1565
5. 十二年一贯制	1	—	—	—	—	113	113
五、特殊教育学校	8	43	101	591	126	357	270
六、工读学校	1	—	—	—	—	2	1
七、中等专业学校	37	15580	11990	36406	10442	3092	2276
1. 普通中等专业学校	6	4004	3190	13406	4773	638	486
2. 成人中等专业学校	7	2539	2647	6612	1795	797	573
3. 职业高中学校	18	9037	6153	16388	3847	1190	855
4. 教师进修学校	6	—	—	—	—	467	362
八、成人高等学校	2	2818	3848	8258	1971	180	150
九、教育学院	1	—	—	—	—	94	88

高等、中等专业学校基本情况

13—9 (2012 年) 单位：人

	毕业生数	招 生 数	在校学生数	教职工数	#专任教师
总　　计	**19020**	**20957**	**62751**	**3406**	**2359**
一、高等教育	15016	17767	49345	2768	1873
吉林师范大学	9778	11683	31524	1539	944
吉林师范大学博达学院	1666	2522	7622	502	427
四平职大	1869	1879	5349	352	228
吉林省农业工程职业技术学院	1703	1683	4850	375	274
二、中等专业学校	4004	3190	13406	638	486
四平市特殊教育学校	—	—	—	101	101
四平卫生学校	1203	1539	6634	196	138
四平医护卫生学校	1467	1117	3752	62	35
四平市商业学校	79	10	73	105	85
四平轻化工学校	—	—	—	70	59
四平农业工程学校	1052	38	253	104	68
吉林师范大学分院	106	365	1752	—	—
吉林省农业工程职业技术学院	97	121	942	—	—

普通中学办学条件情况

13—10　　(2012年)　　单位：平方米

	学校占地面积	校舍建筑面积	教学及辅助用房	#教室	行政办公用房	#教师办公室	当年新增校舍面积
合　计	**6202634**	**1342156**	**556856**	**406316**	**179169**	**118473**	**23304**
市　直	615802	192896	92839	58045	25614	14619	—
铁西区	107512	48606	19428	13985	9873	4368	—
铁东区	280828	78524	33484	26571	8875	6495	117
辽河农垦区	328543	43796	18728	13497	6997	4684	11131
梨树县	1278730	198643	84691	64520	36904	26086	972
伊通县	751108	165734	63276	47586	21637	16585	154
公主岭市	1970241	480045	184515	138212	48908	32730	362
双辽市	869870	133912	59895	43900	20361	12906	10568

普通中学学校基本情况

13—11　　(2012年)　　单位：个、人

	学校数					班　数		
	小　计	完　中	高　中	初　中	九年一贯制	小　计	高　中	初　中
合　　计	**188**	**10**	**19**	**126**	**32**	**2832**	**914**	**1918**
市　　直	9	1	6	—	1	265	259	6
铁 西 区	8	—	—	8	—	125	—	125
铁 东 区	15	—	—	11	4	175	—	175
辽河农垦区	11	—	1	7	3	103	21	82
梨 树 县	37	3	2	27	5	509	93	416
伊 通 县	28	2	2	19	5	443	125	318
公主岭市	52	3	5	32	12	866	329	537
双 辽 市	28	1	3	22	2	346	87	259

13—11 续表　　(2012年)　　单位：个、人

	毕 业 生 数			招生数			在校生数			教职工数	
	小　计	高　中	初　中	小　计	高　中	初　中	小　计	高　中	初　中		#专任教师
合　　计	**47356**	**17622**	**29734**	**46109**	**17711**	**28398**	**138875**	**53435**	**85440**	**14972**	**11509**
市　　直	6056	5888	168	5471	5335	136	17456	17093	363	1156	906
铁 西 区	2489	—	2489	2532	—	2532	7395	—	7395	1003	704
铁 东 区	3180	—	3180	2872	—	2872	8437	—	8437	1183	930
辽河农垦区	1942	582	1360	1728	354	1374	4861	1296	3565	681	540
梨 树 县	8304	1935	6369	7216	1702	5514	22618	5373	17245	2567	2022
伊 通 县	6814	1981	4833	6862	2586	4276	20472	7445	13027	1806	1504
公主岭市	13051	5589	7462	14319	6216	8103	42219	17602	24617	5025	3653
双 辽 市	5520	1647	3873	5109	1518	3591	15417	4626	10791	1551	1250

小 学 基 本 情 况

13—12 （2012 年） 单位：个、人

	校数	班数	毕业生数	招生数	2013 年预计毕业生数	在校生数	教职工数	#专任教师
合计	**911**	**6621**	**28716**	**36447**	**30212**	**193898**	**16550**	**13413**
市直	—	17	158	143	202	1132	—	—
铁西区	26	257	2538	2082	2313	12496	1553	1211
铁东区	57	382	2874	2678	2779	15781	1513	1206
辽河农垦区	34	275	1364	1653	1334	8988	727	625
梨树县	235	1449	5654	8071	6320	40939	3270	2647
伊通县	153	1123	4254	4837	4594	27771	2281	2126
公主岭市	247	1904	8115	12724	8573	61687	4894	3630
双辽市	159	1196	3759	4259	4098	25104	2312	1968

特殊教育学校基本情况

13—13 （2012 年） 单位：个、人

	学校数	毕业生数	招生数	在校生数	教职工数	#专任教师
一、按县（市）、区分组						
合计	8	43	101	591	357	270
四平市直	2	8	33	203	175	133
铁西区	1	9	23	72	40	35
铁东区	1	1	1	47	27	24
梨树县	1	—	10	19	16	9
伊通县	1	4	17	86	14	13
公主岭市	1	9	9	42	33	21
双辽市	1	16	8	122	52	35
二、特殊教育学校基本情况						
合计	8	43	101	591	357	270
四平市盲童学校	1	—	25	102	126	101
四平市聋哑学校	1	8	8	101	49	32
四平市育智学校	1	9	23	72	40	35
四平市育文学校	1	1	1	47	27	24
梨树县特殊教育学校	1	—	10	19	16	9
伊通聋哑学校	1	—	17	86	14	13
公主岭聋哑学校	1	9	9	42	33	21
双辽特殊教育学校	1	16	8	122	52	35

职业中学学校基本情况

13－14　　(2012 年)　　单位：个、人

	学校数	毕业生数	招生数	在校生数	2013 年预计毕业生数	教职工数	#专任教师
合　计	**18**	**9037**	**6153**	**16388**	**3874**	**1190**	**855**
市　直	8	2726	2273	5407	812	446	297
铁西区	—	79	35	333	68	—	—
铁东区	—	833	47	47	—	—	—
农垦管理区	1	—	120	168	—	36	28
梨树县	2	703	900	2025	298	167	106
伊通县	1	270	286	981	219	43	30
公主岭市	3	2880	1215	2954	891	206	177
双辽市	3	1546	1277	4473	1586	292	217

成人高、中等专业学校基本情况

13－15　　(2012 年)　　单位：人

	毕业生数	招生数	在校生数	教职工数	#专任教师
一、成人高等学校	**2818**	**3848**	**8258**	**180**	**150**
四平电大	494	863	2285	108	89
梨树农民专科学校	2324	2985	5973	72	61
二、成人中等学校	2539	2647	6612	330	211
四平城建职工中专	201	55	229	25	22
四平经济贸易学校	194	106	527	48	29
四平粮食职工中专	90	9	57	32	19
梨树县卫生职工中专	—	—	—	84	58
伊通县农民职工中专	476	297	1192	47	36
伊通中医卫生职工中专	—	—	—	50	27
公主岭卫生职工中专	—	—	—	44	20
梨树农村成人高等专科学校中专部	1578	2180	4607	—	—

幼儿园、学前班基本情况

13—16　　(2012 年)　　单位：个、人

	园　数	班　数	教职工数				在园幼儿数
			园　长	教　师	保健（育）	其　他	
合　计	**486**	**2379**	**541**	**2397**	**668**	**386**	**50345**
市　直	—	—	—	—	—	—	—
铁西区	41	262	67	413	150	122	5144
铁东区	68	316	82	426	181	95	6220
辽河农垦区	29	187	34	134	35	22	3001
梨树县	105	513	108	512	76	70	11931
伊通县	25	152	29	191	18	7	4312
公主岭市	57	345	59	275	32	36	9091
双辽市	161	604	162	446	176	34	10646

计划生育情况

13—17　　(2012 年)

	单　位	全　市	铁西区	铁东区	公主岭市	双辽市	梨树县	伊通县	辽河农垦区
初婚人数	人	16009	643	1177	6140	2079	3653	1894	423
早婚率	%	17.0	6.5	7.7	10.5	26.9	23.7	22.8	22.0
晚婚人数（女）	人	6398	379	682	2487	672	1321	729	128
晚婚率（女）	%	40.0	58.9	57.9	40.5	32.3	36.2	38.5	30.3
计划生育率	%	94.8	99.0	98.4	95.7	93.9	93.6	91.0	95.5
节育率	%	89.9	91.4	87.3	89.4	87.2	91.6	92.2	89.1
一孩率	%	72.2	91.1	86.7	75.3	67.6	66.3	62.3	70.1

医疗卫生机构房屋建筑面积

13—18　　(2012年)　　单位:(平方米)

	房屋建筑面积	业务用房面积	危房面积	租房面积	业务用房面积
总　计	**1131020**	**729276**	**9287**	**69975**	**47669**
一、医院	734130	542008	8063	53098	37208
综合医院	468763	313151	2920	44802	32023
中医医院	78149	76305	—	—	—
中西医结合医院	9462	8824	—	—	—
专科医院	177756	143728	5143	8296	5185
口腔医院	2948	2742	—	—	—
眼科医院	6154	5444	—	—	—
耳鼻喉科医院	2400	2400	—	—	—
妇产(科)医院	58336	53136	—	—	—
精神病医院	58176	44219	1943	—	—
传染病医院	13506	13076	—	—	—
结核病医院	5653	3163	2200	—	—
骨科医院	3640	3640	—	—	—
康复医院	19143	10708	—	—	—
其他专科医院	7800	5200	1000	8296	5185
二、基层医疗卫生机构	293130	99895	624	10109	8017
社区卫生服务中心(站)	12943	10883	—	8477	6697
社区卫生服务中心	12943	10883	—	8477	6697
卫生院	122547	89012	624	1632	1320
乡镇卫生院	122547	89012	624	1632	1320
中心卫生院	57101	33769	—	1120	1120
乡卫生院	65446	55243	624	512	200
村卫生室	116946	—	—	—	—
门诊部	278	—	—	—	—
综合门诊部	278	—	—	—	—
诊所、卫生所、医务室	40416	—	—	—	—
诊所	37785	—	—	—	—
卫生所、医务室	2631	—	—	—	—
三、专业公共卫生机构	58957	54865	600	5728	1514
疾病预防控制中心	20751	18264	600	200	200
省辖市(地区)属	7645	6658	—	—	—
地辖市属	6620	6120	—	—	—
县属	6486	5486	600	200	200
专科疾病防治院(所、站)	4322	4322	—	1200	1200
专科疾病防治院	2500	2500	—	—	—
传染病防治院	2500	2500	—	—	—
专科疾病防治所(站、中心)	1822	1822	—	1200	1200
结核病防治所(站、中心)	1822	1822	—	1200	1200
妇幼保健院(所、站)	20503	19198	—	—	—
省辖市(地区)属	2101	2101	—	—	—
地辖市属	14209	14100	—	—	—
县属	4193	2997	—	—	—
妇幼保健院	20233	18928	—	—	—
妇幼保健所	270	270	—	—	—
急救中心(站)	2162	2162	—	—	—
采供血机构	3479	3479	—	278	114
卫生监督所(中心)	7740	7440	—	4050	—
省辖市(地区)属	2340	2340	—	—	—
地辖市属	2950	2650	—	1850	—
县属	2450	2450	—	2200	—
四、其他卫生机构	44803	32508	—	1040	930
疗养院	43835	31540	—	—	—
卫生监督检验(监测、检测)所(站)	150	150	—	—	—
其他	818	818	—	1040	930

分 县 （市）、 区

13－19

（2012

	合 计	医 院					基层医疗卫生机构				
		小 计	综合医院	中医医院	中西医结合医院	专科医院	小计	社区卫生服务中心	乡镇卫生院	村卫生室	门诊部
总 计	**2095**	**56**	**32**	**6**	**1**	**17**	**1998**	**16**	**93**	**1448**	**3**
铁西区	186	16	7	—	1	8	161	1	1	43	—
铁东区	233	15	9	1	—	5	215	3	4	129	2
梨树县	403	3	2	1	—	—	394	—	26	271	—
伊通满族自治县	326	2	1	1	—	—	317	—	22	231	1
公主岭市	513	16	11	2	—	3	491	8	27	402	—
双辽市	434	4	2	1	—	1	420	4	13	372	—

医 疗 卫 生 机 构 数

年）

诊所、卫生所医务室、护理站	专业公共卫生机构							其他机构		
	小计	疾病预控中心（防疫站）	专科疾病防治院（所、站）	妇幼保健院（所、站）	急救中心（站）	采供血机构	卫生监督所	小计	疗养院	其他
438	**26**	**4**	**5**	**7**	**2**	**4**	**4**	**15**	**2**	**12**
116	6	1	—	2	1	1	1	3	—	2
77	2	—	1	1	—	—	—	1	—	1
97	3	1	—	1	—	—	1	3	1	2
63	6	1	1	1	1	1	1	1	—	1
54	5	1	2	1	—	1	—	1	1	—
31	4	—	1	1	—	1	1	6	—	6

医　疗　卫　生　机

13－20　　　　　　　　　　　　　　　　　　　　　　　　　　　　(2012

	机构数（个）		床位数（张）	实有床位数（张）	编制人数			
		已报机构				合　计	小　计	执业(助理)医　师
总　　计	**2095**	**2095**	**13558**	**14089**	**19359**	**23097**	**15671**	**6459**
一、医院	56	56	9657	10114	10025	12137	9400	3791
综合医院	32	32	5524	5985	6566	7817	6236	2499
中医医院	6	6	1550	1381	1063	1744	1434	650
中西医结合医院	1	1	200	177	244	216	161	70
专科医院	17	17	2383	2571	2152	2360	1569	572
口腔医院	1	1	70	18	129	98	53	33
眼科医院	2	2	105	155	35	116	72	19
耳鼻喉科医院	1	1	—	100	—	35	35	15
妇产（科）医院	3	3	518	318	574	687	544	197
精神病医院	2	2	960	1090	615	534	324	125
传染病医院	1	1	200	200	273	283	181	44
结核病医院	1	1	150	150	193	171	105	43
骨科医院	1	1	30	30	—	39	14	10
康复医院	1	1	240	240	210	156	42	21
其他专科医院	4	4	110	270	123	241	199	65
二、基层医疗卫生机构	1997	1997	3027	2955	7090	8406	4352	2123
社区卫生服务中心（站）	16	16	391	417	427	536	468	188
社区卫生服务中心	16	16	391	417	427	536	468	188
卫生院	93	93	2636	2535	3347	3584	2684	1164
乡镇卫生院	93	93	2636	2535	3347	3584	2684	1164
中心卫生院	24	24	1216	1125	1494	1533	1174	561
乡卫生院	69	69	1420	1410	1853	2051	1510	603
村卫生室	1449	1449	—	—	3304	3304	238	201
门诊部	3	3	—	3	10	21	18	8
综合门诊部	3	3	—	3	10	21	18	8
诊所、卫生所、医务室	436	436	—	—	2	961	944	562
诊所	407	407	—	—	2	890	876	524
卫生所、医务室	29	29	—	—	—	71	68	38
三、专业公共卫生机构	27	27	324	470	1622	1939	1476	401
疾病预防控制中心	4	4	—	—	626	643	425	113
省辖市（地区）属	1	1	—	—	136	151	106	56
地辖市属	1	1	—	—	273	283	179	1
县属	2	2	—	—	217	209	140	56
专科疾病防治院（所、站）	5	5	90	145	152	190	136	68
专科疾病防治院	1	1	60	60	30	52	50	29
传染病防治院	1	1	60	60	30	52	50	29
专科疾病防治所（站、中心）	4	4	30	85	122	138	86	39
结核病防治所（站、中心）	4	4	30	85	122	138	86	39
妇幼保健院（所、站）	7	7	234	325	383	559	445	186
省辖市（地区）属	1	1	30	24	36	59	47	29
地辖市属	4	4	162	247	240	339	281	98
县属	2	2	42	54	107	161	117	59
其他	—	—	—	—	—	—	—	—
妇幼保健院	6	6	234	325	370	547	439	181
妇幼保健所	1	1	—	—	13	12	6	5
急救中心（站）	2	2	—	—	45	53	21	11
采供血机构	4	4	—	—	179	179	134	23
卫生监督所（中心）	5	5	—	—	237	315	315	—
省辖市（地区）属	1	1	—	—	60	62	62	—
地辖市属	1	2	—	—	110	185	185	—
县属	2	2	—	—	67	68	68	—
其他	1	—	—	—	—	—	—	—
四、其他卫生机构	15	15	550	550	622	615	443	144
疗养院	2	2	550	550	425	378	304	102
卫生监督检验(监测、检测)所(站)	1	1	—	—	13	13	8	—
其他	12	12	—	—	184	224	131	42

构、床位、人员数

年）　　单位：人

在岗人员数 卫生技术人员 #执业医师	注册护士	药师（士）	技师（士）	#检验师	其他	见习医师	其他技术人员	管理人员	工勤技能人员
5324	**5258**	**784**	**670**	**499**	**2500**	**429**	**629**	**1949**	**1782**
3415	3833	549	417	303	810	321	386	1282	1069
2254	2605	316	273	191	543	221	199	780	602
575	467	108	57	44	152	73	24	142	144
62	61	14	9	5	7	6	7	32	16
524	700	111	78	63	108	21	156	328	307
26	8	3	2	—	7	—	7	22	16
15	44	2	1	1	6	4	19	24	1
14	19	—	1	—	—	—	—	—	—
185	256	45	20	20	26	—	43	55	45
122	150	23	13	11	13	7	50	34	126
42	79	21	21	16	16	4	3	49	50
36	32	6	6	5	18	—	18	14	34
8	2	2	—	—	—	—	—	1	24
20	15	1	2	1	3	—	2	112	0
56	95	8	12	9	19	6	14	17	11
1458	1060	167	119	74	883	63	114	327	547
149	144	17	20	16	99	12	8	37	23
149	144	17	20	16	99	12	8	37	23
668	581	129	95	55	715	49	106	290	504
668	581	129	95	55	715	49	106	290	504
339	272	64	55	33	222	3	42	106	211
329	309	65	40	22	493	46	64	184	293
119	37	—	—	—	—	—	—	—	—
6	3	—	—	—	7	—	—	—	3
6	3	—	—	—	7	—	—	—	3
516	295	21	4	3	62	2	—	—	17
481	275	19	4	3	54	1	—	—	14
35	20	2	—	—	8	1	—	—	3
325	241	34	121	110	679	38	69	256	138
96	10	11	58	57	233	—	44	107	67
45	2	—	29	28	19	—	3	26	16
1	5	7	15	15	151	—	18	55	31
50	3	4	14	14	63	—	23	26	20
55	37	6	11	8	14	5	7	32	15
24	14	5	2	2	—	—	—	2	0
24	14	5	2	2	—	—	—	2	0
31	23	1	9	6	14	5	7	30	15
31	23	1	9	6	14	5	7	30	15
158	150	15	26	20	68	21	9	76	29
29	12	3	3	2	—	—	3	8	1
80	110	6	19	14	48	21	6	30	22
49	28	6	4	4	20	—	—	38	6
—	—	—	—	—	—	—	—	—	—
154	150	15	25	19	68	21	9	71	28
4	—	—	1	1	—	—	—	5	1
5	10	—	—	—	—	—	6	6	20
11	34	2	26	25	49	12	3	35	7
—	—	—	—	—	315	—	—	—	—
—	—	—	—	—	62	—	—	—	—
—	—	—	—	—	185	—	—	—	—
—	—	—	—	—	68	—	—	—	—
—	—	—	—	—	—	—	—	—	—
126	124	34	13	12	128	7	60	84	28
101	90	25	9	9	78	7	47	26	1
—	—	—	—	—	8	—	3	2	0
25	34	9	4	3	42	—	10	56	27

13—21

（2012

	总收入				
	合计	#财政补助收入	#科教项目收入	#上级补助收入	#业务收入/事业收入
总　计	**281304.3**	**60973.8**	**1.2**	**234.4**	**211039.5**
一、医院	215338.1	23006.2	—	—	188210.6
综合医院	144317.7	11348.5	—	—	129909.3
中医医院	23698.6	2492.1	—	—	20720.2
中西医结合医院	2391.0	554.4	—	—	1613.6
专科医院	44930.8	8611.2	—	—	35967.5
口腔医院	1328.2	335.4	—	—	940.5
眼科医院	2615.8	—	—	—	2614.7
耳鼻喉科医院	1582.2	—	—	—	1582.2
肿瘤医院	—	—	—	—	—
妇产（科）医院	9312.6	637.4	—	—	8651.6
精神病医院	21354.2	6643.1	—	—	14623.1
传染病医院	3085.9	544.5	—	—	2471.4
结核病医院	1780.9	298.7	—	—	1416.8
骨科医院	647.0	—	—	—	626.0
康复医院	145.0	—	—	—	145.0
其他专科医院	3079.0	152.1	—	—	2896.2
二、基层医疗卫生机构	39909.2	21133.3	—	234.4	17456.8
社区卫生服务中心（站）	6085.1	2309.3	—	2.6	3712.3
社区卫生服务中心	6085.1	2309.3	—	2.6	3712.3
卫生院	31326.5	18824.0	—	231.8	11820.6
乡镇卫生院	31326.5	18824.0	—	231.8	11820.6
中心卫生院	12533.2	7419.3	—	81.5	4659.3
乡卫生院	18793.3	11404.7	—	150.3	7161.3
村卫生室	—	—	—	—	—
门诊部	134.0	—	—	—	134.0
综合门诊部	134.0	—	—	—	134.0
诊所、卫生所、医务室	2363.6	—	—	—	1789.9
诊所	2148.5	—	—	—	1600.3
卫生所、医务室	215.1	—	—	—	189.6
护理站	—	—	—	—	—

构　收　入　与　支　出

年）　　　　单位：万元

总支出				总支出中：人员经费支出
合计	#业务支出/事业支出	管理费用	#财政专项支出	
261151.2	**171872.9**	**43482.5**	**11836.5**	**84614.2**
198053.0	141817.4	41376.7	4396.9	61208.2
135005.7	101591.5	26738.1	133.2	39938.5
22012.4	17600.3	3467.4	71.8	7710.8
2297.9	1819.9	477.8	—	1136.6
38737.0	20805.7	10693.4	4191.9	12422.3
1141.3	650.0	331.1	160.2	505.6
1896.4	1183.6	519.4	—	212.5
—	—	—	—	—
—	—	—	—	—
8070.6	5479.0	2201.3	—	3283.7
19079.8	9183.7	5585.5	3929.7	5772.7
3157.3	1901.3	1206.0	50.0	872.9
1864.7	1019.6	845.1	—	799.8
635.6	165.4	—	—	174.6
142.0	110.0	5.0	—	27.0
2749.3	1113.1	—	52.0	773.5
37784.4	29517.7	—	—	14269.9
6033.1	5041.2	—	—	1753.8
6033.1	5041.2	—	—	1753.8
29535.3	24476.5	—	—	11293.1
29535.3	24476.5	—	—	11293.1
12142.7	10060.9	—	—	4338.4
17392.6	14415.6	—	—	6954.7
—	—	—	—	—
132.8	—	—	—	63.8
132.8	—	—	—	63.8
2083.2	—	—	—	1159.2
1873.5	—	—	—	1060.5
209.7	—	—	—	98.7
—	—	—	—	—

	总 收 入				
	合 计	＃财政补助收入	＃科教项目收入	＃上级补助收入	＃业务收入/事业收入
三、专业公共卫生机构	17703.0	11277.0	—	—	5305.9
疾病预防控制中心	4731.7	4121.7	—	—	471.0
省辖市（地区）属	1383.9	1289.7	—	—	—
地辖市属	1679.0	1640.1	—	—	38.9
县属	1668.8	1191.9	—	—	432.1
其他	—	—	—	—	—
专科疾病防治院（所、站）	1690.7	1093.1	—	—	—
专科疾病防治院	388.4	376.3	—	—	—
传染病防治院	388.4	376.3	—	—	—
专科疾病防治所（站、中心）	1302.3	716.8	—	—	—
结核病防治所（站、中心）	1302.3	716.8	—	—	—
职业病防治所（站、中心）					
妇幼保健院（所、站）	7664.4	2920.6	—	—	—
省辖市（地区）属	646.0	398.6	—	—	—
地辖市属	5582.1	1690.9	—	—	—
县属	1436.3	831.1	—	—	—
其他	—	—	—	—	—
妇幼保健院	7564.5	2820.7	—	—	—
妇幼保健所	99.9	99.9	—	—	—
急救中心（站）	443.1	431.7	—	—	—
采供血机构	1747.8	1443.1	—	—	281.1
卫生监督所（中心）	1425.3	1266.8	—	—	144.0
省属					
省辖市（地区）属	288.4	239.4	—	—	34.5
地辖市属	867.9	817.4	—	—	50.5
县属	269.0	210.0	—	—	59.0
其他	—	—	—	—	—
四、其他卫生机构	8354.0	5557.3	1.2	—	66.2
疗养院	7010.9	4367.5	1.2	—	—
卫生监督检验(监测、检测)所(站)	78.0	—	—	—	—
其他	1265.1	1189.8	—	—	66.2

年）

单位：万元

总支出				总支出中：人员经费支出
合计	#业务支出/事业支出	管理费用	#财政专项支出	
17625.5	4304.1	1457.7	2978.2	7378.4
4770.9	3709.0	—	1061.9	2383.6
1383.9	1275.2	—	108.7	633.0
1679.0	1355.8	—	323.2	939.1
1708.0	1078.0	—	630.0	811.5
—	—	—	—	—
1633.7	−608.3	155.2	608.3	769.1
388.4	−376.3	—	376.3	260.5
388.4	−376.3	—	376.3	260.5
1245.3	−232.0	155.2	232.0	508.6
1245.3	−232.0	155.2	232.0	508.6
7445.5	−1049.1	1302.5	1049.1	2426.7
646.0	—	78.3	—	275.9
5338.4	−988.6	1035.3	988.6	1490.7
1461.1	−60.5	188.9	60.5	660.1
—	—	—	—	—
7345.6	−1049.1	1302.5	1049.1	2373.7
99.9	—	—	—	53.0
443.1	443.1	—	—	235.2
1741.7	1068.2	—	258.9	720.1
1590.6	—	—	—	843.7
316.6	—	—	—	0.2
985.0	—	—	—	635.7
289.0	—	—	—	207.8
—	—	—	—	—
7688.3	−3766.3	648.1	4461.4	1757.7
6381.1	−4393.7	648.1	4393.7	945.3
78.0	—	—	—	53.3
1229.2	627.4	—	67.7	759.1

医疗卫生机构万元以上设备情况

13－22　　　　(2012 年)

	万元以上设备总价值（万元）	万元以上设备台数				
		合计	10 万元以下	10－49 万元	50－99 万元	100 万元以上
总　　计	**413131**	**6480**	**5317**	**865**	**169**	**129**
一、医院	403542	5464	4441	749	156	118
综合医院	44888	3704	2997	511	112	84
中医医院	10311	755	608	108	20	19
中西医结合医院	1250	67	55	9	1	2
专科医院	347093	938	781	121	23	13
口腔医院	201	61	60	—	1	—
眼科医院	337427	106	77	23	5	1
耳鼻喉科医院	—	—	—	—	—	—
妇产（科）医院	2909	327	283	34	6	4
精神病医院	4511	222	169	41	6	6
传染病医院	1466	115	96	15	2	2
结核病医院	98	18	15	3	—	—
其他专科医院	481	89	81	5	3	—
二、基层医疗卫生机构	3656	486	432	50	3	1
社区卫生服务中心（站）	884	108	90	16	1	1
社区卫生服务中心	884	108	90	16	1	1
卫生院	2772	378	342	34	2	—
乡镇卫生院	2772	378	342	34	2	—
中心卫生院	1601	181	156	23	2	—
乡卫生院	1171	197	186	11	—	—
三、专业公共卫生机构	4473	385	315	56	7	7
疾病预防控制中心	812	130	116	13	1	—
省辖市（地区）属	611	83	71	11	1	—
地辖市属	64	2	—	2	—	—
县属	137	45	45	—	—	—
专科疾病防治院（所、站）	149	15	10	5	—	—
专科疾病防治院	30	4	4	—	—	—
传染病防治院	30	4	4	—	—	—
专科疾病防治所(站、中心)	119	11	6	5	—	—
结核病防治所(站、中心)	119	11	6	5	—	—
妇幼保健院（所、站）	2493	111	85	16	3	7
省辖市（地区）属	140	24	21	3	—	—
地辖市属	1958	64	46	9	2	7
县属	395	23	18	4	1	0
妇幼保健院	2493	111	85	16	3	7
急救中心（站）	317	12	—	12	—	—
采供血机构	594	87	74	10	3	—
卫生监督所（中心）	108	30	30	—	—	—
省属	—	—	—	—	—	—
省辖市（地区）属	10	7	7	—	—	—
地辖市属	89	18	18	—	—	—
县属	9	5	5	—	—	—
四、其他卫生机构	1460	145	129	10	3	3
其他	41	10	8	2	—	—

注：本表不包括诊所、卫生所、医务室和村卫生室数字。

体育系统机构和从业人员

13－23　　（2012 年）　　单位：个、人

	合 计		行政机关		业余体校		体育场馆		体育总会、体彩中心	
	机构	人员	机构	人员	机构	人员	机构	人员	机构	人员
总　　计	**22**	**295**	**7**	**48**	**8**	**183**	**4**	**43**	**3**	**21**
四平市区	11	114	3	15	4	58	2	28	2	13
市　　直	7	98	1	11	2	46	2	28	2	13
铁 西 区	2	7	1	1	1	6	—	—	—	—
铁 东 区	2	8	1	3	1	5	—	—	—	—
公主岭市	2	31	1	9	1	22	—	—	—	—
双 辽 市	4	38	1	6	1	17	1	7	1	8
梨 树 县	2	87	1	9	1	78	—	—	—	—
伊通满族自治县	3	25	1	9	1	8	1	8	—	—

规模以上工业企业科技机构情况

13—24　　(2012 年)　　单位：人

	机构数（个）	机构人员合计	#博士毕业	#硕士毕业	#本科毕业	机构经费支出（万元）	仪器和设备原价（万元）
总　　计	**12**	**724**	**17**	**36**	**405**	**5261**	**6951**
一、按登记注册类型分组							
内资企业	11	672	17	36	384	4956	5731
国有企业	1	38	—	—	34	170	520
有限责任公司	5	372	10	25	259	1919	2361
股份有限公司	3	169		10	59	2325	2517
私营企业	2	93	7	1	32	542	333
港、澳、台商投资企业	1	52	—	—	21	306	1220
合资经营企业(港或澳、台资)	1	52	—	—	21	306	1220
二、按隶属关系分组							
省（自治区、直辖市）	2	90	—	—	55	476	1740
地（区、市、州、盟）	3	104	2	6	50	1146	1528
县（区、市、旗）	2	157	5	18	102	722	1232
其他	5	373	10	12	198	2917	2450
三、按企业规模分组							
大　型	1	66		3	13	1200	670
中　型	7	539	8	28	340	2703	4679
小　型	4	119	9	5	52	1358	1601
四、按国民经济行业大类分组							
制造业	12	724	17	36	405	5261	6951
农副食品加工业	1	156	3	8	145	500	450
食品制造业							
酒、饮料和精制茶制造业	1	66		3	13	1200	670
印刷和记录媒介复制业	1	52	—	—	21	306	1220
医药制造业	3	200	7	17	98	650	1301
通用设备制造业	2	83	—	7	72	620	1370
专用设备制造业	1	16	—	—	16	769	610
汽车制造业	3	151	7	1	40	1217	1330
五、按地区分组							
铁 西 区	1	16	—	—	16	769	610
铁 东 区	7	401	7	27	204	2776	4561
梨 树 县	1	156	3	8	145	500	450
伊通满族自治县							
公主岭市	3	151	7	1	40	1217	1330
双 辽 市	—	—	—	—	—	—	—

规模以上工业企业新产品开发、生产及销售情况

13－25　　（2012年）　　单位：万元

	新产品开发项目数（项）	新产品开发经费支出	新产品产值	新产品销售收入	#出口
总　　计	**115**	**12918**	**205610**	**209831**	**3324**
一、按登记注册类型分组					
内资企业	111	11352	123512	148886	3161
国有企业	2	262	5800	6200	2000
有限责任公司	82	3809	72328	69077	601
股份有限公司	19	6182	27806	27639	
私营企业	8	1099	17577	45970	560
港、澳、台商投资企业	4	1566	82098	60945	163
港、澳、台商投资股份有限公司	4	1566	24313	24313	—
二、按隶属关系分组					
省（自治区、直辖市）	19	695	10093	11651	2000
地（区、市、州、盟）	36	3492	76652	72713	601
县（区、市、旗）	38	2118	28449	27825	—
其他	22	6613	90415	97642	723
三、按企业规模分组					
大　型	4	3142	898	898	—
中　型	81	5807	88848	87532	2000
小　型	30	3969	115864	121401	1324
四、按国民经济行业大类分组					
制造业	115	12918	205610	209831	3324
农副食品加工业	—	—	—	—	—
食品制造业	6	724	13400	13400	—
酒、饮料和精制茶制造业	4	3142	898	898	—
化学原料和化学制品制造业			57785	36632	163
医药制造业	56	2636	58591	55884	—
通用设备制造业	28	1489	22916	24251	2000
专用设备制造业	13	2340	33543	31841	601
汽车制造业	6	2445	18263	46712	560
计算机、通信和其他电子设备制造业	1	42	210	210	—
仪器仪表制造业	1	100	4	4	—
五、按地区分组					
铁 西 区	14	2440	33547	31845	601
铁 东 区	72	7666	148482	124797	2163
梨 树 县	—	—	—	—	—
伊通满族自治县	7	812	13400	42250	—
公主岭市	19	1820	10181	10939	560
双 辽 市	3	180	—	—	—

规模以上工业企业政府相关政策落实情况

13－26　　(2012年)　　单位：万元

	来自政府部门的科技活动资金	研究开发费用加计扣除减免税	高新技术企业减免税
总　　计	**609**	**1179**	**1775**
一、按登记注册类型分组			
内资企业	299	1179	1375
国有企业	7	—	—
有限责任公司	204	1179	1165
股份有限公司	10	—	209
私营企业	78	—	—
港、澳、台商投资企业	310	—	400
合资经营企业(港或澳、台资)	—	—	400
港、澳、台商投资股份有限公司	310	—	—
二、按隶属关系分组			
省（自治区、直辖市）	7	—	—
地（区、市、州、盟）	514	1034	625
县（区、市、旗）	—	144	541
其他	88	—	610
三、按企业规模分组			
中　型	207	1069	1210
小　型	402	109	565
四、按国民经济行业大类分组			
制造业	609	1179	1775
化学原料和化学制品制造业			400
医药制造业	214	1121	1022
通用设备制造业	7	—	—
专用设备制造业	310	58	143
汽车制造业	78	—	209
五、按地区分组			
铁西区	310	58	143
铁东区	211	1121	1632
梨树县	—	—	—
伊通满族自治县	—	—	—
公主岭市	78	—	—
双辽市	10	—	—

规模以上工业企业R&D经费内部支出来源构成情况表

13－27　　（2012年）　　单位：万元

	R&D经费内部支出合计	政府资金	企业资金
总　　计	**12787**	**444**	**12295**
一、按登记注册类型分组			
内资企业	9050	134	8869
有限责任公司	3285	124	3113
股份有限公司	4873	10	4863
私营企业	893	—	893
其他企业			
港、澳、台商投资企业	3737	310	3427
合资经营企业（港或澳、台资）	2171	—	2171
港、澳、台商投资股份有限公司	1566	310	1256
二、按隶属关系分组			
省（自治区、直辖市）	903	—	903
地（区、市、州、盟）	3068	434	2635
县（区、市、旗）	1661	—	1661
其他	7156	10	7097
三、按国民经济行业大类分组			
制造业	12787	444	12295
农副食品加工业	—	—	—
食品制造业	548	—	548
酒、饮料和精制茶制造业	2190	—	2190
印刷和记录媒介复制业	470	—	470
化学原料和化学制品制造业	1701	—	1701
医药制造业	2253	134	2119
通用设备制造业	928	—	880
专用设备制造业	2253	310	1943
汽车制造业	2445	—	2445
四、按地区分组			
铁 西 区	2253	310	1943
铁 东 区	7986	124	7814
梨 树 县	—	—	—
伊通满族自治县	548	—	548
公主岭市	1820	—	1820
双 辽 市	180	10	170

规模以上工业企业R&D人员情况表

13－28　　（2012年）　　单位：人

	R&D人员合计	参加项目人员合计	#管理和服务人员	#女性	#研究人员	#全时人员	#非全时人员
总　　计	**898**	**780**	**118**	**188**	**352**	**663**	**235**
一、按登记注册类型分组							
内资企业	594	506	88	142	251	400	194
有限责任公司	295	268	27	80	123	238	57
股份有限公司	212	165	47	45	72	89	123
私营企业	87	73	14	17	56	73	14
港、澳、台商投资企业	304	274	30	46	101	263	41
合资经营企业(港或澳、台资)	135	125	10	9	77	133	2
港、澳、台商投资股份有限公司	169	149	20	37	24	130	39
二、按隶属关系分组							
省（自治区、直辖市）	84	75	9	21	54	75	9
地（区、市、州、盟）	308	272	36	79	86	234	74
县（区、市、旗）	134	125	9	21	53	121	13
其他	372	308	64	67	159	233	139
三、按企业规模分组							
大型	21	19	2	3	2	1	20
中型	353	313	40	99	164	292	61
小型	524	448	76	86	186	370	154
四、按国民经济行业大类分组							
制造业	898	780	118	188	352	663	235
农副食品加工业							
食品制造业	31	26	5	5	31	23	8
酒、饮料和精制茶制造业	21	19	2	3	2	1	20
印刷和记录媒介复制业	53	50	3	4	28	53	
化学原料和化学制品制造业	82	75	7	5	49	80	2
医药制造业	258	212	46	66	52	129	129
通用设备制造业	76	66	10	25	56	67	9
专用设备制造业	247	222	25	45	69	199	48
汽车制造业	130	110	20	35	65	111	19
五、按地区分组							
铁西区	247	222	25	45	69	199	48
铁东区	392	357	35	76	176	331	61
梨树县							
伊通满族自治县	31	26	5	5	31	23	8
公主岭市	138	115	23	47	70	110	28
双辽市	90	60	30	15	6	—	90

规模以上工业企业R&D经费支出情况表

13－29　　(2012年)　　单位：万元

	R&D经费内部支出合计	#经常费支出	人员劳务费	资产性支出	仪器和设备	R&D经费外部支出合计
总计	**12787**	**11413**	**4616**	**1374**	**1351**	**1359**
一、按登记注册类型分组						
内资企业	9050	7676	3589	1374	1351	1300
有限责任公司	3285	2691	826	593	576	889
股份有限公司	4873	4157	2303	716	711	367
私营企业	893	828	460	65	64	45
其他企业						
港、澳、台商投资企业	3737	3737	1028	—	—	59
合资经营企业(港或澳、台资)	2171	2171	320	—	—	59
港、澳、台商投资股份有限公司	1566	1566	707	—	—	—
二、按隶属关系分组						
省（自治区、直辖市）	903	903	226	—	—	331
地（区、市、州、盟）	3068	2893	1178	175	175	278
县（区、市、旗）	1661	1113	364	548	529	285
其他	7156	6505	2849	651	647	465
三、按国民经济行业大类分组						
制造业	12787	11413	4616	1374	1351	1359
农副食品加工业	—	—	—	—	—	—
食品制造业	548	548	229	—	—	45
酒、饮料和精制茶制造业	2190	1990	1644	200	197	361
印刷和记录媒介复制业	470	470	118	—	—	—
化学原料和化学制品制造业	1701	1701	202	—	—	59
医药制造业	2253	1686	406	566	549	558
通用设备制造业	928	761	332	167	166	337
专用设备制造业	2253	2245	1011	9	8	—
汽车制造业	2445	2013	675	432	431	—
四、按地区分组						
铁西区	2253	2245	1011	9	8	—
铁东区	7986	7052	2851	934	912	984
梨树县						
伊通满族自治县	548	548	229	—	—	45
公主岭市	1820	1388	481	432	431	331
双辽市	180	180	45	—	—	—

规模以上工业企业科技活动及相关情况表

13—30

（2012 年）

	计量单位	本年实际
一、科技活动人员情况	—	
科技活动人员合计	人	1611
其中：参加科技项目人员	人	1270
科技管理和服务人员	人	341
其中：女性	人	406
其中：高中级技术职称人员	人	492
其中：全时人员	人	1129
二、科技活动费用情况	—	—
（一）企业内部用于科技活动的经费支出	万元	16308
人员人工费	万元	6623
原材料费	万元	5932
折旧费用与长期费用摊销	万元	1747
无形资产摊销	万元	273
其他费用	万元	1734
（二）委托外单位开展科技活动的经费支出	万元	1986
其中：对境内研究机构的支出	万元	1316
对境内高等学校支出	万元	650
（三）当年形成用于科技活动的固定资产	万元	2744
其中：仪器和设备	万元	2429
（四）使用来自政府部门的科技活动资金	万元	609
三、科技项目情况	—	—
全部科技项目数	项	139
全部科技项目经费内部支出	万元	15503
四、企业办科技机构情况	—	—
机构数	个	15
机构人员合计	人	882
其中：博士毕业	人	19
硕士毕业	人	39
本科毕业	人	482
机构经费支出	万元	7389
仪器和设备原价	万元	6951
其中：进口	万元	605
五、科技活动产出及相关情况	—	—
（一）自主知识产权情况	—	—
专利申请数	件	77
其中：发明专利	件	25
有效发明专利数	件	82
（二）新产品生产及销售情况	—	—
新产品产值	万元	205610
新产品销售收入	万元	209831
其中：出口	万元	3324
（三）其他情况	—	—
发表科技论文	篇	19
拥有注册商标	件	344
形成国家或行业标准	项	18
六、其他相关情况	—	—
（一）政府相关政策落实情况	—	—
研究开发费用加计扣除减免税	万元	1179
高新技术企业减免税	万元	1775
（二）技术获取和技术改造情况	—	—
引进技术的消化吸收经费支出	万元	45
购买国内技术经费支出	万元	18
技术改造经费支出	万元	421

规模以上工业企业自主知识产权保护情况

13－31

(2012年)

	专利申请数(件)	发明专利(件)	有效发明专利数(件)	发表科技论文(篇)	拥有注册商标数(件)	形成国家或行业标准数(项)
总　　计	**77**	**25**	**82**	**19**	**344**	**18**
一、按登记注册类型分组						
内资企业	66	21	74	19	340	18
国有企业	4		1	1	—	1
有限责任公司	25	15	58		186	7
股份有限公司	22	2	14	18	24	9
私营企业	15	4	1	—	128	1
其他企业	—	—	—	—	2	—
港、澳、台商投资企业	11	4	8	—	4	—
合资经营企业(港或澳、台资)	3	1	7	—	—	—
港、澳、台商独资经营企业	—	—	—	—	4	—
港、澳、台商投资股份有限公司	8	3	1	—	—	—
二、按隶属关系分组						
省(自治区、直辖市)	7	1	3	1	1	1
地(区、市、州、盟)	19	13	54		71	7
县(区、市、旗)	11	3	2	1	117	1
其他	40	8	23	17	155	9
三、按企业规模分组						
大型	16	2	14	17	21	—
中型	32	10	35	2	170	17
小型	29	13	33		153	1
四、按国民经济行业大类分组						
制造业	77	25	82	19	344	18
农副食品加工业	8	1	3	—	—	—
食品制造业	7	3	—	—	9	—
酒、饮料和精制茶制造业	16	2	14	17	17	—
纺织业	—	—	—	—	2	—
印刷和记录媒介复制业	2	—	2	—	—	—
化学原料和化学制品制造业	1	1	5	—	119	—
医药制造业	11	8	31	—	183	7
黑色金属冶炼和压延加工业	—	—	—	—	5	—
通用设备制造业	12	1	1	2	2	2
专用设备制造业	13	8	23	—	—	—
汽车制造业	7	1	1	—	6	9
计算机、通信和其他电子设备制造业	—	—	2	—	—	—
仪器仪表制造业	—	—	—	—	1	—
五、按地区分组						
铁 西 区	13	8	23	—	6	—
铁 东 区	41	11	55	19	200	9
梨 树 县	8	1	3	—	—	—
伊通满族自治县	7	3	—	—	10	—
公主岭市	8	2	1	—	128	9
双 辽 市	—	—	—	—	—	—

附　录

主要统计指标解释

主要统计指标解释

综　合

国内生产总值　是按市场价值计算的国内生产总值的简称。它是一个国家（地区）所有常住单位在一定时期内生产活动的最终成果。国内生产总值有三种表现形态，即价值形态、收入形态和产品形态。从价值形态看，它是所有常住单位在一定时期内所生产的全部货物和服务价值超过同期投入的全部非固定资产货物和服务价值的差额，即所有常住单位的增加值之和；从收入形态看，它是所有常住单位在一定时期内所创造并分配给常住单位和非常住单位的初次分配收入之和；从产品形态看，它是最终使用的货物和服务减去进口货物和服务。在实际核算中，国内生产总值的三种表现形态表现为三种计算方法，即生产法、收入法和支出法。三种方法分别从不同的方面反映国内生产总值及其构成。

国民生产总值　是按市场价格计算的国民生产总值的简称。它是一个国家所有常住单位在一定时期内收入初次分配的最终成果。一国常住单位从事生产活动所创造的增加值在初次分配过程中主要分配给该国的常住单位，但也有一部分以劳动者报酬和财产收入等形式分配给该国的非常住单位，同时，国外生产所创造的增加值也有一部分以劳动者报酬和财产收入等形式分配给该国的常住单位。从而产生了国民生产总值概念，它等于国内生产总值加上来自国外的劳动者报酬和财产收入减去付给国外的劳动者报酬和财产收入。与国内生产总值不同，国内生产总值是一个生产概念，而国民生产总值则是个收入概念。

国民生产总值同社会总产值、国民收入的区别，从核算范围看，社会总产值和国民收入都只计算物质生产部门的劳动成果，而国民生产总值除计算物质生产部门劳动成果外，还计算非物质生产部门的劳动成果。从这三个指标的价值构成看，社会总产值计算了社会产品的全部价值；国民生产总值计算在生产产品和提供劳务过程中增加的价值，即增加值，不计算中间产品和中间劳务投入的价值；而国民收入除了不计算中间产品价值外，还包括固定资产折旧价值，即只计算净产值。

三次产业　根据社会生产活动历史发展的顺序对产业结构的划分，产品直接取自自然界的部门称为第一产业，对初级产品进行再加工的部门称为第二产业。为生产和消费提供各种服务的部门称为第三产业。这是世界上通用的产业结构分类，但各国的划分不尽一致。我国的三次产业划分是：

第一产业：农业（包括种植业、林业、牧业和渔业）。

第二产业：工业（包括采掘工业、制造业、自来水、电力、蒸气、热水、煤气）和建筑业。

第三产业：除第一、第二产业以外的其他各业。由于第三产业包括的行业多、范围广，根据我国的实际情况，第三产业可分为两大部分：一是流通部门，二是服务部门。具体又可分为四个层次：

第一层次：流通部门，包括交通运输业、邮电通讯业、商业、饮食业、物资供销和仓储业。

第二层次：为生产和生活服务的部门，包括金融、保险业、地质普查业，房地产、公用事业，居民服务业，咨询服务业和综合技术服务业，农、林、牧、渔、水利服务业和水利业，公路、内河（湖）航道养护业等。

第三层次：为提高科学文化水平和居民素质服务的部门，包括教育、文化、广播电视，科学研究、卫生、体育和社会福利事业等。

第四层次：为社会公共需要服务的部门，包括国家机关、政党机关、社会团体，以及军队和警察等。

总消费　总消费是指常住单位在一定时期内对于物质产品和服务的全部最终消费支出。总消费分为居民消费和社会消费。

（1）居民消费是指常住居民用于生活消费的各种物质产品和服务。具体包括：1. 居民以货币直接购买的用于生活消费的各种物质产品支出，有各种耐用消费品和非耐用消费品支出，不包括居民购买的房屋和用于生产目的的支出；2. 居民直接购买的用于生活消费的各种服务支出，包括交通费、房租、洗理、日用修理、医疗保健、教育、文化、家庭保姆等支出；3. 居民以实物工资获得的各种生活消费，包括免费或低于市场价值获得的各种货物和服务；4. 居民自产自用的计入核算期社会产品中的物质产品及自有住房的虚拟房租消费等；5. 职工从单位享受的公费医疗和集体福利设施及补贴。

（2）社会消费指政府部门的总产出扣除其销售收入后的价值。换句话讲，就是指社会公共服务部门将其生产活动总成果提供给政府，由政府部门购买并提供给社会享用的消费品和劳务。

总投资　是指常住单位在核算期内对固定资产和库存的投资支出合计，分为固定资产形成和库存增加两项。

总产出　是一个国家或地区所有常住单位在一定时期内生产的所有货物和服务的价值，它是货物和服务的全部价值，包括转移价值和新增价值两部分。

固定资产形成　是指常住单位在核算期内购置、转入和为自用而生产的固定资产，扣除已有固定资产的销售和转出后的价值。

库存增加　即存货变动，是指常住单位在核算期内库存实物量变动的市场价值。期初与期末差额为正值，表示库存增加；负值表示库存减少。

直接消耗系数　指某一个部门生产单位总产出需要直接消耗各部门产品和服务的数量，也称为投入系数。它反映该部门与其他部门之间直接的技术经济联系和直接依赖关系。

完全消耗系数　指增加某一个部门单位总产出需要完全消耗各部门产品和服务的数量。完全消耗系数等于直接消耗系数和全部间接消耗系数之和，它是全面揭示国民经济各部门之间技术经济的全部联系和相互依赖关系的主要指标。

人　口

人口数　指一定时点，一定地区范围内的有生命的个人的总和。

年度统计的年末人口数是指每年 12 月 31 日 24 时的人口数。

人口密度　指一定时点，一定地区的人口数与该时点、该地区的面积之比，即一定点的单位上地面积上的人口数，通常以每平方公里的居民人数来表示：

$$人口密度=\frac{该地区的人口数}{该地区的土地面积}$$

出生率　指在一定时期内（通常为一年）平均每千人所出生的人数的比率，一般用千分率表示。

计算公式：

$$出生率=\frac{年出生人数}{年平均人数}\times1000‰$$

出生人数是指活产婴儿，即胎儿脱离母体时（不管怀孕月数），有过呼吸或其他生命现象。年平均人数是指年初、年底人口数的平均数，也可用年中人口数代替。

死亡率 指在一定时期内（通常为一年）一定地区的死亡人数与同期平均人数（或期中人数）之比，一般用千分率表示。计算公式：

$$死亡率=\frac{年死亡人数}{年平均人数}\times1000‰$$

人口自然增长率 指在一定时期内（通常为一年）人口自然增加数（出生人数减死亡人数）与平均人数（或期中人数）之比。一般用千分率表示。计算公式：

$$人口自然增长率=\frac{本年出生人数-本年死亡人数}{年平均人数}\times1000‰$$

人口自然增长率＝人口出生率－人口死亡率

性别比 反映两性人口间比例的指标，指在总人口中或各年龄组人口中，男性人数与女性人数之比。通常以每100个女性人口相对应的男性人口数表示。计算公式：

$$性别比=\frac{男性人口}{女性人口}\times100$$

从业人员和劳动报酬

劳动力资源总数 指一定时点上的劳动年龄内人口总数中，有劳动能力的人口数和不足或超过劳动年龄，但实际经常参加社会劳动并取得劳动报酬或经营收入的人口数。包括社会劳动者、城镇待业人员和其他在劳动年龄内有劳动能力人口数。但不包括现役军人、在劳动年龄内的在押犯人和因病残而丧失劳动能力的人口数。

从业人员 指从事一定社会劳动并取得劳动报酬或经营收入的全部劳动力。包括：(1) 全部职工；(2) 城镇私营企业从业人员；(3) 城镇个体劳动者；(4) 农村社会劳动者；(5) 其他社会劳动者。

这一指标反映了一定时期内全部劳动力资源的实际利用情况，是研究我国基本国情国力的重要指标。

各单位的从业人员是指在各级国家机关、政党机关、社会团体及企业、事业单位中工作，并取得劳动报酬的全部人员。包括职工、再就业的离退休人员、民办教师以及在各单位中工作的外方人员和港、澳、台方人员。

各单位的从业人员反映了各单位实际参加生产或工作的全部劳动力。

城镇失业率 是城镇失业人数同在业人数加城镇失业人数之比。计算公式为：

$$城镇失业率(\%)=\frac{城镇失业人数}{城镇在业人数+城镇失业人数}$$

职工工资总额 指各单位在一定时期内直接支付给本单位全部职工的劳动报酬总额。

工资总额的计算原则应以直接支付给职工的全部劳动报酬为根据。各单位支付给职工的劳动报酬以及其他根据有关规定支付的工资，不论是计入成本的还是不计入成本的，不论是按国家规定列入计征奖金税项目的，还是未列入计征奖金税项目的，不论是以货币形式支付的还是以实物形式支付的，均包括在工资总额内。

职工平均工资 指企业、事业、机关单位的职工在一定时期内平均每人所得的货币工资额。它表明一定时期职工工资收入的高低程度，是反映职工工资水平的主要指标。计算公式为：

$$职工平均工资=\frac{报告期实际支付的全部职工工资总额}{报告期全部职工平均人数}$$

职工平均实际工资 指扣除物价变动因素后的职工平均工资。计算公式：

$$职工平均工资=\frac{报告期职工平均工资}{报告期居民生活费价值指数}$$

固定资产投资和建筑业

全社会固定资产投资 固定资产投资是社会固定资产再生产的主要手段。通过建造和购置固定资产的活动，国民经济不断采用先进技术装备，建立新兴部门，进一步调整经济结构和生产力的地区分布，增强经济实力，为改善人民物质文化生活创造物质条件。这对我国的社会主义现代化建设具有重要意义。

固定资产投资额是以货币表现的建造和购置固定资产活动的工作量，它是反映固定资产投资规模、速度、比例关系和使用方向的综合性指标。全社会固定资产投资包括国有经济单位投资、城乡集体经济单位投资、各种经济类型单位的投资和城乡居民个人投资。按照我国现行计划管理体制，国有经济单位固定资产投资总额分为基本建设、更新改造、商品房屋建设投资和其他固定资产投资四个部分；城乡集体经济单位投资包括城镇集体所有制单位投资和农村集体所有制单位投资；各种经济类型单位投资包括联营经济、股份制经济、中外合资经营、中外合作经营、外资、与大陆合资经营、与大陆合作经营、港澳台独资及其他经济类型的单位投资。城镇居民个人投资包括城市、县城、镇、工矿区所辖范围内的个人建房和农村个人建房及购买生产性固定资产的投资。

基本建设投资 基本建设是国有企业、事业单位以扩大生产能力或工程效益为主要目的的新建、扩建工程及有关工作。包括工厂、矿山、铁路、桥梁、港口、农田水利、商店、住宅、学校、医院等工程的建造和机器设备、车辆、船舶、飞机等的购置。

基本建设投资额是以货币表现的基本建设完成的工作量，是反映一定时期内基本建设规模和建设进度的综合性指标。它是根据工程的实际进度按预算价值（预算价值得编制施工图预算时所用的价格）计算的工作量，没有形成工程实体的建筑材料和没有开始安装的设备，都不计算投资完成额。

更新改造投资 更新改造是指国有企业、事业单位对原有设施进行固定资产更新和技术改造，以及相应配套的工程和有关工作（不包括大修理和维护工程）。更新改造投资是以货币表现的更新改造完成的工作量。根据我国现行统计制度，基本建设和更新改造的划分是：(1) 列入基本建设计划的项目作为基本建设投资，列入更新改造计划的项目作为更新改造投资；(2) 更新改造计划与基本建设计划结合安排的项目及未列入计划的项目，根据工程性质分别作为基本建设投资或更新改造投资。属于对企业、事业单位原有设施进行技术改造或更新的项目和增建主要生产车间、分厂等，其新增生产能力或效益尚未达到大中型标准的项目，以及由于城市环境保护和安全生产的需要而进行的迁建工程，作为更新改造投资。

其他固定资产投资 是指按照国家规定不纳入基本建设和更新改造计划管理，其总投资在五万元以上的固定资产投资。具体包括：国有经济单位用油田维护费和石油开发基金进行的油田维护和开发工程；煤炭、铁矿、森林工业等采掘采伐业用维简费进行的开拓延伸工程；交通部门用公路养路费对原有公路、桥梁进行改建的工程；商业部门用简易建筑费建造的仓库工程。

新增生产能力 指通过固定资产投资活动而增加的设计能力或工程效益，它是用实物形态表示的固定资产投资的成果。新增生产能力的计算，是以能独立发挥生产能力或效益的单项工程（或项目）为对象。当单项工程（或项目）建成，经有关部门鉴定合格，正式移交投入生产，即可计算新增生产能力。

新增生产能力或工程效益有以下几种表现形式：(1) 以建设项目或单项工程建成后的年产能力表示。如煤炭开采、石油开采等。

(2) 以建设项目或单项工程建成后处理原料的能力表示。如选矿工程的年处理矿石能力，洗煤厂年洗原煤能力等。

(3) 以新增的主要设备数量或容量表示。如棉纺锭枚数、发电机组容量等。

(4) 以建筑物容积、容量、面积或长度表示。如水库容量、铁路公路里程等。

增新生产能力的数量一般按设计能力计算。设计能力是指设计文件中规定的在正常情况下能够达到的生产能力，而不论投产后的产量如何。以设备数量、建设物容积、面积、长度等表示的新增生产能力（或效益），则按建成的实际数量计算。

施工和竣工房屋建筑面积 房屋建筑面积是从房屋外墙线算起的各层平面面积的总和，包括房屋结构（如柱、墙）占用的面积和地下室面积。多层建筑按各自然层面积总和计算，包括房屋内的楼隔层，突出墙面的眺望间、门斗、有柱雨罩的面积。为包括突出墙面结构的构件、艺术装饰等所占的面积，如台阶等。凹阳台、挑阳台按其水平投影面积一半计算建筑面积。

新增固定资产 指通过投资活动所形成的新的固定资产价值。包括已经建成投入生产或交付使用的工程价值和达到固定资产标准的设备、工具、器具的价值及有关应摊入的同用。它是以价值形式表示的固定资产投资成果的综合性指标，可以综合反映不同时期、不同部门、不同地区的固定资产投资成果。

固定资产交付使用率 指一定时期新增固定资产与同期完成投资额的比率。它是反映各个时期固定资产动用速度，衡量建设过程中投资效果的一个综合性指标。

建筑业总产值（即自行完成施工产值） 指建筑业企业或附属施工单位自行完成的按工程进度计算的建筑安装生产总值，施工产值包括：(1) 建筑工程产值：指列入建筑工程预算内的各种工程价值。(2) 设备安装工程产值：指调入安装的工程价值。(3) 房屋、构筑物修理产值：指房屋、构筑物修理所完成的价值，但不包括被修理房屋、构筑物本身的价值和生产设备的修理价值。(4) 非标准设备制造产值：指加工制造没有定型的、非标准的生产设备的加工费和原材料价值，不论是现场还是附属加工厂为本单位承建工程制造的非标准设备的价值，都应计算产值。

竣工产值 指在报告期内，按照设计所规定的工程内容全部完成，达到了设计规定的交工条件，经有关部门检查验收鉴定合格的单位工程价值之和。

房屋建筑施工面积 指在报告期内施工的全部房屋建筑面积。包括本期内新开工的、上期施工跨入本期继续施工、上期停建本期复工的房屋建筑面积；不包括上期开工后又停工，本期未施工的房屋建筑面积。

房屋建筑竣工面积 指在报告期内，按照设计所规定的工程内容全部完成，达到了设计规定的交工条件，经有关部门检查验收鉴定合格的房屋建筑面积。

住宅竣工面积 指房屋建筑竣工面积中供居住用的房屋建筑竣工面积。

自有机械设备年末总台数 指归本企业（或单位）所有，属于本企业固定资产的生产性机械设备年末总台数。包括施工机械、生产设备、运输设施以及其他设备。

自有机械设备年末总功率 指本企业（或单位）自有施工机械、生产设备、运输设备以及其他设备等列为在册固定资产的生产性机械设备年末总功率，按设定能力或查定能力计算。包括机械本身的动力和为该机械服务的单独动力设备，如电动机等。计算单位用千瓦，动力换算可按1马力＝0.735千瓦折合成千瓦数。电焊机、变压器、锅炉不计算动力。

工程结算收入 指企业（或单位）按工程的分部分项自行完成的建筑产品价值并已与甲方在报告期内办理结算手续的工程价款收入，以及向甲方收取的除工程价款以外的按规定列作营业收入的各种款项，如临时设施费、劳动保险费、施工机械调迁费等以及向甲方收取的各种索赔款。

财政、金融和保险

财政收入 是国家通过财政各个环节筹集的财政资金的总称，它是保证国家行使其职能不可缺少的财力。主要包括：各项税收、企业收入、债务收入及其他收入。

（1）企业收入包括各部门所属全民所有制企业、事业单位上交国家的利润和事业收入。1985年实行国有企业第二步利改税办法，企业利润主要以税收形式上交后，只有尚未实行利改税办法的企业和少数实行利润包干企业上交的收入。

（2）各项税收包括产品税、增值税、资源税、企业所得税、盐税、关税、农牧业税、屠宰税、牧畜交易税、集市交易税以及有关罚款补税收入等。

（3）债务收入包括国外借款、国内公债收入、国库券收入以及专业银行购买财政专项债券等。

（4）其他收入包括专款收入、基本建设贷款归还收入、国家能源交通重点建设基金收入。

财政支出 是国家政权为行使其职能，对筹集的财政资金进行有计划的分配使用的总称。

（1）期建设拨款是指国家预算的基本建设拨款，不包括国家预算外自筹的各种基本建设资金。

为加强基本建设投资规模的控制，提高资金的使用效益，国家从1985年起，对预算内基本建设拨款实行拨款改贷款的新管理办法。即由原来直接无偿的拨给建设单位，改为拨给建设银行视同信贷基金管理，建设银行根据国家预算安排的基建项目，给予有偿贷款，用投产后新增利润还本付息。因改革之中情况不一，目前仍有一些基建项目未实行拨改贷办法。

（2）增拨企业流动资金是指国家预算增拨各部门所属国有企业流动资金和增拨银行的信贷资金。

（3）文教科学卫生事业费包括科学、文化、教育、卫生、公费医疗、体育、通讯和广播、地震、海洋、文物、计划生育等方面的事业费。

存款 企业、机关、团体或居民根据可以收回的原则，把货币资金存入银行或其他信用机构保管并取得一定利息的一种信用活动形式。根据存款对象的不同可以划分为企业存款、财政存款、机关团体存款、基本建设存款、城镇储蓄存款、农村存款等科目。它是银行信贷资金的主要来源。

贷款 银行或其他信用机构根据必须归还的原则，按一定利率，为企业、个人等提供资金的一种信用活动形式。我国银行贷款，分流动资金贷款、固定资产贷款、城乡个体工商户贷款以及农户贷款等项目。

承保额 又叫保险金额。它是保险人对被保险人负担损失补偿或约定给付的金额。它是保险合同上的最高责任额，也是计算保费的依据。

保费 又叫保险费。是保险人根据保险合同的有关规定，为被保险人取得因约定危险事故发生所造成的经济损失补偿（或给付）权利，付给保险人的代价。包括财产险和人身险储金收入。

赔款 保险事故发生后，经查证确属保险责任范围以内的保险标的损失，保险人根据保险合同的规定履行赔偿义务，给予被保险人的款项叫做赔款。赔款可分为已决赔款和未决赔款两种。

物　价

零售价格指数 是反映城乡商品零售价格变动趋势的一种经济指数。零售物价的调整变动直接影响到城乡居民的生活支出和国家的财政收入，影响居民购买力和市场供需平衡，影响消费与积累的比例。因此，计算零售价格指数，可以从一个侧面对上述经济活动进行观察和分析。

零售价格指数采用加权算术平均公式计算。每年根据住户调查资料调整一次权数。1992 年全国有 146 个市、80 个县城作为基层填报单位。城市指数所选商品 352 种左右，县城指数所选商品 404 种左右。每种商品的指数采用代表规格品的平均价格计算。

居民消费价格总指数 是反映一定时期内城乡居民所购买的生活消费品价格和服务项目价格变动趋势和程度的相对数。是综合了城市居民消费价格指数和农民消费价格指数计算取得。利用居民消费价格指数，可以观察和分析消费品的零售价格和服务价格变动对城乡居民实际生活费支出的影响程度。

1952 年以前采用固定数量加权综合法（即总值法）计算，1953 年到 1956 年采用加权算术平均公式计算，1957 年以后根据消费品零售价格指数与服务项目价格指数汇编居民生活费用价格指数。1993 年计算指数所选商品和服务项目为 382 种。

城市居民消费价格指数 是反映城市职工及其家庭所购买的生活消费品和服务项目价格变动趋势及其程度的相对数。编制城市居民消费价格指数，可以观察和分析消费品的零售价格和服务项目价格变动对职工货币工资的影响，作为研究职工生活和确定工资政策的依据。

农村居民消费价格指数 是反映农村居民家庭所购买的生活消费品的价格和服务项目价格变动趋势和程度的相对数。用它可以观察农村消费品的零售价格和服务项目价值变动对农村消费价格变动对农村居民生活消费支出的影响，直接反映农村生活水平的实际变化情况，为分析和研究农村居民生活问题提供依据。

农产品收购价格总指数 是反映国有商业、集体商业、个体商业、外贸部门、国家机关、社会团体等各种经济类型的商业企业和有关部门收购农产品价格的变动趋势和程度的相对数。农产品的收购价格指数可以观察和研究农产品收购价格总水平的变化情况，以及对农民货币收入的影响，作为制定和检查农产品价格政策的依据。1993 年计算指数所选的商品有 11 大类、包括 276 种农副土特产品。采用加权算数平均公式（即按报告期实际收购金额加权综合法）计算。

农村工业品零售价格指数 是反映农村市场工业品零售价格水平变动趋势和程度的相对数。通过农村工业品零售价格指数，可以观察工业品零售价格变动对农民货币支出的影响。

农村工业品零售价格指数的计算是根据农村国营商品零售物价指数中的食用植物油、干菜、调味品、食糖、烟酒茶、糖果、糕点、奶及奶制品、罐头、西药及医疗用品以及衣着、日用品、文化娱乐用品、书报杂志、建筑材料、燃料和农业生产资料等类指数加权计算。

工农业商品综合比价指数 是反映农副产品和工业品交换比价变动情况的经济指数。根据农副产品收购价格指数和农村工业品零售价格指数计算。反映用农副产品交换工业品的比价变化情况，即不同时期由于价格变动，农民用等量的农副产品换到的工业品数量是增多了还是减少了，以及增多或减少的程度。

工业品出厂价格指数 是反映全部工业产品出厂价格总水平的变动趋势和程度的相对数。其中除包括工业企业售给商业、外贸、物资部门的产品外，还包括售给工业和其他部门的生产资料以及直接售给居民的生活消费品。通过工业生产价格指数能观察出厂价格变动对工业总产值的影响。

固定资产投资价格指数 是反映固定资产投资额价格变动趋势和程度的相对数。固定资产投资额是由建筑安装工程投资完成额、设备、工器具购置投资完成额和其它费用投资完成额三部分组成的。编制固定资产投资价格指数应首先分别编制上述三部分投资的价格指数，然后采用加权算术平均法求出固定资产投资价格总指数。

编制固定资产投资价格指数可以准确地反映固定资产投资中涉及的各类商品和取费项目价格变动趋势和变动幅度，消除按现价计算的固定资产投资指标中的价格变动因素，真实地反映固定资产投资的规模、速度、结构和效益，为国家科学地制定，检查固定资产投资计划并提高调控水平，为完善国民经济核算体系提供科学的、可靠的依据。

人民生活

城镇居民家庭全部收入 指被调查城镇居民家庭全部的实际现金收入，包括经常或固定得到的收入和一次性收入。不包括周转性收入，如提取银行存款、向亲友借入款、收回借出款以及其他各种暂收款。

城镇居民家庭可支配收入 指被调查城镇居民家庭在支付个人所得税之后，所余下的实际收入。

城镇居民家庭生活费收入 指被调查的城镇居民家庭全部收入中能用于安排家庭日常生活的实际收入。即城镇居民家庭的全部实际收入扣除“赡养支出”和缴纳的各种税款以及被调查户非本家庭人口的经济用饭人口所交的“搭伙费”。

城镇居民家庭消费性支出 指被调查城镇居民家庭用于日常生活的全部支出，包括购买商品支出和文化生活、服务等非商品性支出。不包括罚没、丢失款和缴纳的各种税款（如个人所得税、牌照税、房产税等），也不包括个体劳动者生产经营过程中发生的各项费用。

城镇居民家庭购买商品支出 指被调查的城镇居民家庭购买商品的全部支出，包括从商店、工厂、饮食业、工作单位食堂、集市以及直接从农民购买各种商品的开支。共分九类：食品、衣着品、日用品、文化娱乐用品、书报杂志、药及医疗用品、房屋及建筑材料、燃料，其他商品。不论自用的或赠送亲友的都包括在内。

农村居民家庭纯收入 指农村常住居民家庭总收入，扣除从事生产和非生产经营费用支出、缴纳税款和上交承包集体任务金额以后剩余的，可直接用于进行生产性、非生产性建设的投资、生活消费和积蓄的那一部分收入。它是反映农民家庭实际收入水平的综合性的主要指标。农民家庭纯收入，即包括从事生产性和非生产性的经营收入，又包括取自在外人口寄回和带回和国家财政救济、各种补贴等非经营性收入；即包括货币收入，又包括自产自用的实物收入。但不包括向银行、信用社和向亲友借款等属于借贷性的收入。

农村居民家庭生活消费支出 指农村常住居民年内用于日常生活的全部开支。它是用来反映和研究农民家庭实际生活消费水平高低的重要指标。农民家庭生活消费支出，包括用于吃、穿、住、烧、用等生活消费品开支和文化、生活服务费用开支两大部分。

农村居民家庭商品性生活消费支出 指农村常住居民家庭用其货币收入，在市场上购买食品、衣着、家庭用家具器皿、日用杂品、燃料、耐用消费品，以及文教卫生用品等生活消费总量。包括向国有商店、集体商店和集市贸易市场以及其他流通渠道购买的全部生活消费品。农民家庭商品性生活消费支出，是农民家庭生活消费支出的一个重要组成部分，是用来反映和分析农民家庭生活消费水平的商品化程度，及其由自给性经济向商品经济发展趋势的重要指标，也是研究和预测农民家庭对市场消费品需求，制定商品供应计划的重要依据。

城乡居民储蓄年末余额 包括城镇居民储蓄和农民个人储蓄两部分的年末余额。不包括工矿企业、部队、机关团体等集团存款和居民的手存现金。

居民储蓄余额，是指城乡居民存入银行及农村信用社储蓄时点数（存入数扣除取出数的余额），如月末、季末或年末数额。

城市建设

年末自来水生产能力 指年末城建部门管理的自来水厂和社会各单位自备水源的取水、净水、送水出厂输水干管等环节的实际生产能力。

年末供水管道长度 指从送水泵到用户水表之间所有管道的长度。

全年供水总量 指公用自来水厂和社会单位自备水源全年的供水总量，包括有效供水量及损失水量。

生活用水量 指居民日常生活与公共福利设施的用水量。包括饮食店、旅游、医院、理发店、浴池、洗衣店、游泳池、商店、学校、机关、部队等单位的用水量。

人工煤气生产能力 指城市煤气厂制气、净化、输送等环节的综合实际生产能力。

输气管道长度 指由压缩机、鼓风机、储气罐的出口到用户立管之间的全部管道长度。

煤气供气总量 指售给各类用户的全部煤气量。包括工业用量、家庭用量和其他用量。

城市供热能力 指热电厂和热力公司每小时向城市输送的蒸汽、热水能力。

供热总量 指热电厂和热力公司全年向城市输送的全部蒸汽、热水量。

供热管道长度 指热电厂、热力公司管理的集中供热热源到用户之间的全部供气、供热水的管道长度。

年底实有铺装道路长度 指除土路外，路面经过铺装宽度在3.5米以上的道路，包括高级、次高级道路和普通道路。

城市桥梁 指市范围内，修建在河道上的桥梁和道路与道路立交、道路跨越铁路的立交桥，不包括临时性桥、铁路桥、函洞。

城市下水道总长度 指所有排水总管、干管、支管及暗渠、检查井、连接井进出水口等长度之和。

城市污水日处理能力 指污水处理厂每昼夜处理污水量的设计能力。

年末实有公共汽（电）车辆 指年底可参加营运的全部车辆数，包括年底营运车辆和库存查封不参加营运的车辆，不包括非营运车辆，如架线车、油罐车、工程车、货车及其他专用车辆和借入的客运车辆。

运营线路长度 指设置的固定营运线路长度，包括郊区营运线路长度，不包括临时行驶的线路长度。

城市园林绿地面积 指城市公共绿地、专用绿地、生产绿地、防护绿地、郊区风景名胜区的全部面积。

公共绿地 指供游览休息的各种公园、动物园、植物园、陵园以及花园、游园和供游览休息用的林荫道绿地、广场绿地。不包括一般栽植的人行道及林荫道的面积。

城市人口用水、用气普及率 指城市人口中的非农业人口用自来水、用煤气（包括人工煤气、液化石油气、天然气用气量）的普及情况。

农　　业

农业总产值 是以货币表现的农、林、牧、渔业全部产品的总量，它反映一定时期内农业生产的总规模和总成果。

农、林、牧、渔业的统计范围是：

（1）农业 包括农作物种植业和其它农业。

农作物种植业 包括谷物、谷类、薯类、棉、油料、糖料、麻类、烟叶、蔬菜、药材、瓜类和其他农作物的种植，以及茶园、桑园、果园的生产经营。

其他农业 包括采集野生植物的果实、纤维、树胶、树脂、油料以及柴草、野生药材、菌类等及农业家庭兼营的商品性工业。

（2）林业 包括林木的栽培（不包括茶园、桑林和果园的栽培、管理和收获等活动）、林产品的采集和村及村以下合作经营组织和农户的竹木采伐。

（3）牧业 包括除渔业养殖以外的一切动物饲养和放牧以及野生动物的捕猎和饲养。

（4）渔业 包括水生物和海藻类植物的养殖和捕捞。

从所有制看，包括国有经济的各种专业农（林、牧、渔）场以及国家各级机关团体学校、科研机构、部队经营的农业；集体所有制的乡镇村各级办农场；农村各级经济组织经营的农林牧渔业以及工矿企业家属集体经营的农业；农民家庭自营的农林牧渔业及兼营商品性工业等。

农业总产值的计算方法通常是按农林牧渔业产品及其副产品的产量分别乘以各自单位产品价格求得，少数生产周期长，当年没有产品或产品产量不易统计的，则采取间接方法匡算其产值。然后将四业产品产值相加即为农业总产值。

1957 年以前的农业总产值中包括了厩肥和农民自给性手工业（如农民自制衣服、鞋、袜，从事粮食初步加工等）。1958 年及以后的农业总产值，林业中增加了村及村以下竹木采伐产值；牧业中取消厩肥产值；副业中取消了农民自给性手工业产值，增加了村及村以下办的工业产值；渔业中增加了海洋捕捞水产品产值。1980 年及以后的农业总产值，在副业中增加了农民家庭兼营工业商品部分的产值。1984年起村及村以下办工业产值划归工业。从1993年起，取消副业。将野生动物的捕猎划入牧业，野生植物采集和农民家庭兼营商品性工业划归农业。

农业增加值 是指报告期内从事农业、林业、牧业、渔业生产活动的各种单位从事农业、林业、牧业、渔业经营活动所提供的最终成果的货币表现。统计范围：

包括农村农户、集体统一经营、中外合资、合营、外资以及国营农场、但不包括农业科研机构和国营农场附属的工业、建筑业、运输业、商业、饮食业、服务业等，也不包括军事部门的军马生产等。

农业增加值的计算方法

农业增加值采用生产法和分配法（收入法）两种方法计算：

1. 生产法计算公式：

农业增加值＝农业总产出－农业中间消耗

2. 分配法计算公式：

农业增加值＝劳动者所得＋福利基金＋利润＋税金＋固定资产折旧及大修理基金＋其他

粮食产量 指全社会的产量。包括国有经济经营的、集体统一经营的和农民家庭经营的粮食产量，还包括工矿企业家属办的农场和其他生产单位的产量。粮食除包括稻谷、小麦、玉米、高粱、谷子及其他杂粮外，还包括薯类和大豆。其产量计算方法，豆类按去豆荚后的干豆计算；薯类（包括甘薯和马铃薯，不包括芋头和木薯）1963年以前按每4公斤鲜薯折1公斤粮食计算，从1964年开始及以后改为按5公斤鲜薯折1公斤粮食计算。城市郊区作为蔬菜的薯类（如：马铃薯等）按鲜品计算，并且不做为粮食统计。其他粮食一律按脱粒后的原粮计算。

油料产量 指全部油料作物的生产量。包括花生、油菜籽、芝麻、向日葵籽、胡麻籽（亚麻籽）和其他油料。不包括大豆，也不包括木本油料和野生油料。花生以带壳干花生计算。

水产品产量 指人工养殖的水产品和天然生长的水产品的捕捞量。包括海水的鱼类、虾蟹类、贝类和藻类以及内陆水域的鱼类、虾蟹类和贝类，不包括淡水生植物。

猪、牛、羊肉产量 指当年出栏并已屠宰后除去头蹄下水后带骨肉（即胴体重）的重量。

耕地面积 指年初可以用来种植农作物、经常进行耕锄的田地，除包括熟地、当年新开荒地、撂荒未满三年的耕地和当年的休闲地（轮歇地）外，还包括以种植农作物为主并附带种植桑树、茶树、果树和其他林木的土地，以及沿海、沿湖地区已围垦利用的“海涂”、“湖田”等面积。但不包括属于专业性的桑园、茶园、果园、果木苗圃、林地、芦苇地、天然或人工草地面积。

农作物播种面积 指实际播种或移植有农作物的面积。凡是实际种植有农作物的面积，不论种植在耕地上还是种植在非耕地上，均包括在农作物播种面积中，同时还包括因遭灾而重新改种和补种的农作物面积，种一公顷算一公顷。

农用化肥施用量 指本年内实际用于农业生产的化肥数量。包括氮肥、磷肥、钾肥和复合肥。化肥施用量要求按折纯量计算数量。折纯法化肥施用量是把氮肥、磷肥和钾肥分别按含氮、含五氧化三磷、含氧化钾的百分之一百成份折算后的数量。复合肥按其所含主要成分折算。

农业机械总动力 指主要用于农、林、牧、渔业的各种动力机械的动力总和。包括耕作机械、排灌机械、收获机械、农产品加工机械、运输机械、植物保护机械、牧业机械、林业机械、渔业机械和其他农业机械（内燃机按引擎马力折成瓦特计算），电动机按功率折成瓦特计算。不包括专门用于乡、镇、村、组办工业、基本建设、非农业运输、科学试验和教学等非农业生产方面用的动力机械与作业机械。

期初（末）畜禽存栏头（只）数 指本期期初（末）农村各种合作经济组织和国营农场、农民个人、机关、团体、学校、工矿企业、部队等单位以及城镇居民饲养的大牲畜、猪、羊、家禽等畜禽的存栏头（只）数。

工业和能源消费

工业 指从事自然资源的开采，对采掘品和农产品进行加工和再加工的物质生产部门。具体包括：

（1）对自然资源的开采，如采矿、晒盐、森林采伐等（但不包括禽兽捕猎和水产捕捞）；（2）对农副产品的加工、再加工，如粮油加工、食品加工、轧花、缫丝、纺织、制革等；（3）对采掘品的加工、再加工，如炼铁、炼钢、化工生产、石油加工、机器制造、木材加工等，以及电力、自来水、煤气的生产和供应等；（4）对工业品的修理、翻新，如机器设备的修理，交通运输工具（包括小卧车）的修理等。

1984 年以前农村的村及村以下办工业归属农业，1984 年以后划归工业。

国有经济工业（即过去的全民所有制工业或国营工业） 指生产资料归国家所有的一种经济类型。包括中央和地方各级国家机关、部队、科研机构、学校、人民团体和国有经济企事业单位等举办的国有经济工业。1957 年以前的公私合营和私营工业，后均改造为国营工业，1992 年改为国有工业，这部分工业的资料不单独分列时，均包括在国有工业内。

集体经济工业 指生产资料归公民集体所有的一种经济类型，是社会主义公有制经济的组成部分。包括城乡所有使用集体投资举办的企业，以及部分个人通过集资自愿放弃所有权并依法经工商行政管理机关认定的集体所有制的企业。

其他经济类型工业 指除国有经济工业、集体经济工业以外的其他经济类型工业企业（单位）。包括私营经济、个体经营、联营经营、股份制经济（股份有限公司、有限责任公司）；外商投资经济（中外合资经营、中外合作经营、外资企业）；港、澳、台投资经济（与大陆合资经营、与大陆合作经营、港、澳、台独资企业）及其他经济类型的工业。

轻工业 指主要提供生活消费品和制作手工业工具的工业。按其所使用的原料不同，可分为两大类：（1）以农产品为原料的轻工业，是指直接或间接以农产品为基本原料的轻工业。主要包括食品制造、饮料制造、烟草加工、纺织、缝纫、皮革和毛皮制作、造纸以及印刷等工业；（2）以非农产品为原料的轻工业，是指以工业品为原料的轻工业。主要包括文教体育用品、化学药品制造、合成纤维制造、日用化学制品、日用玻璃制品、日用金属制品、手工工具制造、医疗器械制造、文化和办公用机械制造等工业。

重工业 是指为国民经济各部门提供物质技术基础的主要生产资料的工业。按其生产性质和产品用途，可以分为下列三类：（1）采掘（伐）工业，是指对自然资料的开采，包括石油开采、煤炭开采、金属矿开采、非金属矿开采和木材采伐等工业；（2）原材料工业，指向国民经济各部门提供基本材料、动力和燃料的工业。包括金属冶炼及加工、炼焦及焦炭化学、化工原料、水泥、人造板以及电力、石油和煤炭加工业等工业；（3）加工工业，是指对工业原材料进行再加工制造的工业。包括装备国民经济各部门的机械设备制造工业、金属结构、水泥制品等工业，以及为农业提供的生产资料如化肥、农药等工业。

根据上述划分原则，修理业中以重工业产品为修理作业对象的划为重工业，反之划为轻工业。

工业总产值 是以货币表现的工业企业在一定时间内生产的已出售或可供出售工业产品总量，它反映一定时期的工业生产的总规模和总水平。它包括：在本企业内不再进行加工、经检验、包装入库（规定了需包装的产品除外）的成品价值，工业性作业价值，自制半成品、在产品期末初差额价值（生产周期较长的企业计算）。工业总产值采用“工厂法”计算，以工业企业作为一个整体，按企业工业生产活动的最终成果计算，企业内部不允许重复计算，不能把企业内部各个车间（分厂）生产的成果相加。但在企业之间、行业之间、地区之间存在着重复计算。

轻重工业总产值的划分也是按“工厂法”计算的，即一个工业企业在正常情况下生产的主要产品的性质属于轻工业，则该企业的全部总产值作为轻工业总产值；一个工业企业生产的主要产品的性质属于重工业，则该企业的全部总产值作为重工业总产值。

工业销售产值 是以货币表现的工业企业在一定时期内销售的本企业生产的工业产品产量。包括已销售的成品、半成品价值，对外提供的工业性作业价值和对本单位基本建设部门、生活福利部门等提供的产品和工业性作业及自制设备的价值。已销售的成品、半成品不论是本期生产的、还是上期生产的，只要是本期销售出卖的均包括在内。对外提供的工业性作业是指企业按合同对外提供的工业性劳务。企业为本单位基本建设部门、生活福利部门等提供的产品和工业性作业及自制设备也应视同销售，这部分也作为销售统计。

工业销售产值的计算范围、计算价格和计算方法与工业总产值一致，但两者计算的基础不同：工业销售产值计算的基础是产品销售总量，工业总产值计算的基础是工业产品生产总量。

工业增加值 是指工业行业在报告期内以货币表现的工业生产活动的最终成果。

工业企业主要财务指标

（一）企业资本金

资本金 是指企业在工商行政管理部门登记的注册资金合计。企业筹集的资本金主要分为国家资本金、法人资本金、个人资本金以及外商资本金等。

（1）国家资本金指有权代表国家投资的政府部门或者机构以国有资产投入企业形成的资本金。

（2）法人资本金指其他法人单位以其依法可以支配的资产投入企业形成的资本金。

（3）个人资本金指社会个人或者企业内部职工以个人合法财产投入企业形成的资本金。

（二）资产负债

资产 是企业拥有或控制的能以货币计量的经济资源，包括各种财产、债权和其他权利。资产按流动性质一般分为流动资产、长期投资、固定资产、无形资产、递延资产和其他资产。

负债 是企业所承担的能以货币计量、并以资产或劳务偿付的债务。负债一般是按负债的偿还期长短进行分类的，分为流动负债和长期负债。

1. 流动资产合计 流动资产是指可以在一年或者超过一年的一个营业周期内变现或耗用的资产，包括现金及各种存款、短期投资、应收及预付款项、存货等。流动资产的一个重要特点是它在参加生产经营时，其价值一次转移到产品成本或费用中去。

（1）货币资金 反映企业的各种现金、银行存款和其他货币资金。

（2）存货 指企业在生产经营过程中为销售或者耗用而储存的各种资产。包括原材料、包装物、低值易耗品、在产品、自制半成品、产成品等。

产成品 指企业已经完成全部生产过程并已验

收入库合乎标准规格的技术条件，可以按照合同规定的条件送交订货单位，或者作为商品以及销售的产品。企业接受外来原材料加工制造的代制品和为外单位加工修理的代修品，制造和修理完成验收入库后，视同企业的产成品。

2. **流动资产平均余额** 指全部流动资产报告期平均余额。

3. **长期投资合计** 长期投资是指企业不准备在一年内变现的投资，它包括购置股票和长期债券以及对其他单位的投资等形式。

4. **固定资产原价合计** 固定资产原价指企业在建筑、购置、安装、扩建、技术改造某项固定资产时所支出的全部货币总额。一般包括买价、包装费、运杂费和安装费等。

5. **累计折旧** 指企业在报告期期末提取的各年固定资产折旧累计数。

本年折旧 指企业在本年度内累计提取的折旧。

6. **固定资产净值期末数** 指固定资产原价减去历年所提取折旧后的净额。

7. **固定资产净值平均余额** 指企业全部固定资产净值报告期平均余额。

8. **固定资产合计** 指企业固定资产净值、固定资产清理、在建工程、待处理固定资产净损失所占用的资金。

9. **无形及递延资产合计** 无形资产是指企业长期使用而没有实物形态的资产，包括专利权、非专利技术、商标权、著作权、土地使用权、商誉等；递延资产是指不能全部计入当年损益、应当在以后各年度内分期摊销的各种费用，包括开办费、租入固定资产的改良及大修理支出。本项目反映年末企业无形资产和递延资产之和。

10. **其他长期资产合计** 指除流动资产、长期投资、固定资产、无形资产、递延资产以外的其他长期投资。如特种储备物资、银行冻结存款、冻结物资、涉及诉讼中的财产等。

11. **流动负债合计** 流动负债是指将在一年或者超过一年的一个营业周期内偿还的债务。包括短期借款、应付票据、应付帐款、预收货款、应付工资、应交税金、应付利润、其他应付款、预提费用等。

未交税金 反映企业应交未交的各种税金（多交数以“—”号填列）。

12. **营运资金** 指流动资产减流动负债后的净额。

13. **流动负债平均余额** 指企业流动负债报告期平均余额。

14. **长期负债合计** 长期负债是指偿还期在一年或者超过一年的一个营业周期以上的债务。它是除了投资人投入企业的资本以外，企业向债权人筹集，可供企业长期使用的资金。

15. **所有者权益合计** 所有者权益是指企业投资人对企业净产值的所有权，包括企业所有者投入资金以及留存收益等。

股本 是指股份制企业以发行股票的方式筹集的资本。反映企业发行股票时按股票面值收到的股票本金。

（三）损益及分配

1. **产品销售收入** 指企业销售产品的销售收入和提供劳务等主要经营业务取得的业务总额。

（1）产品销售成本 指企业销售产品或提供劳务等主要经营业务的实际成本。

（2）产品销售收入及附加 指企业销售产品、提供劳务主要经营业务应负担的产品税、增值税、营业税、城市维护建设税、资源税和教育费附加。

（3）产品销售利润 指企业销售产品或提供劳务等主要业务收入扣除其成本、费用、税金后的利润。

（亏损以“—”号表示）

2. **管理费用** 指企业行政管理部门为组织和管理生产经营活动而发生的各种费用。包括工资和福利费、折旧、工会经费、业务招待费、房产税、车船使用税、土地使用税、印花税、技术使用费、无形资产摊销、职工教育经费、劳动保险费、待业保险费、研究开发费、坏帐损失以及其它管理费用。

税金 指企业按照规定支付的房产税、车船使用税、土地使用税、印花税等。

3. **财务费用** 指企业为筹集生产经营所需资金等发生的费用。包括利息支出（减利息收入）、汇兑损失（减汇兑收益）以及相关的手续费等。

4. **成本费用总额** 指企业的产品销售收入成本、产品销售费用、管理费用和财务费用之和。

5. **营业利润** 指企业生产经营活动所发生的利润。分为主营业务利润和其他业务利润。营业利润是企业营业收入减去营业成本、营业费用（包括销售费用、管理费用、财务费用），再减去营业收入应负担的营业税金（流动转税金）后的余额（亏损以“—”号表示）。计算公式为：

营业利润＝产品销售利润＋其他业务利润－管理费用－财务利润。

6. **实现利税总额** 指企业产品销售税金及附加和利润总额之和。

资金利税率 指在一定时期内已实现的利润、税金总额与同期的资产（固定资产净值和流动资产）之比。计算公式：

$$资金利税率(\%)=\frac{报告期累计实现利税总额}{固定资产净值平均余额+流动资产平均余额}$$

资金利税率反映每单位（通常是每万元）资金所提供的利润金额。它是考察和评价部门或企业资金运用的经济效益，分析资金投入效果的主要分析指标。

工业成本利润率 指在一定时期内实现的利润与成本费用之比，是反映工业生产成本及费用投入的经济效益指标，同时也是反映降低成本的经济效益的指标。计算公式：

$$工业成本费用利润率(\%)=\frac{利润总额}{成本费用总额}\times 100\%$$

工业增加值率 指在一定时期内工业增加值占同期工业总产值的比重，反映降低中间消耗的经济效益，计算公式：

$$工业增加值率（\%）=\frac{工业增加值（现价）}{工业总产值（现价）}$$

流动资产周转次数 指在一定时期内流动资金完成的周转次数，反映流动资产的周转速度。计算公式：

$$流动资金周转次数=\frac{报告期产品销售收入}{报告期定额流动资金平均余额}$$

产品销售率 指一定时期内销售产值与同期全部工业总产值之比，反映工业产品生产已实现销售的程度。计算公式：

$$工业产品销售率（\%）=\frac{报告期现价工业销售产值}{报告期现价工业总产值}$$

全员劳动生产率 指根据产品的价值量指标计算的平均每一个职工在单位时间内的产品生产量。是考核企业经济活动的重要指标，是企业生产技术水平、经营管理水平、职工技术熟练程度和劳动积极性的综合表现。目前我国的全员劳动生产率是将工业企业的工业增加值除以同一时期全部职工的平均人数来计算的。计算公式：

$$全员劳动生产率=\frac{工业增加值}{全部职工平均人数}$$

能源生产总量 指一定时期内全国（地区）一次能源生产量的总和，观察全国（地区）能源生产水平、规模、构成和发展速度的总量指标。一次能源生产量包括原煤、原油、天然气、水电及其他动力能（发风能、地热能等）发电量。不包括低热值燃料生产量、生物质能、太阳能等的利用和由一次能源加工转换而成的二次能源产量。

能源消费总量 指一定时期内全国（地区）物质生产部门、非物质生产部门和生活消费的各种能源的总和，是观察能源消费水平、构成和增长速度的总量指标。能源消费总量包括原煤和原油及其制品、天然气、电力。为包括低热值燃料、生物质能和太阳能等的利用。能源消费总量分为三部分，即终端能源消费量，能源加工转换损失量和损失量。

（1）终端能源消费量指一定时期内全国（地

区）物质生产部门、非物质生产部门和生活消费的各种能源生产部门、非物质生产部门和生活消费的各种能源在扣除了用工加工转换二次消费量和损失量以后的数量。

（2）能源加工转换损失量指一定时期内全国（地区）投入加工转换的各种能源数量之和与产出各种能源产品之和的差额。它是观察能源在加工转换过程中损失量变化的指标。

（3）能源损失量指一定时期内能源在输送、分配、储存过程中发生的损失和由客观原因造成的各种损失量，不包括各种气体能源放散量。

运输和邮电

铁路营业里程 又称营业长度，指办理客货运输业务的铁路正线总长度。凡是全线或部分建成双线及以上的线路，以第一线的实际长度计算；复线、站线、段管线、岔线和特别用途线以及不计算运费的联络线都不计算营业里程。铁路营业里程是反映铁路运输业基础设施发展水平的重要指标，也是计算客货周转量、运输密度和机车车辆运用效率等指标的基础资料。

公路里程 指在一定时期内实际达到《公路工程技术标准JTJ01—88》规定的等级公路，并经公路主管部门正式验收交付使用的公路里程数。其计算单位为：KM。包括大中城市的郊区公路以及通过小城镇街道部分的公路里程，也包括桥梁、渡口的长度，但不包括大中城市的街道、厂矿、林区生产用道和农业生产用道的里程。两条或多条公路共同经由同一路段，只计算一次，不得重复计算里程长度。公路里程是反映公路建设发展规格的重要指标，也是计算运输网密度等指标的基础资料。

内河航道里程 也称“内河通航里程”，是反映内河水运网规格、水平和发展情况的主要指标；是指在一定时期内，能通航运输船舶及排筏的天然河流、湖泊水库、运河及通航渠道的长度。包括全年季节性通航累计三个月以上的航道，但不包括仅供零散流放竹、木排的河道。

货（客）运量 指在一定时期内，各运输部门实际运送的货物（旅客）数量。是反映运输业为国民经济和人民生活服务的数量指标，也是制定和检查运输生产计划，研究运输发展规模和速度的重要指标。货运按吨计算，客运按人计算。货物不论运输距离长短，货物类别，均按实际重量统计；旅客不论行程远近或票价多少，均按一人一次作为客运量统计。半价票、小孩票也按一人统计。

货物（旅客）周转量 指在一定时期内，由各种运输工具运送的货物（旅客）数量与其相应运输距离的乘积之和，是反映运输业生产总成果的重要指标，也是编制和检查运输生产计划，计算运输效率、劳动生产率以及核算运输单位成本的主要基础资料。通常以吨公里和人公里为计算单位。计算货物周转量通常按发出站与到达站之间的最短距离，也就是计费距离计算。

邮电业务总量 指以货币表现的邮电部门用于传递信息和提供其他邮电服务的总数量。它综合反映了一定时期邮电工作的总成果，是研究邮电业务量构成和发展趋势的重要指标。根据邮电管理体制不同，分为中央国营业务总量和地方国营业务总量。它用各种邮电分类业务量，如函件件数、电报份数、长话张数、市内电话和农村电话的年均户数、订销报刊累计份数等，分别乘以相应的平均单价（不变价），加总后再加上出租电路和设备的收入、代用户维护电话交换机和线路等设备的收入、其他业务收入求得。

贸 易

批发零售贸易、餐饮业机构 指各种经济类型独立核算法人批发零售贸易企业、餐饮企业的单位个数。机构应同时具备以下条件：(1) 依法成立，有自己的名称、组织机构和场所，能够独立承担民事责任；(2) 独立拥有和使用资产，承担负债，有权与其他单位签订合同；(3) 独立核算盈亏，并能够编制资产负债表。

批发零售贸易、餐饮业网点 指各种经济类型独立核算法人批发零售贸易企业、餐饮企业独立的从事商品批发、零售贸易业务和从事餐饮活动的自然单位数，以及各行业附设的从事商品批发、零售贸易业务和从事餐饮活动的自然单位数。凡具有独立固定的营业场所，配备一定的业务人员，不论单位大小，不论是否单独核算，均按自然点计算，即有一个点就算一个网点。

批发零售贸易、餐饮业从业人员 指批发零售贸易企业、餐饮企业的全部工作人员，包括行政管理人员、售货人员、服务人员等。即包括长期职工、合同制职工、临时职工，也包括再就业的离、退休人员。

社会消费品零售额 指各种经济类型的批发零售贸易业、餐饮业、制造业和其他行业对城乡居民和社会集团的消费品零售额。这个指标反映通过各种商品流通渠道向居民和社会集团供应的生活消费品来满足他们生活需要，是研究人民生活，社会消费品购买力、货币流通等问题的重要指标。社会消费品零售额包括：(1) 售给城乡居民作为生活用的商品和住房及修建房屋用的建筑材料；(2) 售给机关、团体、学校、部队、企业、事业单位的职工食堂和旅店（招待所）附设专门供本店旅客食用，不对外营业的食堂的各种食品、燃料；企业、单位和国营农场直接售给本单位职工和职工食堂的自己生产的产品；(3) 售给部队干部、战士生活用的粮食、副食品、衣着品、日用品、燃料；(4) 售给来华的外国人、华侨、港澳台同胞的消费品；(5) 居民自费购买的中、西药品、中药材及医疗用品；(6) 报社、出版社直接售给居民和社会集团的报纸、图书、杂志、集邮公司出售的新、旧纪念邮票、物种邮票、首日封、集邮册、集邮工具等；(7) 旧货寄售商店自购、自销部分的商品零售额；(8) 煤气公司、液化石油站气售给居民和社会集团的煤气灶具和罐装液化石油气；(9) 城市建设、房产管理等部门、企业、事业单位售给居民的商品房；(10) 农民售给非农业居民和社会集团的商品。不包括售给国民经济各部门企业、事业单位（包括国有经济的农场）生产经营用的各种原材料、燃料、设备、工具等和售给批发零售贸易业、餐饮业作为转卖的商品，旧货寄售商店受托寄售卖出的商品、服务业的营业收入、邮局出售中邮票的收入、自来水、电力、煤气生产（供应）单位的产品供应收入，也不包括农民之间的商品销售。

批发零售贸易业商品购、销、存总额 指以各种经济类型的批发、零售贸易业（不包括个体）为总体的商品购、销、存。

商品购进总额 指从本企业（单位）以外的单位和个人购进（包括从国外直接进口）作为转卖或加工后转卖的商品。这个指标反映批发零售贸易业从国内、国外市场上购进商品的总量。商品购进总额包括：(1) 从工农业生产者购进的商品；(2) 从出版社、报社的出版发行部门购进的图书、杂志和报纸；（3）从各种经济类型的批发零售贸易企业（单位）购进的商品；（4）从其他单位购进的商品，如从机关、团体、企业、单位购进的剩余物资，从餐饮业、服务业购进的商品，从海关、市场管理部门购进的缉私和没收的商品，从居民收购的废旧商品等；（5）从国（境）外直接进口的商品。为包括企业（单位）为自身经营用和未通过买卖行为而收入的商品以及销售退回、商品升溢等。

商品销售总额 指对本企业（单位）以外的单位和个人出售（包括对国（境）外直接出口）的商品。这个指标反映批发零售贸易在国内市场上销售商品以及出售商品的总量。商品销售总额包括：（1）售给城乡居民和社会集团消费用的商品；（2）售给工业、农业、建筑业、运输邮电业、批发零售贸易业、餐饮业、服务业等作为生产、经营使用的商品；（3）售给批发零售贸易业作为转卖或加工后转卖的商品；（4）对国（境）外直接出口的商品。不包括：出售本企业（单位）自用的废旧包装用品，未通过买卖行为付出的商品，经本单位介绍，由买卖双方直接结算，本单位只收取手续费的业务，购货退出的商品以及商品损耗和损失等。

批发零售贸易业年末库存 指年末各种经济类型的批发零售贸易企业（单位）已取得所有权的商品。它反映各地区、各批发零售贸易企业（单位）的商品库存情况和对市场商品供应的保证程度。期末库存包括：（1）存放在批发零售业经营单位（如门市部、批发站、经营处）仓库、货场、货柜和货架中的商品（2）挑选、整理、包装中的商品；（3）已记入购进而尚未运到本单位的商品，即发货单或银行承兑凭证已到而货未到部分；（4）寄放它的商品，如因购货方拒绝承付而暂时存放在购货方的商品和已办完加工成品收回手续而未提回的商品；（5）委托其他单位代销（未作销售或调出）尚未售出的商品；（6）其他单位购进尚未交付的商品。为包括所有权不属于本单位的商品、拨付除批发零售贸易业以外的其他行业所属独立核算加工厂等加工生产尚未收回成品的商品、代国家物资储备部门保管的商品等。期末库存总额计算方法是：农副产品采购单位按购进价计算，批发单位按进货价计算，零售单位按什么价格核算就按什么价格计算。

城乡集市贸易成交额 指在农村集市和城市集市上买卖双方（包括农民、非农业居民、机关、团体、工商企业、个体商贩）成交的全部商品金额，是反映集市贸易规模的综合性指标。

社会农副产品收购 指国民经济各部门（包括批发零售贸易业、餐饮业、制造业和其他行业）以及非农业居民直接从居民、国有农场、劳改农场、机关和部门农场等农业生产者收购的农、林、牧、渔业产品，以及从农业生产者收购的这些产品的加工品，如土糖、土纸、草席等。不包括农业生产者之间相互购买的农副产品。它反映农业向工业提供了多少生产原料，向居民提供了多少生活消费品。

教育、科技、文化和卫生事业

普通高等学校 指按照国家规定的审批程序批准举办，通过全国统一招生考试，招收高级中等学校毕业生和具有同等学历者，实施高等教育，培养高等专门人才的学校，包括大学、专门学院、专科学校和短期职业大学。

成人高等学校 指按照国家有关规定的审批程序批准举办，招收在职高中毕业或同等学历者，利用多种形式对成人实施高等教育，培养相当普通高等学校专科或本科毕业水平的专门人才的学校。包括广播电视大学、职工高等学校、农民高等学校、干部管理学院、教育学院、独立函授学院以及普通高等学校举办的函授、夜大学等。

小学学龄儿童入学率 指调查范围内已入小学学习的学龄儿童占校内外学龄儿童总数（包括弱智儿童在内，但不包括盲聋哑儿童）的比重。计算公式：

$$\text{小学学龄儿童入学率}=\frac{\text{已入学的小学学龄儿童数}}{\text{校内外小学学龄儿童总数}}$$

独立研究与开发机构 指有明确的任务和研究方向，有一定学术水平和业务骨干和一定数量的研究人员，具有研究、开发、开展学术工作的基本条件，主要进行科学研究与技术开发活动，并且在行政上有独立的组织形式，财务上独立核算盈亏，有权与其它单位签订合同，在银行有单独户头的单位。包括国务院各部门、中国科学院、中国社会科学院和各省、自治区、直辖市以及地（市）以上含地（市）各部门所属的国有独立的科学研究与技术开发机构。

科技活动 是指在所有科学技术领域内，即自然科学、农业科学、医药科学、工程与技术科学、人事与社会科学中，与科技知识的产生、发展、传播和应用密切相关的全部的、有组织的、系统的科技活动。所谓有组织的、系统的科技活动，是指在一个机构的范围之内，并列入这一机构的工作计划，由这一机构的人员有计划地进行科技活动。目前，我们统计的科技活动，是指调查范围内有组织有系统地开展的科技活动。它包括三类活动：(1) 研究与发展活动；(2) 研究与发展成果应用活动；(3) 科技服务活动。

从事科技活动的人员 指各种研究与开发课题（项目）组织人员；各类科技服务人员（如从事图书、情报、咨询等工作的人员）；管理人员、实验室、试验性工厂（车间）、农场的工人等。

科学家、工程师 指大学毕业及以上文化程度和其他具有高、中级职称的从事科技活动人员。

其他科技人员 指大专、中专毕业和具有初级职称的从事科技活动的人员。

自然科学技术人员 指已取得科学技术职称，或大学、中专的理工、农、医科系毕业，以及国民经济各部门从工作实践中提拔，从事理工、农、医等自然科学技术的研究、教学、生产（事业）技术方面的专业人员和在机关、企业、事业中从事科学技术业务管理工作的专业人员

工程技术人员 指在国民经济各行业从事工程技术工作的自然科学技术的专业人员，包括：高级工程师、工程师、助理工程师、技术员和未评定职称的技术人员。

农业技术人员 指在国民经济各行业从事农业技术工作的自然科学技术的专业人员，包括：高级农艺师、农艺师、助理农艺师、技术员和未评定职称的技术人员。

卫生技术人员 指在国民经济各行业从事卫生医务工作的自然科学技术专业人员，包括：正副主任医师、主治医师、医师、医（护）士和未评定职称的技术人员。

科学研究人员 指在国民经济各行业从事科学技术工作的自然科学技术的专业人员，包括：正副研究员、助理研究员、研究实习员、技术员和未评定职称的技术人员。

教学人员 指在国民经济各行业从事科学技术活动的自然科学技术的专业人员，包括：正副教授、讲师、助教、教师和在中学从事自然科学技术方面教学活动的人员。

科技活动经费筹集总额 指报告期内调查单位从各种渠道筹集到的科技活动经费（含科研基建费）。包括政府拨款、自筹资金、银行贷款、接受外单位委托和其他。

文化事业机构 指从事专业文化工作和为专业文化工作服务的单独核算、独立建制的单位。不包括文化主管部门直属单位举办的其他行业和各部门的业余文化组织。

艺术表演团体 指从事戏曲、音乐、舞蹈、杂

技等专业艺术表演，有独立帐户，实行单独核算的团体。不包括半工半艺、半农半艺的业余剧团。

电影放映单位 指具有放映机器设备、固定或不固定的放映场所与专职或兼职的放映技术人员经文化行政部门登记批准，经常为一定的观众对象放映电影的机构。包括经批准对外开放进行营业，并与电影发行放映管理机构分帐的专用放映单位和军委系统租片单位在内。

电影观众人数 指各类型放映单位及军委系统租片单位映出的观众人数，一个观众连续看了一部长片和短片专场规定的短片，为二人次。

艺术表演观众人数 指售票、包场演出或民族地区免费演出的艺术表演观众人次数。不包括彩排审查和内部观摩演出的观看人次数。

等级运动员人员 指经考核正式批准授予等级运动员称号的人数。运动员等级分为国际级运动健将、运动健将、一级运动员、二级运动员、三级运动员、少年级运动员。

等级裁判员 指经考核正式批准授予等级裁判员称号的人数。裁判员等级分为国际裁判、国家级裁判、一级裁判、二级裁判、三级裁判。

医院 指名称为医院，设有固定病人住宅并能为病人提供医疗、护理服务的医疗机构。包括县及县以上医院、农村乡卫生院、其他医院三部分。按所属性质分为卫生部门、工业及其他部门、集体所有制三类。其中，县及县以上医院按业务性质分为综合医院和专科医院。

医生 指经卫生部门审查合格，从事医疗工作的专业人员。分为中医医生和西医生。包括卫生技术人员中的中医师、西医师、中西结合高级医师、中医士、西医士和其他中医。